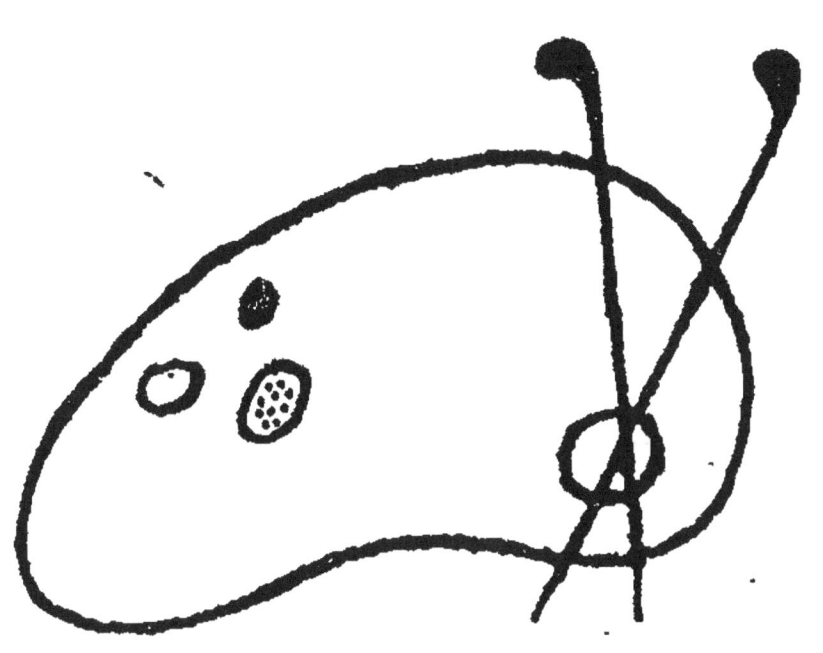

Début d'une série de documents en couleur

OSCAR HAVARD

HISTOIRE
DE LA
RÉVOLUTION
DANS
LES PORTS DE GUERRE

★★ 2

BREST — ROCHEFORT

NOUVELLE
LIBRAIRIE NATIONALE
11, rue de Médicis
PARIS

NOUVELLE LIBRAIRIE NATIONALE
11, RUE DE MÉDICIS, PARIS, VIᵉ

Extrait du Catalogue. — Ouvrages historiques.

Jacques BAINVILLE. — **Bismarck et la France, d'après les Mémoires du prince de Hohenlohe.** *Les idées napoléoniennes et l'unité allemande. — La jeunesse et les premières armes de Bismarck. — Le centenaire d'Iéna.* Deuxième édition. Un vol. in-18 jésus, de XVI-300 pages, broché . . . . **3 fr. 50**

G. BORD. — **La Franc-Maçonnerie en France.** — *Les ouvriers de l'idée révolutionnaire* (1668-1771). Un vol. in-8° de XXVIII-551 pages. . . . . **10 fr.**

J. BRIDGE. — **L'impérialisme britannique.** — *De l'Ile à l'Empire.* Avec une introduction de l'amiral Cyprien Bridge. Traduit de l'anglais par le vicomte Guy de Robien. Un vol. in-8° de 420 pages . . . . **7 fr. 50**

BURKE. — **Réflexions sur la Révolution française**, traduites de l'anglais par Jacques d'Anglejan et précédées d'une introduction du même. Nouvelle édition conforme à l'original. Un vol. in-8° de XXVIII-413 pages . . . . **7 fr. 50**

Eugène CAVAIGNAC. — **Esquisse d'une Histoire de France.** Nouvelle édition revue. Avec trois cartes. Un vol. in-8° carré de VIII-616 pages . . . . **7 fr. 50**

Joseph CLÉMANCEAU, ancien juge au Tribunal de Beaupréau. **Histoire de la guerre de la Vendée (1793-1815)**, publiée par les soins de l'abbé F. UZUREAU, directeur de *l'Anjou historique*. Avec une préface et une notice biographique sur J. CLÉMANCEAU. Un vol. in-8° écu de XXXV-273 pages. . . **5 fr.**

D. RICHARD COSSE. — **La France et la Prusse avant la Guerre.** TOME I : *La Politique de Sadowa.* — TOME II : *La Politique de Sedan.* — Deux volumes in-18 jésus, de 286-290 pages, chaque . . . . **3 fr. 50**

Louis DIMIER. — **Les Préjugés ennemis de l'Histoire de France.** Deux vol. in-18, chaque vol. (282-300 pages) . . . . . . **3 fr. 50**

Henri DUTRAIT-CROZON. — **Précis de l'affaire Dreyfus.** Un vol. in-16 de XVI-812 pages, imprimé sur papier Bible, avec un répertoire analytique, reliure peau souple, 3ᵉ mille . . . . **6 fr.**

Gustave GAUTHEROT. — **Gobel**, *Évêque métropolitain constitutionnel de Paris.* Avec un portrait hors texte. Un vol. in-8° carré de XIV-418 pages . . . . **7 fr. 50**

Auguste LONGNON. — **Origines et formation de la nationalité française.** Eléments ethniques. Unité territoriale. Un vol. in-18 de 92 pages . . . . **2 fr.**

Charles MAURRAS. — **Kiel et Tanger (1895-1905).** *La République française devant l'Europe.* Sixième édition. Un vol. in-18 de XVI-349 pages . . . . **3 fr. 50**

Dʳ RIGBY. — **Lettres. Voyage d'un Anglais en France en 1789.** Traduit de l'anglais par M. Caillet. Avec une introduction et des notes par le Baron A. de Maricourt. Un vol. in-18 de XXVI-245 pages . . . . **3 fr. 50**

Marquis DE ROUX. — **La Révolution à Poitiers et dans la Vienne**, ouvrage illustré de six portraits. Un vol. grand in-8° de 589 pages . . . . **7 fr. 50**

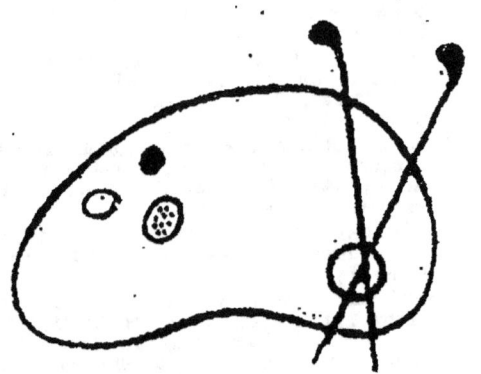

Fin d'une série de documents en couleur

HISTOIRE DE LA RÉVOLUTION

DANS

LES PORTS DE GUERRE

OSCAR HAVARD

HISTOIRE
DE LA
RÉVOLUTION
DANS
LES PORTS DE GUERRE

★ ★

BREST — ROCHEFORT

NOUVELLE
LIBRAIRIE NATIONALE
11, rue de Médicis
PARIS

Tous droits
de reproduction et de traduction réservés.

LIVRE II

BREST

LIVRE II[1]

CHAPITRE PREMIER

I. — Manque de cohésion, d'unité et d'énergie dans les sphères gouvernementales. — Divisions funestes.

II. — Brest à la veille de la Révolution. — Chateaubriand vient y subir ses examens comme garde-marine.

III. — Physionomie de la ville et du port. — Les Officiers rouges et la Bourgeoisie. — Espiègleries des gardes-marine.

IV. — Visiteurs royaux. — Enthousiasme de la France pour la Marine. — Nouvelle conception de la guerre. — Sollicitude de Sartine pour l'hygiène du soldat. — Tendresse des chefs pour leurs hommes.

V. — Animosité de la « Plume » contre « l'Épée ». — Premiers troubles. — Le « jeudi fou » (29 juillet 1789). — Fausses rumeurs.

VI. — Attitude factieuse du Conseil municipal de Brest. — Club des Jacobins. — Contraste entre les officiers et leurs ennemis. — Acharnement des Clubistes. — Mollesse de leurs futures victimes.

VII. — Le Commandant de la Marine à Brest, le comte d'Hector. — Administrateur studieux et savant. — Ses antécédents. — Ses services comme manœuvrier.

VIII. — Déplorable faiblesse de caractère. — Les agitateurs s'enhardissent.

1. *Archives nationales*, série DXVI, DXXIX, F^T 3676. — II. *Archives municipales de Brest*. — III. *Archives de M. le Marquis de la Jaille*. P. Levot : *Histoire de la Ville et du Port de Brest*. — IV. Le capitaine de vaisseau Chevalier : *Histoire de la Marine française sous la première République*. — V. L'amiral Jurien de la Gravière : *Les Dernières Guerres maritimes*, 2 vol. in-12.

I

L'autorité est le premier bien des sociétés politiques. Il faut que l'arbitre responsable du Pouvoir prenne au sérieux son métier de souverain et fasse, à tout instant, sentir la main du chef. « Rois, gouvernez hardiment ! » commande Bossuet, plein de commisération pour les Princes et surtout pour les peuples. Mais cette puissance ne se nantira de toute sa force que si le Monarque, non seulement accomplit son devoir, mais l'affectionne. Pendant soixante ans, Louis XIV, — d'après le témoignage de Saint-Simon lui-même, — travaille huit et même dix heures par jour, avec ses ministres, lit et retouche chaque dépêche, inspire et annote chaque ordonnance. Les débauches de Louis XV n'interrompent pas complètement la tradition de ce labeur et de ce devoir. Dans des pages inoubliables, le duc Albert de Broglie nous montre l'indigne Capétien se passionnant, — quand même pour la grandeur de son pays et tâchant, — sans succès d'ailleurs, de corriger les fautes de la politique officielle par les manèges clandestins d'une politique personnelle.

Avec plus de vertus chrétiennes que ses prédécesseurs, avec une instruction plus étendue surtout, Louis XVI n'a malheureusement pas le goût des affaires. Le journal du malheureux Prince le montre tourmenté d'un invincible besoin d'agitation physique, passant des journées et même des semaines à courre le cerf, préoccupé, certes, des querelles qui troublent la France, mais laissant aux ministres l'initiative des ordres et la responsabilité des décisions.

Témoin de cette apathie, l'un des éducateurs de Louis XVI, un Jésuite, le P. Guillaume Berthier, tenta de rappeler le prince à un plus juste sentiment de la fonction royale : « Vous êtes appelé, lui dit-il, par la Providence à régner. Tant que vous régnerez par vous-même, vous êtes en droit de lui demander toutes les lumières. Mais si ce sont des favoris ou des ministres, ou la majorité, ou même l'unanimité d'un conseil qui font tout dans votre Royaume, alors ce n'est plus vous qui régnez et la Providence ne vous doit plus rien... Sans doute, vous ne pourrez pas tout savoir ; aussi aurez-vous un Conseil ; consultez-en les membres, mais souvenez-vous qu'aucun d'eux n'est Roi, que c'est vous qui l'êtes et que tout doit rouler sur votre tête. Lors donc que vous aurez appris ce que vous pensiez ne pas savoir, prononcez, décidez en Roi, votre opinion fût-elle contraire à celle de tous [1]. » Est-il téméraire de supposer que le P. Berthier, en donnant ces conseils si judicieux et si virils à Louis XVI, se souvenait des pages où un historien de son temps, un autre Jésuite, le P. Griffet, nous montre Louis XIV, toutes les fois qu'il dicte ou qu'il écrit, « parlant en Roi passionné pour la gloire, appliqué à ses affaires, — qui agit par lui-même, — qui prend connaissance et qui juge sainement de tout, et qui n'est pas tellement conduit par ses ministres qu'il n'influe beaucoup sur leurs résolutions par son attention à les examiner et sa fermeté à les soutenir [2] ». Hélas ! cette tradition royale avait péri dans le même naufrage où les traditions guerrières de la Maison de Bourbon avaient sombré. Quel abîme sépare Louis XVI de ce Louis XIV, poussant le respect de sa magistrature et le culte de son devoir jusqu'à concourir aux opérations de guerre ; jusqu'à prendre part à un siège — le siège de Lille — et à paraître à la tranchée et à l'attaque, *comme un simple mortel, comme un simple soldat* : « Il n'y a point de Roi, pour

---

1. MONTJOYE : *Éloge historique du P. Berthier*, pp. 99-101 (Paris, 1818).
2. *Histoire de France*, par le P. DANIEL, continuée par le P. Claude GRIFFET.

peu qu'il ait le cœur bien fait, — disait ce grand prince, — il n'y a point de Roi qui voie tant de braves gens faire litière de leur vie pour son service et qui puisse demeurer les bras croisés. » Nobles paroles dont le xviii° siècle a perdu le sens! Les sévères remontrances du P. Berthier ne profitèrent pas à Louis XVI, âme timide dans un corps robuste [1].

Aucun maître n'embrasse et n'unit alors les intérêts et les obligations de la Monarchie dans l'amplitude de son regard. Nulle pensée, nul dessein d'ensemble ne plane sur la patrie, effervescente et déchirée.

Ainsi, livrés à eux-mêmes, sans Chef qui les départage et qui les commande, les conseillers de la Couronne se jalousent, se harcèlent, conspirent les uns contre les autres et privent la Monarchie et la France de l'unité directrice que réclament la sauvegarde de l'ordre et le respect des traditions nationales [2]. Instruits de ces dissensions, les subordonnés de chaque ministre se cantonnent dans leur enclave, s'isolent dans leur cloison étanche, et, sourds au devoir comme à la pitié, refusent de prêter main-forte au

1. Dans la solitude de la prison du Temple, Louis XVI réfléchit-il aux inconvénients de cette désertion? Un passage du Testament révèle un retour aux vrais principes de Gouvernement : « Je recommande à mon fils, — dit Louis XVI, — de songer qu'un *Roi ne peut faire le bien qui est dans son cœur qu'autant qu'il a l'autorité nécessaire.* » Mais, pour que cette autorité soit efficace, il faut qu'elle s'exerce, et non qu'elle abdique.

2. Dans ses *Mémoires*, Bertrand de Molleville, qui fut un des ministres de Louis XVI, raconte les graves différends qu'il eut avec ses collègues, le comte de Narbonne, ministre de la Guerre, et Cahier de Gerville, ministre de la Justice. Nous lisons dans le tome II, p. 49 :
« La division du Conseil transpira bientôt dans le public; elle encou-
« ragea les malveillants à nous attaquer et ils ne perdirent point de
« temps. Le Garde des Sceaux fut dénoncé à l'Assemblée. On annonça
« une seconde dénonciation contre M. de Lessart, et celle dont
« j'étais l'objet, et qu'on semblait avoir oubliée, fut renouvelée et
« présentée au Roi. » (Voir t. II, pp. 113, 119, *passim*.)

voisin qui les appelle. Une assistance maladroite ne dérangerait-elle pas certains calculs? Quand la communauté du péril conseille le dévouement et l'accord, l'orgueil et la peur poussent à l'indifférence et imposent l'inertie; c'est l'heure funèbre où l'égoïsme individuel exerce sa tyrannie et ses ravages [1].

II

Nous allons voir ce que devint Brest, soumis à la tutelle d'un Pouvoir incohérent et démantelé par les factions qu'enfantent la discorde et la félonie. Brest, à cette époque, est une des villes les plus importantes et les plus animées du Royaume. Capitale du Ponant [2], si ses

---

1. LAVERGNE (Léonce de), dans son livre les *Assemblées provinciales*, p. 197, reproduit une lettre de la Commission intermédiaire du Poitou, des derniers mois de 1789. En voici quelques extraits : « Quand tous les pouvoirs sont confondus, anéantis, quand la force « publique est nulle, quand tous les liens sont rompus, quand tout « individu se croit affranchi de toute espèce de devoirs, quand l'au- « torité publique n'ose plus se montrer et que c'est un crime d'en « avoir été revêtu, quel effet peut-on attendre de nos efforts pour « rétablir l'ordre? » BRISSOT, dans le *Patriote français* d'avril 1789, écrit de son côté : « Il existe une insubordination générale dans les provinces, parce qu'elles ne sentent plus le frein du Pouvoir exécutif. Quels en étaient naguère les ressorts? Les Intendants, les Tribunaux, les Soldats. Les Intendants ont disparu, les Tribunaux sont muets, les Soldats sont contre le Pouvoir exécutif et pour le peuple. »

2. PONANT, synonyme de « couchant », du latin *ponere*.

Du Ponant jusques à l'Orient
L'Europe, qui nous hait, nous regarde en riant.

De « Ponant » est venu le mot « Ponantais », pour désigner les marins bretons, normands, boulonnais, saintongeais. De tout temps, une véhémente antipathie, à peine éteinte de nos jours, anima les Ponantais contre les Provençaux. Colbert s'en apercevait et, pour éviter une révolte, il écrivait à Matharel, le 13 juin 1670 : « Renvoyez les Ponantais chez eux, en cas qu'ils ne veuillent pas servir en Provence. »

rues, ses places, ses monuments, — sauf le château, à peine sorti du sol depuis un siècle, — ne la classent point parmi les cités pittoresques ou somptueuses, comme Rouen et Nancy, où vibre, à chaque carrefour, une note d'art, — en revanche, le môle, le pont, l'arsenal, les vaisseaux, le bagne, les chantiers, les tavernes, les comptoirs évoquent la physionomie d'une sorte de Tyr occidentale où rugissent, pêle-mêle, les mille voix de la mer, les sifflets des chiourmes, les clameurs des marins, les imprécations des forçats, le vacarme des marteaux, les fureurs des émeutes et la rafale des tempêtes. Lac immense, la rade s'encadre de côtes qui, devant le spectateur, développent leurs lignes rougeâtres, parsemées de blocs de quartz, et criblées de genêts d'or.

A gauche, vers Landerneau, la mer s'étale tranquille, bleue, riante; les flots apaisés ondulent mollement vers le golfe sinueux et vont se perdre, sans effort, dans l'ombreuse coulée de l'Elorn, — cependant que les barques de Kerhuon, bercées par le roulis, dorment au pied des promontoires ou glissent sur les lames miroitantes du jusant.

A droite, au contraire, l'Atlantique, sauvage, menace, mugit, gronde. C'est la mer, avec ses reflets glauques, ses vagues monstrueuses et ses solennelles rumeurs. A l'horizon, le Goulet, comme une porte gigantesque, dont le seuil se confondrait avec l'Océan et le linteau avec le ciel, — ouvre aux navigateurs la route des Colchides inexplorées et des Amériques inconnues. Dans les bassins, les navires de guerre arborent les voiles à demi larguées de leurs vergues et déploient les pavillons versicolores de tous les peuples. Plus près du port, un lourd vaisseau, pareil à une citadelle démantelée, élève au-dessus des eaux ses paisibles batteries et son pont couvert d'aspirants qui regardent tour à tour la mer avec désir et la terre avec regret.

Pour rivaliser de charme avec nos rades méditerranéennes, il ne manque, au port de Brest, que le dôme de leur ciel bleu. La clarté solaire ne perce que rarement la brume qui voile l'atmosphère. Tandis que Toulon, malgré sa forêt de mâts, ses canons, ses forts, garde, dans les contours de ses côtes, dans le profil de ses montagnes et sous l'azur de son firmament, une grâce élyséenne, une pureté, un éclat, qui l'égalent aux villes sœurs de la Ligurie, — Brest, malgré la mansuétude de sa température échauffée par les courants des mers tropicales, reste maussade et morose.

A la veille de la Révolution, un jeune cadet de Bretagne, présenté par son oncle, le chef d'escadre Ravenel de Boisteilleul, au Commandant de la Marine, le comte d'Hector, vint à Brest, pour y subir les examens qui devaient le faire admettre dans le Corps royal.

« Un jour, — écrivit-il plus tard, — j'avais dirigé ma promenade vers l'extrémité extérieure du port, du côté de la mer : il faisait chaud, je m'étendis sur la grève et m'endormis. Tout à coup, je suis réveillé par un bruit magnifique : j'ouvre les yeux comme Auguste pour voir les trirèmes dans les mouillages de la Sicile, après la victoire de Sextius Pompée. Les détonations d'artillerie se succédaient; la rade était semée de navires : la grande escadre française rentrait après la signature de la paix. Les vaisseaux manœuvraient sous voile, se couvraient de feux, arboraient des pavillons, présentaient la poupe, la proue, le flanc, s'arrêtaient en jetant l'ancre au milieu de leur course, ou continuaient à voltiger sur les flots [1]. »

On sait que Chateaubriand, déjà rongé par l'ennui qui désenchanta sa vie, déçut, par la plus étrange dérobade, les ambitions de son père et les espérances de ses maîtres. Un beau jour, l'école des gardes-marine compta un élève

---

1. CHATEAUBRIAND : *Mémoires d'Outre-Tombe* (Édition BIRÉ, t. I, p. 120).

de moins, et le « Pays de Bohême » un nomade de plus. Les *Souvenirs d'un sans-culotte breton* nous représentent la ville, dont prit soudain congé le Poète, comme une Gomorrhe maritime, — « lupanar le jour et coupe-gorge la nuit [1] ». Maussade brocard d'un scribe bourru ! Une Babylone de l'Apocalypse, tarissant, jour et nuit, dans des coupes d'or, le vin de la luxure publique, aurait frappé les contemporains et trahi son délire dans ces sonores *Mémoires d'Outre-Tombe* où grondent toutes les rumeurs du siècle. Transposant les faits et les dates, Émile Souvestre a confondu le Brest que régentait le Grand Corps avec la ville où la dictature de Jeanbon démusela les coupe-jarrets, les mimes et les prostituées de la Terreur. En revanche, si les « atrocités » que le même écrivain impute aux jeunes gardes-marine manquent de précision, l'historien ne saurait les accuser de relever toutes de la légende. Les lointaines clameurs d'une bande d'étourneaux sonnent, — personne ne l'ignore, — aux oreilles des bourgeois effarés, comme un tumulte d'émeute. Aujourd'hui encore, dans nos villes universitaires, quand les premiers souffles printaniers enflèvrent les sens ; — quand les écoliers, délaissant professeurs et cours, se livrent aux facéties classiques où, sous toutes les latitudes, s'exhale la joie de vivre ; — les Gérontes de l'endroit maudissent ces espiègleries et refusent d'amnistier une turbulence qu'excuse, pourtant, il faut bien le dire, la future carrière des « coupables ».

Qu'est-ce que le soldat ? C'est le serviteur de l'intérêt général. Le soldat ne s'appartient pas plus que le prêtre. Ni les sympathies privées, ni les intérêts personnels n'ont le droit d'exercer leurs contraintes sur cet esclave du devoir, comptable de chacun de ses jours et de chacun de ses gestes à la nation qu'il sert et au supérieur qui le commande. A toute heure du jour et de la nuit, un ordre

---

1. Émile SOUVESTRE, 1 vol. in-4º, p. 82.

inflexible ne peut-il pas l'enlever à ses affections, à ses affaires, à ses plaisirs, et l'obliger à verser son sang, — tout son sang ! — pour des frères inconnus, dans un combat sans profit et dans une embuscade sans gloire? Tandis que tout près du champ de bataille, où le soldat aventure sa vie, le laboureur, le commerçant, le banquier, uniquement soucieux d'un gain personnel, sèment, trafiquent, spéculent, le soldat, immolant fortune, famille, indépendance, avenir, court à la mort pour préserver des biens dont la jouissance lui est refusée. Sans doute, cette vie de sacrifices n'exonère point le soldat des obligations morales qui lient tous les hommes. Mais, si, cédant à l'effervescence d'une jeunesse avide d'agitations, le futur Officier Rouge déplace les enseignes, enlève les portes, met en interdit le théâtre, boycotte une rue, — l'héroïsme quotidien d'une existence vouée au service du bien public n'amnistie-t-il pas ces équipées et ces « insolences »?

Revêtu de l'habit du Roi, l'officier de terre ou de mer, non seulement abdique le droit de s'enrichir, mais n'obtient du Prince, tiraillé par mille exigences, qu'un traitement qui l'indemnise à peine de ses frais. A part les gentilshommes, nantis d'une charge de Cour, la Noblesse française, pourvue de médiocres ressources, vit des pensions que lui mesure la parcimonie légitime du Trésor. Dans les dossiers du personnel de la Marine, conservés aux Archives, entre les feuilles qui mentionnent l'origine des officiers et leurs états de services, s'intercalent de ferventes suppliques, où le signataire implore, après chaque campagne, en faveur de sa détresse, la munificence royale.

La foi religieuse allège-t-elle, du moins, chez l'officier, les déboires d'une fonction traversée de tant d'épreuves? Il faut bien le dire : les croyances chrétiennes ne jettent point sur toutes ces vies les voiles superbes de leur idéalisme. Trop nombreux sont les gentilshommes que l'Église n'éclaire plus de ses lumières et qui ne lui demandent ni la règle de leurs mœurs, ni la paix de leur conscience.

Pendant l'hiver de 1793, une jeune fille, une Bretonne, apparentée aux meilleures familles de la province, retraçant, chaque soir, à quelques lieues de Brest, dans un journal intime, les réflexions que lui inspirent les crimes et les impiétés de la secte victorieuse, ne peut s'empêcher de mettre en cause « les chefs incrédules » qui, sous la Monarchie, dépravés par Rousseau, laissèrent s'effondrer le rempart auquel s'adossait leur puissance. « Ne croyons pas, — écrit Mlle de Parscau, — que la France soit parvenue tout d'un coup à ce comble de méchanceté. Non ! Il n'y a que cinq ans, il est vrai, que cette déplorable Révolution a commencé. Mais depuis combien de temps était-elle préparée? La Religion était presque inconnue ; on rougissait de la professer... Et les Grands, loin de remédier à ce désordre, l'augmentaient encore par leur exemple ; il n'était plus de bon ton de paraître chrétien. Ceux qui avaient en main l'autorité, loin de se conformer aux ordres du prince pour maintenir le respect du peuple pour la religion et ses ministres, n'y donnaient nulle attention. Nos temples étaient déserts ou remplis d'une audacieuse jeunesse qui, sous les yeux des magistrats, insultait librement à la Majesté divine... Une troupe de libertins, — le dos tourné au sanctuaire, quelquefois, même, appuyés sur l'autel, — promenait ses regards sur des beautés criminelles qui ne venaient assister aux redoutables mystères que pour allumer dans les cœurs des flammes impures et souvent adultères. J'ai entendu l'impie troubler par ses propos la piété des chrétiens. J'ai vu des querelles s'allumer dans la maison du Dieu de paix et les épées s'élever en l'air. J'ai vu, au milieu de tant de scandales, des Juges, des Gouverneurs, des Chefs de villes et de provinces, des Commandants de corps, garder un silence et une tranquillité condamnables [1]. »

---

1. *Histoire manuscrite de la Maison de Parscau.* Journal écrit pen-

C'est la fille d'un chef d'escadre, mort au service du Roi, c'est la sœur de deux officiers de vaisseau proscrits, qui nous montre, ainsi, la Bretagne, ébranlée dans son antique discipline par les idées nouvelles, — et tous les Pouvoirs battus en brèche par la fausseté des principes et le désordre des mœurs.

Mais si, chez les officiers, le scepticisme général a diminué la foi, il ne l'a pas étouffée. Même quand nos gentilshommes paraissent céder au courant de l'incroyance, soudain la voix de l'honneur et le souvenir des vertus familiales, arrêtent, comme un réseau de profondes racines, le Breton en train de rouler vers le gouffre. Dans tous les Mémoires du temps, l'officier armoricain nous apparaît, non seulement comme le soldat le plus rebelle au rationalisme, mais comme un chrétien que les plaisirs, les affaires et la philosophie régnante ont le moins pollué de leurs stigmates. Sous la cendre des passions, l'antique vigueur du bien anime cette forte race qui n'attend qu'un chef et qu'un ordre pour redescendre dans l'arène, où ferraillèrent les Charles de Blois, les Beaumanoir, les Tinténiac, les Du Guesclin, etc., et y renouveler leurs prouesses.

III

Les visiteurs royaux affluent à Brest. Arrivé le 6 juin 1777, le frère de Marie-Antoinette, l'empereur Joseph II,

---

dant la Révolution au château de Keryvon, t. II, pp. 1773 et suivantes. Mlle de Parscau ajoute : « La religion s'est ainsi éteinte par degrés ; le nombre de ses adorateurs a diminué, chaque jour, pendant qu'une monstrueuse philosophie s'est répandue de tous côtés à la faveur d'écrits frivoles qui ont séduit une multitude ignorante et vicieuse. Le frein de la religion étant rompu, les mœurs se sont dépravées, le libertinage est devenu presque général, et, dès lors, l'assujettissement aux bonnes lois, à la puissance légitime, a paru un fardeau injuste et insupportable. » (*Communic. du Comte de Parscau*).

descend, le même jour, chez un traiteur de la Grande-Rue, se fait conduire, le lendemain, à bord du *Robuste* et de l'*Inconstante*, et dit à l'amiral d'Orvilliers, en prenant congé du vainqueur d'Ouessant : « Je félicite le Roi, mon beau-frère, du bon état de sa Marine et des officiers qui la commandent ! » Cinq ans plus tard, le port de la Penfeld voit arriver le comte et la comtesse du Nord, — le fils et la belle-fille du tsar Pierre III, — le futur Paul Ier. La baronne d'Oberkich accompagne son amie, la Grande-Duchesse, et rédige le journal de l'excursion. Les *Mémoires* de cette femme distinguée nous apprennent que les habitants ne peuvent alors circuler en carrosse dans les cahoteuses rues de Brest et que les chaises à porteur permettent seules à l'aristocratie féminine d'échanger des visites. Les peaux de bique des Bretons rappellent au Prince les houppelandes fourrées de ses Tartares.

C'est à Brest qu'appareillent, le 1er avril, 1785 les frégates la *Boussole* et l'*Astrolabe*, d'où La Pérouse, Fleuriot de Langle et leurs vaillants compagnons s'élancent à la conquête scientifique des mers du Sud et de l'Extrême-Orient, voués d'avance aux affres d'une mort obscure, mais ni sans utilité, ni sans gloire. Les campagnes de Suffren dans la mer des Indes enflamment et passionnent alors la France. La néfaste bataille des Saintes ne refroidit pas cet élan généreux.

États provinciaux, Villes, Fermiers généraux, Communautés de Métiers, tous les Corps prodiguent au Roi des subsides pour renouveler la flotte et humilier l'Angleterre. Aux quinze millions du « don gratuit », l'Assemblée générale du Clergé de France ajoute un million de secours destinés aux matelots blessés, aux orphelins et aux veuves.

En même temps, l'esprit des jeunes officiers s'ouvre à une nouvelle conception de la guerre. De même que, de nos jours, l'École supérieure de la Marine — « l'Académie

Royale » assure à l'ancien État-Major un foyer d'enseignement d'où rayonnent les idées directrices de la tactique et les principes de la stratégie moderne [1].

Les ministres et les officiers ne s'intéressent pas moins au sort des équipages qu'aux progrès de l'art nautique.

« Nos matelots, — écrit l'auteur d'un *Mémoire* anonyme, — arrivent dans nos ports, excédés de fatigue et de lassitude. Ils ne savent où aller ni où se mettre ; ils remplissent les cabarets, ils s'y noient dans le vin et restent couchés plusieurs nuits entières dans les rues de Brest, et finissent par être malades ou hors d'état de servir. Arrivés des croisières, mêmes inconvénients. Ils dépensent tout ce qu'ils ont gagné avant d'être rendus chez eux [2]. »

Dans le but de mettre un terme à ces hontes, le ministre Sartine [3] donne l'ordre de faire construire des casernes où s'abritera désormais cette pitoyable bohême. A bord, une

---

1. LACOUR-GAYET : *La Marine de la France sous le règne de Louis XVI*, p. 211.
2. *Mémoire anonyme de* 1780. Archives de la Marine, B. 93.
3. SARTINE (Antoine-Raymond-Jean-Gualbert-Gabriel de), comte d'Alby, né à Barcelone le 12 juillet 1729. Conseiller au Châtelet en 1729, lieutenant criminel en 1755, maître des requêtes en 1759, remplaça, le 1ᵉʳ décembre de cette même année, Bertin, comme lieutenant général de police. Administrateur habile, vigilant, plein de ressources, il rendit de grands services en organisant une police qui veilla attentivement à la sécurité des habitants et à la propreté des rues, en introduisant les réverbères, en faisant construire la halle au blé, etc. En 1767, Sartine fut nommé conseiller d'État et, en 1774, il laissa à Lenoir les fonctions de lieutenant de police pour devenir ministre de la Marine. Lorsque la France déclara la guerre à l'Angleterre, il donna aux constructions navales une telle impulsion qu'en une seule année neuf vaisseaux de ligne furent construits sur nos chantiers et prêts à prendre la mer. Necker, directeur général des finances, ayant constaté qu Sartine avait dépassé de douze millions les crédits qui lui étaient alloués pour son département, se plaignit avec une telle vivacité à Louis XVI, que le roi consentit à renvoyer Sartine (14 octobre 1780). Sartine vécut dans la retraite jusqu'à la Révolution. Après la prise de la Bastille, il se rendit en Espagne et mourut le 7 septembre 1801 à Tarragone.

malfaisante routine violait, dans chaque service, les lois de l'hygiène. Hostile à cette indolence meurtrière, Sartine promulgue un minutieux Règlement qui pourvoit à la propreté des vaisseaux et veille à la santé des marins. Désormais, il faut que le commandant de chaque bâtiment fasse enduire d'eau de chaux les parois de l'entrepont et de la cale et « parfume » de vinaigre les hardes des matelots. Ce n'est pas tout : une sévère consigne enjoint aux hommes de se raser au moins une fois par semaine, de se peigner fréquemment « pour détruire la vermine » et de changer de chemise le dimanche et le jeudi. Autres prescriptions : Deux bains de baignoire par semaine, visite de la bouche et des gencives par le chirurgien-major, triple filtration de l'eau potable à travers une serviette et lavage à grande eau, chaque matin, de toutes les parties du bâtiment. Voilà le service d'hygiène qu'inaugure, sur nos escadres, le ministre de Louis XVI. Enfin, pour combattre la nostalgie parmi les équipages soumis à leur autorité discrétionnaire, les chefs favorisent l'exercice, entretiennent l'activité et provoquent la belle humeur. Tout en maintenant la discipline la plus rigoureuse, le commandement octroie aux humbles l'égide d'un pouvoir paternel. Cette bienveillance et cette sollicitude attendrissent et subjuguent les marins attachés presque tous par les liens d'une vassalité plusieurs fois séculaire aux officiers qui les commandent. Enfants des mêmes paroisses, bercés de bonne heure par les mêmes vagues, les mêmes sônes et les mêmes légendes, les matelots bretons obéissent sans effort à des supérieurs qui, pour faire triompher l'ordre, comptent moins sur la rigueur des lois que sur l'empire du cœur.

IV

Mais si les équipages désarment, les Commis, en revanche, capitulent rarement. Contre « l'Épée », « la Plume » garde l'offensive. C'est au le début de la Révolution, surtout, que les hostilités s'accentuent et se multiplient. Scribes aigris, basochiens tarés, déserteurs professionnels, repris de justice, courent les casernes, battent les quais, envahissent l'arsenal, — « pour y dogmatiser révolutionnairement », — suivant l'expression de l'un d'eux, « les défenseurs de la Patrie » ! Maléficiés par les tirades de la bande, ouvriers et marins ne tardent pas à se ranger sous la bannière de l'insubordination et de la violence. Les mêmes truands et les mêmes sophistes s'imposent à la population civile et la gangrènent. Pour la conquérir, les meneurs la terrorisent. Dans le reste de la France, du Nord au Sud, et de l'Ouest à l'Est, soudain le bruit se répand, le jour de la Madeleine, le 23 juillet 1789, qu'une horde de bandits se rue sur les campagnes et menace les villes. Cette épouvante fait sortir des ateliers et des champs les masses inertes, les déchaîne contre les pouvoirs séculaires et les livre, démuselées et le sang aux mains, à des boutefeux qui les enrégimentent dans des Gardes nationales, accessibles à toutes les excitations et prêtes à toutes les équipées. A Brest, ce n'est pas contre une fabuleuse irruption de flibustiers que les conspirateurs mobilisent les boutiques, les comptoirs et les tavernes. Le port et l'arsenal imposent une autre légende et suggèrent une autre tactique. Au milieu de cette agglomération de marins et de soldats, les « seigneurs » qu'il s'agit de dépouiller et de détruire arborent l'uniforme et portent le sabre. Pour les désigner au ressentiment populaire, les folkloristes jacobins racontent que les Chefs de la

Marine et de l'Armée, après avoir accumulé toutes les troupes dans la citadelle, vont braquer le canon sur la ville et mitrailler sans distinction toutes les classes, le peuple et le commerce, les petites gens et le riche négoce.

L'envie et la peur accueillent favorablement les contes qui les alimentent et qui les flattent. Cette histoire tragique enflamme les « patriotes » et les asservit aux agitateurs. Sur les ruines de l'ancienne Municipalité qui n'a su ni découvrir le complot, ni le déjouer, surgit — comme à Toulon, — un gouvernement dictatorial, « le Conseil général de la Commune », que les perturbateurs s'empressent d'armer de tous les pouvoirs, civils et militaires, afin de les exercer eux-mêmes, dès le lendemain, sous les auspices d'une Assemblée qui sanctionnera leurs méfaits et dont ils seront les maîtres.

V

Un gouvernement résolu à faire prévaloir le principe de l'arbitraire ne doit avoir à craindre ni le contrôle d'une magistrature indépendante, ni la défensive d'un corps militaire autonome. S'arrogeant les immunités du Pouvoir royal et les privilèges de la dictature, le Conseil général de la Commune de Brest commence par déclarer « traître à la Nation » quiconque « oserait rechercher ou poursuivre, soit les paroles, soit les actes de ses membres ». Cette précaution prise, nos satrapes brestois créent une milice urbaine chargée d'assurer à leurs décrets la consécration de la force.

Ainsi constitué, le régime tyrannique ne paraît pas encore suffisamment garanti contre toutes les surprises du sort. Parmi les membres du Conseil général figurent des officiers, des magistrats, des bourgeois, bref, toute une poignée de braves gens qui, le jour venu des entreprises hasardeuses, hésiteront peut-être à franchir le Rubicon. A Venise, le Conseil des Dix surveillait, éperonnait, dominait le Pouvoir suprême. A Brest, la « Société des Amis de la Constitution », en d'autres termes, « le Club des Jacobins », s'immisce dans toutes les affaires, confronte toutes les consciences, régente tous les pouvoirs et dicte toutes les consignes. Le prétoire et la rue, l'hôtel de ville et l'arsenal, l'armée et le port n'obéissent ni à la tradition, ni à la loi, ni à l'Assemblée constituante, ni au Corps municipal, mais au Club. Arbitre souverain de toutes les libertés et de toutes les fortunes, le Club, comme un monarque levantin, plane, la cravache à la main, sur la cité frémissante et prosternée.

Pour lutter victorieusement contre la « Société des Amis de la Constitution » et contre le Conseil général de la Commune, il aurait fallu que la population honnête trouvât dans les chefs de la Marine et de l'Armée un rempart contre le désordre. Cette satisfaction lui fut refusée. Certes, aucun officier de Brest ne méconnut ses obligations professionnelles et ne conniva, de près ou de loin, avec les agitateurs. Parmi les déchirements des factions, — comme jadis au milieu des fêtes de Versailles, — tous respectèrent leurs serments; tous s'efforcèrent de garder intacts les droits et les attributions que la Monarchie leur avait confiés. Mais, dans les temps orageux, la France réclame, moins des serviteurs irréprochables et dociles que des chefs héroïques, et même parfois, — pourquoi ne pas le dire? — des coureurs d'aventure. Cruelle impuissance de la vertu! C'est en vain que la fidélité du sujet reste inviolable et que l'honneur du soldat ne souffre aucune atteinte. Plus l'officier se plie à la règle, plus la cause qu'il sert pâtit de sa correction et de sa dépendance. L'idée de maintenir l'ordre ou de le rétablir par le seul ascendant du sabre ou de la baïonnette inspire une insurmontable horreur à ce patriciat grisé d'idylles. Les billevesées humanitaires des Encyclopédistes enténèbrent alors de leurs brouillards toutes les cervelles. Une attitude vigoureuse, quelques sacrifices opportuns, auraient abrégé l'épreuve, sauvé des milliers de vies, exorcisé les puissances malfaisantes qui se disputaient l'âme française, et peut-être même fait rentrer dans leurs cavernes les Stryges et les Lemures, que la Révolution devait déchaîner contre la patrie. Si, même, tout espoir était perdu, mourir pour mourir, mieux valait succomber, l'épée à la main, sur le pavé d'une barricade, que finir, captif et désarmé, dans un cloaque. Mais si l'éducation de l'Ancien Régime avait affiné l'intelligence, elle n'avait pas bandé la volonté. A l'action, le roi Capétien devait répondre par l'inertie et à l'offensive par l'évasion. Un an avant Varennes, dès que l'émeute gronde, — les officiers, devançant Louis XVI, au lieu d'affronter la bataille, l'éludent; — au lieu de se jeter dans le gouffre, le creusent. Quand il faudrait conjurer le mal, l'État-Major le laisse grandir.

Démissionner, voilà le dernier stade de sa résistance et la manifestation la plus éclatante de son énergie. Quel historien oserait, pourtant, accuser de couardise les anciens compagnons d'Orvillers et de Suffren? Mais le premier choc de la Révolution et ses souterrains cheminements déconcertent cette élite, habituée aux franches coudées de la lutte en plein soleil. La science stratégique de nos gentilshommes n'a point prévu les rampements sournois du monstre.

Vaincus par le découragement et terrassés par la défaite, les officiers se transmettent tour à tour, — sans illusion comme sans regret, — un magistère aussi docile à la Loi que rebelle au véritable devoir. En 1795, l'esprit d'initiative prendra sa revanche, et les mêmes hommes qui, jadis, avaient brisé l'épée dont les avait munis une Royauté encore debout, iront demander des armes à une oblique Angleterre pour relever la Monarchie détruite. Mais le torrent de sang qui, depuis 1790, aura rougi le sol de la Patrie, criera vengeance. La folle aventure de Quiberon avortera dès la première rencontre, et les officiers démissionnaires expieront, sous les fusillades du champ d'Auray, leur abdication et leur imprévoyance.

VI

Le comte d'Hector, lieutenant général des armées navales, commandait, depuis neuf ans, la Marine à Brest. Originaire de Fontenay-le-Comte, fils d'un officier de marine tué au Canada, Charles-Jean, comte d'Hector, orphelin de bonne heure, avait dû, jeune encore, compléter lui-même l'instruction sommaire dont une mère frivole avait insuffisamment muni l'enfant. Embarqué, dès l'âge de treize ans, au sortir de la pauvre école où le magister de Saint-Georges-de-Montaigu venait de lui inculquer les premières lettres, Charles d'Hector, après avoir pris part à plusieurs campagnes comme garde-marine, comme enseigne et comme lieutenant de vaisseau, avait reçu, en 1756, le commandement d'une frégate, la *Pomone*, où s'attestèrent, dès le début, et non sans éclat, les grandes qualités qui, quelques années plus tard, devaient le désigner aux faveurs du pouvoir.

Les subordonnés du capitaine d'Hector ne tardèrent pas à remarquer eux-mêmes, chez leur supérieur, des talents de manœuvrier, une justesse d'esprit et un art du commandement qui, peu à peu, devaient effacer la disproportion entre la grandeur de l'emploi et l'insuffisance de l'apprentissage [1]. Après avoir croisé sur les côtes de la Mé-

---

1. « Naturellement obligeant », — lisons-nous dans l'article que lui consacrent les *Biographies Vendéennes*, de Merland, — si son pre-

diterranée et fait la chasse aux pirates barbaresques, Charles d'Hector venait d'être nommé aide-major du port de Brest, quand un désastre, — la défaite du marquis de Conflans, mis en déroute par l'amiral Hawke, — lui fournit l'occasion de déployer des aptitudes qui décidèrent de son avenir. A la suite de la « Bataille » des Cardinaux, sept de nos vaisseaux et quatre frégates avaient, grâce à la marée, remonté la Vilaine et trouvé dans les anses de cette rivière le salut et un refuge. Témoin de cette évasion, l'amiral Boscaven, notre adversaire, bloquait l'embouchure de la Vilaine, guettant la sortie des navires et prêt à cribler de bombes les fuyards. Il fallait braver ce péril et défier cette insolence. Un des plus brillants officiers de notre Marine, le chevalier de Ternay, le futur convoyeur du Corps expéditionnaire de Rochambeau, semblait seul capable de se mesurer avec les forces anglaises et les difficultés nautiques. Le Gouverneur de la Bretagne, le duc d'Aiguillon, fit appel à son dévouement et à sa science. Mais Ternay ne voulut accepter cette tâche qu'à la condition d'en partager avec le Comte d'Hector les risques et les mérites. Tous les Mémoires contemporains signalent les péripéties et nous font assister aux émotions de cette entreprise plus difficile que retentissante. Au bout de deux ans et demi de luttes contre les éléments et contre les hommes, d'Hector et Ternay eurent la joie de leurrer

---

mier mouvement était un peu vif, il le corrigeait toujours par les bonnes grâces de ses manières, sachant parler et se taire à propos. La justesse de son esprit et un grand sens remplaçaient ce qui lui faisait défaut du côté de l'éducation première. Lorsqu'il fut arrivé aux postes les plus élevés, il aimait à se rappeler les années si dures de sa jeunesse et disait aux officiers qui se plaignaient des rigueurs du destin : « Messieurs, on naît avec une fortune de bonheur et de malheur. Pendant vingt-deux ans, si je passais par une porte cochère, j'étais toujours prêt à me casser la jambe. Après, tout semblait seconder mes vœux. Si je ne m'étais pas raidi contre les premières malchances, je n'aurais pas l'honneur d'être à votre tête, Messieurs, et de vous commander. Faites comme moi ! »

Boscaven et de rendre intacts à la France les vaisseaux qu'épiait un ennemi non moins friand de coups que de butin.

En 1778, placé à la tête d'un vaisseau de 74, l'*Orient*, le capitaine d'Hector, convié au combat d'Ouessant, y joua un rôle, qui, sans doute, ne put pas changer le sort de cette indécise rencontre, mais que l'amiral d'Orvillers se fit un devoir d'honorer de ses éloges. Quelques jours plus tard, le 4 mai 1779, une Ordonnance royale nommait Charles d'Hector chef d'escadre et lui conférait, presque aussitôt, le commandement supérieur du port de Brest. Cette magistrature maritime donnait à l'éminent officier général la direction et l'entretien de tous les mécanismes du service naval. Nulle fonction ne concordait mieux avec les goûts et la compétence de ce chef d'escadre, instruit de toutes les exigences de son métier et jaloux d'utiliser toutes les ressources propres à nantir notre pays du sceptre des mers. Quand le duc de Castries prépara ses fameuses Ordonnances sur la Marine, l'expérience et le savoir du comte d'Hector ne lui furent ni indifférents, ni inutiles. Presque tous les jours, une lettre du duc de Castries allait solliciter l'avis du Commandant de Brest sur l'administration maritime, sur l'outillage des ports, sur les constructions navales, sur le personnel combattant, etc., et provoquait une réponse qu'inspiraient tout à la fois le culte de la tradition et le souci des réformes. « La confiance que je sais qui vous est due, — écrivait,
« le 22 octobre 1780, le Ministre à d'Hector, avec la cour-
« toisie du grand seigneur qui veut faire oublier sa supé-
« riorité officielle, — la confiance qui vous est due vous
« sera peut-être à charge par l'excès de celle que je vous
« marquerai, mais, comme elle n'a pour but que le service
« du Roi, je ne pense pas que vous la trouviez indiscrète [1]. »

1. *Archives de la Marine*, B 216. Cette correspondance, adressée

Cette confiance excita dans les rangs de l'État-Major des jalousies qui s'exaspérèrent quand, sur la demande du duc de Castries, d'Hector, déjà promu lieutenant général, obtint, par surcroît, le cordon rouge. La baronne d'Oberkirck, qui visita Brest au mois de juin 1782, en compagnie du grand-duc Paul de Russie et de la grande-duchesse Marie de Wurtemberg, reçut la confidence de ces rancunes [1].

Si le Tsarewitch ne prit pas garde aux caquetages des salons, Louis XVI s'en émut encore moins. Le jour où le Roi décida de visiter le futur port militaire de la Manche, le commandant d'Hector fut invité par le maréchal de Castries à se rendre, avec son camarade, le commandant d'Albert de Rions, à Cherbourg, pour y recevoir le souverain et le renseigner sur les constructions et les travaux que réclamait la défense du littoral normand contre les insultes éventuelles de l'Angleterre. En quittant Cherbourg, Louis XVI chargea le comte d'Hector d'inspecter nos principales citadelles maritimes et de lui soumettre ensuite un plan de réformes en vue d'unifier les commandements et de coordonner les emplois. De nombreux Rapports sur toutes les branches de l'administration navale

---

à d'Hector, allait le rejoindre au château de Lézarazzieu, près Landivisiau, non loin de Brest.

1. « On nous parle, dit-elle, d'une lettre assez flatteuse adressée à cet officier et rendue à peu près publique, il y a deux ans. On ne se bornait pas à lui demander s'il était le petit-fils de Priam ou du Valet de Carreau; on lui reprochait d'avoir manqué de valeur dans le combat et de n'avoir pas mis son habit d'uniforme, ce jour-là, pour être moins distingué. On lui citait l'exemple du comte d'Estaing dont on l'accusait d'être furieux; enfin, on l'invitait au courage et à se rendre, de commander une nouvelle branche d'Hector. » Ces brocards, si profondément injustes, n'impressionnèrent ni le futur Paul Ier, ni la future Tsarine. Lorsque le comte d'Hector, réduit, pendant l'émigration, à la plus cruelle détresse, crut devoir se rappeler au souvenir de l'Empereur et de l'Impératrice, un premier secours de six mille francs et un second de huit mille, accompagnés des lettres les plus obligeantes, attestèrent la survivance d'une estime qui dédommagea le vieux marin de ses déboires.

servirent de conclusion à cette enquête et mirent en train les travaux auxquels la Marine royale, sous le dernier roi Capétien du xviiie siècle, — dut son renouvellement et sa splendeur.

Voilà l'homme que la Révolution surprend au milieu de son labeur. Pour résister à la poussée des forces nouvelles qui commençaient à se mettre en branle, il aurait fallu un paladin, un belluaire; la Monarchie expirante ne disposait, par malheur, que d'un administrateur et n'avait à son service qu'un savant.

VII

Ouvriers, soldats et matelots entouraient d'une respectueuse sympathie cet admirable septuagénaire, plein de bienveillance pour les humbles, défenseur chaleureux des intérêts populaires, champion sincère et toujours écouté des droits acquis et des solutions pacifiques. Mais l'esprit de conciliation a ses pièges. La vie sédentaire et les habitudes administratives communiquent parfois aux généraux une sorte de déférence superstitieuse pour le Pouvoir civil et les empêchent de distinguer entre ses droits et ses prétentions.

Dès que le vent de la révolte se mit à souffler dans l'Arsenal, le Commandant de la Marine, au lieu de se réserver la répression du désordre, alla solliciter contre les mutins le concours des édiles. Faute irréparable! Les Pouvoirs qui renoncent, — même à une parcelle de leurs attributions, — ne tardent pas à les perdre toutes. La justice ne peut se maintenir dans le monde que par le respect, — et non par la confusion de tous les droits. Le jour où le comte d'Hector se dépouilla de la plus importante de ses prérogatives, non seulement il se désigna lui-même à la déchéance, mais il démantela l'État dont il était le serviteur et la sauvegarde.

Le désintéressement n'est jamais contagieux. Les membres du Conseil général de la Commune de Brest s'applaudirent en secret d'une amputation qui lésait un Pouvoir rival. Mais en accroissant la puissance des édiles, le Commandant encouragea leurs usurpations et fit lui-même le lit de la dictature populaire.

Le peuple est un inexorable logicien. A peine la population connaît-elle la démarche du comte d'Hector que les subalternes du Commandant cessent de s'adresser à leur Chef légitime et ne veulent plus admettre d'autre arbitre et d'autre maître que le Conseil. Celui-ci se prête complaisamment à son nouveau rôle. Les arriérés de solde, les indemnités de campagne, les tours de services, les punitions, etc..., tout relève désormais de la junte municipale qui, comme de juste, s'empresse de consacrer cette domination en accueillant avec faveur toutes les doléances, en amnistiant toutes les fautes.

Cette tendresse pour l'indiscipline porte ses fruits. Les mauvaises têtes font prédominer leurs suggestions et imposent leurs caprices. Dans le port et dans l'arsenal, les agitateurs professionnels sèment la défiance, provoquent la fièvre, fomentent la sédition. Les lettres du comte d'Hector au Ministre de la Marine accusent, à maintes reprises, la présence, à Brest, de meneurs « étrangers » qui poussent le peuple à l'assaut des établissements militaires et maritimes destinés à garantir l'intégrité de notre patrimoine et la sécurité de nos côtes.

CHAPITRE II

ROLE DE L'ANGLETERRE DANS NOS TROUBLES

I. — Hostilité séculaire de la Grande-Bretagne. — Jugement de Favier dans ses *Conjectures raisonnées*. — Le *Mémoire* de Gérard de Rayneval. — Témoignage de Saulx-Tavannes.
II. — Changement de politique de l'Angleterre au xvie siècle. — De continentale, la politique anglaise se fait ultra-européenne. — Spoliations britanniques.
III. — Le chef d'orchestre invisible. — Curieux aveux de Canning.
IV. — Révolutionnaires genevois embauchés par l'Angleterre à la veille de la Révolution. — Syndicat Mirabeau. — Duroveray. — Reybaz. — Clavière.
V. — Les séides de l'Angleterre poussent à la guerre. — Mot de Lord Chatam. — Montagnards défavorables à toute guerre offensive. — Mais les Girondins l'emportent. — Résultat néfaste des guerres de la Révolution. — Appréciation de Sainte-Beuve.
VI. — Société des Amis des Noirs. — La question de l'esclavage étrangère à ce sentimentalisme. — Trames occultes du Club des Noirs contre la France.
VII. — Témoignage du député Faydel.

I

Quand on se reporte aux préoccupations de l'époque, quand on évoque le souvenir des ombrages que suscitait alors, dans le monde entier, l'éclat de notre fortune, l'immixtion de l'Angleterre dans nos discordes paraît aussi conforme à la vraisemblance qu'à l'histoire. Frustrée, grâce à nos armes, de la plus opulente de ses colonies, la Grande-Bretagne ne nous pardonnait, ni notre hostilité, ni ses revers. La Ville et la Cour subodorent partout cette haine avide de destructions, et les publicistes du temps nous la montrent aux aguets de nos bonnes comme de nos mauvaises aventures, pour neutraliser les unes et favoriser les autres. Un écrivain pénétrant, Favier, dont le chartiste Boutaric a, de nos jours, mis en relief la curieuse figure, — Favier [1], au cours de ses *Conjectures raisonnées sur l'Angleterre*, condense alors, dans une phrase qu'illumine l'éclair des prophètes, les idées qui hantent ses contemporains, ulcérés de notre déchéance :

« L'Angleterre, dit Favier, a décidé de ne pas nous laisser relever, de veiller sur nos ports, sur nos chantiers, sur nos arsenaux, de guetter nos projets, nos préparatifs, nos moindres mouvements, et de les arrêter tout court, soit par des insinuations hautaines, soit par des démonstrations malveillantes [2]. »

[1]. FAVIER (Jean-Louis), né à Toulouse en 1711, succède à son père dans la charge de syndic général des États du Languedoc. Mais, obligé de démissionner, à cause de ses désordres, il reçoit une gratification de 24.000 livres. Favier se livre à l'étude, s'applique surtout à l'histoire des traités, des alliances, etc. Secrétaire de M. de la Chétardie, notre ambassadeur à Constantinople, il attire l'attention du comte d'Argenson qui l'attache à son ministère. Le duc de Choiseul le charge ensuite de plusieurs missions spéciales. Le comte de Broglie l'associe à la diplomatie secrète de Louis XV et lui fait composer plusieurs *Mémoires*. Choiseul surprit plusieurs pièces où Favier développait des idées contraires à celles du ministère. C'était un cas de trahison. Choiseul exige l'arrestation de Favier. Mais Louis XV écrivit à Favier de s'enfuir et de se mettre en sûreté. Favier se réfugie en Hollande. A l'avènement de Louis XVI, le comte de Vergennes lui donne 40.000 livres pour payer ses dettes et une pension de 2.000 écus. Favier mourut à Paris le 2 août 1784. Le comte de Ségur a recueilli une partie de ses œuvres dans l'ouvrage intitulé : *Politique de tous les cabinets de l'Europe sous le règne de Louis XV et de Louis XVI*, 3 vol. C'est là que se trouvent *les Conjectures raisonnées sur la situation actuelle de la France dans le système politique de l'Europe*.

[2]. FAVIER : *Conjectures raisonnées*, c. x. De l'Angleterre, BOUTARIC, t. II, p. 182.

A la même époque, en 1774, un des meilleurs agents diplomatiques que la France ait comptés, Gérard de Rayneval, écrit ce qui suit :

« L'Angleterre est l'ennemie naturelle de la France : elle est une ennemie avide et déloyale. L'objet invariable de sa politique est non seulement l'abaissement de la France, mais sa destruction et sa ruine. Pour nous anéantir, tous les moyens sont justes, légitimes et même nécessaires, pourvu qu'ils soient efficaces [1] | »

Mais, bien avant Rayneval et Favier, un de nos vieux capitaines, Gaspard de Saulx, seigneur de Tavannes, écrivait, dès 1546 :

« Les Anglais se sont conservés en troublant leurs voisins. Il y a trente ans qu'ils entretiennent la guerre civile en France et en Flandre, désirant épuiser l'argent de l'une et les hommes de l'autre, et mouvant les guerres entre les Espagnols et les Français, ils sèment, dilatent, embrasent le feu et le sang en la maison d'autrui pour faire prospérer la leur. »

Près de quatre siècles ont passé sur cette définition de la politique anglaise sans la vieillir; voilà ce qu'elle était hier : voilà ce qu'elle est aujourd'hui, voilà ce qu'elle sera demain.

II

Vieille île solitaire — nid d'un cygne dans un grand étang, l'Angleterre flotte, pendant des siècles, — au milieu

---

1. *Mémoire* de GÉRARD DE RAYNEVAL, 1774, publié par Cornelis DE WITT, dans le livre que cet historien a consacré à Jefferson.

de l'Atlantique, comme une barque sans amarres. Jusqu'à la fin du règne d'Élisabeth, aucune terre lointaine ne sollicite l'énergie de ses marins et l'intrépidité de ses hommes de guerre.

Mais soudain, au xve siècle, le pennon de la Pucelle fait reculer les archers gallois et nous délivre définitivement du joug britannique. Au xvie siècle, Coligny tentera vainement de détruire l'œuvre de Jeanne d'Arc. Le traité d'Hamptoncourt, en vertu duquel le « vertueux amiral » vend à la reine Élisabeth, pour cent mille écus d'or (deux millions), la ville et le port du Havre, ce pacte, l'épée du duc de Guise le déchira. Quoi que fassent désormais les Bourguignons ou les Huguenots, la France restera « le pré carré » cher à Vauban.

Grâce à la Libératrice, une révolution capitale s'accomplit dans les destinées historiques de nos voisins. Désormais, les Anglais renoncent à guerroyer, en Europe, contre l'hégémonie des Capétiens. Ce n'est plus en Normandie, ce n'est plus dans l'Ile de France, ni en Gascogne, que nos rivaux essaieront de lutter contre la Puissance française.

A peine révélés, les immenses domaines que l'audace latine a conquis allument les convoitises des prudents sujets de Cromwell. La Réforme, qui vient de triompher chez nos voisins, a, d'une nation jadis épique, précisément fait un âpre peuple de trafiquants. Cette race, qui n'a donné au monde, ni un conquérant, ni un explorateur, entre en scène, non pour rivaliser avec les héros latins, mais pour s'approprier leurs fiefs.

Spoliations nécessaires ! disent nos voisins. Pour garder le pouvoir, l'Aristocratie anglaise, plus avide de lucre que de gloire, se trouve obligée d'ouvrir chaque jour, de nouveaux marchés à un négoce insatiable de « commandes ». Rome conquérait des sujets; le patriciat britannique s'impose le devoir de conquérir des consommateurs. Avec les machines nouvelles qui, chaque année, viennent centupler sa puissance, l'industrie anglaise doit, pour vivre, assujettir à sa domination les deux mondes.

Sous peine de mort, il faut que les chefs de la nation — qu'ils relèvent des tories ou qu'ils appartiennent au parti libéral, — procurent aux comptoirs, aux ateliers, aux usines, aux manufactures, aux boutiques des Trois-Royaumes, la clientèle du globe, et que cette suprématie commerciale soit mise hors de toute atteinte par la dictature des mers !

III

Ni la flotte de Xerxès, ni l'armée de Genkis-Khan n'assureraient le succès de ce programme et ne suffiraient à la sauvegarde de cette omnipotence. Pour suppléer à l'insuffisance des soldats et à la pénurie des flottes, que fait notre voisine? Elle enrôle de ténébreux auxiliaires chez les nations rivales, elle les associe à ses desseins et les incorpore à sa fortune.

Un jour, en 1826, à la Chambre des Communes, un ministre, plus tribun qu'homme d'État, le célèbre Georges Canning, dans un mouvement de colère contre la politique de la Restauration qui contrecarrait partout ses plans, nous livra le secret de la force occulte dont se sert, depuis trois siècles, la Grande-Bretagne pour agiter et gouverner le monde :

« Je ne puis redouter la guerre, s'écria l'orateur, quand je pense au pouvoir immense de mon pays, quand je pense que tous les mécontents de toutes les nations de l'Europe sont prêts à se ranger du côté de l'Angleterre... Si la guerre en effet, éclatait demain, notre pays verrait se grouper sous son drapeau tous les hommes qui, justement ou injustement, s'irritent de la condition actuelle de leur patrie. »

L'idée d'une pareille situation excite toutes les alarmes; car il existe un Pouvoir entre les mains de la Grande-Bretagne, le plus terrible peut-être, qu'on n'en vit jamais en action dans l'histoire humaine... La conscience de posséder cette force fait notre sécurité ! La situation de notre pays peut être comparée à celle du maître des vents telle que la décrit le poète :

« *Celsâ sedet Æolus arce,*
Sceptra tenens ! »

Ce discours, débordant de jactance, de rancune et de haine contre le Gouvernement de Charles X, ne reçut pas alors, chez nous, l'accueil qu'obtiendrait aujourd'hui une sortie analogue. Chose curieuse ! Nos pères ne le comprirent pas. En 1826, l'attention du public n'était pas éveillée, comme elle l'est depuis trente ans, sur les trames des Loges et sur les relations de nos Jacobins avec le Foreign-Office. Le 19 décembre, le baron de Damas, chargé du portefeuille des relations extérieures, lut à la tribune de la Chambre des Pairs une déclaration expurgée de toute allusion à la puissance occulte dont Canning nous avait si étourdiment révélé le péril et les menaces. Quelques jours plus tard, Chateaubriand prit, à son tour, la parole et railla, non sans éloquence, le geste du ministre britannique. Mais, chez le poète comme chez le diplomate, aucune parole ne trahit l'inquiétude du patriote, épié dans son propre foyer par des concitoyens, par des traîtres que commandite un gouvernement rival. En revanche, les Anglais, mieux instruits, se montrèrent plus ombrageux. Accusé d'une indiscrétion qui pouvait ameuter contre l'Angleterre une Europe plus réfléchie, « Canning — nous raconte Villèle dans ses *Carnets*, — Canning ne put se relever de l'humiliation et du chagrin profond que lui causa le sévère jugement de ses compatriotes. Son discours d'Éole le tua [1] ».

IV

Les paroles de Canning jettent une lueur éclatante sur les machinations auxquelles se livrèrent, à la veille de la Révolution, nos voisins pour se débarrasser de notre concurrence et pour éteindre notre rayonnement. Un groupe d'agitateurs suisses, après avoir vainement tenté de saccager la Constitution genevoise — forcés de fuir, avaient cherché à Londres un refuge et devaient y trouver une carrière. Les premiers éclairs de la tempête qui allait emporter la Monarchie des Bourbons commençaient à sillonner la nue et franchissaient le Détroit. L'heure était bonne pour les professionnels de l'intrigue et de l'émeute. Le Foreign-Office mande les conspirateurs et leur alloue un subside de cinquante mille livres sterling (1.250.000 francs) destiné, en apparence, à la création d'une « Nouvelle-Genève » en Irlande. Mais cette fable ne trompe personne et, quelques mois plus tard, quand les factieux quittent Londres, pour se rendre à Paris, tout le monde prévoit l'affectation que les capitaux mystérieusement versés aux proscrits genevois doivent recevoir [2]. Ce n'est pas en Irlande que vont se déployer les talents et triompher les doctrines de nos Suisses, mais en France : Clavière, Duroveray, Dumont, Reybaz, etc., fondent, à Paris, sous les auspices de Mirabeau, trois mois avant la prise de la Bas-

---

1. Alfred NETTEMENT : *Histoire de la Restauration*, t. VIII, pp. 419-426. Le *Moniteur* du 29 décembre 1826 publia une version laconique du discours de Canning, traduit d'après le document original anglais et remis à M. de Villèle par l'ambassadeur du Roi d'Angleterre. Nos voisins tenaient à supprimer les aveux de leur maladroit ministre.

2. MAZON : *Histoire de Soulavie*, t. II, p. 153. Voir aussi les *Mémoires du Règne de Louis XVI*, par SOULAVIE, t. V, p. 270.

tille, ce fameux *Courrier de Provence*, où, chaque matin, Genève sonnera le glas de l'antique Constitution française.

Réunis dans leurs bailliages, dix millions de Français viennent alors de rédiger un schéma de réformes. L'injonction d'un mandat impératif oblige tout à la fois les États Généraux à faire prévaloir ces réformes et à maintenir la Charte fondamentale. Mais il s'agit bien d'assurer le respect de la volonté populaire !...

Dociles aux instructions expédiées de Londres, nos Genevois veulent, non réformer, mais détruire. Les précurseurs de nos anarchistes réclament la dissolution intégrale de la France, la refonte de notre Charte et la substitution du *credo* politique suisse aux maximes françaises. Effronterie à peine croyable ! Ces étrangers, ces mercenaires de Pitt, se faufilent parmi les membres du Tiers-État pour mieux chambrer les mandataires des bailliages. Le 12 juin 1789, un député clairvoyant, Madier, — le grand-père du célèbre Madier de Montjau ! — Madier monte à la tribune et prononce les paroles que voici : « Je demande à la Chambre qu'elle ordonne l'expulsion hors de son sein des individus non députés qui se trouvent assis parmi. J'en aperçois un, étranger, pensionnaire du Roi d'Angleterre, que nous voyons, depuis plusieurs jours, écrire et faire circuler des billets dans la salle. »

La Chambre, indignée, s'apprête à chasser l'agent de George III, lorsque Mirabeau, très probablement admis au partage de la sportule britannique, foudroie le pauvre Madier de l'une de ces tirades foraines où excellent les ténors de Parlement. Du serviteur de Pitt, le tribun fait un « citoyen du monde ». « Au milieu des haines et des « factions, la calomnie elle-même, — tonne Mirabeau, — « respecte les vertus de M. Duroveray. Souffrirez-vous « qu'un martyr de la Liberté reçoive ici un outrage [1] ? »

---

1. Voir le *Point du Jour*, tome préliminaire, p. 351, où cette séance est rapportée.

Naturellement, l'auditoire capitule devant cette rhétorique. Cinq ans plus tard, au mois de mai 1795, « le citoyen du monde » ostensiblement aux gages du Ministre anglais à Berne, sir Fitz Gérald, tâchera de soulever le Jura contre la Convention nationale. Mais, en attendant, Duroveray et ses affidés, Clavière, Reybaz et Dumont, rédigent les discours de Mirabeau, élaborent ses plans économiques, travaillent au développement de l'agiotage et, — fidèles serviteurs du roi George, — favorisent à la fois l'anarchie politique, la catastrophe financière et la débâcle morale de la France [1].

Un document, d'une importance capitale, égaré dans un volume des Affaires étrangères, précise le rôle de Reybaz. Obéissant aux instances de Pitt, Genève nomme Reybaz son représentant diplomatique à Paris. C'est le 18 décembre 1792 que le nouveau ministre plénipotentiaire présente à la Convention ses lettres de créance [2]. Le compatriote, l'ami intime et le complice de l'ex-pasteur, Clavière, tient alors, dans le ministère Roland, le portefeuille des « contributions publiques ». Familier de la maison, Reybaz puise auprès de Clavière et de sa femme les renseignements qu'il transmet au cabinet de Saint-James. Le 2 juin 1793, un décret ordonne l'arrestation du ministre des Finances. Invulnérable, le délégué de Genève et de Pitt survit à la chute de Clavière et de la Gironde. Un autre Suisse, Tronchin, accrédité par la République de Genève auprès du roi George III, possède, alors, une maison à Paris.

---

1. Il faut lire dans Mirabeau l'histoire de cette séance, rédigée par Duroveray lui-même, qui ose mettre dans la bouche de Mirabeau cette phrase : « Le nom français reste flétri sur les bords du lac Léman ! » Dans cette rédaction, Mirabeau avoue que Clavière « est le collaborateur de ses ouvrages sur les finances ». Au lendemain de la mort du tribun, les Genevois portèrent leurs prétentions jusqu'à réclamer le dernier Mémoire que le député mourant avait envoyé à l'Assemblée nationale.

2. Lire le discours de Reybaz dans la Réimpression du *Moniteur* (4 janvier 1793) t. XV, p. 27.

Reybaz s'installe dans cette demeure, qui devient le foyer des informations et des trames que dirige, de Londres, le tout-puissant adversaire de la France [1]. Reybaz s'assurat-il des auxiliaires parmi les membres de la Convention ? C'est assez probable. Admis, en 1794, aux honneurs de la séance, l'espion de Pitt prononce un discours qui soulève le plus étrange enthousiasme. La Convention décide que ce morceau de littérature sera traduit dans toutes les langues et que le drapeau de la République Genevoise déploiera ses couleurs dans la salle même où délibèrent les dictateurs de la France. Lyrisme suspect ! Deux ans plus tard, en 1796, Reybaz recevait l'ordre de quitter Paris dans les vingt-quatre heures. Un patriote venait-il de découvrir les menées de l'agent britannique [2]?

1. Voici le texte intégral du document : « Note communiquée par Chépvy, agent politique employé près l'Armée des Alpes (28 septembre 1793).

« Depuis longtemps, l'on avait prévenu différentes personnes en place que *Rébas* (*Reybaz*), ministre de la République de Genève, était, depuis nombre d'années, le rédacteur de *Clavière*, — que le premier, ayant horreur de la République, s'était retiré, au mois d'août 1792, en Angleterre, avait suivi, dans ce pays, ses relations avec Duroveray qui l'avait lié avec Pitt lequel, pour en tirer parti, l'avait fait nommer, par l'aristocratie genevoise, son ministre à Paris, au moment de l'espèce de révolution arrivée dans cette République.

« L'ancien gouvernement avait eu l'adresse de lui faire conserver son poste. C'est de cet homme dont Pitt se servait pour savoir, soit par Clavière, soit par sa femme, les secrets du cabinet.

« Clavière arrêté, cet homme (Reybaz) reste à Paris. Tronchin, l'ancien ministre, dans la maison duquel il loge, est en Angleterre, Ce dernier s'est fait donner à Genève des pouvoirs auprès de l'Angleterre, et Reybaz est le noyau des intrigues suisses, genevoises et anglaises.

« Cet homme est d'autant plus dangereux qu'il a infiniment d'esprit. — André Dassier » : *Archives du Ministère des Affaires étrangères*, volume 326, p. 99.

2. Réimpression du *Moniteur*, t. XXI, 559, 573, 704; — t. XXVIII, 499. Reybaz (Étienne-Salomon), né à Nyons, canton de Vaud, le 5 octobre 1737, fit ses études de théologie à Genève, fut consacré ministre en 1765. A la veille de la Révolution, il devient, avec Étienne Dumont, Étienne Clavière, et Duroveray, le collaborateur

V

Les séides de l'Angleterre avaient spécialement reçu la mission de précipiter notre pays dans une guerre contre l'Europe. Le commanditaire de nos Genevois, William Pitt, n'avait point oublié la parole prononcée un jour par son père, le célèbre Lord Chatam, dans le Conseil du Roi : « L'Angleterre ne parviendra jamais à la suprématie des « mers tant que la dynastie des Bourbons existera ! » Pour abattre la race Royale, il faut donc déchaîner contre elle toutes les haines, toutes les passions et tous les peuples. Ni l'Autriche ni la Prusse ne voulaient mettre à profit nos discordes. A la fin d'octobre 1791, la Cour de Vienne ordonne au Gouverneur des Pays-Bas d'interdire l'enrôlement des réfugiés français. Si les émigrés passent outre, injonction est faite de les punir comme des « perturbateurs du repos public ». Malgré la déclaration de Pilnitz, le roi de Prusse refuse d'obéir aux sollicitations du comte de Provence et du comte d'Artois. « Il ne reste pas un Français à Trèves, — écrit Mallet du Pan, le 2 janvier 1792 ; — Coblentz se dégarnit de jour en jour. Tout port d'uniforme est interdit. Les marchés d'armes et de munitions sont sévèrement défendus. » Si la guerre n'est pas l'œuvre des

---

et le « fournisseur » de Mirabeau. Les lettres de Mirabeau établissent la part que prit Reybaz à l'élaboration des principaux discours de l'orateur. Les discours relatifs aux successions en ligne directe, au célibat des prêtres, aux assignats, etc., sont de Reybaz. Les brouillons sont conservés à la Bibliothèque de Genève. Dans une lettre de Mirabeau à Reybaz, le tribun s'excuse d'avoir enlevé ces mots : « seulement pour la prononciation », et d'y avoir ajouté quelques pages. Ailleurs, il lui dit : « Suivez avec un grand soin le *Moniteur*, afin de vous tenir prêt à une réplique. » Voir *Un collaborateur de Mirabeau, documents inédits* (avec les lettres de Mirabeau et le texte des principaux discours composés par Reybaz), par Philippe PLAN, Bibliothécaire de la ville de Genève (Paris, 1871). Reybaz mourut à Paris le 23 octobre 1804.

Puissances étrangères, elle n'est pas davantage le fait de Louis XVI. Au mois d'avril 1792, le Roi se prononce contre elle avec la plus grande énergie et, sur son ordre, le procès-verbal de la séance, revêtu de la signature de tous les ministres, consigne cette opinion et prend acte de cette résistance. Il est juste d'ajouter que Robespierre, Danton, Marat, Billaud-Varenne, Camille Desmoulins, ne se montrèrent pas moins hostiles à toute guerre offensive. Pendant qu'Isnard, Vergniaud, Louvet, etc., déclarent « qu'une guerre générale renouvellerait le monde », et « que les peuples s'embrasseraient à la face des tyrans détrônés », Robespierre, le 27 janvier 1792, fait entendre ces paroles pleines de courage et de sens :

« La plus extravagante idée qui puisse naître dans la tête d'un politique est de croire qu'il suffise à un peuple d'entrer à main armée chez un peuple étranger pour lui faire adopter ses lois et sa constitution. Personne n'aime les missionnaires armés, et le premier conseil que donnent la nature et la prudence, c'est de les repousser comme des ennemis. »

L'histoire a ratifié le jugement de Robespierre. Des guerres, pleines de gloire, mais pleines aussi de folie, que la Révolution a déchaînées, date — Sainte-Beuve en convient lui-même [1] — l'animosité de l'Europe contre la France.

Notre ennemi le plus intraitable et le plus perspicace, le Gouvernement anglais, comprit dès le premier jour, avec ce flair génial que donne la haine, les conséquences de l'incendie que la Gironde allait allumer de Bruxelles à Vienne et de Madrid à Hambourg. Si la guerre ouvrait

---

1. *Nouveaux Lundis*, t. X. Article sur l'ouvrage d'Armand LEFEBVRE : *Histoire des Cabinets de l'Europe*.

à la cupidité du peuple anglais, protégé par la mer, une sphère d'ambition illimitée, sans mettre sérieusement en péril ni sa sécurité, ni son indépendance, en revanche, elle devait fatalement soulever contre nous les nations vaincues.

Il était facile de prévoir, en effet, qu'un jour viendrait où les peuples, foulés par nos armes et ne se sentant plus que la honte de la défaite et l'aiguillon de la vengeance, abdiqueraient leurs querelles pour se coaliser contre le vainqueur. Confidents des calculs de l'Angleterre, deux hommes, le Genevois Clavière [1] et son ami intime, le libel-

---

1. CLAVIÈRE (Étienne), né à Genève le 27 janvier 1735, fut un des chefs du parti démocratique, dont le triomphe amena, en 1782, une intervention armée de la France, de la Sardaigne, et de l'État de Berne. Proscrit, avec vingt-cinq des principaux meneurs, il se réfugia en Angleterre avec d'Yvernois, Duroveray, le géologue Delué, etc., auxquels se joignirent bientôt Dumont, Chauvet, Marat et autres Suisses du même parti, qui instituèrent entre eux un Comité, et obtinrent du Gouvernement anglais une subvention pour fonder en Irlande une Nouvelle-Genève. Mais, dès que leur compatriote Necker fut parvenu au pouvoir en France, plusieurs des Genevois accoururent à Paris, et s'attachèrent plus particulièrement à Mirabeau, dont Clavière, spécialement, fit la réputation financière par une collaboration demeurée longtemps secrète. Dès 1779, il participa à la rédaction du *Courrier de Provence*, avec les autres coryphées de la petite coterie génevoise qui entourait le grand orateur. Il s'était occupé activement de banque et d'agiotage, et il fut un de ceux qui développèrent parmi nous les opérations de bourse et le trafic sur les effets publics. Très lié avec Brissot, qu'il avait connu en Angleterre, il fut poussé par les Girondins au ministère des Finances en mars 1792, et tomba avec eux. Arrêté le 2 juin 1793, il fut averti, le 8 décembre, qu'il comparaîtrait le lendemain devant le Tribunal révolutionnaire. Sa résolution fut aussitôt prise. Le comte Beugnot, emprisonné dans la même chambre, nous apprend, dans ses *Mémoires*, que Clavière quitta la table, le soir, en escamotant le couteau à découper et se suicida pendant la nuit. Clavière s'était autrefois occupé de sciences occultes et d'alchimie et avait recherché le secret de la transmutation des métaux. Il aurait même vendu à une Loge de francs-maçons un manuscrit qui fut ensuite porté en Allemagne, et qui donnait un procédé pour préparer la pierre philosophale : il suffisait de faire calciner un enfant nouveau-né dans une cornue ! Telle est du moins l'affirmation de l'historien allemand Frédéric Bulau, dans ses *Histoires mystérieuses*.

liste Brissot[1], tous les deux entretenus par Pitt, opposèrent aux conseils pacifiques de Robespierre et de Camille Desmoulins, les plus folles provocations : « Il faut mettre le feu aux quatre coins de l'Europe ! » s'écria Brissot. Enflammée par les tirades vénales de ce tribun et réfractaire aux adjurations de la Montagne, la Gironde, — c'est-à-dire la majorité de la Convention d'alors, — lance l'anathème à tous les peuples. Aussitôt, l'Angleterre bat des mains. Le sort en est jeté. Avant un quart de siècle, les chevaux des Cosaques viendront se désaltérer dans les eaux de la Seine. Ce sera le triomphe des Huguenots suisses, de Pitt et de ses guinées !

VI

Mais l'Angleterre n'emploie pas seulement les Genevois calvinistes et les Français parjures à l'exécution de ses plans. Plusieurs années avant la Révolution, Brissot, Sieyès et Condorcet fondaient, rue Croix-des-Petits-Champs, la « Société des Amis des Noirs », Société issue, en apparence, de la Loge des Philanthropes, inféodée elle-même au Grand-Orient de France. Mais, en réalité, ce n'est point Paris qui communique à la Société des Noirs le mot d'ordre ; c'est la capitale de la Grande-Bretagne. La Société des Noirs de Londres, dirigée par trois hommes trop peu connus et

---

1. BRISSOT (Jean-Pierre), né à Chartres, en 1754. « Bohême ambulant, dit Taine (I, 119), ancien employé de forbans littéraires, qui roule depuis quinze ans, sans avoir rapporté d'Amérique ou d'Angleterre autre chose que des coudes percés ou des idées fausses. » Membre de la première Municipalité de Paris, fondateur du *Patriote français*, député de Paris à la Législative et d'Eure-et-Loir à la Convention, vote pour la mort de Louis XVI, pousse au rétablissement de la royauté en faveur du duc d'York, est guillotiné avec les Girondins le 31 octobre 1793.

trop peu étudiés jusqu'ici, lord Stanhope [1] et les docteurs Price [2] et Priestley [3], tient sous sa dépendance l'officine parisienne où domine Brissot, l'ancien directeur du *Courrier de l'Europe* et le serviteur peu dissimulé du Ministère anglais. Aux yeux de la foule, Stanhope, Price et Priestley,

---

1. STANHOPE (Charles, lord), né à Londres, le 3 août 17 3, grand ami de Pitt dont il épouse la sœur en 1774. Membre de la Chambre des Communes en 1780, il y réclame la cessation des hostilités avec l'Amérique et la réforme parlementaire, combat avec acharnement le bill de Fox sur l'Inde, se brouille avec Pitt, écrit des pamphlets contre lui, applaudit à la Révolution, combat Edmond Bruke, uis membre de la Chambre des Lords, s'oppose à la guerre contre la France. On l'appelle à Londres « le citoyen Stanhope ». Le peuple l'exècre. Un jour que Stanhope se déclare « sans-culotte », la foule furieuse met le feu à sa maison (12 juin 1794). De 1793 à 1801, Stanhope cesse de siéger et ne reparaît à la tribune que pour demander que l'Angleterre se réconcilie avec Napoléon. Meurt le 15 décembre 1816.

Parlant devant la Chambre des lords, le 25 mars 1794, lord Stanhope ditio a les paroles suivantes, prononcées lors d'une séance précédente par l'un de ses collègues, lord Mansfield : « Si l'on pouvait engager un nombre considérable de Français à fomenter une révolte contre la Convention nationale, quelque somme que l'on dût dépenser pour y réussir, il faudrait ne rien épargner. » (Réimpression du *Moniteur*, t. XX, p. 201. Voir aussi le même tome, pp. 361, 537.) Le père de lord Stanhope avait été, avec le cardinal Dubois, le négociateur de la paix entre la France et l'Angleterre, et passa pour avoir reçu à cette occasion, de la Cour de Versailles, de copieux cadeaux.

2. PRICE (le Docteur), président de la Société des Noirs, fait voter par la *Société des Amis de la Révolution* de Londres un hommage à l'Assemblée constituante. Notice dans la Réimpression du *Moniteur*, t. VI, 403, et VIII, 226.

3. PRIESTLEY (Joseph), né à Fieldhead, près de Leeds (Angleterre), le 13 mars 1733, fils d'un fabricant de drap, se familiarise de bonne heure avec les langues orientales, se fait exclure de l'Église presbytérienne, se livre à des études chimiques qui immortalisent son nom. Bibliothécaire du marquis de Lansdowne, il aborde la controverse philosophique et religieuse, accueille la Révolution avec enthousiasme, est nommé citoyen français et membre de l'Assemblée constituante.

Le 14 juillet 1791, Priestl y fête, avec des amis, la prise de la Bastille. Le peuple de Londres, irrité, envahit la maison de Priestley et brûle la bibliothèque et les instruments. Priestley reste encore trois ans en Angleterre, puis s'embarque pour l'Amérique, et meurt à Philadelphie le 6 février 1804.

paladins désintéressés de la plus noble des causes, poursuivent la suppression de l'esclavage et l'abolition de la traite. Mais depuis quelle époque ce zèle généreux enflamme-t-il nos deux chevaliers et secoue-t-il leurs compatriotes? Après avoir exercé, pendant des siècles, le commerce du « bois d'ébène », après avoir prélevé chaque année, sur les côtes d'Afrique, un butin de cinquante à soixante mille noirs, pourquoi l'Angleterre, saisie tout à coup d'une irrésistible sympathie pour les nègres, entreprend-elle, maintenant, une campagne violente contre la traite? Les observateurs remarquent que cette affection singulière envahit l'âme anglaise, juste le lendemain du jour où l'Inde, arrachée à la France, tombe sous le joug de notre rivale. Les cent millions d'habitants qui peuplent ce vaste territoire, la température de l'Hindoustan et ses produits ne permettront-ils pas bientôt, en effet, à nos voisins, de se passer désormais du concours des nègres? Si, pour exploiter leurs cultures tropicales, la France et l'Espagne doivent demander des bras à la Côte d'Afrique, l'Angleterre possède, en revanche, dans l'Hindoustan, un inépuisable réservoir de coolies qui suffiront au recrutement de ses manufactures américaines [1]. En tonnant contre l'escla-

---

1. En 1789, l'Angleterre, en même temps qu'elle stipendiait les libellistes genevois et français qui stigmatisaient la traite des nègres, — exportait, à elle seule, autant d'esclaves que le reste de l'Europe, — ainsi que le prouve l'état fourni par la Chambre de Commerce de Liverpool aux membres du Conseil privé. Voici les chiffres que donne l'*Histoire des Indes occidentales*, par Bryan EDWARDS (Édition de 1804, p. 124) :

NOMBRE D'ESCLAVES EXPORTÉS EN 1789 :

Par les Anglais	38.000
Par les Français	20.000
Par les Hollandais	4.000
Par les Danois	2.000
Par les Portugais	10.000
TOTAL	74.000

vage, l'Angleterre et ses affidés conspirent la ruine de notre Empire colonial et de notre commerce transatlantique, indissolublement liés l'un et l'autre au maintien du travail servile, tant que la France, — marchant sur les traces de ses voisins, — ne l'aura pas remplacé par un nouveau régime économique. Bref, le monopole du commerce d'exportation et la souveraineté des mers, voilà les deux conquêtes que la Société des Noirs tâche d'assurer à la Grande-Bretagne, sous les yeux d'un Gouvernement trop faible pour contrecarrer cette trahison et surtout trop bienveillant pour la punir [1].

VII

Un fervent royaliste de la Constituante, Faydel, député du Quercy, raconte, dans ses *Souvenirs* [2], qu'il habitait non loin de la maison où siégeait le « Club des Noirs ». L'argent de l'Angleterre soudoyait, — dit sans ambages notre Constituant, — cette caverne où « les agents d'Albion » se livraient à des dépenses que ne justifiaient ni leur rang, ni leur fortune. Un homonyme de Faydel dirigeait alors un journal, l'*Observateur*, qui lui ouvrait les portes du Club des Noirs. Grâce à la similitude des noms, le député du Quercy reçut, à différentes reprises, des lettres et des avis,

---

1. La Société des Amis des Noirs avait créé à Lyon un journal, *Le Courrier de Lyon*, qui rivalisait avec le journal de Brissot. Le *Courrier de Lyon* était rédigé par Champagneux, l'ami de la famille Roland, et le ministre protestant Frossard. Cette feuille, d'une rare violence, faisait la guerre à la Monarchie, au Clergé et à la Noblesse. Elle n'avait pas d'abonnés et ne vivait que de subsides secrets (V. les *Mémoires pour servir à l'Histoire de la Ville de Lyon, pendant la Révolution*, par l'abbé GUILLON DE MONTLÉON, t. Ier, pp. 81-82.

2. Ces *Souvenirs* ont été recueillis par le baron André DE MARICOURT. Voir *En marge de notre histoire*, p. 175.

où se révélaient les complicités des sociétaires et les desseins de leurs chefs. Un jour, parmi les missives de provenance anglaise, qui furent, par erreur, livrées à Faydel, l'une d'elles plaidait la nécessité de supprimer les deux premiers ordres de l'État, et les deux arcs-boutants de la France : la Noblesse et le Clergé ! Cédant aux suggestions du marquis de Bonnay [1], Faydel communiqua cette pièce à l'ambassadeur d'Angleterre, au duc de Dorset [2], qui parut d'abord attacher une grande importance aux conseils que son compatriote adressait au « Club des Noirs » : « Laissez-moi la lettre, dit Dorset à Faydel ; je vous la rendrai dans quelques jours. »

Cette parole ne fut pas tenue. De l'ouverture des États Généraux à l'invasion du château de Versailles, le duc de Dorset, — narre Faydel, — distribue des subsides aux provocateurs de toutes les émeutes. L'Intendant de la Liste civile, M. de Laporte [3], non seulement certifia le fait

---

1. BONNAY (marquis de), membre de la Constituante, qui l'appela trois fois aux honneurs de la présidence, était un orateur d'un grand talent et un homme d'infiniment d'esprit. Sous ce titre : la Prise des Annonciades, il publia, en 1790, un petit poème dans lequel il tournait en ridicule Petion et Charles de Lameth et qui eut le plus grand succès. Il émigra. Sous la Restauration, il fut ambassadeur de France à Copenhague, puis à Berlin. Le comte de Montlosier (t. I de ses Mémoires, p. 349) attribue au marquis de Bonnay la célèbre chanson des Actes des Apôtres sur l'air du menuet d'Exaudet :

> Guillotin,
> Médecin,
> Politique,
> Imagina, un beau matin,
> Que pendre est inhumain, etc.

2. DORSET (John-Frédéric, vicomte Sackville, troisième duc de), vice-amiral d'Angleterre, nommé ambassadeur à la cour de France en 1783, remplacé par Lord Gower, au lendemain des journées d'octobre 1789, et décédé en 1799.

3 LAPORTE (Arnaud de), successivement intendant de la Marine à Brest en 1776, Intendant général de la Marine en 1781, Maître des Requêtes et Intendant des Armées navales et du commerce maritime en 1782, il eut la plus grande part à l'administration de la Marine sous les ministères de Sartine et de Castries. Au mois de juillet 1789, il

à Faydel, mais affirma que Louis XVI, instruit de ces bizarres libéralités, après avoir témoigné sa surprise au diplomate [1], reçut de ce personnage la plus louche des réponses.

Une lettre, où Louis XVI se plaignait de l'ambassadeur d'Angleterre et de ses largesses, fut remise au roi George III, qui s'empressa de substituer à l'agent démas-

---

entra dans le ministère éphémère du baron de Breteuil. Intendant de la Liste civile le 4 janvier 1791. Lors de l'évasion de Varennes, il fut mandé à la barre de l'Assemblée législative; fit brûler à Sèvres deux voitures de documents. Les scellés furent mis sur ses papiers et un rapport fut fait sur les pièces trouvées à son domicile. (Réimpression du *Moniteur*, t. XIII, pp. 428, 459, 481.) Sa correspondance avec le roi fut retrouvée dans l'armoire de fer. (*Ibid.*, t. XIV, pp. 639, 658, 680.)

Arrêté trois jours après, le 10 août, et conduit à l'Abbaye, il fut traduit devant le Tribunal du 17 août, condamné et exécuté le 24 sur la place du Carrousel, après avoir, plus d'une fois, embarrassé ses juges, par la noble franchise de ses réponses. Son interrogatoire avait duré un jour et une nuit. (Voir MALOUET: *Mémoires*, t. II, pp. 222 et seq. Voir aussi Ed. BIRÉ : *Journal d'un Bourgeois de Paris*, t. I, p. 202.)

1. « Je tiens, dit Faydel, de feu M. de Laporte, Intendant de la Liste civile, que l'ambassadeur d'Espagne avait prévenu le Roi que l'argent distribué pour exciter ces émeutes populaires sortait de chez le Duc de Dorset, alors ambassadeur d'Angleterre. » Le Roi, en ayant témoigné sa surprise au duc de Dorset, ajoutait M. Laporte, — celui-ci avait répondu :

« Oh ! cet argent m'est adressé par des négociants anglais pour le compte de quelques négociants français. J'ignore vraiment l'emploi qu'on peut en faire ! » Ce fut alors que le Roi de France écrivit au Roi d'Angleterre pour se plaindre de son ambassadeur. La réponse du Roi d'Angleterre fut trouvée à Versailles, lors de l'attaque du château. On lit encore ce qui suit dans les *Souvenirs de Faydel* : « Toutes les fois qu'on voulait arracher à l'Assemblée quelque décret subversif, des commissaires se transportaient dans les marchés et les faubourgs et, bientôt après, une insurrection populaire se portait autour de la salle de l'Assemblée, menaçant les députés désignés et criant : *Nous voulons tel décret !...* Ces insurrections et ces mouvements étaient soudoyés. J'ai vu de ces misérables entrer dans les allées au moment d'octobre et se partager l'argent qui avait été distribué à plusieurs d'entre eux. »

qué un diplomate non encore compromis, lord Gower [1]. D'après Faydel, chaque fois que la gauche voulait arracher à l'Assemblée un décret subversif, les séides du groupe ameutaient contre la Représentation nationale des bandes de vociférateurs, recrutés parmi la lie des faubourgs. L'émeute finie, les sportulaires se réunissaient dans une allée pour toucher la paye promise à leur dévouement et à leurs clameurs. Voilà les hommes que commanditait l'ambassade britannique. Il arriva plus d'une fois à Faydel d'assister à la distribution des récompenses et au marchandage des salaires.

1. GOWER (Georges GRANVILLE LEVEZON, lord), né à Londres le 9 janvier 1758, mort le 19 juillet 1833, fils du marquis Stafford, membre de la Chambre des Communes, dès 1778. Nommé ambassadeur à Paris, il garda cette fonction pendant trois ans à peine. Son mariage avec la Comtesse Élisabeth de Sutherland le mit à la tête de l'un des plus vastes domaines de la Grande-Bretagne.

CHAPITRE III

LES INSTIGATEURS DE LA JACQUERIE

I. — Singulière ingérence de l'ambassadeur d'Angleterre, le duc de Dorset. — Communication de l'Ambassadeur au comte de Montmorin. — Nouvelle intervention et nouvelle lettre. — Courriers qui partent de Versailles et qui vont en Bretagne colporter les calomnies du duc de Dorset.

II. — Les gentilshommes bretons calomniés. — Projet d'une prétendue attaque contre le port de Brest, de concert avec la flotte britannique, qui croise dans la Manche.

III. — Les nobles bretons, au lieu de se défendre, écrivent à l'Assemblée constituante.

IV. — Révélations du *Courrier de l'Europe* sur le Club des Noirs. — Extrait d'une dépêche de lord Granville au comte Stadion.

V. — Lally-Tollendal et Salomon dénoncent vainement à l'Assemblée constituante les brigandages des nouveaux Jacques. — Le comte de Virieu dénonce les trames de l'Angleterre contre nos arsenaux.

VI. — En présence des désordres, le comte d'Hector redouble de défaillance.

VII. — Grève des vingt mille marins de l'escadre de Brest. — C'est l'expédition de Saint-Domingue qui la provoque.

VIII. — La prospérité de Saint-Domingue excite la jalousie de la Grande-Bretagne. — « On veut nos colonies ! » — Ce mot revient à chaque instant dans la correspondance diplomatique de notre ambassadeur à Londres.

IX. — Le marquis de la Luzerne et le comte de Montmorin. — Portrait de ces deux hommes d'État.

X. — Espions anglais. — Violente hostilité du roi George III et de ses ministres contre la France.

XI. — Importante dépêche du 3 août 1789. — Argent répandu par l'Angleterre parmi le peuple de Paris. — La police n'existe pas. — Étrange esprit prophétique des hommes d'État anglais. — Haine de Pitt contre la France.

XII. — Le duc d'Orléans est chargé d'aller à Londres étudier les mouvements occultes du Gouvernement britannique. — Mémoire du comte de Montmorin. — Curieuse découverte. — Le marquis de la Luzerne signale la Banque hollandaise qui alimente les agents anglais et, parmi ces derniers, désigne un « particulier anglais nommé Danton ».

I

Les historiens se sont souvent demandé sous l'empire de quel sortilège les masses urbaines et rurales se précipitèrent tout à coup, la hache d'une main et la torche de l'autre, contre les châteaux. Cette jacquerie aurait peut-être paru moins inexplicable si les historiens s'étaient souvenus de la singulière lettre que le duc de Dorset écrivit au Président de l'Assemblée nationale et de l'effrénée publicité que les Amis de la Constitution donnèrent à cette correspondance [1]. Voici les faits : « Au moment même où, d'un bout de la France à l'autre, mille libelles soulèvent le Tiers-État contre la Noblesse, vers les premiers jours de juin 1789, l'envoyé du Roi George III obtient une audience du Ministre des Affaires étrangères et l'informe

---

1. Voici ce que nous raconte à ce sujet MONTJOIE, l'auteur de la *Conjuration de L.-P.-J. d'Orléans*, t. III, p. 24 : « Cette nouvelle menée de M. Dorset eut le succès le plus déplorable; on répandit sa lettre avec la plus grande profusion; on l'envoya aux électeurs, aux sections de Paris, à tous ceux qui régnaient dans les diverses provinces. On l'inséra dans toutes les feuilles publiques. Il resta démontré pour le peuple qu'il avait été formé un complot contre le port de Brest, et que c'était la Noblesse qui avait machiné cette horreur, puisqu'en étant accusé généralement, le duc de Dorset n'avait rien dit qui pût affaiblir l'opinion publique. »

que, d'après les confidences dont vient de la favoriser un individu, déguisé en prêtre, une machination criminelle menace le port de Brest. Les auteurs du complot sollicitent tout à la fois de l'Angleterre une subvention pour exécuter l'attentat et, le coup accompli, un asile pour abriter les conspirateurs. »

Bien que cette confidence puisse passer pour une mystification, le comte d'Hector reçoit du Ministre de la Marine l'ordre de se livrer à une discrète enquête. Pour justifier cette procédure, le Ministre invoque Horace. « Nous sommes, — écrit M. de la Luzerne, — dans un temps où l'on peut dire, avec le poète latin : *Periculosum est credere et non credere* [1]. »

Malgré cette démarche, le Gouvernement français reste incrédule. Six semaines se passent : nouvelle intervention du duc de Dorset. Dans une deuxième lettre, en date du 26 juillet, écrite à M. de Montmorin et communiquée, dès le lendemain, sur la demande même de l'ambassadeur, à l'Assemblée nationale, le duc de Dorset réédite ses insinuations et ses calomnies. Sous prétexte d'innocenter « sa Cour » des doléances que le public formule contre elle, le diplomate insiste, avec une insidieuse complaisance, sur le complot dont il entretint, le mois passé, le ministre de Louis XVI. Pour souligner cette perfidie, Dorset ajoute qu'un « parti de mécontents » s'apprête à coopérer avec la flotte britannique, en train d'évoluer « sur les côtes ». La savante ambiguïté de cette lettre, au lieu de calmer les esprits, les exaspère. Bizarre coïncidence! ou plutôt, étrange accord! C'est le 26 juillet que le duc de Dorset envoie sa lettre au comte de Montmorin. Or,

---

[1]. Post-scriptum autographe de la dépêche en date du 6 août 1789. Voir LEVOT : *Histoire de la Ville et du Port de Brest*, t. III, p. 198. Voir aussi : *Histoire de la conjuration de L.-P.-J. d'Orléans*, par MONTJOIE, t. III, p. 23.

la veille, le 25 juillet, deux « courriers extraordinaires », partis de Versailles, sont allés porter, l'un à Nantes et l'autre à Rennes, un message ainsi conçu :

Versailles, 25 juillet 1789.

Messieurs,

On vient d'informer les députés de Bretagne d'une nouvelle alarmante pour cette province. On assure que les Anglais ont *insulté et fouillé* plusieurs de nos navires marchands dans la Manche et qu'ils ont conçu le *projet affreux de perdre le port de Brest*. On craint que des traîtres ne le livrent à nos ennemis qui pourraient l'incendier, s'ils n'en voulaient pas faire l'attaque ouverte. Il est question de redoubler de vigilance pour la communication de ce port important et d'exciter celle des habitants de Brest, Recouvrance et environs. Nous écrivons aujourd'hui à cette ville pour l'informer de ce qu'elle ne sait peut-être pas. Je me hâte de vous en instruire vous-mêmes. *Il faut que toute la Bretagne soit informée des projets désastreux* qu'on a formés contre elle, afin qu'elle puisse apporter ses forces et ses ressources aux ennemis qu'elle a à combattre au-dehors *et aux ennemis plus dangereux* encore qu'elle peut avoir au-dedans.

C'est dans nos bureaux que je vous écris la présente.

J'ai l'honneur d'être votre très humble et très obéissant serviteur.

Signé : PELLERIN [1].

II

Parti de Versailles le 25 juillet, c'est le 27 juillet que le « courrier extraordinaire » atteint Nantes et remet à la Municipalité de cette ville les dépêches très probablement émanées du même antre d'où la lettre du duc de Dorset est sortie. La parenté des termes, l'analogie des articula-

---

1. Voir Gustave BORD : *La Prise de la Bastille et les conséquences de cet événement dans les provinces*, p. 81.

tions et le rapprochement des dates trahissent, en effet, la connivence de deux groupes de conjurés ; les premiers, étrangers à notre sol et les seconds, Français parjures, — les uns et les autres également animés du désir de déposséder notre pays de ses guides traditionnels en les poussant à coups de fouet et, au besoin, à coups d'arquebuse, hors de la nation et hors des frontières. A peine en possession des messages, les édiles nantais mobilisent vingt « exprès » qui, la veste bleue du postillon sur le dos, le gilet rouge sur le ventre, le chapeau enrubanné des trois couleurs sur la perruque à cadenettes, le sac en bandoulière, montent à cheval, et, brûlant le pavé du Roi, s'élancent au galop, sur tous les chemins de Bretagne, pour aller, de ville en ville et de « plou » en « plou », ébruiter le complot ourdi contre Brest et crier vengeance contre les conspirateurs, c'est-à-dire contre les aristocrates et contre les prêtres [1].

Les châtelains, les « seigneurs », les fils des anciens chefs

---

1. Le journal la *Correspondance de Nantes*, du 29 juillet 1789, n° 18, I, 181, contient l'entrefilet suivant :
« Le 27 courant, on reçut à Nantes un Courrier extraordinaire
« pour nous prévenir que les Députés de Bretagne avaient été offi-
« ciellement informés d'une conspiration contre le port de Brest.
« Si les habitants de Brest reçoivent à temps les avis qui sont partis
« de Nantes et de Rennes, ils n'auront pas grand'peine à deviner
« quelle association d'hommes recèle dans son sein les aveugles
« instruments de cet attentat *et ils en purgeront la ville et le royaume.* »
Un historien franc-maçon, le F.˙. Jouaust, parlant de l'agitation révolutionnaire qui secoua la Bretagne, écrit ce qui suit : « L'ensemble, — jusqu'alors incompris, avec lequel toutes les villes de Bretagne se soulèvent pour agir au même instant, dans le même but, s'explique facilement par la correspondance incessante des Loges, si nombreuses dans cette province. » (*Le Monde Maçonnique*, décembre 1859, p. 479.)
Au lendemain du Neuf Thermidor, un autre écrivain, Cadet de Gassicourt, fait la même remarque : « Expliquez-moi par quels moyens, si ce n'est par l'espionnage et la correspondance rapide et secrète des Illuminés et des Initiés, par quel hasard malheureux la Normandie, la Provence et la Bretagne se soulevoient le même jour, à la même heure que les Parisiens qui marchoient contre la Bastille. » (*Les Initiés anciens et modernes, suite du Tombeau de Jacques Molay*, an V, p. 23.)

de clan, affiliés pour la plupart à des Loges [1], où, depuis vingt ans, une philosophie humanitaire obscurcit de ses fumées les cerveaux, n'ont ni soupçonné, ni prévu le sanglant aboutissement de cette propagande. Quel réveil d'un généreux rêve !

III

Obéissant à l'archet trop visible d'un chef d'orchestre clandestin, des fous et des traîtres poussent le peuple contre ses conducteurs séculaires, contre ses remparts traditionnels, afin de faire de la France une poignée de poussière à la merci de la première tempête. Pour échapper à l'amertume de ce présent et au deuil de cet avenir, il aurait fallu que les gentilshommes, opposant, sur l'heure, l'action à l'action, rompissent avec les légèretés de la vie mondaine pour reprendre, à la tête de la masse rurale, leur rôle social et leur tutelle héréditaire. Malheureusement, les habitudes des Cours et l'air des salons ont fait oublier à ces frivoles « seigneurs » les enseignements de l'histoire. Au lieu de se tourner vers leurs clans, vers leur clientèle, vers la seule force nationale qui s'inclinait encore devant leur ascendant et qui pouvait, sans désavantage, lutter, avec eux, contre l'anarchie en marche, les châtelains, les officiers de marine, s'adressent à l'Assemblée Constituante, c'est-à-dire à l'ennemi. Le 17 août 1789, un député du Languedoc, le baron de Marguerittes [2], donne

---

1. Le 30 septembre 1790, le sieur Gérard-Henry de Blois prétend avoir ouï dire que six à sept millions étaient arrivés de Hollande le jeudi 1er octobre pour moyenner le soulèvement du peuple et la séduction du régiment de Flandre. *Registres du Châtelet de Paris*. Enquête sur les journées d'octobre 1789.

2. MARGUERITTES (Jean-Antoine TEISSIER, baron de), fils d'un secrétaire du Roi, né à Nîmes, le 30 juillet 1744, se livra, jeune encore, à la culture des lettres et des arts. Député de la Noblesse aux États Gé-

lecture d'une lettre où « Messieurs les gentilshommes bretons se plaignent amèrement des soupçons injurieux que l'on veut répandre sur la Noblesse de la province, relativement au complot formé contre le port de Brest d'après l'annonce vague de l'ambassadeur d'Angleterre [1] ». Quelle étourderie et quelle puérilité dans ces doléances ! Les « Gentilshommes bretons » ignorent-ils donc que la Constituante, — docile aux instructions envoyées de Londres au Club des Noirs, est résolue d'avance à ne quitter le Forum qu'après avoir abattu les deux tuteurs séculaires du peuple français : la Noblesse et le Clergé? Si l'aristocratie armoricaine redoutait l'émeute, elle devait s'armer, — et non gémir. La plainte livre à l'adversaire le secret de notre faiblesse. Au lieu d'attendrir les Jacobins, la pétition accrut leur fureur.

Et maintenant, pour revenir aux insinuations calomnieuses du duc de Dorset, il n'est que trop certain qu'au cours de l'été 1790, une flotte anglaise, commandée par lord Howe, croisa sur le littoral de la péninsule bretonne.

néraux, il s'y montra toujours fidèle aux principes de la Monarchie, protesta contre toutes les mesures révolutionnaires et fit preuve d'un certain talent. S'étant rendu à Nîmes au mois de mai 1790, où sa présence comme maire était devenue nécessaire, il offrit à la Garde nationale un festin, qui fut interprété comme « une entreprise de la Réaction ». Dénoncé par le parti révolutionnaire, il fut mandé à la barre de l'Assemblée nationale, s'y défendit avec fermeté et fit l'éloge des catholiques menacés par les protestants. Dès lors, sa perte fut décidée. Arrêté comme suspect en 1793, il fut traduit devant le tribunal révolutionnaire et condamné a mort, le 20 mai 1794, comme auteur ou complice des conspirateurs du Midi. Le baron de Margueittes avait publié un *Discours sur l'avènement du roi Louis XVI à la Couronne*.

1. Le même document ajoute que « de pareils bruits ne sont propres qu'à semer la méfiance et la division entre les diverses classes de citoyens d'une grande province; comme conséquence, il est urgent d'engager M. le Duc de Dorset à donner des renseignements plus précis relativement au complot » (*Archives parlementaires*, t. VIII). Naturellement, la Constituante ne donna aucune suite à cette lettre.

Nous en trouvons la preuve dans une lettre qu'écrivait, vers le 15 septembre 1790, un officier de service dans l'escadre de l'amiral Howe. Cette missive est des plus curieuses : en voici le principal passage :

« Nous avons examiné avec une scrupuleuse exactitude « tous les bâtiments qui ont passé à la vue de la flotte; « mais, quoiqu'elle couvrît une vaste étendue de mer, il « ne s'est pas présenté un seul bâtiment de guerre (fran- « çais). Il paraît que notre mission principale *était d'être* « *attentifs à ce qui se passait dans le port de Brest, afin d'em-* « *pêcher l'escadre française d'en sortir* [1]. »

En vertu de quel droit cette escadre britannique surveillait-elle la côte bretonne et s'adjugeait-elle la mission d'empêcher la sortie de la flotte qui, sur l'ordre de Louis XVI, devait se porter au secours de Saint-Domingue? La France était-elle en état de guerre avec la Grande-Bretagne? Aucun historien de la Révolution n'avait, jusqu'ici, soupçonné l'existence et les manèges de cette insolente croisière. C'est le hasard d'une lecture dans le *Courrier de l'Europe* qui nous a fait découvrir l'épître accusatrice de l'officier anglais. Ce document capital ne laisse plus de doute sur l'entente secrète des mutins de l'escadre de Brest avec lord Howe.

IV

Le même *Courrier de l'Europe* [2] qui — comme nos lecteurs le savent — s'imprimait à Londres, signale, à la

---

1. Lettre publiée dans l'*Oracle* du 17 septembre 1790 et reproduite par le *Courrier d'Europe* du 21 septembre 1790, p. 189. Bibliothèque de l'Arsenal.

2. Le *Courrier de l'Europe* avait été longtemps dirigé par Brissot, un des fondateurs du Club des Noirs.

date du 22 octobre 1790, l'arrivée dans cette ville de « deux envoyés Français » et de « deux membres du Club de Nantes ». Que viennent faire, dans la capitale de la Grande-Bretagne, ces deux délégations? La première vient « se concerter et coopérer avec le Club (le fameux « Club des Noirs) dont lord Stanhope est le président, « à l'effet, selon toute apparence, de semer la division « dans le pays. On assure, — ajoute le *Courrier de l'Eu-* « *rope,* — qu'il a été envoyé de semblables missionnaires « dans les pays voisins de la France ». Quant aux deux clubistes Nantais, leur déplacement est motivé par la reconnaissance. Si les honorables citoyens se dérangent, c'est pour exprimer leur gratitude aux membres de la « Société des Amis de la Révolution ». Avons-nous besoin de prévenir nos lecteurs que la liste des « Amis de la Révolution » s'étoile des mêmes noms qui décorent la nomenclature où s'alignent les « Amis des Noirs » : Stanhope, Price, etc.?

Si, à cette époque, les faveurs de nos voisins semblent acquises aux fauteurs de nos troubles, il ne faudrait pas croire que, de 1789 à 1802, le Gouvernement britannique favorisera d'un concours ininterrompu le parti révolutionnaire. Dans une dépêche du 21 mars 1793, en pleine Terreur, un diplomate autrichien, accrédité près du Cabinet de Saint-James, le comte Stadion, rapporte une confidence où lord Granville dévoile le jeu oblique du Foreign-Office : « Nous ne soutenons efficacement aucun parti, « — dit le Ministre des Affaires étrangères, — et il n'y « en a point avec qui nous fassions cause commune. Mais, « nous croyons devoir nous tenir près de tous et leur don- « ner des espérances qui ne nous engagent à rien pour « *entretenir et fomenter les troubles intérieurs qui font une* « *si puissante diversion à la guerre* [1]. »

1. ZEISSBERG : *Err Herzog Carl,* t. III, p. 171. Cités par Albert

V

L'étrange simultanéité de ces troubles accuse vainement l'ingérence d'un pouvoir ténébreux; les agents que l'Angleterre compte dans l'Assemblée constituante s'arrangent pour que les drames qui secouent la France n'obtiennent ni les honneurs d'un débat public, ni le châtiment d'une répression judiciaire. Il faut étouffer les cris des victimes et les doléances des témoins. Ainsi, le 23 juillet 1789, lorsque Lally-Tollendal, soutenu par Malouet et Mounier, vient dénoncer à l'Assemblée les assassinats et les incendies « que provoquent les agitateurs mystérieux », et demande « qu'un décret remette les lois en vigueur et les tribunaux en action contre les meurtriers et contre les incendiaires », Mirabeau traite les attentats de « contrariétés légères, indignes de l'attention des représentants de la France ». Aussitôt la majorité, subjuguée et déférente, déclare qu' « il n'y a lieu à délibérer ».

A la fin du mois de juillet 1789, les mêmes huées réduisent au silence le député Salomon [1], signalant, au nom du Comité des Recherches, « les propriétés partout en proie au plus coupable brigandage, les châteaux brûlés, les couvents détruits, les fermes abandonnées au pillage, les lois sans force et les magistrats sans autorité ! » L'année suivante, à défaut des aveux de l'Angleterre elle-même, l'imprévu de certaines dépositions finit par inquiéter l'opinion publique, d'ordinaire si frivole. Les griefs des diplomates

---

SOREL : *L'Europe et la Révolution française*, t. III, p. 462. A la même époque, lord Mansfield déclarait, en plein Parlement, que de l'argent dépensé pour fomenter une insurrection en France serait bien employé. Voir le *Moniteur*, numéros 205 et 224, année 1794.

[1]. SALOMON DE LA SAUGERIE, député d'Orléans à la Constituante. Voir son Rapport dans la Réimpression du *Moniteur*, t. I, p. 279.

les plus défiants contre notre voisine s'accroissent de tout ce que certaines découvertes ajoutent aux intuitions du patriotisme et aux pressentiments de la défaite. Le 30 avril 1790, à Marseille, une bande de sacripants pénètre dans l'enceinte du bastion Notre-Dame et se met en devoir de démolir cette forteresse. La Municipalité laisse faire, mais le commandant, M. de Bausset, qui veut balayer les mutins, périt sous leurs coups [1]. Les mêmes désordres ensanglantent Montpellier, Grenoble, Toulon. Le caractère, en quelque sorte stratégique, de ces assauts, trouble un moment l'Assemblée nationale. Un membre de la Droite, le comte de Virieu [2], jette le cri d'alarme et demande à ses collègues « s'ils laisseront les forts et les arsenaux devenir la proie de l'Angleterre [3] ». Hélas ! ces paroles tombent dans le vide et ne suscitent ni une contradiction, ni une résistance.

1. *Archives nationales*, F¹ 3693.

2. Virieu (le comte François-Henri), né à Grenoble, le 13 août 1754. Entra au service à quatorze ans, colonel, en 1786, du régiment du Royal-Limousin. Il ne prit part ni à l'Assemblée de Vizille, ni à celle de Romans. Nommé député de la Noblesse dauphinoise aux États Généraux, il fut honoré de l'amitié de Louis XVI, assista souvent aux réunions de l'Assemblée constituante. Au sujet du repas des Gardes du Corps, Virieu eut le malheur de faire connaître la vérité sur cette prétendue orgie. Cette courageuse rectification faillit le faire massacrer par le peuple. Il figura parmi les fondateurs du Club des Impartiaux, avec Malouet, Clermont-Tonnerre, combattit le projet de substituer le drapeau tricolore au drapeau blanc, défendit l'autorité royale, l'armée, etc. Sur la demande de Mᵐᵉ Élisabeth, Virieu se rendit à Coblentz pour instruire le Prince de la situation. Se retira en Suisse et prit part, sous les ordres du général de Précy, à la défense de Lyon. Dans la nuit du 8 au 9 octobre 1793, Virieu, à la tête d'une colonne de l'armée lyonnaise, fut attaqué par les forces républicaines, au défilé de Saint-Cyr, et tué par une balle (Voir Bittard des Portes : *l'Insurrection de Lyon en 1793*, p. 545, et Marquis Costa de Beauregard : *Souvenirs du Comte de Virieu*, p. 377.

3. *Moniteur*, séance du 12 mai 1790 : « Le Comte de Virieu. — Si l'on ne réprimait pas les désordres qui nous sont dénoncés, si l'on venait nous attaquer, vous demanderiez en vain où sont vos arse-

VI

En attribuant à des malfaiteurs étrangers les trames contre lesquelles se buttent, presque à chaque pas, les agents du Pouvoir central, le comte d'Hector ne se fait donc point l'écho d'une légende. Mais plus s'accusait, dans la clarté des faits, l'évidence des devoirs, plus l'énergie du brave marin n'aurait-elle pas dû se déployer contre les factieux et contre leurs complices? Malheureusement, si le péril surexcite le patriotisme du général, il ne secoue pas son indolente confiance. L'éducation raffinée du gentilhomme, sa courtoisie, sa bienveillance, l'induisent dans de fastidieux pourparlers où succombent, tour à tour, les privilèges du commandement et le prestige de l'autorité. Chaque émeute amoindrit le rôle de l'armée et chaque négociation jalonne une nouvelle étape de la déroute.

Un jour, le général comte d'Hector admet à la surveillance de l'arsenal et du port des patrouilles de la milice populaire. Une autre fois, il se prête, en pleine nuit, aux inspections les plus outrageantes. Le Pouvoir essaie-t-il de regimber? Les conjurés, pour justifier leurs empiètements, fabriquent des fables qui ensorcèlent la foule et qui mettent à ses pieds les chefs. D'illusoires complots enflamment les imaginations et voilent les trames trop réelles qu'ourdit le Club de Jacobins contre la Monarchie

---

naux, où sont vos forts, ils se trouveront dans les mains de vos ennemis.

« MIRABEAU dit qu'on l'accuse, *lui*, Mirabeau, d'être l'instigateur des troubles de Marseille !

« LE COMTE DE VIRIEU : On demande autour de moi ce que j'ai entendu dire par les ennemis de la nation. *J'ai voulu parler de l'Angleterre !* » *Archives parlementaires*, t. XV, p. 495.

périclitante et contre ses valétudinaires serviteurs. Mais ce n'est pas encore assez. Il faut que l'armée subisse la loi de la plèbe. Les meneurs commencent par lui imposer la cocarde, et, le lendemain, c'est un serment qu'ils réclament et qu'ils extorquent.

VII

Quand l'asservissement des Corps militaires ne laisse plus rien à désirer, quand la Société des Amis de la Constitution et le Conseil général de la Commune de Brest ont accaparé toutes les influences et confisqué tous les pouvoirs, l'émeute qui, jusqu'ici, rampait dans la rue et dans les chantiers, escalade les vaisseaux de guerre.

Mais comment éclata cette formidable émeute qui, pendant plus de trois mois, — de septembre à décembre 1790, — immobilisant à Brest 20.000 hommes de notre flotte, retarda le départ de l'escadre chargée de rétablir l'ordre aux Antilles et paralysa les forces appelées à maintenir sous notre domination une colonie aux prises avec les intrigues des sectes? Pour établir l'origine et déterminer la filiation de ce soulèvement, ou plutôt de cette guerre étrange qui, d'après les calculs de nos ennemis, devait entraîner la perte de la plus belle de nos possessions d'outre-mer, il faut traverser l'Atlantique et aller à Saint-Domingue.

Saint-Domingue! Voilà le cratère d'où jaillissent les flammes qui doivent mettre le feu à la métropole. C'est là seulement que nous trouverons la clef des événements qui vont se dérouler, trois mois plus tard, dans le grand port militaire de Bretagne.

En 1789, l'Empire colonial de la France s'espace sur 136.000 kilomètres carrés et compte un million d'âmes, y compris les esclaves. Aujourd'hui, les plus modestes estimations donnent à notre fief extra-européen une superficie de quatre millions de kilomètres carrés et une population de trente-trois millions d'âmes [1]. A ne s'en tenir qu'aux chiffres, l'Empire transatlantique français du xxe siècle, trente-six fois plus étendu et trente-trois fois plus peuplé que le domaine du xviiie siècle, accuserait l'infériorité de nos pères. Mais, — élément prépondérant de la puissance économique et facteur de l'ascendant politique des États, — les colonies ne sauraient être considérées isolément de leur métropole. L'importance d'un empire d'outre-mer ne se mesure ni à sa population, ni à son territoire, mais au rang que son trafic confère au peuple dans la zone duquel il gravite. Le Portugal a joui d'un domaine ultramarin bien longtemps supérieur au nôtre; quel magistère lui procurait pourtant cette suprématie matérielle?

Aucune. Dans ses immenses jachères africaines, frappées de stérilité, ne germaient que des fonctionnaires et ne s'épanouissaient que des sables. Aujourd'hui, parmi les quatre millions de kilomètres carrés dont s'enorgueillit la France, combien entre-t-il de terres cultivables? Peut-être pas le cinquième. A la veille de la prise de la Bastille, notre Empire d'au-delà les mers tire sa valeur, non de la place qu'il occupe sur la carte, mais des transactions commerciales auxquelles il donne carrière. Exploitées depuis un siècle et demi par des planteurs qui, de père en fils, consacrent d'énormes capitaux aux cultures, nos colonies l'emportent, en 1789, tant par leur rendement que par leur prospérité, sur les possessions de notre voisine d'outre-Manche. Au dire d'un contemporain, l'ensemble de nos colonies représente alors une valeur d'au moins

1. L. DESCHAMPS : *Les Colonies pendant la Révolution*, pp. 1 à 8.

trois milliards [1] et fournit à notre commerce près de 300 millons d'échanges [2]. Or, d'après Raynal [3], le commerce colonial de l'Angleterre s'élève, en 1789, à 152 millions, soit 50 pour 100 de moins que le nôtre. Ces chiffres montrent combien était légitime l'attachement que témoignaient à notre système colonial les membres de la Constituante non affiliés au Club des Noirs. « Le commerce de la France, — répètent à l'envi les orateurs patriotes, — dépend, avant tout, des colonies et périrait sans elles. » — « La ruine du commerce colonial atteindrait plus de trois millions de Français », affirme, de son côté, le duc de la Rochefoucauld-Liancourt [4].

VIII

Cette richesse excite la jalousie de la Grande-Bretagne, instinctivement irritée d'une fortune qui nous interdit de lui laisser le sceptre des mers [5]. Les possessions transatlan-

---

1. MOSNERON DE LAUNAY, armateur à Nantes. Discours au Club des Jacobins, 26 février 1790 (*apud* AULARD : *Le Club des Jacobins*, t. I, 9).

2. GOUDARD, rapporteur : *Le Commerce de la France en 1789, d'après les statistiques du Bureau de la Balance de Commerce*, lues dans la séance du 24 août 1791. (*Ass. Const.*)

3. *Histoire philosophique des Indes*, t. I, p. 596.

4. Discours du 24 septembre 1791. Au raisonnement de la Rochefoucauld, l'anglophile Brissot opposait de pitoyables sophismes. L'ancien Directeur du *Courrier de l'Europe* osait dire que « si les journaliers, entretenus par le commerce colonial, étaient frustrés tout à coup de cette ressource, ils trouveraient d'autres moyens de subsister ».

5. Arthur YOUNG : *Voyages en France*, traduction LESAGE, t. II, p. 360 : « Je tiens Bordeaux pour plus riche et plus commerçante qu'aucune ville d'Angleterre, excepté Londres. » En 1785, les échanges entre Saint-Domingue et la France se sont faits au moyen de 569 navires portant 162.000 tonnes, sur lesquelles Bordeaux a fourni 246 navires et 75.000 tonnes. *Ibid.*

tiques ne comportent-elles pas, en effet, l'entretien d'un puissant établissement naval? A peine les premiers grondements du volcan qui doit couvrir de ses laves la Monarchie capétienne se font-ils entendre que le Ministre des Affaires étrangères, le comte de Montmorin, et le représentant de Louis XVI auprès du Cabinet de Saint-James, le marquis de la Luzerne, accusent l'Angleterre de provoquer les séditions de la rue et la grève des équipages pour saccager notre puissance maritime et s'emparer de nos îles. L'anéantissement de l'Empire colonial de la France, voilà l'objectif des émeutes que l'Angletere soudoie, et tel est le point de départ des trames qui, pendant quatre ans, bouleverseront notre pays, sous prétexte de le régénérer.

IX

De mai 1789 à novembre 1791, les deux hommes d'État les mieux placés alors pour surveiller les manèges de la Cour de Londres, le comte de Montmorin et le marquis de la Luzerne, ne cessent de dénoncer, dans leurs correspondances, les convoitises et les jalousies de l'Angleterre, comme la cause initiale de nos dissensions. Les dépêches diplomatiques, au lieu de gonfler les faits, les laminent et les exténuent. L'historien qui consulte les documents de chancellerie a donc la certitude et l'avantage d'y rencontrer des renseignements et des affirmations que ne gâte aucune hyperbole. Tel est, notamment, le caractère de la Correspondance où, dès le début de nos troubles, nos agents diplomatiques appellent l'attention du Cabinet de Versailles sur les cheminements secrets du Cabinet de Saint-James. Après avoir exploré les six volumes, avons-nous le droit d'affirmer que, de ces missives, écrites au jour le jour, jaillissent ces lueurs nouvelles? Le brillant gentilhomme que Louis XVI avait envoyé à Londres, le marquis de la Luzerne, démasqua-t-il les artisans de la Révolution ? Flaira-t-il leurs projets et pronostiqua-t-il leur victoire ? De tous nos historiens, seul, Albert Sorel a tenu dans ses mains cette Correspondance, mais sans en dégager, ce nous semble, tous les enseignements dont elle éblouit le chercheur aux aguets des trames de la Puissance occulte qui gouverne alors l'Europe.

Et, pourtant, le diplomate qui renseigne Louis XVI n'est pas de ces grands seigneurs frottés de quelques vagues notions d'histoire, ni de ces insignifiants damerets tout au plus bons à marivauder aux pieds d'une caillette. D'extraction normande, descendant de l'un des cent dix-neuf chevaliers qui défendirent, au XVIe siècle, le mont Saint-Michel contre les 8.000 Anglais de lord Scale et très fier de cette ascendance, Anne-César, marquis de la Luzerne, — frère du comte César-Henri de la Luzerne, alors ministre de la Marine (du 25 août 1877 au 24 octobre 1790) et de Mgr César-Guillaume de la Luzerne, évêque de Langres, — passe, dans le monde de la Cour, pour une intelligence cultivée et un esprit réfléchi et pondéré. Après le rappel de Gérard, Louis XVI l'avait nommé, en 1779, son représentant auprès de la République des États-Unis. « M. de la Luzerne, — raconte un témoin, le marquis de Chastellux[1], — est tellement fait pour la place qu'il occupe qu'on n'imagine pas qu'un autre puisse la remplir. Noble dans la dépense comme le ministre d'une grande Monarchie, mais simple dans ses manières comme un républicain, il est également propre à représenter le Roi auprès du Congrès et le Congrès auprès du Roi. Il aime les Américains, et sa propre inclination l'attache aux devoirs de son ministère. Aussi a-t-il obtenu toute leur

---

1. *Voyages de M. le Marquis de Chastellux dans l'Amérique septentrionale en 1780, 1781 et 1782* (Paris, 1786).

confiance comme particulier et comme homme public. Sous ces deux aspects, il est inaccessible à l'esprit de parti qui ne règne que trop autour de lui. Les différents partis le recherchent avec empressement, et, n'en épousant aucun, il les modère tous. »

En récompense de ses succès en Amérique, le marquis de la Luzerne obtint l'ambassade de Londres, réservée, sous l'Ancien Régime, aux diplomates que mettaient en relief soit des dons supérieurs, soit d'éclatants services. Ajoutons que cette désignation ne faisait pas moins honneur à Louis XVI qu'au marquis de la Luzerne. Envoyer à Londres un des Français que les circonstances avaient le plus mêlés à l'affranchissement de l'ancienne colonie britannique accusait une indépendance de caractère et une fierté bien dignes de la race qui, à cette époque encore, dominait l'Europe.

Voilà donc l'ami de Washington accrédité auprès de la Cour de George III. Après avoir lu les lettres échangées entre le marquis de la Luzerne et le ministre des Affaires étrangères, le comte de Montmorin, nous sommes obligés de rendre justice à la perspicacité de l'ambassadeur et du ministre. Dès le premier jour, la Chancellerie royale, initiée d'ailleurs de longue date au rôle historique de la Grande-Bretagne, reçoit de M. de la Luzerne une correspondance presque journalière où ce diplomate lui signale toutes les astuces du Cabinet de Saint-James et lui pronostique tous nos malheurs. Nul trait n'échappe au Représentant de Louis XVI : la connivence d'un groupe de Français renégats avec l'ennemi héréditaire, l'inanité de notre défensive et la fatalité de notre défaite, voilà les contingences sur lesquelles M. de la Luzerne ne se lasse pas d'appeler les réflexions — vaines, hélas ! — de ses amis et de ses chefs.

BREST. — CHAPITRE III   69

En mobilisant les bouteteux de la Révolution, que veut donc l'Angleterre? Nous dépouiller de notre puissance coloniale. Cette éviction n'obligera-t-elle pas la Royauté capétienne à rentrer dans l'ornière de la politique continentale, et ne nous enlèvera-t-elle point le stimulant de nos ambitions maritimes et la raison d'être de nos entreprises commerciales? Pour conserver nos « îles », il nous faut, en effet, développer notre négoce, agrandir nos ports, fortifier nos escadres, disputer à nos voisins le monopole des échanges et la suprématie de l'Océan. Eh bien ! voilà ce que l'Angleterre ne veut pas. Et tel est le dessein que dénonce sans relâche la Correspondance écrite, au jour le jour, par des Français qu'obsède le souvenir de notre passé et le souci de notre destin.

X

M. de la Luzerne a, dans ses entours, deux hommes désignés tous les deux à une célébrité et à une fin différentes : André Chénier [1], qui servit de secrétaire particulier

---

[1]. CHÉNIER (André de), né à Constantinople en 1763, membre de la Société de 1789, collabore au *Journal de Paris*, prête son concours aux défenseurs de Louis XVI. Puissant orateur, journaliste éloquent, admirable poète, il fut condamné à mort et guillotiné le 25 juillet 1794. Voir, dans CAMPARDON : *Histoire du Tribunal révolutionnaire de Paris*, II, 350, l'interrogatoire du poète : « ... André Chénier nati*fe* de Constantino*ble*... Son père, vice-consul*fe* en Espagne. » Le juge lui adresse des questions sur sa santé, sa correspondance, et lui parle de « la maison à Cottée ». Où était, le 10 août, le domestique qui le servait? Chénier répond qu'il l'ignore : « A lui représenté *qua lepoque* de cette journée que tuer les bons *citoyent ny gnoroit* point leur existence et *quayant entlendu batte* la générale, *cellait* un moti*fe* de plus pour reconnaître tous les bons *citoyent* et le moti*fe* au *quelle* il *setait* em*ployée* pour *sauvée* la République. — A répon*due* qu'il avait *diet l'exate véritée*. — A lui demand*ée* quel étoit l'*exatte véritée*. — A répondue que *cetoit* toutes ce qui *étoit cy dessus*. » Voir le commentaire de

au marquis, et Barthélemy [1], le premier secrétaire de l'ambassade et le futur négociateur de la paix de Bâle. De tels collaborateurs honorent singulièrement le diplomate qui distigua leurs talents et qui fit appel à leurs aptitudes. Un ancien roué de Cour, émigré à Londres, le comte de Tilly, nous donne, dans ses *Mémoires*, sur le salon du marquis de la Luzerne et sur ses familiers, des détails où perce le désappointement de ce pourri, dépité de ne pas trouver chez la Luzerne, chez Barthélemy, chez André Chénier et chez les amis de l'ambassadeur, le duc de Luxembourg, la duchesse de Laval, Mme d'Ossun, la vicomtesse de la Luzerne, etc., la frivolité des boudoirs parisiens et la corruption de la société du Temple. C'est que la Luzerne prend au sérieux ses fonctions, son rôle et son pays. Il lui faut défendre la Monarchie non seulement contre la sourde hostilité de Georges III et de Pitt, mais contre les intrigues du duc d'Orléans qui, dans un but trop facile à deviner, entretient une clique d'agents mystérieux où se confondent trois Anglais, le colonel Shee, Forth et Clarke, — une femme de chambre de la reine, Mme Boulard, — et trois mem-

---

SAINTE-BEUVE sur cet interrogatoire, *Causeries du Lundi*, IV, 164. V. aussi Ed. BIRÉ : *Journal d'un Bourgeois de Paris*, I, 60, II, 167, IV, 266-270, V, 371.

1. BARTHÉLEMY (François, marquis de), né à Aubagne (Bouches-du-Rhône) en 1750, obtint un emploi dans les bureaux des Affaires étrangères. Attaché au baron de Breteuil, d'abord en Suisse, puis en Suède, accompagna le comte d'Adhémar à Londres, comme secrétaire d'ambassade, et ensuite le marquis de la Luzerne. Ministre de France en Suisse, fut le représentant de la médiation, signa le traité de Bâle qui détacha la Prusse de la coalition et brisa le nœud de l'unité germanique : il y eut désormais deux souverains allemands.

En juin 1796, nommé Directeur, grâce à l'influence du Club royaliste de Clichy, il fut proscrit après Fructidor, s'évada, passa en Angleterre et fut appelé après Brumaire, en France. Élu sénateur, membre de l'Institut, Barthélemy présida la séance du Sénat où fut prononcée la déchéance de la dynastie impériale. Louis XVIII nomma le marquis de Barthélemy pair de France. Il mourut le 5 avril 1830.

bres de la Commune de Paris, Pitrat [1], Paris [2] et l'abbé Fauchet [3].

Non moins patriote et non moins appliqué à ses devoirs que le marquis de la Luzerne, le comte Armand-Marc de Montmorin de Saint-Hérem, ministre des Affaires étrangères [4], ancien menin du Dauphin, élevé avec le prince

1. PITRAT fut l'un des administrateurs du domaine, à la Commune de Paris. Réimpression du *Moniteur*, II, 283.

2. PARIS (Pierre-Louis), ancien prêtre de l'Oratoire, professeur de belles-lettres, remplace l'abbé Delille au Collège de France. Officier municipal de la Commune de Paris, fut chargé de rédiger l'historique de la Révolution du 31 mai 1793 et le *Bulletin* de la Commune de Paris. Mis hors la loi au lendemain du 9 Thermidor, fut exécuté le 29 juillet 1793.

3. FAUCHET (Claude), né à Dornes, dans le Nivernais, fit ses études chez les jésuites de Moulins et sa théologie à Bourges. Ordonné prêtre le 20 mai 1769, fut le précepteur de l'un des fils du marquis de Choiseul-Beaupré; attaché à la paroisse de Saint-Roch, puis vicaire général de Mgr Phelipeaux, archevêque de Bourges, Fauchet prononce, à Paris, plusieurs discours où il acclame la Révolution; figure parmi les héros de la Bastille, et les membres de la Commune de Paris, fonde la Société des Amis de la Vérité et le journal la *Bouche de Fer*, brigue le siège épiscopal de Nevers, est élu évêque du Calvados, se fait recevoir membre du Club des Jacobins, visite son diocèse. Élu membre de l'Assemblée législative, prononce divers discours sur les prêtres réfractaires. La persécution exercée contre les ecclésiastiques fidèles suscite des troubles à Caen et à Verson. Le clergé orthodoxe quitte le diocèse et s'embarque pour l'Angleterre. Les électeurs du Calvados envoient Fauchet à la Convention. Fauchet publie une lettre pastorale condamnant le divorce et le mariage des prêtres. Il est impliqué de complicité dans « l'attentat » de Charlotte Corday, décrété d'accusation avec les Girondins et interné à l'Abbaye. Il est condamné à mort, se confesse à l'abbé Lothringer et est décapité le 31 octobre 1793. TRÉBUTIEN, dans ses *Notes sur Claude Fauchet*, écrit : « Malgré de déplorables erreurs, il a laissé dans notre pays (le Calvados) une mémoire honorée et surtout chère à la plupart de ceux qui l'ont connu. » Voir J. CHARRIER, prêtre du diocèse de Nevers : *Claude Fauchet*, 2 vol. grand in-8°, chez CHAMPION, 1909, et V. HUNGER : *Histoire de Verson* (1 vol. in-4°). Caen, 1908, pp. 40 et seq.

4. MONTMORIN (le comte Armand de), né au château de la Barge, en Auvergne, le 13 octobre 1746, avait épousé, en 1767, sa cousine, Françoise-Gabrielle de Tanes, fille du marquis de Tanes et de Louise-Alexandrine de Montmorin. Le comte Armand de Montmorin était le

qui doit prendre le nom de Louis XVI, a puisé dans la tradition de sa famille, comme dans ses relations d'enfance avec le Roi, un dévouement sans bornes à la Monarchie et une inaltérable affection pour la Famille royale. A trente et un ans, le Roi lui confie l'ambassade de Madrid, et n'a pas à se repentir de son choix. Montmorin prend une part importante au traité du 3 septembre 1774 qui reconnaît l'indépendance américaine. Deux ans plus tard, un décret l'appelle au commandement de la province de Bretagne où il remplace son compatriote, le marquis d'Aubeterre. Ce consulat, moins militaire que civil, ne retient pas longtemps à Rennes un diplomate destiné aux grandes affaires. Le 17 février 1787, quatre jours après la mort du comte de Vergennes, le comte de Montmorin, promu ministre des Relations extérieures, prête le serment d'usage entre les mains du Roi, ravi de trouver, dans l'ancien compagnon de son enfance, un serviteur capable de seconder ses desseins. Dans cette haute situation, qui fait de Montmorin le premier personnage de l'État, l'ancien ambassadeur de Madrid ne se montre pas indigne de la faveur dont l'honore l'amitié de Louis XVI. Grave, studieux, laborieux, s'il rappelle plutôt Fleury que Richelieu, Montmorin, sous ses manières un peu abruptes, cache une instruction étendue et un savoir-faire de bon aloi. La comtesse de Montmorin, sans être un esprit distingué, donne à son mari le concours d'une conseillère avisée. Les négo-

plus riche propriétaire de l'Auvergne. De son mariage, naquirent quatre enfants, deux fils et deux filles : l'aînée, Victoire, fut mariée, en 1787, au vicomte de la Luzerne, fils du ministre de la Marine; la cadette, Pauline, épousa le comte Christophe-Armand de Beaumont et, après s'être séparée de son mari, peu de mois après une union traversée d'épreuves, vécut dans la société de Joubert, de Chateaubriand, etc.; — Auguste, officier de marine, périt dans une tempête en 1792, au retour des Indes. Le dernier enfant, Antoine-Hugues-Calixte, devait, par une fin héroïque, à vingt-deux ans, honorer le nom qu'il portait.

ciations les plus difficiles profitent de son bon sens et s'éclairent de ses lumières [1].

Les commentaires désobligeants que suscitent autour du Roi George III les premiers troubles de la France frappent le marquis de la Luzerne, sans le déconcerter. Ancien représentant de Louis XVI auprès des insurgents d'Amérique, ne sait-il pas que les Anglais ne nous pardonnent point les victoires de nos escadres ? Voici les premières lignes d'une dépêche que la Luzerne envoie, dès le 5 mai 1789, à la Cour de Versailles :

« Les émeutes qui viennent d'éclater en France ont fait plaisir dans ces pays-ci (Londres) ; et on espère qu'il y en aura de nouvelles. » Un mois plus tard, le 8 juin, une lettre d'un secrétaire anonyme du marquis de la Luzerne signale le départ pour la France du sieur Forth, salarié par Pitt :

Le sieur Forth, qui a déjà été en France depuis l'ouverture des États Généraux, a passé quinze jours à la campagne. *Quelques milliers de livres sterling ne sont pas grand'chose pour l'Angleterre pour acheter, par des voies indirectes, quelques boutefeux.* S'il se trouve quelque chose de ce genre en France et que M. Forth y soit, il n'est pas étranger à cette intrigue ; il a toujours joué de ces rôles subalternes et il est d'autant plus à craindre qu'il ne manque pas d'adresse.

---

1. Voir l'étude de M. A. BARDOUX sur *Pauline de Beaumont. Revue des Deux-Mondes*, t. LVII, pp. 826 et seq. « Mme de Montmorin, dit M. Bardoux, plus riche que son cousin, était plus âgée de deux années. Elle était loin d'être belle ; si son portrait est fidèle, elle était haute en couleur, d'une taille robuste, avec des yeux sombres et une force de volonté que trahit le bas du visage osseux et accentué, ambitieuse et fine, comme les races de montagne ; son esprit n'était en rien distingué ; elle fut néanmoins pour son mari d'un excellent conseil, le servit dans toutes les négociations difficiles et le fortifia dans son dévouement absolu à Louis XVI. Le comte de Montmorin était, au contraire, de petite taille, d'un tempérament nerveux jusqu'à l'excès, et ne payait pas de mine. »

Le 20 juin, le Serment du Jeu de Paume marque la première querelle et la première rupture des Représentants de la Nation avec le chef du Pouvoir exécutif. Réflexions de M. de la Luzerne, 20 juin 1789 :

La position des affaires, en France, tient l'Angleterre sur le qui-vive. Il n'y a personne qui ne tremble ici que la Constitution ne s'établisse et surtout qu'elle ne s'établisse paisiblement. On espère toujours que la chute de M. Necker entraînera de la confusion et tous les malheurs qui pourraient en être la suite.

Le 14 juillet, la Bastille est prise. Le 31 juillet, l'ambassadeur écrit :

L'année dernière, la croisière dans la Manche n'a duré que six semaines, mais je suis porté à croire que, cette année, elle sera plus longue, car le projet du ministère anglais est de nous occuper et de tâcher, par des *embarras extérieurs, d'augmenter nos embarras intérieurs.*

Le 16 juillet, l'ambassadeur d'Angleterre à Paris, le duc de Dorset, adresse à l'Assemblée nationale la lettre dont nous parlons plus haut contre « les membres des États Généraux qui lui reprochent d'avoir répandu de l'argent parmi le peuple pendant les derniers troubles ». Quelques jours se passent, le duc de Leeds, alors président du Conseil, recevant M. de la Luzerne, l'informe du « chagrin » que lui cause une insinuation aussi calomnieuse. Ainsi interpellé, M. de la Luzerne asperge son fallacieux interlocuteur d'une eau bénite de Cour empoisonnée. « Je m'efforçai de persuader à M. le duc de Leeds, — écrit notre ambassadeur au comte de Montmorin, — qu'effectivement cette observation d'un particulier est une idée très déraisonnable... Mais, dans le vrai, nous ne pouvons être trop attentifs sur la conduite des Anglais, qui sera, certainement aussi dissimulée qu'intéressée. »

XI

La confiance ne se commande pas. A peine cette dépêche est-elle parvenue à Versailles, que le ministre des Affaires étrangères, le comte de Montmorin, fait parvenir, dès le 3 août, à M. de la Luzerne, la très importante lettre que voici :

Versailles, le 3 août 1789.

Vous avez certainement vu dans les papiers publics, Monsieur, ce qui s'est passé ici à l'égard de M. le Duc de Dorset. Il est certain que les Anglais ont été violemment soupçonnés de répandre de l'argent parmi le peuple de Paris, dans l'intention de le soulever, et il était vraiment à craindre que cette opinion ne donnât lieu à quelque scène fâcheuse. Je m'abstiens d'inculper le ministère anglais, parce que je n'ai aucune preuve à sa charge. Il est d'autant plus difficile d'en acquérir *que la police n'existe pas*. Mais, ce qu'il y a de certain, *c'est que l'argent a été répandu avec la plus grande profusion parmi les soldats comme parmi le peuple.* Reste à savoir dans quelle source il a été puisé. Je vous prie, Monsieur, de porter toute votre attention sur cet objet. Comme beaucoup d'Anglais retournèrent chez eux pour fuir le tumulte, il peut se trouver des indiscrets qui pourront au moins fournir des indices.

Le 10 août, dans une nouvelle lettre, le comte de Montmorin invite La Luzerne à surveiller les mouvements des ports et laisse entendre que l'Angleterre cherche à provoquer des troubles dans nos colonies. Pronostics trop justifiés ! Secoués par la tempête qui souffle du large, la Martinique, Saint-Domingue, la Guadeloupe s'agitent. D'où vient cette perturbation soudaine? Fidèle aux instructions de son ministre, le marquis de la Luzerne entreprend une enquête, et voici ce qu'il mande à Versailles, le 11 août 1789 :

Je n'ai pas de moyen pour constater si, effectivement, le duc de Dorset a employé autant d'argent qu'on le pense à Paris pour débaucher les troupes et pour séduire le peuple. Mais, *ce que je puis vous assurer, de science certaine*, c'est que, dès les premiers moments, les troupes ont reçu l'ordre de s'approcher de Paris, et beaucoup avant leur arrivée, M. le Duc de Dorset a assuré à sa Cour que c'était une fausse démarche et que ces mêmes troupes, si elles étaient employées, se déclareraient pour le peuple, de préférence au Roi ! Cet esprit prophétique du Duc de Dorset peut assurément faire croire qu'il avait des données extrêmement positives, et il est difficile d'imaginer comment il eût pu les acquérir s'il ne fût pas entré lui-même dans cette infernale intrigue.

Les hommes d'État de l'Angleterre dirigent si bien la Révolution française qu'ils en vaticinent un an d'avance les principales péripéties : la défection des troupes et l'émigration de la noblesse. Un jour, la vicomtesse de la Luzerne, la nièce de notre ambassadeur, annonce au duc de Leeds qu'elle a l'intention de faire un voyage à Paris. Aussitôt, le président du Conseil, dans l'abandon d'une conversation où l'homme d'État oublie momentanément sa consigne et son rôle, invite la vicomtesse « à ne pas retourner de sitôt en France », et ajoute que, « si elle prend ce parti, elle sera promptement obligée *de revenir en Angleterre comme fugitive* [1] » (Lettre du 1er septembre 1789).

Personne n'ignore que le mouvement d'émigration devait

---

[1]. Victoire-Marie-Françoise de Montmorin, vicomtesse de la Luzerne, ne devait jamais revenir en Angleterre. Elle mourut dans les geôles de la Terreur. Sa sœur, la comtesse Pauline de Beaumont, l'amie de Chateaubriand, fut, comme on le sait, le seul membre de cette malheureuse famille de Montmorin qui échappa aux sévices de la Révolution.

surtout se dessiner l'année suivante. Pourquoi le duc de Leeds annonçait-il cet exode plus d'un an avant le départ des premiers gentilshommes? Réplique du marquis de la Luzerne :

« Il y a un grand nombre de gens ici, écrit notre ambassadeur le 25 août 1789, qui ne cessent de répéter que le moment est venu de se venger de la guerre d'Amérique et qu'il faut profiter de nos troubles intérieurs pour nous faire perdre à jamais *nos colonies*. »

Même note le 15 septembre :

« ...Le Cabinet britannique est fort occupé de nos affaires. Il suit tous nos mouvements avec une extrême attention et, quoi qu'il paraisse ne s'en faire aucun dans les ports, nous pouvons, cependant, juger, par la suite des approvisionnements, qu'on veut se tenir en mesure de former promptement tous les armements considérables auxquels nos malheureuses circonstances et l'état violent dans lequel l'Europe se trouve, détermineront la cour de Londres.

« D'après tout ce qu'on entend dire et tout ce qu'on dit ici, on ne peut pas se dissimuler que, si nos divisions lui en fournissaient le prétexte, l'Angleterre se croirait autorisée à profiter des circonstances et des forces redoutables de sa marine pour nous forcer à des *sacrifices douloureux*. »

Est-il besoin de dire que le Roi George III partage l'animosité de ses ministres et de ses sujets contre notre pays et contre sa fortune? « Le roi d'Angleterre (*Lettre du 22 septembre*) hait la France et se rappelle avec amertume la guerre d'Amérique; il voudrait que nos dissensions actuelles le vengeassent des malheurs que son entêtement lui a fait éprouver pendant nombre d'années. »

Le ministre Pitt et ses collègues rivalisent de haine avec leur souverain : « En ce moment (29 septembre), toute l'attention du Gouvernement anglais est absorbée par nos affaires. Les calculs de son avidité lui font désirer qu'elles s'embrouillent de plus en plus et qu'elles lui fournissent l'occasion de s'approprier *nos îles*. Le soupçon de ma part n'est point exagéré.

Toujours « nos îles » !

Le 17 octobre, La Luzerne, après avoir annoncé que nos rivaux émettent un emprunt de deux millions de livres sterling (250 millions de francs), ne peut s'empêcher d'exprimer l'opinion que « cet argent sera très probablement employé contre nous ».

XII

Non moins tourmenté que son ministre par les rumeurs qui circulent sur l'immixtion du Foreign-Office dans nos soulèvements populaires, Louis XVI charge le duc d'Orléans d'aller à Londres contrôler les mouvements occultes du Gouvernement britannique. « Il faut prendre sur le fait les intrigues de la Révolution. » Voici le début du Mémoire que le ministre des Affaires étrangères remet au premier Prince du Sang :

> Les troubles qui agitent depuis quelque temps le Royaume fixent nécessairement l'attention de toutes les Puissances, et l'on ne saurait se dissimuler que la plupart d'entre elles les voient avec une secrète joie. Jalouses de la grandeur de la France, de sa considération, du poids de son influence, elles se flattent sans doute que nos divisions intestines amèneront un nouvel ordre de choses, et qu'au lieu de donner, comme par le passé, *l'impulsion à la politique de l'Europe, nous serons forcés de la recevoir.*

Quelle pénétration et quelle amertume dans ces lignes où le comte de Montmorin, sans illusion sur la résistance du Pouvoir royal, comme sur la victoire du désordre, porte déjà le deuil de notre hégémonie perdue !

Enfin, les investigations acharnées auxquelles se livre, depuis six mois, La Luzerne pour surprendre l'Angleterre en flagrant délit de conjuration contre notre pays, aboutissent à deux révélations qui justifient toutes les défiances de notre ambassadeur.

Le représentant de la France découvre les noms des Banques où puisent les agitateurs et démasque les agents clandestins que stipendie l'Angleterre et qui se servent des guinées britanniques pour remuer la capitale. Encore obscurs, ces noms ne disent rien à de la Luzerne qui, dans sa naïve ignorance, s'imagine que les deux affidés du Foreign-Office ne sont ni de notre sang, ni de notre race.

Mais voici le texte de cette capitale dépêche (26 novembre 1789) :

Le Duc d'Orléans m'a parlé plusieurs fois de l'argent que l'on prétend que les Anglais ont répandu dans Paris et m'a dit qu'il emploierait tous les moyens qui sont en son pouvoir pour découvrir la trace de cette intrigue. Il m'a ajouté qu'il y était extrêmement intéressé, puisqu'il y avait des gens qui avaient osé l'accuser d'en avoir répandu parmi les troupes et aussi parmi le peuple. Il m'a prié de lui donner des renseignements à cet égard.

Je lui ai donné le nom de la maison Drummond qui avait, à ce que l'on m'a assuré, fait passer beaucoup d'argent à celle de Hopp, d'Amsterdam, ce qui pourrait faire croire que c'était la voie dont se servait le Gouvernement anglais pour faire passer de l'argent à Paris. *Je lui ai aussi dit qu'il y avait à Paris deux particuliers anglais, l'un nommé* DANTON *et l'autre nommé Paré* [1], *que quelques personnes*

___
1. PARÉ (Jules-François), né en Champagne, maître clerc de Danton, successivement commissaire du département, secrétaire de Conseil exécutif, succède à Garat comme ministre de l'Intérieur, du 20 août 1793 au 1er avril 1794, se retira à la campagne, devint, en 1796, commissaire du Directoire près le département de la Seine, puis administrateur des hôpitaux militaires, fut dépossédé de cette place sous l'Empire et mourut dans l'obscurité. Il est à remarquer que Deforge, qui fut le ministre des Affaires étrangères sous la Terreur, avait été

soupçonnaient *d'être les agents les plus particuliers du Gouvernement anglais.* Il m'a beaucoup remercié de lui avoir donné cette intelligence et m'a assuré qu'il tâcherait de remonter à la source. Je vous ai parlé, il y a deux mois, de ces deux particuliers. Je ne sais si on a fait des recherches pour savoir s'ils existent réellement à Paris.

En souillant la mémoire de Danton d'une accusation avilissante, cette dépêche légitime et précise les soupçons de tous les contemporains. Voilà donc le Garde des Sceaux de la première République, voilà l'instigateur des massacres de Septembre qualifié d' « agent britannique » par un diplomate qui, depuis six mois, remue ciel et terre pour connaître les fauteurs clandestins de nos troubles et les signaler à sa Cour. Mille indices révèlent l'immixtion de l'Angleterre ; mais le loyal ambassadeur ne veut flétrir de ses accusations aucun émissaire public ou secret du Foreign-Office avant d'avoir dissipé tous les doutes et groupé toutes les preuves [1].

également clerc chez Danton. Consulter *Mémoires de M*me *Roland,* t. I, 307, 316, 324. et II, 69, 376 ; — Tuetey, 1, 1280 ; — Dr Robinet : *Danton, homme d'État,* p. 259.

[1]. Un écrivain radical, le Dr Robinet, dans un livre intitulé *Danton, Mémoire sur sa vie privée* (1 vol. in-8°, Paris, 1866), essaie de laver Danton du reproche de vénalité et n'y réussit point. La dépêche si grave du marquis de la Luzerne n'était pas connue du Dr Robinet. Une étude publiée par A. Rousseun-Corbeau de Saint-Albin, dans la *Critique française* du 15 mars 1864, nous apprend que Danton compta parmi ses clients M. de Barentin, Garde des Sceaux, et que M. de Barentin lui donna un emploi à la chancellerie. D'autre part, Danton, dit M. de Saint-Albin, était connu du comte de Brienne, ministre de la Guerre, et du cardinal Loménie de Brienne, alors premier ministre. De là, sans doute, les relations de Danton avec la Cour. Ajoutons que, d'après le Dr Robinet, Danton connaissait à merveille la langue anglaise, ce qui était très rare à cette époque. La Bibliothèque de Danton, inventoriée après la mort du Conventionnel, renfermait de nombreux ouvrages anglais tels que : *Shakespeare, Pope,* le *Dictionnaire anglais,* de Johnson, Smith (23 vol.), Roberston (*Histoire d'Amérique, Histoire d'Écosse*), etc., etc., et de plus, *Virgile, Don Quichotte, Gil Blas,* etc., traduit en anglais. Voici le témoignage de Mirabeau contre Danton : Lettre du 10 mai 1791 : « Danton a reçu hier

« Je ne sais, dit le marquis de la Luzerne, si on a fait des recherches pour savoir si les deux particuliers existent réellement à Paris. » Avocat aux Conseils du Roi, Danton dirige alors un cabinet de consultations juridiques dans une maison du Passage du Commerce et se fait aider dans cette besogne par un basochien studieux, Jules Paré, son compatriote, humble fils d'un charpentier champenois, investi des fonctions de maître clerc. Fidèle *socius* de Danton, Paré devait présider le Club des Cordeliers, et prendre part au gouvernement de la République, sans sortir d'une obscurité qui le garantit de l'échafaud et de la misère.

La conjuration contre nos Colonies enrôle évidemment

30.000 livres, et j'ai la preuve que c'est Danton qui a fait le dernier numéro sur Camille Desmoulins. » (BACOURT : *Correspondance entre le comte de Mirabeau et le comte de la Marck*, t. III, p. 82.) Témoignage de Bertrand de Molleville : « C'est par la main de cet homme (le sieur Durand) que, sous le ministère de M. de Montmorin, Danton avait reçu plus de 100.000 écus. » (*Mémoires particuliers pour servir à l'histoire de la fin du règne de Louis XVI*, t. II, p. 344.) Bertrand de Molleville reproduit (t. II, p. 288 à 291 des mêmes *Mémoires*) une lettre qu'il adressa, de Londres, à Danton, le 11 décembre 1792, lettre où il lui disait qu'il avait trouvé dans les papiers de M. de Montmorin une note indicative, date par date, des différentes sommes touchées par Danton sur les « dépenses secrètes des Affaires étrangères ». BRISSOT dit, de même, dans ses *Mémoires* (t. IV, p. 193-194) : « Danton recevait de toutes mains; j'ai vu le reçu de cent mille écus qui lui furent versés par Montmorin. » L'éditeur des *Mémoires* de Brissot ajoute en note : « Après le supplice de Danton, M. Daunou, qui avait été son ami, voulut venger sa mémoire; il compulsa, en conséquence, ses papiers... Il y découvrit les preuves les plus irrécusables que *Danton était de connivence avec les ennemis de la France*, soit au dedans, soit au dehors. Grande fut la surprise de M. Daunou... Son travail était commencé, il le déchira. » Mme Roland, dans ses *Mémoires*, formule les mêmes accusations de vénalité. (Édition PERROUD, t. I, p. 212-224.) Enfin, LAFAYETTE (*Mémoires*, t. III, p. 83-85, et t. IV, p. 139 à 140) consacre à Danton plusieurs pages, d'où nous nous contenterons de détacher ce qui suit : « Danton, dont la quittance de 100.000 livres était dans les mains du ministre Montmorin. » Robespierre, Saint-Just, Thiers, Mignet, Buchez, Louis Blanc, Taine, etc., tous les historiens sont unanimes à certifier la corruption de Danton.

ces deux *bravi*, poussés par les ennemis de la France à l'assaut de notre ossature. C'est sur notre empire transatlantique, — c'est sur Saint-Domingue, principalement, que s'échafaude « la plus grande France », arbitre suprême du commerce des deux mondes et souveraine des mers, — France d'épopée dont l'image héroïque hante, depuis Henri IV, tous les Bourbons. Pour nous faire descendre de cette cime, que faut-il donc? Il faut nous ravir « nos îles », ou les saccager. Les colonies perdues, notre grandeur, notre rôle en Europe, nos institutions, tout s'écroulera. Voilà l'idée-mère du complot d'où sort — (les dépêches de nos diplomates le prouvent) — la Révolution de 89. Ainsi s'expliquent la création du Club des Noirs, les campagnes de Brissot et de Mirabeau contre les Bourbons, — les manèges des agitateurs genevois Clavière, Duroveray, Reybaz, etc., mercenaires de la Grande-Bretagne, contre l'antique Constitution française, — la déchéance de la marine, le bannissement de l'aristocratie, la proscription du culte national, et enfin l'assassinat du Roi. Amputée de ses quatre membres, décapitée, exsangue, la France, réduite à l'état d'un tronc hideux, pourra-t-elle désormais lutter avantageusement contre sa rivale?

CHAPITRE IV

L'INSURRECTION DE SAINT-DOMINGUE

I. — Situation de Saint-Domingue en 1789. — Division de la population. — Grands-Blancs. — Petits-Blancs, Mulâtres et Noirs. — Le Code servile. — Influences maçonniques. — Martinez Paschalis, le fondateur du Martinisme, s'établit à Saint-Domingue et fonde de nombreuses Loges.

II. — L'Expulsion des Jésuites favorise la diffusion des sectes. — Décadence du clergé séculier. — La foi des Blancs s'attiédit et les Nègres reviennent au culte du Vaudoux. — Premiers troubles. — Le Martiniste Bacon de la Chevalerie est à la tête des agitateurs. — Violences. — Assassinats.

III. — L'Assemblée coloniale usurpe la puissance souveraine. — Tendances séparatistes. — Pompons rouges et pompons blancs.

IV. — Le colonel de Mauduit. — Le régiment de Port-au-Prince. — M. de Peynier, gouverneur de Saint-Domingue. — Combat du 29 juillet 1790 entre les pompons blancs et les rebelles.

V. — Amnistie des coupables. — Révolte de l'équipage du *Léopard* contre son chef. — Conduite factieuse du baron de Santo-Domingo. — Quatre-vingt-cinq membres de l'Assemblée nationale se réfugient sur le *Léopard* et s'embarquent le 8 août 1790 pour la France.

I

En s'écroulant le 14 juillet, la Bastille avait provoqué une explosion formidable. Depuis de longues années, l'incendie couvait portes closes. La chute de la forteresse royale ébranle et détruit toutes les cloisons. En un clin d'œil, l'air pénètre; un éclair jaillit, la flamme pétille et le brasier s'allume.

Cette déflagration met le feu à toutes les matières combustibles qu'avaient accumulées l'ignorance, la misère et la perversité des hommes. Dans son chapitre si tragique de « l'anarchie spontanée », Taine, après nous avoir fait circuler à travers les décombres et parmi les flaques de sang qui, d'un bout à l'autre de la France, marquèrent le passage de l'inexorable fléau, nous montre le cyclone portant ses ravages jusqu'aux Antilles. Dès les premières étincelles, les Iles Sous-le-Vent flambèrent.

En quelques jours, la guerre servile saccage le plus prospère de nos fiefs transatlantiques. Mille Blancs assassinés; quinze mille Nègres tués; deux cents sucreries détruites; six cents millions de richesses subitement anéanties; une colonie qui, à elle seule, valait dix provinces, à peu près perdue, voilà « l'émancipation » que le régime nouveau détermine à Saint-Domingue et que Condorcet acclame dans son journal. Il ne faut plus que le Roi des Français possède un Empire d'outre-mer, où la population se divise en maîtres et en esclaves !

En 1788, la population de Saint-Domingue comprend 42.000 Blancs, 37 à 38.000 Affranchis, la plupart mulâtres, et près de 500.000 Noirs, asservis à la race Blanche qui domine l'île. Originaires, en général, de nos provinces de l'Ouest, les Blancs se divisent eux-mêmes en plusieurs compartiments : les Planteurs, ou Grands-Blancs, propriétaires des sucreries et des caféières, véritables landlords qui, pour la plupart, dissipent, en France, dans la capitale, leurs immenses fortunes ; — les Fonctionnaires, Gouverneurs, Officiers, Intendants, Administrateurs, mandarinat instruit et laborieux, tâchant de désarmer les haines et de concilier les intérêts; — les marchands, classe peu nombreuse (4.000), mais prépondérante, d'armateurs, de banquiers, intermédiaires non moins indispensables qu'onéreux entre les Planteurs et leur clientèle. Enfin, au dernier échelon, les Petits-Blancs, groupe d'artisans, de maçons, de charpentiers, de gérants de plantation, plèbe besogneuse, mais rapprochée du patriciat et du tiers par la communauté des affections et la solidarité des antipathies. Les 500.000 Noirs, soumis aux rigueurs du Code servile, subissent, sans trop de révolte, l'esclavage que tempère généralement la mansuétude des mœurs [1]. Entre les Blancs et les Noirs s'intercalent les Affranchis, les gens de couleur, au nombre de 37 à 38.000, hiérarchisés suivant la teinte plus ou moins colorée de leur peau, en « mulâtres », « quarterons », « métis », « mamelroucks », « griffes », etc., catégorie sociale exclue de tous les emplois civils et militaires, mais d'autant plus avide des premiers rôles auxquels la désignent, d'ailleurs, l'importance de ses transactions, l'ampleur de ses richesses et, disons-le, parfois aussi, — la distinction de sa culture intellectuelle.

De même que la France, l'île de Saint-Domingue, au XVIIIe siècle, se laisse malheureusement envahir par les sectaires et ne prête une oreille que trop complaisante à leurs sophismes. L'un des mages les plus prestigieux de l'époque, — le fondateur du Martinisme, le célèbre Martinez Paschalis, — après avoir créé de nombreuses Loges dans le Comtat-Venaissin et formé des groupes d'adhérents à Marseille, à Toulouse, à Bordeaux, s'embarque, le 5 mai 1772, pour Saint-Domingue, où il consacrera les deux dernières années d'une vie tumultueuse à la propagande

---

1. Dans son livre sur *Saint-Domingue* M. Pierre DE VAISSIÈRE cite les témoignages de Malouet (*Mémoires sur l'esclavage*); du comte DE VAUBLANC (*Souvenirs*, t. Ier, pp. 171-178); de M. DE SAINT-CYRAN (*Réfutation du projet des Amis des Noirs sur la suppression de la traite des Nègres*).

de ses doctrines [1]. Disciple de Martinez Paschalis, le Normand Bacon de la Chevalerie exerce, dès 1762, à Saint-Domingue, les fonctions de lieutenant-colonel d'infanterie [2] et s'y montre le plus fanatique sectateur de la Franc-Maçonnerie. Sous ses auspices, Le Cap, Port-au-Prince et les principales cités de l'île comptent bientôt de nombreuses Loges qui portent un coup funeste aux sentiments religieux de la population blanche.

La Révolution de Saint-Domingue est, on peut le dire, l'œuvre de ce Martiniste. Malgré le soin qu'il prend à dissimuler ses démarches, la colonie ne tarde pas à le désigner comme l'artisan des troubles et comme l'agent de l'Angleterre. Un ruban bleu, liseré de blanc, qu'arborent à la boutonnière tous ses séides, sert de signe de ralliement à une sorte d'Ordre chevaleresque qu'il a créé. Simultanément chef de la Milice de l'île et président de l'Assemblée coloniale, Bacon de La Chevalerie réunit, pendant quelques mois, dans ses mains, tous les pouvoirs, et peut se croire le tribun civil et militaire de Saint-Domingue [3]. Dictature dou-

---

1. Voir sur ce mystérieux personnage et sur ses doctrines *La Franc-Maçonnerie en France*, par Gustave BORD, t. 1er, pp. 244-248.

2. *Ibid.*, pp. 328, 337.

3. Voir DALMAS : *Histoire de la Révolution de Saint-Domingue*, Paris, 1814 (2 vol. in-8°), et DE LA CROIX (le lieutenant baron Pamphile) : *Mémoires pour servir à l'histoire de la Révolution de Saint-Domingue*, Paris, 1819, 2 vol. in-8°. Voici ce que Dalmas dit de Bacon de la Chevalerie. « A la tête de cette députation figurait B. de la Chev., que la voix publique désignait comme le principal auteur des mouvements séditieux, malgré le soin qu'il prenait de s'envelopper des voiles du mystère... L'enthousiasme qu'il avait d'abord excité par des jongleries cabalistiques vers lesquelles l'esprit humain semble avoir un penchant irrésistible fit place au mépris lorsqu'on le vit plus occupé d'intrigues politiques et de complots insurrectionnels que des progrès de la Lumière. » Ces renseignements ne concordent pas, comme on le voit, avec le jugement que porte, dans l'*Intermédiaire des Curieux*, du 30 septembre 1910 (p. 453), M. Emmanuel Vingtrinier sur le rôle joué par les Martinistes. D'après cet écrivain, s'appuyant sur le témoignage de Papus, les Martinistes auraient été hostiles à la Révolution.

blement néfaste ! La Monarchie perd, de jour en jour, son ascendant sur les créoles et sur les hommes de couleur, pendant que l'influence de l'Église ne se fait plus sentir dans les familles que par la permanence de quelques rites familiers et la routine d'une dévotion habitudinaire. De même que dans nos autres possessions coloniales, les mœurs, déjà dégradées, achèvent de s'avilir sous l'influence des Loges. A la veille de la Révolution, le Christianisme, dans nos îles, ne gouverne plus qu'une élite d'âmes.

II

En poussant la Monarchie aux mesures d'ostracisme qui frappèrent la Compagnie de Jésus, les Encyclopédistes et leurs inspirateurs d'outre-Manche n'ignoraient pas qu'ils ébranlaient la domination française au-delà des mers. On n'improvise pas une Corporation ecclésiastique comme un Intendant ou un Gouverneur. Aux éminents religieux, aux prêtres austères et instruits, aux ecclésiastiques de fière lignée qui veillaient sur l'hygiène morale de nos colonies et qui protégeaient l'intégrité de la race contre la corruption étrangère, succède une bohème sacerdotale ramassée dans les bas-fonds de nos diocèses, tourbe mortelle aux croyances et aux mœurs. Pour peupler les postes, vidés par l'exil, les Évêques de la Métropole se débarrassent de leur écume. Au contact de cette lie, si les Blancs abjurent ce qui leur reste de l'antique foi, les Nègres, en revanche, reviennent aux superstitions les plus sordides. Le culte du Vaudoux et ses pratiques sanguinaires, refoulés par les Jésuites reconquièrent leur crédit et recommencent leurs ravages, La barbarie des Noirs donne la réplique au paganisme des Blancs.

La convocation des États Généraux, le Serment du Jeu de Paume, puis la prise de la Bastille retentissent, d'un bout à l'autre de l'île, comme un coup de foudre. De même qu'à Paris et dans nos grandes villes, « l'aube des temps nouveaux » se rougit du sang des têtes coupées [1]. Le Gouverneur général, le comte de Thomassin de Peynier, ancien lieutenant du Bailli de Suffren, marin instruit, administrateur habile, appartient à cette école de fonctionnaires irréprochables, mais pusillanimes, — qui domine alors dans tous les postes et qui conduit lentement l'Ancien Régime à la débâcle. A cette race exquise, mais anémiée, rien ne manque, — sauf le caractère.

Dès les premiers troubles, Bacon de la Chevalerie et ses affidés démasquent les desseins de leurs maîtres. L'autonomie de Saint-Domingue devient le cri de ralliement des meneurs : il faut secouer, sans retard, la tutelle de la métropole. Dans la région septentrionale de l'île et dans sa capitale, le Cap, se groupent les colons les plus riches, les plus remuants et les plus ambitieux. Au lieu de s'émietter en Comités locaux, les planteurs décident de constituer une Assemblée provinciale, — l'Assemblée du Nord, — et d'opposer au Pouvoir constituant, qui vient de s'improviser à Paris contre l'autorité royale, la même résistance que rencontre la Monarchie elle-même. Compétition logique ! La Constituante a-t-elle le droit de s'arroger la

---

1. CASTONNET DES FOSSES (H.) : *La Perte d'une colonie*, p. 41 : « Les quelques rares partisans de l'ancien état de choses n'osaient pas se montrer en public. L'un d'eux, nommé Gays, eut l'imprudence de paraître sur la promenade de la ville des Cayes, où il habitait, sans avoir de cocarde. Un rassemblement se forma et on lui demanda des explications. Gays répondit par des propos injurieux à l'adresse de la Révolution. On se jeta sur lui aux cris de : « Vive la colonie ! » Il fut tué d'un coup de pistolet et sa tête promenée au bout d'une pique, sans que les autorités voulussent ou pussent s'y opposer. Aucune poursuite ne fut exercée contre les assassins. »

puissance qu'elle refuse à Louis XVI? La rébellion appelle la rébellion. Le premier président de l'Assemblée provinciale du Nord, le martiniste Bacon de la Chevalerie, sonne le glas de l'hégémonie française. Non moins hostile à la mère-patrie, son successeur, Larchevesque-Thibaud, décrète contre le Pouvoir exécutif les mesures les plus séditieuses et les plus perfides. Il ne lui suffit pas de censurer les chefs légitimes. Larchevesque prépare leur déchéance et leur ostracisme. Dans une lettre, adressée, le 29 janvier 1790, à l'Assemblée constituante, le président de l'Assemblée du Nord, après avoir dénoncé le ministre de la Marine, le comte de la Luzerne, comme un « tyran » et comme un instigateur de troubles, revendique pour la colonie le droit de se gouverner elle-même. Deux jours auparavant, l'Assemblée provinciale a taxé de félonie tout colon convaincu de correspondance avec le comte de la Luzerne, et proclamé que, seules, les Assemblées coloniales ont le droit de statuer sur les intérêts politiques de Saint-Domingue.

Du Nord le mouvement gagne les deux autres provinces : la province de l'Ouest et la province du Sud. Si, dans le Sud, à Port-au-Prince, où siège le Gouvernement, l'élan autonomiste est, tout d'abord, moins prononcé que dans le Sud, les circonstances et les passions le font bientôt aboutir à la même rupture et aux mêmes violences.

A l'encontre du Club des Noirs qui, par la voix de Brissot et de Grégoire, veut affranchir les nègres, les créoles de Saint-Domingue refusent d'admettre les hommes de couleur au partage des droits que promulgue alors l'Assemblée constituante. Au Cap, deux colons, soupçonnés d'une malencontreuse tendresse pour la cause des nègres, subissent, au mois d'octobre 1789, les outrages d'une ville en fureur. On promène l'un des colons sur un âne ; la populace brûle l'autre en effigie. Quelques jours plus tard, un mulâtre nommé Lacombe, ose réclamer pour sa caste les droits politiques dont jouissent les Blancs. Requête criminelle : les Blancs pendent le coupable [1]!

Dans l'Ouest, les gens de couleur, moins hardis, se bornent à solliciter un siège dans l'Assemblée qui doit tenir ses assises à Port-au-Prince. Le sénéchal du Petit-Goave, Fernand de Baudières, accusé d'avoir rédigé le texte de la pétition, a la tete tranchée. En proie à la même effervescence, le Sud se rend coupable des mêmes crimes. Maisons mises au pillage, esclaves massacrés, colons blessés, tous les attentats que comporte « l'affranchissement d'un peuple » déroulent leurs phases classiques sur toute la surface de l'île [2].

III

En vertu des décrets du 8 et du 28 mars 1790, Saint-Domingue avait obtenu la nomination et la faveur d'une « Assemblée coloniale », pourvue des mêmes pouvoirs que nos Conseils généraux d'aujourd'hui. Faculté lui était donnée, non de voter des lois, mais d'émettre des vœux. Cette subordination humilie et révolte nos orgueilleux planteurs, séparatistes résolus, animés d'une invincible défiance, non seulement contre l'Autorité royale, mais contre le Parlement qui tient alors dans ses mains les destinées de notre pays. Aux yeux de ces créoles agités, Saint-Domingue, au lieu d'être une possession coloniale, constitue un État autonome lié à la France, non par une sujétion politique, mais par un simple contrat fédéral. Pour attester l'existence de ce « Pacte d'union », c'est tout au plus si les planteurs admettent, à Port-au-Prince, la présence d'un personnage

---

1. DE LA CROIX (Pamphile), ouvrage cité, p. 19.
2. *Ibid.* Voir aussi : *Débats sur les Colonies*, t. I, pp. 84, 100, t. II, p. 200, t. III, pp. 73, 76, 77, 86.

décoratif que le protocole désignera sous le nom peu compromettant de Lieutenant du Roi [1].

Voilà dans quel esprit et sous l'empire de quelles préoccupations « l'Assemblée coloniale », à peine élue, se réunit à Saint-Marc. Les principaux membres, Bacon de la Chevalerie, Larchevesque-Thibaud, Daugy, Hanus de Jumécourt, le marquis Borel de Cullion, Millet, Bruley, etc., propriétaires fonciers, hommes de loi ou négociants, trahissent, dès la première séance, leurs sentiments et leurs visées en conférant la présidence au disciple de Martinez Paschalis. Inquiet de cet état d'âme, et plus inquiet de l'élection qu'il suscite, en vain le Gouverneur, le comte de Peynier, rappelle que Saint-Domingue dépend de la France. Sans se laisser décontenancer, par cette réponse, le président Bacon de la Chevalerie objecte que « les colons sont aussi bons Français que leurs frères d'Europe, et qu'à leur exemple, rentrant dans l'exercice de leurs droits, ils s'occupent d'élever les bases d'une bonne Constitution » ! Le décret du 8 mars 1790 investit nos possessions coloniales d'une autonomie administrative qu'atténue, il est vrai, le magistère royal. Mais cette chaîne, si légère, est encore trop lourde aux épaules des agents britanniques. L'Assemblée de Saint-Marc repousse la suprématie du Pouvoir exécutif et commence par s'adjuger l'ouverture des paquets et des lettres destinés au Gouverneur général, qu'elle frustre ainsi du droit de correspondre directement avec la France [2]. Il faut achever l'œuvre tramée par le Marti-

---

[1]. Voir le remarquable rapport de Barnave (*Archives parlementaires*, t. XIX, p. 546-590). Toute l'histoire des premiers troubles de Saint-Domingue est exposée dans ce Rapport avec une incontestable impartialité. C'est à partir de cette époque que Barnave commence à se détacher des idées révolutionnaires. L'étude de la Révolution de Saint-Domingue l'éclaire et le délivre.

[2] *Archives parlementaires*, t. XIX, p. 309. Discours de M. de la Luzerne.

nisme. Un Comité de Constitution adopte, après quinze jours de débats, une Charte qui consacre la rupture entre Saint-Domingue et la métropole [1].

Pendant que le « pompon blanc » devient le signe de ralliement du Gouverneur et de ses troupes, l'Assemblée de Saint-Marc impose à ses champions « le pompon rouge ». Cette attitude arrache enfin le comte de Peynier à son inertie. Les fonctionnaires et les hommes de couleur, simultanément menacés dans leurs intérêts et dans leurs droits par l'Assemblée coloniale, se groupent autour du Gouverneur et l'encouragent à la guerre.

IV

Sur ces entrefaites, un officier breton plein d'énergie, le colonel de Mauduit [2], débarque à Saint-Domingue

---

1. L'Espagne devait perdre ses colonies américaines dans les mêmes conditions. Après avoir chassé les Jésuites, elle laissa s'établir au Pérou, etc., des Loges, sous les auspices de l'Angleterre, et ce fut de ces Loges que sortirent les « libérateurs ». Même tactique aux Philippines et à Cuba.

2. MAUDUIT DU PLESSIS (Thomas-Antoine), fils d'Antoine-Joseph et de Mlle Anne Hardouin, né le 12 septembre 1753, connu sous le nom de Chevalier Thomas de Mauduit ou du Plessis-Mauduit, fut non seulement un homme d'une rare énergie, d'une admirable intrépidité, mais encore un grand caractère.

Une passion décidée pour les armes lui faisait entreprendre, à l'âge de seize ans, un voyage en Grèce pour visiter les plaines de Marathon, de Platée et les Thermopyles. Il entra, comme officier, au régiment de Toul, et y obtint promptement l'estime de ses chefs. Il partit, au commencement de 1777, avec d'autres officiers français, pour aller au secours des Américains luttant pour leur indépendance contre l'Angleterre, et joignit l'armée le 15 avril. Il se couvrit de gloire, en août suivant aux batailles de Brandy-Wive et de German-Town, se distingua comme chef de l'artillerie et du génie au Fort Mercer, puis, en la même qualité, à la mémorable défense du fort Redbank et à son évacuation, en sauvant une partie de son artillerie, le 22 octo-

pour prendre le commandement du Régiment de Port-au-bre de la même année, ainsi qu'à la bataille de Maumouth, au m... is de novembre suivant.

Ses éclatants services reçurent la plus honorable récompense. Une résolution tout exceptionnelle du Congrès, sur la proposition du général Washington, lui accorda, le 21 janvier 1778, une commission de lieutenant-colonel d'artillerie et stipula que la date en fût reportée au 26 novembre 1777, « afin, dit le texte, que la récompense suive plus immédiatement les services rendus ».

Mauduit rentra en France au commencement de 1779, porteur des plus glorieux certificats signés par le président du Congrès, par Franklin, le général Washington et le général Knox, commandant l'artillerie américaine. Le Congrès lui avait aussi accordé une gratification importante, la décoration de Cincinnatus, et une concession de territoire. Il retourna en Amérique en 1780, comme major général de l'artillerie dans l'armée du général de Rochambeau. Plus tard, il servit en Afrique et y prit le fort de Cabinda.

A son retour en France, Mauduit fut accueilli avec le plus flatteur empressement dans le meilleur monde de Paris. Mme la Duchesse de Rohan, née d'Uzès, entre autres, le traita avec une grande bonté et comme son propre fils; à ce point de ne pas lui permettre d'habiter à Paris ailleurs que dans son propre hôtel. Il fut également bien reçu par le Comte de Fernand Nunez, ambassadeur d'Espagne à Paris, fils d'une sœur de '..^{me} de Rohan. La grande considération dont les salons l'ente... grent était due plus encore à son noble caractère et à son m... te personnel qu'à sa rare bravoure.

Nommé colonel au Régiment colonial de Port-au-Prince, il arriva à Saint-Domin_gue et y épousa, vers la fin de 1789, Mlle Diot, nièce du Gouverneur, M. de Peynier, et d'un officier de son régiment, M. de Chitry.

Le colonel de Mauduit du Plessis a compté parmi ses descendants plusieurs officiers, et notamment Henri de Mauduit du Plessis (né le 18 avril 1862, mort le 21 août 1900), dont la vie a été écrite par le P. A. VACCON, S. J., sous ce titre : *Henri de Mauduit du Plessis, lieutenant de vaisseau, commandant de la Framée*. Dans la nuit du 10 au 11 août 1900, le contre-torpilleur la *Framée* sombrait, après une collision avec le cuirassé d'escadre le *Brennus*. La mort du commandant fut héroïque : « Au milieu des horreurs d'un naufrage, — dit, quelques jours plus tard, le P. Coubé, dans la chaire de la Madeleine,— Mauduit du Plessis, debout sur son navire qui sombre, encourage ses hommes à lutter contre la mort. Il pourrait se sauver; mais il préfère garder des marins à la France et leur donner l'exemple du devoir accompli jusqu'au bout. Il leur jette la ceinture de sauvetage qu'on lui tendait, et lui, tranquille et magnifique, s'armant d'un grand signe de croix, il s'enfonce lentement, triomphalement dans les flots, avec son torpilleur. »

Prince [1]. Sa vigueur le désigne immédiatement aux sympathies des hommes de couleur et aux animosités des Blancs. Redoublant d'audace, l'Assemblée coloniale de l'Ouest s'arroge une illégale prééminence sur l'Assemblée du Sud et sur l'Assemblée du Nord, envoie au Cap et à Port-au-Prince des Commissaires qui créent dans chacune de ces deux villes un Comité, non seulement indépendant des Assemblées provinciales, mais hostile à leur autorité, taxe de trahison tous ceux qui regimbent contre ses actes souverains ; annonce l'ouverture des ports à toutes les nations ; puis, licenciant les deux régiments coloniaux, invite les soldats et les sous-officiers congédiés à s'enrôler sous ses étendards pour lui fournir une garde prétorienne. Seul, le détachement du régiment de Port-au-Prince, en garnison à Saint-Marc, obéit aux meneurs et se laisse embaucher. En présence de cet appel ostensible à la guerre civile, le Gouverneur général comprend enfin la nécessité d'agir.

Jeune garde-marine, embarqué sur la frégate l'*Engageante*, que commandait le marquis de la Jaille, Villèle [2], — le futur ministre de Charles X, — se trouvait à Saint-Domingue au moment où les premiers troubles désolèrent la colonie. Le Gouverneur, M. de Peynier, ne parut point à Villèle l'homme qu'il fallait pour tenir tête aux factieux. « Son caractère, nous dit-il, était doux, calme, modéré,

1. Une ordonnance royale, de 1772, créa quatre régiments de Marine pour le service des Iles Sous le Vent. Ces régiments prirent les dénominations de la *Martinique*, de la *Guadeloupe*, du *Cap*, et de *Port-au-Prince*. On décida que l'embarquement des différents corps se ferait à l'Ile de Ré. (Général Susane : *Histoire de l'Infanterie française*, t. VII, pp. 395 et seq.)

2. Villèle (Jean-Baptiste-Séraphin-Joseph, comte de), né à Toulouse le 14 août 1773. Après avoir embrassé la carrière de la Marine, Villèle se réfugia pendant la Révolution à l'Ile de France, revint en France en 1807, se fixa dans son domaine de Morville, près Toulouse, accueillit avec un vif empressement la Restauration et fut nommé, en 1815, membre de la Chambre. M. de Villèle a laissé de très intéressants *Mémoires* (4 vol.). Mort le 13 mars 1854.

ferme même dans la ligne du devoir, lorsqu'elle lui paraissait clairement tracée. Mais il était peut-être plus âgé et moins désireux de gloire et d'illustration que ne l'eût exigé la carrière qui s'ouvrait devant lui. » — « Homme d'un caractère ferme et d'une haute capacité », le marquis de la Jaille secondait M. de Peynier dans sa tâche. Mais pouvait-il toujours substituer ses hardies initiatives aux incertitudes du Gouverneur? Ce fut, pourtant, sur les conseils du capitaine de l'*Engageante* que le colonel de Mauduit reçut, le 29 juillet 1790, l'ordre de se porter à Port-au-Prince pour y dissoudre la faction affiliée aux mutins de Saint-Marc.

A la tête d'une centaine de soldats, — Pompons blancs et Grenadiers du Régiment de Port-au-Prince, — Mauduit se porte vers l'hôtel où les factieux tiennent leurs assises et défient le Gouverneur. Une garde de quatre cents individus entoure la maison, prêts à faire le coup de feu pour défendre les rebelles et leur programme. Silence funèbre. A quarante pas de l'attroupement, Mauduit s'avance, avec deux grenadiers, et somme les mutins de se disperser. Deux fois de suite, un « Non ! » insolent accueille la sommation du colonel. Le chevalier de Mauduit veut insister. Le chef des rebelles commande une fusillade : quinze soldats tombent, mortellement blessés. Cette agression déloyale exaspère les camarades des victimes. Sur un signe du colonel, les Grenadiers et les Pompons blancs se ruent, la baïonnette en avant, vers les séditieux qui se dépêchent de lâcher pied. Trois défenseurs du Comité, atteints par les baïonnettes, jonchent le sol, et quarante-trois fuyards tombent au pouvoir de l'ennemi[1]. A cette époque douloureuse, les déten-

---

1. Voir le récit de cette rencontre dans les *Archives parlementaires*, t. XIX, p. 329-330. — Discours de M. ARNAULD, orateur de la députation de Port-au-Prince et de la Croix-des-Bouquets (séance du 30 septembre 1790). Voir aussi le Rapport de Barnave (séance du 12 octobre), t. XIX, p. 565.

teurs de l'autorité souveraine, dans les colonies comme dans la métropole, semblent tout à la fois douter de l'orthodoxie du droit royal et de la légitimité de la force. Triomphent-ils d'une insurrection, la bataille terminée, leur premier soin est d'amnistier les vaincus, tant ils semblent avoir hâte de se faire pardonner une victoire dont ils refusent le bénéfice et le prestige. A peine graciés, les mutins de Port-au-Prince méditent une nouvelle révolte. Pendant que le colonel de Mauduit met en sûreté les drapeaux enlevés à l'adversaire, le Gouverneur général donne l'ordre de relâcher les prisonniers que la loi frappe de la peine capitale. Cette faiblesse lui aliène aussitôt les hommes qu'une répression énergique avait mis à sa merci.

V

Ainsi débarrassé du Comité provisoire de l'Ouest, M. de Peynier invite Mauduit à se diriger sur Saint-Marc pour y frapper au cœur les fauteurs de la rébellion. Si l'Assemblée coloniale a pour elle la masse des planteurs et des Petits-Blancs, ses moyens de défense sont des plus précaires. Quelle résistance pourrait opposer la faible garnison de Saint-Marc aux troupes soldées qu'amène Mauduit? Nos autonomistes n'ont d'autre parti à prendre que de déposer les armes, sans même engager la lutte, quand, soudain, on leur annonce que le vaisseau le *Léopard* s'est déclaré en faveur de la sédition. Le commandant du navire, le marquis de La Galissonnière [1], vient d'être supplanté par son second, le baron de Santo-Domingo, offi-

1. LA GALISSONNIÈRE (Athanase-Scipion, marquis BARIN de la), neveu du célèbre lieutenant-général. Garde-Marine le 5 septembre 1755, lieutenant le 24 mars 1772. Chef d'escadre le 1er mai 1786. Mort le 19 septembre 1805, à Avessac (Loire-Inférieure).

cier plus intrigant que discipliné. Suborné par les rebelles, l'équipage vient, en effet, de conférer le commandement du *Léopard* à cet instrument des Loges locales, et le lieutenant Santo-Domingo, loin de se dérober à l'affront, l'a subi sans répugnance.

Le *Léopard* se trouve en rade de Port-au-Prince. Pour empêcher l'équipage de gangrener les marins, le Gouverneur Peynier lui donne l'ordre de faire voile sur-le-champ pour la France. Le bâtiment appareille; mais, au lieu de prendre la direction de l'Europe, il va mouiller à Saint-Marc. Aussitôt débarqué, le baron de Santo-Domingo, sur les injonctions de ses hommes, se rend au siège de l'Assemblée coloniale et déclare aux mutins que, « pour les défendre, l'équipage du *Léopard* est prêt à verser la dernière goutte de son sang ».

Mais nos séparatistes n'ont garde de mettre ce dévouement à l'épreuve. L'intrépide assurance du colonel de Mauduit et l'attitude martiale de ses troupes intimident les adversaires du Gouverneur. Décidément, au combat on préfère l'exode. Quatre-vingt-cinq membres de l'Assemblée coloniale se réfugient sur le *Léopard*, où Santo-Domingo se félicite d'accueillir des frères et de s'assurer des défenseurs. Que pourrait-il craindre, en effet? Tout dévoués au nouveau régime, ses passagers ne vont-ils pas en France invoquer la justice nationale? C'est le 8 août 1790 que le bâtiment tend ses voiles au vent d'Ouest qui pousse vers nos rivages les plus perfides ennemis de Saint-Domingue et de notre destin, les futurs instigateurs de l'émeute de Brest et les agents involontaires ou conscients de la Grande-Bretagne [1].

1. SANTO-DOMINGO (Joseph-Aimable, d'abord baron, puis comte de) était le deuxième fils du comte Louis de Santo-Domingo, écuyer de main de Louis XV. Il épousa, en 1784, Marie-Aimée-Désirée de Laurencin, dont il eut trois fils : 1° Hippolyte, mort sans enfants, 2° Céline, 3° Amédée, chef d'escadron des cuirassiers de la Garde royale. (*Com-*

munication de M. de Saint-Pardoux, descendant du comte de Santo-Domingo.) Garde-marine le 10 avril 1756, lieutenant de vaisseau le 1ᵉʳ octobre 1793. Lire dans les *Archives parlementaires* (1ʳᵉ série, t. XIX, p. 47) la lettre adressée par le baron de Santo-Domingo à l'Assemblée nationale : « J'ai été bien secondé, dit cet officier, par MM. Eyrat et Ergot, sous-lieutenants de vaisseau, qui, avec M. de Tressemane, élève de seconde classe, formaient tout mon État-Major. »

CHAPITRE V

I. — Arrivée du *Léopard* à Brest le 14 septembre 1790. — Le baron Santo-Domingo et le Conseil municipal de Brest. — Accueil enthousiaste. — Premières altercations.

II. — Le chef d'escadre d'Albert de Rions et le quartier-maître du *Patriote*. — Étrange dialogue. — Nul grief précis. — Potence installée devant l'hôtel du Major de Marigny.

III. — Inquiétudes du comte d'Hector. — Manèges des quatre-vingt-cinq créoles de Saint-Domingue. — Mot du marquis de Montcalm sur l'émeute des vingt mille marins de l'escadre. — Les dessous de la grève.

IV. — Décret de blâme de la Constituante contre la Municipalité de Brest. — Deux commissaires, MM. Borie et Gandon, reçoivent la mission d'aller à Brest faire rentrer les marins dans le devoir. — L'Hôtel de Ville s'oppose au départ de l'escadre pour Saint-Domingue.

V. — Le Conseil général de la Commune ordonne au Commandant de la Marine de venir lui soumettre sa correspondance avec le Ministre. — Docilité du comte d'Hector.

VI. — Arrivée des commissaires Borie et Gandon à Brest. — Les troupes du *Léopard* sont dirigées vers Carhaix. — Humiliation du comte d'Hector.

I

Si l'Angleterre partage l'avis de Condorcet sur l'inutilité des colonies françaises, Louis XVI, en revanche, s'attache à préserver de tout amoindrissement et de toute injure le domaine qu'il a reçu de ses ancêtres et des nôtres. C'est à peine si Cuba peut soutenir la comparaison avec Saint-Domingue. Le commerce de la colonie française alimente tous nos ports, Le Havre, Bordeaux, Nantes, La Rochelle, Saint-Valéry-en-Caux, etc., et ses inépuisables ressources attirent et retiennent tous les cadets de Normandie, de Bretagne, d'Aunis, de Saintonge et de Gascogne, friands d'aventures. Grâce à ce débouché, notre noblesse rurale se renouvelle et ne court pas, comme aujourd'hui, le risque de s'appauvrir et de s'étioler dans les baguenauderies des cercles et l'oisiveté des gentilhommières.

Il faut donc, à tout prix, délivrer Saint-Domingue, sauver cet emporium de nos transactions maritimes, et rendre à la race française l'école où elle se rajeunit et où elle se retrempe. Sur l'ordre du Roi, le ministre de la Marine rassemble à Brest une escadre de secours.

Les Français qu'inquiètent, à juste titre, les menaces de l'Angleterre, peuvent ici donner libre carrière à leurs soupçons. A peine les chefs de la flotte qui doit reconquérir Saint-Domingue ont-ils pris les premières dispositions pour appareiller qu'un incident imprévu, l'arrivée du *Léopard*, immobilisera nos navires dans la rade.

C'est le 14 septembre 1790 que le bâtiment, commandé par le baron de Santo-Domingo, fait son entrée dans notre premier port de guerre. Les règlements et les convenances exigent qu'au retour de chaque voyage, les capitaines des navires aillent, en personne, rendre compte de leur mission au Commandant de la Marine et déposent entre ses mains tous les documents d'État qu'ils possèdent... Mais, au lieu de se mettre immédiatement en rapport avec son supérieur hiérarchique, avec le commandant d'Hector, le baron de Santo-Domingo s'empresse de dépêcher un lieutenant à l'Hôtel de Ville. Quelles confidences s'échangent entre l'émissaire du *Léopard* et les échevins brestois ? Les Martinistes de Saint-Domingue et les séides des Jacobins de Paris ne sont que trop destinés à s'entendre. A l'appel du baron de Santo-Domingo, les membres du Conseil municipal se réunissent en toute hâte. La délibération est courte. Rien ne paraît plus pressé que d'empêcher la France de rétablir l'ordre aux îles du Vent, à la Martinique, aux Antilles. Au bout de dix minutes de conversation, l'officier, accompagné d'un mandataire de la Commune, se dirige vers la Marine, où le chef d'escadre, M. de Rivière, concerte, avec M. d'Hector, les détails de l'expédition projetée. Sans préambule, les deux délégués les invitent à se soumettre désormais à leurs ordres. M. d'Hector et M. de Rivière, interdits, n'ont pas encore le temps de répondre, que les mandataires du *Léopard* et du Club sont déjà loin. Cependant, le canon gronde, les cloches carillonnent à toute volée et, de la ville émue, monte une clameur d'émeute et de fête. Que se passe-t-il à Brest?

Marchant au milieu d'un peuple tumultueux, entre deux haies de gardes nationaux, déjà exaltés par les histoires ambiantes, les passagers du *Léopard* et les agitateurs qui viennent d'allumer la guerre civile à Saint-Domingue s'acheminent vers la Mairie, où les accueille, — à bras ouverts et des gerbes de fleurs plein les mains, — une Municipalité délirante. Les membres du Conseil colonial de Saint-Marc se montrent naturellement dignes de ces fraternelles accolades. Les Jacobins leur demandent le récit des faits : les orateurs administrent à l'Assemblée le réquisitoire qu'elle désire. Gouverneurs, officiers de terre et de mer, tous les représentants du Roi de France dans l'île de Saint-Domingue ont trahi la cause de la liberté et mis la force au service du despotisme [1].

On demande des noms : un orateur désigne le capitaine de la Jaille et l'accuse d'avoir réclamé du comte d'Hector et de M. de Marigny, — six frégates pour faire rentrer les rebelles dans le devoir et venger, à coups de boulets rouges, l'État-Major outragé. Transmis aussitôt dans les ta-

1. Levot, t. III, p. 225.

vernes du port, ces fables ameutent les calfats, les gabiers, les matelots, contre tout ce qui porte l'épaulette. Un marin ivre aborde le Major du *Léopard* et le harcèle d'injures. On l'incarcère : instruit de l'arrestation de ce camarade peu glorieux, l'équipage du *Patriote* proteste avec brutalité contre le châtiment et réclame, comme un droit, l'absolution du coupable. Ainsi commence l'émeute qui, tout à l'heure, enrôlera vingt-deux mille marins...

II

Comment venir à bout de cet esclandre? Une lettre, adressée, le 16 septembre, par le commandant de l'escadre, le comte d'Albert de Rions [1], au Ministre de la Marine, M. de la Luzerne, va nous montrer à nu les pauvres gens que les rhéteurs de cabaret rallient à leurs complots. Le comte d'Albert de Rions s'est transporté sur le *Patriote*. Un coup de sifflet convoque les matelots sur le pont. Mis en présence des hommes, d'Albert de Rions interpelle le patron du canot et l'exhorte doucement au repentir. Loin de fléchir devant cette semonce paternelle, le quartier-maître se cabre et riposte que le matelot rebelle ne mérite aucune rigueur. Il faut liquider ce litige devant tout l'équipage. L'officier, invectivé par le coupable, reçoit aussitôt du chef d'escadre l'ordre de raconter la scène. Ce récit terminé, le comte d'Albert de Rions se tourne vers les mutins :

« Vous voyez, leur fait-il, si la punition était fondée !

1. Le comte d'Albert de Rions, après avoir quitté Marseille, avait été envoyé à Brest, pour y prendre le commandement de l'escadre désignée pour faire rentrer Saint-Domingue dans l'ordre.

« Au tour, maintenant, du quartier-maître :

« Votre faute, lui dit l'amiral, est beaucoup plus grave. Vous avez manqué à votre capitaine; vous m'avez manqué : je ne puis m'empêcher de vous envoyer en prison, et je vais le faire sur l'heure. »

Plusieurs voix s'écrient :

« Il n'ira pas !...

— Vous allez donc me désobéir?

— Il n'ira pas !

— Que ceux qui sont disposés à m'obéir lèvent la main !

« Personne ne bouge. Je dis alors que je vais faire part de cette désobéissance à la Cour. »

Mais, avant de quitter le bord, l'amiral d'Albert de Rions veut s'informer si les marins ont à se plaindre de leur capitaine :

« Non ! répondent les hommes.

— Vous plaignez-vous de moi?

— Non !

— Avez-vous des plaintes à formuler contre vos officiers?

— Non !

« J'entre dans la Chambre du Conseil où j'appelle les sergents. Je leur fais observer que l'équipage les déshonore en se déshonorant lui-même. Ils répondent qu'ils ne sont pour rien là-dedans. Je leur dis qu'ils ne remplissent pas tous leur devoir en observant l'ordre, s'ils ne le font pas observer par leurs subordonnés. Je rejoins mon bord, en m'en allant, afin de donner aux mutins le temps de revenir sur ce qui s'est passé.

« A mon départ, j'entends beaucoup de cris de : *Vive la Nation !* sans rien distinguer de malhonnête pour moi. L'heure s'écoulait et j'attendais en vain. Je me suis enfin embarqué dans mon canot pour aller conférer avec M. d'Hector. Plusieurs voix ont alors crié au patron : *Fais chavirer le canot !* Je n'ai pu distinguer ceux qui se sont rendus coupables de cette insolence qui sera suivie, sans doute, de bien d'autres. [1] »

Ainsi, sommés d'articuler leurs griefs, les auditeurs ne se souviennent même plus des haineuses récriminations que leur ont soufflées les fauteurs de discorde. Le silence des marins affirme la droiture des chefs. En présence d'un supérieur bienveillant et juste, la droite nature de l'homme du peuple reprend le dessus et jette son cri. Mais, aussitôt que l'amiral a quitté le navire, le mot d'ordre déposé par les meneurs dans ces lourds cerveaux en jaillit sur-le-champ, comme de l'abcès, tout à coup débridé, sort un ruisseau de pus.

Le Major général de la Marine, M. de Marigny [2], n'a pas moins à se plaindre des mutins. Les orateurs de l'Hôtel de Ville l'ont signalé comme un adversaire des « libérateurs » de Saint-Domingue. La secte veut donner une leçon à cet arrogant ennemi de l'humanité. Le 15 septembre 1790, la plèbe se précipite vers l'hôtel de M. de Marigny, installe la potence municipale devant la porte et, — pour apprendre au Major général à vivre, — le pend en effigie, jusqu'à

1. *Archives parlementaires*, t. XIX, p. 92. Rapport de M. de Curt, au nom des Comités de Marine, des Colonies et des Recherches. Levot : *Histoire de la Ville et du Port de Brest*, t. II, pp. 235-237.

2. MARIGNY (Charles-René-Louis) (chevalier, puis vicomte Bernard de, cousin germain du fameux chef vendéen Gaspard de Marigny) naquit à Séez (Orne), le 1er février 1740. Il fut d'abord destiné à l'état ecclésiastique; mais, à l'âge de quatorze ans, il quitta la maison paternelle pour s'engager dans la Marine. La guerre de Sept ans, qui commença peu après, le vit constamment à la mer. Il déploya la même activité à la guerre de 1778. Il avait préludé, en 1778, à l'illustration de la *Belle-Poule*. Il refusa de se laisser visiter aux atterrages de Brest par deux vaisseaux anglais, l'*Hector* et le *Courageux*, et il en fut de même à la hauteur d'Halifax, sur la *Sensible*, quand il fut hélé par le *Centurion* et le *Diamant*. La bataille d'Ouessant, dans laquelle il commandait la *Sensible*, lui valut le grade de capitaine de vaisseau et le commandement de la *Junon*. Il se distingua dans cette campagne contre le vaisseau l'*Ardent*.

ce qu'une occasion propice la dédommage de cet insuffisant simulacre. Un garde de la Marine, le chevalier de Courcy, — le beau-fils du Major général, — se dépêche de décrocher le mannequin ; il lui tarde de soustraire aux regards de M. de Marigny cet inquiétant symbole de la justice populaire. Pendant que le comte d'Hector requiert à l'Hôtel de Ville l'illusoire intervention d'une Municipalité secrètement favorable aux précurseurs du bourreau Ance, les honnêtes gens obtiennent la faveur d'un court armistice, moins destiné, hélas ! à protéger les bons citoyens qu'à permettre aux conspirateurs de franchir, sans éclat, une nouvelle étape.

III

Mais cette trêve ne rassure pas le comte d'Hector. Tout ce qu'il voit et tout ce qu'il apprend aggrave ses défiances et alarme son loyalisme. L'Assemblée constituante a eu beau prescrire le désarmement du *Léopard* et le renvoi des marins qui le montent, les quatre-vingt-cinq créoles que le baron de Santo-Domingo a transportés à Brest, comptant, non sans raison, sur l'approbation tacite des autorités, se livrent, parmi les équipages, déjà travaillés par l'intrigue, à une propagande aussi criminelle qu'inattendue. Chaque marin reçoit des quatre-vingt-cinq conspirateurs un diplôme qui lui donne le droit d'obtenir de la colonie « les secours en tous genres que son patriotisme peut se promettre de la reconnaissance des bons Français et de la recommandation de l'Assemblée générale (de Saint-Domingue) ». Que signifie ce certificat? L'Assemblée rebelle veut-elle acheter d'avance les matelots que la France enverra peut-être demain à Saint-Domingue pour y rétablir l'ordre [1] ? Et c'est la Municipalité de Brest qui distribue les parchemins ! Quelle immixtion étrange ! Dès le 20 septembre 1790, le marquis de Montcalm dénonçait, à la tribune de la Constituante, les secrètes affinités qui, selon le perspicace observateur, liaient les troubles de Saint-Domingue à la grève de Brest. « Les ci-devant membres de l'Assemblée coloniale, disait M. de Montcalm, sont, à l'heure présente, en rade à bord du *Léopard*. Ces gens-là cherchent à mettre l'insurrection dans l'escadre [2]. » Personne n'ignore donc, à Paris, les dessous de l'émeute. Et que fait-on pour atteindre les meneurs clandestins du désordre? Des décrets et des discours !

Dieu sait pourtant si, non seulement une enquête, mais une répression, est nécessaire ! Nous avons vu plus haut que l'Assemblée de Saint-Marc, s'arrogeant la plénitude des pouvoirs, n'a pas craint d'intercepter les lettres adressées par le Ministre de la Marine, le comte de la Luzerne, au Gouverneur général de Saint-Domingue, le comte de Thomassin de Peynier. La confiscation de cette correspondance émeut vivement le signataire. Dans une missive, destinée au Président de l'Assemblée nationale, le Ministre de la Marine, après avoir flétri ce procédé, déclare que la divulgation de nos secrets d'État peut attirer sur la Colonie les plus grands malheurs. « J'ai lieu de croire, en effet, écrit-il, qu'on a précisément arrêté les dépêches où,

---

1. Lettre du Commandant de la Marine à M. de la Luzerne. Dans cette lettre, lue à l'Assemblée constituante, le 4 octobre 1790, le comte d'Hector annonce qu' « on distribue à chacun des 480 hommes licenciés une espèce de certificat ou plutôt de lettres patentes ». Ce diplôme se termine ainsi : « Délivré par l'Assemblée générale de la partie française de Saint-Domingue, en exécution de son décret du 27 août dernier à bord du vaisseu le *Léopard*, surnommé le *Sauveur des Français*, le 2 septembre 1790. — D'AUGY, *président;* BOURGET, *vice-président;* DENOIX et DEAUBONNEAU. » Il paraît, de plus, ajoute le ministre de la Marine, qu'il a été ou qu'il va être frappé une médaille. *Archives parlementaires*, t. XIX, p. 429.

2. *Archives parlementaires*, XIX, p. 92.

non seulement je signalais au Gouverneur l'armement de plusieurs Puissances maritimes, mais où je lui indiquais les mesures à prendre. » Ainsi, les Martinistes de l'Assemblée de Saint-Marc ont tenu entre leurs mains les instructions confidentielles que M. de la Luzerne adressait à M. de Peynier pour protéger Saint-Domingue contre une brusque agression de l'Angleterre ! Il faut avouer que notre rivale est vraiment bien servie [1].

Le lendemain matin, la Société des Amis de la Constitution et leurs complices, les hommes de l'Hôtel de Ville, reçoivent tour à tour la visite de M. de Marigny. Après avoir commis la faute de remettre entre les mains du comte d'Hector sa démission de Major général, M. de Marigny succombe à une autre faiblesse. Les artisans clandestins de l'émeute affectent une profonde indignation contre les factieux. Au lieu de se dérober à cette tactique, M. de Marigny interpelle les coupables et leur demande des explications. Toujours des harangues ! Avec la duplicité qui caractérise la secte, les Jacobins flétrissent les diffamateurs du Major général et supplient l'excellent officier de reprendre possession d'un poste où sa présence gêne si peu les ennemis de l'ordre. L'abdication fut une première faute; M. de Marigny ne se dérobe point à la seconde. A la même heure où le Major général obéit aux instances des édiles brestois, ceux-ci vont à bord du *Léopard* courtiser les adversaires de M. de Marigny et les assurer de leur bienveillance.

1. *Archives parlementaires.*

IV

Cependant, la correspondance du comte d'Hector, transmise par le Ministre de la Marine, M. de la Luzerne, à la Constituante, éveille la sollicitude du législateur sur cette anarchie et sur ses dangers. La France se trouve alors sous la menace d'une rupture avec la Grande-Bretagne. Entre les cours de Londres et de Madrid, les rapports s'aigrissent chaque jour, et la tournure des négociations fait appréhender d'heure en heure un dénouement belliqueux. Si la lutte éclate entre les deux peuples, le Gouvernement français, en vertu du Pacte de Famille, ne peut se dispenser de tirer l'épée. Toutes les puissances de l'Europe redoutent ce conflit et s'y préparent.

En proie elle-même aux transes qui secouent les patriotes, l'Assemblée nationale a voté tous les subsides nécessaires pour l'armement de quarante-cinq vaisseaux de ligne et d'un nombre proportionnel de frégates. C'est à l'arsenal de Brest que ces travaux s'exécutent et que la flotte qui doit soutenir notre rang et notre prestige se constitue et se complète. La France peut-elle permettre aux louches perturbateurs que soudoie une inflexible ennemie de débaucher nos ouvriers, de mutiner nos marins et de disloquer nos forces navales?

Émus du péril, les Constituants font un moment trêve à leurs querelles pour aiguiser, le 18 et le 20 septembre 1790, les décrets qu'exige le souci de notre défensive. Le premier frappe d'un blâme la Municipalité de Brest qui s'oppose au départ de l'escadre chargée de soumettre les Possessions françaises des Antilles au joug des lois. En vertu de l'autre décret, deux Commissaires civils, MM. Borie et Gandon, reçoivent l'ordre de faire rentrer le personnel inférieur de nos vaisseaux et de nos chantiers dans la règle et dans l'obéissance [1].

L'Assemblée nationale tient alor· les rênes de tous les pouvoirs, gouverne tous les Corps administratifs et domine tous les Clubs. Dans ces orageux conventicules, sa souveraineté ne connaît aucun frein et ses dogmes ne provoquent aucun schisme. Mais, comme tous les Parlements investis de la dictature, ce Gouvernement populaire ne peut fonctionner qu'à la condition de flatter les passions violentes et de favoriser les menées séditieuses. Prend-il, un jour, le parti de donner la voix à la raison et la puissance

[1]. Le décret du 20 septembre était ainsi conçu : « L'Assemblée nationale ayant entendu les rapports des Comités de la Marine, des Colonies et des Recherches sur les actes d'insubordination commis sur deux vaisseaux de l'escadre de Brest depuis l'arrivée du *Léopard,* justement indignée des écarts auxquels se sont livrés quelques hommes de mer avec lesquels elle n'entend pas confondre les braves marins qui se sont toujours distingués autant par leur attachement à la discipline que par leur courage, décrète que le Roi sera prié de donner des ordres : 1° pour faire poursuivre et juger, suivant les formes légales, les principaux auteurs de l'insurrection et ceux de l'insulte faite à M. de Marigny, Major général de la Marine; 2° pour faire désarmer le vaisseau le *Léopard* et en congédier l'équipage, en renvoyant ceux qui le composent dans leurs quartiers respectifs, en enjoignant aux officiers de rester dans leur département; 3° pour faire sortir de Brest, dans le plus court délai, et transférer dans les lieux qui lui paraîtront convenables, les individus appartenant aux régiments de Port-au-Prince, arrivés à bord du vaisseau. Décrète que les ci-devant membres de l'Assemblée générale de la partie française de Saint-Domingue, ceux du Comité provincial de l'Ouest de la dite colonie, et M. Santo-Domingo, arrivé à Brest, commandant le vaisseau le *Léopard,* se rendront à la suite de l'Assemblée nationale immédiatement après la notification du présent décret, laquelle sera faite en quelques lieux qu'ils puissent se trouver, d'après les ordres que le Roi sera prié de donner à cet effet. Décrète, en outre, que le Roi sera prié de nommer deux commissaires civils, lesquels seront autorisés à s'adjoindre deux membres de la Municipalité de Brest, tant pour l'exécution du présent décret que pour aviser aux mesures ultérieures qui pourraient être nécessaires au rétablissement de la discipline, de la subordination dans l'escadre, et de l'ordre dans la ville de Brest, à l'effet de quoi tous les agents de la force publique seront tenus d'agir à leurs réquisitions. »

à l'équité? Ses serviteurs s'insurgent et sa suprématie s'effondre.

Si le capitaine de Girardin, le commandant de la *Ferme*, n'a pu prendre la mer, c'est que la Municipalité lui a donné ordre de ne pas quitter la rade. Le décret du 18 septembre, qui blâme cette injonction, ne triomphe pas d'une hostilité que la Constituante n'a pu ni conjurer, ni éclaircir.

Le 22 septembre 1790, quand le comte d'Hector, avant d'obéir à son Ministre, va demander les ordres de l'Hôtel de Ville, les échevins signifient au Commandant de la Marine que, s'ils consentent au départ d'une division pour la Martinique, ils interdisent au commandant de Rivière de se porter, sans des instructions nouvelles, au secours de Saint-Domingue. Toujours débonnaire, le comte d'Hector souscrit à ce sursis et se résigne à cette usurpation du pouvoir.

V

Trois jours se passent. Le 25 septembre 1790, à cinq heures du matin, un courrier extraordinaire apporte au Commandant les ordres du Ministre de la Marine. Mais comme la souveraineté du Peuple s'est substituée à celle du Roi, le Commandant de la Marine, au lieu d'exécuter sur-le-champ les prescriptions du Comte de la Luzerne, s'empresse de transmettre à la Municipalité de Brest, au District et au Directoire, une copie authentique des instructions ministérielles. On ne désavoue pas les dictateurs populaires avec des politesses. La déférence encourage l'usurpation, et la capitulation postule l'asservissement. Deux heures à peine après la communication du comte d'Hector, le Conseil général de la Commune invite le Commandant de la Marine et, avec lui, MM. d'Albert de Rions, de Mari-

gny, d'Entrecasteaux [1], et Huon de Kermadec [2], à se rendre
à la Chapelle de la Congrégation, où nos échevins, entourés

1. ENTRECASTEAUX (Joseph-Antoine Bruni, chevalier d'), parent de Suffren, naquit en 1734, à Aix, d'un conseiller au Parlement de cette ville, fut reçu garde à quinze ans, prit une part active, sur divers bâtiments, à la guerre de Sept ans, notamment sous La Galissonnière, à la bataille de Minorque, qui lui valut le grade d'enseigne, et, après la paix de 1763, fut signalé par le marquis de Chabert pour ses aptitudes hydrographiques. Lieutenant de vaisseau en 1770, capitaine au début de la guerre d'Amérique, d'Entrecasteaux n'eut pas occasion de s'y distinguer d'une manière spéciale, mais, après le traité de Versailles, il fut nommé directeur adjoint des ports et arsenaux, ensuite chef de division et commandant de la station des mers de l'Inde. Ce fut alors (1786) qu'il fit sur la *Résolution* sa belle campagne de l'Inde en Chine, à contre-mousson, au moyen d'un immense détour par les détroits de la Sonde et de Macassar, la grande passe des Mollusques, le S. de Gilolo, l'E. des Marianes et le N. des Philippines. Nommé gouverneur des Mascareignes, après un court séjour en France, Entrecasteaux fut, en 1791, chargé par Louis XVI d'aller à la recherche de La Pérouse, dont on n'avait pas eu de nouvelles depuis trois ans. L'expédition, composée de deux mauvaises flûtes de 4 à 500 tonneaux, la *Recherche* et l'*Espérance*, celle-ci commandée par Huon de Kermadec, partit de Brest le 29 septembre. Le lendemain, quand on eut perdu la terre de vue, d'Entrecasteaux décacheta, selon ses instructions, les dépêches de la Cour, qui lui apprenaient qu'il était nommé contre-amiral, et M. de Kermadec capitaine de vaisseau.

D'Entrecasteaux, qui souffrait depuis longtemps du scorbut et de la dysenterie, succomba le 20 juillet 1793. L'expédition, désormais commandée par M. d'Auribeau, atteignit Waigiou, un mois plus tard, et arriva, le 19 octobre, à Sourabaya, où les Hollandais, en guerre contre la France, retinrent les deux corvettes

2. KERMADEC (Jean-Michel-Huon de), capitaine de vaisseau, né à Brest le 12 septembre 1748, fut reçu page en 1762 et garde en 1766. Embarqué, comme enseigne, sur la *Sensible*, commandant Bernard de Marigny, il assista à la bataille d'Ouessant avec son oncle François-Pierre. Lieutenant de vaisseau, l'année suivante, et embarqué sur le *Diadème*, commandé par M. de Dampierre et faisant partie de l'escadre de la Motte-Picquet, il prit part, après la jonction de cette escadre à celle du comte d'Estaing, au combat et à la prise de la Grenade, au siège de Savannah, enfin aux combats des 20 et 21 mars 1780, livrés par la Motte-Picquet à Hyde-Parker. Reçu chevalier de Saint-Louis, à son retour de Saint-Domingue, en 1781, Kermadec partit en 1785, avec le grade de major de vaisseau, sur la *Résolution*, commandant d'Entrecasteaux. A son retour, en 1789, il

de leur clientèle, vont statuer sur l'opportunité de la campagne, décrétée par la Constituante et préparée par le Ministre.

Le comte d'Hector convoque les officiers et leur demande quelle réponse comporte cette nouvelle exigence. « Il faut y aller ! » s'écrie, tout d'une voix, cette élite, destinée à toutes les docilités et promise à tous les affronts [1]. Officiers, échevins, clubistes, confondus dans la même salle, — où psalmodiaient, encore la veille, les religieux qu'on a chassés, — y symbolisent le triomphe du désordre et du chaos. Naturellement, les Jacobins dominent, et c'est devant cette cohue que comparaissent les officiers, moins comme les serviteurs du roi capétien que comme les otages de la Révolution victorieuse. Ordre est donné au Commandant de la Marine de remettre aux nouveaux souverains ses dépêches et ses lettres. Le comte d'Hector s'exécute. Six cents Jacobins prennent des mains du vénérable Chef d'escadre le registre de sa Correspondance avec le ministre, parcourent les pages, vérifient et discutent les faits que l'amiral mentionne ou commente. Au cours de ses dernières lettres, le Commandant de la Marine raconte à M. de la Luzerne les péripéties

---

lut à l'Académie royale de la Marine, dont il était membre, le journal de son voyage. Nommé, en 1791, commandant de l'*Espérance*, dans l'expédition d'Entrecasteaux envoyée à la recherche de La Pérouse, avec le grade de capitaine de vaisseau, il prit une part active aux travaux de la campagne.

Épuisé par les fatigues, Huon de Kermadec mourut le 6 mars 1793 dans le havre de Balade, à la Nouvelle-Calédonie, deux mois avant Entrecasteaux. On l'inhuma dans la petite île de Pudyona, sans aucun signe extérieur qui indiquât sa tombe, de peur que les naturels ne fussent tentés d'exhumer ses restes pour les dévorer. Un demi-siècle plus tard, en 1845, à la demande des missionnaires de l'Océanie, les marins de l'*Héroïne* et les sauvages convertis plantèrent une croix dans l'île où il repose. Quant à la République, elle avait destitué ce savant navigateur, en vertu d'un décret de l'an II. (*Gloires Maritimes.*)

1. Levot, t. III, p. 156.

de l'émeute. Le Procureur-syndic de la Commune, M. Gavelier, proteste contre les assertions de l'amiral et déclare qu'aucune insurrection ne désole le port et la rade. « Les matelots, conclut l'orateur, se battront comme de vrais Français, surtout s'ils sont bien conduits. » Le débat s'anime, les deux groupes échangent des observations acrimonieuses, mais, vers une heure de l'après-midi, lorsque la séance se clôt, le dernier mot reste aux Jacobins. Le comte d'Hector et ses camarades ne peuvent se retirer qu'après avoir promis d'attester, dans une déclaration collective, la sagesse des passagers du *Léopard*, la discipline des équipages et la quiétude de la cité. Ni les équipages ne se sont révoltés, ni Brest ne s'est ému, ni le *Léopard* n'a provoqué une émeute. Honteux de leurs défaillances, les officiers voudraient bien retarder la délivrance de ce certificat et l'aveu de cette capitulation. Mais, prisonniers du Club et de l'Hôtel de Ville, que peuvent-ils faire? Les maîtres de Brest obtiennent, à l'heure qu'ils ont eux-mêmes fixée, les pièces promises et les rétractations consenties par une autorité décidément subjuguée.

VI

Si le Conseil municipal et ses complices mettent tant de prix à ces attestations fabuleuses, c'est que les « Commissaires du Roi » ou plutôt les délégués de la Constituante, MM. Borie [1] et Gandon [2], doivent venir à Brest

---

1. Borie (Nicolas-Yves), né à Tréguier, le 24 février 1757, avocat au Parlement, d'abord procureur du Roi au Présidial de Rennes, devint Sénéchal au même Présidial, le 26 juillet 1783, et fut le dernier Sénéchal de Rennes. Il siégea, en cette qualité, comme Président de l'Ordre du Tiers, aux États de 1788 et de 1789, et signa

2. (*Voir page 114.*)

assurer l'exécution des édits du 18 et du 20 septembre. Il faut que l'édilité brestoise et le Club des Jacobins,

les protestations de la Commission intermédiaire et de la Commission de Navigation de 1788. (Du Chatellier, I, 35, 89, 112; V, 194; Ogée, II, 459, etc.) Commissaire du Roi à Brest en 1790 (Du Chatellier, I, 321), Borie fut le premier préfet d'Ille-et-Vilaine, par arrêté des Consuls, en date du 21 ventôse an VIII, et devint député d'Ille-et-Vilaine au Corps législatif, en l'an X. Il est mort à Rennes, le 18 avril 1805. On a de lui :
Statistique du Département d'Ille-et-Vilaine, par le citoyen Borie, préfet. Paris, imprimerie des Sourds-Muets, an IX, in-8°, 56 pages.

Sur Borie, voir les journaux la *Sentinelle du Peuple*, le *Héraut de la Nation* en 1789; les *Archives d'Ille-et-Vilaine*, C. 1807. — Les *Anciens Évêchés de Brest*, II, 338-350; l'*Histoire de Rennes*, par Ducrest, pp. 422, 496, 497, 500; — Le *Dictionnaire d'Ogée*, II, 574, 647; — Les *Origines de la Révolution en Bretagne*, par B. Pocquet, passim, — et le *Dictionnaire des Parlementaires français*, I, 399. R. Kerviler : *Bio-Bibliographie Bretonne*, IV, p. 401.

2. Gandon (Yves-Nicolas-Marie), né à Rennes, le 10 mars 1745, avocat au Parlement, syndic de la Communauté de Rennes en 1788, porta à Paris les réclamations du Tiers-État de la Ville de Rennes en 1789. La plupart des biographes de Gandon disent que, voyant combien la Révolution dépassait ses prévisions, l'avocat rennais se tint à l'écart du mouvement. C'est là une erreur. Nous croyons qu'il faut l'identifier avec l'un des deux Gandon qui furent membres du Tribunal criminel de Nantes en 1793. Ce qui est certain, c'est qu'il fut élu juge au Tribunal de Cassation par le département d'Ille-et-Vilaine, en l'an IV, destitué par le 18 Fructidor et rétabli par le 18 Brumaire. ✻ le 25 pluviôse an XII, et président du Collège électoral d'Ille-et-Vilaine en 1805, il fut élu candidat au Sénat conservateur. Maintenu à la Cour de Cassation par la Restauration, et O. ✻ le 25 août 1814, il prit sa retraite en 1826 et mourut à Rennes le 8 avril 1834. On a de lui : 1° *Réquisitoire à l'Assemblée municipale de Rennes*, le 17 novembre 1788; *sur l'abolition des privilèges*, analysé dans la *Biog. Bret.*, I, 762.

Le chevalier de Guer répondit par une brochure intitulée : *Réponse à M. Gandon par le chevalier de Guer*, 1788, in-8°.

Gandon répliqua par : 2° *Réponse au Chevalier de Guer*, 1787, in-8°. Voyez sur lui *Archives d'Ille-et-Vilaine*, C. 1810; — Ogée : *Marteville*, II, 526, 631; — et des notices de la *Biog. nouv. des Contemp.* d'Arnault aux *Fastes de la Légion d'Honneur*, V, 345; — à la *Biog. Bret.* de Levot; — à la *Biog. historique de la Révol.*, II, 8.

Un Gandon (est-ce le précédent?), qualifié avocat à Nantes, fut élu membre du Directoire du Département de la Loire-Inférieure en 1790

purifiés de tout soupçon par le Grand Corps lui-même, se montrent aux Commissaires, non comme des fauteurs de troubles, mais comme des pacificateurs, — non comme des accusés, mais comme des accusateurs.

C'est le 27 septembre que la diligence dépose MM. Borie et Gandon sur le quai de la Penfeld. Entourés chacun de leurs États-majors respectifs, MM. d'Albert de Rions et d'Hector reçoivent les deux Délégués, à la descente de la voiture et les mettent au courant des derniers faits. Moins déférents que les officiers, les échevins ne se sont pas dérangés : ainsi le veut le nouveau protocole. En revanche, dociles aux rites démocratiques, MM. Borie et Gandon vont à l'Hôtel de Ville saluer la nouvelle Puissance et prendre ses ordres. Une enquête sur la Marine ne réclame-t-elle pas le concours, ou plutôt ne comporte-t-elle point la maîtrise de l'autorité municipale? Aux deux Commissaires, l'Hôtel de Ville attache deux surveillants, deux espions, MM. Malassis[1] et Douesnel. Ainsi complétée, la Délégation

---

et 1791, et un autre, président du Tribunal en 1791. Deux Gandon, l'aîné et le jeune, firent partie du Tribunal criminel extraordinaire créé lors des troubles de mars 1791, et l'un d'eux fut pris et incarcéré par les rebelles jusqu'en octobre. On en retrouve encore un au Tribunal de district en 1794, nommé maire de Nantes, par le représentant Ruelle, et refusant d'accepter (*Journal de la Correspondance de Nantes*, IV, 434, *Livre doré*, II, 40, 43; MELLINET : *Commune et Milice*, VI, 167, 350, 351, 415; VII, 141; VIII, 190; IX, 132, 207, 354; X, 91; LALLIÉ : *Justice révolutionnaire*, pp. 3, 4, 7, 8. — M. POCQUET, qui veut bien nous communiquer ces deux notes biographiques, ajoute qu'il a « quelques raisons de croire qu'il faut identifier l'un d'eux avec le Rennais, futur Conseiller à la Cour de Cassation, cité ci-dessus à la Section d'Ille-et-Vilaine ». R. KLAVILER : *Bio-Bibliographie Bretonne*, XV, pp. 172, 173, 174.

1. MALASSIS (Romain-Nicolas), né à Brest le 14 avril 1737, fils d'un imprimeur de Brest, entra dans l'administration municipale en 1791, fut élu le 23 septembre 1791 député du Finistère. Maire de Brest, fut mandé à la barre de la Convention comme complice de la Gironde, et placé à Paris sous la surveillance du Comité de Salut public. En vendémiaire an IV, officier municipal, est nommé assesseur du juge de paix. Date de la mort inconnue.

se rend chez le Commandant de la Marine, M. d'Hector, et lui notifie les dispositions qu'elle vient de prendre.

Le Ministre de la Marine avait donné l'ordre de transporter à l'île de Ré la garnison du *Léopard*. Cette troupe a connivé avec les marins factieux. Un châtiment sévère ne doit-il pas servir de sanction à cet acte d'indiscipline? Tout autre est l'avis des Commissaires. L'amiral d'Hector apprend que, sur l'ordre de ces citoyens, préludant aux ukases des Représentants en mission, le détachement des troupes coloniales sera dirigé, non sur l'île de Ré, mais vers Carhaix.

Le 1er octobre, nos mutins, le drapeau tricolore en tête, le chapeau sur l'oreille, la moustache retroussée et l'air vainqueur, défilent à travers les rues de Brest, pleines de curieux, non moins avides d'assister au triomphe des soldats indisciplinés qu'à l'humiliation de l'État-major dominé par les Clubs.

CHAPITRE VI

I. — Fastueuse entrée des Commissaires dans la rade. — Leurs ressentiments sur l'allure mystérieuse de l'émeute. — Les officiers municipaux visitent d'abord les équipages.

II. — Discours emphatiques des Commissaires aux marins révoltés. — Infructueux verbalisme.

III. — Entrevue des Commissaires et des édiles. — Épître découragée de Borie et Gandon. — On ne veut point recourir à la force. — On appellera un général « agréable » aux équipages.

IV. — Excitations du procureur-syndic Cavelier contre les officiers. — Les capitaines de l'escadre se plaignent à la Constituante. — Manifeste de MM. les Officiers des grades intermédiaires contre les agitateurs.

V. — La Constituante s'occupe de l'émeute de Brest. — Violentes attaques contre les Ministres. — Discours du baron de Menou, etc.

VI. — Intervention de Cazalès, député de la Droite. — L'orateur, tout en combattant la déclaration de défiance contre les Ministres, censure ces derniers. — Éloquente péroraison.

VII. — Le débat recommence le lendemain. — Discours de Malouet, de Clermont-Tonnerre, de Virieu, de Barnave. — Les Ministres démissionnent. — Pour calmer les mutins, le Comité demande qu'on accorde à la Marine le pavillon tricolore. — Interruption du Marquis de Foucault. — Repartie de Mirabeau.

VIII. — Un membre de la Droite, le baron de Guilhermy, interpelle vivement Mirabeau. — Agitation. — Guilhermy condamné à huit jours d'arrêts. — On vote une motion inédite.

I

Quand on veut rendre la vigueur au corps que ronge un chancre, le salut du malade exige qu'une main énergique introduise le fer dans la plaie et sacrifie le membre purulent pour sauver l'organisme resté sain. Les *missi dominici* que dépêche l'Assemblée nationale à Brest se sont, par malheur, trop nourris de Rousseau pour risquer cette amputation libératrice. Ce n'est pas un bistouri qu'ils ont emporté dans leur valise, mais un exemplaire du *Contrat social*.

Le 2 octobre 1790, désireux de prendre la ville entière à témoin de leur suprématie, les quatre Commissaires choisissent, dans les bassins, le somptueux canot que les ouvriers de l'arsenal avaient construit pour Louis XVI. C'est dans cette embarcation que le Roi prit place pour visiter, au mois de juin 1786, les travaux du port de Cherbourg. Installés sur la chaloupe royale, nos dictateurs se montrent dans la rade avec un appareil propre à frapper les masses. La République veut signifier à la population tout entière, civile, militaire et maritime, que l'autorité souveraine a décidément changé de mains : la dynastie d'Hugues Capet est déchue, et c'est aux Jacobins de la Constituante qu'appartient désormais le Gouvernement de la France.

Après avoir à peine pris le temps d'interroger les officiers et quelques marins, les Commissaires adressent au Ministre une lettre [1] où se confirme ce que nous savons déjà sur l'allure mystérieuse de l'émeute. « M. de Marigny, écrivent MM. Borie et Gandon, nous a dit qu'il n'avait été sensible à l'injure qu'en ce qu'elle pouvait faire présu-

1. A. N. F⁷ 3. 676.

mer qu'il existait des sujets de plainte contre lui : qu'il *avait tout mis* en usage pour obtenir la connaissance de ces sujets de plainte; que personne n'en ayant manifesté, il est demeuré convaincu que l'acte dont il a été affecté ne mérite pas une plus longue attention de sa part, — qu'il n'a plus qu'un vœu à former, c'est qu'il ne soit donné aucune suite à l'affaire et qu'*il sollicite l'indulgence* pour les coupables. » Toujours la même criminelle abdication d'une autorité infidèle à ses devoirs !

Plus loin, dans la même lettre, les signataires insistent à leur tour sur le caractère étrange d'une mutinerie qui ne se traduit par aucune de ces agitations et de ces violences qui d'ordinaire mettent en sursaut les ports de guerre. Point de vociférations, point de rixes, point de marins blessés et point de sbires endommagés. Ce n'est pas une sédition bruyante, mais un silencieux complot. Mais, écoutons les confidences des deux Commissaires :

« L'insurrection qui existe dans l'escadre est d'autant plus difficile à vaincre qu'elle n'est point l'effet d'une effervescence dont on pourrait calculer le terme; elle est combinée et réfléchie; son caractère se manifeste en ce que les équipages des différents navires se concertent entre eux; ils disposent des canots pour aller conférer d'un bord à l'autre ou bien ils emploient des signaux par lesquels ils se communiquent leurs intentions. Une partie des équipages a été mal formée par la facilité des remplacements.

« Après une longue conférence avec M. d'Albert de Rions, de Souillac, d'Entrecasteaux, et le Major de l'escadre, M. de Marigny, nous sommes convenus de nous rendre à bord et d'y employer tous les moyens en notre pouvoir pour persuader aux équipages que les serments qu'ils ont faits à la patrie exigent la discipline la plus régulière. »

Aucune désillusion ne délivre nos Commissaires de leur naïf optimisme. Au lieu de se livrer à une enquête approfondie sur les causes du complot, au lieu de surveiller les meneurs et de séquestrer leur correspondance, au lieu, enfin, d'exercer leurs fonctions de juges commissaires, comme le faisait, sous Louis XIII, l'héroïque Chancelier Séguier contre les Nu-Pieds de la Basse-Normandie, MM. Borie et Gandon ne songent qu'à combler les mutins de phrases. Sur la demande des Commissaires, les édiles brestois iront, à bord, visiter les rebelles. « Nous ferons précéder notre visite de celle des Officiers municipaux qui possèdent la confiance des équipages. » Faire passer la revue des équipages révoltés par les conspirateurs qui les mutinent, telle est la procédure qu'imaginent ces verbeux personnages. MM. Borie et Gandon ajoutent : « Nous sommes profondément affligés de voir M. d'Albert persuadé qu'il est impossible de rétablir l'ordre et la discipline dans l'escadre. » A la bonne heure ! Voilà donc un Français sensé ! Malheureusement, comme beaucoup trop de ses camarades, si d'Albert de Rions juge avec netteté les hommes et les choses, le sens de l'action lui manque. S'il a la clairvoyance du péril, il n'a pas l'esprit de décision qui le conjure.

II

Inutile fut la démarche des échevins et vaine leur faconde : on les éconduisit. Mais cet accueil n'influence pas la douce philosophie de nos Délégués. « La Discussion est un des noms de la Mort ! » a dit Donoso Cortès, flétrissant la couardise des hommes publics qui substituent à la féconde énergie des actes la mortuaire stérilité des discours. A bord du *Majestueux*, où l'insubordination sévit avec le plus de violence, MM. Borie et Gandon considèrent la dunette, non comme l'acropole du Commandement, mais comme la tribune d'un forum. Les déclamations de

Jean-Jacques les obsèdent. A peine arrivés, voici que, du haut de ces nouveaux rostres, MM. Borie et Gandon font tomber sur les équipages l'averse d'une homélie romaine [1] :

« Marins ! Une cruelle défiance vous a fait oublier les lois de la discipline. Vous auriez dû mieux connaître la liberté qui ne doit pas s'exercer par des passions déréglées, etc... »

On se figure entendre les consuls Lentulus et Sextius cadençant, devant les soldats vaincus à Cannes, une des harmonieuses harangues forgées par Tite-Live. Dès les premières syllabes, les infortunés destinataires de cette éloquence tournent le dos à l'orateur. Idées et paroles, rien n'entame l'épiderme de ces rudes Bretons qu'aurait dominés l'*imperatoria brevitas* d'un maître, mais qui s'irritent, non sans raison, d'un verbiage abstrait où pas un mot n'évoque leurs traditions de discipline et ne fait flamboyer leur passé de gloire. Décontenancés par cette résistance, les Commissaires renouvellent quatre fois leur assaut oratoire, sans que s'ouvre la plus légère brèche dans l'intangible multitude qui les entoure et qui les bafoue.

Ce siège dure plusieurs heures. Après avoir trouvé le moyen d'épuiser la métaphysique de Condorcet, les syllogismes de Mably et la rhétorique de Raynal, MM. Borie et Gandon s'étonnent de l'impuissance du « génie humain » sur cette foule illettrée et candide. D'autres hommes auraient abandonné la partie. Mais cet échec ne corrige ni ne décourage les infortunés Commissaires. Une délibération nouvelle va peut-être leur suggérer une stratégie moins naïve et plus efficace :

« Convaincus de l'impossibilité de nos efforts, nous nous réduisîmes au seul parti qui, en calmant l'agitation, pouvait

---

1. *Archives nationales*, F¹ 3676.

assurer notre retraite. Nous dîmes aux marins que nous rendrions compte de leurs dispositions à l'Assemblée nationale et au Roi, et qu'ils sentiraient un jour la nécessité de la subordination !...

« Nous nous retirâmes et nous passâmes dans la Chambre du Conseil. M. d'Albert nous déclara que les équipages s'étaient encore entendus pendant la nuit pour concerter une réponse négative et qu'il était inutile d'insister. De retour à Brest, nous nous rendîmes chez M. d'Hector et nous trouvâmes M. de Marigny, Major général de la Marine... »

Que va-t-il se passer dans cette réunion où doit se décider le sort de notre marine? « Rien n'est pire dans les États, — déclare Montesquieu, — qu'une certaine indolence et qu'un certain désespoir qui font qu'on n'aime pas jeter les yeux sur la situation. » D'une part, le pressentiment de l'inéluctable débâcle hante les officiers. D'autre part, les chimères de la philosophie sentimentale égarent les Commissaires. Ce découragement et cette hallucination imposent le seul parti que comporte l'universel marasme. C'est encore avec la musique d'un discours qu'on se flatte de calmer le torrent qui se rue sur la cité. Malgré l'insuccès de la veille, les Délégués attachent moins de prix à la répression disciplinaires qu'aux fanfares orales. La persistance de la grève accuse, non l'impéritie des Commissaires, mais la surdité des équipages. Si tant d'éloquence fut inutile, c'est que les marins ne voulurent pas l'entendre. Aux yeux de nos disciples de Rousseau, la parole est la seule arme que doive utiliser la société « régénérée » et qui puisse dompter les âmes inexpugnables. Un manifeste où vibrerait la pathétique oraison des Commissaires et qu'on placarderait sur tous les murs n'ouvrirait-il pas des chances à un retour de la sagesse?

III

Cet expédient flatte trop l'amour-propre des auteurs pour que nos courtois officiers ne s'empressent de l'accepter, moins comme une mesure de salut que comme une politesse. Mais, pour recommander cette Proclamation à la multitude, il faut la fortifier d'une cédule municipale. Voilà donc les Commissaires et les Officiers, à l'Hôtel de Ville, implorant de la Commune l'aumône d'un ordre du jour qui relève de leur défaveur les harangues sifflées et de leur discrédit les Pouvoirs détrônés. Mais a-t-on jamais vu une Puissance victorieuse associer sa cause à la fortune d'une autorité vaincue? Déjà, maîtres de l'arsenal et du port, les hommes de la Mairie refusent de compromettre leur dictature naissante par un compagnonnage qui les engloberait dans l'impopularité de l'État-major et l'insuccès des Commissaires. Avec un juste souci du lendemain, les proconsuls de l'Hôtel de Ville repoussent tout contact avec les chefs amoindris et déconsidérés :

Profondément affligés, MM. les Officiers municipaux, — racontent MM. Gandon et Borie, — MM. les Officiers mandèrent que, dans une position aussi alarmante, il serait dangereux de détourner la confiance des matelots; que l'intérêt des citoyens leur imposait le devoir de ménager toutes les ressources. Si le Conseil général de la Commune se déclarait ouvertement contre les équipages, il en résulterait des désordres. Déjà, deux mille matelots se sont portés à l'Hôtel de Ville. En s'unissant aux Commissaires, la Municipalité perdrait le dernier moyen qui lui reste de maintenir la tranquillité dans la ville.

Cette oblique réponse enlève aux Commissaires la dernière illusion dont se leurrait un optimisme qui, jusqu'à ce moment, avait résisté et survécu aux plus cruels mécomptes. Puisque la Municipalité refuse d'opposer à l'émeute l'invincible vertu de leur verbe, tout est définitivement perdu !...

« Tel est, — gémissent ces braves gens, — tel est l'état actuel des choses. Vous voyez que l'événement a malheureusement justifié le doute où nous étions du succès de notre mission. M. d'Albert nous a paru déterminé à écrire au Roi pour annoncer sa résolution d'abandonner un Commandement dans lequel il ne croit pas pouvoir être utile. *Les voies de la persuasion sont épuisées !* Il ne resterait qu'à employer les moyens de la force. Mais ces moyens ne conviennent pas à nos mains ! »

Hélas ! toutes les erreurs et toutes les catastrophes du xviiie siècle, n'est-ce point cette fin de non-recevoir qui les provoque et qui les explique? En excluant du gouvernement des hommes l'ascendant légitime de la force, la philosophie sentimentale enlève au droit son bouclier, désarme le bien de sa sanction et prive le mal de son salaire. Les mêmes sophismes dont meurt l'armée ravagent la bourgeoisie libérale. Décidément, le sens de l'autorité, de sa mission et de son rôle périclite dans toutes les âmes. Pour arracher la Marine à la tyrannie des Clubistes, les Commissaires finissent par demander qu'on place à sa tête « un Lafayette », et, pour triompher de la mutinerie et de la licence, les mêmes hommes expriment le vœu que l'Assemblée déchire toutes les pages du nouveau Code. « Si nous nous permettions d'ouvrir un avis, nous vous dirions, Monsieur, que si l'on ne compte pas, avec quelque certitude, sur la paix, nous ne voyons d'espoir que dans un parti qui pourra vous paraître extrême : ce serait de nommer un *général agréable* aux équipages et de suspendre l'exécution du Règlement pénal [1]. »

1. *Archives nationales*, F1 3676 : Lettres en date du 29 septembre et

IV

Pendant que MM. Borie et Gandon, intoxiqués par les doctrines qui vicient alors l'atmosphère, ne savent ni prescrire les sévérités légitimes, ni défendre les officiers débordés, un simple commis de la Marine, récemment élu Procureur-Syndic de la Commune, M. Cavelier, s'autorise de la pusillanimité des Commissaires pour enhardir les factieux à de nouvelles insultes. Jusqu'ici, les « crimes » de l'État-major furent surtout ses indécisions, son imprévoyance et sa mansuétude. Ce n'est pas assez. L'heure est venue de lui créer un dossier qui sollicite davantage les ressentiments populaires. M. Cavelier se charge de cette besogne : un pamphlet, signé de son nom, noircit les officiers des imputations les plus diffamatoires et circule dans l'arsenal et sur les quais, sous les auspices d'un Pouvoir tout à la fois engourdi et tremblant. Devant cette recrudescence d'outrages et le scandale de cette impunité, l'amiral d'Albert de Rions, à la fin, perd patience et envoie sa démission au Roi. A quoi bon conserver un emploi qu'avilit l'insolence des factieux et qu'annihile l'apathie du Pouvoir?

Douloureusement affectés de cette retraite, les Capitaines de l'Escadre écrivent à l'Assemblée que si les injures dont les poursuit une édilité de plus en plus usurpatrice n'ont pas un terme, le sentiment de l'honneur et l'amour de la France leur feront un devoir d'abandonner les postes, où ni leur dignité n'est respectée, ni l'État fructueusement servi.

Comme le Manifeste n'a pas reçu les signatures des autres membres du Grand Corps, la population de Brest se de-

du 4 octobre 1790, adressées par MM. Borie et Gandon, commissaires du Roi, au président de l'Assemblée nationale.

mande si une telle abstention ne doit pas être considérée comme un blâme. Instruits de cette rumeur, les Officiers Rouges et les Officiers Bleus décident aussitôt d'édifier l'opinion publique sur leurs sentiments... Une pièce nous apprend que, le 13 octobre 1790, « MM. les Officiers des Grades intermédiaires de la Marine » s'assemblèrent extraordinairement à l'Hôtel du Commandement. « L'un de ces officiers, — ajoute le document, — prit la parole et déclara que, leur silence pouvant recevoir une interprétation fâcheuse, une franche explication s'imposait. Ne dit-on pas déjà que, trop dociles à des vues ambitieuses, les Chefs inférieurs ont des raisons particulières de désirer l'éloignement de leurs supérieurs? » — « Il faut donc détruire un soupçon que notre délicatesse repousse », conclut le Manifeste. Dans ce but, lecture est donnée d'une adresse où les Équipages sont invités à « réfléchir à combien de malheurs ils exposent leur Patrie en autorisant les demandes inconsidérées de quelques individus qui, par la suite, voudraient faire loi d'un événement malheureux suggéré par nos ennemis ».

Nous frémissons en réfléchissant que le sort futur de nos armes va peut-être dépendre d'une cabale. Quoi, Français ! Voudriez-vous devenir injustes ! Vous méconnaissez l'homme vertueux (d'Albert de Rions) qui a soutenu l'honneur de notre pavillon, lui, l'émule de Suffren, lui que nos ennemis respectent, et que nous osons même dire qu'ils craignent. Mais, sans s'écarter des principes, songez qu'il faut quarante années de travaux pour former un bon général, et que le siècle de Louis XIV, où le mérite fut placé au premier rang, n'a produit que cinq grands hommes de mer : Tourville, Duguay-Trouin, Duquesne, Jean Bart et Forbin !

Après avoir invité les marins insubordonnés à rentrer dans le devoir, et formulé le vœu que l'ordre reprenne ses droits, les officiers se déclarent disposés à sacrifier « au bonheur général leur dernier souffle de vie ».

Cette phraséologie naïve ne rend la démarche des « Officiers des Grades intermédiaires » que plus chevaleresque et plus touchante. Mais ces braves gens ne discernent pas mieux que la majeure partie de leur contemporains la cause de la pestilence qui empoisonne les esprits. Avant de signer leur Adresse, n'ont-ils pas la singulière idée de la soumettre à l'approbation des artisans du désordre, aux suffrages des édiles brestois? Comme la Municipalité jacobine dut se féliciter de cette ignorance et s'applaudir de son astuce [1]!

V

La comparution du comte d'Hector et d'Albert de Rions devant les Jacobins de l'Hôtel de Ville de Brest, leur inter-

---

[1]. Il nous a paru intéressant de relever les noms des signataires de l'Adresse. Les voici : Trublet, Duval, Puren, Allary, Le Tourneur, Sebire, *Lieutenants de Vaisseau et anciens Capitaines de Brûlots* ; — Blanchard, de Kerangal, de La Vieuville, Gubian, de Lesquen, de la Coudraye, Ménage, de Bedée, du Harscouet, Pean, Marié, Jezéguel, Furic, La Rue-Desmarets, Jo, de La Villéon aîné, de La Villéon cadet, Martin, Conaritoux, Kerangalet, du Dieuzit, de Portzamparc, de Rudeval, de Beauverger, Rheydellek, Kerferé, Poidéloue, La Troupinière, Duguasne, Krohm, Deslandes, Coupe du Cellier, Hubert, Roux aîné, Taillard, Massot, Floncet, Bruleau, Le Lamer, Bruillac, Bruillac cadet, Molenard, Deioz, Drieux, Taillard, de Langle, de Chasteignier, de P'ancy, de Contrepont, Pinquer, Daniel, Brochereuil, de La Morandais, Le Blond de Saint-Hilaire, Salembier, du Bonaze, Lhermite, Bertrand, Daniel, Kersaux, de Coatnempren, du Breil, Prevost la Croix, de Courson, Étienne, Robert, Siméon, Falaise, de Brossard, Fustel, Nielly, Leissegner, Coquet, *Sous-Lieutenants de Vaisseau*. (*Archives parlementaires*, t. XIX, p. 769.)

Voici le jugement que portent Borie et Gandon sur l'Adresse : « MM. les Sous-Lieutenants de Vaisseau doivent faire imprimer une adresse aux marins pour les rappeler à l'ordre et à l'obéissance. Pour faire valoir les services des anciens Capitaines et pour démontrer que, sans le secours de leur talent et de leur expérience, il est impossible de songer à faire la guerre avec avantage. Cette démarche leur a été inspirée par la délicatesse. Ils craignent d'être soupçonnés d'exciter ou de partager les préventions des marins ». A. F. *ibid*.

rogatoire, la violation de leurs missives, ces scènes si caractéristiques et si humiliantes, divulguées par la presse, ne laissèrent pas d'impressionner le pays, encore peu familiarisé avec les manèges d'une secte qui devait se livrer, quelques mois plus tard, à des usurpations de pouvoir bien autrement meurtrières. Témoins de cette émotion, les Jacobins décident de la combattre par une de ces attaques folles, imprévues, qui déconcertent l'esprit irréfléchi des foules. La victoire remportée à Nancy par le marquis de Bouillé sur les soldats rebelles avait consterné les conspirateurs. Cet exemple d'une insurrection réprimée tout à la fois par les troupes de ligne et par les gardes nationales pouvait rendre au Gouvernement la force et au pays la confiance [1].

Frappé de ce succès, le peuple ne finirait-il point par se soumettre aux lois qu'on respecte et par s'incliner devant les autorités qui se font obéir? Les ennemis de la Monarchie se rendent compte du péril que court leur cause. Au lieu d'abattre la faction, l'aventure de Nancy lui communique une nouvelle audace. Il faut, à tout prix, se débarrasser des Ministres que le triomphe de Bouillé ne peut manquer de pousser à la résistance. Les désordres dont le grand port militaire du Ponant vient d'être le théâtre ne pourraient-ils se prêter à une offensive hardie contre le Pouvoir?

On va tâcher de tirer le plus fructueux parti de cette émeute. Et d'abord, l'Assemblée nationale convoque à sa barre les quatre-vingt-cinq créoles que le baron de Santo-Domingo vient de jeter dans Brest. C'est le jeudi 30 septembre 1790 que les factieux comparaissent et témoignent. Le discours de leur orateur n'est qu'un violent factum contre le ministre de la Marine — l'ennemi de Saint-Do-

---

[1]. Lire, à ce propos, les *Mémoires du Marquis de Ferrières*, édition DIDOT, t. I, p. 321.

mingue — et contre le colonel de Mauduit, — « l'assassin des colons ».

Un député, qui ne s'est fait jusqu'ici connaître que comme un ardent jacobin, le Dauphinois Barnave [1], reçoit la mission d'écrire un rapport sur les événements de Saint-Domingue. Soumis, le 21 octobre 1790, au contrôle de la Constituante, cet exposé captive, pendant plus de six heures, l'attention de l'auditoire. La loyauté de Barnave éclate à chaque ligne dans ces pages, à peu près exemptes de tout esprit de secte. Le député de Grenoble n'hésite pas à se déclarer contre l'Assemblée coloniale et contre les passagers du *Léopard*. Oubliant leur rôle et leur caractère, les représentants de la colonie se sont érigés en souverains législateurs, sans égards pour les lois qui régentent Saint-Domingue et sans respect pour la France dont ils méconnaissent les bienfaits et la puissance. En vain l'Assemblée provinciale du Nord et le Gouverneur, le comte de Peynier, ont-ils morigéné ce séditieux conventicule, nul avertissement et nulle semonce n'ont fait capituler jusqu'ici les usurpateurs. Soutenue par un certain nombre de paroisses, l'Assemblée ne dissimule pas son intention de briser un à un tous les liens qui l'attachent à la Métropole. Grâce à l'or qu'elle prodigue, les Régiments se disloquent, et les soldats,

---

1. BARNAVE (Antoine-Pierre-Joseph-Marie), né à Grenoble en 1761, avocat, d'abord élu député du Tiers-État aux États Généraux. Enflammé pour les idées nouvelles, ce fut lui qui prononça devant le cadavre de Foulon le mot fameux : « Le sang qui coule est donc si pur? » L'année suivante, au mois d'août 1790, il se battait en duel avec Cazalès, qu'il blessait grièvement. L'étude approfondie de la Révolution de Saint-Domingue ouvrit les yeux de Barnave. Après l'arrestation de Louis XVI à Varennes, chargé, en même temps que deux autres Commissaires, de ramener la Famille royale à Paris, Barnave rompit, dès le lendemain, avec la Révolution et devint franchement royaliste. Dès lors, la plèbe cessa de l'acclamer. Arrêté à Grenoble le 19 août 1792, Barnave resta quinze mois prisonnier, fut conduit ensuite à Paris, condamné à mort et exécuté le 27 octobre 1793. Les *Œuvres* de Barnave ont été publiées en 1843.

embauchés par les sergents recruteurs de l'Assemblée coloniale, s'enrôlent dans une Milice, soustraite à l'autorité royale. A cette Armée indépendante, les révoltés veulent coordonner une Marine autonome. Aussi, quand le *Léopard* se rallie à la bannière des mutins, déjà l'Assemblée se flatte de voir la contagion de cette forfaiture gagner d'autres équipages, lorsque le colonel de Mauduit, obéissant aux ordres du Gouverneur, vient, à Saint-Marc, disperser, avec ses grenadiers, le sanhédrin rebelle. Battus dès les premiers coups de feu, les factieux trouvent un asile sur le vaisseau où le baron de Santo-Domingo, en levant l'ancre, les ravit aux conséquences de leur défaite et au châtiment de leur félonie.

A la suite de cette lecture, l'Assemblée, sur la proposition du Comité colonial, vote, le même jour, un décret qui dissout l'Assemblée de Saint-Marc et glorifie la conduite du comte de Peynier et du colonel de Mauduit, fidèles au devoir et au Prince. La Constituante décide, en outre, que, « pour assurer la tranquillité de la colonie, le Roi sera prié d'envoyer à Saint-Domingue deux vaisseaux de ligne, plusieurs frégates, et de porter au complet les régiments du Cap et de Port-au-Prince [1] ».

Court armistice! Après avoir adopté, dans un moment d'enthousiasme involontaire, les conclusions du Rapport, les ennemis de la Monarchie réfléchissent que le Rapport et le décret qui l'a suivi font la part trop belle aux ministres. On commence même à se demander tout bas si Barnave ne trahit point la cause populaire. Il faut réagir. Le maréchal de camp baron de Menou, député de la Noblesse de Tours, reçoit la consigne d'ouvrir le feu. Le Club des Amis de la Constitution a conquis, dès le premier jour, cet agité que Marmont, dans ses *Mémoires*, traite de

---

1. *Archives parlementaires*, t. XIX, p. 375, et le *Journal des décrets de l'Assemblée nationale*, t. IV, p. 32.

« fou ». Toujours en mouvement, incapable de se fixer, tantôt délirant de gaieté et tantôt submergé de tristesse, aujourd'hui colère, fébrile, et le lendemain inerte, n'ouvrant même pas sa correspondance; tour à tour effervescent et apathique, Menou sert autant la Révolution par ses saillies que par ses violences, instrument capricieux, mais docile, d'un parti qui sait utiliser ses qualités et ses défauts, ses talents et ses vices. Le 19 octobre 1790, le Comité colonial et le Comité diplomatique invitent le député de la Noblesse tourangelle à lire le Rapport sur « les troubles et sur l'insubordination des marins du port de Brest ». Chargé de faire connaître l'opinion de la Gauche, Menou commence par énumérer les raisons qui, — suivant les Comités, dont il est l'interprète, — ont motivé l'émeute. « L'insouciance des Agents du pouvoir, l'arrivée du *Léopard*, l'argent de quelques Puissances étrangères, l'exaltation des esprits », voilà les causes d'un mal que Menou croit d'ailleurs facile à conjurer.

« Sans doute, la Municipalité de Brest a donné des preuves frappantes de son zèle pour la Constitution nouvelle. Malheureusement, gagnée par la défiance générale qu'inspirent les perfides agents du Pouvoir exécutif, elle a méconnu, dans l'exaltation de ses vertus patriotiques, les principes constitutifs de la Monarchie, soit en s'opposant au départ d'un navire expédié par le Gouvernement, soit en exigeant des principaux officiers de la flotte et du commandant de Brest, la communication des minutes de leur correspondance. » Mais, légères vétilles que de telles incorrections! Les vrais coupables, les vrais perturbateurs, Menou les voit et les dénonce parmi « l'entourage et parmi les Conseils du Roi ». Les Ministres de la Justice, de la Guerre, de la Marine, c'est-à-dire Champion de Cicé, le comte de la Tour du Pin, le comte de la Luzerne et le comte de Saint-Priest, défilent, dans le Rapport de Menou, le col passé dans les anneaux de la même chaîne, comme un convoi de forçats. Aussi longtemps que les rênes de l'administration resteront entre les mains de ces « hommes dangereux », la France sombrera dans un chaos de troubles, de désordres et de malheurs. L'endurcissement des coupables ulcère l'orateur. A l'Assemblée nationale échoit le devoir de faire connaître sur-le-champ au Roi, par l'organe de son Président, que « la juste animosité des peuples contre les ministres met obstacle au rétablissement de l'ordre public, à l'exécution des lois et à l'achèvement de la Constitution » !

Voilà donc la question bien posée. Encouragé par le triomphe qu'il vient de remporter à Nancy sur le désordre, le Ministère, si débile qu'il soit, peut céder à la tentation de déployer une inquiétante vigueur, et chercher, à Brest, un nouveau succès. Ordre de prévenir cette catastrophe en obligeant Louis XVI à congédier son Conseil. L'un des membres du Cabinet, Necker, a devancé les vœux des Amis de la Constitution en se dérobant, par la fuite, au péril et au devoir. Ce n'est pas assez. La Gauche veut qu'un décret du Roi achève la déroute du Trône et la victoire de la Révolution.

VI

La Droite va-t-elle défendre les conseillers menacés ? L'orateur royaliste qui succède à Menou, l'illustre Cazalès [1],

---

1. CAZALÈS (Jacques-Antoine-Marie de), né en 1752, à Grenade-sur-Garonne (Haute-Garonne), fut envoyé aux États Généraux par la noblesse de son Bailliage. A une constitution très vigoureuse, Cazalès unissait une grande activité d'esprit, une solidité de raisonnement peu commune, et ces qualités étaient fortifiées par un caractère plein de franchise et de loyauté. Dès qu'il parut à Marseille, Cazalès se fit immédiatement connaître comme un orateur de premier ordre. Il avait un organe net et sonore et improvisait toujours. Dévoué à la Monarchie, il lutta avec énergie contre les adversaires du régime. Un

refuse à l'entourage de Louis XVI un témoignage de déférence qu'interdit l'attitude pusillanime de ce personnel. Si l'orateur combat la déclaration de défiance comme attentatoire à la prérogative royale, en revanche, les cinglantes lanières de son mépris frappent sans pitié les hommes politiques que la Gauche veut proscrire. Cazalès cède-t-il, sans le vouloir, à l'ambiance? L'historien incline à le croire. Entendons-nous toutefois : l'arrêt que fulmine le représentant de la Droite contre les ministres n'est pas inspiré par le même mobile auquel obéit l'orateur de la Gauche. Pendant que Menou feint de redouter l'énergie des ministres, Cazalès flagelle leur couardise :

Depuis longtemps, dit Cazalès, les Ministres sont coupables; depuis longtemps, j'aurais dû les accuser de trahir l'autorité royale. Car c'est un crime de lèse-nation aussi, que de livrer l'autorité qui, seule, peut protéger le peuple contre le despotisme d'une Assemblée nationale. J'aurais dû accuser, aussi, ce fugitif Ministre des Finances qui, calculant bassement l'intérêt de sa sûreté, a sacrifié le bien qu'il pouvait faire à sa propre ambition. C'est par une douteuse et perfide politique qu'il a laissé s'embarrasser l'Assemblée dans sa propre ignorance. J'aurais dû accuser aussi le Ministre de la Guerre d'avoir, au sein des plus grands troubles, donné des congés à tous les officiers qui osaient en demander, et de n'avoir pas noté d'infamie tous ceux qui désertaient leur poste, au milieu des dangers de l'État.

On peut excuser l'exagération de l'amour de la Patrie, on peut beaucoup pardonner à ces âmes passionnées que de faux principes aveuglent; mais ces âmes froides, sur lesquelles le patriotisme ne saurait agir, — qui les excuserait, lorsque, se renfermant dans le moi personnel, ne voyant qu'eux au lieu de voir l'État, ayant la conscience de leur

---

duel avec Barnave fit beaucoup de bruit. Après l'arrestation de Louis XVI à Varennes, Cazalès donna sa démission et se retira en Allemagne, puis voyagea en Italie, en Espagne et en Angleterre. De retour en France à la suite du 18 Brumaire, il alla se fixer dans l'Armagnac et mourut le 24 novembre 1805, à Engalin, dans la commune de Mauvezin (Gers).

impéritie et de leur lâcheté, ces Ministres laissent à des factieux le timon de l'État, ne se font pas justice, s'obstinent à garder leurs fonctions? Pendant les longues convulsions qui ont agité l'Angleterre, Stafford périt sur l'échafaud : mais l'Europe admira sa vertu. Voilà l'exemple que des Ministres fidèles auraient dû suivre. S'ils ne se sentent pas le courage de périr ou de soutenir la Monarchie ébranlée, ils doivent fuir et se cacher. Stafford mourut. Eh ! n'est-il pas mort, aussi, ce Ministre qui, lâchement, abandonna la France aux maux qu'il avait suscités? Son nom n'est-il pas effacé de la liste des vivants? N'éprouve-t-il pas le supplice de se survivre à lui-même et de ne laisser à l'histoire que le souvenir de son opprobre? Quant aux serviles compagnons de son ministère, de ses travaux et de sa honte, quant à ces hommes qui sont l'objet de nos délibérations, ne peut-on pas leur appliquer ce vers de l'Arioste :

Ils marchent encore, mais ils sont morts. [1]

De l'avis de tous les contemporains, Cazalès, dans cette harangue, atteignit les plus hautes cimes de l'éloquence. La raison, l'histoire, l'art, obtinrent sur ses lèvres un égal triomphe. Aujourd'hui, la catilinaire de Cazalès nous paraît plus emphatique que juste. Sans doute, les Ministres manquaient de cette vaillance supérieure qui se déploie au-dessus des contingences et qui prévaut contre tous les obstacles. Mais devons-nous oublier que Louis XVI, plus père que roi, doute de ses droits et se défie de sa force? Ainsi annihilés, les Ministres ont peut-être quelque mérite à ne pas « découvrir » le Souverain qui leur interdit toute offensive. Libre à nous d'accuser les Ministres, conclut Cazalès, mais nous n'avons pas le droit d'exiger leur renvoi. La Gauche se montrera moins timide, moins clémente, et plus logique que Cazalès.

1. *Archives parlementaires*, t. XIX, p. 630.

VII

Le débat recommence le lendemain (20 octobre 1790). Comme toujours, c'est le sage Malouet qui prononce les paroles décisives :

> Si, — dit l'ancien Intendant de Toulon, — si l'inertie des Ministres est une des causes du désordre qui agite le Royaume, il en est d'autres encore.
> Le renversement des principes de subordination, les fausses idées qu'on se fait de la liberté, les entreprises des Municipalités qui veulent régner dans leur territoire, les calomnies qu'on a répandues sur un officier estimé, tout cela n'a pas peu contribué aux troubles de Brest. Si l'on vous propose d'attaquer le ministère comme la racine unique du mal, je ne suis pas de l'avis du Rapporteur. Si l'on vous propose, au contraire, de déclarer que le Gouvernement est nul, j'adhère à cette déclaration. Jamais je n'ai été plus frappé qu'en ce moment de la nécessité d'établir un centre d'unité. Il faut rétablir l'autorité royale, sans laquelle le Corps législatif deviendra non moins nul que le Chef de l'État.

Trop justes pronostics ! Mais plus les hommes, comme Malouet, s'appliquent à montrer, dans un Pouvoir exécutif fort, le Palladium de l'indépendance nationale, plus la Gauche s'encourage à détruire cette citadelle. Les Ministres sont encore défendus — avec plus de conviction, hélas ! que de succès, — par le comte de Clermont-Tonnerre et le comte de Virieu. En revanche, Barnave appuie la proposition de Menou : « Que ceux qui sont contents de l'administration des Ministres se lèvent ! » dit tout à coup Barnave. A la surprise générale, une majorité de soixante voix repousse les conclusions du Rapport. Le vote d'un décret réclamé par l'émeute révolte-t-il donc une fraction de la Gauche? Ou bien la majorité flairet-elle une intrigue? En tout cas, le scrutin est pour les Ministres, non le salut, mais un sursis.

Le lendemain, 21 octobre 1790, les troubles de Brest occupent de nouveau l'Assemblée nationale. Parmi les mesures préconisées par les Comités pour mettre un terme à la révolte, un orateur recommande la substitution des couleurs tricolores au pavillon blanc ! « Les marins n'attendent, dit-il, que cette réforme pour rentrer dans le devoir et dans l'ordre ! » Jusqu'à cette époque, les couleurs nouvelles n'affectaient que les cocardes et les drapeaux de la Garde nationale parisienne. L'armée, la marine et les autorités civiles du Royaume avaient gardé leurs antiques enseignes. Mais, déjà, les Jacobins tâchent de soulever l'opinion contre les couleurs royales. Un récent incident vient de révéler ce dessein. Le frère du tribun, le vicomte de Mirabeau [1], député de la Noblesse du Haut-Limousin et colonel du Royal-Touraine, en garnison à Perpignan, avait décidé de remettre au Roi les « cravates » que son régiment lui paraît indigne de conserver. Comme il traversait la

1. Eugène BERGER : *Le Vicomte de Mirabeau (Mirabeau-Tonneau)*, 1754-1792, pp. 231 à 280. Né à Paris, le 30 novembre 1754, fils du marquis de Mirabeau et de Mlle de Vassan, Boniface de Riquetti, dit le chevalier de Mirabeau, fut le plus jeune de onze enfants. Reçu chevalier de Malte en 1774, capitaine au régiment du maréchal de Turennes, fait la campagne d'Amérique, se distingue au siège de York-Town, est colonel, le 24 avril 1782, du régiment de Touraine, épousa Mlle de Robien, est élu député aux États Généraux par le Haut-Limousin, siège à la droite la plus extrême, est toujours au premier rang dans les scènes de tumulte. Le régiment de Touraine se mutine. Le vicomte de Mirabeau se rend à Perpignan pour réprimer la sédition, mais les rebelles, au lieu de se calmer, redoublent de fureur. Alors, le colonel, désespérant de rétablir l'ordre, quitte Perpignan, mais en emportant avec lui les cravates du drapeau. Mirabeau voulait les porter au Roi pour rallier les soldats fidèles dans une autre garnison. Mais cet enlèvement aggrava la crise. A Castelnaudary, Mirabeau fut arrêté, mis en prison et contraint de restituer les cravates. Émigré, Mirabeau lève un régiment et prend part à la campagne de France, mais il meurt le 15 septembre 1792, à Grüningen, laissant une réputation de courage et d'esprit.

ville de Castelnaudary, la Municipalité, sur la réquisition des Clubistes de Perpignan, l'arrête et ne lui permet de continuer sa route qu'après avoir abandonné les cravates.

Cette scène hante toutes les mémoires pendant que le débat se déroule. La Droite trouve mauvais que la livrée d'Orléans (bleu et rouge) remplace la couleur royale. Aussi, quand les Comités, toujours friands de la faveur populaire, favorisent cette substitution, un charivari de huées accueille-t-il les novateurs.

Un jeune gentilhomme, « en qui revivait, comme on l'a si bien dit, le vieux Périgord chevaleresque », un soldat plein d'indépendance que nul adversaire n'intimide, pas même Mirabeau, le marquis de Foucauld [1], s'écrie avec une noble franchise : « Je vous demande quels sont les départements, quels sont les militaires qui vous ont proposé de profaner ainsi la gloire et l'honneur du pavillon français ! Voilà la véritable cause des désordres de l'escadre ! Laissez à des enfants ce nouveau hochet des trois couleurs ! » A ces mots, le vacarme redouble, et Charles de Lameth [2], toujours

---

1. FOUCAULD DE LARDIMALIE (Marquis de), né au château de Lardimalie le 23 novembre 1735, fils d'Armand, marquis de Foucauld et capitaine au régiment Dauphin-Dragons, et de Marguerite de Comarque. Le marquis de Foucauld fut reçu chevalier de Malte le 23 avril 1762, capitaine aux chasseurs à cheval de Hainaut, il fut élu député de la noblesse du Périgord aux États Généraux ; déclara, le 7 août 1789, qu'il engageait ses commettants jusqu'à concurrence de 600.000 livres, toute sa fortune, et le 10 septembre, fit écarter et retirer une Adresse violente qu'une députation de la ville de Rennes avait envoyée contre le veto royal. M. de Foucauld servit dans l'armée des Princes, revint dans ses foyers en 1801 et mourut le 2 mai 1805 au château de Lardimalie. V. Georges BUSSIÈRE : *Études historiques sur la Révolution du Périgord* (Paris, 1903), et du même auteur, *Le Constituant Foucauld de Lardimalie* (Paris, 1892). — *Archives parlementaires*, t. XIX, p. 745.

2. LAMETH (Charles-Malo-François, comte de), né le 5 octobre 1757, dut, comme ses frères, sa première éducation à la munificence royale et reçut les bienfaits de Marie-Antoinette. Prit part, comme capi-

agressif, demande que « l'opposant » soit rappelé à l'ordre. Mais le marquis de Foucauld n'en stigmatise qu'avec plus d'énergie « cet amour pour les modes » qui nous fait abandonner, en un jour, un pavillon plusieurs fois séculaire !

Mirabeau n'avait pas pris part au débat de la veille. Cette fois, le tribun agite sa crinière et sort ses griffes. De méchants bruits courent sur les relations intimes de Mirabeau avec la Cour. Le lion croit que l'occasion est bonne pour réchauffer sa popularité par un rugissement oratoire. Un pitoyable dithyrambe sur les couleurs tricolores enflamme une majorité peu difficile. Dans les couleurs nouvelles, Mirabeau veut qu'on voie, « non les signes du combat et de la victoire », mais « le symbole de la sainte confraternité des Amis de la liberté sur toute la terre et la terreur des conspirateurs et des tyrans ». Quelle langue ! Voilà pourtant le jargon que les hommes de 89 portent aux nues. Secouant toutes les torches de la haine, Mirabeau accuse Foucauld de flétrir de son mépris l'étendard tricolore. « En vain, ajoute-t-il, les champions du drapeau blanc, enhardis par un récent succès, se croient-ils assez forts pour arborer cette enseigne caduque. Un prompt réveil du peuple châtiera les factieux. » Avant de quitter la tribune, Mirabeau, de plus en plus provoquant, demande que désormais, « le matin et le soir, et dans toutes les occasions importantes, les marins, à bord des vaisseaux, au lieu du cri accoutumé : « Vive le Roi ! » vocifèrent : « Vivent la Nation, la Loi et le Roi ! »

---

taine, à la campagne d'Amérique, puis colonel des Dragons d'Orléans, des cuirassiers du Roi, et gentilhomme d'honneur du comte d'Artois. Élu député de l'Artois aux États Généraux, fut, avec ses frères, un des fondateurs du Club des Jacobins, et, jusqu'à l'arrestation de Louis XVI à Varennes, se distingua parmi les adversaires les plus violents de la Monarchie; Lameth émigra et fonda à Hambourg une maison de commerce, rentra en France en 1801, servit comme général dans l'armée impériale, obtint de Louis XVIII un brevet de lieutenant-général; élu député en 1827, combattit la Monarchie, se rallia au gouvernement de Louis-Philippe et mourut le 28 décembre 1832.

VIII

Au milieu du tumulte que suscitent les paroles de l'orateur, un membre de la Droite, le baron de Guilhermy [1], dit à son voisin, le marquis de Beauharnais, que M. de Mirabeau tient les propos d'un « scélérat » et d'un « assassin ». Ces deux qualificatifs dominent les exclamations indignées des royalistes. Aussitôt, cris, vociférations, sifflets. La Gauche fait le siège du baron et le somme de se rétracter. Mais l'énergique député du Lauraguais refuse de condescendre à cette mise en demeure. « Est-il permis, s'écrie-t-il, d'exciter le peuple à des assassinats sans en devenir le complice? »

Cazalès déclare que les menaces de Mirabeau justifient

---

1. GUILHERMY (Jean-François-César, baron de) naquit le 18 janvier 1761 à Castelnaudary, au diocèse de Saint-Papoul, en la Sénéchaussée de Lauraguais, Généralité de Toulouse. Député aux États Généraux, Conseiller du Comte de Provence, le baron de Guilhermy devait encore faire parler de lui, lors du retour de Varennes. « Au moment de l'arrivée du Roi et de la Reine aux Tuileries, un silence tragique régnait parmi la foule. Tous les yeux étaient cloués sur les victimes. Toutes les têtes restaient couvertes. Cependant, un chapeau se lève : c'est M. de Guilhermy, qui salue son maître. Les Gardes nationaux entourent le fidèle serviteur et le somment de se couvrir. Guilhermy refuse et repousse avec violence ses agresseurs, en jette un par terre, et, pour mettre un terme à ces impertinences, il lance au loin son chapeau par-dessus la foule, en s'écriant : « Me le rapporte qui l'ose ! » Guilhermy n'a pas achevé, que ses vêtements sont en lambeaux, et que cent bras s'agitent. Des amis, des députés, accourent, fendent la foule, cherchent en vain à le protéger de leur corps. « Il est député; il est inviolable ! » crient-ils. On leur répond : « C'est un député du côté des Noirs; il faut l'écharper. » Dans ce charivari, un des gredins les plus signalés de l'Assemblée, qui avait crédit sur cette canaille, se précipite au milieu des Gardes nationaux et leur enjoint à son tour de respecter l'inviolabilité du député. C'est ainsi qu'est délivré le seul Français qui ait eu l'orgueil de se montrer fidèle au milieu d'une population affolée de rage imbécile ou anéantie par la terreur. » Note de M. de GUILHERMY, dans les *Papiers d'un Émigré*, p. 21.

la riposte de Guilhermy. Malgré cette intervention, la majorité condamne le contempteur du grand homme à trois jours d'arrêts. Il faut enfin procéder au vote. La motion qu'adopte la Constituante ne dut point trop contrister la Municipalité de Brest. « Les démarches irrégulières et inconstitutionnelles » reprochées aux édiles brestois révèlent un « excès de zèle » qui ne comporte d'autre châtiment qu' « une lettre de rappel aux principes de la Constitution » ! Ainsi finit le drame ! O mansuétude parlementaire ! L'Assemblée ne « doute pas, d'ailleurs, que les édiles brestois ne fassent dorénavant tous leurs efforts pour concourir, avec les Commissaires du Roi et le Chef de la Marine, au rétablissement de la discipline » !

CHAPITRE VII

I. — Les Ministres sont condamnés. — Exode de MM. de la Luzerne, de la Tour du Pin, Champion de Cicé. — Lettre du comte de la Luzerne à Louis XVI sur la situation de la Marine royale. — Les réponses de Louis XVI. — Les nouveaux ministres.

II. — Le comte d'Albert de Rions abandonne le commandement au marquis de Souillac. — M. de Marigny réprime l'émeute de la *Cayenne*. — Le Président du Club des Jacobins demande et obtient la permission de visiter les bâtiments de l'escadre. — Discours et vociférations. — Harangue séditieuse.

III. — Le comte d'Hector et le marquis de Souillac vont avec leurs officiers au Club des Jacobins féliciter les péroreurs. — Rapport de MM. Borie et Gandon sur la visite de l'escadre. — Observations du ministre de la Marine sur le silence gardé au sujet du Roi. — La Constituante adresse une lettre de félicitations au Club des Jacobins.

IV. — Le Ministre de la Marine envoie M. de Bougainville à Brest. — M. de Bougainville entretient les meilleurs rapports avec le Club des Jacobins. — Le nouveau drapeau est remis aux troupes de mer. — Égards de M. de la Porte-Vesins pour les meneurs. — « 1371 ans d'esclavage ».

V. — L'escadre commandée par M. de Girardin s'apprête à partir pour les Iles Sous le Vent. — Avant d'appareiller, les marins réclament une anticipation de salaire, ou ils ne lèveront pas l'ancre. — Édifiant dialogue entre un patron de chaloupe et M. de Bougainville.

VI. — Désespérant de rétablir l'ordre, M. de Bougainville donne sa démission et se retire dans une gentilhommière, près de Coutances.

VII. — L'escadre partie, les Commissaires demandent à rentrer dans leur famille. — Savalette de Lange reçoit du Roi l'ordre d'ordonnancer leur salaire.

I

Le silence observé par cet ordre du jour sur les ministres impliquait leur condamnation et détermina leur exode. Après le vote, le mot sanglant de Cazalès : « Ils allaient encore, mais étaient morts ! » vibrait plus que jamais à leurs oreilles. Trop peu résolus pour se cabrer, quand même, contre les ennemis de notre destin et relever la Monarchie et la France périclitantes, les malheureux ministres ne montrèrent de décision que dans leur départ. A toutes les objections de leurs amis et à toutes les instances du Roi, Champion de Cicé [1], la Tour du Pin [2],

---

1. CHAMPION DE CICÉ (Jérôme-Marie), né à Rennes en 1735, fut nommé agent général du Clergé en 1765, et, en 1770, évêque de Rodez. Transféré à Bordeaux en 1781, il fut envoyé aux États Généraux et bientôt nommé Garde des Sceaux.
Lorsque la Constitution civile du Clergé fut votée, il la revêtit du sceau de l'État. Cette criminelle adhésion fut bientôt suivie d'une rétractation. La Terreur emporte hors des frontières l'archevêque de Bordeaux. Au bout de dix ans d'absence, il donna sa démission d'archevêque de Bordeaux. Il fut nommé au siège d'Aix. Il mourut le 22 août 1810.

2. LA TOUR DU PIN-GOUVERNET (Jean-Frédéric de), comte de PAULIN, né à Grenoble en 1727, prit part à la guerre de la Succession d'Autriche, aux campagnes de 1746 et 1748, en Flandre, sous les ordres du maréchal de Saxe, en 1749, à la guerre de Sept ans, puis fut nommé maréchal de camp, lieutenant-général et commandant des provinces de Poitou, d'Aunis et de Saintonge. Élu, en 1789, député de la Noblesse de Saintes, aux États Généraux, fut l'un des premiers, parmi les membres de la Noblesse, à se ranger du côté du Tiers État. Louis XVI l'appela, en août 1779, au ministère de la Guerre. Les plans qu'il proposa pour la réorganisation de l'armée ne furent malheureusement pas adoptés. Les énergiques mesures répressives qu'il employa, non sans raison, contre les régiments insurgés à Nancy lui attirèrent la violente aversion des Jacobins. Après avoir donné sa démission, La Tour du Pin vécut dans la retraite à Auteuil, jusqu'à l'époque du procès de Marie-Antoinette. Appelé alors à comparaître comme témoin, il s'exprima, sur le compte de la reine, dans les termes les plus

la Luzerne, Saint-Priest [1], opposent un *non possumus* invincible.

Sur l'indication de M. de Saint-Priest, M. de la Luzerne est remplacé par M. de Fleurieu. M. de la Tour du Pin suit de près M. de la Luzerne. M. Du Portail [2], désigné

respectueux, se vit traduit, à son tour, devant le Tribunal révolutionnaire, en avril 1794, et fut condamné à mort et exécuté le même jour. (Voir le capitaine DE CHILLY : *La Tour du Pin*, Paris, 1910.)

1. SAINT-PRIEST (François-Emmanuel GUIGNARD, comte de), né à Grenoble le 12 mars 1734, et mort aux environs de Lyon, le 26 février 1821, Chevalier de Malte, à l'âge de quatre ans, fit ses études chez les jésuites; entre, à quinze ans, comme exempt dans les Gardes du Corps. Neveu du cardinal de Tencin, adjoint au maréchal de Broglie, comme aide maréchal des logis, il fit les deux campagnes de 1760 et de 1761, la campagne d'Espagne, comme colonel sous les ordres du prince de Beauvau. Il quitte ensuite l'armée pour la diplomatie. Est nommé ministre à Lisbonne et y passe trois ans. Il obtient la mise en liberté des jésuites français, emprisonnés par Pombal.

Envoyé à Constantinople pour entraîner la Porte dans une guerre contre la Russie, il fut mandé chez le comte de Broglie qui lui ordonna, de la part du Roi, de lui communiquer ses instructions et de lui envoyer copie de toutes les dépêches qu'il adresserait au ministre. La guerre était engagée. Il assista avec tristesse aux revers des Turcs. En 1774, il obtint un congé et quitte définitivement l'ambassade en 1783. Nul ambassadeur n'a laissé à Constantinople de plus grands souvenirs. Ses dépêches étaient consultées par Napoléon Ier qui y puisa l'idée de l'expédition d'Égypte. Saint-Priest fit partie du ministère Necker, Montmorin, La Luzerne, Barentin, etc. Il était très indépendant. Un jour, dans un conseil, le comte d'Artois voulait qu'aux nobles seuls appartiennent les grades militaires. « Le roi est le maître des grâces, disait le prince. — Les emplois ne sont pas des grâces, répondit Saint-Priest. » Saint-Priest fut le seul ministre qui montrât de l'énergie : aussi Mirabeau et tous les agitateurs l'honoraient-ils de leur haine. Obligé de quitter Paris, il se rendit en Russie où il reçut le meilleur accueil, puis il alla à Copenhague et à Stockholm. En 1795, Louis XVIII l'appela à Vérone auprès de lui. Saint-Priest subit toutes les vicissitudes de l'émigration. Au retour du roi, il fut créé pair, il vécut encore six ans et mourut le 26 février 1821, près Lyon. Voir baron DE BARANTE : *Études historiques et biographiques* (Paris, 1858).

2. DU PORTAIL (Le Bègue) appartenait au corps du génie quand il fut envoyé en Amérique avec Lafayette et Bonaparte. De retour en France avec le grade de général de brigade, il passa quelque temps à Naples, où il avait été appelé pour former les troupes de ce royaume. Maréchal de camp en 1788, puis ministre de la Guerre. Du Portail

par M. de Lafayette, reçoit le portefeuille de la Guerre ; l'archevêque de Bordeaux remet les Sceaux à Du Port du Tertre [1], que M. de Montmorin a lui-même choisi. Quant à M. de Montmorin, il reste. Le Ministre des Affaires étrangères jouit d'une situation spéciale ; la confiance intime de Louis XVI le rend inséparable du Roi. « Louis XVI, raconte le baron de Barante dans la Notice qui précède les *Lettres de Louis XVIII à M. de Saint-Priest* — Louis XVI l'avait chargé de conduire des négociations secrètes avec les hommes les plus influents de la Révolution. » Danton et Mirabeau sont de ce nombre. Les deux aigrefins s'entendent pour exclure Montmorin de l'ostra-

permit aux soldats de fréquenter les clubs, de se mêler aux discussions politiques. Légitimement accusé par le parti royaliste de porter atteinte à la discipline de l'armée, il se vit bientôt en butte à des attaques non moins vives de la part des révolutionnaires, qui lui reprochaient de laisser les volontaires sans armes et les places des frontières sans défense. Après avoir donné sa démission en 1791, il fut décrété d'accusation l'année suivante. La fuite le déroba à la peine de mort. Après le coup d'État du 18 brumaire, il quitta l'Amérique pour rentrer en France, mais il mourut pendant la traversée.

1. DU PORT DU TERTRE (Marguerite-Louis-François), né à Paris, en 1754, s'occupe d'abord de littérature, s'adonne ensuite à l'étude du droit, reçu avocat en 1777, exerce avec un certain talent jusqu'en 1789, adopte les principes de la Révolution, devient successivement membre de l'Assemblée des Électeurs de Paris, lieutenant du maire et enfin, par l'influence de Lafayette, ministre de la Justice. Dans ses nouvelles fonctions, Duport du Tertre sut mériter l'estime et la confiance du Roi. En revanche, il fut constamment aux prises avec des difficultés sans cesse renaissantes que vint encore accroître l'évasion de Varennes. Duport du Tertre avait, sur l'ordre du Roi, remis à l'Assemblée le sceau de l'État ; il fut forcé de le reprendre et d'en sceller les décrets de l'Assemblée. C'est ainsi qu'il dut lui-même signer l'ordre d'arrestation du Roi. En mars 1792, il fut accusé par Brissot et Saladin de s'être opposé à la guerre contre l'Allemagne. Acquitté, il donne alors sa démission et vit dans la retraite jusqu'au 10 août 1792. Décrété d'accusation le lendemain, il parvint à échapper pendant un an aux perquisitions, mais fut enfin découvert, condamné et exécuté le même jour que Barnave.

Duport fut un des collaborateurs du *Journal des Deux Ponts* et l'un des auteurs présumés de l'*Histoire de la Révolution par deux Amis de la Liberté*, continuée par KERVISAU (1790-1802), 20 vol. in-8°.

cisme qui frappe ses collègues. Ce n'est point que les projets du comte de Montmorin les intéressent, mais s'ils se moquent de ses plans, ils ont besoin de ses subsides.

Avant de quitter le ministère, le comte de la Luzerne fait parvenir au Roi une lettre où se dévoilent tout à la fois la noblesse d'âme du gentilhomme et l'inefficace bonne volonté de l'homme d'État. Le ministre se rend compte de la gravité du mal dont souffre la Marine, mais si son dévouement au Prince et à la France ne connaît pas de bornes, ses talents et son énergie se heurtent à d'invincibles obstacles. Convaincu et désolé de son impuissance, l'honnête fonctionnaire abandonne, sans regret, un poste où il ne peut plus accomplir son devoir, — et se flatte que le Roi le remplacera par un ministre qui ne sera pas plus laborieux, mais qui sera probablement mieux doué. Cette missive fixe une date et révèle un état d'esprit que ne saurait négliger l'histoire. La voici :

Paris, 23 octobre 1790.

Sire, tous les Ministres ont mis sous vos yeux leur position et l'état des affaires publiques; mais j'ai plus particulièrement fait sentir à Votre Majesté qu'il m'est devenu impossible de lui rendre des services utiles dans le département qu'elle m'a confié.

Des désordres s'étaient d'abord répandus dans différentes provinces de France et s'y sont bientôt accrus. On a ébranlé ensuite la fidélité, ou tout au moins la discipline de divers corps de troupes. Aujourd'hui, c'est dans les possessions les plus éloignées qu'on suscite des troubles, c'est parmi les équipages des escadres et ouvriers des ports et arsenaux qu'on a semé le germe de la licence et de l'insubordination.

Ces ports, ces arsenaux, ces escadres, on doit les regarder comme la véritable égide des colonies françaises : je prierai Votre Majesté d'agréer que je lui expose bientôt, dans un Mémoire plus étendu, en quel état je les laisse, et que je lui rende un compte détaillé de mon administration; mais je veux rapidement tracer une esquisse qui en présentera les résultats; elle suffira pour constater les ressources faciles à trouver dans ce qui existe, et il importe de faire connaître, dès ce moment, le parti qui peut être tiré après moi de ce qui a été fait pendant ma gestion.

Une Marine militaire beaucoup plus considérable qu'elle ne l'a été depuis le commencement du siècle, les approvisionnements qu'elle exige, rassemblés, soixante-dix vaisseaux de ligne et soixante-cinq frégates à flot (je ne comprends dans ce nombre ni quatre vaisseaux, ni deux frégates qui peuvent être mis à l'eau avant la fin de l'année, ni huit vaisseaux et quatre frégates en construction), une foule d'excellents officiers qui se sont distingués pendant la dernière guerre et qu'on a constamment exercés depuis cette époque, devraient rendre la France redoutable à toutes les Puissances maritimes, préserver d'insultes ses colonies et être le plus sûr garant du maintien de la paix.

En ce moment, néanmoins, les Flottes des autres nations couvrent les mers et nos forces navales restent enchaînées; elles se trouvent condamnées à l'inaction et à l'inertie par l'indiscipline des ma. qui se perpétue par des mouvements sans cesse renouvelés d'insurrection, par les soupçons déraisonnables et injustes qu'on leur inspire chaque jour.

Désormais, Sire, un de vos anciens Ministres aurait, moins que qui que ce soit, la faculté d'opposer à ce mal moral le remède qu'il faut y apporter. Il est nécessaire, il est instant de me nommer un successeur.

Je trahirais ma conscience et la vérité en n'insistant pas de nouveau sur les motifs qui rendent cette mesure indispensable. Quel que soit celui que vous choisirez pour me remplacer, il est probable qu'il n'éprouvera pas la même difficulté. On n'aura pas encore cherché à lui aliéner l'opinion publique. Il recueillera au moins les prémices de la faveur populaire, faveur qui peut seconder efficacement ses efforts et l'aider à rétablir l'ordre. Cette considération est si décisive et si urgente qu'aucune autre, dans les circonstances actuelles, ne doit les balancer.

Mon dévouement pour vous, Sire, est et sera toujours sans bornes. Je n'offre à Votre Majesté qu'une nouvelle preuve de mon attachement à ses véritables intérêts et de ma fidélité à mes devoirs en lui adressant ma démission et en la suppliant de l'accepter.

La Luzerne.

BREST. — CHAPITRE VII   147

A cette lettre si touchante de son vassal, Louis XVI répond qu'il « n'oubliera jamais les marques constantes de dévouement » que la Luzerne « lui a données ». Un tel témoignage, certes, ne pouvait être indifférent au royaliste, mais on aurait voulu pour l'homme politique une épître plus affectueuse et un congé d'une moins laconique sécheresse [1].

Contre la démission d'un La Luzerne, d'un La Tour du Pin, d'un Saint-Priest, point d'objection ni de résistance ! Dieu sait pourtant si le Roi retrouvera des Ministres pareils ! Les Du Portail, les de Lessart, les Du Port du Tertre, etc., plutôt administrateurs qu'hommes d'État, aussi incapables de couvrir que de guider Louis XVI, non moins dépourvus d'influence sur le Parlement que d'ascendant sur la Cour, créatures de Lafayette et commis de la Majorité, non seulement insensibles à l'amoindrissement du Prince, mais résignés à sa déchéance, ne demandent qu'à sacrifier les prérogatives du Roi à l'omnipotence de l'Assemblée. Enfermé dans ses songes, Louis XVI ne semble pas s'apercevoir qu'on rive chaque jour ses chaînes. Léthargie douloureuse ! A l'heure où il faudra en venir aux actes, garder Saint-Domingue, préserver l'armée, sauver la marine, quitter Paris, aller à Varennes, toutes les forces sur lesquelles on comptait se seront brisées l'une après l'autre ou bien auront échappé des mains qui ne surent pas les retenir [2].

1. Le comte de la Luzerne, marquis de Beuzeville, avait un fils, capitaine de chevau-légers; ce fils épousa Mlle Victoire-Marie-Françoise de Montmorin, sœur de Mme Pauline de Beaumont. De ce mariage naquirent deux filles : l'une, la marquise de Floirac, décédée à Paris, le 25 juillet 1838; l'autre, la marquise de Vibraye, morte au château de Bazouches, en Nivernais, le 19 mars 1855.

M. le marquis de Vibraye, arrière-petit-fils du comte de la Luzerne et du comte de Montmorin, a bien voulu mettre à notre disposition la Correspondance diplomatique de son bisaïeul, le comte de la Luzerne. Nous le prions d'agréer nos remerciements.

2. Marius SEPET : *Six mois d'Histoire révolutionnaire*, 136; — *Deux amis de la Liberté*, t. VI, pp. 183 et suiv.; — Alfred STERN : *Das*

II

Dans une lettre en date du 19 octobre 1790 [1], Borie et Gandon annoncent que le comte d'Albert de Rions se propose de quitter Brest le lendemain. Quelques jours auparavant, l'éminent officier, écrivant au ministre de la Marine, avait gémi sur l'autorité désemparée contre l'émeute toujours grondante. Témoin impuissant de l'indiscipline, de la violence et de l'anarchie, le malheureux chef d'escadre constate le désarroi de tous les pouvoirs et s'autorise de cette dissolution pour s'envelopper dans son manteau et quitter la scène. N'aurait-il pas mieux fait de lutter contre le désordre que de le fuir?

Avant d'abandonner son poste, d'Albert de Rions remet le commandement au marquis de Souillac [2]. Sous M. de Souillac, comme sous d'Albert de Rions, l'esprit de révolte garde naturellement son empire et perpétue le désordre. Un jour, gagnés à l'esprit de rébellion par les novices, les sept à huit cents matelots qu'abrite *La Cayenne* [3] tentent une émeute que le Major général de

---

Leben de Mirabeau, t. II, pp. 208, 214, 218; — Buchez et Roux : *Histoire parlementaire de la Révolution française*, t. VIII, pp. 144 et suiv.; — Droz : *Histoire du Règne de Louis XVI*, t. III, p. 286.

1. F^1 3676.

2. Souillac (François, marquis de), originaire du diocèse de Sarlat, fils de Joseph-Jean-Jacques, comte de Souillac, et de Marie de Bonmartin, né le 2 juillet 1732 au château de Bardou (Périgord), garde-marine, 24 septembre 1749; commandant de l'île Bourbon le 23 décembre 1775; capitaine de vaisseau le 2 avril 1777; gouverneur général des îles de France et de Bourbon, puis commandant de la Marine à Brest. Le 4 juin 1789, Louis XVI lui avait accordé une pension de six mille livres, en raison des services qu'il avait rendus aux colonies.

3. La Cayenne désigne, dans les ports militaires, de vieux vaisseaux installés en casernes flottantes pour les matelots qui atten-

la Marine, M. de Marigny, avec quatre-vingts soldats, rassemblés en toute hâte, peut réprimer, mais non sans mal.

Cette intervention victorieuse d'un officier général offusque la Société des Amis de la Constitution, qui veut frapper un grand coup. Si déchus qu'ils soient, les officiers jouissent encore d'un trop grand crédit : il faut achever de les amoindrir. Le 18 octobre 1790, une nouvelle machination se trame. Conduits par leur Président, M. Geffroy, ingénieur des Constructions navales, et par leurs collègues, MM. Le Breton, Jullou, Moras, Guilhem aîné, Dreppe, les chefs de la secte vont trouver le comte d'Hector et lui font part d'un projet qui doit mettre le comble à la mainmise de la Révolution sur la Marine. Il s'agit de soumettre chaque navire à la visite, aux discours et aux manéges d'une députation où se coudoieront les orateurs du Club, les ouvriers du port, les soldats du Régiment de Beauce, les canonniers de la Marine et les miliciens de la Garde nationale. Avec sa bienveillance sénile, M. d'Hector non seulement accepte, mais loue cet insidieux projet dont il ne flaire ni les perfidies, ni les conséquences.

« Votre idée, — dit-il à ses visiteurs, — est pleine de patriotisme; le succès vous mériterait la plus véritable reconnaissance de la Nation. Politiquement, il pourrait en imposer à nos ennemis, et rien ne serait plus heureux que si, sous quatre jours, les papiers publics pouvaient apprendre au pays que l'armée navale, rentrée dans ses devoirs, n'est plus occupée que des moyens de combattre victorieusement les ennemis. » Le Commandant de la Marine promet aussi son concours le plus sincère. Les Com-

dent une destination, ou même le bâtiment construit à terre. Ce mot fut employé pour la première fois à Brest, en souvenir de la malheureuse tentative de la colonisation de la Guyane, sous le ministère Choiseul. Construite de 1766 à 1767, *La Cayenne* de Brest servit d'abord de refuge aux colons échappés au désastre de 1763 et de 1768.

missaires civils entendent le même langage ; le comte d'Hector ne leur dissimule pas toutefois « qu'il ne faut pas prendre l'ombre pour le corps, qu'un replâtrage ne suffirait point et qu'une obéissance conventionnelle ou conditionnelle ne parerait pas au mal [1] ».

Voilà les fadaises qui tombent des lèvres d'un officier général, jusque-là tenu pour un esprit judicieux et pour un chef intelligent ! D'accord avec le programme arrêté d'avance, une cohue d'ouvriers, de soldats, de gardes nationaux, de canonniers, de clubistes et de piliers de tavernes, emboîte le pas du citoyen Geffroy et s'embarque, à sa suite, sur les canots que met à son service le Commandant de la Marine pour combattre l'ascendant des officiers sur les équipages. La fête dure trois jours. Pendant trois jours, cette populace et ses meneurs vont, de navire en navire, haranguer l'armée navale. L'*Auguste*, commandé par M. de Seillon, est favorisé de la première visite et de la première parade. Les discours durent trois heures. Dans ces copieux péroreurs qui les flagornent, nos mutins voient, à bon droit, non des adversaires, mais des frères : aussi, loin de renoncer à leurs prétentions, les accentuent-ils. Pour les rebelles, point de châtiments. « Point de fers aux pieds ! Point de liane [2] ! » Loin de prendre ombrage de ces cris, le chef de la bande fait entrevoir aux vociférateurs l'adhésion des officiers et l'indulgence de l'Assemblée nationale. Une habile amnistie ne grossira-t-elle point la clientèle du Club ?

Mêmes discours et mêmes scènes sur les *Deux-Frères*, le *Majestueux* et le *Téméraire*. Le 20 octobre, l'*Éole*, l'*América*, le *Patriote*, le *Jupiter*, assistent à d'identiques dialo-

---

1. *Histoire de la Ville et du Port de Brest*, par P. Levot, t. III, pp. 244-245.

2. Liane ou garcette, tresse en bitord, ou en fil de caret, qui servait à châtier les mousses et les matelots insoumis.

gues. « On obéira ! » déclare le commandant du *Jupiter*, M. de Bélizal [1]. L'*Apollon*, commandé par M. du Chilleau [2], témoigne du meilleur esprit. « Que nous importe le Code

1. BÉLIZAL (vicomte Gouzillon de), petit-fils du capitaine de la Jaille. Garde-marine le 12 décembre 1755, lieutenant de vaisseau le 24 mars 1772; capitaine le 9 mai 1781. (*Archives de la Marine*, C¹ 172.)

2. DU CHILLEAU (Charles-Louis, marquis), né à Fontenay (Vendée), le 26 mai 1738; garde-marine le 4 juillet 1754; enseigne le 17 avril 1757; lieutenant de vaisseau le 8 août 1767; capitaine de vaisseau le 13 mars 1779; chef de division le 1ᵉʳ mai 1786. Maintenu capitaine de première classe dans l'organisation du Corps de la Marine le 1ᵉʳ janvier 1792 et destitué comme noble le 30 novembre 1793. Nommé contre-amiral honoraire le 31 décembre 1814. Meurt le 21 août 1825. Nous trouvons, dans le dossier de M. du Chilleau, la lettre suivante, déposée entre les mains de l'huissier du ministre, le jour même où décéda le vaillant marin. Nous la reproduisons avec son orthographe :

« Monseigneur,

« Deux personnes envoyées par M. de *Chateaubrillant* (sic) vers son Excellence relativement à la mort du contre-amiral marquis du Chilleau, vient d'*arrivée* cet après-midi 4 heures.

« Comme ce vénérable vieillard était réduit dans une profonde misère, nous somme *envoyée* vers son Excellence pour aviser au moien pour lui rendre les honneurs qu'il mérite.

« C'est pour cela que nous prions Votre Excellence de vouloir nous honorer d'une petite audience ou me répondre à cet égard.

« *De la part de Mᵐᵉ la Marquise du Chilleau,*

« ce 21 août 1825.

« P. S. La veuve, malheureuse, étant dans la gêne la plus parfaite, se trouve hors d'état de lui rendre les derniers devoirs ! »

Dans un coin de ce placet se trouvent les lignes suivantes tracées par une autre main : « *Retraite 2.400 francs.* »

Voilà le dénuement auquel était en proie un ancien lieutenant de Suffren, le marin qui obtenait de son chef, à la suite du combat de Providien, la mention suivante : « M. du Chilleau, qui s'était bien conduit, le 17 février 1782, s'est conduit dans cette affaire avec la plus grande distinction. » Dans une autre lettre, Suffren s'exprimait ainsi : « Du Chilleau, du *Sphinx*, s'est conduit avec la plus grande valeur; quoique brûlé et blessé, il n'a pas quitté son poste. La façon distinguée dont il s'est conduit m'engage à vous demander, avec la plus grande instance, pour lui une pension de 1.200 livres. » LACOUR-GAYET : *La Marine militaire sous Louis XVI*, p. 527.

pénal ! interrompt un mousse, puisque nous avons comme capitaine M. du Chilleau. » Pendant que le capitaine embrasse le citoyen Geffroy, l'équipage crie : *Vive la Nation!*

La revue du *Superbe* et du *Duguay-Trouin* termine la journée du 20 octobre. Le 21, le *Tourville*, l'*Entreprenant, Proserpine, Bellone, Amphitrite, Fidèle, Cybèle, la Fine, La Réunion, Danaë, la Surveillante, l'Athalante, la Fauvette, la Perdrix, le Maréchal-de-Castries, le Rhône, l'Impatient, le Cerf, le Goëland, Galathée*, l'*Espiègle*, après avoir successivement entendu les discours patriotiques et vertueux des soldats de Beauce, des canonniers brestois et des miliciens coloniaux, retentissent des clameurs que profèrent les marins contre le Code pénal. Huées ingénues ! Le Code ne doit exercer, en effet, ses rigueurs contre les coupables que si les inférieurs le permettent. Tel est le caractère du régime pénal que nos Jacobins inaugurent. Mais est-ce la faute des équipages, si, mal préparés aux réformes par leur éducation monarchique, ces braves gens ne se doutent pas encore de leur bonheur? Patience ! Avant deux ans, le nouveau catéchisme aura conquis ces rudes cervelles. « Désormais, — déclare aux citoyens composant les équipages de l'armée navale l'Adresse de la Société des Amis de la Constitution, — désormais, la loi existe pour tous... Ni les caprices d'un chef, ni ses passions, ne présideront plus à aucun jugement et ne décideront point arbitrairement de la vie et de l'honneur d'un citoyen. Les peines ordonnées par la loi ne pourront être infligées que lorsque vos camarades, vos frères, auront eux-mêmes reconnu et déclaré que l'accusé est coupable [1]. »

Ainsi, sous le régime nouveau, les rigueurs que les chefs se croiront tenus de fulminer contre les matelots devront recevoir la sanction des condamnés eux-mêmes.

1. *Archives nationales*, F7 3676.

III

Ne comprenant rien, ou ne voulant rien comprendre à ce qui se passe, le comte d'Hector, accompagné de M. de Souillac et de plusieurs officiers, se rend, dans la soirée du 20 octobre, au Club des Jacobins, impatient de décerner à ces sectaires les félicitations que mérite leur « patriotisme ». Si le « patriotisme » consiste à protéger l'indiscipline et les émeutiers contre les pénalités nécessaires, les Jacobins brestois, comme leurs coreligionnaires de Paris, font preuve, en effet, d'un intrépide dévouement à la patrie mystérieuse dont ils sont les serviteurs.

MM. Borie et Gandon transmettent au nouveau ministre de la Marine, M. de Fleurieu, « le procès-verbal de la visite faite à bord des vaisseaux du Roi par la Société des Amis de la Constitution et leurs janissaires » Sans doute, les sentiments royalistes dont débordait le comte de la Luzerne n'animent pas M. de Fleurieu. Néanmoins, en lisant la lettre des Commissaires, l'honnête ministre se sent froissé d'un oubli qui viole autant la Constitution que les convenances. Pourquoi le nom de Louis XVI n'a-t-il pas même été prononcé?

Je ne puis que vous renouveler le témoignage de la satisfaction du Roi, écrit, le 28 octobre, le Ministre de la Marine, sur les marques de zèle que les citoyens ont donné, et sur l'heureux effet qu'elles ont produit.
Je dois cependant vous observer que j'ai remarqué avec peine que, dans les discours tenus aux équipages, pour les rappeler à la subordination qui pouvait seule leur mériter l'indulgence dont ils avaient besoin, on ne leur a parlé que de l'Assemblée nationale, sans leur retracer, en même temps, les sentiments d'amour et de reconnaissance que tous les

Français doivent à un Monarque qui a tant fait pour leur bonheur, et qui, étant le Chef suprême de l'Administration, doit conserver toute l'influence et toute l'autorité dans l'exécution des lois [1].

On ne peut mieux dire. Au mois d'octobre 1790, la République n'a pas encore remplacé la Monarchie. Mais le Roi, déjà considéré comme déchu, n'est plus qu'une hypothèse dont peut se passer la Secte. Aussi, quand la Convention remettra le Prince au bourreau, ne lui délivrera-t-elle qu'un fantôme. Louis XVI, d'ailleurs, ne s'est-il pas résigné, dès le début de la lutte, à cette exinanition? Le jour même où M. de Fleurieu envoie aux « Commissaires du Roi » ses inutiles remontrances (le 28 octobre 1790), nos deux compères font parvenir à l'Assemblée nationale une pièce officielle, un Rapport, où, dans une phrase lapidaire, ils précisent le caractère de la victoire que remporte sur le Pouvoir exécutif le Club dont ils sont les agents :

« On a promis, — disent MM. Borie et Gandon, — comme le prix du rétablissement de l'ordre, la réforme des articles du Code à l'exécution desquels les matelots présentent une grande répugnance [2]. » En d'autres termes, les mutins ont obtenu des Commissaires l'engagement formel que le Code ne leur serait pas appliqué. En écoutant la lecture de cette épître, l'Assemblée nationale ne se méprend ni sur la capitulation qu'elle exige du Pouvoir royal, ni sur l'affront qu'elle inflige à la justice. Pendant que les membres de la Droite, indignés, quittent la salle, la Gauche, ravie, manifeste sa joie en criblant d'apostrophes injurieuses le Pouvoir que vient de meurtrir une nouvelle blessure.

L'heure vient de ratifier cette défaite. Sur la demande du comte de Champagny, parlant au nom du Comité de la Marine, l'Assemblée rend, coup sur coup, trois décrets. En

---

1. *Archives nationales*, F⁷ 3676.
2. *Ibid.*

vertu du premier, les articles du Code, flétris par le personnel de l'escadre, subiront une modification conforme aux vœux des rebelles. Le second décret dispense le Roi d'adjoindre à MM. Borie et Gandon deux nouveaux Commissaires. Enfin, — dernière pantalonnade ! — il est entendu que les Jacobins brestois, les Commissaires et les Corps « qui contribuèrent au rétablissement de l'ordre » seront favorisés d'une Lettre officielle où le Président félicitera les rebelles de leur attitude et de leurs services.

Ces surenchères n'apaisent pas, naturellement, des séditieux, ainsi flattés dans leurs passions et secrètement encouragés par les Chefs de la Société civile à des revendications nouvelles. Si, grâce à la complicité de l'Assemblée nationale, les mutins se sont débarrassés de leurs anciens « tyrans », ils ne paraissent pas enclins à mieux accueillir les maîtres de domain. Malgré les témoignages de déférence dont les comble une autorité avilie, avons-nous besoin de dire que, dans chaque officier rouge, le matelot et l'ouvrier flairent plus que jamais un aristocrate et soupçonnent un ennemi?

IV

Au milieu de cette crise, le successeur de M. de la Luzerne, M. de Fleurieu [1], estime que le judicieux conseil

---

1. FLEURIEU (Charles-Pierre Claret de), né à Lyon, en 1738, le dernier des neuf enfants d'un Président de la Cour des Monnaies, entra dans la Marine à quatorze ans; après avoir servi dans la guerre de Sept ans, se livra à des travaux de cabinet et à des ouvrages d'observation qui le placèrent au premier rang des hydrographes. Il n'était encore qu'enseigne, lorsque le Roi lui donna le commandement de l'*Iris*, puis, de plus en plus frappé de sa valeur, le nomma, à l'âge de trente-huit ans, directeur général des ports et arsenaux, poste qui fut tout exprès créé pour Fleurieu. Lors de la guerre de l'Indépendance américaine, ce fut lui qui traça les plans des opérations

156 LA RÉVOLUTION DANS LES PORTS DE GUERRE

où se condensent les conclusions des Commissaires appelle une application immédiate. La Révolution veut, paraît-il, « un général agréable ». Soit ! M. de Fleurieu jette les yeux sur un navigateur dont la douceur et l'humanité plièrent jadis plusieurs tribus sauvages à nos lois [1]. Plus inflexible

navales. Les instructions données par La Pérouse furent rédigées par Fleurieu, en collaboration avec Louis XVI.
Officier d'épée, homme de science, administrateur, Fleurieu, dit un de ses camarades, était « doué d'un esprit singulièrement juste et exercé », constamment appliqué au travail, où il apportait une clarté et une méthode toute particulière, versé dans la connaissance de tous les détails. Il justifia complètement le choix de Louis XVI par la supériorité de ses lumières. Les opérations du ministère furent habilement concertées, les travaux conduits avec intelligence, les officiers bien choisis et les instructions surtout rédigées avec le plus rare talent.
Le 27 août 1790, Fleurieu fut appelé au ministère de la Marine. Mais, mis dans l'impossibilité de réprimer l'esprit d'insubordination qui se manifestait dans les arsenaux et dans les ports, Fleurieu prétexta l'abus de confiance de l'un de ses employés pour donner sa démission, le 17 mai 1791. Louis XVI, l'année suivante, l'appela aux délicates fonctions de gouverneur du Dauphin. Fleurieu exerça ces fonctions du 18 avril au 18 août 1792. Ce témoignage de haute estime valut à Fleurieu une détention de quatorze mois sous la Terreur. Le premier Consul le fit entrer à l'Institut, puis au Bureau des Longitudes. En 1797, Fleurieu fut élu membre du Conseil des Cinq-Cents. Successivement nommé Grand-Officier de la Légion d'Honneur, Intendant général de la Maison de l'Empereur, Sénateur, il mourut le 18 août 1810.

1. BOUGAINVILLE (Louis-Antoine de), né à Paris en 1729, mort en 1814, fit d'excellentes études, fut d'abord avocat, puis, cédant à l'irrésistible vocation qui l'entraînait vers la carrière militaire, entra, le 31 août 1753, dans l'armée, comme aide-major au Régiment de Picardie. L'année suivante, secrétaire d'ambassade à Londres ; et, en 1755, l'un des aides de camp de Chevert, il suivit Montcalm au Canada en 1756, et parvint au grade de colonel. La paix de 1763 dérangeait ses plans d'action. Pour donner carrière à son besoin de mouvement, Bougainville voulut coloniser les îles Falkland ; mais il dut les restituer à l'Espagne et revint en France, achevant ainsi son voyage d'exploration autour du monde. De retour en France, en 1769, Bougainville publia, en 1771, la relation de son voyage : l'ouvrage eut un immense succès. De même que le comte de Fleurieu, Bougainville fut nommé par Bonaparte membre de l'Institut, du Bureau des Longitudes, Sénateur et Comte de l'Empire.

que les naturels de la Patagonie, Brest bravera-t-il M. de Bougainville et se dérobera-t-il à ses charmes?

A peine l'illustre voyageur a-t-il touché barre à Brest (le 8 novembre 1790) et, sur le *Majestueux*, arboré son pavillon, qu'une nouvelle mutinerie, désolant l'*America*, exige l'immédiate intervention de la puissance magique sur laquelle compte M. de Fleurieu pour pacifier les équipages. Dix-sept matelots ont fait de l'*America* le foyer de la sédition navale (18 novembre). Sur l'ordre de M. de Bougainville, un piquet de la Garde nationale arrête ces fauteurs de désordre et les remet au bureau de l'Inscription maritime qui leur inflige le stigmate des « cartouches jaunes [1] ». Après cet avertissement préalable, quelle punition exemplaire va ramener au sentiment du devoir l'arsenal et le port? Une admonestation du Corps municipal, voilà l'impitoyable vindicte dont la Némésis jacobine frappe les mutins, et telle est l'importante satisfaction qu'elle donne aux lois enfreintes, à la discipline violée et aux honnêtes gens molestés!

Docile aux précédents, M. de Bougainville associe les Amis de la Constitution à toutes les cérémonies officielles et les traite comme un des grands Corps de l'État. Quand le nouveau drapeau national est remis aux troupes de mer, M. de Bougainville et M. de la Porte-Vezins [2] qui commande intérimairement la Marine, en l'absence de M. d'Hector, assignent à M. Geffroy et à ses collègues du Club une place — et non la moindre! — dans le cortège des Autorités officielles. La cérémonie terminée, les Jacobins, les

1. Cartouche jaune, feuille de congé de couleur jaune, revêtue du sceau du régiment qu'on délivrait, sous l'Ancien Régime, aux soldats dégradés ou chassés de leur corps. Les soldats qui avaient subi la peine du boulet recevaient la *cartouche rouge;* les soldats réformés la cartouche *verte*, et, enfin, les soldats libérés la cartouche *blanche.*

2. La Porte-Vezins, garde-marine, le 12 janvier 1746; lieutenant de vaisseau, le 17 avril 1757; capitaine, le 18 février 1772; directeur général de l'arsenal de Brest, le 1er avril 1781.

sous-officiers, les canonniers de la Marine, après avoir déjeuné, le matin, chez M. de Bougainville, dînent, le soir, chez M. de la Porte-Vezins. Comment ces politesses n'auraient-elles pas gonflé d'orgueil les membres d'une faction qui voyait sanctionner ses usurpations par l'unanime acquiescement des autorités régnantes? Les hommes de loi, les procureurs, les clercs, les sergents, toute cette horde écrivassière qui tondait la société de l'Ancien Régime et qui, privée soudain de ses emplois et de ses bénéfices, se précipite sur le monde nouveau pour le conduire et le rançonner, saisit, alors, toutes les occasions de se rendre nécessaire en aiguisant, à chaque fête, une plume propre à toutes les pasquinades et prête à tous les services. Point de cérémonies sans procès-verbal. Or, voici les dernières lignes de l'acte en due forme que dressent, dès le lendemain de la remise des drapeaux, les basochiens du parti :

« Le jour où a été arboré le signe de la Liberté a répandu la joie la plus pure dans les cœurs des vrais Français et assuré à jamais le triomphe d'une Nation qui, malgré tant d'obstacles, a su, par son énergie et son courage, *briser les fers qu'elle portait depuis 1371 ans*. Il était réservé au peuple français de montrer l'exemple aux peuples de la terre qui l'imiteront certainement tôt ou tard. »

Que penser d'une race d'hommes qui se livre à de telles écritures?

V

Quelques semaines plus tard, une escadre de quatre vaisseaux de haut bord, de dix frégates, de deux corvettes, d'un brick et de cinq gabares, commandée par M. de Girardin, s'apprêtait à transporter aux Iles du Vent six mille hommes [1], placés sous les ordres du comte de Béhague [2], appelé à remplacer le vicomte de Damas, comme Gouverneur des Petites Antilles. L'anarchie, qui sévit à Saint-Domingue, a gagné les îles voisines. A M. de Béhague, l'Assemblée nationale adjoint quatre Commissaires civils [3], moins chargés de concourir au rétablissement de l'ordre que de surveiller et de brider l'autorité militaire. Arrivés à Brest le 31 janvier 1791, les Commissaires attendent, pour partir, M. de Béhague, quand, dans la matinée du 4 février, six marins, députés par les équipages des frégates la *Calypso*, la *Didon* et la *Précieuse*, se présentent chez MM. Borie et Gandon pour réclamer le versement d'un troisième mois d'avance.

Pleine de tendresse pour les matelots qui mettent à son service leurs biceps et leurs violences, la Révolution les indemnise alors de ce dévouement par une anticipation de salaires. N'est-il point juste qu'en vue des journées qui

---

1. Les troupes comprenaient dix seconds bataillons empruntés aux régiments suivants : Forez, Aunis, Bassigny, Maréchal de Turenne, la Sarre. Tous étaient imbus de l'esprit révolutionnaire.

2. BÉHAGUE (Jean-Pierre-Antoine, comte de), né le 23 novembre 1727 à Calais, fils aîné de Pierre de Béhague, ancien officier au régiment de Noailles infanterie, et de Éléonore Genthon, de la ville de Lyon, s'engage, en 1742, comme volontaire au régiment d'Egmont-Cavalerie, assiste comme cornette aux batailles de Fontenoy, de Rau oux, de Laweld, est nommé capitaine au régiment d'Harcourt-Dragons. Promu lieutenant-colonel et nommé Gouverneur de la Guyane française, revient en France; promu maréchal de camp, obtient le commandement des Quatre-Évêchés de la Basse-Bretagne, puis nommé Gouverneur de la Martinique, pacifie la colonie, résiste aux idées nouvelles, quitte la Martinique et débarque en Angleterre en 1793, s'installe à Londres, se met en rapports directs avec les Princes, est nommé, en 1797, Commandant en chef des Armées royalistes et catholiques en remplacement du comte de Puisaye et meurt à Londres, le 11 mai 1813. Voir GEORGES DE LHOMEL : *Jean-Pierre-Antoine, comte de Béhague,* lieutenant-général des armées du Roi Abbeville, 1907).

3. Ces Commissaires étaient MM. de Magnytot, de Montdenoix, de Lacoste et Linger.

doivent précipiter la marche de la France vers ses nouveaux destins, les tavernes échauffent les héros et les tiennent toujours prêts pour l'émeute prochaine? Après avoir fait observer aux matelots que s'ils ont dissipé les deux premiers versements, le troisième subira probablement le même sort, les deux Commissaires renvoient les plaignants au comte d'Hector. Plus que jamais docile à la méthode nouvelle, le Commandant de la Marine essaie de raisonner avec le patron de la chaloupe de la *Calypso*, investi de la confiance des mutins qui lui obéissent et le redoutent. Comme de juste, le matelot factieux répond au trop courtois officier général par une sommation et par une insolence :

« Si le troisième mois n'est pas payé, notifie le rebelle, et si l'ordre de partir est donné, aucun marin ne travaillera à lever les ancres. Qu'on se permette de toucher un seul homme, il s'en remuera quinze mille, prêts à tomber sur vous !

— Qui parle de quinze mille hommes et qui les commandera? Sera-ce vous?

— Quand ce serait moi, réplique l'orateur, je suis en état de le faire. »

Sur ces entrefaites, arrive M. de Bougainville. De même que M. d'Hector, M. de Bougainville, au lieu d'appeler les gendarmes, argumente avec son interlocuteur qui jouit et se raille de cette complaisance. Si les cinq délégués acceptent les explications du Commandant, le patron de la chaloupe de la *Calypso* refuse de signer la capitulation et menace de soulever les équipages. Comme il faut pourtant que la flotte appareille, l'autorité se résigne à mettre le promoteur de l'insubordination hors d'état de nuire en l'enfermant dans une geôle peu farouche. L'escadre fait voile le 5 février 1791. Les vaisseaux éloignés, l'affaire tombe dans l'oubli et les chefs dans le marasme. Au mois de juillet suivant, le Commandant de la Marine restitue le personnage à la rue et au désordre, après lui avoir toutefois administré le paternel conseil de se montrer à l'avenir « moins bruyant et plus discret [1] ».

Plus les chefs cajolent ou ménagent leurs inférieurs, moins ils les apaisent. A chaque affaissement de l'autorité, correspond une surenchère de bravades et d'avanies. Pourquoi cette déconvenue? Une si haute conception du Pouvoir hante, malgré tout, les esprits, même les plus fourvoyés, que les condescendances des Chefs ne leur paraissent jamais sincères. La faiblesse passe pour de la perfidie, et la bienveillance pour de la couardise. Même infidèle à la loi, l'inférieur ne veut pas admettre que le supérieur viole la règle et trahisse le devoir.

VI

Plus fier et moins résigné que nombre de ses camarades, Bougainville ne se sent pas d'humeur à flagorner les nouveaux maîtres. Si, dès le premier jour, il a salué les idées nouvelles comme un second Évangile, il finit par se désenchanter de cette tumultueuse musique. La sédition de Brest l'éclaire et le dégrise. Derrière les tribunes qui claironnent le décalogue jacobin, Bougainville découvre les artisans volontaires et souvent stipendiés de notre débâcle. Son voyage à Brest lui a fait voir les Clubs substituant la suprématie de leurs meneurs à l'autorité des officiers; l'Assemblée constituante favorisant l'usurpation des édiles et des Comités; enfin, la Municipalité lançant contre l'État-

---

1. Une procédure fut entamée contre le rebelle, mais l'agitation croissante des esprits inspirant des craintes au Ministre, il ordonna le 15 juillet de le mettre en liberté : « *Il aura été suffisamment puni, dit-il, par une détention de cinq mois et demi, et je vous autorise à lui faire dire d'être plus circonspect à l'avenir!* »

Major les marins qu'elle corrompt et les ouvriers qu'elle asservit. Pour triompher de tant d'hostilités, il faudrait un chef soutenu, et non trahi par le Pouvoir. Sans illusion sur l'Assemblée qui l'a délégué et qui le sacrifie, Bougainville abandonne son emploi, la Marine, Brest, et, renonçant à regagner la capitale, va s'assurer un refuge en Basse-Normandie, près de Coutances, dans une paisible gentilhommière, qu'entoure une population invulnérable aux idées nouvelles. La solitude d'un manoir, défendu contre les sévices des délateurs par les halliers d'une forêt et les récifs de la mer, dérobera l'amiral aux misères de l'exil et aux hécatombes de la Terreur [1].

1. Au mois de janvier 1792, promu vice-amiral par le ministre Thévenard, Bougainville, en présence du démembrement moral de la France, refusa d'accepter un grade que rendait illusoire l'universel chaos. Voici le texte de la très belle lettre que l'illustre marin crut devoir adresser à M. de Septeuil, chargé de lui notifier, de la part de Louis XVI, cet avancement :

« Monsieur,

« J'ai reçu la lettre dont vous m'avez honoré et la liste de la nouvelle formation de la Marine. Le devoir et l'honneur me font une loi de ne point accepter un grade éminent dont je ne pourrais remplir les fonctions. La discipline militaire, — cette discipline sainte, — sans laquelle ne peut agir, que dis-je, ne peut exister une armée navale surtout, — est anéantie. Un officier général ne saurait agir sans coopérateur, et je cherche vainement tous ceux qui joignaient à la théorie la science des manœuvres d'armée et la pratique des combats. Après une longue patience de leur part, les excès répétés d'une insubordination consacrée par l'impunité les ont éloignés du théâtre de leurs travaux.

« Daignez, Monsieur, être auprès du Roi l'interprète de mes sentiments. Je regarde comme bien malheureux de ne pouvoir consacrer mes derniers jours au service de mon pays et terminer ainsi ma carrière comme je l'ai commencée.

« Je suis, avec respect, Monsieur, votre très humble et très obéissant serviteur,

« BOUGAINVILLE [2] ».

2. M. René de Kerallain, qui a bien voulu nous envoyer le texte de cette lettre, nous écrit que l'original appartenait, quand il fut copié, à M. de La Lande. Bougainville était particulièrement lié avec

VII

L'escadre partie — partie, trop tard, hélas ! — les Commissaires Borie et Gandon comprirent qu'ils n'avaient plus rien à faire à Brest et rentrèrent, le 14 février 1791, à Rennes, dans leurs familles [1]. Leur mission avait-elle échoué? Pour

---

Mme Hérault, la grand'mère de Hérault de Séchelles. Les Hérault étaient originaires du pays d'Avranches. Est-ce pour se rapprocher de cette famille que l'illustre navigateur vint habiter à la Becquelière, dans le voisinage de Coutances? Si Bougainville voulut rester étranger à la politique, la politique vint quand même le relancer dans sa retraite. « Bougainville, — nous raconte M. de Kerallain dans une lettre du 21 avril 1906, — fut enfermé dans les prisons de Coutances, où mon grand-père, bambin de cinq ou six ans, lui portait des lettres de sa mère, cachées dans ses souliers. Mme de Bougainville, — à un moment donné que je ne puis préciser, — dut se sauver, avec ses enfants, chez l'un des anciers armateurs de Bougainville, pour les Iles Malouines, M. Dubois de Montmarin, dans la rivière de la Rance.

« La chronique raconte qu'elle s'était embarquée, déguisée en homme, avec le précepteur des enfants (je crois) et sa petite nichée, pour faire ce court trajet de la Becquetière à Saint-Malo. Sur quoi, l'un des matelots lui ayant dit : « Toi, tu es trop jolie pour être un homme ! » elle lui riposta par une gifle qui remit le malotru à l'ordre. Très jolie, en effet, toute jeune, ayant trente ans de moins que son mari, elle parut, d'après les procédures du Tribunal révolutionnaire de Coutances, n'avoir jamais eu froid aux yeux. Elle eut de grands et beaux garçons, tous vigoureux, ayant le type Bougainville très marqué. Le second d'entre eux, né en 1783, se noya sous ses yeux, en 1801, dans la propriété de Suisnes, près de Brie-Comte-Robert. L'aîné mourut contre-amiral, célibataire, en 1846, trois mois avant de prendre sa retraite. Mon grand-père, qui avait fait partie de l'État-Major de Berthier, en 1812, après avoir servi tout jeune dans la guerre d'Espagne, donna, en 1830, sa démission de colonel de dragons. Il faillit être jeté dans la Moselle, à Metz, par les insurgés. Le quatrième fils mourut général, en 1854, sans enfants, sous le second Empire. »

1. Six semaines après ce départ, MM. Borie et Gandon obtinrent du Roi le salaire de leur intervention. Nous avons trouvé, dans un carton des *Archives* (F⁷ 3676), la pièce suivante, que nous reproduisons *in extenso* :

répondre avec compétence à cette question, il faudrait savoir quels sentiments secrets animaient les Commissaires. En venant à Brest, les deux députés avaient-ils voulu accélérer ou ralentir le départ de la flotte pour Saint-Domingue? Dans le premier cas, l'insuccès le plus humiliant avait frappé leur entreprise. L'émeute n'avait-elle pas, en effet, pendant près de cinq mois, retenu à Brest l'escadre qui devait délivrer notre colonie de ses boutefeux? Dans le second cas, MM. Borie et Gandon ne pouvaient que se féliciter de leur œuvre. Conformément aux prévisions du marquis de la Luzerne et aux vœux de l'Angleterre, la colonie de Saint-Domingue, définitivement perdue pour la France, cesse de procurer à notre commerce le concours qu'elle lui fournissait depuis deux siècles. La grève des vingt mille marins de Brest a permis à la Révolution de prendre dans l'île un développement et une force contre lesquels viendront échouer toutes nos expéditions, tous nos généraux et tout notre génie! L'Angleterre et les Loges que l'Angleterre commandite ont bien calculé leurs coups.

Faut-il rappeler que le Savalette de Lange, qui reçut l'ordre d'indemniser MM. Borie et Gandon, probablement affiliés au Club des Jacobins, fut lui-même un des membres du Club et le fondateur de la secte des *Philalèthes*? [1]

« Au S. Savalette de Lange », 6000.

« Administrateur de mon Trésor royal, chargé du département de la Caisse générale, M. Joseph Du Rucy, payés comptant au S. Savalette de Lange, l'un des administrateurs de mon Trésor royal, chargé du paiement des pensions et autres Dépenses énoncées dans mon édit du mois de mai 1788, la somme de six mille livres pour être par luy délivrées aux Sieurs Borie et Gandon, mes Commissaires à Brest, pour frais et déboursés par eux faits pour mon service et en exécution de mes ordres.

« Fait à Paris, le 23 mars 1791.
                                                                « Louis »

1. Notre ami M. Gustave Bord lui consacre une notice dans son livre la *Franc Maçonnerie en France* (t. I, pp. 342-355), et se réserve

Malheureux pays et malheureux Roi, également investis de conspirateurs qui guettent l'heure de la défection et de la catastrophe, pour se joindre aux parjures triomphants et grossir la bande des ambitieux !

d'en parler plus au long dans le deuxième volume de cet ouvrage — non encore paru — au moment où nous écrivons ces lignes (août 1911)

CHAPITRE VIII

I. — Mouvement d'émigration parmi les officiers. — Nouvelles manigances du Club des Jacobins. — La gabare *la Normande*.

II. — La Fête-Dieu du jeudi 23 juin 1791. — Après la cérémonie. — Un complot. — Le café de la rue Saint-Yves. — « Dessin factieux ».

III. — Indignation des Conseillers municipaux contre cet outrage à la Nation. — Café envahi par les malandrins. — Couardise du Corps municipal. — Le capitaine Patry s'accuse. — Les magistrats l'abandonnent.

IV. — Les bretteurs du Club des Jacobins assassinent le capitaine. — La tête de la victime est arborée au bout d'une pique et promenée dans les rues de Brest. — La loi martiale n'est proclamée qu'après l'accomplissement du crime. — Les assassins ne sont pas poursuivis.

V. — Le lendemain, M. de Cuverville se rend à l'Hôtel de Ville pour s'entendre avec la Municipalité en vue de l'organisation d'une fête patriotique. — Nouvel incident. — MM. de Sieyès et de Coetaudon. — Discours inciviques colportés en ville. — Émotion populaire. — M. de Sieyès est mis en prison.

VI. — Fête de la Fédération (14 juillet 1791). — Deux chefs d'escadre, MM. de Marigny et de Balleroy, roulent la brouette et manient la pioche. — Rapport au Ministre de la Marine sur la fête. — Revue des troupes. — On crie : *Vive la Nation !* On ne veut pas crier : *Vive le Roi !* — M. de Marigny promène les curieux. — Court armistice.

VII. — Affluence des étrangers suspects à Brest. — Fête de la Saint-Louis. — Anxiété de M. de Marigny. — Sa lettre au Ministre de la Marine. — Compte rendu de la cérémonie.

VIII. — Exode des officiers. — Le comte d'Hector quitte Brest au mois d'octobre, et, le mois suivant, quatre

cents officiers manquont à l'appel. — Réflexions de ceux qui restent. — Espoir de ceux qui partent.
IX. — Le Club des Jacobins défend qu'on paie la solde des officiers en congé. — Conflit entre le Ministre de la Marine et le Club des Jacobins. — Lettre de l'intendant de la Marine Redon au Ministre.
X. — Vaines protestations du Commandant de la Marine. — L'intendant Redon avoue qu'en présence du *veto* du Club des Jacobins, il refuse de payer les officiers. — Fatales conséquences de l'émigration. — M. de Marigny signale les scènes violentes qui ont lieu au théâtre. — L'effervescence augmente.
XI. — Ce que devint l'escadre de M. de Rivière. — Un de ses Officiers, le Chevalier de Courcy, tire le dernier coup de canon de l'ancienne Marine contre l'ennemi héréditaire.

I

Le mouvement d'émigration commençait alors à se dessiner dans les rangs de l'armée navale. Le Club des Jacobins aurait dû se féliciter d'un exode qui débarrassait la Révolution des officiers « inciviques » et qui lui livrait le port et son personnel. Mais, au lieu d'applaudir à cette épuration volontaire, le Club reproche au Ministère de la Marine d'ouvrir lui-même la voie aux évasions par de fallacieux congés qui jettent le désarroi dans tous les services. Quelques jours plus tard, le même Club donne la parole à une délégation des canonniers matelots : Les mandataires de l'escadre menacent d'abandonner les batteries si l'Assemblée nationale ne purge pas le « grand Corps » des officiers suspects.

Ainsi, les chefs de la Marine ont la faculté de choisir entre deux excommunications. S'ils partent, ils sont des rebelles, s'ils restent, ils sont des traîtres. Une insurmontable défaveur atteint tous les détenteurs, absents ou présents, des emplois militaires. Ni leur abnégation, ni leur clémence, ni leurs fautes, ne les sauvent de la calomnie et ne les défendent de l'ostracisme.

Le 31 mai 1791, la gabare *la Normande*, venant de la Martinique, mouille sur rade. A peine le bâtiment a-t-il jeté l'ancre qu'une fâcheuse rumeur circule. A bord, le commandant Roux, sur les ordres de M. de Girardin [1], fait garder l'aide pilote Houël, du *Duguay-Trouin*, au fond de la cale, où cet homme expie, par six jours de fer, une incartade prévue et punie par le Code. La Société des Amis de la Constitution somme M. Roux [2] de comparaître à sa barre. L'officier obéit à cette illégale mise en demeure et rend compte de sa conduite. Les Clubistes, exaspérés, jugent et condamnent le coupable. Le verdict n'est pas une chimère. Poussée par les Jacobins, la plèbe se rue sur l'officier qui n'échappe à la lanterne que grâce à l'originale inspiration de quelques bourgeois frondeurs qui lui ouvrent les portes de la Maison commune et forcent, ainsi, les édiles, stupéfaits, à prendre un « aristocrate » sous leur involontaire sauvegarde [3].

1. GIRARDIN (François-Emmanuel de), né en 1735, à la Martinique, fils du procureur général du Conseil supérieur de la Martinique; garde-marine le 4 juillet 1754; lieutenant le 27 novembre 1765; capitaine le 13 mars 1779. (*Archives de la Marine* C¹ 171.) Girardin mourut à Puiseux (Seine-et-Oise), le 26 novembre 1811. Sur sa pierre tombale, qui se trouve dans le jardin du presbytère de Puiseux, on lit ces mots : « *Messire François-Emmanuel de Girardin, né à la Martinique, décédé à Puiseux, le 26 novembre 1811, à l'âge de 76 ans.* » Le vice-amiral avait épousé Élisabeth Dalissau de Raigny, née elle-même à la Martinique. (*Communication de M. le marquis de Girardin.*)

2. ROUX (Jean-Antoine), né en 1723. D'abord capitaine du commerce, arma, en 1746, un bâtiment aux frais de sa famille. Entra ensuite dans la Marine royale, fut nommé chevalier de Saint-Louis; commanda la flûte la *Normandie*, en armement à Brest.

3. Extrait du Rapport envoyé au Ministre de la Marine le 24 juin 1791 :

« En sortant du club de Brest, où il avait été invité à se rendre pour rendre compte de sa conduite à l'égard du sieur Houel, que,

Une odeur de sang commence alors à flotter dans l'air. La haine ne se rassasie pas de vains discours : il lui faut des holocaustes. L'élite de la cité se révoltait sourdement contre les nouveaux maîtres : ceux-ci décident de la subjuguer à coups de poignard.

II

Le jeudi 23 juin 1791, la cérémonie de la Fête-Dieu avait mis sur pied toute la population de Brest. Une solennité religieuse remue non seulement les croyants, mais leurs adversaires. Si la communauté des sentiments et des joies jette, ce jour-là, tous les catholiques hors de leurs demeures et leur inspire le besoin de se rapprocher et de s'unir dans les mêmes chants et dans les mêmes prières, cette fraternité spirituelle importune et aigrit ceux qui ne partagent ni notre foi, ni nos espérances. Au temps de la Réforme, c'est presque toujours sur le passage des processions, ou bien le soir, quand les dernières fleurs viennent de neiger sur l'autel et les derniers cierges de s'éteindre dans les candélabres, que les huguenots fondent, le pistolet au poing, sur les catholiques surpris. Notre foi provoque la colère, notre allégresse la vengeance. Il faut que la journée, sur laquelle le soleil de Dieu a versé ses plus purs rayons, se termine dans le sang et dans les larmes [1].

A Brest, le clergé venait à peine de quitter les rues,

---

d'après les ordres de M. de Girardin, et contrairement à la loi, le capitaine Roux avait maintenu aux fers à son bord, pendant plus de trois jours, M. Roux fut insulté par le peuple et ne parvint à se garantir des effets de son ressentiment qu'en se réfugiant à l'Hôtel de Ville, d'où il gagna son bord, au retour du calme. (*Archives nationales*, C¹ 288.)

1. Voir Gaston Le Hardy : *Le Protestantisme en Normandie, passim.*

drapées de blanches tentures, et de bénir les maisons, festonnées de vertes guirlandes, que les Jacobins, irrités de la jubilation populaire, entreprennent de jeter sur cette joyeuse journée le voile d'un acte de violence. Depuis plusieurs mois, les chefs de la démagogie excitent le peuple contre l'armée. Les ouvriers et les matelots « régénérés » sont-ils enfin mûrs pour un coup de main ? Le soir du jeudi 23 juin, les jacobins veulent le savoir...

Les officiers de la garnison se donnaient alors rendez-vous dans un café de la rue Saint-Yves, — heureux de se rapprocher et de se voir, entre chaque exercice, pour échanger les informations, accueillir les nouveaux venus et, dans les épanchements d'une cordiale camaraderie, oublier les malheurs de la veille et les transes du jour. Plusieurs officiers, destinés aux colonies, — entre autres, le lieutenant de Patry [1], — viennent d'arriver à Brest. Ce surcroît de clients donne à l'estaminet une animation insolite. Des soldats, des jeunes gens, avides d'aventures et pleins de belle humeur, ne se rassemblent pas sans se laisser aller à des badinages que la gaieté française explique, mais n'excuse pas toujours. A l'affût d'un scandale, les espions du Club découvrent, dans la taverne militaire, et signalent aux agitateurs une de ces caricatures dépourvues de goût, que suggèrent alors les événements

1. PATRY (François-Auguste de), qu'on appela plus tard « M. de la Bosquerie » (fief situé paroisse de Commes, près de Bayeux), issu de l'une des plus vieilles familles de Normandie, de race féodale, né à Vaux-sur-Aure (Calvados), était le quatrième enfant de Louis-Yves Patry et de Louise-Françoise-Germaine de la Conté. Page de la Petite-Écurie le 15 décembre 1779, il reçut du Roi, par l'intermédiaire du duc de Coigny, son parent, une épée d'honneur le 1er avril 1783, fut nommé sous-lieutenant au régiment du Poitou le 5 mars 1773, puis lieutenant le 1er janvier 1791. Le colonel du régiment était alors le marquis de Saint-Chamans de Rébénac, qui donna sa démission, un mois après l'assassinat de Patry, le 25 juillet 1791. (*Archives administratives du Ministère de la Guerre, et Communication de M. M.-A. du B. de Courson*, arrière-petit-neveu du lieutenant de Patry)

et les hommes. On convient aussitôt de la travestir et de l'exploiter.

Vers cinq heures de l'après-midi, autour du café Vaux, s'amasse une population effervescente. Avertis par les espions du Club des Jacobins, quinze membres du District et du Conseil municipal se transportent rue Saint-Yves et pénètrent dans l'estaminet, où soixante officiers, sans uniforme, et quelques bourgeois les accueillent et les mettent sur-le-champ au courant de ce qui se passe. Si la foule est émue, c'est que des meneurs donnèrent une interprétation aussi mensongère que méchante à la plus inoffensive des pasquinades. Sectaires haineux, les officiers municipaux ne veulent pas se contenter de cette explication et de cette excuse. Après avoir fait sortir les bourgeois, averti la foule qu'une enquête se poursuit et placé un garde à la porte du café, les édiles visitent les différentes pièces de l'établissement. Affreux scandale! Dans la salle de billard, sur le panneau supérieur d'une armoire, s'espace un dessin « d'une obscénité révoltante », au-dessous duquel une main a crayonné ces mots, à demi effacés : *Autel de la Patrie ou de Patry*. Une autre paroi de la salle, maculée, par le même artiste, d'une scène « crapuleuse », montre une tête de guerrier coiffé d'un casque, une pipe à la bouche, avec ces mots au dessous :
B. Saint Favras, Martyr de la Révolution!

III

Dans le procès-verbal qui fut transmis à l'Assemblée constituante et que nous avons sous les yeux [1], la rhéto-

---

1. Le texte complet de ce curieux procès-verbal se trouve dans l'*Histoire de Brest*, de Levot.

rique du rédacteur municipal s'enfle vainement pour charger le coupable et grossir son attentat. La caricature, presque complètement raturée, d'ailleurs, ne dépasse pas les limites d'une facétie de corps de garde qui méritait les sévérités d'une remontrance disciplinaire, — mais non le dernier supplice. Indignés de ces « outrages à la Nation », nos rigides échevins commencent par admonester le tenancier du bar, trop clément aux insolences d'une « caste » factieuse. Puis, cette caste, elle-même, représentée par les soixante officiers séquestrés dans la taverne, subit une réprimande sévère. Pourquoi les clients galonnés du sieur Vaux, au lieu de tolérer d'aussi impertinents placards, n'ont-ils pas immédiatement dénoncé les artistes criminels? En s'abstenant de biffer ces dessins sacrilèges et d'en flétrir les auteurs, les officiers manquèrent au devoir civique et transgressèrent les lois de l'honneur militaire.

Protestation véhémente des accusés. L'ineptie des récriminations les a d'abord fait sourire; la violence des accusateurs finit par les exaspérer. A les entendre, la Municipalité n'a pas le droit de mettre en cause les officiers complètement étrangers à cet indigne barbouillage, — œuvre visible d'un « malintentionné » qui voulut les dénoncer à la défaveur publique.

Pendant ce colloque, les malandrins embauchés par la Société des Amis de la Constitution bousculent la garde, envahissent le café, vociferent et réclament le nom du coupable. En présence de cette explosion de fureurs, un officier se dévoue. Se flatte-t-il de désarmer la plèbe? Ou veut-il lui fournir la victime qu'elle exige? Venu à Brest pour rejoindre un détachement de son corps — le Royal-Poitou — en garnison à la Martinique, le lieutenant de Patry se lève et, d'un geste soudain, se désignant aux colères de la multitude, s'écrie : « C'est moi ! »

Où sont alors les officiers municipaux? Hors de la salle. A travers le procès-verbal papelard, dressé par le serviteur de ces lâches édiles, impatients de farder leur faute et de duper leurs juges, cette évasion crève les yeux. Mais l'astuce du rédacteur ne nous empêche pas de discerner la couardise du Corps municipal qui veut tout à la fois justifier son inertie et déshonorer sa victime. Les instigateurs secrets de la catastrophe commencent par insinuer que Patry, saisi de désespoir, aurait voulu devancer l'arrêt de la justice populaire en essayant tour à tour de se percer de son épée et de se brûler la cervelle, avec l'un des trois pistolets qu'il portait sur lui. Fable piteuse! Qui ne voit que le greffier n'a fabriqué cette légende que pour colorer d'une excuse le désarmement préalable du condamné? Après avoir privé Patry de ses moyens de défense, les magistrats les plus qualifiés l'abandonnent aux fureurs qui s'exubèrent et fuient lâchement la salle, sous prétexte d'aller chercher des secours [1].

IV

La foule écartée, les Jacobins ouvrent leurs rangs aux bretteurs enrégimentés par le Club et chargés d'exécuter sa consigne. Les échevins pouvaient s'opposer à la justice du peuple; ils la laissent passer. Les meneurs éclipsés, la salle reçoit les spadassins patriotes qui vont exercer sans péril, mais non sans profit, le mandat dont le Club les a nantis. Ne craignant ni l'épée, ni les pistolets de Patry, les conjurés se précipitent sur l'officier, dépourvu d'armes, l'égorgent et lancent le cadavre aux affidés qui l'attendent, depuis le matin, sous les fenêtres du bouge!

[1]. Une lettre, contenant le récit du drame, fut envoyée, le soir même, au ministère de la Guerre par M. de Lusignan, major du régiment du Poitou. Mais cette lettre a été égarée sans doute. Nous ne l'avons pas trouvée dans les cartons des archives.

Pendant la journée, le Catholicisme avait eu sa pacifique procession et sa blanche théorie de jeunes vierges. Le soir, parmi les tragiques ténèbres de la nuit, la Révolution a ses Panathénées sanglantes et son cortège de Ménades impures. La tête de Patry, séparée du tronc et arborée au bout d'une pique, fait le tour de la ville, suivie d'une tourbe des deux sexes, les bras nus, les yeux hagards et la bouche écumante.

A peine le malheureux officier de Royal-Poitou est-il immolé que le Procureur-Syndic de la Commune fait parvenir une triple réquisition aux Commandants de la Marine, de la Ville et de l'Hôtel de Ville. Ainsi le veut le protocole révolutionnaire. A cette époque, quand les soldats se mettent en mouvement, ce n'est jamais pour prévenir un assassinat, mais pour le constater.

A travers les rues épouvantées, les tambours battent la générale, et les troupes, chefs en tête, défilent, et drapeau rouge au vent. Ainsi l'exige la loi martiale [1]. En avant

---

[1]. La loi martiale (20 octobre 1789) prescrivait aux Municipalités l'emploi de la force militaire contre tous les attroupements qui semblaient menacer la paix publique. D'après cette loi intitulée : « Loi martiale contre les attroupements », chaque fois que les circonstances sembleraient nécessiter sa proclamation, le canon d'alarme devait être tiré, et un drapeau rouge arboré à la principale fenêtre de la Maison de ville et promené dans toutes les rues. A l'aspect de ce drapeau, tout attroupement, avec ou sans armes, devait se disperser; s'il ne se dispersait pas, les magistrats municipaux devaient sommer les personnes attroupées de dire quelle était la cause de leur réunion et quels étaient leurs griefs. Ces personnes étaient autorisées à nommer six d'entre elles pour exposer leurs réclamations. Après quoi, si le rassemblement continuait, trois sommations étaient faites, dont la première ainsi conçue : « Avis est donné que la loi « martiale » est proclamée, que tous ces attroupements sont criminels ; on va faire feu; que les bons citoyens se retirent ! » Les trois sommations faites, la force militaire devait être à l'instant déployée.

Cette loi fut appliquée au Champ de Mars dans la journée du 17 juillet 1791. Après le 31 mai 1793, un des premiers actes de la Montagne victorieuse fut d'abolir cette loi; elle est aujourd'hui remplacée par une législation beaucoup plus rigoureuse : l'état de siège.

des hommes marchent les officiers municipaux chargés de faire entendre les sommations réglementaires. Impuissants devant le crime commis, les magistrats auraient pu, du moins, utiliser les forces dont ils disposaient pour rechercher les auteurs de l'attentat. Mais, Souverain inviolable et sacré, le Peuple ne doit alors compte à personne de ses sentences. Si le pouvoir accorde six pieds de terre à la dépouille du capitaine de Patry, en revanche, il refuse aux assassins un juge !...

V

Le lendemain, — 25 juin 1791, — un courrier de l'Assemblée nationale apportait, avec la nouvelle de l'évasion du Roi, le décret qui, confiant aux Corps administratifs tous les pouvoirs, transférait au Club des Jacobins le magistère de la France. Le Club de Brest pouvait croire que les officiers de terre et de mer, ulcérés par l'assassinat de la veille, n'accueilleraient, ni sans douleur, ni sans répugnance, un édit qui les assujettissait aux protecteurs et peut-être même aux commanditaires des *bravi* locaux. Craintes chimériques ! Incorrigibles disciples de Rousseau, les officiers font, comme Condorcet, table rase du dogme chrétien qui, dénonçant l'originelle perversion de la nature humaine, nous prémunit contre ses tendances et nous arme contre ses écarts. Même devant les flaques de sang qui rougissent encore le pavé de la rue, la générosité de leur cœur proclame la bonté native des sicaires. Le jour même, le Conseil général de la Commune reçoit la visite du Commandant intérimaire de la Marine, le capitaine de vaisseau de Cuverville [1], qui lui soumet le plan d'une

---

1. CUVERVILLE (Louis-Hyacinthe chevalier Cavelier de) mérita, par son héroïque conduite, dans la campagne des Indes, les surnoms de *fidèle* et de *brave* que se plaisait à lui donner Suffren.

cérémonie patriotique destinée à lever toutes les défiances et à réconcilier tous les cœurs.

Sans attendre la formule que prépare l'Assemblée nationale, les chefs de la Marine et de l'Armée, groupés, le lendemain, sur la place d'Armes, prêtent un serment où l'obséquiosité de la déférence aux nouveaux tyrans n'a d'égale que l'énergie des imprécations contre les traîtres.

La haine révolutionnaire résiste et survit, hélas ! à cette manifestation et à cette ferveur. Le 29 juin 1791, dans une lettre adressée au Ministre de la Marine, M. de Cuverville lui apprend que deux officiers du *Duguay-Trouin*, M. de Sieyès[1] et M. de Coetaudon [2], « inculpés de propos

---

Le 16 juillet, il eut les honneurs de la journée devant Négapatnam. Le 28 juillet, pour récompenser sa valeureuse conduite, le chevalier de Cuverville, appelé au commandement du *Vengeur,* attaqua simultanément le *Worcester* et le *Mammouth;* mais il dut se retirer, ses munitions épuisées, le feu ayant éclaté, en outre, à son bord. M. de Cuverville sauva son vaisseau en sacrifiant le mât d'artimon. L'année suivante, à la date du 20 juin, dans la dernière journée de cette épopée, Cuverville, en dépit du piètre état de son vaisseau, livrait un duel naval au *Magnanime,* commandé par Thomas Mackensie : ce qui lui valait la croix de Saint-Louis.

1. SIEYÈS (François-Frédéric de Plan, marquis de), né à Grenoble, le 4 octobre 1762, fils de Jean de Plan, seigneur des Sieyès, Conseiller au Parlement de Grenoble, et de dame Esther de Veynes. Garde-marine en 1778; enseigne en 1780; lieutenant de vaisseau en 1786; major de vaisseau le 5 janvier 1792. Émigre le 3 mai 1792, se retire à Sion, canton du Valais (Suisse). Réintégré au Corps, comme capitaine de vaisseau, le 10 avril 1813; contre-amiral honoraire le 22 mai 1825; chevalier de Saint-Louis et de la Légion d'Honneur. Épouse en premières noces (1793) Mlle Laurencin, fille du maire de Lyon, en eut une fille qui fut mariée au comte Rodolphe de Maistre, le fils du grand écrivain. Épouse en secondes noces (1808) Mlle de Montrond, en eut trois fils, dont M. Leo de Sieyès, député de la Drôme de 1837 à 1848. Le contre-amiral de Sieyès fut maire de Valence de 1815 à 1830, président du Conseil général de la Drôme jusqu'en 1832, et mourut à Paris le 20 janvier 1836. (*Communication de son petit-fils, M. le marquis de Sieyès.*)

2. COATAUDON ou COETAUDON (François-Vincent de), fils de Jean-Baptiste-Marie, ancien colonel d'infanterie, et de Marie-Anne Le Chaus-

indécents », viennent d'être incarcérés, sur l'ordre du Conseil général de la Commune, impatient de les arracher à la mort et de « pourvoir à leur sûreté ». Ces propos offensent-ils la Constitution ou lèsent-ils la morale? Qu'on en juge. M. de Sieyès a souscrit aux reproches qu'un officier d'infanterie adressait à l'aumônier du *Duguay-Trouin* coupable, à ses yeux, d'avoir prêté le serment condamné par l'Église. L'ecclésiastique a reçu l'invitation de sortir du carré. Moins réservé encore que son camarade, M. de Coëtaudon a sévèrement admonesté le chirurgien qui critiquait la table de l'État-major.

Colportés en ville, ces discours « inciviques » suscitent une émotion qui gagne le Corps municipal. Quel parti faut-il prendre? Les meneurs estiment que la nécessité s'impose de prescrire l'immédiate arrestation des deux « factieux » et leur transport, sous bonne escorte, au Château de Brest. Afin de protéger plus efficacement encore ces grands criminels, le Conseil les favorise d'une mise au secret inaccessible même à la parenté la plus chère. Quelques jours plus tard, l'un des deux prisonniers, M. de

---

sée du Froutven, né en 1761, à Guipavas (Finistère), émigre, est enrôlé dans le régiment d'Hector, prend part à l'expédition de Quiberon, fusillé le 8 fructidor, à Vannes. M. de la GOURNERIE (*Les Débris de Quiberon*) raconte ce qui suit au sujet de Coëtaudon : « Soixante et quelques jeunes gens étaient conduits devant leurs juges, les uns au Palais, vis-à-vis de la cathédrale, les autres à l'Hôtel de Gouvello. Au nombre de ceux qui avaient été conduits au Palais, se trouvait le chevalier de Coataudon, qui, remarquant une petite fenêtre donnant sur une cour déserte, s'élança, tout d'un coup, par elle, traversa la cour, passa dans la rue et se réfugia dans l'hôtel de la Landelle. Malheureusement il fut aperçu par une fruitière, et cette femme signala aux soldats le lieu de sa retraite. Les soldats, fatigués de tant d'horreurs, cherchèrent négligemment et ne trouvèrent pas. Mais alors, cette furie les poursuit des cris de *bandits*, de *scélérats*, menace de les dénoncer, et les contraint de rentrer dans l'hôtel. Coataudon y fut enfin découvert et reconduit au Palais, d'où il ne sortit que pour aller au supplice. Hâtons-nous d'ajouter que l'affreuse mégère qui l'avait dénoncé vécut et finit misérablement. »

Sieyès, tombe malade, et les médecins, inquiets, ordonnent de transférer le lieutenant à l'hôpital. Protestations compatissantes du Club. Si la translation s'opère, — le jour où M. de Sieyès quittera l'hôpital, le Peuple, affolé d'indignation, — déclare le Club, l'égorgera. Cruelle alternative! L'autorité, obligée de prendre un parti, s'incline devant le verdict « populaire »; la citadelle garde sa proie, et M. de Sieyès sa tête.

VI

Héritiers de sentiments, de traditions et de devoirs qui les évincent du monde nouveau, les chefs de la Marine ne refusent ni un service, ni un gage à la Société qui doit les supplanter demain. Quelques jours avant, le 14 juillet 1791, les Jacobins convoquent le peuple de Brest et l'invitent à niveler de ses propres mains la terrasse, où doit s'ériger « l'Autel de la Fédération » et se déployer le faste de cette cérémonie civique. Non seulement M. de Marigny met plusieurs escouades d'ouvriers aux ordres du Comité, mais, avec la plupart des officiers et le chef d'escadre de Balleroy [1], — « tous animés de la même ferveur »,

---

1. BALLEROY (Chevalier de), frère cadet de : 1° Charles-Auguste de la Cour, marquis de Balleroy, lieutenant-général, né en 1721, et 2° de François-Auguste, maréchal de camp, né en 1727. Les deux frères furent condamnés à mort et exécutés à Paris, le 26 mars 1794. La condamnation fut motivée par des « lettres et écrits contre-révolutionnaires trouvés chez les accusés ». « En considérant, — dit l'accusateur public, — que leurs parents les plus proches, comme femmes, enfants, frère et gendres, sont émigrés, on doit demeurer convaincu que les dits frères Balleroy auraient eux-mêmes émigré si l'utilité commune ne les avait engagés à rester sur le territoire de la République pour saper, au dedans, les fondements de la liberté. » *Archives nationales*, W 340, dossier 621. Le chevalier de Balleroy émigra et fut accusé d'avoir fui de Quiberon. Le Catalogue de (mai 1904) de la librairie Em. Paul et fils et Guillemin signale un dossier contenant quatre

— il roule la brouette patriotique et manie la pioche nationale.

Hélas ! cette pioche n'abat point l'infrangible mur que la haine exhausse chaque jour entre le peuple et ses anciens guides. Contre la Royauté qui tenta de gagner la frontière, les rancunes ne s'attiédissent pas un instant. Dans une lettre adressée le 15 juillet 1791 au Ministre de la Marine, M. de Marigny raconte avec douleur les insolences de ses subalternes. Appelés à prêter le serment rituel, canonniers et gardes nationaux, sous les armes, refusent d'associer, dans la même formule d'obéissance, le Roi à la Nation, la dynastie au peuple.

Le serment que je prononçai pour les officiers fut unanimement consenti. Nous passâmes à celui de chacune des divisions de la Compagnie d'ouvriers. Je voudrais pouvoir me cacher à moi-même qu'il y eut de la part de quelques-uns des individus de ces corps plusieurs : *Non ! Non ! point de Roi !* Cette vérité m'est bien pénible à vous rendre, mais je la dois au Ministre du Roi. Je n'ai remarqué personne particulièrement. Je n'ai même pas cru devoir le chercher, ni pérorer ceux qui étaient ainsi plongés dans l'erreur; le plus grand nombre n'étant pas ceux qui disaient ce malheureux *Non !* Je tâchais, à chaque fin de serment, d'étouf-

pièces relatives à la justification du chef d'escadre de Balleroy. Dans un de ces documents, le signataire termine ainsi : « Sire, je commence ce mois-ci la cinquante-huitième année de mes services, je supplie Votre Majesté de se faire informer par MM. de Rochechouart, Hector et de Vaudreuil, qui sont entrés dans la Marine peu de temps avant moi, si on a jamais eu de soupçons sur mes sentiments. » Une lettre datée de Mittau 31 juillet 1799, adressée par le comte de La Chapelle à « M. le vicomte de Balleroy, Chef d'Escadre des Armées navales au service du Roy de France », contient la déclaration que voici : « Sa Majesté m'a ordonné de vous ajouter qu'Elle comptait et avait également toujours compté, tant de votre part que de celle de quiconque porte votre nom, sur la loyauté, pureté de sentiment et de conduitte dont vous-même et votre famille aviez fait preuve à son service et à celuy de ses prédécesseurs. Je désire, M. le Vicomte, que cette explication ne vous laisse aucun doute sur la justice que le Roy vous rend. »

fer ces cris en faisant celui de : *Vive la Nation!* qui était si promptement répété que je n'avais pas le temps de finir. Tel est, Monsieur, le détail de ce qui est relatif à cette cérémonie. Je n'étais plus à portée d'entendre moi-même ce qui a eu lieu dans les autres corps. Il m'a été dit que cela avait été à peu près de même partout. Mon cœur est trop déchiré dans la place que j'occupe. Je vous supplie, Monsieur, de nommer quelqu'un pour venir la remplir.

Malgré ces épreuves, l'inaltérable bonté de M. de Marigny se flatte quand même de vaincre les préventions et de calmer les malentendus. Nous allons voir comment finit cette journée où l'ingratitude et l'infidélité n'avaient épargné au Commandant de la Marine aucun affront et lui avaient infligé toutes les amertumes :

J'avais donné ordre de faire fermer les portes du port. Je fus m'y promener dans l'après-midi, et trouvai tout tranquille. M'ayant été rendu compte que plusieurs citoyens étaient venus s'y présenter avec leurs femmes pour s'y promener, — ce qui se pratique surtout les dimanches et fêtes, — je ne crus pas qu'un jour de fête aussi auguste, aussi général, dût en être un qui occasionnât des regrets. Je fis ouvrir les portes et consignai de ne les fermer, avant l'heure ordinaire, qu'autant qu'on en verrait s'approcher quelques groupes considérables d'hommes ivres, ce qui n'eut pas lieu. Je fis une ronde dans toutes les parties de l'Arsenal, où je restai plus de trois heures, après lesquelles je rentrai à l'Hôtel du Commandant de la Marine. A peine y étais-je arrivé qu'une députation de quelques citoyens-militaires et militaires-citoyens se présenta à moi pour venir parmi eux manifester la joie qu'ils éprouvaient de la célébration du serment.

Je n'hésitai pas à me rendre à leurs désirs et les accompagnai pendant quelque temps dans plusieurs rues. Ils voulurent bien me ramener à l'Hôtel, après m'avoir comblé de choses les plus honnêtes. Il commençait à y avoir un peu de vin, mais il n'excitait que des témoignages de joie. Cette promenade enthousiaste a continué pendant une partie de la nuit, au bruit des tambours et de la musique. Mais je n'ai pas encore appris qu'il y eût aucun événement fâcheux.

Quelle jolie scène d'églogue! Ne se croirait-on pas à Trianon, ou dans le pays d'Astrée? Avide de jouir en famille des pompes nocturnes de la fête, un groupe de soldats et de gardes nationaux, — avec le cortège obligé des enfants et des femmes, sans doute, — prie l'officier général de les accompagner à travers les rues étoilées de lampions. Et le haut dignitaire, — le proscrit de demain, — loin d'écarter les importuns, légèrement pris de vin, qui vont le chercher à son hôtel, se prête de grand cœur aux éclats de leur expansive allégresse. Ici, nous touchons vraiment à la fin d'un monde. Les vieilles mœurs chrétiennes expirent; dans quelques jours, la Révolution bousculera le trumeau de cette idylle, et les Jacobins, avec les débris de ce décor, construiront une barricade. Mais avant de se disloquer, l'ancienne société française nous révèle son âme.

VII

M. de Marigny discerne lui-même à merveille l'inutilité de sa patience et prévoit avec une cruelle perspicacité les inévitables mécomptes de son dévouement et de sa confiance.

« Brest, — écrit dans une lettre le Commandant de la Marine, — Brest est peut-être l'endroit du Royaume où il se trouve le plus de têtes exaltées; Brest est une espèce de colonie dont les habitants réels seraient et sont naturellement bons, mais qui sont encore maîtrisés par l'effervescence d'une *foule d'externes* qui profitent de la Révolution pour jouer un rôle, et qui, n'ayant rien à perdre, espèrent toujours pouvoir retirer quelque avantage du désordre. »

Ainsi, — M. de Marigny le constate, — les « externes »,

les étrangers, dominent et gouvernent Brest. Un État-Major pourvu d'une bonne police et, surtout, non halluciné par l'*Émile*, aurait facilement délivré le port et la cité de ce corps d'agitateurs, soudoyés par nos ennemis traditionnels. Mais la métaphysique, alors victorieuse, encombre de ses nuées les intelligences et alourdit les bras. Sans police et sans énergie, le Major général ne voit pas sans effroi la fête annuelle où la France célèbre le héros et le patron de la Race dont il est le timide serviteur. La Saint-Louis épouvante notre honnête vassal. Une lettre adressée, le 15 août 1791, au ministre Thévenard, nous confie les angoisses de ce pauvre officier du « Grand Corps », neurasthénié par Rousseau :

Je vais être fort embarrassé de la conduite que j'aurai à tenir pour la Saint-Louis. L'usage étoit que cette fête fut annoncée la veille par une salve de vingt et un coups de canon. Le jour de la fête se célébroit à bord du vaisseau amiral par une messe, un *Te Deum*, plusieurs salves de canon; tous les corps étoient invités, les troupes de la Marine étoient sous les armes, et je ne balancerois pas à donner les ordres pour que cette fête fut célébrée de la même manière, si je n'avois pas lieu d'être inquiet sur tous les moyens que pourroient employer les méchants, pour occasionner de l'effervescence, du trouble, peut-être de la désobéissance. Il est affreux à un militaire de ne pouvoir dissimuler des choses aussi pénibles et si déchirantes pour son cœur. Mais je crois remplir un des devoirs de ma place, en prévoyant tout ce qui peut porter quelque atteinte au maintien de l'ordre, dans un lieu aussi important que l'est Brest. Je ne veux rien prendre sur moi lorsque je peux me procurer des ordres supérieurs. J'aurois peut-être dû le prévoir avant ce moment-ci, afin d'éviter la dépense d'un courrier extraordinaire, mais, ne l'ayant point fait, je n'ai pas cru pouvoir me dispenser de ce moyen.

Je me suis engagé vis-à-vis de M. l'Intendant à ce que la dépense fut portée en mon nom, si vous ne l'allouiez pas sur les fonds de votre département.

J'ai conféré avec Messieurs du District et de la Municipalité, sur l'objet de mes sollicitudes, — quoi qu'ils n'aient encore, m'ont-ils dit, aucune connoissance, que la célébration de la fête suivant l'usage ordinaire, dut occasionner aucun mouvement, — ils sentent cependant que la chose est possible. Ils désirent que vous en conteriez avec les différents Ministres et les Comités de la Marine et de Constitution sur cet objet, que ce qui sera arrêté devoir avoir lieu soit connu officiellement par toutes les autorités. Je pense bien que, par ce moyen, la célébration de la fête de Saint-Louis, suivant l'usage ordinaire, se fera sans crainte d'aucun trouble. J'attends donc avec impatience le retour du courrier [1].

Thévenard ne trouva pas mauvais que la Saint-Louis déroulât, comme de coutume, ses rites protocolaires. Ne fallait-il point tâter l'opinion? Voici le compte rendu que le Major général libella le lendemain et qui fut transmis, le jour même, au Ministre de la Marine :

« La cérémonie de la Saint-Louis s'est passée sans aucun bruit; tous les Corps administratifs et militaires y ont assisté. De ce nombre étaient deux députés du Finistère.

« Ce n'a pas été sans effort de la part des méchants qui ont voulu corrompre les canonniers matelots, en les engageant à ne pas prendre les armes. Des écrits signés par les « Amis de la Constitution » avaient été adressés à chacune des divisions, mais le président a protesté.

« Mais c'était d'autant plus vraisemblable que, dans la séance du 24 du Club, toutes les motions furent contraires à la fête. Comme la troupe avait été particulièrement livrée à des efforts bien puissants pour l'entraîner dans l'erreur, j'ai pris sur moi de lui laisser, sous les armes, les cinq drapeaux que je leur ai tolérés le 14 juillet. Le plus petit sujet de mécontentement aurait fourni aux incendiaires de nouvelles armes ! »

Capituler devant une faction qui ne capitule jamais, telle est alors la monotone tactique des autorités que leurs

---

1. *Archives nationales*, DXVI.

serments obligent à sauvegarder l'édifice créé par la Race capétienne et qui, par faiblesse ou par peur, l'abandonnent, d'heure en heure, à la hache des vandales.

VIII

Depuis deux ans, vingt mille gentilshommes, officiers de l'armée de terre et de l'armée de mer, abreuvés d'outrages, désobéis, condamnés aux arrêts par leurs propres troupes, s'immobilisent dans leurs garnisons ou sur leurs vaisseaux pour empêcher la contagion de la débandade, dévorent le mépris de leur autorité pour en préserver le simulacre et se demandent, chaque soir, ce qu'ils doivent entreprendre et ce qu'ils peuvent oser pour sauver les derniers débris de leur pouvoir et de notre fortune. Serviteurs héréditaires de la France, gardiens traditionnels du sol que leurs ancêtres ont conquis, placés en faction sur les frontières de la patrie, pour la défendre de l'insulte, peuvent-ils abandonner ce patrimoine et déserter ce poste? A chaque cérémonie civique, — et ces solennités se renouvellent deux ou trois fois par mois — les « Amis de la Constitution » imposent aux officiers un serment d'où s'exclut peu à peu toute protestation d'obéissance au Roi. En brisant, ainsi, le lien féodal qui noue le gentilhomme au chef de sa Race, la Révolution libère l'officier du devoir et le pousse elle-même à la révolte. Au mois d'octobre 1791, le comte d'Hector, fatigué de la lutte, prend le chemin de la Belgique; le mois suivant, le procès-verbal d'une revue mentionne le départ de quatre cents officiers, — las d'opposer aux invectives, aux humiliations et aux voies de fait, un cœur endolori, une impassibilité vaine et une épée inerte.

Un décret du 22 avril avait, non seulement bouleversé le système de recrutement, mais anéanti le « Grand Corps ». Chassée de son fief patrimonial, la Noblesse pensa qu'elle n'avait plus rien à faire dans un domaine que lui fermaient la violence et la haine. Pouvait-elle lutter contre « l'anathème national »? Dans une histoire manuscrite [1], obligeamment mise sous nos yeux, nous voyons qu'un jeune lieutenant de vaisseau, d'origine bretonne, le comte Henri de Parscau du Plessis [2], le fils du chef d'escadre du même nom et le beau-frère de Chateaubriand [3], débarqua, le 3 octobre 1790, à Brest, à la suite d'une courte campagne sur le *Jupiter*, commandé par M. de Gouzillon de Bélizal. L'année suivante, le comte d'Hector franchissait la frontière [4]. « En présence de cet exode, si le devoir hiérarchique

---

1. Le COMTE DE PARSCAU DU PLESSIS : *Histoire de la Maison de Parscau*, t. II, pp. 1217 et suivantes.

2. Né à Landerneau, le 31 mars 1762, volontaire le 2 avril 1776, aspirant garde-marine le 31 mai 1778; enseigne de vaisseau le 20 août 1778; lieutenant de vaisseau le 17 mai 1786, capitaine de vaisseau en mai 1816 et commandant de l'École des Élèves officiers de la Marine, à Brest; commandant de l'Ordre Royal et Militaire de Saint-Louis au mois d'août 1823, contre-amiral en 1827, prend sa retraite la même année, à soixante-quatre ans, mort au château de Keryvon, le 11 octobre 1831. Pendant l'émigration, le comte Hervé de Parscau du Plessis avait été chargé, par le Comte d'Artois, d'occuper les îles Saint-Marcouf pour y diriger le service de la correspondance.

Le frère cadet du comte Hervé, Pierre de Parscau, élève de la Marine, prit du service dans l'armée de Condé, fut réintégré dans la Marine en 1815, prit part, comme capitaine de vaisseau, à l'expédition d'Alger et donna sa démission au mois d'août 1830. Mort le 11 février 1845, à l'âge de soixante-quatorze ans.

3. Le comte Hervé de Parscau et le vicomte René de Chateaubriand avaient épousé les deux sœurs : Mlles Céleste et Anne-Françoise Buisson de la Vigne.

4. Le comte d'Hector se rendit à Enghien (Pays-Bas autrichiens), où le comte de Vaugiraud s'occupait de former une compagnie de cavalerie recrutée parmi les officiers de marine. Deux escadrons furent bientôt constitués. Le 1er août 1792, ce corps se rendit à Trèves, et fut passé en revue par les maréchaux de Broglie et de Castries, qui les complimentèrent. Après avoir fait la campagne de 1792-1793, le

et la piété filiale persuadaient aux jeunes officiers de faire cause commune avec leurs chefs, le sentiment de l'honneur et l'attachement au Roi leur imposaient, aussi, le devoir de préserver de toute atteinte un Corps dont la Monarchie et la France avaient tiré tant d'éclat et qui pouvait encore leur rendre les plus précieux services.

Agé de vingt-huit ans, à peine, le lieutenant de Parscau compte alors cinq ans de grade et quinze ans de caravanes sur toutes les mers. L'émigration ne va-t-elle pas briser une carrière pleine d'espérances et condamner aux cruautés de l'inertie une jeunesse gonflée des plus généreuses ardeurs? Mais l'honneur et la fidélité triomphent des calculs de l'intérêt et courent au-devant des sacrifices qu'imposent l'inclémence des événements et l'inflexibilité des principes. La famille de Parscau du Plessis habite, entre Lesneven et Landivisiau, le château de Keryvon, à Plouvenenter, dans ce pays de Léon où, sous la pâleur du ciel, les âmes sont si ferventes. Le départ résolu, ni Mme de Parscau ne veut abandonner son mari aux douleurs de l'exil, ni l'officier ne consent à se séparer d'un jeune fils sur qui repose tout l'avenir de sa race. Le manoir paternel ne demeurera pourtant pas vide. La mère, la tante et les trois sœurs du lieutenant resteront à Keryvon, pour maintenir, dans ce coin de Bretagne, en face du mal vainqueur, la protestation d'une vie chrétienne et l'attente d'une justice réparatrice. Le 29 juin 1791, — trois

corps d'Hector fut licencié. Les émigrés impropres au service militaire acceptèrent les métiers les plus humbles; il y en eut qui passèrent en Angleterre et se firent « pleureurs » aux enterrements. Le corps d'Hector fut réorganisé deux ans plus tard, en Angleterre. Mais les intrigues de Puisaye firent écarter du commandement le comte d'Hector. L'amiral obtint, quand même, l'autorisation de rejoindre son poste. Mais, en route, il apprit le désastre de Quiberon. Retiré à Reading, à treize lieues de Londres, le comte d'Hector mourut dans cette ville, le 18 août 1808, à l'âge de quatre-vingt-six ans. Il a laissé des *Mémoires*, restés inédits, mais que M. Merland a résumés dans ses *Biographies vendéennes*.

mois environ après le départ de Chateaubriand pour le Nouveau Monde, — par une de ces belles matinées où, sous les flèches d'or du soleil, la campagne armoricaine se dépouille de sa mélancolie et tressaille de joie, — Hervé de Parscau quitte Keryvon, sans se douter qu'après vingt-deux ans d'absence, — laissant dans un cimetière anglais les cercueils de sept enfants et de leur mère, il retrouvera — pauvre proscrit battu de tous les vents ! — sa patrie démembrée, son foyer dévasté et sa mère morte [1] !

Une lettre du Major général de Marigny nous révèle les luttes morales des gentilshommes, obligés d'opter entre le service du Prince et le service de la Patrie. « La position du peu d'officiers qui sont à Brest, — dit M. de « Marigny, — est affreuse, puisqu'ils ont, outre le désa-« grément de leur position, le danger des suites, la crainte, « encore mille fois plus affreuse, du blâme dont ils sont « en quelque façon menacés d'avoir été trop attachés à « leur poste... [2] » Si les gouverneurs des « Fils de France », au lieu de créer des oisifs et des chasseurs, avaient fait de ces jeunes gens des soldats et des chefs, notre Corps d'officiers n'aurait probablement point connu la cruelle incertitude du devoir. Au lieu de briser son épée et de franchir la frontière pour rejoindre d'abord en Savoie, puis sur le Rhin, les princes négociateurs, la Noblesse militaire, docile à l'élan d'une Famille royale belliqueuse, aurait, sur le sol national même, fait front, l'épée à la main, contre les perturbateurs. Si, dans un moment d'hu-

---

1. Pendant la Révolution, les sœurs du comte Hervé de Parscau écrivirent un journal où elles retraçaient, pour ainsi dire, heure par heure, les événements dont leur région était le théâtre. Ce journal se trouve actuellement entre les mains de M. le comte de Parscau du Plessis, maire de Donges (Loire-Inférieure), lequel a bien voulu nous le communiquer.
2. Lettre du 16 novembre 1791. Levot, t. III, p. 281.

meur ou pour obéir soit à la mode, soit à un tendre appel, trop d'officiers démissionnèrent, — un grand nombre d'autres, gardant l'illusion d'un retour offensif, s'éloignèrent avec l'espoir avoué qu'un incident ou qu'un Chef les rappellerait bientôt pour les conduire au combat et à l'honneur. Ainsi s'expliquent ces « congés » que sollicitèrent et qu'obtinrent, — avant de quitter leur port d'attache ou leur escadre, — tant de lieutenants et tant de capitaines, instinctivement hostiles à toute rupture violente et définitive avec l'armée navale. Pour les séparer de leurs hommes et les enlever à leur devoir, il fallut que la Société des Amis de la Constitution vînt elle-même précipiter les supérieurs indécis hors des cadres. Une curieuse correspondance, échangée entre le Major général de Marigny, le Ministre de la Marine, le Club des Jacobins et l'intendant Redon de Beaupréau, nous initie aux dessous de la plus étrange cabale. Nous voyons, en premier lieu, un officier général de la flotte réclamant l'exécution d'un ordre ministériel ; — en second lieu, une Société sans mandat — le Club des Jacobins, — frappant d'une condamnation à l'index le décret du Ministre ; en troisième lieu, un haut fonctionnaire invoquant le *veto* des Amis de la Constitution » pour refuser aux officiers, même pourvus d'un congé régulier, l'ordonnancement de leur solde, et, enfin, un Ministre approuvant, que dis-je, encourageant la violation de ses propres édits.

IX

Le 1er juillet 1791, sur un effectif de 470 officiers fixés à Brest, 238 avaient quitté le service sans congé, et 135 avec congé. Le 24 août, le citoyen François Terpaut, Président de la Société des Amis de la Constitution, et ses collègues, les citoyens Chanteau, François Riou, Abgrall, Castera, R. Plessis, Moras, Blad, Hamon, Fourcade, Tempier, Cazeaud, Pichon, Bruslé aîné, Vignon, Lamontagne, Bouvé, Chautot, Bonnac, Furat, Barré, etc., membres de la même Société, dans une lettre adressée à M. Redon de Beaupréau [1], lui signifient que « les Amis de la Constitution », c'est-à-dire les Jacobins, — « dont l'objet principal est d'assurer le triomphe des lois et de surveiller toutes les parties de l'administration publique... » viennent de prendre un arrêté formel qui, contrairement aux décrets des Ministres, exclut toute désobéissance. En vertu de cet arrêté, la Société, disent les signataires, « vous invite, Monsieur, à suspendre provisoirement l'ordre du Ministre pour le paiement des Officiers de la Marine, absents avec ou sans congé. Nous vous observons que ce vœu est fortement prononcé et qu'il sera irrévocable, jusqu'à ce que le Ministère ou l'Assemblée nationale, — auxquels nous allons déduire les justes motifs de notre opposition, — vous ait donné des ordres ultérieurs et plus conformes à la justice. La Société vous prie d'agréer, Monsieur, la demande très instante qu'elle vous fait. Elle vous en conjure, au nom de l'intérêt général, de la tranquillité publique, et de la *vôtre en particulier !* »

Membre, lui-même, de la Société des Amis de la Constitution, Redon de Beaupréau a non seulement livré au Club des Jacobins la liste des officiers en congé, — mais,

---

1. REDON DE BEAUPRÉAU (Jean-Claude, comte de), né à Thouars (Deux-Sèvres), le 2 mai 1738, entre, en 1757, dans l'administration de la Marine. Commissaire au Havre puis à la Martinique; contrôleur de la Marine à Rochefort en 1778; intendant du port de Brest en 1784; destitué en 1791; arrêté en 1793; en prison jusqu'au 9 Thermidor. Élargi, membre de la Commission exécutoire de la Marine; nommé Conseiller d'État après le 18 Brumaire; président du Tribunal des prises, y défendit la course. Préfet maritime à Lorient le 20 juillet 1800, revient, en 1801, au Conseil d'État; Comte de l'Empire c.. 1808, sénateur en 1810. Vote la déchéance. Pair de France en 1814; meurt le 5 février 1815.

selon toute vraisemblance, — dicté la missive qui somme l'Intendant de se dérober aux injonctions de son supérieur. Si les Représentants de la Monarchie se résignent à l'indiscipline et à la révolte, les adversaires du Pouvoir exécutif réclament, eux, pour leurs ordres, une déférence immédiate et sans réserve. On peut désobéir à Thévenard, mais Thévenard n'a pas le droit de se dérober aux ordres du Club. Voici la dépêche que Redon fait parvenir, le même jour, au Ministre de la Marine, affilié, comme lui, à la secte, mais tenu d'observer les convenances :

Brest, le 24 août 1791.

Monsieur,

La lettre dont vous avez honoré M. de Marigny et moi le 17 de ce mois, au sujet du traitement de M. Hector pendant le temps du congé qui lui est accordé, et celle de même date qui m'est particulière, au sujet des officiers absents, ne sont pas de nature à ce que les décisions qu'elles renferment restassent (*sic*) secrètes. La Société des Amis de la Constitution, en cette ville, m'en ont (*sic*) fait demander une copie. Ces deux objets y ont été discutés. Les esprits se sont échauffés au point qu'il a été question de vous faire sur ces objets les plus fortes et les plus importantes représentations. Il l'a été (*sic*) en même temps qu'il me serait envoyé une députation assez nombreuse pour me sommer, — en attendant que l'on pût avoir rédigé une lettre à ce sujet, — d'attendre absolument et sans exception de personne, de nouvelles décisions de votre part, avant de passer outre.

Vous êtes sans doute étonné, Monsieur, de la résistance qu'éprouve l'exécution de vos ordres. Mais vous avez été vous-même quelquefois dans le cas de remarquer combien est difficile la place d'un fonctionnaire, placé entre l'autorité à laquelle il est subordonné et l'opinion publique qui, de jour en jour, acquiert plus de consistance et vis-à-vis de laquelle on est forcé à des ménagements.

Si j'eusse fait payer sur le champ, sans avoir fait lever

l'arrêt impératif fait entre mes mains et dont j'ai eu l'honneur de vous rendre compte, il en fût né un ressentiment général et une effervescence dont on ne peut calculer les suites.

Je sais, Monsieur, que je dois vous obéir, lorsque, prenant sur vous toute la responsabilité des ordres que vous me donnez, vous ne laissez rien à ma charge. C'est de ces expressions dont je vous supplie de vouloir bien vous servir dans votre réponse, et alors j'exécuterai ce que vous m'aurez prescrit, quoiqu'il en puisse arriver, — à moins que la force ne s'y oppose.

Je suis avec respect, etc. REDON [1].

X

Ainsi, l'interdit du Club des Jacobins prive les officiers en congé de la solde que leur allouent les règlements militaires. Au cours de la même matinée, un commissaire de M. de Marigny avait remis à M. Redon de Beaupréau un billet où le Major général avisait l'Intendant de l'illégale résistance que rencontraient les ordres du ministre Thévenard :

J'ai l'honneur de prévenir Monsieur l'Intendant que plusieurs de mes camarades m'ayant prié de toucher pour eux leurs appointements, j'ai envoyé, d'après la connaissance que j'avais, des ordres du Ministre au Bureau des Revues, où il a été répondu qu'on ne payait pas. J'ignore sur quel motif ce refus est fondé ; je crois devoir en instruire Monsieur l'Intendant, pour qu'il veuille bien, conformément aux intentions du Ministre, lever les difficultés qui se rencontrent dans l'exécution de tous ses ordres.

Sur la même feuille de papier, l'intendant Redon oppose

1. *Archives nationales*, DXVI, 14-224.

aux légitimes réclamations de M. de Marigny cette insolente fin de non-recevoir :

J'ai l'honneur de prévenir M. de Marigny que si l'ordre du Ministre pour le paiement des appointements des officiers absents n'est pas encore en vigueur, c'est que la Société des Amis de la Constitution, qui en a eu connaissance, exige impérieusement que j'en suspende l'exécution jusqu'à nouvel ordre.

J'en rends compte, de mon côté, et je ne puis faire rien de mieux pour la tranquillité publique *et pour la mienne*, d'après l'énoncé d'une députation que j'ai reçue à ce sujet.

Naturellement, le Ministre de la Marine se prosterne, comme l'Intendant, devant l'ukase de la Société qu'il patronne et qui l'asservit. Mais cette condescendance ne le sauve pas. Battu par le Club des Jacobins, Thévenard subit le sort des Puissances qui s'imaginent désarmer l'adversaire en ne lui résistant pas. Après avoir courbé le Ministre sous son joug, la Société des Amis de la Constitution, pour le récompenser de sa docilité, l'oblige à quitter le pouvoir (17 septembre 1791) qu'il défend pourtant si mal. Tout à la fois évincée par la pusillanimité de ses meilleurs serviteurs et par la félonie des autres, comment la Royauté pourrait-elle conjurer la catastrophe vers laquelle l'achemine un ennemi armé de tous les pouvoirs dont il a dépouillé les maîtres légitimes?

En apprenant le mouvement ascensionnel de l'émigration, un député de la Législative s'écria : « Tant mieux! La France se purge ! » La France se vidait, en effet, comme le dit si bien Taine, « de la moitié de son meilleur sang ». Mais, si le Jacobin se réjouit d'un exode qui élimine les plus redoutés de ses antagonistes, cet « avantage » ne l'empêche pas de taxer de transfuges et de signaler aux animosités populaires les Français qu'il expulse et les fonctionnaires qu'il remplace. A mesure que les Chefs qui, la veille, luttaient, tant bien que mal, contre l'anarchie, abandonnent la cité, Brest ouvre ses portes aux malandrins que lui envoient la province, Paris et l'étranger :

> Je ne puis être sans inquiétude, — écrit le 16 novembre 179. M. de Marigny au Ministre de la Marine, — sur ce qui peut se passer à Brest. Le rassemblement parfaitement impolitique de deux bataillons de Volontaires nationaux, composés de presque tous les gens suspects qui pouvaient se trouver dans les différentes villes du département du Finistère, dont on a cherché à se défaire dans chacune de ces villes, — doit me faire craindre qu'il se passe bientôt quelque scène très tragique. Dimanche, 13 de ce mois, il y eut toute l'apparence d'une scène d'horreur dans l'entracte d'une pièce au spectacle. Quelques voix particulières demandèrent à l'orchestre l'air favori : *Ça ira !* Quelques autres dirent : *Non ! Non !* Ces dernières furent bientôt couvertes par un beaucoup plus grand nombre : *Ça ira !* et *On a trop attendu ! Que ça aille tout à l'heure !* Cela se borna à l'exécution de l'air désiré [1].

En entretenant cette effervescence, la « Société des Amis de la Constitution » sait qu'elle ne perd pas son temps. Si, malgré ces manèges, l'escadre de M. de Rivière peut se porter au secours des Iles Sous-le-Vent, la Société compte prendre sa revanche avec la flotte qui doit appareiller pour Saint-Domingue. Au milieu de nos déchirements et de nos discordes, l'éternel ennemi veille et gronde, mécontent de la tiédeur de ses complices, inquiet de la lenteur de notre déliquescence. Après avoir poussé à l'anarchie, le parti jacobin va-t-il tout à coup suspendre le travail du démembrement et la besogne de la débâcle ? Il ne faut point que le complot se laisse interrompre par la contradiction des événements et l'hostilité des hommes.

1. Levot, t. III.

XI

Que devient l'escadre de M. de Rivière? Quel fut le sort de ces officiers du Grand Corps qui, réfractaires à l'émigration, quittèrent Brest pour aller, dans Iles les Sous-le-Vent, châtier les ennemis de l'unité nationale? L'escadre de M. de Rivière était la dernière force navale du roi de France; quelles épreuves traversa-t-elle et quel fut le dénouement de sa mission?

Officier énergique, Rivière ne se laisse pas impressionner par le spectacle que lui offre la Martinique. Cette colonie se partage en deux factions : Fort-Royal reste fidèle au drapeau blanc, tandis que Saint-Pierre arbore le drapeau tricolore et défend les idées nouvelles. Avec la résolution qui caractérise l'homme du devoir, Rivière fait rentrer dans l'ordre cette dernière ville où domine l'influence d'un franc-maçon connu, le sieur Fourn, agent effronté des Loges britanniques. Sur ces entrefaites, la nouvelle arrive à Saint-Pierre qu'une insurrection sévit à Saint-Domingue. Rivière dépêche immédiatement dans les eaux du Cap Français trois navires et charge leurs officiers de mater la rébellion naissante. Mais les colons se répandent parmi les équipages, et les gagnent à la cause du désordre. On emprisonne les chefs, et l'un d'eux, le chevalier de Courcy, garde-marine à bord du *Didon*, condamné à mort par le Tribunal révolutionnaire du Cap, a déjà, au cou, la corde qui doit le pendre, quand quelques-uns de ses hommes le délivrent et l'embarquent à bord du *Didon* qui lève aussitôt l'ancre et se dirige vers la Pointe-à-Pitre. Hélas ! voici qu'un pilote, acheté par les mutins, jette le *Didon* à la côte. Pour échapper au naufrage, le chevalier de Courcy n'a que le temps de se réfugier sur la *Calypso* qui ramène le jeune officier à la Martinique où M. de Rivière, maître de l'île, est en train de rétablir dans tous ses droits l'autorité royale déchue. Un lieutenant de vaisseau, appelé à devenir célèbre, Bruix, expédié par la Convention à la Martinique, pour imposer à cette colonie la dictature de trois commissaires, vient d'arriver à Saint-Pierre sur la corvette *la Sémillante*. Rivière lui donne la chasse et l'oblige à chercher un refuge à la Dominique. Aussitôt, changement de front. Versatile comme toutes les réunions de créoles, l'Assemblée coloniale désavoue M. de Rivière, après l'avoir acclamé. La peur du châtiment la pousse même à recevoir avec enthousiasme le Gouverneur de la Martinique nommé par la Convention, le général de Rochambeau [1], Jacobin ardent, digne des sympathies que lui témoignent toutes les Sectes et tous les Clubs. Dès lors, la résistance n'est plus possible. Après avoir consulté ses officiers, le contre-amiral de Rivière décide d'aller à la Trinidad, confier à la loyauté du Roi d'Espagne la dernière flotte du Roi de France. C'est au mois de janvier 1793 que ce transfert s'accomplit. En même temps, les officiers adressent à Charles IV une lettre collective où ils prient le Souverain espagnol de les admettre, avec leurs grades, dans sa Marine, pour y défendre les principes que combat le Gouvernement de la Terreur. A ce moment, un groupe nombreux d'habitants de la Martinique délègue auprès de l'amiral un créole qui

1. ROCHAMBEAU (Donatien-Marie-Joseph de Vimeur), fils du maréchal de France, né en 1750, sert dès l'âge de douze ans dans le Régiment d'Auvergne dont il devint colonel en 1779 à l'âge de dix-neuf ans et fait la campagne d'Amérique avec son père. Maréchal de camp en 1791, et lieutenant-général l'année suivante, Rochambeau est nommé Gouverneur des Iles Sous-le-Vent le 4 février 1794, capitule devant les Anglais qui assiègent la ville de Saint-Pierre. Envoyé à Saint-Domingue, en 1796, les Commissaires de la Convention le destituent et le renvoient en France où les autorités l'emprisonnèrent. En 1802 il retourne à Saint-Domingue et se trouve obligé de capituler. Emmené prisonnier en Angleterre, puis libéré en 1811, Rochambeau reprend du service et est tué à la bataille de Leipzig en 1813.

le supplie d'arracher l'île au joug de Rochambeau. Rivière s'incline devant ce désir et prend les dispositions nécessaires. Malheureusement, contrecarrée par de fausses manœuvres, l'expédition avorte. A ce moment, les officiers, revenus de la Trinidad, trouvent la réponse favorable du Roi de Castille.

Cruelle fortune des malheureux officiers, que les désastres politiques de leur pays contraignent à se désintéresser de ses destinées !... Aussitôt, sur nos navires, — au pavillon blanc, semé de fleurs de lys d'or, succède le pavillon espagnol. Mais, dans cette défection involontaire, ni l'âme de nos compatriotes ne faiblit, ni leurs traditions ne périclitent. Ainsi, la Providence octroie au chevalier de Courcy l'inestimable honneur de livrer, au nom de l'ancienne Marine, la dernière bataille de la France contre les forces britanniques.

Deux frégates anglaises, l'*Irrésistible* et l'*Esmeralda*, attaquent le navire, la *Nymphe*, où M. de Courcy rapporte, de Mexico, 1.500.000 piastres et la statue, en or, du roi Charles IV. A peine en présence, les deux adversaires engagent une lutte furieuse. Enfin, succombant sous le nombre, la *Nymphe* tombe au pouvoir de l'Anglais, et le chevalier de Courcy, blessé, prend le chemin de Gibraltar, comme prisonnier de guerre. Courte captivité ! Les Anglais rendent à l'officier breton la liberté sur parole, et Courcy [1], ne respirant que son devoir, s'empresse de rejoindre à Cadix son chef, l'amiral Rivière, qui réside dans cette ville avec les vingt-deux officiers de l'escadre royale, comme lui, sans emploi, mais plus que jamais dévoués au Roi.

Les péripéties de la guerre veulent que l'ex-adversaire de Rivière, l'amiral Bruix, relâche, l'année suivante, à Cadix avec son état-major. Dès la première rencontre,

---

1. Le chevalier Potier de Courcy appartenait à une famille normande, originaire des environs de Coutances, fixée en Bretagne.

les anciens officiers du Grand Corps, restés fidèles aux Bourbons, et leurs camarades, ralliés à la République se harcèlent de reproches et d'injures. Quand les deux groupes ont fini de récriminer, les épées sortent spontanément des fourreaux et les frères d'armes de la veille vont s'aligner sur le pré. Instruit de ces querelles, le Directoire somme le Gouvernement espagnol d'expulser Rivière et ses camarades. Avec une complaisance qu'on aurait jadis vainement attendue d'un ministre castillan, le prince de la Paix donne l'ordre aux officiers royalistes de quitter Cadix pour Cordoue. A cette mise en demeure, l'amiral Rivière répond par une protestation virulente qui lui vaut l'injonction de quitter l'Espagne sous huit jours. Ce décret disperse les derniers officiers du Grand Corps et clôt l'histoire navale de l'ancienne France [1]. Dénouement digne d'une carrière si glorieuse ! Avant de disparaître, le Grand Corps, se souvenant de son passé, avait tiré ses derniers coups de canon contre l'ennemi héréditaire, contre l'Anglais qui, cinq ans auparavant, au mois de juin 1795, avait livré nos meilleurs officiers aux fusillades de Quiberon. L'exploit de Courcy fermait avec éclat les annales d'une Marine inflexiblement hostile aux rivaux de notre grandeur.

1. Renseignements extraits des *Notes historiques sur la famille Potier, de Courcy,* recueillies par le baron de Courcy (Manuscrit).

CHAPITRE IX

TENTATIVE D'ASSASSINAT CONTRE LE MARQUIS DE LA JAILLE

I. — Un journal annonce l'arrivée de deux officiers à Brest. — Dès le lendemain, le Club des Jacobins organise une réunion publique au théâtre pour exciter la population contre les deux officiers. — Arrivée de M. de la Jaille à Brest (27 novembre 1791). — Son origine. — Sa famille. — Ses antécédents. — Le capitaine et les deux princes de Conti.

II. — Le marquis de la Jaille est membre de la Société des Amis de la Constitution. — Mais l'intérêt de l'Angleterre parle plus haut que l'esprit de solidarité.

III. — Lettre de M. de la Jaille au sujet du guet-apens dont il a failli être victime. — Les émissaires du Club viennent le sommer de quitter Brest à l'instant. — Après avoir hésité, la Jaille quitte son auberge et sort dans la rue. — Quatre cents individus qui l'attendaient à la porte le huent et le menacent. — On a juré sa mort.

IV. — Le commandant du poste de la Porte de Landerneau recueille le capitaine de la Jaille pendant quelques instants. — Mais le même orateur de la bande oblige l'officier à repartir. — Des fusiliers l'accompagnent d'abord et l'abandonnent ensuite à la foule qui pousse des cris de mort. — Deux ou trois citoyens généreux tâchent de protéger le capitaine. — On le ramène vers la ville.

V. — Un sicaire essaie de le tuer. — Les coups de couteau portent à faux. — Scène tragique. — Intervention de l'ancien grenadier Lauverjat. — Les protecteurs du capitaine veulent le pousser dans une maison. — La maison se ferme. — Enfin, la Jaille arrive au Corps de garde.

VI. — Réflexions de la Jaille. — Ses illusions sur les

sentiments du Corps municipal. — Le capitaine du *Duguay-Trouin* est incarcéré dans un cachot.

VII. — M. de la Jaille se demande quel est son crime. — Il n'a pas fait rougir des boulets pour tirer sur le *Léopard*. — Le capitaine rentre à son château du Roual.

VIII. — Rapports adressés à l'Assemblée législative par les Corps élus de Brest et du département. — Procès-verbaux inexacts. — Propos falsifiés.

IX. — L'huissier Michel Roffin et Bernard jeune, promoteurs de la manifestation contre la Jaille. — Excuses inadmissibles du Conseil municipal. — Accumulation de contradictions et de mensonges.

X. — Les édiles brestois se posent comme les sauveurs de M. de la Jaille. — En même temps, ils le diffament.

I

« A cette époque, raconte, dans une lettre, le marquis de la Jaille, le Corps de la Marine avait émigré en masse et s'était réuni à Enghien, où il prit la résolution de ne faire aucun service jusqu'à ce que le Roi fût rendu à la liberté (après le voyage de Varennes). Les absents étaient compris, sans être consultés, dans cette détermination de la majorité du Corps. » De retour de Saint-Domingue, M. de la Jaille oubliait, au château du Roual, non loin de Brest, les fatigues d'une longue traversée et se disposait à rejoindre ses camarades, quand les colons établis à Paris le convoquèrent. « La situation, ajoute le capitaine de vaisseau, était lamentable. Au nombre de 250, les colons rappellent les services que je leur ai rendus dans les commencements de la Révolution, et, me croyant mieux informé des localités qu'un autre, expriment le désir qu'on me confie le commandement de l'armement qui se prépare alors pour aller au secours de Saint-Domingue ».

« En effet, une députation, composée de MM. le comte de Duras, le vicomte de Maillé, Belin et le chevalier de Ladebat, remit au ministre Bertrand de Molleville une pétition demandant le retour de M. de la Jaille au Cap Haïtien, avec une force respectable.

« Ils me firent l'honneur de m'en parler, continue l'intéressé, ainsi qu'au comte de Villeblanche, major de vaisseau, colon lui-même. Les capitaines qui devaient commander les vaisseaux le *Jupiter* et le *Duguay-Trouin*, pour l'expédition que le Gouvernement projetait, étant déjà nommés, nous fîmes de cette circonstance le motif de notre refus qui ne satisfit point les colons. Pour être en règle avec le Corps de la Marine, nous fîmes demander les ordres de Leurs Altesses Royales, alors à Coblentz, par MM. le comte de Vaudreuil et de Calonne. La réponse de nos Princes fut précise et sans réplique. — Saint-Domingue, étant considéré faire partie intégrante de l'Empire français, tout sujet doit la secourir dans ses périls et les officiers de Marine ne peuvent se soustraire à ce devoir, sans exception. — On décida le capitaine du *Duguay-Trouin* à réintégrer ce vaisseau, et, à la sollicitation des colons, le ministère m'y nomma, commandant en second l'expédition, le capitaine du *Jupiter* étant mon ancien [1]. » Un décret adjoignit, en même temps, à l'expédition, un lieutenant de vaisseau, M. de Kerlerec, commandant la frégate la *Précieuse* [2].

Voilà dans quelles circonstances et à la suite de quels pourparlers le marquis de la Jaille accepta la mission de pacifier Saint-Domingue.

Le 25 novembre 1791, un journal annonce que deux

---

[1]. *Archives nationales*, Personnel de la Marine, C^7, 161, dossier la Jaille.

[2]. M. de Villeblanche n'étant pas parti, M. Billouart de Kerlerec le remplaça comme second. La Jaille resta chef de l'expédition, avec promesse du Gouvernement de l'île.

officiers, MM. de la Jaille [1] et M. Billouart de Kerlerec [2], se dirigent en toute hâte vers Brest pour y prendre le com-

---

1. LA JAILLE (Charles-André, marquis de), né le 5 décembre 1749, garde du pavillon en 1765, enseigne en 1772, lieutenant de vaisseau en 1779, capitaine de vaisseau en 1786. Après sa démission, il rejoignit les princes, fit partie de l'expédition de Quiberon comme aide de camp du général de Puisaye, a laissé sur cette équipée un Mémoire très curieux qui se trouve au British Museum, parmi les papiers de Puisaye. Le marquis de la Jaille avait épousé, le 18 novembre 1772, Mlle Vincente de Kerguiziou de Kervasdoué. Mme de la Jaille était une des plus jolies femmes de son temps. Les contemporains la comparaient à la princesse de Lamballe. (Communication de M. le Marquis de la Jaille.)

2. KERLEREC (René-Marie BILLOUART DE), lieutenant de vaisseau au moment de la Révolution, émigra. En 1814, lors de la première Restauration, il fut fait capitaine de vaisseau et commandeur de Saint-Louis. M. le comte de Parscau du Plessis écrit au sujet de René-Marie de Kerlerec : « Très lié avec mon arrière-grand-père, il fréquentait à Paris chez la duchesse de Narbonne et chez M. et Mme de Chateaubriand. C'était un homme d'une grande élévation d'esprit, plein de droiture. Royaliste fervent, il cachait mal, sous une certaine brusquerie de manières et d'allures, un cœur excellent et un dévouement à toute épreuve pour ses amis et pour toutes les causes généreuses. Il mourut vers la fin de la Restauration. En lui, s'éteignit la famille Billouart de Kerlerec. (COMTE PARSCAU DU PLESSIS : *Histoire manuscrite de la Maison de Parscau*, t. II, p. 220.)

L'un de ses neveux, Jean-Joseph-Marie-Ange de Kerlerec, enseigne de vaisseau, servit au régiment d'Hector et prit part à la fatale expédition de Quiberon. « Pendant les jours d'angoisse qui précédèrent leur mort, dit M. E. de la Gournerie, les émigrés, emprisonnés à Auray, avaient remarqué, dans le comble, la cloison d'une lucarne derrière laquelle une personne pouvait se cacher à grand'peine. Ils étaient sûrs, d'ailleurs, de la discrétion du geôlier. Suivant une version, ils tirèrent au sort, qui désigna M. Billouart de Kerlerec. Mais celui-ci ne voulut pas accepter et céda son droit à M. de Villeneuve de la Roche-Barnaud, dont la position, disait-il, méritait plus d'intérêt que la sienne. Suivant une autre version, qui est évidemment la vraie, on ne tira point au sort : les prisonniers, au nombre desquels était M. de Kerlerec, s'y refusèrent. Tous choisirent spontanément M. de Villeneuve, quoiqu'il fût un des plus jeunes. « Vos deux frères ont péri dans l'expédition, lui dirent-ils, vos parents ne doivent pas rester sans consolation. C'est vous qui vous sauverez. » Et M. de Villeneuve fut sauvé. (*Les débris de Quiberon*, pp. 79 et 80.) Jean-Joseph-Marie-Ange Billouart de Kerlerec fut fusillé à Auray, le 19 fructidor an III (30 août 1795), à l'âge de vingt-cinq ans.

mandement, le premier du *Duguay-Trouin*, et le second de la *Précieuse*. Tout le monde sait, dans l'arsenal et dans le port, que, sur l'ordre du Ministre de la Marine, M. de Bertrand de Molleville, ces deux frégates doivent fournir des hommes et des armes à l'expédition chargée de triompher de la révolte qui couvre de sang et de ruines notre riche colonie américaine. Dès le lendemain, 26 novembre, la Société des Amis de la Constitution, au lieu de s'isoler dans son repaire habituel, convoque au théâtre, dans une vaste salle ouverte et propice à toutes les tempêtes, les orateurs de la rue et le personnel des émeutes. Stylés d'avance, les premiers, — contremaîtres, employés de magasin, clercs de procureurs, sous-officiers cassés de leurs grades, dessinateurs de l'arsenal, comptables des bureaux de la Marine, rugissent pendant trois heures, — forgeant contre les deux officiers, dont ils connaissent à peine les noms, tous les contes que peut imaginer une haine anxieuse d'égaler ses fureurs à son salaire. Transformées en motions, ces fables affolent les boutiquiers et les artisans étrangers au complot, leurrent la droiture naturelle du peuple et le préparent aux obscures vengeances que méditent les conspirateurs.

Le lendemain, dimanche, M. de la Jaille arrive à Brest, ne soupçonnant ni les trames qu'il suscite, ni le péril qu'il court, — inconscient de toutes les intrigues, — exclusivement préoccupé de la mission dont l'honore un souverain imperturbablement soucieux de notre intérêt et de notre prestige.

Depuis le xvıe siècle, la fortune de la Maison de la Jaille se coordonne et s'ajuste aux destinées de la Race capétienne. Originaire du Maine, cette fière dynastie de gentilshommes a fourni à la France des chevaliers et des coureurs d'aventures, des gouverneurs de province et des vice-rois, des soldats et des marins, dévoués à l'État qu'ils agrandissent et au Roi qui les distingue, associés, sans interruption, pendant sept cents ans, à tous nos succès et à tous nos revers. M. de la Jaille fut le meilleur lieutenant de Duguay-Trouin, le compagnon assidu de ses luttes et l'auxiliaire heureux de ses victoires. Son petit-fils, — celui contre lequel sont en train de s'aiguiser, dans l'ombre, les stylets des Jacobins brestois, — n'a pas encore quarante-deux ans, et compte vingt-sept ans de brillants services à la mer. Après avoir, avec l'illustre La Pérouse, exploré la baie d'Hudson, puis, seul, reconnu la côte occidentale de l'Afrique, entre le cap Blanc et Sierra Leone, Charles-André de la Jaille soutint, pendant dix-huit heures, contre la flotte anglaise, un combat qui révéla, chez le géographe et chez le navigateur, le talent d'un stratégiste et l'âme d'un soldat. Nous ne sommes en présence ni d'un muguet de salon, ni d'un fat de Versailles, porté aux premiers grades par des influences féminines ou des intrigues d'antichambre. A la culture et à la distinction de l'esprit, la race ajoute l'indépendance du caractère, et le siècle le goût de la Fronde. Capitaine de la *Bayonnaise*, un jour, le marquis de la Jaille reçoit, à son bord, deux jeunes princes de Conti[1] qui désirent s'initier, sous ses ordres, aux secrets de la science nautique. A peine installés sur la frégate, les jeunes gens comprennent que leur rigide maître ne souffrira pas d'infractions à la charte commune. Une suite brillante de seigneurs accompagne les Altesses.

« Votre grade, dit l'austère marin aux Princes, n'admet

1. Ces deux Princes étaient : 1° BOURBON-CONTI (François-Claude-Fauste de BOURBON, marquis de), né en 1771. — 2° BOURBON-CONTI (Marie-François-Félix de), né le 22 décembre 1772. Ces deux enfants naturels du prince Louis-François-Joseph DE CONTI (né le 1er septembre 1734, mort à Barcelone le 10 mai 1814) furent reconnus par leur mère, en vertu d'un codicille du 31 juillet 1776, et confirmés dans leurs noms et titres par lettres patentes de Louis XVIII du 19 novembre 1815. Renseignements communiqués par M. Parent de Rosan à DUSSIEUX, *Généalogie de la Maison de Bourbon*, pp. 85-86.

aucun cortége parasite. Vous voudrez donc bien prier ces Messieurs de rejoindre Versailles. Ici, nous sommes tous égaux. » Il fallut s'incliner devant cette consigne et détaler à la prochaine escale. Deux jours après, la frégate s'allège des deux jeunes gens qui regagnent la Cour.

II

Le marquis de la Jaille ajoute même à cet esprit frondeur l'infatuation des idées philosophiques et des théories américaines dont s'engouent alors les Noailles, les Lameth, les d'Aiguillon, les Lauzun. S'il s'est affilié, comme eux, à la Société des Amis de la Constitution, c'est moins pour conniver avec les adversaires de la Monarchie que pour se séparer de ses courtisans. La mode, l'esprit de contradiction, l'attrait de la nouveauté, puis, faut-il le dire? une certaine lassitude des longues fidélités, avaient, tout d'abord, entraîné l'élite du patriciat vers la Gauche et vers l'ennemi. Mais, quand la Révolution eut déçu plus d'espérances qu'elle n'en avait fait naître, les conciliabules des Amis de la Constitution perdirent aussitôt leur première clientèle, dégrisée de ses chimères et refoulée dans ses cénacles par l'invasion des barbares.

Mais si, au mois de novembre 1791, la plupart des gentilshommes se sont déjà évadés de la forêt d'Armide, le sortilège philosophique garde encore toutes ses prises sur le capitaine de la Jaille. Presque toujours éloigné de la métropole par ses emplois aux colonies ou par ses commandements à la mer, l'éminent officier n'a point vu s'agiter, les bras nus et le poignard aux dents, sur le Forum éclaboussé de sang et de boue, le sauvage affranchi et déchaîné par les idées nouvelles. La Jacquerie nègre de Saint-Domingue a seule sonné son tocsin dans cette âme ingénue, sans la désenchanter de son intrépide foi dans nos lumières et dans nos vertus.

Voilà pourtant le Français que les Jacobins ont résolu d'exterminer. Quel est le prétexte de cet ostracisme? Et quelle est l'excuse de cet arrêt de mort? La Jaille figure sur les contrôles de l'Association : la communauté d'opinions et l'esprit de corps devraient, ce semble, protéger le capitaine contre les assauts du Club. Pourquoi la solidarité du groupe va-t-elle se déployer tout à l'heure, non pour le défendre, mais pour l'immoler? Cette contradiction et cette félonie jettent une singulière lueur sur la caverne où les Jacobins tendent leurs toiles. Il ne s'agit plus ici de l'un de ces crimes agraires ou sociaux qui, dans toutes nos provinces, précipitent alors la multitude délirante contre tant de châtelains trop riches, — crimes où le couteau est manié par une foule que fouettent tout à coup l'aiguillon de la faim ou le souffle de la haine. Le complot machiné contre M. de la Jaille dévoile les stratagèmes d'un parti puissant qui veut anéantir, non le seigneur d'un fief, mais le mandataire du Roi, — non même l'homme, mais sa mission. Louis XVI a donné l'ordre à la Jaille de reconquérir le domaine colonial que jalouse et qu'insurge le plus vindicatif de nos adversaires. Or, l'Angleterre et le Club des Jacobins ne voulaient pas que cette expédition s'accomplît. La mutinerie des équipages n'avait empêché que le départ de l'escadre destinée aux Iles Sous-le-Vent. On se flatte que l'assassinat du capitaine de la Jaille prolongera l'incendie de Saint-Domingue et laissera le champ libre à la destruction, à l'intrigue et à la conquête.

Si, sur le meurtre du capitaine de Patry, l'inquiète narration des édiles de Brest ne nous mesure qu'une parcimonieuse lueur, et nous calfeutre perfidement toutes les fissures par où la vérité pourrait jaillir, — en revanche, sur le crime tenté contre le commandant du *Duguay-Trouin*, une lettre de la victime nous prodigue les clartés que nous refuse la plume trop souvent infidèle des greffiers municipaux. Voici le texte intégral de ce document [1]:

III

Au cachot du Château de Brest, le 30 novembre 1791.

N... vous a écrit le 29 novembre, mon bon ami... [2] Mais, comme il n'a pas pu vous donner tous les détails de mon aventure, je vais vous en tracer le tableau et vous jugerez que ma position était affreuse.

J'arrive à Brest le dimanche 26, à environ deux heures de l'après-midi. Dès que j'eus mis pied à terre, je fus rendre compte à M. de Marigny qui m'apprit que le Club étoit fort mécontent de ce qu'on me confioit un commandement. Plusieurs officiers, du nombre desquels étoit M***, quelques particuliers que je rencontroi me dirent la même chose, mais personne ne se doutoit qu'on avoit juré ma perte.

Je retournai à trois heures à l'auberge et je me mis à table; j'y étois à peine, entouré de plusieurs officiers, que

---

1. Nous devons la communication de cette pièce inédite à M. le Marquis de la Jaille, l'arrière-petit-fils du capitaine de vaisseau et le chef actuel de la famille. Qu'il nous soit permis d'exprimer ici notre gratitude à M. le Marquis de la Jaille qui, non seulement, a bien voulu nous ouvrir, avec une bonne grâce parfaite, ses riches archives, mais mettre à notre disposition les souvenirs et les traditions que lui ont légués ses ascendants.

2. Le manuscrit porte ensuite les lignes suivantes, barrées d'un trait :

« Le brave jeune homme m'a fait trembler lorsque je l'ai vu suivre mes pas; il en a été heureusement détourné et je n'ai repris ma tranquillité qu'en le perdant de vue. »

cinq à six individus entraient dans l'appartement et demandaient M. de la Jaille.

Je me levai :

« C'est avec peine, me dit l'orateur, que je m'acquitte de l'ordre impérieux de vous faire connaître le vœu du peuple de Brest. Quand je dis « le peuple », je veux parler de la basse classe, — ce que vous appelez la canaille. Ma mission n'est pas officielle, mais cette portion du peuple ne veut pas que vous commandiez et vous ordonne de sortir, sur l'heure, de la ville de Brest.

— Il est préalablement nécessaire, dis-je, que je prévienne M. de Marigny.

— Non ! Non ! nous savons qu'il est du complot, comme vous, et que vous êtes l'un comme l'autre, l'homme du Ministre.

— Aurai-je au moins le temps de dîner?

— Oui, si ce n'est pas bien long. »

Pendant ce pénible colloque, j'entendois la houle du peuple dans l'escalier et dans le corridor qui conduisoit à l'appartement. Je me remis à table, mais je me décidoi, après un moment de réflexion. Je calmoi mes sens. Je pris un peu d'argent dans ma poche et je me mis en route; je traversoi une foule de cinquante à soixante hommes qui obstruoient le passage. Et, rendu dans la rue, j'y trouvoi trois ou quatre cents hommes. Je m'étois flatté qu'une prompte obéissance éviterait une émeute, mais on l'avoit prévu; et, mes ennemis (qui, cependant, ne me connaissoient pas) se trouvèrent en force pour m'accabler. Je demandoi qu'on assurât ma retraite; on eut l'air de s'y prêter. Mais, à peine commençais-je à marcher que des huées et des menaces les plus atroces se firent entendre par des cris épouvantables. Je vis alors qu'on avoit juré ma perte, et plus le danger s'accroissoit, plus je devins calme et m'armoi de courage.

IV

Cette escorte me suivit jusqu'à la porte de la ville [1] où l'officier commandant la Garde nationale me recueillit dans

---

1. C'était la porte de Landerneau, la seule porte de sortie de la ville : elle donnait sur la place actuelle de la Liberté. Elle a été

son Corps de garde, croyant m'y mettre en sûreté. Frivole espérance ! Le même orateur de l'auberge vint, au bout d'une minute, l'avertir que le peuple attendoit, qu'il s'impatientoit, qu'il falloit me renvoyer. Je sortis donc, conduit par les fusiliers qui me menèrent jusqu'au glacis. Là, ils m'abandonnèrent à ce que le sort paraissoit me destiner de rigoureux.

La curiosité, autant que la soif de mon sang, avoit triplé mon cortège; les uns se bornoient aux injures auxquelles je ne répondois pas; d'autres vouloient effectuer leurs menaces et je les écartois avec douceur. J'avois déjà fait cinq à six cents pas dans cette cruelle situation lorsque je me sentis prendre vivement au corps. C'étoit un bon jeune homme, maître sellier de cette ville, nommé .... [1], plus effrayé que moi, parlant à peine, et invoquant, du peu de forces qui lui restoit, la pitié des furieux qui s'acharnoient à ma destruction. Bientôt après, deux ou trois autres citoyens généreux nous joignirent, éloignèrent mes assassins, et nous gagnâmes ainsi les chevaux du poste qui m'avaient mené. Je me mis promptement en selle, croyant ma vie sauve. Je me trompois; il en fallut descendre, parce qu'on ne vouloit plus me laisser partir.

Il est à remarquer que le conseil m'en fut donné par un homme qui avoit déjà tiré le sabre sur moi, que ma contenance, toujours calme, convertit probablement et qui devint un de mes défenseurs. J'oubliois de dire qu'en vomissant les abominables injures, plusieurs voix s'étoient fait entendre et demandoient ma croix de Saint-Louis. Attentif à tout ce qui se passoit autour de moi, sur ce propos je détachai mon ruban et je le donnai, sans qu'on s'en aperçut, à mon bon sellier. En effet, peu de moments après, on redemande encore cette croix; mon jeune homme se hâta

---

démolie il y a quelques années. Le poste de la porte de Landerneau était distant de cent cinquante à deux cents mètres du point où le marquis de la Jaille avait été arrêté. De ce poste à la Mairie, on compte environ deux cents mètres. Pour conduire le capitaine de la Jaille au château de Brest, les meneurs suivirent probablement les rues de Siam, de la Mairie, de Saint-Yves. Le parcours est de six à sept cents mètres : une dizaine de minutes de marche ordinaire. (Communication de M. Jourdan de la Passardière, ingénieur à Brest.)

1. Il s'appelait Plessis.

de dire qu'il l'avoit et jeta le ruban à qui vouloit le recevoir, et j'évitoi par là qu'elle me fût arrachée.

Je me retrouvoi donc encore confondu dans la foule, et l'opinion changea comme le vent.

« Il faut le ramener en ville ! s'écrioit-on, nous l'expédierons là ! »

Cependant, plusieurs citoyens honnêtes m'entourèrent, et j'avois, d'un côté, mon converti qui me tenoit par le bras, de l'autre, mon courageux jeune homme qui m'aidoit de corps et d'âme.

Le nombre s'étoit tellement augmenté qu'on m'a assuré depuis qu'il pouvoit y avoir de cinq à six mille hommes. On me traînoit vers la ville et, au moment où on s'y attendoit le moins, on m'arracha des bras de mes défenseurs et l'on me porta sur le côté du grand chemin que j'avois toujours suivi.

V

Un traître, — qui implora la pitié pour moi, — me passa ses mains sur les yeux pour me cacher le fer qui devoit trancher mes jours; tandis que d'autres, ployant mon corps et faisant des efforts pour baisser une tête qui marcha toujours haute cherchoient à présenter mon col sous le tranchant du couteau. Dans cette pénible situation, je crus encore voir mon bon ... près de moi, et je lui dis :

« Abandonnez-moi ! Ne vous compromettez pas : je suis perdu ! »

Cependant, mon corps flexible s'appesantissoit dans les bras de celui qui le serroit, et dont l'équilibre chanceloit au gré des vagues; ma tête, mobile par la même raison, se présenta mal; le coup se détacha et le couteau tomba à faux sur le collet élevé d'un gros habit. Un second coup coupe mes habits et entame l'épaule droite. Enfin, un moment de fureur s'empare de moi; j'écarte la foule devant et derrière et je lève la tête; j'y reçois deux coups, l'un par devant, l'autre par derrière; ils ne font aucun effet fâcheux : j'en pare un troisième de la main gauche, qui n'en éprouve qu'une forte contusion; mon bras droit garantit ma tête d'un autre côté. Il n'en résulte que de la douleur, mais point de sang. Un officier de canonniers-matelots, un sergent du même corps, un ancien grenadier, nommé l'Auvergnat [1], tous trois grands et vigoureux, fendent la foule, parviennent jusqu'à moi, me prennent par les bras et me dégagent.

Un furieux passe ses doigts entre mon col et ma chemise, me serre à me faire perdre la respiration. Je passe ainsi la main sous le menton, je tire avec d'autant plus de force qu'elle était concentrée et j'arrache mon col, en me débraillant. Un autre, malgré toutes les résistances qu'il éprouve, veut me prendre au collet, je le saisis au pouce de la main droite et je le lui casse.

Je me sentis enfin animé d'un moment de fureur, j'allois me précipiter sur ces cannibales et trouver la mort sur le corps de celui que j'aurois étouffé entre mes bras, mais je continuoi à marcher vers la ville sous la protection de mes trois braves gens et de mon converti qui avoit pu me rejoindre et que j'avois vu se débattre pour reprendre son sabre qu'on lui avoit arraché.

Ils voulurent me jeter dans une maison, mais on eut la cruauté d'en fermer les portes et de nous crier : « Allez-vous en ! allez ! allez ! »

C'était cependant celle d'un ancien .... Il falloit donc cheminer et, dans cette course fatigante qui commençoit à s'abréger, on déchira mes habits en mille morceaux; ils étoient déjà percés de coups de bayonnette dont aucun n'avoit atteint le corps. Nous parvenons enfin entre les portes. Le nombre des honnêtes gens s'étoit considérablement accru; plusieurs furent victimes de leur généreux dévouement et reçurent des blessures.

Un soldat de Marine para ma tête en faisant le sacrifice de deux doigts de sa main protectrice.

Un autre reçut un coup de sabre sur le bras; des cannes élevées formaient une couronne au dessus de ma tête qu'on ne pouvoit atteindre. Un barbare, furieux de frapper des coups sans succès, se porte à dix pas au devant de moi, se retourne, prend sa course, la pointe de son long sabre dirigée sur mon cœur; il est arrêté, terrassé; je lui marche sur le corps et j'arrive à la porte de la ville où on me dépose au Corps de garde.

---

1. Son vrai nom était Lauverjeat.

VI

C'est là, où j'ai eu à souffrir tout ce que l'amour-propre dans un homme sans reproche peut éprouver de plus révoltant. Les injures, les menaces, les calomnies les plus atroces, et, pour toute consolation, l'air consterné de quelques gens qui paraissoient affligés de mon sort, mais qui n'osoient me défendre. Des marins qui ont servi sous mes ordres et que je défie d'articuler contre moi une plainte fondée, un seul osa avouer avoir navigué avec moi et dire que j'étois un brave et honnête homme.

« Tais-toi ! lui répliqua un de ces malheureux. Est-ce que tu dois parler ainsi?

— Sans doute, puisque c'est la vérité ! »

Des menaces et un signe que je lui fis l'engagèrent à se taire.

Durant ma longue et douloureuse promenade, la Municipalité et les Corps administratifs assemblés avoient fait battre la générale, déployé le drapeau rouge, requis la force armée, mais les précautions qu'il étoit nécessaire de prendre prolongèrent assez longtemps ma relâche dans le Corps de garde [1].

Je vois enfin les Officiers municipaux, l'air plus affligé que moi, tous également occupés de ma délivrance. Après avoir réfléchi sur tous les moyens qu'on pourroit mettre en usage pour me sauver, il ne s'en présenta aucun qui n'offrit des inconvénients graves, même des dangers évidents. Il falloit me sauver la vie, et, pour cet effet, il fut résolu qu'on me conduiroit à la prison du Château.

Après quatre heures d'une attente cruelle, la Municipalité prend la tête de la marche; je suis immédiatement au milieu de bon nombre de généreux citoyens qui me disent :

« Ne craignez rien; nous sommes vos amis. »

L'un d'eux couvrit ma tête de son chapeau pour remplacer celui qu'on m'avoit pris, et afin que je fusse plus aisé

---

1. Lignes barrées : « Quelle constance, grand Dieu ! Et combien je vous rends de grâces, divine Providence, de m'avoir créé une âme assez forte pour supporter tous ces malheurs ! »

à confondre dans la foule. Il était nuit, mais les maisons étoient éclairées. Les cris de « silence » étoient étouffés par ceux de l'injure et de l'insulte, et, malgré le surveillant cortège qui me serroit de tous côtés, des traîtres avaient encore la barbare fureur de vouloir me percer de leurs bayonnettes. Un de mes protecteurs en fut légèrement atteint. Tous s'écrièrent :

« Nous périrons plutôt que de souffrir qu'il lui soit fait aucun mal ! »

Le Régiment de Perche gardoit les avenues du Château; on me fait traverser un des pelotons; l'officier prévoyant qui le commandoit fait faire demi tour à droite à sa troupe, marcher en avant, et, par cette manœuvre, il fait refluer la foule qui m'oppressoit. Je parvins enfin dans la prison du Château, mais le même peuple, qui vouloit me tourmenter, veut impérieusement qu'on me mette au cachot [1]. Sa volonté fait la loi. Il fallut la subir et, quoiqu'il n'y ait au plus que quinze pieds à traverser pour aller de l'un à l'autre, on fut obligé de former des doubles lignes de gens dont on étoit sûr pour m'éviter le coup de la mort.

VII

C'est dans mon cachot que je vous écris. L'on m'a assuré que je n'avois plus rien à craindre. La Municipalité m'y accompagna; chacun me témoigna la part qu'il prenoit à mon sort. Mais le peuple, furieux de voir échapper sa proie, demande que la Municipalité m'abandonne, et je reste seul dans cet affreux séjour.

Quand je parle du peuple, vous sentez que je ne confonds pas les honnêtes gens qui le composent avec les scélérats qui en augmentent la masse.

Et quel est mon crime, mon cher ami? On n'en sait rien. Qu'ai-je fait? Que me reproche-t-on? On me dit : « Vous avez fait rougir des boulets pour tirer sur le *Léopard*. »

---

1. La tour où fut incarcéré M. de la Jaille est probablement la tour de gauche, en entrant. C'est là, du moins, que furent incarcérés plus tard les administrateurs du Finistère, les instigateurs du complot, et Trouille lui-même. (Communication de M. Jourdan de la Passardière.)

Mais nous n'étions pas dans la même rade, et, quand j'y aurois été, étoit-ce dans ma frégate que je pouvois exécuter ce projet? Car je ne commandois pas les forts à terre. On ajoute : « Vous avez trempé dans le sang des citoyens de Port-au-Prince. » Mais j'étois sur ma frégate sous la *Gonave,* lorsque l'attaque du Comité du Port-au-Prince a eu lieu.

« Vous venez de Coblentz et vous y avez laissé votre Fils ! » Mais, prenez à la Municipalité de mon village la date de l'instant de mon départ; prenez le relevé des registres des diligences de Rennes à Paris. Joignez l'attestation de l'Hôtel de la Marine, rue de Gaillon; joignez le certificat de plus de cent personnes qui n'ont cessé de me voir dans la capitale, pendant le séjour que j'y ai fait, et vous vous convaincrez que je n'ai pas dépassé Paris. D'un autre côté, envoyez chez moi, à quatre lieues d'ici, et vous y verrez mon fils. Cependant, le peuple croit tout ça; c'est à vous de le détromper ! Cela n'est pas aisé, les têtes sont montées; on est outré contre les émigrants [1].

Un cachot obscur, les paroles les plus outrageantes, voilà donc le prix du zèle et de l'activité soutenus d'un officier qui a servi pendant plus de vingt-sept ans, avec honneur, — je puis dire avec distinction, — aujourd'hui que ma carrière est finie [2].

---

1. Lignes barrées : « Mais le moyen de les rappeler n'est pas de couper la tête aux gens sur de simples soupçons qu'ils aient pu émigrer. »

« Vous pouvez partir, si vous voulez; la sûreté de votre personne est le seul motif qui ait déterminé votre dépôt au Château, mais le peuple est encore bien agité.

— Grand merci, mais comme on ne voit pas deux fois le rivage des morts, j'aime mieux attendre un moment plus prospère. — Aussi, pourquoi n'avoir pas cherché à vous disculper de la dénonciation qui existe contre vous, au Comité de Marine de l'Assemblée nationale? — Comment voulez-vous que je devine une chose à laquelle je ne vois aucun fondement? J'arrive de Paris, où il n'en a pas été question, et je ne pense pas que le Comité s'occupe de choses de peu de conséquence comme pourraient l'être quelques plaintes de matelots que je ferai taire aisément. »

2. Lignes barrées : « Combien je loue Dieu de ce que mon fils n'ait pas été près de moi ! Je l'avais heureusement expédié de la dernière poste, pour annoncer mon arrivée à sa mère. Le brave et bouillant jeune homme n'auroit jamais abandonné son père, et nous nous fussions perdus tous les deux, en voulant nous sauver l'un l'autre. »

Du 2 décembre 1791.

Je sortis hier de mon cachot. La Municipalité, — qui n'a cessé de s'intéresser vivement à mon sort, — vint m'y prendre et me conduisit à l'auberge [1], d'où je suis parti sur le champ pour me rendre chez moi, sans oser prévoir quand j'en pourrais sortir.

VIII

Dans ce récit sans art, passe le frisson même de la vérité. L'ingénuité des réflexions et la probité de l'accent trahissent le soldat étranger à nos discordes, incrédule à la perfidie, inaccessible à la défiance. Officiers municipaux inféodés au Club, agents du Pouvoir occulte, émissaires secrets des Puissances hostiles, tous ces Français parjures apparaissent à M. de la Jaille comme des citoyens « vertueux et sensibles » qu'enflamme le même patriotisme et que domine la même loi morale. Non seulement M. de la Jaille ne comprend rien à ce qui se passe, mais notre marin ne cherche même pas à le savoir. A travers le vacarme des huées que rugit la foule, les scribes du Club proférèrent des accusations dont s'émeut M. de la Jaille et qu'il se donne la peine de réfuter. Peine superflue ! Les diffamateurs savent mieux que leur victime à quoi s'en tenir sur l'inanité de ces calomnies ! Si la sincérité d'une âme sans reproches se montre à nu dans la lettre du capitaine, quelles louches manœuvres, quelles criminelles connivences révèlent, en revanche, les Rapports qui furent adressés, soit à l'Assemblée législative, soit au Roi, par les différents Corps élus de Brest et du département, — pressés de faire prévaloir les versions les moins favorables à la victime

---

[1]. Lignes barrées : « D'où ma femme m'attendait avec une voiture ».

et les plus utiles à leur sauvegarde ! Tous les narrateurs laissent les circonstances les moins glorieuses dans l'oblique nuit qui voile le crime et qui protège ses complices. Aucune phrase n'évoque les odieuses instigations du Club ; — et si les violences exercées contre M. de la Jaille s'accusent, quand même, sous la plume cauteleuse de l'écrivain officiel, on les masque d'atténuations et on les ombrage d'excuses. En amoindrissant le forfait, en calomniant la victime et en disculpant les coupables, les Jacobins comptent, non sans raison, intimider la justice, bâillonner les témoins et frauder l'histoire.

Voici d'abord le Procès-Verbal que le District et la Municipalité de Brest forgent le dimanche soir (27 novembre 1791), pendant que le capitaine de la Jaille, claquemuré dans la geôle du château de Brest, se demande, sans doute, à quelle catégorie spéciale de crimes peut bien appartenir l'attentat dont il s'est rendu coupable en acceptant le commandement de l'expédition de Saint-Domingue. Après avoir raconté qu'instruits, par un planton, des scènes tragiques qui se déroulent autour du poste de la Porte de Landerneau, où la Garde nationale a recueilli « le sieur Lajaille » pour le soustraire aux sévices de la foule, quatre officiers municipaux, revêtus de leur écharpe, se transportèrent au Corps de garde devant lequel s'agitait la populace, — le greffier nous introduit dans la salle du Conseil où délibèrent ses maîtres.

Que veulent nos édiles ? Protéger l'officier ? Ou le livrer aux *bravi* dissimulés parmi la multitude ? Si la délégation municipale eut vraiment le dessein de défendre le capitaine du *Duguay-Trouin* contre les tueurs altérés de son sang, le devoir de nos échevins ne souffrait aucune équivoque. Il fallait appliquer la loi martiale, en mobilisant aussitôt toutes les troupes de la garnison. Mais les quatre officiers municipaux ne semblent s'être dérangés que pour entendre et intercaler dans leur procès-verbal les propos que lancent contre M. de la Jaille les meneurs stylés tout à la fois par le Club des Jacobins et par le Conseil municipal lui-même : « *N'est-il pas affreux*, s'écrient, paraît-il, ces *honnêtes gens, n'est-il pas affreux de récompenser par un commandement l'un des agents des premiers troubles des colonies? C'est un scélérat qui a fait rougir les boulets pour tirer sur les patriotes. Il est, sans doute, renvoyé aux colonies pour y opérer la contre-révolution. Si nous n'en faisons pas justice nous-mêmes, il restera impuni comme les autres traîtres.* »

IX

De quelles lèvres sortent ces impostures? Tous les témoins nomment un basochien agité, l'huissier Michel Roffin, et le désignent comme le promoteur de la manifestation et le complice des vociférateurs. Jadis fourrier au Corps royal de la Marine, dans le service de l'artillerie, Roffin fut cassé de son grade, le 14 novembre 1785, pour un motif assez futile, par M. de Marigny, qui, plus tard, confessa lui-même loyalement l'excès de sa rigueur. Un implacable sentiment anime Michel Roffin contre les chefs de notre armée navale, et l'enrôle dans tous les complots. L'année précédente, après avoir couru les casernes et distribué aux soldats la cocarde tricolore, Roffin était allé signifier aux « valets royaux » de l'État-Major, à MM. d'Hector et de Marigny, assiégés dans leur hôtel, l'ordre de dépouiller « la livrée de l'esclavage » pour arborer l'enseigne de la liberté [1].

1. Michel Roffin se fit réintégrer, en 1792, dans son ancien régiment. Il fut promu au grade de capitaine. Après s'être mis au service des Jacobins et avoir pris rang parmi les plus violents agitateurs du port, Roffin, au lendemain du 9 Thermidor, non seulement se sépara de ses amis, mais lança contre la Société populaire qui régen-

Un autre énergumène girondin, Bernard jeune [1], appelé à subir les sévices qu'il sollicite aujourd'hui contre M. de la Jaille, joint ses imprécations et ses injures aux invectives de l'ancien artilleur.

En présence du tumulte que provoquent ces excitations meurtrières, les chefs de la cité prennent une résolution conforme à leurs secrets desseins. Pendant qu'un édile reste au poste, les trois autres vont à la Maison commune signaler les faits au Corps municipal. En même temps que, sur les injonctions des représentants de Brest, les tambours battent la générale, — les commandants des troupes de terre et de mer, le Maréchal de camp de la Bourdonnaye et le Major général de Marigny, ainsi que le Commandant de la Garde nationale, l'ingénieur Trouille, « font mettre en armes leurs troupes respectives ». Pour

---

tait et ensanglantait Brest un violent réquisitoire, sous ce titre : « *Roffin à ses concitoyens! Le doigt de Robespierre est ici!* » Cette brochure dénonçait les crimes commis par les Jacobins de Brest et les assassinats ordonnés par Jeanbon Saint-André. Parmi les victimes du Tribunal révolutionnaire figurèrent le père du général Moreau, des religieuses, des prêtres, des paysans, etc.

1. BERNARD (Yves-Marie), commerçant, né vers 1757, à Pleubian (Côtes-du-Nord), mort à Brest le 4 janvier 1831, exerça successivement les fonctions de Conseiller municipal, de Juge, puis de Président du Tribunal de Commerce. Bernard, malgré sa participation aux violences exercées contre M. de la Jaille, avait été incarcéré au Château de Brest, en même temps que d'autres complices de l'échauffourée du 27 novembre, tels que Gaude, Commissaire de la Marine, Siviniant, etc. Le Neuf Thermidor lui rendit la liberté. Dans une brochure intitulée : *Un mot de Bernard jeune aux amis de la Liberté*, voici comment l'ami de Michel Roffin, en incorrigible « modéré qu'il est », se défend, pour désarmer les terroristes :

« On se rappelle à Brest l'affaire de la Jaille : qui furent les citoyens qui osèrent inviter ce traître et le forcer à renoncer à un commandement qui lui avait été accordé pour trahir la patrie, par l'infâme Louis XVI?

« J'en étais un et, à cette occasion, j'ai couru encore le danger d'être traduit devant le juré (*sic*) d'accusation. » Voilà les vilenies auxquelles s'abaissait un bourgeois effaré pour attendrir ses juges et sauver sa vie.

10

les diriger sur le théâtre de l'émeute sans doute et les précipiter contre les agitateurs? Nullement. Sans chefs et sans ordre, ceux-ci impatients de voir, et ceux-là de frapper, les hommes se ruent vers le poste où M. de la Jaille, le corps meurtri de blessures et les habits en lambeaux, entend les cris des égorgeurs qui réclament leur proie. On dirait que la Municipalité n'a convoqué les troupes que pour donner des armes aux spadassins. Si le salut de M. de la Jaille avait inspiré la conduite des échevins, le Conseil municipal ne se serait-il pas fait un devoir d'appliquer la loi qui, dans les cas de troubles, intime aux édiles l'ordre de conduire eux-mêmes, — le drapeau écarlate au vent, — la force armée contre les perturbateurs? « Les ténèbres de la nuit, dit le Procès-Verbal, rendant aussi dangereux qu'incertain l'emploi de la loi martiale, on se contente d'inviter, à son de caisse, le public à se disperser. » Mais comme nul geste comminatoire et nulle mise en marche de la troupe n'accompagne ce conseil débonnaire, la foule, loin de diminuer, grossit, et la fureur des *bravi*, au lieu de tomber, s'exalte.

Nouvelle délibération du Conseil municipal. Le devoir, le bon sens, l'humanité, persuadent de donner à M. de la Jaille « une escorte de dragons et de gendarmes » pour le conduire et l'accompagner jusqu'à son manoir de Roual, à quelques lieues de Brest. Plusieurs membres, M. Riou de Kerhallet, notamment, suggèrent cette mesure tutélaire, mais la majorité la repousse. « Les avenues du glacis, dit le Procès-Verbal, sont remplies d'un peuple immense; ce moyen exposerait l'officier au plus grave péril! » Quel misérable sophisme! Mais, soit! La sécurité du captif exige, dans ce cas, qu'on maintienne l'officier dans le poste qui, depuis quatre heures, l'abrite contre les coups de la plèbe. Expédient non moins inadmissible : « La présence du sieur La Jaille au Corps de garde, — insiste le Procès-Verbal, — irrite de plus en plus les esprits. » Alors, quel parti prendre? Après avoir conféré pendant quelques minutes avec le fameux La Bourdonnaye [1], avec le général qui, demain, dévastera la Vendée, avec le futur rival des Ronsin et des Rossignol, nos édiles brestois décident unanimement de transférer le « sieur La Jaille » au château de Brest. Sous la tutelle d'un peloton de cavaliers ou d'un piquet de fantassins? Pas du tout ! Sans autres escorte que les Conseillers municipaux eux-mêmes qui marchent en avant, — moins pour protéger le capitaine que pour rassurer ses égorgeurs.

Le sort en est donc jeté ! La cause des factieux et de la lâcheté l'emporte. Subjugués par le promoteur occulte de l'émeute, par le Club des Jacobins, — les Chefs militaires, les Corps administratifs et les Corps élus du Département et de la Ville, — « Anciens du peuple » et « Princes des prêtres », — restituent l'officier sans défense et sans satellites, à la nuit, à la rue, et aux tueurs qui, le sabre à la main ou la baïonnette au bout du fusil, attendent dehors leur victime et leur sportule.

X

Heureusement, à cette époque, la Révolution n'a pas pourri le peuple tout entier. Encore intact dans beaucoup d'âmes, le Christianisme a muni les Français les plus humbles d'une invincible force de résistance contre le crime.

---

1. LA BOURDONNAYE (Anne-François-Auguste, comte de), né à Guérande, en 1747, sous-précepteur des fils du comte d'Artois, maréchal de camp en 1788, général d'armée le 6 octobre 1792, commanda une aile de l'armée de Belgique, puis l'armée des Côtes de l'Ouest (avril 1793), enfin l'armée des Pyrénées Occidentales (juin 1793). Il mourut à Dax, en novembre 1797.

Sur le parcours du poste à la prison, si des sicaires stipendiés tentent une fois de plus de percer la Jaille de leurs baïonnettes, les mêmes braves gens qui le sauvèrent tout à l'heure lui font, pour la deuxième fois, un rempart de leur corps. Le Procès-Verbal se tait sur ce second assaut et se borne à nous apprendre que, « le Sieur La Jaille rendu au château », les édiles « le remirent à la garde du concierge ». Malgré le zèle des égorgeurs, le Commandant de l'expédition de Saint-Domingue était donc sorti indemne du guet-apens ourdi par les conspirateurs. Le dévouement et le courage de Lauverjeat, de Plessis, de Prigent, de Trouille, etc., fit avorter le complot. Déçus dans leurs calculs, les échevins font rouvrir les portes de la Ville aux habitants qui s'impatientent derrière les remparts. Les Chefs de la troupe reçoivent en même temps l'ordre d'acheminer les hommes vers leurs quartiers respectifs. Mais ce dénouement banal ne saurait satisfaire les maîtres de la Cité, contraints de fournir à leurs chefs secrets une solution moins innocente. Après avoir perdu la partie à Brest, il faut maintenant que les conjurés la gagnent à Paris.

L'empire appartient aux gens qui devancent l'aube. Réunis le lendemain matin, lundi 28 novembre, dès cinq heures, bien avant le jour, le District et la Municipalité de Brest associent leurs talents pour rédiger une lettre au Président de l'Assemblée nationale, — lettre où le scribe officiel administre aux faits de la veille, habilement faussés, une interprétation contre laquelle échoueront tous les démentis. La version qui surgit la première n'a-t-elle pas toutes les chances de se cristalliser immédiatement dans les esprits?

Conformément aux préceptes classiques de la méthode offensive, les artisans des troubles, au lieu de se défendre, attaquent leur victime. « En 1790, — écrivent MM. les Officiers municipaux, — des horreurs ont été commises à

Saint-Domingue. Le Sieur La Jaille y commandait l'*Engageante;* des Rapports circonstanciés, des dénonciations motivées l'ont successivement accusé de machinations officieuses contre les colons patriotes, de vexations inouïes commises envers tous ceux qui osaient se plaindre et protéger ces citoyens opprimés. »

Ainsi que nous le verrons plus loin, ces griefs ne tiennent pas debout. Dénonciations, accusations, machinations, autant de chimères, autant de légendes, autant de mensonges ! Mais les conspirateurs n'ignorent pas qu'une affirmation hautaine hypnotise toujours les auditoires trop distraits pour contrôler les paroles qui ne heurtent ni leurs sympathies ni leurs préventions. Pour achever la conquête de l'Assemblée, les délateurs affectent ensuite de ménager l'officier qu'ils viennent de noircir. « Nous n'assurons pas, disent-ils, qu'il fut coupable de tant de crimes, nous pensons seulement qu'il devait offrir des moyens publics de défense puisqu'il était accusé publiquement au sein même de l'Assemblée constituante. » Nouvelle imposture ! Jamais la Constituante ne fut saisie d'une plainte contre M. de la Jaille. Conclusion : « M. de la Jaille ne s'est pas défendu ; il n'est pas étonnant que sa conduite ait été vivement suspectée. » Le silence observé par l'officier sur des fautes imaginaires le condamne !

Le capitaine du *Duguay-Trouin* a un complice : c'est le Ministre de la Marine, le Comte de Bertrand de Molleville, le successeur de Thévenard. « D'un autre côté, — déclare le réquisitoire, — M. de Bertrand a fait insérer dans les papiers publiés que tous les officiers de la Marine sont à leur poste ; — que si quelques-uns l'ont quitté, des attentats, des menaces les ont obligés à prendre ce parti. Une marche aussi inconsidérée est faite pour jeter de la défiance sur toutes les opérations de M. de Bertrand ; elle indique, du moins, qu'il n'est pas fidèle dans ses rapports, *puisque nulle insulte n'a été faite aux officiers de mer !* »

Encore la même tactique !... Un officier du régiment de Poitou poignardé ; — les chefs d'escadre d'Hector, d'Albert de Rions, de Bougainville, de Marigny, etc., invectivés, menacés de mort, et parfois même frappés par leurs hommes, tous ces méfaits, la lettre municipale non seulement les oublie, mais les biffe !

CHAPITRE X

I. — Les Conseillers municipaux déclarent qu'ils ne connaissent pas les coupables et demandent des rigueurs contre M. de la Jaille. — Si Brest s'est ému, c'est à cause des officiers qui ne sont pas à leur poste. — Il ne faut désormais nommer que des officiers investis de la confiance du Club.

II. — Dénonciation des Administrateurs du département du Finistère contre le Ministre de la Marine et contre le capitaine de la Jaille. — Félicitations à la Garde nationale et à la troupe qui n'ont pas fait leur devoir.

III. — M. de Marigny écrit sous la dictée des Jacobins de Brest son Rapport au Ministre. — Regrettables inexactitudes. — Le Procureur général s'oppose aux poursuites. — On demande une récompense pour les sauveurs, mais il ne faut pas que le nom de M. de la Jaille soit prononcé. — On soumet au Roi un projet de lettre.

IV. — Autre Rapport adressé par M. de Marigny au Ministre de la Marine. — Le Commandant de la Marine libère son âme. — Après avoir trompé le public, les conjurés endorment la victime. — Le capitaine remercie le Conseil municipal et le Club des Jacobins. — Initiations graduées suivant les sujets.

V. — Apathie des Parquets et triomphe des conspirateurs. — Le Ministre de la Marine Bertrand de Molleville écrit aux Officiers municipaux de Brest. — Il se plaint de leur attitude et ajoute qu'en retardant l'expédition de Saint-Domingue, ils peuvent occasionner les plus grands désastres. — Vaine mercuriale. — Le Ministre de l'Intérieur, Cahier de Gerville, invite les édiles à ne pas dénoncer à la légère le Ministre de la Marine.

VI. — Le député Cavelier, chargé de faire un Rapport sur l'émeute, n'en souffle pas un mot. — Éloquente lettre du Garde des Sceaux, Du Port du Tertre, au Procureur général.

VII. — Le dernier document du dossier la Jaille. — La justice est éclairée, mais elle ne fonctionne pas. — Impuissance des Ministres. — Mots d'Isnard et de Brissot. — Plainte de Mallet du Pan. — Les brigands vainqueurs !

I

Quelles sont donc, aux regards de nos délateurs, les véritables causes de l'émeute? Les crimes de M. de la Jaille et les calomnies de M. de Bertrand. Les mêmes personnages qui se vantent de si bien connaître les forfaits commis, à deux mille lieues de Brest, par le capitaine de l'*Engageante* sont-ils, du moins, aussi documentés sur l'assassinat tenté, sous leurs yeux, contre M. de la Jaille? Nullement. Enveloppés dans la nuit du plus rigoureux incognito, pas un de ces tueurs n'a révélé son état-civil à nos discrets échevins, qui n'accordent à l'histoire l'aumône que de cette unique ligne : « Quant aux moteurs de l'émeute, ils nous sont encore inconnus. » Hélas ! ces honnêtes gens ne devaient jamais sortir des ténèbres qui, dès la première heure, — les couvrirent. Malgré les invitations réitérées du Ministre de la Marine et du Ministre de la Justice, nulle enquête administrative ou judiciaire n'essaya de déloger les spadassins de leurs antres et ne les soumit à la lumière. Rien n'était pourtant plus facile que de savoir leurs noms : il suffisait d'interroger les courageux artisans qui s'escrimèrent contre ces sbires. Mais, résolue à respecter la loi du secret que les coupe-jarrets se sont imposée, la Municipalité réserve toutes ses rigueurs à l'homme qui faillit succomber sous leurs couteaux. « De tels personnages, —
« déclarent les édiles — en parlant, non des sicaires, mais
« de leur victime — ne peuvent que compromettre émi-
« nemment la tranquillité de notre ville, les forces de
« l'État et le salut des colonies ! »

Voilà le message qu'un courrier extraordinaire est chargé de porter, le jour même, à Paris, pour le remettre entre les mains du Président de l'Assemblée législative. En même temps, un second courrier, envoyé à Quimper, fait parvenir au Directoire du Finistère, c'est-à-dire aux chefs du Département, avec la copie du même Procès-Verbal, une épître encore plus calomnieuse contre le prisonnier du Château de Brest.

Cette épître s'ouvre par une imposture :

« La connaissance de la lettre du Ministre de la Marine à l'Assemblée nationale, contenant l'assurance menteuse que tous les officiers de son département étaient à leur poste, avait révolté les citoyens de Brest. Leur indignation n'a plus connu de bornes, quand ils ont vu le Ministre mettre à la tête des forces décrétées pour les Colonies des officiers voués à la méfiance publique et notés d'incivisme. On range dans cette classe M. La Jaille. La présence de cet officier dans notre ville a donné lieu à une émeute populaire. »

Égarés par la passion, les ennemis de M. de la Jaille ne s'aperçoivent même pas de la contradiction violente qu'accusent leurs mensonges. Comment concilier, en effet, les sentiments hostiles qu'ils prêtent aux citoyens de Brest, contre les officiers transfuges, avec l'indignation attribuée aux mêmes habitants contre le capitaine de la Jaille, présent à son poste et fidèle à son devoir? « Nous nous flattons, — concluent les signataires, — qu'après avoir lu les pièces, vous ferez au Ministre de l'Intérieur un Rapport tel que lui et ses collègues sentent enfin la nécessité de ne conférer les emplois qui sont à la disposition du Pouvoir exécutif qu'à des agents qui allient au mérite de les bien remplir l'amour de la Constitution et la confiance de leurs concitoyens. » En d'autres termes, défense au Roi d'investir d'un commandement les Français auxquels le Club des Jacobins et ses inspirateurs n'accordent pas leur estampille.

II

Les Administrateurs du Département du Finistère ne déçurent ni les calculs, ni les haines du District et de la Municipalité de Brest. Invités à provoquer contre le capitaine de l'*Engageante* et contre le Ministre de la Marine un mouvement agressif, MM. de Kergariou, président du Conseil général du département du Finistère, Pascal, vice-président, Capitaine, procureur général, O'Morvan, Le Predour, Marec, L. Derrien, F.-M. Derrien, Belval, Taillen, Thomas, transmettent, le 2 décembre, au « Roi », une missive qui, lue le 7 décembre à la tribune de l'Assemblée législative, y fait définitivement triompher la légende imaginée par les Jacobins de Brest pour faire dévier les soupçons dont un témoin impartial pourrait les frapper. C'est un crescendo d'invectives, de délations et de faussetés :

Sire, disent nos loyaux administrateurs, nous vous dénonçons le Ministre de la Marine qui vient d'occasionner à Brest une émeute populaire ! Les citoyens, indignés, virent arriver avec horreur le Sieur de la Jaille, capitaine de vaisseau chargé de l'expédition de Saint-Domingue. Cet officier a été dénoncé à la France entière, comme fauteur et complice des troubles des colonies, lorsqu'il commandait la frégate l'*Engageante*... Nous joignons à notre dénonciation les pièces qui nous ont été adressées par les Corps administratif et Municipal qui ont réussi, par leur courage, à soustraire le Sieur de la Jaille à la fureur du peuple... Il est de la dernière importance d'empêcher des Ministres corrupteurs de tramer ouvertement la perte de notre liberté... Forcez les de remplacer les officiers de l'Armée, forcez les d'en confier le commandement à des hommes dont les principes soient connus...

L'évènement qui a eu lieu à Brest nous a fait sentir la

nécessité de demander une décoration extérieure pour les Membres du District et du Département. Ceux qui se trouvaient à Brest lors de l'émeute et qui se sont présentés pour apaiser les esprits ont été méconnus et insultés [1].

Comme on a pu le voir, la principale préoccupation des conjurés, pendant l'émeute, fut de réduire les Corps de troupes au rôle de spectateurs impuissants et passifs. Les édiles avouent eux-mêmes, dans leur Procès-verbal, que, rebelles à leur devoir, les autorités civiles n'appliquèrent pas la loi martiale. L'inertie de la Garde nationale et des troupes régulières constitue même le trait distinctif de cette échauffourée mystérieuse. Si l'autorité convoque les hommes, elle ne les fait pas marcher. Sans doute, parmi les défenseurs du marquis de la Jaille, les témoins distinguèrent le commandant de la Garde nationale. Mais, en se portant au secours du capitaine, menacé de mort, Trouille transgressa la consigne de l'immobilité pour obéir à l'inspiration d'une âme naturellement généreuse. Néanmoins, dès le 30 novembre, pour accréditer leurs fictions, les administrateurs du Département adressent aux « Troupes de Terre et de Mer et aux Gardes nationales de Brest » le plus vibrant ordre du jour. « Braves militaires ! leur disent-ils, nous sommes instruits de la part que vous avez prise au rétablissement de la tranquillité générale... Nous n'attendions pas moins du bon esprit qui vous anime. » Le maréchal de camp La Bourdonnaye, « commandant la 13e division de l'armée française à Brest », partage ce *satisfecit* :

« Monsieur, — lui écrit le Département, — les Corps administratifs de Brest ne nous ont pas laissé ignorer tout l'empressement que vous avez mis à donner les ordres nécessaires au salut du Sieur La Jaille et au rétablissement

---

1. *Archives nationales*, F¹ 3676. Tous les documents que nous citons sont extraits de ce carton.

de la tranquillité générale. Cette nouvelle preuve de votre patriotisme ne nous a point étonnés. »

Nos lecteurs se rendent-ils maintenant compte des procédés qu'emploie le parti révolutionnaire pour orienter l'opinion publique et dominer un peuple? La méthode est des plus simples : falsifier les faits, déplacer les responsabilités et renverser les rôles. Voilà tout le système ! Si grossière qu'elle soit, nulle fable n'est inaccessible à l'âme ingénue de la foule. En présence de ces insolentes fables, le public, au lieu de se révolter, doute, tergiverse, puis bientôt, maléficié par le cynisme des histrions qui le dupent et le terrorisent, finit par adhérer à l'imposture victorieuse.

III

Triomphe d'autant plus facile que les honnêtes Français, tenus de verser, au besoin, leur sang pour venger la vérité outragée, pactisent, soit par leur silence, soit par leurs prétéritions, soit même par de complaisants rapports avec les corrupteurs de l'opinion publique et les artisans des légendes. Tel, hélas ! ce pauvre commandant de Marigny qui, chambré par le Conseil municipal et le District, envoie au Ministre de la Marine le récit que lui dictent les fauteurs mêmes du complot. « La cause principale des fâcheux événements, — mande l'honorable officier, — c'est l'indignation profonde qu'ont éprouvée les citoyens de Brest en apprenant que l'on confiait la direction des secours destinés pour les colonies à ceux-là mêmes que la voix publique accusait d'y avoir fait naître les premiers troubles. » Plus loin, M. de Marigny enregistre l'épithète d' « hommes tarés » appliquée par le Directoire du Département tant à M. de la Jaille qu'à ses camarades !

Mais à ces invectives, que le pauvre commandant mentionne, sans y souscrire, s'ajoute un renseignement inédit. Le voici : « D'après les informations auxquelles s'est livré le Procureur-Syndic du Département de Brest — (le citoyen Capitaine), le chef de la députation qui se rendit auprès de M. de la Jaille pour lui signifier l'ordre de quitter Brest ne serait autre qu'un huissier du tribunal du District, — probablement Thomas Raby. » Cette révélation contredit les assertions du Conseil municipal et du District, dément le résultat négatif des recherches judiciaires. Mais, après avoir fait cette grave confidence à M. de Marigny, le même Procureur général se hâte de déclarer que « si les poursuites étaient poussées plus loin, elles donneraient lieu à de nouvelles insurrections populaires qui mettraient le port dans le plus grand danger » !

Voilà donc le premier magistrat du département pris en flagrant délit de forfaiture. Un procès pourrait démasquer les vrais coupables : par conséquent, point de mise en mouvement de l'action judiciaire !... Mais il ne faut pas seulement que les conspirateurs restent dans l'ombre : les meneurs veulent que la même obscurité plane sur le nom de M. de la Jaille.

« On croit, — insinue M. de Marigny dans la missive qui lui est soufflée par les conjurés, — on croit que, dans la Lettre que Sa Majesté pourra juger à propos d'écrire aux citoyens qui ont secouru M. de la Jaille, il est de la sagesse que M. de la Jaille ne soit pas nommé, et qu'il y soit seulement dit qu'en secondant un officier de Marine et qu'en sauvant la vie d'un homme en péril de la vie, ils se sont rendus dignes de l'estime et de l'affection de Sa Majesté pour cette action pleine de générosité et de courage. »

Pourquoi cette horreur de la lumière? Pourquoi cet engloutissement du nom de la victime dans la brume du mystère et la nuit du silence? C'est qu'en raturant le nom de la Jaille, les conspirateurs se flattent d'anéantir le principal témoin de leur attentat et de leur trahison. Pour contraindre Louis XVI à se faire le complice de cette manœuvre, le scribe effaré du Conseil municipal s'oublie jusqu'à proposer à la signature de son Roi le projet de lettre ourdi par les conspirateurs pour cacher au Prince le complot tramé contre un de ses meilleurs serviteurs [1].

IV

Délivré de la surveillance du Conseil municipal et cessant d'écrire sous ses regards et sous sa dictée, le Commandant de la Marine se ressaisit. Deux autres lettres, libellées, le même jour, par l'honorable officier général, révèlent sa résipiscence. Dans la première, adressée au Ministre de la Marine, M. de Marigny l'avise que, la veille des troubles, le Club des Jacobins tint au théâtre « une réunion qui suscita l'émeute ». La deuxième, transmise à « MM. les Membres du Directoire du District de Brest », plaide avec beaucoup de courage la cause de la justice :

J'ignore, — écrit le Commandant de la Marine, — j'ignore les raisons qui ont mérité à M. de la Jaille la défaveur publique et ont mis sa vie dans le plus grand péril. S'il est coupable, je demande, au nom de tous les officiers, qu'il soit remis entre les mains de la justice qui prononcera contre lui les peines qu'il aura encourues. Mais s'il ne l'est pas, Messieurs, ne serait-il pas également juste que ses calomniateurs et ses persécuteurs fussent poursuivis [2]?

---

1. En découvrant, dans un carton des *Archives* F¹ 3676, l'épître de M. de Marigny, nous nous demandâmes tout d'abord si nous devions nous en servir, mais, réflexion faite, il nous parut nécessaire de livrer à la publicité un des documents qui nous édifient le mieux sur les sortilèges de la secte.

2. Nous trouvons dans la même lettre les détails suivants :

« Instruit que M. de Kerlerec, lieutenant de vaisseau, était égale-

Comment se fait-il qu'à la même date le même officier général porte, successivement, sur M. de la Jaille deux appréciations si contradictoires? Il serait aussi téméraire qu'injuste d'accuser M. de Marigny de duplicité. Mais, en temps de Révolution, l'héroïsme ne court point les rues, et les combats à ciel ouvert coûtent moins à la plupart des soldats que les embûches des guerres civiles. Qu'il nous suffise de constater, à l'honneur de M. de Marigny, qu'après avoir subi les contraintes du Club des Jacobins, le Commandant de la Marine reconquit son indépendance et libéra son âme. Mérite rare : captifs d'un faux amour-propre, combien d'hommes, après avoir trébuché dans un traquenard, s'y enfoncent, pour ne pas avoir l'air de regretter une chute qu'au fond du cœur ils déplorent !

Mais il ne suffit point aux conjurés de leurrer le Roi, les ministres, le public, la France tout entière. Pour dérouter l'autorité souveraine et paralyser la justice, le comble de l'art ne serait-il point de mystifier la victime elle-même? Les mêmes individus qui viennent d'écrire à Quimper, à Paris, partout, que le commandant du *Duguay-Trouin* a plongé les mains dans le sang de ses compatriotes, bercent d'une si caressante musique l'âme naïve du capitaine qu'ils l'endorment. A peine sorti de prison et rentré dans son manoir du Roual [1], le marquis de la Jaille adresse, le 2 décembre 1791, aux Officiers municipaux de Brest, aux administrateurs du District et au Président de la Société des Amis de la Constitution, trois lettres, trois hymnes de gratitude et d'amour. « Comme Français, comme indi-

ment dénoncé à l'opinion publique et que sa présence ici pourrait y occasionner de nouveaux troubles, j'ai cru, Messieurs, qu'il était de la prudence de prescrire à cet officier de s'éloigner de Brest; je lui en ai donné l'ordre, hier soir, et il en est parti ce matin... » — *Archives Municipales de Brest*, communication de M. Delormel.

1. Château situé dans le canton de Lanvilis, et habité aujourd'hui par la famille de Kerdrel.

vidu confondu dans la masse des administrés; comme homme sensible, enfin, j'ai le droit de vous porter l'hommage de ma vive reconnaissance et j'use de ce droit avec empressement ! » Voilà le ton des effusions lyriques dont l'honnête M. de la Jaille abreuve ses sycophantes ! Moins onctueuse et plus précise, la missive que reçoit de l'officier le Président du Club des Jacobins, l'ingénieur Geffroy, ressemble plutôt à un plaidoyer qu'à un ode. Le maître a visiblement tancé son serviteur, réclamé des explications et sollicité des excuses. Ainsi pris à partie, la Jaille développe, non sans humilité, ses moyens de défense. On voit que les reproches du chef visent surtout l'expédition de Saint-Domingue. Pourquoi le capitaine de vaisseau a-t-il obéi aux ordres du Roi ?

En acceptant un commandement, la Jaille déclare qu'il n'a fait que céder aux instances « de MM. les Américains [1] réunis à Paris, auxquels s'étaient joints les six Commissaires de l'Assemblée de Saint-Domingue, récemment débarqués à Saint-Malo ». Cette réponse et ces excuses prouvent que le Commandant du *Duguay-Trouin* et le président du Club des Jacobins, tout en appartenant au même groupe, n'ont pas reçu la même initiation et ne parlent point la même langue. Toute l'histoire de la Révolution nous montre, rapprochés dans la même Loge, des « Frères » qui, le jour de la lutte, se trouvent au pied de la même barricade; mais point du même côté : celui-ci, champion de la Secte; celui-là, chevalier de la Monarchie. Tel fut le sort de l'ingénieur Geffroy et du capitaine la Jaille. Pendant que le premier affirme son hostilité contre les principes traditionnels et contre les Capétiens, le second va défendre les uns et les autres à l'étranger, d'abord, — puis à Quiberon, où il sert d'aide de camp à Puisaye. La lettre du marquis de la Jaille corrobore, d'autre part, ce que nous savions déjà

---

1. C'est-à-dire les colons originaires des Antilles.

sur l'insidieuse tactique de la Société occulte. En 1789, de même qu'à l'heure présente, avant de confier aux profanes les secrets des Loges, les chefs du Grand-Orient tâtent le candidat, et, l'examen terminé, mesurent la lumière à ses aptitudes, et les confidences, à son caractère. L'impétrant offre-t-il toutes les garanties qu'exige la charte maçonnique? La faveur de « l'initiation intégrale » lui est accordée. Dans le cas contraire, le Frère, frustré du « secret », ignore toute sa vie les dessous de la Société qui l'embrigade. La secte attache beaucoup de prix à l'affiliation de ces « Frères » blancs, tenus à l'écart des cavernes où délibèrent les hégoumènes de l'Ordre. Personnages presque toujours décoratifs, ces Maçons illusoires plaident avec d'autant plus de sincérité la cause de leur tribu qu'ils n'en connaissent ni les chefs, ni les arcanes [1].

V

M. de Marigny, comme nous l'avons vu plus haut, avait sommé les ennemis de M. de la Jaille de donner à leurs griefs une sanction judiciaire. En leur adressant cette mise en demeure, M. de Marigny exigeait des Jacobins une abnégation vraiment trop héroïque. Les dictatures peuvent-elles se soumettre au contrôle d'un Pouvoir qu'elles dominent? Si les Proconsuls de Brest avaient accepté l'intervention de la justice dans un débat qui les touchait de si près, n'auraient-ils pas avoué leur crime et décrété

---

1. V. Gustave BORD : *La Franc-Maçonnerie* (Paris, 1910), *passim*. Nous pouvons rapprocher du cas de M. de la Jaille celui de Joseph de Maistre. L'illustre écrivain fréquenta jusqu'à la Révolution les Loges Martinistes. Il nous l'apprend dans le XIe Entretien des *Soirées de Saint-Pétersbourg* et dans le dernier des *Quatre chapitres sur la Russie*.

leur déchéance? Complication plus grave : les spadassins, traduits devant les tribunaux, auraient-ils pu résister à la tentation de révéler le pacte qui les avait enrôlés et les embaucheurs dont ils avaient encaissé la sportule? Il fallait soustraire ces honnêtes gens au grand jour du prétoire et les exonérer de toute inquiétude. Les autorités de Brest n'eurent pas besoin d'être déterminées par un argument en règle pour étouffer l'affaire et protéger les conjurés contre la vindicte des lois. Le simple instinct de la conservation y suffit. Cette forfaiture n'assurait-elle point l'impunité du Club et le maintien de son omnipotence?

L'intérêt personnel des meneurs exigeait donc l'inertie de tous les pouvoirs. Les Représentants de l'autorité se croisèrent les bras. Dans toutes les lettres de l'édilité brestoise et de l'Administration départementale s'affirment l'insuccès des recherches et le péril des poursuites. Si cette apathie des parquets et cet insolent triomphe des conspirateurs irrite les Français restés fidèles au culte du devoir, si Mallet du Pan, dans le *Mercure de France*, stigmatise les fauteurs et les ouvriers du crime, si le Ministre de la Marine, Bertrand de Molleville, flagelle de ses réprimandes les tribunaux complices, cette belle indignation n'est pas contagieuse. Homme de l'ancien temps, peu favorable aux novateurs, Molleville ne méprise pourtant pas assez le nouveau régime pour le croire incompatible avec le respect du Code. Hostiles, en revanche, à tout ce qui ne date point de la prise de la Bastille, les collègues de cet étrange homme d'État prétendent ne laisser entrer la justice dans la France régénérée que par l'escalier de service et lui fixer son rôle et ses heures.

Qui profitera de cet antagonisme? Ce ne sera point la cause de l'ordre. Après avoir pris connaissance des récits officiels et du Rapport de M. de Marigny, le Ministre de la Marine adresse aux Officiers municipaux une épître où s'atteste la perspicacité du moraliste que ne dupent point les stratagèmes des meneurs :

« On prétend, — écrit M. de Molleville, — que le désordre a été la suite d'une assemblée tenue, la veille, à la Salle du Spectacle, par les Amis de la Constitution et dans laquelle M. de la Jaille a été dénoncé, ainsi que M. de Kerlerec, commandant la frégate la *Précieuse*.

« On prétend encore que, quoique instruits de cette dénonciation, vous n'avez pris aucune mesure pour en prévenir les suites.

« L'intention du Roi est que vous fassiez usage de tous les moyens que la loi met en votre pouvoir pour rétablir le calme dans une ville qui renferme l'arsenal le plus important du Royaume, et que vous ne négligiez rien pour découvrir et déférer à la justice les principaux coupables de délits aussi graves.

« J'ajouterai, Messieurs, que l'armement qui se fait à Brest ayant pour objet le rétablissement de l'ordre dans la colonie de Saint-Domingue, le seul retard dans l'expédition peut causer des désastres incalculables. »

Malheureusement, le Procureur-syndic de la Commune et le Procureur du District, inféodés, l'un et l'autre, au Club des Jacobins, ont trop souvent expérimenté sa puissance pour se permettre de contrecarrer ses plans. Aussi, la victoire du droit les préoccupe-t-elle moins que l'échec de la répression. Aucun mandat d'amener n'atteint les mercenaires des Proconsuls. Avant de lancer les gendarmes aux trousses des coupables, le Parquet veut réfléchir et demande du temps. Du temps ! lorsque la sécurité dont jouissent les malfaiteurs encourage l'émeute, et grossit son armée !

On ne saurait reprocher aux Girondins qui bloquent Bertrand de Molleville de ne pas observer les formes. Les Officiers municipaux de Brest ne sont pas exclusivement gourmandés par le Ministre de la Marine. Le Ministre de l'Intérieur leur décoche, à son tour, une algarade dont nous n'avons pas retrouvé le texte, mais cette admonestation dut être fort discrète si nous en jugeons par la hautaine réponse que les coupables administrèrent au fonctionnaire qui se permit de les semoncer. « Il serait à souhaiter, — concluent ces bons citoyens, — que tous les fonctionnaires méritassent et possédassent au même degré que nous la confiance publique. Quant aux auteurs et fauteurs de l'émeute, nous avons fait et nous ferons tout ce qu'il faut pour qu'ils soient punis, comme ils le méritent ! » Chimères ! Après avoir grondé la Ville de Brest, Cahier de Gerville favorise le Département d'une mercuriale moins bienveillante.

« J'ai mis sous les yeux du Roi, écrit le Ministre de l'Intérieur au Directoire de Quimper, l'Adresse par laquelle vous avez dénoncé le Ministre de la Marine pour avoir assuré que tous les officiers de son Département étaient à leurs postes et pour avoir fait donner à M. de la Jaille le commandement de l'expédition de Saint-Domingue. Ce Ministre s'est justifié auprès de Sa Majesté ainsi qu'à l'Assemblée nationale... Je ne puis m'empêcher de vous observer que si c'est un devoir de dénoncer tous ceux qui trahissent les intérêts de la nation, les dénonciations légères n'en sont pas moins contraires à tous les principes de la justice et de l'ordre social. »

Les Administrateurs du Finistère s'étaient dispensés de notifier au Ministre de l'Intérieur la mise en liberté de M. de la Jaille. Cahier de Gerville se plaint de ce mutisme et demande que toutes les mesures soient désormais prises pour « faire jouir » l'ex-prisonnier de la sûreté que lui garantissent les lois. Une aussi bénigne remontrance ne pouvait beaucoup impressionner nos Jacobins. Dans une fastueuse réponse, datée du 17 décembre, les édiles vantent leur impartialité, leur modération, leur dévouement, invoquent les lettres qu'ils ont fait signer à M. de la Jaille et veulent qu'on leur désigne le dénonciateur qui tenta de « surprendre la religion du Prince pour perdre les plus irréprochables des magistrats ».

VI

Pendant que s'échange cette fallacieuse correspondance, le principal moteur de l'insurrection du 29 novembre, le représentant de la ville de Brest à l'Assemblée législative, le fameux Cavelier, montait à la tribune le 8 décembre. L'Assemblée a chargé le Comité de la Marine de lui faire un Rapport, tant sur l'émeute que sur le remplacement des officiers de marine, — et c'est à Cavelier qu'est échu le soin de narrer les faits et d'en dégager une conclusion politique. Les profanes s'imaginent que le député de Brest saisira l'occasion qui s'offre à lui de solliciter une enquête pour innocenter ses compatriotes. Or, de l'affaire du 29 novembre, le jacobin Cavelier ne souffle pas un mot. Exclusivement technique, son Rapport aboutit au vote de deux décrets, le premier réglementant les congés des officiers, et l'autre réorganisant les services de la Marine. Les collègues du Rapporteur auraient eu le droit de signaler l'étrange réserve de Cavelier et de s'en plaindre : personne n'ouvre la bouche. L'affaire n'est pourtant pas encore classée. Le 23 décembre 1791, le Procureur général syndic, le citoyen Capitaine, en transmettant au Ministre de la Justice l'avis du Procureur syndic du District sur l'Affaire, — avis défavorable aux poursuites, — ajoute ces mots significatifs : « Vous pèserez, Monsieur, dans votre sagesse, si l'on doit déférer, ou non, à cet avis. » Évidemment, les deux Procureurs connivent avec les coupables. En présence de cette attitude, le Ministre de la Justice, Du Port du Tertre, ne peut se défendre d'un mouvement de colère.

Dans une lettre d'une âpre énergie, où vibre l'accent d'un Achille de Harlay, le ministre de Louis XVI gourmande la poltronnerie de ces magistrats, rebelles aux jussions de l'honneur, — malmène ces juges indignes, qui nous font déjà prévoir les héliastes de la Terreur :

« J'apprends, Monsieur, — dit Du Port du Tertre, — que l'instruction commencée sur les violences commises à Brest envers M. de la Jaille, présente matière à plusieurs décrets de prise de corps, mais que ces décrets éprouvent une opposition décidée.

« Il s'agit de savoir qui l'emportera de la violence ou de la justice, — des coupables ou des juges — d'une faction séditieuse ou de la loi. Il faut, ou tout abandonner au caprice de la multitude, ou assurer, par un grand exemple, le triomphe de la force publique ! »

Cet inflexible gardien du droit parle, hélas ! sur un forum où le couteau du coupe-jarret a supplanté « le glaive de la loi ». Son admonestation va-t-elle aboutir à la mise en jugement des assassins ?

VII

Le dernier document que nous trouvons dans le dossier la Jaille porte la date du 11 février 1792 et la signature du Ministre de la Justice. Les pièces dont le Garde des Sceaux se trouve nanti « démontrent, dit le Ministre lui même, que les preuves acquises par l'information engagée contre le séditieux sont de nature à déterminer des décrets ». La lumière est donc faite et la conspiration dévoilée. « Mais, — ajoute Du Port du Tertre, — le Procureur-syndic du District paraît craindre que la multitude ne résiste à l'exécution des décrets et ne compromette, par de nouveaux excès, l'autorité de la loi. » Du Port du Tertre n'est pas dupe d'une telle crainte : « Ces considérations, — déclare le courageux Garde des Sceaux, — me touchent moins que les maux qui pourraient résulter de l'impunité d'un délit aussi grave. Vous désirez, néanmoins, connaître mon opinion avant de prendre une mesure ultérieure.

« Aussitôt que j'ai eu connaissance du délit, j'ai prescrit au tribunal de poursuivre vivement les auteurs. J'ai pensé que l'empire de la loi ne s'établirait pas et que nous verrions la liberté s'anéantir, si tous les Pouvoirs ne concouraient à maintenir l'ordre public [1]. »

Cette belle lettre clôt le dossier judiciaire de l'affaire la Jaille.

Sans force et sans vertu contre la banqueroute de tous les Pouvoirs propices au mal, les serviteurs de Louis XVI essaient en vain de forcer les portes de la prison où les isole une Assemblée complice des rebelles. Presque tous les jours, les injures et les menaces des orateurs ne frappent-elles pas les Ministres qu'obsède le désir de lutter contre l'anarchie fomentée par la Gironde elle-même? En butte à tous les affronts, Du Port du Tertre et ses collègues ne peuvent se méprendre sur le sort que l'Assemblée réserve à leur fidélité et sur le salaire que recevra leur résistance.

« Disons à nos Ministres — déclare, un jour, Isnard (29 novembre 1791), — que nous ne sommes pas très satisfaits de leur conduite ; — que, désormais, ils n'ont qu'à choisir entre la reconnaissance publique et la vengeance des lois, et que, par le mot « responsabilité », nous entendons la mort ! »

1. FF¹ 3676.

Une autre fois, M. de Lessart [1], le Ministre des Affaires étrangères, a le malheur d'écrire, dans une dépêche, que la Constitution où survit, mutilée, mais encore vivante, la Souveraineté Royale, reste pour la majeure partie de la Nation française, « une espèce de religion qu'elle embrasse avec enthousiasme ». Indigné de cet hommage à une puissance rivale et caduque, Brissot stigmatise la formule comme « insuffisante et antipatriotique ».

Plus les malfaiteurs multiplient les attentats, — plus la Gironde s'applaudit d'une rébellion et d'un désarroi qui démantèlent la Monarchie et qui nous acheminent vers la Terre promise, c'est-à-dire vers la République, vers le chaos et vers le sang.

« L'exécution des décrets est complète dans toutes les parties de l'Empire », déclare, dans son Rapport final, le dernier président de la Constituante, le juriste Thouret. En d'autres termes, l'anarchie est au comble et, grâce à nos complots, la Révolution triomphe. Mais l'honnête Malouet feint de ne pas comprendre les finesses d'un vocabulaire qui n'est obscur que pour les profanes. L'hypocrisie de Thouret l'indigne :

« Où est-elle, cette « exécution complète »? demande, le

---

1. LESSART (Antoine de Valdec de), né en Guyenne vers 1742. Employé d'abord par Necker dans ses opérations financières, il devint successivement maître des requêtes, contrôleur général des finances (décembre 1790), ministre de l'Intérieur (janvier 1791), puis remplaça le comte de Montmorin aux Affaires étrangères. Lorsque, au commencement de 1792, les Girondins poussèrent la France à la guerre européenne, Lessart lutta de toutes ses forces contre cette agitation belliqueuse. Lessart ayant affirmé que l'empereur Léopold d'Autriche lui avait témoigné le désir de maintenir la paix, on fit courir le bruit que le ministre avait fabriqué les pièces produites comme preuves à l'appui de son assertion. Décrété d'accusation pour ce fait, le 10 mars, à la suite d'un rapport rédigé par Brissot, Lessart, traduit devant la Haute Cour d'Orléans, fut massacré à Versailles, au mois de septembre de la même année, avec les autres prisonniers que l'on ramenait à Paris.

lendemain, le clairvoyant observateur. « Est-ce à Toulon, à Arles, à Bayeux, à Blois, à Toulouse, à Paris, etc., où la canaille viole les lois, aux applaudissements d'une magistrature enchantée de ces outrages? » Six mois plus tard, le procès des massacreurs de la Glacière se dénoue par la rentrée triomphale de Jourdan Coupe-Tête et des « braves brigands d'Avignon », acclamés, comme des pères de la Patrie, par la cité conquise. Au milieu de ces sanglantes lupercales, l'impunité des truands brestois passerait à peu près inaperçue, si, seul, ce jour-là, encore, Mallet du Pan n'élevait la voix :

« J'ai vainement demandé la vengeance des lois contre les assassins de M. de la Jaille, s'écrie le courageux publiciste; tout le monde, à Brest, nomme les auteurs de l'attentat commis en plein jour et dont des milliers de témoins pourraient déposer. La procédure a été commencée et décrétée; mais l'exécution des décrets demeure suspendue. Plus puissants que la loi, les motionnaires protecteurs des assassins effrayent ou paralysent les Ministres [1]. »

C'est fini! Suffisamment édifié par la faillite universelle du vieux décalogue, Mallet du Pan ne perd ni son temps, ni son encre à réclamer une répression inutile. Le justicier cède la place au philosophe qui, drapé dans son manteau, se borne, cette fois, à constater la catastrophe de l'ordre et la victoire de l'anarchie.

1. *Mercure de France*, 14 avril 1792.

CHAPITRE XI

I. — Bertrand de Molleville, avant de quitter le Ministère, veut établir l'innocence de M. de la Jaille. — Toutes les pièces officielles prouvent qu'aucune accusation n'avait même été portée contre le Commandant du *Duguay-Trouin*.

II. — La Société des Colons de Saint-Domingue rend hommage à M. de la Jaille. — Réponse du capitaine. — Le marquis de la Jaille quitte le service et rejoint l'armée des Princes. — Il est remplacé par le comte de Trogoff de Kerlessy.

III. — L'ex-grenadier Lauverjeat, le principal sauveur de la Jaille. — Lettre qu'il reçoit du commandant du *Duguay-Trouin*. — Médaille d'or et Lettre royale adressée aux six Brestois qui ont concouru à la délivrance du Marquis de la Jaille.

IV. — La Municipalité convoque les bénéficiaires de la médaille et leur fait répudier le témoignage de la bienveillance royale. — Les médailles sont renvoyées à Paris. — Lettre insolente à Louis XVI. — Seul, Lauverjeat accepte la médaille et la Lettre.

V. — M. de Marigny perd tout crédit et démissionne. — Il est remplacé par Le Dall de Keréon. — L'ancien patriciat maritime a fini son rôle. — Nouvelle règle du Devoir.

VI. — Le nouveau Commandant de la Marine est obligé de participer à l'apothéose des soldats félons du régiment de Châteauvieux. — Ce sont les promoteurs de l'émeute du 27 novembre qui organisent la cérémonie. — *Te Deum* à l'église Saint-Louis. — Cinquante « officiers rouges » restent au service de la République.

I

De tous les ministres, Bertrand de Molleville est celui qui défend avec le plus d'énergie les prérogatives du Pouvoir et les droits de la justice. Pendant que ses collègues — après avoir jeté leur cri, — abdiquent et s'évadent, Molleville remue ciel et terre.

Choqués par cette attitude d'un autre temps, les maîtres nouveaux finissent par frapper d'ostracisme le philosophe morose que captive encore, au milieu de la France nouvelle, — un décalogue suranné. Trop épris de ses obligations pour les enfreindre, Molleville se sépare sans regret d'un gouvernement que démantèle l'universelle indiscipline et que dégrade l'universelle couardise. L'heure était venue de sortir de la scène où l'assassinat se nimbait de l'auréole qui couronnait, la veille, la seule vertu.

Mais, avant de quitter le ministère, Bertrand de Molleville tient à déposséder les Jacobins du principal, que dis-je? de l'unique prétexte qu'allègue la haine pour excuser le crime. Obligés de plaider la cause des sicaires, les Officiers municipaux de Brest ont, — contre M. de la Jaille, invoqué la dénonciation dont Saint-Domingue aurait saisi la Constituante. Ce réquisitoire offrait au commandant de l'*Engageante* une occasion inespérée de confondre ses accusateurs. Pourquoi l'officier n'ouvrit-il point la bouche? Pourquoi le souci de son honneur ne lui arracha-t-il pas un cri de vengeance et de colère? Derrière ce masque d'impassibilité sereine, ne pourrait-on pas conclure que se dissimulait une âme consciente de ses fautes?

Eh bien! Molleville veut connaître les obscurs méfaits que le Club des Jacobins jugea dignes de mort. Au fond de quelle ténébreuse caverne les victimes de Saint-Domingue se lèvent-elles du sépulcre pour dénoncer, dans la Jaille, le fauteur de la guerre civile et le bourreau des colons? Tous les documents, toutes les missives, toutes les doléances que l'Assemblée reçoit de nos possessions d'outre-mer s'accumulent dans les bureaux où le Comité de la Marine et des Colonies siège et délibère. Molleville descend dans cet antre et l'interroge.

L'enquête lave l'officier. Nul papier n'incrimine M. de la Jaille; nulle pièce ne mentionne même son nom. Ni Saint-Domingue n'a gémi de ses actes, ni le Comité n'a discuté son attitude. Ainsi, Club des Jacobins, Conseil général de la Commune, District, Département, qui représentaient la Jaille comme le boutefeu des troubles, — imitèrent le matador qui secoue la *muleta* devant le taureau : c'est avec le chiffon rouge d'une légende qu'ils tâchèrent d'aveugler et d'étourdir la plèbe [1].

---

[1]. Voici le texte des Documents libérateurs :

A

OFFICIERS MILITAIRES   à M. de la Jaille,
capitaine de vaisseau.

« A Paris, le 10 décembre 1791.

« Je m'empresse, Monsieur, de vous envoyer la copie conforme d'une pièce qui peut vous être utile. J'ai cru qu'il était convenable que l'original restât entre mes mains où l'on pourrait toujours le retrouver au besoin.

« *Le Ministre de la Marine,*
« DE BERTRAND. »

B

« 7 décembre 1791.

« Nous, Président du Comité de la Marine, certifions qu'il n'a été fait, ni renvoyé par l'Assemblée nationale aucune dénonciation contre M. de la Jaille, capitaine de vaisseau. En foi de quoi, nous avons délivré pour lui servir et valoir ce que de raison.

« Au Comité, ce 7 décembre 1791.

« PRÉSIDENT DU COMITÉ DE MARINE. »

II

Pendant que Bertrand de Molleville justifiait la Jaille avec une autorité qui aurait dû déconcerter l'imposture, la Société des Colons de Saint-Domingue faisait parvenir à l'officier une épître où l'admiration et la reconnaissance pour le héros s'attendrissaient d'une profonde pitié pour la victime :

La Société des Colons français, — dit l'adresse, — n'a appris, Monsieur, qu'avec une vive douleur le danger que vous avez couru; elle partage les horreurs de la détention et vous offre l'expression de sa sensibilité. Nous étions bien convaincus qu'en toute occasion où il faudrait du courage et de l'énergie pour vaincre les périls, Monsieur de la Jaille n'en sortirait jamais qu'avec « gloire ». La force peut vous

C

« Nous, Ministre de la Marine et des Colonies, certifions que l'écrit ci-dessus est la copie fidèle d'une pièce originale déposée entre nos mains; en foi de quoi, nous avons signé le présent, contresigné par le Chef de nos Bureaux, et nous avons fait apposer le cachet de notre Département.

« A Paris, le 10 décembre 1791.
      « DE BERTRAND.
   « *Par le Ministre :* LE CARPENTIER. »

D

A tous ces documents qu'on vient de lire, joignons celui-ci qui les complète :

« 7 décembre 1791.

« Le Comité des Colonies a délivré aujourd'hui une attestation portant qu'il n'a jamais existé de dénonciation contre M. de la Jaille devant l'Assemblée constituante, ni devant le Corps législatif.

« Le Ministre de la Marine a démontré qu'aucun officier employé dans les arsenaux ou sur mer n'avait quitté son poste.

« La dénonciation de la Municipalité de Brest et du Finistère, fondée sur ces deux faits démontrés faux, mérite donc la plus grande punition ! »

enlever, pour quelques instants, votre liberté, mais rien ne pourra vous ôter l'estime des honnêtes gens, la reconnaissance des colons, la confiance du Roi, l'honneur enfin ! Vos malheurs, Monsieur, sont la preuve qu'un Français fidèle peut tenter en vain de servir sa patrie et son Roi. Mais votre constance prouvera que rien ne peut diminuer son zèle, ni changer ses sentiments. Vos ancêtres, toujours compagnons de Dugai-Troin, ont soutenu le pavillon français; la « Gloire [1] » voulait encore que, de nos jours unis, vos deux noms faits pour la victoire, nous fondions le salut de Saint-Domingue et le retour de la tranquillité dans cette colonie [2].

1. Allusion au nom du bâtiment la *Gloire*, que montait le grand-père du capitaine de l'*Engageante*, lors du combat naval que livra M. de Forbin, au mois d'octobre 1707, à cinq frégates anglaises. Duguay-Trouin, sur le *Lys*, attaque le *Cumberland*, avec le concours de Jean de la Jaille, montant la *Gloire*. Le vaisseau anglais, par une manœuvre habile, engage son beaupré dans les grands haubans du *Lys*, pour l'immobiliser et le canonner en enfilade. La situation de Duguay-Trouin était mauvaise. Alors, la Jaille, par un mouvement hardi, se jette entre le *Lys* et le *Cumberland*, l'aborde de long en large et délivre son compagnon d'armes. Cette affaire est restée célèbre. Voir le marquis DE BRISAY : *La Maison de la Jaille*, p. 343-345.

2. Ce document est signé CORMIER, président; ROBERJO, secrétaire; LARTIGUE, — et accompagné de la pièce suivante :

EXTRAIT DES REGISTRES DES DÉLIBÉRATIONS DE LA SOCIÉTÉ CORRESPONDANTE DES COLONS FRANÇAIS SÉANTE A PARIS.

Séance du 6 Décembre 1791.

« Un de ces Messieurs a fait la lecture d'une Lettre adressée au Ministre de la Marine par M. de la Jaille, Capitaine de Vaisseau, datée du 29 novembre 1791, du cachot du Château de Brest.

« Après cette lecture, le même Membre a fait la motion d'écrire sur le champ à M. de la Jaille, pour lui faire part de l'intérêt particulier que la Société prend à sa détention.

« M. de Grandmont a appuyé cette motion et a décidé, à l'unanimité, qu'il serait écrit, sans désemparer, à M. de la Jaille. M. de Grandmont, chargé de la rédaction, s'en est aussitôt occupé. Il a fait lecture d'un projet de lettre qui a été adopté à l'unanimité. Certifié : CORMIER.

Secrétaire, en l'absence de Roberjot : GIRAULT DE LARTIGUE.

Cet hommage complète la physionomie du Commandant. Le Gouvernement d'alors aurait dû tout tenter pour garder dans nos cadres un tel chef. Mais la France est la prisonnière d'un groupe d'hommes qui rêvent de faire de l'État une force de destruction contre la Patrie. Un serviteur comme la Jaille, égaré dans les rouages de cette machine, en léserait le mécanisme. Pour ne pas entraver la marche de l'appareil, un décret élimine de la flotte l'officier importun et le rejette vers l'armée des Princes où Puisaye utilisera sa science et mésusera de son dévouement.

Par déférence pour M. de Marigny, le Ministre de la Marine a cru devoir laisser au Commandant le choix de l'officier qui lui paraît le plus digne de remplacer

Voici la réponse du capitaine de la Jaille :

« Au Roual, près Brest, le 17 décembre 1791 :

« Messieurs,

« Mon malheur, sur lequel vous vous êtes affligés, est un triomphe pour moi, puisque je lui dois les marques d'estime et d'intérêt dont vous m'honorez. Je me serais exposé à tout pour fixer en ma faveur ces sentiments si précieux de votre part ; j'affronterais tous les périls pour en conserver le bienfait.

« Fidèle à ma patrie, fidèle à mon Roi, l'honneur et le devoir guidaient mes pas vers nos contrées désolées, et le sacrifice de mes jours est le moindre de ceux que j'aurais voulu vous faire.

« Que n'ai-je, Messieurs, avec le zèle qui m'anime, les talents des grands hommes dont votre indulgente bonté me rappelle le souvenir si cher à mon cœur ! Sans doute, Duguay-Trouin mettrait aujourd'hui toute sa gloire à rendre le calme, le bonheur et la paix à votre infortuné pays, La Jaille ferait toute sa félicité d'en assurer l'heureux succès. Il manquait à ce dernier l'honneur dont son petit-fils vous a paru digne. Votre lettre, que je laisserai à mes petits neveux, ce sera l'évangile où ils apprendront que, pour mériter cette grâce unique, il faut savoir mourir pour son Roi, pour sa Patrie et pour vous, braves et généreux Colons, qui n'en serez jamais séparés dans mon cœur.

« Je suis avec le plus profond respect, Messieurs,

« Votre très humble et très obéissant serviteur.

« DE LA JAILLE. »

M. de la Jaille. La faiblesse de caractère de M. de Marigny et sa fausse sagesse imposent au Pouvoir exécutif une capitulation nouvelle. Au lieu de placer à la tête du *Duguay-Trouin* un marin étranger aux cabales des sectes, Marigny désigne l'officier que le Club des Jacobins et le Conseil municipal avilissent de leur estime et de leurs préférences. Entre plusieurs candidats, le capitaine Trogoff de Kerlessy l'emporte.

Les édiles brestois avaient d'abord refusé de s'immiscer dans une nomination qui, disaient-ils, ne regardait pas l'autorité municipale. Pur artifice! Plein de condescendance pour leurs préférences secrètes, le Commandant de la Marine insiste. La ville de Brest n'a-t-elle pas le droit de s'intéresser à la fortune de notre établissement naval et au choix du personnel? En s'adressant à M. Berthomme et à ses collègues, M. de Marigny ne sollicitait pas le *placet* des édiles, mais « l'avis des citoyens ». L'opinion publique accepte-t-elle le nom de M. de Trogoff? Voilà tout ce qu'il faut savoir. Ravis de cet hommage, les Officiers municipaux s'empressent d'affirmer les sympathies du peuple de Brest pour l'officier qu'ils favorisent clandestinement de leur bienveillance.

III

Les trames homicides des Jacobins n'échouèrent, — comme on l'a vu, — que grâce à l'opportune assistance de quelques hommes du peuple qui s'offrirent héroïquement aux coups de l'émeute pour lui dérober sa victime. Le plus intrépide de ces Bretons, le charcutier Lauverjeat, — ancien serviteur du Roi dans un régiment d'élite, cachait, sous une enveloppe commune, une âme vaillante que n'impressionnaient ni les sophismes des rhéteurs de Club, ni les stylets des justiciers populaires. Les clameurs de la plèbe attirèrent l'attention de Lauverjeat[1], au moment où l'ex-grenadier, sortant des vêpres, se promenait, avec sa femme, sur le glacis des remparts. D'une stature gigantesque et d'une force surhumaine, l'ancien soldat fendit la foule, arracha la Jaille aux mains des bretteurs et, jusqu'à l'arrivée de la force publique, lui assura l'abri d'un corps de garde. Exaspérés de cette offensive imprévue, les assassins se ruèrent sur le généreux athlète : « En arrière ! ... cria l'ancien grenadier. Que personne ne touche au capitaine ! C'est aux lois de décider s'il est innocent ou coupable ! Le peuple n'a pas le droit de se faire justice lui-même : je vais le mettre en sûreté. » Les biceps, le langage et l'attitude de Lauverjeat firent reculer les agresseurs et domptèrent la foule.

Le désintéressement d'un pareil acte en fait le prix. Toute récompense serait une injure. Avec la délicatesse d'un vrai gentilhomme, le marquis de la Jaille pensa qu'il ne pouvait s'acquitter de sa dette qu'en accordant à Lauverjeat le don de son amitié : quel salaire pouvait égaler cette faveur? Du château du Roual, voici la lettre que M. de la Jaille écrivit à son sauveur :

Mon cher Lauverjeat,

Vous avez fait une bonne action. Le plaisir que vous en ressentez est votre plus chère récompense. Il n'en est point à ma disposition d'égale à celle-là. Je ne puis donc vous offrir, mon cher Lauverjeat, que le sentiment de reconnaissance dont vous m'avez fait un devoir envers vous. Et moi aussi, mon cher ami, j'ai sauvé des hommes qu'une injuste fureur allait immoler; la loi les a jugés et déclarés innocents. Ah ! comme cela fait du bien !

1. Claude Lauverjeat était né à Paris, sur la paroisse de Saint-Eustache. Fils d'Augustin et de Marie-Jeanne Orset, il avait épousé à Brest, le 28 juin 1791, Marie-Magdeleine-Josèphe Guérin, veuve de Joseph Prioult. (Communication de M. Jourdan de la Passardière.)

Répétez souvent, mon cher Lauverjeat, ce que vous disiez, dans le temps même que vous protégiez mes jours, car je vous voyais et vous entendais : « Ne nous faisons pas justice nous-mêmes et laissons aux lois le soin de punir les coupables. » Voilà la maxime du vraiment bon citoyen !

Adieu, mon cher Lauverjeat ; je vous estime autant que vous le méritez et je vous aime de tout mon cœur.

A.-C. DE LA JAILLE [1].

Au Roual, canton de Lannilis, district de Brest, 5 décembre 1791.

Six autres habitants de Brest s'étaient également distingués dans cette noble lutte contre les spadassins du Club. Toute la ville cita le commandant de la Garde nationale Trouille ; le marchand de vins Prigent ; le sellier Plessis ; le canonnier Pleiber-Sicard ; le commis de marine Tulpin et, enfin, le Comite [2] du bagne Biozon. Désireux de glorifier ces défenseurs de l'ordre, Louis XVI voulut leur offrir une médaille d'or. Si la Jaille ne pouvait rémunérer ses compatriotes, le Roi avait le droit de leur marquer sa bienveillance. Mais le malheureux monarque, en perdant la couronne, avait perdu la plus belle de ses prérogatives. On l'avait dépouillé du droit de gouverner ses peuples ; on lui refusa la liberté de leur témoigner son amour.

La gravure de la médaille avait été confiée à un artiste

---

1. Le marquis de la Jaille avait enjoint à ses enfants de traiter comme des amis et comme leurs égaux les fils et les rejetons de Lauverjeat. Cette recommandation a été religieusement observée. Le petit-fils de Charles-André de la Jaille, le général François de la Jaille, était colonel d'un régiment de chasseurs, apprit que l'un de ses hommes, le cavalier Sabot, descendait de Lauverjeat. Il l'admit à sa table. Quelques années plus tard, le soldat parcourait les divers échelons de la hiérarchie militaire sous les auspices du colonel et parvenait au grade de capitaine. M. Sabot, notaire à Morlaix, est le petit-fils de Lauverjeat. Nous lui devons de précieuses communications, et nous tenons à le remercier de son obligeance.

2. Comite est le nom donné à l'officier qui commande une chiourme sur les galères ou dans un bagne.

éminent, à Duvivier. L'artiste nous apprend qu'à la date du 2 février 1792, le secrétaire du Roi, M. de Saint-Roman, ne lui avait pas encore transmis les noms qui devaient figurer sur la médaille. Cette omission ne fut jamais réparée. L'Hôtel des Monnaies possède l'œuvre de Duvivier. Voici l'inscription qu'encadre, sur le revers, une couronne de chêne :

> POUR AVOIR
> COURAGEUSEMENT DÉFENDU
> ET SAUVÉ LA VIE
> D'UN CITOYEN
> LE 27 NOVEMBRE 1791
> A BREST

Comme nos lecteurs le voient, le Prince s'est incliné devant les injonctions du Club des Jacobins, injonctions si bénévolement transmises à la Cour par M. de Marigny : le nom du marquis de la Jaille est absent. Il ne figure pas davantage dans l'épître que Louis XVI, conformément aux suggestions du Commandant de la Marine, fit parvenir au chef de la Garde nationale, à Trouille [1]. Mais cette concession incite les Jacobins à une nouvelle insolence contre

---

1. Voici le texte de la Missive royale :

« Paris, le 28 février 1792.

« Vous avez, Monsieur, courageusement défendu et puissamment concouru à sauver la vie *d'un citoyen,* le 27 novembre dernier, à Brest.

« J'ai pensé qu'un tel acte de civisme et de valeur ne devait pas rester sans récompense.

« Je vous donne une médaille d'or, sur laquelle j'ai fait graver une inscription qui rappelle la belle action que vous avez faite. Soyez toujours fidèle à la Nation, à la Loi et au Roi.

« *Signé :* Louis. »

A cette époque, le pauvre Roi est tellement annihilé qu'il n'a même pas le droit d'introduire dans une lettre le nom de l'un de ses serviteurs. Il faut que l'exploit et le héros restent anonymes.

Louis XVI et contre la munificence royale. Le 7 mai 1792, le Directoire du Département du Finistère avise MM. les Officiers municipaux de Brest « qu'il leur fait passer les médailles et les lettres royales » commémoratives de l'événement du 27 novembre : « L'intention du Ministre de l'Intérieur, — écrivent MM. de Kergariou, Capitaine, Marec, Derrien et Pascal, — est que vous fassiez la distribution de ces récompenses décernées pour le Roi « au nom de la Nation ». Nous nous en rapportons à votre civisme, du soin de les transmettre, avec tout l'appareil que vous jugerez, aux citoyens qui les ont méritées. »

IV

Mais la Municipalité n'entend pas que cette cérémonie se déroule. Le 9 mars, les titulaires des médailles, convoqués à l'Hôtel de Ville, sous prétexte de recevoir les récompenses dont le Roi les honore, subissent un assaut inattendu. Le maire Berthomme et le Commandant Trouille mettent les sauveurs de M. la Jaille en demeure d'opposer un geste de mépris au geste bienveillant du Roi. Point de médaille qui rappelle le complot avorté ! Il faut ensevelir cette aventure dans la nuit.

Tous défèrent à cette lâche suggestion, — sauf le charcutier Lauverjeat, résolument rebelle à l'insolence que lui conseillent les ennemis de la Royauté captive. Le procès-verbal de la séance ne porte aucune trace de cet acte de courage. Nulle allusion n'est faite soit à Lauverjeat, soit à ses paroles. Après avoir manifesté les sentiments de la plus vive gratitude pour le témoignage si flatteur de la bienveillance royale, « les citoyens déclarent unanimement, — s'il faut en croire le greffier municipal, — que, n'ayant pas plus de droit à cette récompense que la multitude des bons citoyens de Brest, qui, comme eux, se sont exposés par leur respect pour la Loi, leur zèle à maintenir la Constitution et leur amour pour l'ordre public, *ils ne peuvent ni ne doivent accepter une faveur qui les distinguera des nombreux modèles qu'ils trouvent dans leurs concitoyens et qu'ils se feront toujours gloire d'imiter*. En conséquence, conclut le rédacteur du procès-verbal, les honorables citoyens prient le Conseil de faire parvenir au département les médailles, avec prière de les faire rendre au Roi, en lui faisant connaître les justes motifs qui ont déterminé leur refus. Ils ont signé sur le registre : Tulpin, Trouille, Sicard, G. Plessis, Biozon et Prigent. »

L'hypocrisie jacobine ne perd jamais ses droits. Les mêmes hommes, qui viennent de contraindre les sauveurs de M. de la Jaille à répudier les médailles, osent dicter au greffier cette imposture :

Le Conseil, applaudissant à la délicatesse des sentiments manifestés par ces bons citoyens, a fait de vains efforts pour les engager à accepter les dons de Sa Majesté; ils ont persisté dans leur résolution en se réservant de lui faire connaître plus particulièrement les sentiments de reconnaissance dont ils sont animés.
Conclusion : En conséquence, il a été arrêté que les médailles seront renvoyées, avec une expédition de la présente délibération, au Directoire du Département, avec prière de les faire parvenir au Roi.

Pour copie conforme au Registre des délibérations. *Signé :* Berthomme, *Maire;* Barrel, Jacou et Le Bronsort, *Secrétaire-greffier.*

Il faut que les « sauveurs » soutiennent jusqu'au bout leur rôle. L'Hôtel de Ville et le Club des Jacobins obligent ces braves gens à revêtir de leurs paraphes l'outrageante missive que voici :

Au Roi des Français !
Sire !

Nous avons tous été pénétrés de la plus vive reconnaissance envers Votre Majesté lorsque le Conseil général de la Commune de Brest nous a communiqué la récompense flatteuse que vous nous avez décernée. Mais, après avoir donné un libre cours à ce premier sentiment, nous n'avons pu reconnaître en nous que le seul désir de la mériter.

Le hasard seul, Sire, a rendu nos secours utiles au Sieur de la Jaille ! Tous les citoyens, à notre place, en auraient fait autant ! Et ont fait plus que nous ceux qui, faute de lumières, croyant avoir le droit de punir un citoyen accusé, dans l'opinion publique, d'être coupable envers la patrie, ont retenu leurs coups à l'aspect de l'égide de la loi que nous leur avons présenté !

Nous vous le répétons, Sire, et c'est une justice que nous devons à tous nos concitoyens : ils ont tous contribué au salut de M. de la Jaille, et tous méritent les mêmes considérations de Votre Majesté : ils méritent plus, ils méritent celle de la France entière, par le zèle infatigable, par la surveillance la plus étendue et par les sacrifices de tout genre qu'ils n'ont cessé de faire pour conserver à la nation sa plus précieuse et sa plus essentielle propriété. Ce témoignage de la vérité qui s'étend également sur les troupes de terre et de mer et qui sont ou qui ont été en garnison dans notre ville, depuis l'époque de la Révolution, devient, en ce moment, pour nous, par l'heureuse occasion que nous avons de l'adresser à Votre Majesté, la récompense la plus flatteuse que nous puissions désirer.

Reprenez donc, Sire, ces médailles que la Justice ne nous permet pas d'accepter, ne pouvant y prétendre qu'une portion collective avec tous nos concitoyens; ou si Votre Majesté considère toujours l'action que nous avons fait (*sic*) comme devant mériter une récompense, — qu'un monument décerné de sa part à la ville de Brest soit alors pour elle une faveur qui la dédommage complètement des calomnies atroces que ne cessent de vomir contre elle ses ennemis et les nôtres.

Nous sommes, très respectueusement, Sire, De Votre Majesté, les très humbles et très obéissants et fidèles serviteurs : TROUILLE, TULPIN, PLESSIS, SICARD, BIOZON, PUIGENT. — Le 9 mars 1792.

Retournées au Ministère de l'Intérieur, les médailles y trouvèrent, non plus Cahier de Gerville, mais Roland qui, le 11 août, le lendemain même de l'invasion des Tuileries et de l'incarcération de Louis XVI au Temple, accusa réception des récompenses royales que d'indignes sujets repoussaient comme une injure.

Cet affront, dissimulé sous le masque d'une rigidité spartiate, révolta, comme nous le disions plus haut, l'âme loyale de Lauverjeat. La cafardise jacobine n'était point le fait de cet honnête homme. Trop peu démocrate pour décliner la distinction que lui offre le souverain, Lauverjeat, mandé à Paris, reçoit de Louis XVI une médaille d'or et un sabre d'honneur [1]. Ces titres de noblesse restèrent dans

---

1. Le texte de la Lettre royale qui fut adressée à Lauverjeat est le même que celui qui figure à la page 251. Il n'en diffère que par les deux paragraphes que voici :

« Je vous donne également un sabre sur lequel j'ai fait graver la même inscription. Ne vous en servez jamais que pour la défense de la Nation, de la Loi et du Roi. »

A cette lettre, datée du 17 février 1792, était jointe la missive suivante du Ministre de l'Intérieur Cahier de Gerville :

« Paris, 17 février 1792.

« Je vous envoie, Monsieur, la Lettre que le Roi vous a écrite à l'occasion de l'acte de civisme et de courage que vous avez fait à Brest, le 27 novembre dernier. Sa Majesté vous donne une médaille d'or et un sabre d'honneur sur lesquels est gravée une inscription qui rappelle cette action généreuse.

« Je partage, avec tous les bons citoyens, l'estime et la reconnaissance qui vous sont dues pour vous être montré, au péril de votre vie, le défenseur des lois.

« Soyez toujours généreux et comptez sur la bienveillance du Roi.

« *Le Ministre de l'Intérieur,*
« *Signé* : A.-C. CAHIER DE GERVILLE. »

Le dévouement est héréditaire dans la famille Lauverjeat. Le 16 septembre 1827, le sous-préfet de Brest remettait, au nom du Roi, à M. Claude Sabot, petit-fils de Lauverjeat, une médaille d'argent, « pour avoir sauvé, en exposant sa vie, le 1er juin, plusieurs hommes près de périr ». — Le 28 août 1843, le duc de Nemours, arrivant

les mains de l'ancien grenadier jusqu'au jour où, pour éviter l'échafaud, Lauverjeat se vit obligé d'anéantir le témoignage de la générosité royale. Le dévouement du plébéien n'accusait-il pas « l'aristocrate », étranger aux vertus du patriote? Temps sinistres où le Français courageux qui sauvait son frère s'exposait à la prison et risquait la mort !

V

Défenseur latent des subordonnés qu'il désavouait tout haut, M. de Marigny s'était imaginé que les capitulations et les faiblesses du Commandant de la Marine finiraient par désarmer l'inexorable ennemi qui régentait Brest. Mais l'heure allait bientôt venir où, comme d'Albert de Rions et d'Hector, Marigny s'apercevrait que non seulement l'autorité, mais son simulacre, importunait le Jacobin, impatient de toutes les souverainetés, même des souverainetés théâtrales et des suprématies fictives. Pour se consoler de ses déceptions, le pauvre Marigny les raconte à son Ministre.

« L'anarchie, écrit le 30 novembre 1791 notre chef d'escadre à Bertrand de Molleville, l'anarchie est à son comble ; la liberté, la sûreté de tous les officiers sont en

---

à Morlaix, distingua, parmi les fonctionnaires qui lui étaient présentés, M. Sabot, percepteur à Lanmeur. M. Sabot avait perdu une jambe au service de son pays et portait trois décorations sur la poitrine. « Nous nous connaissons déjà, Monsieur Sabot, dit le Prince. Je me rappelle vous avoir vu au siège d'Anvers. — Oui, Monseigneur, répondit le percepteur de Lanmeur, le boulet qui m'a mutilé pouvait facilement vous atteindre, car vous étiez aussi exposé que moi. Porté à l'hôpital, j'y fus l'objet de votre attention particulière et, questionné par Votre Altesse Royale sur la gravité de mes blessures, je lui répondis que, si mes jambes étaient avariées, il me restait toujours, pour le service du Roi et celui de mon pays, un cœur français et dévoué ». (*Journal de Brest* du 23 septembre 1843.)

ne peut plus menacées. Aussi, tremblai-je d'apprendre à chaque instant, qu'il en part. Tout ce que je peux me permettre, désormais, est de prêcher que, quand on est au service, on doit au moins attendre d'être autorisé à quitter son poste pour le faire, car la morale que je professais jusqu'ici de combattre avec courage tout ce qui pouvait exciter à quitter ne peut plus m'être permise, puisque, d'un moment à l'autre, je craindrais de voir celui qui aurait cédé à mon conseil victime de son dévouement. Le peu d'officiers qui ont voulu me parler de leur désir de se démettre de leur commandement, ou de débarquer, n'ont reçu de moi, pour réponse que, comme chef, je ne pouvais le permettre; que, comme ami et camarade, je les invitais et exhortais à opposer le courage et le pardon aux persécutions, mais que, dans tous les cas, on devait prendre vos ordres, et ne quitter son poste qu'après l'avoir demandé et obtenu; que j'autorisais chacun à faire sa demande particulière directement, pour ne pouvoir, dans aucun cas, être susceptible de reproches, si on n'a pas une réponse satisfaisante. Je dois vous confesser, Monsieur, que la place n'est pas tenable. Quels inconvénients y aurait-il à donner tous les commandements vacants aux officiers qui n'ont pas contre eux le préjugé d'être nés privilégiés? etc., etc. »

En d'autres termes, pour sauver la Marine, l'heure n'est-elle pas venue de destituer les Chefs actuels de la flotte et de réserver les emplois et les grades aux officiers que désigne, non le mérite, mais l'affection de la plèbe? Voilà les étranges conseils que formule un marin distingué, un homme d'honneur, hanté par la préoccupation, non de contenir les ennemis de l'État, mais de les ménager. Cette adroite tactique n'attire, d'ailleurs, à M. de Marigny, qu'un redoublement d'affronts et un surcroît de disgrâces.

Vers les premiers jours de décembre, les deux députés

de Brest, le commis de la Marine Cavelier et l'imprimeur Malassis, adressent à l'Assemblée législative une lettre où se démasque le dessein de débarrasser enfin Brest d'un tuteur plus scrupuleux que gênant, plus probe que combatif. Ni les insinuations injurieuses, ni les remarques blessantes ne sont épargnées à ce chef illusoire. Puisque M. de Marigny abandonne chaque jour un lambeau de sa pourpre, à quoi bon garder un maître qui s'applique lui-même à se rendre superflu? Avec une ingénuité touchante, le Commandant de la Marine se rend, le 9 décembre 1791, à l'Hôtel de Ville, anxieux de fournir aux échevins une justification qu'on ne lui demande pas. Dernière avanie : dès les premiers mots, M. de Marigny se voit souffleté de tels outrages que le malheureux officier, subitement dégrisé, n'a plus d'autre désir que de sortir enfin d'un amphithéâtre où ses démarches et son langage ne correspondent décidément plus à l'état d'âme du public, las de l'ancienne troupe et curieux d'un nouveau personnel.

Après avoir fait écrire par M. de Marigny l'épître si complaisante que nous avons citée sur l'émeute du 27 novembre 1791, les Jacobins de la Mairie n'accusent-ils pas l'infortuné Chef d'escadre d'avoir transmis à Bertrand de Molleville une narration contradictoire — comme si ce reproche n'était pas démenti par le caractère dolent de l'accusé? Nouvelle communication de M. de Marigny au Ministre de la Marine, — et nouvelles plaintes. Les persécutions indignes qu'exercent contre le Commandant un groupe d'hommes « qui prennent à tâche de susciter » contre le digne officier, « l'animadversion générale » mettent la mort dans l'âme de M. de Marigny. On va jusqu'à l'accuser d'avoir nommé tous les Commandants de l'expédition de Saint-Domingue ! Cette fable vaut les autres.

Il fallait décidément relever de sa faction un soldat si mal préparé, par son passé et par ses doctrines, aux nouvelles obligations que les événements exigeaient d'un État-

Major démodé. Le 31 janvier 1792, affranchi de sa tâche par Bertrand de Molleville, Marigny remet le service à M. Le Dall de Kéréon, que la faveur populaire ne protégera point, hélas! contre les meurtrissures des mêmes mécomptes.

L'ancien patriciat maritime disparu, le code de l'honneur qu'il avait fait prévaloir pendant tant d'années s'évanouit de même. Les nouveaux arbitres de la France auraient déçu leur clientèle, s'ils n'avaient pas promulgué une nouvelle règle du devoir.

VI

Au mois d'août 1790, une mutinerie militaire avait mis aux prises, à Nancy, le régiment suisse de Châteauvieux et ses officiers. Victimes de leur intrépidité, le jeune Des Iles [1] et plusieurs de ses camarades avaient succombé dans la mêlée. On voulut rassurer la France et rétablir la

1. DES ILES (André-Joseph-Marc), né en 1767, fils de Marc-Pierre Des Iles et de M¹¹ᵉ Picot de la Clorivière. Blessé à mort, le jeune sous-lieutenant au Régiment du Roi-Infanterie mourut le 17 octobre 1790. Les plus cruels malheurs devaient s'abattre sur la famille d'André Des Iles. Lors de la découverte du complot de la Rouërie dont Des Iles, le père de l'héroïque officier, était le trésorier, les autorités républicaines, guidées par le traître Chevetel, opérèrent une descente au château de la Fosse-Hingant et s'emparèrent des sœurs d'André. Mᵐᵉ de la Fonchais, d'Allerac et de Virel, et de son oncle, M. Picot de Limoëlan. Mᵐᵉ de la Fonchais fut condamnée à mort et exécutée le 18 juin 1793, avec M. et Mᵐᵉ de la Guyomarais, MM. de Pontavice, de Fontevieux, de la Chauvinais, Mᵐᵉ Thérèse de Moëllen, MM. Picot de Limoëlan, Morin de Launay, Locquet de Granville, Groult de la Motte, Jean Vincent. Le père de Des Iles put s'évader et gagner Jersey. Mᵐᵉˢ d'Allerac et de Virel furent acquittées. La famille des Iles est aujourd'hui représentée par le comte du Halgouët et M. le comte Bastart de Villeneuve, descendants directs de la comtesse d'Allérac, et par le comte et le vicomte de la Fonchais et par le comte et le vicomte de Virel. (Voir G. LENOTRE : *Le Marquis de la Rouerie*, et RAOUL DU COUDRAY : *Le Pays de Granville* (année 1905, pp. 154 et suivantes.)

discipline. Le Conseil de guerre condamna vingt-quatre soldats à la peine de mort et quarante et un aux galères. L'autorité déclinante, — soutenue par un général de premier ordre, le marquis de Bouillé [1], tentait ainsi de ressaisir son sceptre tombé dans le sang.

Le bagne de Brest avait à peine pris livraison des quarante « condamnés » que les Jacobins brestois épousaient la cause de ces « martyrs ». La Monarchie glorifiait la fidélité : la Révolution déifiera la félonie. Vers les premiers jours de mai 1791, deux membres du Club, le commis de la Marine Gorgy et l'étudiant en droit Thomas Raby [2]

---

1. BOUILLÉ (François-Claude-Amour, marquis de), né à Cluzel (Puy-de-Dôme), en 1739. Il servit dans la guerre de Sept ans, gouverna la Guadeloupe et prit part à la guerre de l'Indépendance américaine. A l'époque de la Révolution, il était gouverneur des Trois-Évêchés, de l'Alsace et de la Franche-Comté, et général en chef de l'armée de la Meuse, Sarre et Moselle. C'est en cette qualité qu'il réprima l'insurrection de Nancy (1790). La faveur de Louis XVI lui fut dès lors acquise, et il entra en correspondance secrète avec le prince pour favoriser son évasion. Lors de la fuite de Varennes, il avait échelonné des détachements sur la route de Châlons à Montmédy. Il écrivit de Luxembourg une lettre à l'Assemblée nationale, s'engagea dans l'armée de Condé, puis dans celle du duc d'York, et finit par se réfugier en Angleterre (1794), où il mourut en 1800. Il laissa d'intéressants *Mémoires sur la Révolution française* (1801). Voir les *Mémoires* de son fils Louis de Bouillé, édités par la Société d'Histoire contemporaine; les *Mémoires d'un officier aux Gardes françaises* (le général marquis de Maleissye), les *Mémoires de Tercier*, passim.

2. RABY (Thomas-Marie), né à Brest le 2 avril 1770, fils de François Raby, maire de Brest (originaire de Bez, près Briançon), et de Marie-Jacquette Ferrière; il épousa, le 21 juin 1793, Eugénie-Dorothée-Isabelle Warwick de Courcelle, dont il eut un fils qui mourut en naissant. Thomas Raby n'avait encore que dix-huit ans quand, à sa sortie du Collège de Quimper, il fut l'un des promoteurs de la Révolution dans cette ville. En février 1789, il signe le Pacte de la Jeunesse bretonne qui jure l'extinction de la Noblesse. A la première nouvelle de la prise de la Bastille, il se réunit à une cinquantaine de jeunes gens qui, à la chute du jour, s'assemblent dans un champ. Le régiment de Rouergue, en garnison à Quimper, reçoit l'ordre de disperser les mutins par la force. La ville de Quimper est sans armes. Elle député Raby à Brest, où il parvient à se faire délivrer cent fusils. Au mois de décembre, il provoque la formation de la

se mettent en campagne, s'abouchent avec les Jacobins de la capitale, gagnent Collot d'Herbois et cabalent auprès de toutes les factions avec tant d'adresse que l'Assemblée législative, heureuse d'honorer « le civisme » de Châteauvieux, vote le 31 décembre 1791, l'amnistie des captifs et décrète, le 12 février 1792, leur délivrance.

Sans attendre les instructions du Ministère, la Société des Amis de la Constitution exige que les soldats soient, dès le 20, mis en liberté. Le nouveau Commandant de la Marine, M. le Dall de Kéréon [1], essaie vainement de temporiser. « Il lui faut des ordres » ! Soit. A défaut du Gouvernement, c'est le Procureur syndic de la Commune, le citoyen Guesnet, qui parlera. Ce fonctionnaire municipal prend donc sur lui de notifier au Commandant une réquisition illégale à laquelle notre officier supérieur n'a pas le courage de se soustraire. Le jour fixé par les Jacobins pour la fête, un pompeux cortège, — que dirige le Pré-

---

Fédération de Pontivy, le 15 janvier 1790. Les volontaires de Quimper le délèguent à la fête de la Fédération du 14 juillet suivant. Revenu à Brest, il se fait admettre à la Société populaire, dont il est l'un des agents les plus actifs, allant sur les vaisseaux, dans les casernes, dans les ateliers, haranguant les marins, les soldats, les ouvriers, les excitant contre les nobles et contre les prêtres.

Le 2 juin, il dénonce Lafayette aux Jacobins. Le 16 juillet, il va au Champ de Mars, aux côtés de Collot d'Herbois, provoque le peuple à signer, sur l'autel de la patrie, une pétition demandant la déchéance du Roi. Le 5 septembre, Gorgy et Raby se présentent, pour la troisième fois, à la barre de l'Assemblée nationale, et y dénoncent Barnave, Lameth et les autres membres du Comité colonial. Le 24 juin, Raby prononce, à la Salle du spectacle de Brest, un discours où il demande la déchéance du Roi, le renvoi des ministres et un décret d'accusation tant contre Lafayette que contre le Directoire de Paris. Après avoir pris part au Dix août, le 24 octobre 1792, il combat, à la Société populaire et y fait repousser la motion de Buzot de lever une force départementale, et de cesser toute correspondance avec les Jacobins.

1. LE DALL DE KÉRÉON (Yves-Jean), né le 21 novembre 1737, volontaire en 1756, enseigne en 1770, lieutenant en 1775, capitaine en 1792, contre-amiral le 22 juin 1773, admis à la retraite le 22 septembre 1796. Mort, à Brest, le 1er septembre 1811.

sident du Club des Jacobins, le citoyen Gorgy, et que précèdent plusieurs Corps de musiques, — conduit les autorités civiles, militaires et maritimes, le bataillon des Vésuviennes, la clientèle des tavernes, les patriotes des quais, les héros de l'émeute du 29 novembre 1791, au bagne, où les quarante forçats, ne comptant pas en vain sur l'abdication du pouvoir, accueillent, les bras ouverts, leurs coreligionnaires et leurs libérateurs.

Brest ne veut pas se séparer de ses « frères » sans leur tresser des couronnes. A chaque prisonnier, les Jacobins accordent un sabre d'honneur, les citoyens notables un uniforme neuf et leurs femmes « un baiser fraternel ». Ce n'est pas encore assez. Un discours du maire Berthomme à l'Hôtel de Ville, un *Te Deum* du Clergé constitutionnel à l'église Saint-Louis, l'accolade civique du général de la Bourdonnaye au Théâtre municipal, — devancent l'ovation dont Paris saluera, deux mois plus tard, les assassins de Des Iles, et laissent présager cette cérémonie scandaleuse qu'André Chénier dénoncera dans un iambe immortel [1] :

  Salut, divin triomphe ! Entre dans nos murailles.
    Rends-nous ces guerriers illustrés
  Par le sang de Désille et par les funérailles
    De tant de Français massacrés !

Désarmée contre la barbarie par l'inaction des honnêtes gens, la France va désormais descendre, à bride abattue, les spirales de la dégradation et de la servitude.

[1]. Le Commandant de la Marine Le Dall de Kéréon commit la faiblesse de saluer, lui aussi, les quarante forçats. Mais le prix de bassesse fut remporté par le général de Labourdonnaye. Au nom de la garnison, le général déclara que l'armée « verrait avec plaisir » les soldats libérés rentrer dans leur corps, et qu'ils y donneraient l'exemple de la subordination. « Le soldat Français sait bien — ajouta le général — que le seul cas où la désobéissance devient légitime est celui où d'autres que les autorités civiles les requièrent d'agir contre les citoyens. » — Levot, t. III, p. 299.

Le 21 janvier 1793, le principal agent des Jacobins brestois, le promoteur de toutes les émeutes, l'aboyeur des Clubs, le chef des sicaires, le libérateur des forçats, le jeune Thomas Raby, — Louis XVI à peine décapité, — montera sur l'échafaud, passera la main sur la guillotine, la retirera pleine de sang et en aspergera la foule : « Les Rois, — vociférera ce jeune étudiant » — les Rois ont dit : Si vous faites mourir votre Souverain, son sang retombera sur vos têtes ! Eh bien ! que cette prédiction s'accomplisse ! » L'immonde gamin qui défie ainsi le Ciel recevra le châtiment qu'il avait sollicité. L'année suivante, le 30 mai 1794, le bourreau lui tranchera la tête [1]. Mais ce ne sera pas en vain, hélas ! que Thomas Raby et ses émules auront conspiré contre notre établissement naval. Du « Corps royal » de la Marine, hier encore intact, la flotte retiendra, tout au plus, cinquante « officiers rouges » que guettera le couperet de Jeanbon Saint-André et qui préféreront aux aléas de l'émigration les certitudes de la Terreur !

1. Voir Pierre DE VAISSIÈRE : *La Mort du Roi,* pp. 133-134. — L'accusateur public devant le Tribunal révolutionnaire de Brest, le fameux Donzé-Verteuil, parla, dans les termes suivants, de Thomas Raby : « Sans doute, Raby, dans l'affaire des Suisses de Châteauvieux, avait témoigné une noble ardeur. Mais le froid poison du modérantisme se glissa dans ses veines, tandis qu'on allumait dans son cœur tous les feux de l'ambition. Parti de Paris après l'immortelle journée du 31 mai, ce jeune homme, profondément corrompu par le traître Kervelegan, son intime et son allié, à ce que je crois, vint répandre parmi les autorités constituées et les Sociétés populaires de Brest et de Quimper l'esprit de trouble et de révolte contre la Convention. Il cherchait en vain à donner le change sur l'énergie que ce jeune homme avait montrée jusqu'à la fin. Raby, formé à l'école impure du Fédéralisme, a montré, pendant l'instruction du procès, une duplicité de caractère et un feint amour de la République qui n'en a imposé à personne. »

CHAPITRE XII

I. — Conflit de la Montagne et de la Gironde. — Médiocre enthousiasme que soulève l'appel aux armes des Girondins contre leurs rivaux. — Faible résistance des contingents girondins. — Armée sans foi et sans courage.

II. — C'est en Bretagne que la Gironde compte le plus de partisans. — Dislocation morale de la province. — Déplorables conséquences de la guerre déclarée par le Duc d'Aiguillon aux franchises de la Bretagne. — Sociétés philosophiques. — Franc-Maçonnerie. — Loges de Rennes, de Brest, etc. — Adhérents de toutes classes.

III. — La Bourgeoisie bretonne devance la Révolution parisienne. — La mort du Roi ne l'émeut pas. — La classe moyenne ne se réveille que le jour où la Commune veut détruire la Gironde. — Menacés par la Montagne, les Girondins bretons ne se sentent pas rassurés. — Leurs persécutions. — Leurs crimes.

IV. — Pour garder sa suprématie, la Bourgeoisie révolutionnaire appelle le peuple à son aide. — Les Fédérés bretons se dirigent sur Paris. — Le ministre Terrier de Montciel les invite à rentrer dans leurs foyers. — Résistance. — Ils n'obéissent pas davantage au Directoire de Brest qui les invite à se rendre au camp de Soissons. — Les Fédérés participent à l'émeute du 10 août. — Volte-face du Directoire du Finistère qui félicite les émeutiers. — *Te Deum !*

V. — Les hostilités s'ouvrent entre la Gironde et la Montagne. — Agents de la Convention arrêtés à Brest. — La Municipalité se substitue au Pouvoir central. — Mutinerie des marins du *Patriote*.

VI. — Cavaignac et Sevestre à Brest. — Promesses violées. — Sevestre travestit les faits devant la Convention. — Les représentants Bréard et Tréhouart sont chargés d'aller à Brest rétablir l'autorité de la Montagne. — Pouvoirs illimités des représentants en mission. — Portrait de Barère.

VII. — Anarchie maritime. — État moral des équipages de la flotte commandée par Morard de Galle. — Mutinerie des hommes. — « A Brest, à Brest ! » — Un convoi hollandais profite du retour de notre flotte pour défiler impunément devant la rade de Brest.

I

Le 10 août 1792, la Commune de Paris lance la populace sur le Palais où réside une Monarchie résignée d'avance à la défaite, et prend possession, le même jour, de la capitale et de la France, également subjuguées par les futurs septembriseurs. En transférant des Tuileries au Temple le descendant de Louis XIV, l'Hôtel de Ville confisque la souveraineté que se partageaient, la veille encore, l'Assemblée législative et Louis XVI. Après avoir condamné le Chef de la Race capétienne à mort, sous les menaces et sous les piques d'une plèbe stipendiée par la Commune, la Gironde, à peine délivrée du « tyran », tombe elle-même sous le joug d'un Pouvoir qui doit, à son tour, non seulement lui ravir la liberté, mais la vie. Déroutés par cette trahison et par ce châtiment, Isnard, Brissot, Vergniaud, etc., tentent de dérober leurs têtes au couperet qu'ils ont eux-mêmes aiguisé. Mais, trop pusillanime pour regarder en face le triumvirat Marat-Danton-Robespierre, la Gironde succombera, fatalement elle-même, dans une lutte engagée par des rhéteurs sans principes contre des aventuriers sans scrupules.

Les Départements ne demandent, alors, qu'à marcher contre l'oligarchie parisienne : une belliqueuse ardeur enflamme la Province. Pourquoi ce mouvement avorte-t-il? Nos aïeux refusent, non sans raison, leur estime et leur confiance à des hommes politiques qui depuis quatre ans, inféodés au Club des Jacobins, avaient battu des mains à toutes les émeutes, légalisé toutes les rapines, encouragé toutes les usurpations, amnistié toutes les violences. Quel Français de cœur aurait voulu lutter sous la même bannière que les destructeurs de la Monarchie et donner son âme aux proscripteurs du Roi? Le triomphe éventuel des Girondins n'assurait pas, d'ailleurs, aux opprimés, un plus souriant avenir que la victoire des Montagnards. Les Girondins n'avaient-ils pas forgé la Constitution civile du Clergé, déporté les prêtres fidèles, appelé le Tribunal révolutionnaire?... Sans doute, Conseils municipaux, Administrateurs des départements, Présidents de Districts, envoient Adresses sur Adresses à la Gironde révoltée contre ses trop dociles élèves. Mais ces manifestations n'émanent que de la France officielle et sont l'œuvre d'un personnel sans ascendant et sans foi. Le copieux verbalisme de ces scribes, presque tous déshonorés par les complicités les plus criminelles, se heurte à l'indifférence populaire. La foule se croise les bras. Au moment critique, s'agit-il de prendre le fusil? Les volontaires s'évaporent dans les nuées d'une faconde pathétique et stérile. Infiniment modestes sont pourtant les exigences des sergents recruteurs. A Caen, les Girondins se contentent de demander cinq hommes par compagnie de soixante. Il est difficile de mettre moins de prix à ses croyances et à son honneur. Le lendemain, à l'appel, les officiers constatent le déficit presque général des héros attendus. Combien de soldats fournissent les cinq départements de la Normandie? La convocation d'Évreux aligne à peine un millier de paladins effarés. Le contingent de la Gironde ne dépasse pas quatre cents preux. Vingt-cinq cavaliers accourent à Bordeaux pour s'élancer sur Paris. Dès la seconde étape, à Langon, ce quart d'escadron détale à travers champs. Nîmes mobilise quelques milliers de batteurs d'estrade, et Marseille, environ six mille *nervis*, ramassés dans les tavernes du port. Sans doute, il n'en fallut pas tant, le 10 août, pour envahir les Tuileries; mais ce n'est pas assez pour les reprendre. A l'Ouest, au Sud-Ouest et au Sud-Est, partout, mêmes élans lyriques et mêmes sournoises dérobades. Au premier coup de canon, à Pacy-sur-Eure (13 juillet 1793), les « carabots » du Calvados, commandés par Wimpfen et Puisaye, décampent devant une bande de Parisiens plus rebelles à l'héroïsme qu'à la peur. Les forces levées sur les deux rives du Rhône se donnent rendez-vous au Pont-Saint-Esprit. Mais, au moment d'opérer leur jonction, volte-face des farandoleurs. Les Marseillais abandonnent Avignon sans le défendre et, revenus à Marseille, ouvrent les portes au général Carteaux, sans l'attendre.

Voilà comment se bat l'armée de la Gironde : armée qui n'a ni foi, ni principe, ni courage, ni plan, ni chefs. A la même époque, Cathelineau, la Rochejaquelein, Lescure, Talmont, d'Elbée, mettent le glaive au clair pour deux grandes causes, Dieu et le Roi, et — consolant ascendant de la droiture ! — conduisent les Vendéens de victoire en victoire, jusqu'au jour, hélas ! où les modérés, avides de donner une preuve de leur civisme, se coaliseront avec les Jacobins pour faire triompher la Révolution qui les égorge et qui les dépouille.

II

Entre toutes les provinces qui se soulevèrent contre la Convention à l'appel de la Gironde, la Bretagne fut celle qu'anima la plus guerrière ardeur. Mais pourquoi? Parce que le peuple breton ne soupçonne ni les antécédents, ni les opinions, ni les crimes des hommes politiques qui le sollicitent à la résistance. Indignés des traitements infligés à leurs prêtres, les laboureurs armoricains s'imaginent que la Gironde, — cette inlassable ouvrière de toutes les persécutions contre l'Église, — veut assigner un terme aux sévices dont elle donna le signal. Illusion déplorable! Cette erreur n'aurait pas compromis une offensive qui, bien dirigée, pouvait mettre la Convention en déroute, si la Bretagne, comme le Poitou, l'Anjou et la Vendée, avait possédé un patriciat en communion de sentiments avec les masses populaires et de principes avec le Gouvernement royal. Malheureusement, les sanglantes échauffourées de Rennes (1788) où de déplorables malentendus ameutèrent les gentilshommes, non seulement contre le Tiers-État, mais contre les ministres du Prince, — ont tout à la fois brouillé la Noblesse avec la Bourgeoisie et le Peuple avec le Roi [1].

Quinze ans auparavant, un de ces grands seigneurs que l'Encyclopédie a farcit d'idées fausses, un pourri de Cour, le duc d'Aiguillon [2], le Gouverneur de la Bretagne, avait entrepris contre les franchises de la Province une campagne non moins néfaste à la Monarchie qu'à l'Armorique. A la faveur de cette agitation, les pratiques les plus hostiles à l'ordre traditionnel supplantèrent les antiques coutumes. Pendant que des Sociétés plus ou moins littéraires, — Cabinets de lecture, Athénées, etc., propagent, dans les manoirs de la Bourgeoisie et les châteaux de la Noblesse, les doctrines de Rousseau, — les Loges de Rennes, de Brest, de Nantes, de Saint-Brieuc, de Redon, de Dinan, de Quimper, etc., embauchent une élite sociale qui, — quand éclatera la crise révolutionnaire, — se trouvera

---

1. Le comte Louis DE CARNÉ : *L'Avènement de Louis XVI et les derniers jours des institutions provinciales en Bretagne*. Revue des Deux-Mondes du 1er mars 1868. — M. Barthélemy POCQUET : *Les Origines de la Révolution en Bretagne*, deux vol. in-12.

2. AIGUILLON (Armand-Vignerot du Plessis-Richelieu, duc d'), né en 1720, mort en 1782. Gouverneur de Bretagne, il se déclara contre La Chalotais et contre la province. En 1771, il succéda à Choiseul, et laissa se consommer le partage de la Pologne. Il fut disgracié à l'avènement de Louis XVI. Voir le beau livre de M. Barthélemy POCQUET : *Le duc d'Aiguillon et La Chalotais* (trois volumes, 1900).

fatalement asservie à la Puissance occulte dont elle a subi le concours. Sur les listes où défilent les membres de la L∴ « la Parfaite Union de Rennes », n'est-il pas douloureux de voir associés Dom Lemur, prieur des Bénédictins, Dom Martin Bertrand de Toron, bénédictin, les Pères P. Enpelding, P. Saillard et Coste, dominicains, Léon Verne et Louis Réveillon, l'un Prieur et l'autre Procureur des Augustins, Gilles, Prieur des Minimes, et le P. Chevalier, Minime ; Le Gonidec de Traissan, Emmanuel de la Celle de Châteaubourg, Le Loutre du Bois-Léger, du Quercrou, Couppé de la Feugerais, de Beaumanoir, de Beschais, de Bellechère, de Coëtivy, de Guerry, de Kercaradec, de Miniac, de Boisrioux, Hay de Keranroy, F. de Lesquen, Dufaure de Rochefort, de Brulais, de Saint-Preux, Daniel de la Prunelais, du Guézennec, de Kermaison, de la Villegontier, de Pontavice, du Pinczon, de Pontbriand, de la Prevalaye, du Bourgblanc, Mestral de Kervonogoël, de la Richardière, de Laboulaye ; gentilshommes, prêtres, religieux, magistrats, commerçants, ensorcelés, pêle-mêle, par des billevesées qui flattent leur orgueil? A la même heure, Denoual de la Houssaye, le chevalier de Champeaux-Palasne, Piou, Le Saulnier, s'assujettissent aux rites de la L∴ « la Vertu triomphante » de Saint-Brieuc, pendant que le chevalier du Deserseul, le chevalier Le Gonidec, Rollin de la Fage, l'abbé Pingré, officient dans la L∴ de « l'Heureuse Rencontre » de Brest [1].

III

L'affiliation de la Bourgeoisie et de la Noblesse aux Loges, les discordes sociales et les émeutes démantèlent

---

1. Voir Gustave BORD : *La Franc-Maçonnerie*, pp. 412, 425, 464, 466, 473.

peu à peu le clan originel, émiettent la Nation bretonne et paralysent sa vigueur. Bourgeoisie, Noblesse, Peuple, unis pendant des siècles, n'offrent plus, en 1789, à l'ennemi, qu'un corps tronçonné et qu'une âme incohérente. Le temps n'est plus où la Province, tout entière, rangée derrière son Parlement, accourait au secours des libertés lésées et des Privilèges violés par l'infidèle mandataire d'une Autorité royale amoindrie. La Franc-Maçonnerie et l'étranger ont triomphé de ce Peuple, jadis si frémissant, et refroidi ses ardeurs. Entre les trois compartiments de la Société bretonne, nulle communauté de sollicitudes ni d'idées ! En face du Tiers-État qui s'applaudit de toutes les usurpations et qui favorise tous les méfaits, si le Peuple regrette ses prêtres chassés, la Noblesse, abdiquant son hégémonie territoriale, franchit la frontière pour suivre ses princes proscrits.

Voilà ce que la Révolution fait de la Bretagne; c'est la bourgeoisie bretonne qui précipite, à travers la France, le cyclone dont nous subissons encore aujourd'hui les ravages. Ses trames et ses émeutes devancent et préparent les rébellions, les cabales et les désordres de la capitale. Paris emprunte à Rennes ses consignes et ses fureurs, ses héros et ses journées. Qu'est-ce que le Club des Jacobins? L'ancien Club Breton. A chaque étape de la conquête révolutionnaire, la Bretagne dirige l'offensive et conduit les envahisseurs à l'assaut de l'ordre traditionnel. En 1775, pour soutenir la Chalotais, la Noblesse avait vilipendé la Monarchie; en 1788, la Bourgeoisie, pour se venger des gentilshommes qui refusent de lui ouvrir leurs rangs, frappe à mort la Noblesse.

Ni le jugement, ni la condamnation, ni la mort du Roi de France ne réveillent la Représentation bretonne. Qu'est-ce que le Roi? Un rival, un obstacle, un ennemi. On le supprime, comme on a supprimé l'Aristocratie. Mais la Commune, après s'être servie du Tiers-État pour s'affranchir du magistère royal, décide d'appliquer le même traitement à la Gironde; aussitôt, la Bourgeoisie bretonne se révolte. Tant que l'intérêt de la France est seul en jeu, la classe moyenne fait cause commune avec les destructeurs de la patrie. Mais voici que la Montagne enlève à la Gironde la suprématie que le Tiers-État vient à peine de conquérir. A partir de ce moment, l'attitude de la Gironde change. Périsse la France plutôt que la Gironde ! Un seul sentiment anime ce syndicat d'égoïsmes et de convoitises : la passion du Pouvoir !

Formées à son école, la Montagne et la Commune ont proscrit, le 31 mai 1793, dans la Gironde, non une idée, mais une puissance rivale qui les gêne. Pour déloger ses vainqueurs de leur forteresse, la Gironde appelle la France tout entière aux armes. Il faut que le pays restitue aux tyrans de la veille la dictature perdue. Une guerrière ardeur gagne la Bourgeoisie bretonne. Émotion trop explicable ! Ce n'est point le dévouement chevaleresque à un principe vaincu qui met en mouvement le Tiers-État, c'est la peur. Couverte de sang, la Bourgeoisie redoute, non sans raison, les rancunes que ses méfaits ont allumées et tremble devant les expiations qu'ils méritent. Depuis trois ans, les Gardes nationaux, aux gages des Municipalités de Brest, de Quimper, de Morlaix, etc., n'engagent-ils pas contre les populations rurales une « guerre de religion » qui soulève toutes les consciences? Sans foi et sans mœurs, ces miliciens, trop souvent recrutés parmi la plus impure plèbe des villes et commandés par des « Commissaires » que leur fanatisme ou leur ignominie a désignés au choix des autorités urbaines, vont, tous les dimanches, dans les campagnes, — presque toujours à l'heure de l'office divin, — arracher les prêtres fidèles à leurs stalles pour les remplacer, séance tenante, par des ecclésiastiques scandaleux ou parjures. Et si les laboureurs, atteints dans leurs croyances ou leurs affections, par ces entreprises de grande route, si ces loyaux chrétiens, voyant leur église envahie par les cavaliers, le sabre au clair, perdent patience; s'ils bâtonnent les malandrins, ceux-ci tirent, à coups de fusil, sur les paysans qui défendent leur foi et leurs « recteurs ». Voilà les scènes que suscite une bourgeoisie qui renouvelle, sur la fin du XVIIIe siècle, à Plouzanec, à Loc-Maria, à Plabennec, à Milizac, à Saint-Renan, à Ploudalmezeau, à Saint-Dizy, au Bourg-Blanc [1], les pires scènes de la Réforme.

Nos Girondins opèrent des battues contre le clergé, comme les lieutenants de louveterie contre les fauves. On mobilise des détachements de cinq à six cents hommes; on roule des canons pour arrêter deux ou trois pauvres prêtres, en train de célébrer la messe ou de chanter les psaumes. Appréhendés sans jugement, les ecclésiastiques sont enfermés, sans mandat, soit au Couvent des Carmes, soit au Château de Brest. La mise au secret est ordonnée et la célébration de la messe interdite. Émus de cette séquestration contraire aux lois, les catholiques brestois font entendre de telles doléances qu'un moment on parle d'élargir les captifs. Mais, aussitôt, les membres du District de Brest protestent contre ce mouvement de pitié. Une lettre du précédent Ministre de l'Intérieur semble, il est vrai, recommander la mise en liberté des détenus. « Mais

---

[1]. Un des plus odieux persécuteurs de l'époque, Bernard jeune, menacé, en 1793, du Tribunal révolutionnaire, écrivit une brochure où, pour échapper à l'échafaud, il se vantait de ses méfaits. « La première visite aux prêtres se fit, dit-il, à Ploudalmezeau, en 1791, avec douze dragons dont je faisais partie... Nous arrachâmes du presbytère le ci-devant recteur, deux autres prêtres qui y étaient réunis... A cette époque, nous enlevâmes les curés de la plupart des communes du District. » (*Un mot de Bernard jeune aux Amis de la Liberté*. Brest, Gauchlet, germinal an II, 20 p., in-8°.) Voir dans LEVOT (t. III, p. 34), les détails de ces expéditions.

[2]. LEVOT : *Brest pendant la Terreur*, t. IV, pp. 33 et seq. et 71.

le Ministre, — objectent nos Jacobins, — ignore que la tolérance qui règne à Paris (1) ne pourra s'établir dans le Finistère, le Cantal, la Lozère, que lorsque les lumières et l'esprit public auront fait le même progrès. Pour nous, nous croyons que la sortie des prêtres serait extrêmement dangereuse. Rendus à leurs foyers, répandus dans les campagnes, les prêtres séditieux y porteraient le trouble de la discorde. » Ces sophismes enjôlent une Administration départementale, ambitieuse de persécutions et de violences. Nos disciples de Rousseau somment les ecclésiastiques d'opter entre la réclusion au Château de Brest ou l'exil. Qu'on ose donc accuser les Girondins de tyrannie ! Ces honnêtes gens laissent à leurs adversaires la liberté de choisir entre deux supplices ! Décidés à ne pas priver la Bretagne de leur ministère, pleins de compassion pour les humbles paysans que la Bourgeoisie condamne à l'impiété, plusieurs prêtres se cachent dans des greniers, ou se réfugient dans des cavernes, pour ne pas laisser ce coin du sol sans idéal et sans lumière. Tant d'insolence révolte le maréchal de camp et les bourgeois voltairiens qui dirigent l'Administration départementale. Nos bourgeois décident d'en finir avec les prêtres réfractaires. La Gironde bretonne alloue une prime de 72 livres à tout individu qui conduira les prêtres rebelles au District le plus proche. Les édits royaux accordaient 50 livres par tête de loup; les Girondins brestois, plus généreux, octroient 22 livres de plus par tête de prêtre [1].

IV

C'est après avoir abreuvé les paysans d'avanies et de coups que, soudain, la Bourgeoisie bretonne les invite à

1. Levot, III, p. 34.

défendre le Gouvernement dont ils n'ont éprouvé que les rigueurs et connu que les méfaits. « La Patrie est en danger ! » écrit, le 25 juin 1792, le District de Brest au Directoire départemental. « Le peuple du Finistère, dirigé par des Administrateurs patriotes, prendra sans doute une attitude digne, vu la gravité des circonstances. » L'arrêté pris par les autorités départementales demande que chaque Commune lève des volontaires. Si, dans les villes, l'enrôlement ne rencontre pas trop d'obstacles, les paroisses rurales témoignent, en revanche, moins de zèle. Pour exciter l'ardeur belliqueuse des jeunes cultivateurs, il faut que le Commissaire civil, délégué par le District de Brest, le citoyen Jean Julien, « dragonne » les populations et recrute des volontaires à coups de sabre.

Les héros s'acheminent néanmoins, tant bien que mal, vers Paris, quand un courrier extraordinaire, expédié par le Ministre de l'Intérieur, Terrier de Monciel [1], apporte, 3 juillet 1792, au Directoire, l'ordre formel de dissoudre les Corps mobilisés. Les considérations les plus sensées se joignent, dans cette épître, aux informations les plus inquiétantes :

J'ai reçu l'avis, dit le Ministre, que de nombreux agitateurs se sont répandus dans tous les départements, et qu'ils y emploient les plus funestes manœuvres pour faire quitter

[1]. TERRIER DE MONCIEL, né en 1747, président. en 1790, du département du Jura, puis ministre plénipotentiaire auprès de l'Électeur de Mayence, succède. le 18 juin 1792, comme ministre de l'Intérieur, à Roland. Le lendemain de l'émeute du 20 juin, il raconte à l'Assemblée les scènes de la veille et dit que « des misérables ont failli faire porter à la France un deuil solennel ». Assailli d'injures, Monciel quitte le ministère et cherche, le 10 août, un refuge au Jardin des Plantes, chez Bernardin de Saint-Pierre qui lui doit sa nomination et qui le congédie. En 1814, Monciel est appelé par le comte d'Artois, mais le comte de Blacas l'écarte. L'ancien ministre se retire alors dans ses terres, près de Besançon, et y meurt en septembre 1831. (Voir *Un ministre de Louis XVI, Terrier de Monciel*, par L. PINGAUD, *Correspondant*, T. CXVI (an. 1879), page 577.)

aux citoyens leurs utiles travaux et les engager à se porter en foule dans Paris, le 14 juillet. Il est à craindre qu'une multitude de brigands, usurpant la qualité de Garde national, et sous le prétexte d'une fédération, n'inonde la capitale et ne trouble la fête civique par laquelle tous les Français, sans quitter leurs foyers, peuvent s'unir d'intention, le même jour, au même instant, et se rappeler leur fraternité.

Naturellement, ce Message se heurte au mauvais vouloir des Girondins bretons. Au lieu de rentrer à Brest, les volontaires, après s'être arrêtés à Lamballe, se remettent en route et arrivent à Paris le 20, à l'heure même où les Fédérés marseillais, ramassés dans tous les bouges de la côte ligurienne, franchissent les barrières de la capitale. Un décret de l'Assemblée législative convoque les forces départementales au camp de Soissons et leur enjoint de gagner, de cette ville, la frontière effervescente. Mais, réunis le soir même, au Club des Jacobins, Fédérés marseillais et Fédérés bretons jurent de ne pas quitter Paris, « tant que la Constitution et la patrie sont en péril ». Cette résolution comble les vœux de l'Hôtel de Ville qui l'a suggérée. Enfin, la Commune de Paris dispose d'un Corps de prétoriens attentifs à ses consignes ! L'axe du gouvernement est, une fois de plus, déplacé. La France tombe sous le joug d'un groupe politique qui, comme on l'a vu, compte, parmi ses membres, plusieurs agents de l'Angleterre. Le chef des Brestois, le commandant des Bouillons, signale au Directoire du Finistère les décisions factieuses de ses subordonnés et les triomphantes trames de l'Hôtel de Ville. A la veille de la bataille, les Bretons sont passés à l'ennemi. Mais, fatale impuissance d'un état-major que la trahison, tour à tour, exhausse sur un pinacle et précipite aux gémonies ! Comme tous les Chefs des forces révolutionnaires, le pauvre des Bouillons se voit abandonné par la cohue qu'il commandait la veille. Comment finira l'aventure ? Les Girondins de l'Administration départementale essaient de faire rentrer les mutins dans le devoir en les abreuvant de belles paroles :

« L'Assemblée nationale, la Patrie, la Constitution, — mande le Président du Département aux Fédérés Brestois, — ne courent en ce moment aucun danger à Paris. Si ce danger éclatait, cent mille bras sont prêts à les défendre; ce n'est pas dans une poignée de Fédérés que la République peut trouver quelque espérance de salut. Ceux d'entre vous qui ne voudront pas se rendre à la frontière sont maîtres de rester à Paris; mais la honte et le mépris seront leur partage. »

Sourds à cette injonction, non seulement les Fédérés brestois ne volent pas à la frontière, mais, le 10 août, nos preux se joignent à la canaille parisienne qui massacre les Suisses et les gentilshommes, rangés autour de la Famille royale. Curieuse vertu du crime ! Cet exploit réconcilie aussitôt les Girondins de Brest avec les volontaires qu'ils gourmandaient la veille :

Le Conseil général du Département, — écrit le même personnage au Commandant des Fédérés, — le Conseil général, instruit de l'énergie, du courage et du patriotisme que la brave division du Finistère a déployés dans les événements du 10 de ce mois, m'a expressément recommandé de vous féliciter, ainsi que votre valeureuse troupe, sur ce qu'elle a bien rempli ses intentions et ses espérances. Je vous fais part, en même temps, que le Conseil a ordonné de faire mention honorable sur ses registres du témoignage bien flatteur de sa satisfaction. Il est bien douloureux et bien affligeant, sans doute, qu'elle soit entremêlée de regrets, que nous partageons tous avec vous, de la perte de quelques-uns de vos braves compagnons d'armes pour lesquels, par arrêté du Conseil, — il fut célébré hier un service solennel à Quimper, où tous les corps ont assisté. M. l'Évêque du Finistère ¹ a officié, et une oraison funèbre a été prononcée par M. Gomaire ².

V

Puérile religiosité qui n'empêche pas l'Administration départementale d'enlever les cloches des églises, sous prétexte d'utiliser, contre l'ennemi, le bronze converti en canons ³ ! Cette volte-face nous révèle une fois de plus l'état d'âme de la Gironde. Chaque fois que la Révolution livre un assaut à la Royauté, la Gironde connive avec les agresseurs. Mais la Commune veut-elle déposséder la Gironde de la maîtrise que celle-ci s'arroge? La Gironde regimbe. Ce qu'elle veut avant tout, c'est le Pouvoir. Gouverner la France, voilà son seul décalogue. Aussi quand, quelques

---

1. EXPILLY (Louis-Alexandre), né à Brest en 1742. Il était curé en Bretagne lorsqu'il fut envoyé aux États Généraux. Il travailla à la rédaction de la Constitution civile, et prêta avec empressement le serment qu'elle prescrivait. Élu, plus tard, évêque du département du Finistère il fut le premier prélat constitutionnel. Talleyrand le sacra à Paris en 1791. En 1794, Expilly signa, avec vingt-cinq de ses collègues, un appel aux départements de l'Ouest contre la Convention. Ce manifeste lui valut la mort. On a de lui sa *Lettre pastorale*, à l'occasion de son sacre (Rennes, 1791, in-8°) et une autre *Lettre pastorale* (Paris, 1791, in-8°).

2. GOMAIRE (Jean-René), né en 1747, entre dans les ordres et devient vicaire général de Quimper. Adopte les principes révolutionnaires; administrateur du département, élu, le 29 septembre 1792, député du Finistère à la Convention. Siège à droite, vote pour la réclusion de Louis XVI et le bannissement à la paix. En mars 93, élu membre de la Commission des Douze, est décrété d'accusation et reste en prison jusqu'au 9 Thermidor. Rappelé à la Convention, le 18 frimaire an II, Gomaire fait partie du Conseil des Cinq-Cents. Élu, secrétaire du Conseil, il en sort le 20 mai 1798, puis quitte la politique. Date de la mort inconnue. (*Dictionnaire des Parlementaires*.)

3. Le district de Brest traita avec un fondeur de Villedieu-les-Poêles (Basse-Normandie), Guillaume Petit, pour la fabrication des bouches à feu. Le bronze était fourni par les cloches des paroisses.

jours après les journées de Septembre, la Commune envoie à Brest deux agents, Royou, dit Guermeur [1], et le fédéré breton Jézégabel, pour y réquisitionner des armes, des vivres, des munitions et des fourrages, les Administrateurs donnent-ils l'ordre de faire arrêter les deux intrus. Docile instrument de l'Hôtel de Ville, la Convention déclare, en effet, la guerre aux autorités qui, jadis, luttèrent pour elle. Les chefs civils et militaires de Brest ne repoussent pas avec moins de hauteur l'ingérence des mandataires de la Convention. Brest suffit lui-même à la défense de ses intérêts et n'a pas besoin de faire appel aux sollicitudes étrangères. La Convention soupçonne-t-elle d'ailleurs le péril que court le grand port du Ponant? L'indiscipline exerce ses ravages dans l'arsenal comme sur les vaisseaux. Le 27 septembre, par exemple, l'équipage du *Patriote*, commandé par le capitaine de vaisseau Landais [2], réclame le débarquement de cet officier. Quels prétextes invoquent les mutins? Les hommes veulent se dérober aux exercices de canonnage. Depuis 1789, chaque fois qu'une émeute éclate à bord d'un bâtiment de la flotte, l'autorité civile se substitue aux pouvoirs hiérarchiques et dirime elle-même, à coups de discours, le différend. Les insurgés du *Patriote* se conforment à la tradition. Saisies de la querelle, les autorités municipales

1. Royou (Claude-Michel), né à Pont-l'Abbé, le 2 octobre 1758, était le frère puîné de l'abbé Royou, si connu comme rédacteur de l'*Ami du Roi,* et de l'historien Royou. Le nom de « Guermeur » était celui d'une propriété rurale appartenant à sa famille. Devenu jacobin, Michel Royou répudia son nom patronymique « en exécration, dit-il, à tous les Français, et pour ne pas partager l'odieux du nom d'un frère avec lequel il avait rompu toute relation. » Il se maria à Pont-l'Abbé, le 13 thermidor an II (13 juillet 1794), à sa cousine Catherine-Yvonne Le Calvez, fille de Michel Le Calvez, homme de loi, et de Michel Royou. Catherine était l épouse divorcée de Henri Hétet depuis six mois seulement (6 pluviôse — 25 janvier).

2 LANDAIS (Pierre), né à Saint-Malo en 1731, corsaire, compagnon de Bougainville, capitaine de brûlot dans la Marine royale, capitaine dans le service des ports aux Colonies, capitaine de vaisseau à la fin de 1792, sur la recommandation des Sociétés populaires, contre-amiral en 1793.

enjoignent au capitaine Landais de favoriser de son pardon les rebelles. Ce vœu est un ordre : le capitaine fait élargir les matelots détenus au château de Brest. Amnistie conforme aux principes ! Le 3 octobre, une lettre adressée par le Ministre de la Marine Monge « aux Officiers municipaux, aux Amis de la liberté et de l'égalité républicaine, à la Garde nationale de Brest, aux Commandants du port et de la rade, à l'Ordonnateur civil et autres », invite le capitaine Landais à « traiter désormais son équipage avec les douceurs que la loi recommande aux hommes libres ». En même temps, les braves marins qui s'honorent du titre de « Français républicains » sont « invités à réfléchir que les vaisseaux de l'État ne tirent leur force que de la subordination et de la confiance respective ». Ces complaisances et ces flatteries finissent par annuler les autorités maritimes et militaires. Les chefs de Corps ne comptent plus. Le 25 septembre 1792, une vingtaine de soldats se rendent chez le chef d'escadre Thévenard, alors Commandant des Armes, et l'avisent qu'autorisés par le Ministre Monge, ils s'absentent pour aller, chez leurs camarades du Régiment de la Marine, régler les intérêts de la corporation. On ne demande plus la permission de quitter l'exercice : on la prend !

Mais voici que les autorités brestoises, rendues de plus en plus ombrageuses par l'attitude agressive que la Montagne prend vis-à-vis de la Gironde, se décident à manifester leur hostilité contre un parti qui, d'ailleurs, les ménage de moins en moins. Deux agents de la Convention, Caumont et Quincy, débarqués dans notre grand port, « veulent inspecter les magasins d'habillement. Mais, comme cette mission paraît des plus louches et que les deux émissaires ressemblent plutôt à des agents provocateurs qu'à d'honnêtes commis, la Gironde les jette en prison. Une découverte significative justifie cette sévérité. Dans un ballot, expédié de la capitale à l'adresse des détenus, — que découvrent les Administrateurs? Un paquet de journaux hébertistes. Sur ces entrefaites (11 juin), le jeune Brestois dont nous avons déjà parlé, — le fondé de pouvoirs des créanciers de la faillite Rohan-Guéménée, — après avoir passé plusieurs semaines à Paris, — de retour parmi ses compatriotes, leur raconte les événements des derniers jours de mai et des premiers jours de juin : la Montagne triomphante, le Triumvirat Marat-Danton-Robespierre vainqueur et la Gironde proscrite. Que vont faire les Girondins de Brest? En ce moment même, trois bataillons de volontaires, deux de Versailles et un de Paris, s'acheminent vers le Finistère. Ce serait le cas de tourner ces forces contre le Gouvernement usurpateur. Depuis deux mois, les Vendéens font la guerre à la Convention : pourquoi les Brestois ne concluraient-ils pas une alliance avec Cathelineau et ses camarades? Mais, chez nos bourgeois bornés, la haine du sectaire l'emporte sur les calculs de l'homme politique. Les trois bataillons reçoivent l'ordre de se rendre à Nantes, où le général Beysser les incorpore dans un des régiments qui marchent contre la Vendée et contre l'ordre.

Une nouvelle sédition maritime n'éclaire même pas les autorités brestoises. Les patriotes s'inquiètent pourtant de cette mutinerie qui, le 13 juin 1793, éclate sur les vaisseaux la *Bretagne* et le *Terrible*, placés sous les ordres du contre-amiral Le Large, commandant de l'escadre. Interrogés sur les motifs de leur conduite, les rebelles allèguent que les équipages n'étant pas au complet, les vaisseaux ne peuvent pas partir ensemble. Au lieu de compter quinze cents hommes, l'un des bâtiments en enrôle à peine la moitié. Aux yeux des mutins, cette pénurie d'effectifs n'a d'autre but que de faire capturer l'escadre française par la flotte britannique qui croise en vue de Brest. Voilà la fable dont se nourrit la plèbe civilisée par la République. Pour venir à bout de cette révolte, force est d'exercer contre les rebelles d'inaccoutumées rigueurs. D'ordinaire, le Conseil municipal monte à bord et, pendant des heures, administre aux factieux la brimade d'une harangue. Cette fois, la faconde édilitaire reste impuissante et les autorités maritimes ne peuvent rétablir l'ordre qu'en claquemurant deux mutins, bientôt, d'ailleurs, élargis.

VI

Quelques jours auparavant, deux membres de la Convention, Cavaignac[1] et Sevestre[2], arrivés à Brest, pour surveiller les préparatifs maritimes, avaient demandé l'élar-

---

1. CAVAIGNAC (Jean-Baptiste), né en 1762 à Gourdon (Lot), avocat au Parlement de Toulouse, député du Lot, régicide, en mission aux armées des Côtes de l'Ouest, des Pyrénées-Orientales, etc. Membre du Conseil des Cinq Cents, haut fonctionnaire de Naples sous Joseph Bonaparte et sous Murat. Préfet de l'Empire en 1815, exilé en 1816 et mort en 1839, Cavaignac fut un des plus sanguinaires terroristes de la Révolution. Il fit enlever de leur domicile les habitants de six communes basques et donna l'ordre de les transporter à vingt lieues des frontières. La guillotine fut promenée à sa suite dans les départements des Landes et du Gers; soixante-deux condamnations à mort furent prononcées en vingt-neuf séances. Les accusés n'avaient pas de défenseur. A Bayonne, deux gendarmes, coupables d'avoir pénétré au théâtre dans une loge qu'occupaient parfois les représentants Cavaignac et Pinet, furent guillotinés, etc. (WALLON : *Les Représentants du Peuple*, II, 406 et seq.)

2. SEVESTRE (Joseph-Marie-François), né à Rennes 18 janvier 1753. Nommé, en 1792, député de l'Ille-et-Vilaine à la Convention, vota la peine de mort. Après sa mission dans l'Ouest, revint à Paris, reprit place entre Marat et Robespierre. Au lendemain du Neuf Thermidor, Sevestre se déclara contre les Jacobins, persécuta la Montagne. Pour se donner les apparences de l'impartialité, Sevestre s'adjugea, comme membre du Comité de Sûreté générale, la surveillance du prisonnier du Temple, et quand le fils de Louis XVI succomba, Sevestre se chargea d'annoncer la mort du dauphin. Sevestre sollicita et obtint la fonction de messager d'État, c'est-à-dire d'huissier, au Conseil des Cinq Cents, et garda ce poste sous l'Empire. Exilé en 1816, comme régicide, il ne rentra en France qu'après 1830 et mourut à quatre-vingt-quatorze ans le 6 avril 1846, au château de Leverdy, près Tournan (Seine-et-Marne).

gissement de Caumont et de Quincy. Inutile requête ! Sous l'influence des descriptions tragiques auxquelles se livre Thomas Raby, non seulement les Brestois refusent d'acquiescer à la demande des Conventionnels, mais peu s'en faut que la populace ne leur inflige le même traitement qu'au marquis de la Jaille. Telle est l'effervescence de la foule que, sur l'ordre du District et du Conseil municipal, un gendarme enjoint aux Représentants de quitter Brest sur l'heure. Sevestre et Cavaignac rejoignent aussitôt à Lorient deux collègues, Gillet et Martin, qui viennent de visiter la Bretagne. Le jour même, les quatre Conventionnels, mettant en commun leurs aptitudes littéraires, rédigent un Rapport où, tout émus encore des scènes de Brest, ils signalent à l'Assemblée révolutionnaire l'indignation que provoquent les décrets d'ostracisme fulminés contre la Gironde. Il faut que ces édits soient annulés et que les populations s'arment pour tenir en respect la Commune de Paris, instigatrice effrontée de toutes les violences !

Écrit sous la dictée des Girondins bretons, ce Rapport se transforme, sur les lèvres de Sevestre rentré à Paris, en un véhément réquisitoire, contre... les Administrateurs brestois. «.Ces administrateurs, — écrivent Cavaignac et Sevestre, — ont tenté de séduire les chefs militaires. A Brest, ils ont proposé à Serre de Gras, général de brigade, qui commande la place, de marcher sur Paris à la tête de la force armée du Finistère. » Exaspérée de cette audace, la Convention prend deux décisions d'un sinistre augure. La première, après avoir dépossédé de leur magistrature les Administrateurs du Finistère, les met en accusation. En vertu de la seconde, Landerneau supplante Quimper et devient le siège de l'Administration nouvelle qui se qualifie de « Commission administrative ». Mais ce n'est pas tout : autant les Girondins brestois, partagés entre la colère et la peur, tergiversent, autant les Conventionnels payent d'audace.

Le 9 août 1793, la Convention mande à sa barre le Maire de Brest, Malassis, le Procureur général du District, Le Sevellec, — le Procureur syndic de la Commune, Demontreux, — et le Substitut de ce dernier, Bernard jeune. Quinze jours plus tard, sur la proposition du Comité de Salut public, les représentants Bréard [1] et Tréhouart [2]

1. BRÉARD, fils de Jacques-Michel de Bréard, seigneur des Portes, en Poitou, Commissaire de la Marine au port de Rochefort, était un cadet de Normandie. Né à Saint-Domingue, en 1760, — d'après Levot, — il vint s'établir à Marennes (Charente-Inférieure). « La France, a écrit Bréard, est ma patrie d'adoption. Je suis né dans un pays libre, j'ai sucé le lait d'une sauvage. » Bréard se jugeait à sa mesure. Membre de l'Assemblée législative, il fut envoyé par la Charente-Inférieure à la Convention. Après avoir voté la mort du Roi et s'être enrôlé dans le parti de la Montagne, Bréard, prévoyant la chute de Robespierre, rompit avec les Montagnards quelque temps avant le 9 Thermidor. Élu membre du Conseil des Anciens, il en sortit le 1er prairial an VI. A l'exemple de la plupart de nos Jacobins, Bréard se rallia à l'Empire. Pour récompenser l'ex-terroriste de cette adhésion, le Sénat, sur la proposition de l'Empereur, l'appela au Corps législatif, où Bréard siégea du 4 nivôse an VIII au 26 thermidor an X. Un décret impérial le fit entrer dans l'administration des Droits réunis. En exilant les régicides, la Restauration ne pouvait pas épargner Bréard. L'ancien Conventionnel se retira à Bruxelles, où il vécut quatre ans. L'amnistie de 1830 le fit revenir à Paris, où il mourut le 2 janvier 1840. Le *Dictionnaire des Parlementaires* dit que Bréard naquit à Québec, au Canada, en 1750.

2. TRÉHOUART DE BEAULIEU (Bernard-Thomas), né à Saint-Malo le 14 janvier 1754, servit d'abord sur les bâtiments de la Compagnie des Indes. Il était enseigne sur le vaisseau le *Modeste*, lorsqu'il fut fait prisonnier de guerre, le 21 septembre 1778. Après avoir recouvré sa liberté, Tréhouart entra, comme enseigne non entretenu, dans la Marine de l'État. Sous-lieutenant de vaisseau le 1er mai 1786, lieutenant de deuxième classe sur la liste de 1791, maire de Saint-Malo, promu capitaine de vaisseau en 1793, et adjoint au Ministre de la Marine, comme chef de la deuxième division, le 25 avril de la même année, il ne prit rang parmi les membres de la Convention qu'en vertu du décret du 14 juin 1793, qui l'appelait à siéger comme « suppléant » de Lanjuinais, proscrit par la Montagne.

Tréhouart venait à peine d'entrer à la Convention lorsque sa qualité de marin et l'amitié de Dalbarade le firent envoyer à Brest. On dit que Tréhouart protestait « tout bas » contre les violences de Bréard. A différentes reprises, le fameux Julien de Paris dénonça, dans ses lettres à Robespierre, le représentant Tréhouart comme

reçoivent l'ordre d'aller à Brest écraser la Gironde et restaurer l'autorité de la Montagne. Une carmagnole de Barère, gonflée de ces mensonges classiques, qui constituent l'alpha et l'oméga de la littérature révolutionnaire, dénonce les complots imaginaires que le Comité de Salut public a forgés pour permettre aux deux Représentants d'immoler les adversaires de la Montagne :

Le Comité de Salut public, — dit Barère, — n'a pas manqué de porter ses regards sur la ville de Brest où la politique infâme de Pitt a fait des tentatives... On travaille les équipages à bord de l'escadre et dans les arsenaux; des rapports certains nous apprennent qu'il y a dans le port de Brest des *projets d'incendie...* Les députés conspirateurs qui, d'abord, s'étaient réfugiés à Caen, se sont rendus dans ce département où ils travaillent les esprits; leurs manœuvres n'ont pas été infructueuses; huit cantons ont refusé d'accepter la Constitution. Il s'agit, citoyens, de purger les ateliers de Brest des mauvais sujets qui y mettent l'indiscipline; il s'agit d'empêcher l'incendie de nos magasins : il s'agit d'exciter le courage de nos marins et de les éclairer.

Tréhouart traversait Saint-Malo et Bréard Villedieu-les-Poêles, au moment où les toucha le décret qui les appelle à terroriser Brest. Cet édit précipite leur marche : c'est le 11 septembre qu'ils débarquent dans le grand port occidental. Quelles mesures vont-ils prendre? Illimités sont

---

un esprit hésitant, dénué d'énergie. Aux yeux du jeune ami du Proconsul, Tréhouart est presque un traître. Levot raconte, à son tour, qu'il n'était pas rare de voir Tréhouart échanger avec ses collègues, — dans les *post-scriptum* confidentiels de ses lettres, — des épanchements intimes dont le style contrastait avec celui des lettres ostensibles. Ces « épanchements intimes » n'empêchaient point, hélas ! Tréhouart de condescendre à toutes les cruautés. Après le 9 Thermidor, Tréhouart revint à Brest « pour y réparer les maux causés par la Terreur ». Mais pouvait-il ressusciter les gens qu'il avait envoyés à la mort? Mis en réforme en 1798, avec un traitement de mille cinq cents francs, Tréhouart se retira à Saint-Malo, où il mourut.

les pouvoirs des Conventionnels en mission. Saint-Simon et les Mémoires du xviie siècle nous montrent Louis XVI, bridé, tantôt par ses ministres et tantôt par ses Conseils. Monarque absolu, le Conventionnel ne connaît ni loi, ni frein. Les Représentants, envoyés dans les départements, exercent sur nos pères les mêmes droits qu'à Saint-Domingue les propriétaires d'esclaves sur leurs Noirs. Toutes les propriétés et toutes les existences appartiennent à la Convention qui, libérée de tout contrôle et de tout devoir, peut, à toute heure du jour et de la nuit, disposer des vies et des fortunes, sans autre règle que son bon plaisir. De même que les Césars romains et les Empereurs allemands, le Représentant n'est-il pas l'oracle même de la loi? Chaque parole que profère un Conventionnel est un décret de l'État. Pendant qu'à Bordeaux, Tallien incarcère les négociants riches et ne les relâche qu'en échange d'une forte rançon, deux autres Conventionnels, Laplanche et Le Carpentier, déchaînés sur la Normandie et sur la Bretagne, pillent les caves, enlèvent l'argenterie des hôtels, tuent les malades et les mourants abandonnés sur les champs de bataille [1]. Au lendemain de la Terreur, les contemporains, interrogés sur l'émotion que provoquait l'arrivée d'un Conventionnel dans une ville, comparaient les Représentants à ces pirates barbaresques qui, jusqu'en 1830, s'abattant tout à coup sur le littoral méditerranéen, mettaient à feu et à sang les villages, surpris au milieu de leurs travaux, de leur sommeil ou de leurs fêtes.

Les Rois Capétiens s'étaient toujours fait un devoir de parler au pays avec respect. A la veille de chaque guerre, les Baillis, les Sénéchaux, les Maires, etc., recevaient de Louis XIV des placards, — aujourd'hui conservés dans

---

1. Le vicomte DE BRACHET : *Le Conventionnel Le Carpentier* (in-8°, 1910). Extrait du *Pays de Granville*, septembre 1910.

nos Archives, — où le Grand Roi notifiait à son peuple les raisons qui l'obligeaient à tirer l'épée. C'était un père qui s'épanchait avec ses enfants. Les mobiles inavouables auxquels obéit la Convention ne lui permettent pas de rester fidèle à ces traditions de franchise et de déférence. Un Gouvernement régulier n'a qu'une peur, celle d'être méconnu. Les Gouvernements usurpateurs tremblent, au contraire, à la pensée qu'on puisse les démasquer. Le principal ressort de la politique révolutionnaire, c'est l'imposture, — non l'imposture enveloppée de l'homme d'État désireux de ne pas ébruiter ses desseins, — mais l'imposture fracassante du criminel qui, voyant, non sans raison, des ennemis dans tous les bons Français, tâche de se prémunir contre leurs colères en travestissant d'avance tous les faits. Et pour donner au mensonge une sonorité contre laquelle ne puisse prévaloir nul murmure, quel interprète choisit la République? Un sonneur de fanfares, un tambourinaire, un rhéteur qui ment comme il respire, — le Béarnais Bertrand Barère.

Comment la France se défierait-elle du galoubet de ce charlatan? Pendant des siècles, les graves et honnêtes Manifestes de la Monarchie ont inculqué à nos pères le respect de la parole publique. Barère et la Convention bénéficient de cette confiance. Aussi, quand Tréhouart et son collègue font afficher sur tous les murs et distribuer dans toutes les tavernes la Proclamation qui dénonce la « félonie des infâmes Toulonnais », cette audacieuse fable s'incruste si bien dans les esprits qu'aujourd'hui encore nous acceptons la carmagnole de Barère comme un dogme.

VII

Les Brestois ainsi préparés, les deux Conventionnels ouvrent le feu contre la ville affolée par la peur. Le premier prisonnier que reçoit la geôle du Château est un officier d'artillerie, prévenu de fédéralisme, le citoyen Damase Castelnau, qui, pour faire oublier ses erreurs, a cru devoir inviter Tréhouart et Bréard aux séances de la Société populaire qu'il préside. Cette souplesse ne le sauve pas. Mais Castelnau n'est point le seul suspect, passible des rigueurs jacobines. Tous les habitants qui, depuis le début de la Révolution, combattirent les Montagnards, envisagent, comme une catastrophe, la victoire d'une tribu tout à la fois insatiable de prébendes et de représailles. Mais, avant de donner satisfaction aux délateurs, Tréhouart et Bréard portent tout d'abord leur attention vers la flotte, alors en pleine insurrection contre ses chefs et contre son devoir.

Chargée de protéger la rentrée des convois et de surveiller les côtes des départements révoltés contre la République, l'armée navale de Brest est moins une force militaire qu'une cohue de serviteurs rebelles. Parmi les marins, les uns quittent leur bord après chaque appel et n'y reviennent que la baïonnette des gendarmes dans les reins; les autres refusent de lever l'ancre, sous prétexte que l'État-Major veut livrer la flotte à l'Angleterre. D'où viennent cette insubordination et cette démence? De la médiocre confiance qu'inspirent les nouveaux officiers, recrutés parmi le personnel de la Marine marchande. Les matelots qui, la veille, obéissaient, avec autant de fierté que de quiétude, aux savants officiers du « Corps royal [1]»,

---

1. O. Troude : *Batailles navales de la France*, t. II, pp. 288-289.

tremblent aujourd'hui sous des chefs frustrés de tout prestige social, comme de toute science nautique. L'état moral des équipages ne rassure guère le Commandant en chef, le vice-amiral Morard de Galle. Dans la nuit du 13 septembre, l'amiral a reçu de la Convention le fameux Manifeste de Barère sur la « trahison » de Toulon. Lue, le lendemain, aux équipages de chaque bâtiment de la flotte, cette rhétorique barbare a naturellement mis le comble à l'intumescence des esprits. Morard de Galle arbore son pavillon sur le *Terrible*. Deux bâtiments, l'*Auguste* et le *Suffren*, envoient à l'amiral une députation où figurent deux aspirants, les citoyens Baron et Crevel, qui somment Morard de faire rentrer l'armée navale à Brest. Pourquoi? Dans le journal où le Commandant de la flotte raconte cette entrevue, nous voyons que l'aspirant Crevel, prenant la parole au nom des mutins, déclara que, pour défendre le port du Ponant, non moins menacé que Toulon par les traîtres, les marins de la République voulaient regagner la rade. « J'ai traité les délégués de lâches, — écrit Morard de Galle, — je leur dis qu'il y avait vingt vaisseaux fidèles qui feraient feu sur eux s'ils s'avisaient d'opérer un mouvement que je n'avais pas ordonné [1]. » Morard se trompe : dociles aux excitations et aux sophismes de l'aspirant Crevel, tous les équipages mutinés exigent l'abandon de la campagne et le retour au port. La Révolution avait appris aux inférieurs l'art de faire capituler les supérieurs. Dans les temps de troubles, pour asservir un Chef, que faut-il? Il suffit de vociférer. Jugulé par les clameurs de ses hommes, Morard de Galle convoque un Conseil où les matelots, admis, en nombre égal, avec les membres de l'État-Major, — forment une sorte de Parlement naval qui contraint Morard à députer auprès des représentants de la Convention deux émissaires, — le chef

---

1. A. N BB⁴, 20, folio 42.

de timonerie Conord et le soldat d'infanterie de marine Verneuil, chargés de signifier aux dictateurs de la France la volonté des équipages [1].

A la nouvelle de cette rébellion, Tréhouart se rend à Lorient et s'embarque sur la frégate la *Nymphe*, impatient de rejoindre et de morigéner l'escadre factieuse. Au moment où le Conventionnel touche le bord du vice-amiral, seuls, cinq vaisseaux sur vingt et un, consentent à poursuivre la croisière. La révolte sévit sur les seize autres. Les lois de l'honneur obligent Tréhouart à faire face aux mutins. Mais les séditieux gagnent à leur cause ou plutôt soumettent à leurs volontés le Représentant qui veut les réduire. Au lieu de se rendre, les marins redoublent d'outrages. Perdant la tête, Tréhouart donne l'ordre aux capitaines de quitter la baie de Quiberon. Les ancres sont levées, et, le 27 septembre 1793, l'escadre tout entière mouille dans le port de Brest, — à la fois indemne et déshonorée.

Mais Tréhouart, après s'être rendu coupable d'un aussi criminel acte de faiblesse, n'a, — comme toutes les âmes pusillanimes, — qu'une idée, c'est de faire retomber sa faute sur les témoins innocents de sa couardise. Aussi, le Comité de Salut public reçoit-il de notre paladin une lettre où le Délégué du Sanhédrin révolutionnaire prend l'engagement de châtier les conspirateurs. Quels conspirateurs?

« Nous mettrons tout en usage, — écrit notre poltron, — pour connaître et faire punir les agitateurs soudoyés par l'or de nos ennemis. Justice en sera faite; vous pouvez y compter. Nous saurons employer tous les moyens pour les découvrir. J'ai des indices certains et je vais écrire à Bréard pour que tout soit prêt et que toutes les mesures soient prises pour réussir, car il faut que les traîtres n'échappent

---

[1]. Le capitaine E. CHEVALIER : *Histoire de la Marine française sous la première République*, pp. 101 et suiv.

pas à la rigueur des lois. Il est important de connaître le fil de ces horreurs [1]. »

Ainsi donc, un complot, fabriqué par notre Conventionnel exonérera Tréhouart de son opprobre, et des Français irréprochables expieront les défaillances du député montagnard. Toute la Convention se montre à nu dans cette lâcheté. Quel sentiment unique l'exalte? La peur. Pour échapper au poignard, nos Proconsuls le manient. Ce que les historiens jacobins appellent le « délire patriotique » de la Convention n'est que la fureur de l'égoïste qui n'a d'autre fin que lui-même et qui, pour sauver sa vie, immolerait la société tout entière. Naturellement, l'idée ne lui vient point de punir les artisans de la révolte, les simples marins — ceux qui, devant Tréhouart lui-même, crièrent : « *A Brest ! A Brest !* » Non ! les rigueurs ne s'exerceront que contre les Chefs. — Et les officiers seront d'autant plus cruellement frappés que nos Conventionnels se sentent plus coupables. Le jour même de la rentrée de l'escadre, les Brestois, du haut de leurs remparts, ne voient-ils pas paisiblement onduler sur les vagues une flotte anglaise, — disent les uns, — un convoi hollandais, disent les autres, bref, une rame de navires marchands qui profitent de la rentrée de nos forces navales pour naviguer, sans encombre, et braver, sans péril, Brest et la Convention?

Cet insolent défilé de bâtiments étrangers au large du port, inerte et taciturne, — cette tranquille évasion d'une proie qu'épiaient, depuis des semaines, nos convoitises, crie vengeance contre le Pouvoir qui ne sut pas nous épargner un tel préjudice et un tel affront. Mais la Convention, — s'emparant de l'arme avec laquelle ses adversaires auraient le droit de la frapper, — va la retourner contre les Français qui voulaient combattre et qui ne rentrèrent à Brest que sur l'ordre des Représentants effa-

---

[1]. AULARD : *Recueil des Actes du Comité de Salut public.*

rés. Si l'ennemi nargue la Convention, c'est que « les officiers nobles » de la flotte républicaine et les fédéralistes de la ville connivent avec Pitt qui les couvre d'or. Telle est la légende que suscitent immédiatemnet la honte et la colère ! Voilà le canevas du drame qu'ébauche la haine jacobine et qui va finir dans le sang !

Quelques jours avant de quitter Paris, Jeanbon, après avoir pris connaissance des papiers transmis par Morard de Galle et par Tréhouart, a, comme membre du Comité de Salut public, revêtu de sa signature un décret qui, d'une part, ordonne l'épuration des États-Majors, et, de l'autre, envoie à Paris les aspirants Crevel et Baron et les officiers du *Tourville*. C'est le prologue de la tragédie. Il ne s'agit plus que de forger la trame de la « conjuration liberticide » qui sacrifiera les meilleurs Français de la flotte aux rancunes sectaires de l'ex-pasteur de Montauban, à l'impunité des Conventionnels compromis, et au triomphe de l'Angleterre.

CHAPITRE XIII

I. — Les représentants Jeanbon et Prieur arrivent le 7 octobre à Brest. — Le portrait de Jeanbon, ses débuts, son éducation, ses sympathies anglaises, ses appétits de représailles. — C'est lui qui crée le Tribunal révolutionnaire de Paris. — Le culte de l'homicide. — « Il faut réduire de plus de moitié la population française. »

II. — Conjuration de Jeanbon contre Brest et contre la Marine française. — Délations et mensonges. — Les Officiers de Quiberon traduits devant le Tribunal révolutionnaire.

III. — Les capitaines de vaisseau Coëtnempren et du Plessis de Grenedan et l'administrateur de Verneuil sont guillotinés. — Accusations mensongères. — Les apologistes du crime.

IV. — Procès intenté par Jeanbon aux vaisseaux le *Patriote* et l'*Entreprenant*, renvoyés de Toulon par l'amiral Hood. — Les inculpations. — Patriotes assassinés. — Sextuple homicide.

V. — Jeanbon déclare la guerre au clergé. — Saturnale dans l'église Saint-Louis. — Les écoliers détruisent les statues des Saints et les remplacent par les bustes de Marat.

I

C'est le 7 octobre 1793 que Jeanbon et Prieur arrivent à Brest, après six jours et presque six nuits de marches, à travers les anciennes routes royales, que l'incurie de la République a disloquées. Brest abrite alors quatre représentants : Prieur de la Marne, Bréard, Tréhouart et Jeanbon. Mais Prieur de la Marne n'est qu'un viveur qui ne sait que vociférer, après boire, des discours de clubiste. Tréhouart, quoique « marin et patriote », a l'âme d'un poulet. Quant à Bréard, ses perpétuelles oscillations entre la rigueur et l'indulgence le privent de tout prestige et de tout crédit. La dictature du port et de la ville de Brest revient donc tout naturellement à Jeanbon. Jeanbon, seul, est un caractère. Fils et petit-fils de « pasteurs du désert », le Ministre du saint Évangile, le ci-devant apôtre des Églises de Castres et de Montauban, a fait ses études théologiques à Lausanne et nous revient, par conséquent, de cette Suisse qui, sous la Réforme, pollua la France d'ignominieux écrits contre nos prêtres et contre nos rois, et qui, depuis les premiers jours de la Révolution, nous inonde de scribes, de batteurs d'estrade et d'espions. Sortis de Neufchâtel et de Genève, les Reybaz, les Clavière, les Duroveray, les Dumont — sans compter Marat — ne fondirent-ils pas, la veille même de la convocation des États Généraux, sur notre pays, comme un vol de fauves éperviers? Ce fut, en effet, de leurs serres, que tomba cette pluie de libelles, de pamphlets, de discours qui noircit et vicia l'air ambiant. Chassées par ce tourbillon de nuées, nos pauvres « idées » françaises — frileuses oiselles — s'enfuirent à tire-d'aile, devant les autours suisses, leurs menaces et leurs clameurs. C'est ainsi que, peu à peu, les sophismes genevois supplantèrent les principes auxquels obéissait, depuis des siècles, la politique nationale.

Secrétaires et fournisseurs de Mirabeau, nos Suisses se servirent du tribun pour porter à l'antique Constitution française les premiers coups. Mais Mirabeau n'était qu'une puissance vocale et qu'un fanfaron de crimes. Après avoir dispersé aux quatre vents du ciel les théories anarchistes dont l'avaient bourré cette livrée, soudain, le Français de race, le Provençal, le gentilhomme se ressaisit et recula.

Tout autre est Jeanbon. Dans les veines de ce froid

sectaire ne bouillonne pas le même sang que dans les artères de Mirabeau. Ces deux révolutionnaires représentent chacun une nationalité différente. Un vain verbalisme n'épuise pas l'énergie de l'ancien pasteur, homme d'action, avant tout, hostile aux gestes superflus et rebelle aux harangues somptuaires. Formé par les mêmes étrangers qui chambrèrent Mirabeau, nourri des mêmes doctrines, le descendant des Camisards, le petit-fils des Calvinistes Cévennols que soudoya la Grande-Bretagne, brigue, lui, d'autres satisfactions que des triomphes oratoires. Sa sombre figure ne s'éclaire pas d'un sourire. On sent que notre huguenot poursuit non seulement une politique, — mais une vendetta. Au mois de juin 1790, à Toulouse, embauchant une bande de calvinistes et de révolutionnaires, le pasteur Jeanbon assiège le Capitole où se défend contre les Jacobins le comte de Lautrec [1], mensongèrement accusé par les huguenots de recruter des fanatiques pour une Saint-Barthélemy nouvelle. Quatre jours auparavant, le 13 juin 1790, dix-huit mille paysans calvinistes, accourus à Nîmes, des Garrigues et des bords du Gardon, avaient, la faulx et le fusil à la main, envahi, saccagé cent vingt maisons et assassiné plus de huit cents catholiques [2].

1. TOULOUSE-LAUTREC (Pierre-Joseph, comte de), né à Castres en 1727, maréchal de camp et chevalier de Saint-Louis, député de la noblesse de la Sénéchaussée de Castres aux États Généraux. Le tome XVII (p. 276) des *Archives Parlementaires* renferme le Rapport de Varin (11 août 1790) à l'Assemblée constituante sur l'affaire Toulouse-Lautrec. La Constituante, appelée à se prononcer, eut la bonté de rendre une ordonnance de non-lieu contre l'homme que les protestants, commandés par Jeanbon, voulaient tuer! Le comte de Toulouse-Lautrec émigra. L'impératrice Catherine agréa ses services et l'enrôla dans son armée. Un des descendants du comte de Toulouse-Lautrec commandait, il y a quelques années, le corps d'armée du Caucase.

2. Aucun Manuel ne signale le massacre qui ensanglanta Nîmes au début de la Révolution. Voici, très exactement, ce qui se passa :

Cette nouvelle michelade avait épouvanté les catholiques du Languedoc. Aussi, dans toutes les cités de cette

> Le 13 juin 1790, les catholiques tenaient, dans le couvent des Dominicains, une assemblée électorale. Il s'agissait de rédiger une pétition tendant à ce que nul changement ne pût s'opérer dans la hiérarchie ecclésiastique sans le concours d'un Concile général. Pendant la délibération, un des dragons protestants qui faisaient patrouille autour du couvent provoque, sans motif, un de ces hommes du peuple, auxquels les huguenots infligeaient le sobriquet de *cébets* (mangeurs d'oignons), et lui donne un coup de sabre. Attroupements, cris sous les fenêtres du couvent : des pierres sont jetées. La trompette d'un dragon qui sonnait le rappel est brisée. Aussitôt, les camarades du cavalier font une décharge générale sur la foule catholique. De nombreux blessés jonchent le sol; sept catholiques sont tués. Le chef des catholiques, Froment, et ses trois compagnies, se retranchent dans les tours du rempart et résistent en désespérés. Mais, pendant la nuit, les huguenots envoient des émissaires dans les Cévennes et la Vaunage. Le lendemain matin, dix-huit mille paysans calvinistes, accourus, la faulx et le fusil à la main, des Garrigues et des bords du Gardon, entrent dans Nîmes et se rangent sur l'Esplanade. Le tocsin sonne; la générale bat, les huguenots brisent les portes du couvent des Capucins, font sauter les religieux sur les baïonnettes, en tuent cinq et pillent les cellules. La tour où s'est réfugié Froment est démolie à coups de canon et prise d'assaut; le frère de Froment est massacré, jeté en bas des murailles; un couvent de Jacobins attenant aux remparts est saccagé. Vers le soir, les catholiques n'opposent plus de résistance, mais la fureur des dix-huit mille campagnards subsiste et nos huguenots veulent « travailler ». A Nîmes seulement, cent vingt maisons sont détruites et pillées; mêmes ravages dans les environs. Au bout de trois jours, les dégâts montent à près d'un million. Nombre de pauvres gens sont égorgés chez eux : ouvriers, marchands, infirmes. Des catholiques, retenus dans leur lit depuis plusieurs années, sont traînés sur le seuil de leur porte pour y être fusillés; d'autres sont pendus sur l'Esplanade et au Cours Neuf; d'autres, enfin, hachés vivants à coups de faulx et de sabre, les oreilles, le nez, les pieds, les poignets coupés, comme au temps des Guelfes et des Gibelins, dans les villes italiennes.
> Voir P. DE LA GORCE : *Histoire religieuse de la Révolution française*. t. I, pp. 240 et suiv. — Mary LAFON : *Histoire du Midi de la France*, t. IV, p. 393. — FROMENT : *Mémoire du Massacre des Catholiques de Nîmes*, 1790. — *Archives nationales*, F¹ 3677. — *Mercure de France* du 23 février 1791. — TAINE : *La Révolution*, t. I, p. 325. — Rappelons, en passant, que la Saint-Barthélemy fit mille victimes, d'après les reçus des fossoyeurs, reçus conservés à l'Hôtel de Ville et vérifiés, au XVIIIe siècle, par Caveyrac, soit deux cents victimes de plus à

région, nos ancêtres se mirent-ils en mesure de résister aux massacreurs de la Gardonnenque, secrètement poussés par d'ambitieux chefs à profiter de leur victoire pour asservir à Calvin toute la province. Une légion de la garde civique, où se groupent les Réformés et les Jacobins, veut faire un mauvais parti au comte de Toulouse-Lautrec. Grâce à Dieu, le général Mathieu Dumas [1], chargé par la Constituante de rétablir l'ordre, réussit à mater les Huguenots et à protéger le Capitole. Les gardes nationaux royalistes allaient en venir aux mains avec la bande que commandait le pasteur Jeanbon, — bande jalouse de déployer sa puissance contre l'ennemi séculaire, quand, à force de diplomatie, Mathieu Dumas délivre le comte de Lautrec, et se félicite d'une victoire qui n'a pas fait couler une goutte de sang français. Le lendemain, le général voit venir chez lui le doux Ministre du Saint Évangile. Inconsolable du pacifique dénoûment de l'aventure, Jeanbon, — raconte Mathieu Dumas dans ses *Souvenirs*, — « vint me demander d'assurer la tranquillité des patriotes, en faisant dissoudre la Légion parlementaire (c'est-à-dire les bataillons royalistes) et arrêter les chefs qu'il me désignait. J'eus beaucoup de peine à retenir ce Ministre furibond... « *C'est le jour de la* VENGEANCE, me cria-t-il : NOUS L'AT-« TENDONS DEPUIS « PLUS DE CENT ANS ! »

peine que n'en fit la journée du 14 juin 1790 à Nîmes. — *Revue des Questions historiques*, 1866, t. I, p. 330, article de Georges Gandy sur la *Saint-Barthélemy*.

1. DUMAS (Mathieu), né à Montpellier, en 1753, entré dans l'arme du génie, prit part à la guerre d'Amérique, fut chargé, en 1791, de ramener Louis XVI de Varennes. Maréchal de camp, député de Seine-et-Oise à la Législative, il émigra en septembre 1792 et rentra en France au lendemain du 9 Thermidor. Élu membre du Conseil des Anciens, le général Mathieu Dumas fut inscrit sur la liste des Législateurs que le Directoire proscrivit le 18 Fructidor. Dumas se rallia à l'Empire, puis aux Bourbons, et fut retraité en 1832 comme Lieutenant général. Mort en 1837. Ses Mémoires, parus après sa mort, sous ce titre : *Souvenirs de 1770 à 1836*, furent publiés par son fils en 1839 (2 vol. in-8°).

Dans ces paroles s'annonce et s'accuse le traître de demain. Moins de deux ans plus tard, notre huguenot assouvit sa haine en créant le Tribunal révolutionnaire, qui fauchera tant de têtes. Le 8 mars 1793, les patriotes de la Section du Louvre, visités par Jeanbon, lui avaient dit que, sans doute, il fallait voler au secours de la patrie menacée par l'Autriche, — mais, à une condition, c'est que les vertueux sans-culottes restassent à Paris pour défendre la République, c'est-à-dire leur omnipotence, leur droit de vie et de mort, contre les ennemis du dedans hostiles à la liberté et à la vertu. Le lendemain, cédant aux vœux des Sectionnaires, notre pasteur, du haut de la tribune de la Convention, somme ses collègues de constituer sur-le-champ un « Tribunal révolutionnaire » qui frappe sans pitié — les adversaires de la vertu et les perturbateurs du repos public ». Le futur proconsul de Nantes, l'homme des Noyades, l'Auvergnat Carrier, appuie aussitôt cette motion que stigmatise, seul, le Breton Lanjuinais, peu tendre aux tartufes. On sait à quelles exterminations se livra le Tribunal institué, sur la demande de Jeanbon, par l'Assemblée révolutionnaire, anxieuse d'équilibrer le budget de ses exactions avec le plus pur sang de France. La République ne s'attribue-t-elle pas les dépouilles des innocents et des justes qu'elle envoie au supplice?

Mais, si expéditifs que se montrent Fouquier-Tinville, Hermann, Coffinhal, etc., la hache de Sanson paraît encore trop clémente à nos pères et les juges trop rebelles aux haines de notre Réformé. Un jour, devant La Revellière-Lepaux, Jeanbon déclare que, « pour établir solidement la République, il faut réduire de plus de moitié la population française [1] ». Indignation de La Revellière qui fait honte au pasteur de ce vœu sauvage. Mais le doux évangéliste n'est pas homme à rougir de ses appétits et à s'excuser de ses rancunes. Le colloque se poursuit. Le con-

---

1. LA REVELLIÈRE-LEPAUX : *Mémoires*, t. I, p. 150.

tradicteur de Jeanbon ne tire de son collègue qu'une nouvelle affirmation, — plus brutale encore que la première. Vers la même époque, le 11 avril 1793, le Comité Central de Montauban, en présence de Jeanbon et sous ses auspices, formule le même souhait sanguinaire : « Voici enfin venu le moment où le Modérantisme, le Royalisme, le Pusillanimisme et toutes autres sectes inutiles ou traîtres à la patrie *doivent disparaître du sol de la liberté*. Toutes opinions contraires à celles de la sans-culotterie sont condamnables et doivent être punies [1]. »

On ne peut donc pas dire que la cruauté de Jeanbon fut un court délire. Ses haines sont, non des échappées de lave, mais les explosions d'un fanatisme affamé d'holocaustes. Point de bon Jacobin, alors, sans ce culte de l'homicide. « Les égoïstes et les insouciants, ennemis de la nature entière ne doivent pas compter, — dit le Conventionnel Baudot, — parmi ses enfants... Détruisons-les donc [2]. » Un membre du Tribunal révolutionnaire, Antonelle, déclare qu'il faut supprimer un tiers de la population [3]. Guffroy, député du Pas-de-Calais, réclame une saignée plus abondante. « Cinq millions d'habitants doivent suffire à la France [4]. » Mais si, chez les autres Jacobins, la passion du sang n'est qu'un subit accès de fièvre chaude, chez Jeanbon, c'est le legs de six générations qui confient

---

1. Extrait du registre des séances du Comité central de Montauban, cité par Taine : *La Révolution*, t. III, p. 437.

2. Baudot ajoute : « Il faut mettre à mort tout homme qui n'est pas tout entier à la République. » Discours de Baudot à la Société des Jacobins de Strasbourg. *Recueil de pièces authentiques pouvant servir à l'histoire de la Révolution à Strasbourg*, t. II, p. 210.

3. Beaulieu : *Essais historiques sur les causes et les effets de la Révolution française*, V, p. 200.

4. Voici comment Guffroy s'exprimait dans son journal *Le Rougiff* : « A bas tous les nobles et tant pis pour les bons, s'il y en a ! Que la guillotine soit en permanence dans toute la République ! La France aura assez de cinq millions d'habitants ! »

à leur descendance l'exécution d'un complot ourdi depuis deux siècles et toujours déjoué par une Royauté que la Puissance occulte vient enfin d'abattre. Héritier de ces conspirateurs, Jeanbon, arbitre souverain de la Marine française, va pouvoir enfin mettre la cognée dans l'institution qui porte le plus ombrage à notre mortelle ennemie. Pour retrouver une aussi secourable auxiliaire de ses manèges et de sa fortune, il faudra que l'Angleterre attende cent ans un autre petit-fils des « pasteurs du désert [1] ».

II

Jeanbon Saint-André s'attelle donc à la besogne que sollicitent de sa piété filiale et de sa gratitude les ancêtres cévenols et la Grande-Bretagne. Il s'agit de tracer le plan d'une conjuration destinée à livrer Brest à l'Angleterre, — et d'attribuer, ensuite, cette criminelle intrigue aux officiers que le pasteur de Montauban veut frapper d'ostracisme ou livrer au bourreau.

Ce n'est pas à la légère que nous accusons Jeanbon de cette sacrilège cabale. Au cours de ses curieux *Souvenirs*, un contemporain et un témoin du Conventionnel, un officier de la République, étranger au parti royaliste, le lieutenant de vaisseau Besson [2], nous montre, dans le Comité

---

1. Le pasteur Jarousseau fut l'aïeul de M. Camille Pelletan, ministre de la Marine. Voir le livre de M. Robert LAUNAY : *Des journées et des hommes*, et les articles du *Correspondant* du 10 et du 25 avril 1906, sur la *Marine française et ses ennemis*.

2. BESSON (Louis-Auguste), né à Paris en 1760; employé au port de Rochefort, l'auteur fit son apprentissage comme volontaire sur les vaisseaux du Roi; il prit part à la guerre de l'Indépendance américaine, sous d'Estaing, à la prise de Grenade (1778), sur le vaisseau de 74, le *Diadème*, commandant Dampierre, « aussi brave qu'excellent chef, et d'une habileté rare », dit Louis Besson, et il assista à la bataille de Savannah (1779).

de Salut public, et, par conséquent, dans Jeanbon, son organe, l'agent le plus perfide et le plus cruel de la politique anglaise. Le réquisitoire de l'officier républicain frappera d'autant plus l'observateur que Louis Besson, ivant à Brest, sous le proconsulat du Conventionnel, ne put que se faire l'écho du sentiment général. Ajoutons que l'auteur ne rédigea pas ses Mémoires au moment même où il subissait, au château de Brest, les atteintes de la dictature, mais plusieurs années après les événements, à une époque où l'ignorance et le snobisme, poétisant la Convention, transformaient en paladins Jeanbon et ses complices. Écoutons donc le lieutenant Besson : « L'émigration, nous
« dit-il, n'avait pas été complète. Il était resté beaucoup
« d'officiers, — trop fidèles à leur patrie pour les projets
« du Gouvernement... L'escadre de Quiberon, celle qui se
« formait à Brest, et les armements des autres ports mili-
« taires, composés, en très grande partie, d'anciens offi-
« ciers, dans leurs états-majors, menaçaient l'Angleterre
« d'avoir encore pour antagonistes les mêmes officiers qui,
« sous les d'Estaing, les Suffren, les La Motte-Picquet, les
« Des Touches, avaient contribué à la défaite de ses ar-

A la paix, Besson navigua au commerce, à bord d'un navire négrier; fit un premier voyage à la côte d'Angolle (juin 1789 à janvier 1791), en entreprit un second en novembre 1791. C'est au cours de ce voyage qu'il tomba, avec deux de ses compagnons, entre les mains des nègres. A son retour en France, il alla à Brest, dans les premiers jours d'avril 1793, et ne tarda pas à être emprisonné, par ordre de Jeanbon Saint-André, au château de Brest, appelé Fort-la-Loi. Il s'y trouva, au début, presque seul ; mais bientôt de nouveaux compagnons, appartenant à toutes les classes de la société, vinrent remplir cette prison. Son caractère aimable ne tarda pas à lui gagner la sympathie de ses codétenus, des geôliers, des officiers de garde. Il devint le centre d'un cercle d'où la bonne humeur n'était pas exclue et où il n'avait pas besoin de prêcher la résignation. Le lieutenant Besson est mort à Bourg-sur-Gironde en 1847. Les extraits que nous donnons des *Souvenirs* du lieutenant Besson sont empruntés au *Bulletin de la Société de Géographie de Rochefort*, t. XXI, pp. 206 et suivantes.

« mées. Il était donc naturel de croire que le nouveau
« Gouvernement ferait tous ses efforts pour conserver les
« anciens défenseurs de son commerce, de ses colonies et
« de ses côtes. Que penser du Comité de Salut public,
« quand on voit que tous ses actes tendent à leur renvoi
« et à remplacer la pratique et l'expérience par des offi-
« ciers dont le noviciat devait nécessairement compro-
« mettre la sûreté des bâtiments qui leur seraient confiés?
« S'il est impossible de croire que les membres de ce Co-
« mité, tous hommes de grand talent, péchassent par
« ignorance, l'on ne peut que supposer une connivence
« intime entre lui et l'Angleterre, qui aura exigé le renvoi
« de ces anciens officiers de la Marine pour s'enrichir plus
« facilement des vaisseaux qu'on ne pouvait ostensible-
« ment leur livrer, mais dont la prise deviendrait plus
« facile. »

« Hâtons-nous de le dire — s'empresse de faire remar-
« quer le lieutenant Besson — que la nouvelle Marine fut
« loin de justifier cette prévision anglaise. Tous les vais-
« seaux que la trahison voulait leur livrer devinrent inu-
« tiles, par le courage et le patriotisme qui les avaient
« défendus, et leur entrée dans les ports anglais n'offrit
« que des carcasses bonnes à dépecer [1].

« Cette preuve de connivence peut paraître extraordi-
« naire, mais les preuves qu'il n'est pas difficile d'adminis-
« trer sont en dehors de notre sujet. »

Doublement déçu, dans ses odieux calculs, par la fraternelle entente des officiers de l'ancien Corps, avec les
nouveaux chefs, et par leur commune émulation de patriotisme, le Comité de Salut public résolut de frapper un

1. Louis Besson fait, visiblement, allusion, ici, aux vaisseaux dont
s'empara l'amiral anglais, lors du combat du 13 prairial, grâce à la
félonie de Jeanbon qui défendit à Villaret-Joyeuse de les disputer à
l'ennemi.

grand coup. « Il s'applique d'abord à tout désorganiser...
« Le champ fut ouvert à l'ambition, à l'avidité des places,
« à la délation... Cependant, les effets de ce système n'étant
« pas assez prompts à Brest, le proconsul Jeanbon y arriva,
« ayant à sa suite la guillotine et son bourreau... Les dé-
« nonciations plurent, les destitutions simples pour les
« heureux, les prisons s'ouvrirent pour les autres. Sa pré-
« sence à Brest y porta l'effroi, la mort ! »

Ces graves révélations du lieutenant Besson donnent la clé des sévices qui furent simultanément exercés contre les officiers du « Grand Corps » et contre les officiers sortis de la maistrance. L'origine plébéienne des nouveaux chefs ne les déroba pas aux cruautés qui s'appliquèrent aux « aristocrates » : leur patriotisme les perdit !

Mais il fallait ramasser contre les futures victimes quelques traits qui parussent légitimer les rigueurs préméditées par Jeanbon. Pour obtenir les dépositions nécessaires au travail de Jeanbon, Bréard et Tréhouart vont, de taverne en taverne, arroser de liquides ardents les matelots, les ouvriers et les soldats qui consentent à gratifier de confidences contre le patriciat maritime les deux enquêteurs. Les forçats du bagne comparaissent aussi devant les représentants et leur procurent tous les griefs qu'exige Jeanbon pour achever la ruine de « l'aristocratie navale ». Après cette tournée bachique et judiciaire, la République offre la comédie à la populace. Montant tour à tour sur les principaux navires de l'escadre, les Conventionnels hurlent la *Marseillaise*, — les premiers couplets debout, le dernier à genoux et tête nue, — tout à la fois histrions et pontifes de la nouvelle Religion qui supplante le culte ancestral. Accolades, bonnets rouges jetés en l'air, drapeaux secoués, vociférations, jurons, discours, mettent le comble à ces pantalonnades, astucieusement machinées pour détacher les marins de leurs supérieurs et les asservir au Comité de Salut public.

Mais la *Marseillaise* et le ratafia n'ont pas suffisamment grossi le dossier des futurs coupables. Impatients de l'enrichir, Bréard et Tréhouart, après avoir flagorné les piliers de cabarets, s'adressent aux délateurs et donnent la parole aux espions. Des lettres anonymes achèvent d'édifier le dictateur et lui préparent les éléments d'un Rapport où la haine conspire avec le mensonge [1]. A quelles conclusions aboutit ce Réquisitoire? Jeanbon présente les officiers qu'il met en cause comme des « conspirateurs » royalistes, comme des traîtres qui voulaient « soulever l'escadre et livrer Brest aux Anglais ». Les documents élargis aux Conventionnels par la clientèle des tavernes brestoises et les délateurs justifient-ils ce triple grief? Les apologistes les plus effrénés de Jeanbon n'osent ni soutenir l'accusation ni justifier l'accusateur [2].

Dans son Rapport, Jeanbon rassemble non des faits, mais des nuées. L'imposture souille de ses cyniques fictions toutes les pages de cet écrit où l'auteur, sûr d'avance de l'arrêt qu'il postule, ne se donne même pas la peine de donner à ses fables le décor de la vraisemblance. Quelles mesures prend d'abord Jeanbon contre le vice-amiral

---

1. *Rapport sur les mouvements qui ont lieu sur l'escadre de la République commandée par le vice-amiral Morard de Galle, et sur sa rentrée à Brest, fait aux Représentants du peuple auprès de l'armée navale par Jeanbon Saint-André*. Brochure de 129 pages in-8°, de l'imprimerie Malassis, à Brest. Signalons aussi le *Rapport des Représentants envoyés à Brest*, lu à la Convention le 31 janvier 1794, les Proclamations du 10 novembre 1793 aux marins et aux officiers de l'escadre, et enfin la *Réponse de Jeanbon à la dénonciation des Citoyens de la Commune de Brest*.

2. L'historien de Jeanbon, ou plutôt son panégyriste, M. LÉVY-SCHNEIDER, est lui-même obligé d'écrire ce qui suit : « *Rien ne prouve qu'il y ait eu complot pour livrer l'escadre et encore moins pour livrer Brest aux Anglais* » (p. 509). En ce qui concerne l'action des Royalistes, le même écrivain se borne aux insinuations suivantes : « Il *y a peut-être eu complot royaliste* pour exploiter le mécontentement des officiers et des équipages, *comme semblerait* l'indiquer la *présence* de Du Plessis-Grenedan et de Verneuil ! ». (*Ibid.*)

Morard de Galle ? Il le destitue de son commandement et lui donne l'ordre d'aller, à Paris, rendre compte de sa conduite au Comité de Salut public. Les mêmes rigueurs atteignent les contre-amiraux Le Large [1] et Kerguelen, les capitaines de vaisseau Boissauveur et Guignace, Villeson, Thomas. Suivant Jeanbon, le premier de ces capitaines eut l'impudeur de donner un bal, à Quiberon, le lendemain même du jour où l'escadre apprit la trahison des Toulonnais. Assertion mensongère ! Se trouvant à terre, à Quiberon, le 12 septembre, le capitaine de vaisseau Boissauveur passa la soirée chez le commandant de la presqu'île, le capitaine Sauvé. Des danses s'improvisèrent entre les jeunes gens des deux familles, — et ce fut seulement vers la fin de cette soirée que Morard de Galle reçut du Ministre de la Marine la dépêche annonçant l'entrée des Anglais à Toulon. Quant au commandant Thomas, du *Northumberland*, Jeanbon estime que « le langage de cet officier, quoique patriote, n'est pas sincère ». Les capitaines de vaisseau Bonnefous [2], Richery [3], Daugier [4], jetés en

---

1. LELARGE (Jean-Amable), né à Louisbourg (Canada), le 17 avril 1738; entre en 1751 dans la Marine comme pilotin surnuméraire; capitaine le 26 décembre 1782; contre-amiral en 1793; interné à Laval en frimaire an II; reprend le service en l'an III comme Commandant des armes à Rochefort; vice-amiral en l'an V; mis à la retraite le 14 mars 1801 ; chevalier de la Légion d'honneur le 15 juin 1804; meurt à Plabennec (Finistère), le 11 mars 1805.

2. BONNEFOUX (Casimir-François de), né à Marmande en 1761; capitaine de vaisseau en 1793; baron de l'Empire en 1811, mort en 1838; commandait la Marine à Rochefort lorsque Napoléon se rendit à bord du *Bellerofon*.

3. RICHERY (Joseph de), né le 13 septembre 1757 à Alons (Basses-Alpes). Élève en 1774, embarque, en 1777, sur le *Fantasque;* enseigne en 1778, assiste, sous Suffren, aux six combats de l'Inde; lieutenant de vaisseau en 1789; capitaine en 1793. Destitué en 1795 comme noble, réintégré peu de mois après et promu contre-amiral. Le 7 octobre 1795, attaque, à vingt-cinq lieues du Cap Saint-Vincent, un convoi de trente bâtiments anglais et s'en empare; arrive, le 28 août

4. (*Voir page 305.*)

prison, vont y expier les imputations du contre-amiral Landais, « qui leur reproche » d'avoir échangé avec l'Angleterre des signaux d'autant plus suspects que notre béotien n'y a rien compris. Misérable grief où s'accuse moins l'ignorance d'un amiral que l'indignité du Représentant qui donne à la Marine de tels chefs [1] !

Mais arrivons aux « grands coupables », aux instigateurs du « complot » et aux fauteurs de la « trahison [2] ».

Du Plessis de Grenedan figurait parmi les plus jeunes officiers supérieurs de la Marine républicaine. Né à Vannes le 25 mars 1766, il embarquait, à seize ans, comme garde-marine, sur le vaisseau le *Guerrier*, commandé par le capitaine Du Plessis de Parscau [3] et prenait part, le 20 octobre

---

1796, sur le banc de Terre-Neuve, brûle ou ruine, en moins de quinze jours, toutes les pêcheries anglaises; prend ou coule plus de 80 navires; prend part à l'expédition d'Irlande et meurt à Alons, le 22 mars 1799.

1. DAUGIER, né en 1764 à Courthezon (Vaucluse), entré dans la Marine en 1782, lieutenant du 28 novembre 1789, lieutenant de troisième classe sur la *Liste de 1791*. Réintégré en 1795, comme capitaine de vaisseau. Après avoir servi l'Empire, Daugier fut créé contre-amiral par la Restauration. Retraité comme vice-amiral en 1831. Mort en 1834. (*Gloires maritimes*.)

2. Cinq enseignes, Clement, Crevel, Prisset, Lacam, Alosse, furent mis en prison comme prévenus d'insubordination. Les quatre premiers furent élargis. Lacam et Alosse rentrèrent en service. Il en fut de même de l'enseigne Baron.

3. DU PLESSIS DE PARSCAU, né à Saint-Malo en 1725. Garde-marine en 1743; enseigne en 1749; lieutenant de vaisseau en 1758, reçoit le commandement de la *Blonde*, chevalier de Saint-Louis en 1760, capitaine de frégate en 1770; capitaine de vaisseau en 1775; commandant de pavillon de l'amiral d'Orvilliers, commande la *Bretagne* au combat d'Ouessant, reçoit 500 livres de pension, chef d'escadre en 1783, décoré de l'ordre de Cincinnatus, meurt en 1786. La carrière de cet officier fut aussi brillante qu'active : de l'âge de dix-huit ans, où il s'embarque comme garde-marine sur le *Fleurus*, jusqu'à l'âge de trente-huit ans, du Plessis de Parscau ne cesse de naviguer et de combattre, il prend part à toutes les campagnes, assiste à de nombreux combats et obtient les éloges de tous ses chefs.

1782, à la bataille livrée dans l'Océan par le lieutenant-général de La Motte-Picquet, au sortir de Gibraltar. Le *Guerrier* suivait immédiatement l'*Invincible* portant le pavillon amiral; nommé lieutenant de vaisseau le 18 novembre 1788, Du Plessis avait, en dernier lieu, fait campagne à Saint-Domingue à bord du vaisseau le *Borée*, sous le commandement de M. de Villages. En 1792, le Ministre de la Marine le favorisa d'un congé dont profita Grenedan pour aller à La Roche-Bernard visiter sa mère. Pendant un bref séjour dans cette ville, voici que le vendredi 15 mars 1793, les paysans des environs se soulèvent, bousculent les soldats et s'emparent de La Roche-Bernard aux cris de : *Vive le Roi ! Vive la Religion !* Joie des habitants qui saluent de leurs acclamations les vainqueurs. Le combat fini, une fête fraternelle s'inaugure, quand un des chefs de bande, le capitaine Bodinet, tombe, soudain, frappé d'une balle. Cet assassinat exaspère les Royalistes. La rumeur publique met en cause le président du district, Joseph Sauveur, et le Procureur-Syndic, Corentin Le Floch. Le lendemain, le 16 mars, les magistrats sont fusillés : le sang expie le sang. Le même jour, le tocsin sonne dans toutes les paroisses et convie les laboureurs aux armes. De nombreuses bandes accourent. Un ex-officier de Marine, le chevalier de Silz [1], se met à leur tête et se dirige vers Rochefort-en-Terre. A ce moment, le capitaine Du Plessis revient de la campagne et rentre à La Roche, quand, en chemin, Silz ordonne à son ancien camarade de le suivre. Pendant une heure ou deux, le capitaine de vaisseau obéit

1. SILZ (Chevalier de la Haye), né en 1760, officier de Marine, fut d'abord chef des Chouans de Muzillac de 1794 à 1799, puis chef de la division de Malestroit de 1796 à 1802. Il passa ensuite en Angleterre, prit du service dans la Marine, devint, en 1814, capitaine de frégate et mourut en 1822. Il était le frère du comte de Silz, qui fut compris dans la conspiration de la Rouerie et qui fut tué dans un combat livré près de Grandchamp le 28 mai 1795.

à cette contrainte, mais, dès le lendemain, il regagne Brest et remonte à bord de la *Côte-d'Or*. Dans les temps de trouble, rien de plus banal qu'un tel incident. En 1871, sous la Commune, combien de Parisiens durent, le revolver sous la gorge, grossir de deux ou trois pavés la barricade contre laquelle ils se heurtaient, sans encourir, pourtant, le reproche d'un criminel compagnonnage avec les « rebelles ! » Au surplus, personne ne demande compte à Grenedan de cette aventure, immédiatement ébruitée, et l'officier supérieur reprend sa place dans l'état-major de la flotte, sans subir, de la part de ses supérieurs, même la formalité d'une simple question. Mais Jeanbon veille et, dans le répertoire des délations tenu à jour par le Proconsul, le capitaine a, dès lors, sa fiche !

Trois mois après l'affaire de La Roche-Bernard, le contre-amiral Landais, appelé à faire partie de l'escadre de Morard de Galle, désigne Grenedan comme son capitaine de pavillon. Fougueux jacobin, patriote ombrageux, Landais aurait-il honoré d'une telle marque de confiance un chef affligé d'antécédents factieux, un officier frappé de suspicion par l'opinion publique? C'est le 4 septembre 1793 que le *Côte-d'Or* rejoint l'escadre de Morard de Galle dans les eaux de Groix, et c'est dix jours après, le 14 septembre, qu'éclate l'insurrection dont nous parlons plus haut, — insurrection ostensiblement fomentée par deux sportulaires de Jeanbon, l'aspirant Crevel et le caporal Beaussard [1]. Le Rapport de l'amiral Morard de Galle [2] exclut tout doute sur le caractère équivoque et vénal de ces deux malfaiteurs. « Agents salariés des ennemis de la République ! » tels sont les qualificatifs que l'amiral leur jette

---

1. Levy-Schneider convient lui-même que « Crevel méritait plus le Tribunal révolutionnaire que la liberté » (p. 1.060), et regrette que Jeanbon « n'ait pas réservé pour Beaussard un peu de la sévérité déployée à l'égard de Bonnefoux, Daugier, etc. » (p. 510).

2. A. N. BB⁴ 20, folio 42.

à la tête et que justifie la scandaleuse protection dont le Proconsul ne cessa de couvrir ces deux « traîtres », ces deux sbires, jusqu'au bout indemnes, non seulement de toute rigueur pénale, mais encore de toute poursuite judiciaire, malgré l'éclat de leurs méfaits et l'ignominie de leur attitude. Voilà les hommes auxquels notre Conventionnel impose la double mission de saccager notre état-major, en diffamant les meilleurs officiers, et de laisser la mer libre au convoi britannique, en exigeant le retour de la flotte française à Brest ! Contre les officiers, issus de la bourgeoisie ou du peuple, si la révocation et la prison suffisent, le Proconsul décide, en revanche, d'appliquer aux « patriciens galonnés » la peine de mort. Plus le châtiment sera tragique, plus l'accusation ne paraîtra-t-elle pas fondée? Devant la grandeur de l'expiation, comment la France pourrait-elle mettre en doute le crime des condamnés et l'ombrageux patriotisme de leur juge? C'est à ce calcul machiavélique que furent sacrifiés les capitaines de vaisseau Du Plessis de Grenedan et de Coëtnempren et l'officier d'administration de Verneuil, — « aristocrates » professionnellement destinés par leur naissance à répandre leur sang pour le salut des Jacobins nantis. Afin de dérober à nos regards la trahison du Proconsul, il fallait que ces trois innocents périssent.

Quand les Césars ou les Barbares dévastaient les cités, égorgeaient ou broyaient les peuples, les Évêques et les Moines allaient, à la porte des villes, interpeller les massacreurs : tels Ambroise de Milan, Loup de Troyes, Aignan d'Orléans, Antoine de Padoue, François d'Assise, etc., gourmandant Théodose, Attila, Eccelin, Frédéric Barberousse, etc.; tel encore, de nos jours, Pie IX flétrissant le tsar Alexandre II, au lendemain des massacres de Varsovie. Destituée, par les Jacobins, de ses Évêques et de ses Moines, assassinés ou bannis, la France de 93, — sauf dans l'Ouest, — reste muette et passive devant le crime.

Depuis l'amiral Morard de Galle jusqu'au dernier gabier de son escadre, tous les marins savent que les officiers, dénoncés par les alguazifs de Jeanbon, n'ont ni voulu livrer notre flotte à l'ennemi, ni faire entrer les Anglais dans Brest. Mais quand Tréhouart et Bréard, sur l'ordre de Jeanbon, invitent le contre-amiral Landais à leur remettre des officiers qu'on sait purs de toute faute, personne ne se révolte contre cette forfaiture.

La scène se passe à la lueur des fanaux. Sur la *Côte-d'Or*, la garnison, en armes, et les mille hommes de l'équipage, en tenue, viennent se ranger sur le pont, sous les ordres du chef qui va, tout à l'heure, rendre son épée et se constituer prisonnier. Le cérémonial convenu se déroule. Au moment où Du Plessis de Grenedan abandonne le vaisseau, qu'il n'a pas, un seul jour, cessé de commander conformément aux lois de l'honneur, les clubistes de la *Côte-d'Or*, stylés par les agents du Proconsul, saluent, par une bordée d'invectives et d'insultes, l'homme qui va mourir. « *A mort le traître! A mort le brigand de Chouan! Vive la Montagne!* » vocifèrent les séides de Crevel et de Beaussard et les cubiculaires de Jeanbon. Couardise plus déplorable encore : médusés par la terreur, les officiers n'osent pas même adresser à leur capitaine un mot d'adieu.

En vrai gentilhomme, Du Plessis de Grenedan feint de ne s'apercevoir ni de ces huées, ni de ce silence : un fier sourire est sa seule réponse [1] à tant d'outrages.

Livrés par Jeanbon au Tribunal révolutionnaire, les capitaines de vaisseau du Plessis de Grenedan, du *Jean Bart*; — Coëtnempren [2], de la *Côte-d'Or*, les lieutenants

---

[1]. G. DE LA LANDELLE : *Revue de France*, du 15 avril et du 1er juin 1877. — *Le dernier vaisseau à voiles de l'État. Histoire du Trois Ponts :* l'Océan. — A. N. W, 311-414, et Communication de M. le comte du Plessis de Grenedan.

[2]. COËTNEMPREN (Joseph-Marie-Kersaint de Kerdournan), âgé de trente ans, né à Morlaix en 1764. Sous-lieutenant de vaisseau le 1er mai

de vaisseau Lebourg [1], Enouf [2], le sous-chef d'administration Verneuil [3], comparaissent, le 15 janvier 1794, devant Fouquier-Tinville et s'entendent accuser d'avoir « conspiré contre l'unité et l'indivisibilité de la République et la sûreté du Peuple français en excitant, favorisant et soutenant les mouvements séditieux et contre-révolutionnaires qui ont eu lieu sur plusieurs vaisseaux de la République à Brest, pour livrer le port aux ennemis de la République » !

Dix minutes d'interrogatoire auraient éclairé de vrais juges sur les impostures de Jeanbon et, séance tenante, libéré les prévenus d'une accusation qui ne flétrissait que son auteur. Mais les juges s'appellent Coffinhal, Gabriel Toussaint, Sallier et Pierre-Noël Subleyras, dociles valets du Comité de Salut public qui leur envoie d'avance les arrêts que cette domesticité s'empresse de maculer de sa signature, sans même se donner la peine de les lire [4].

1786, lieutenant de troisième classe sur la *Liste de 1791*. Fils de François-Louis de Coëtnempren. Épousa, le 22 juillet 1784, à Port-Louis, Marie-Élisabeth du Filhol, décédée à Brest, vers 1825. De ce mariage naquirent : 1º Jacques-Joseph-Marie de Coëtnempren de Kerdournan, baptisé à Port-Louis le 14 décembre 1788, lieutenant de vaisseau en 1828, mort après 1830; 2º Antoinette de Coëtnempren, baronne de Berthois, morte à Vitré, après 1830; 3º Anseline de Coëtnempren, morte à Landerneau, en mars 1884, âgée de quatre-vingt-quatorze ans; 4º Virginie de Coëtnempren, née posthume, en 1794, vivait à Landerneau, en 1884.

1. LE BOURG (Claude-Marie), âgé de trente-quatre ans, né à Brest, fut acquitté. Il aurait pu reprendre du service, mais il préféra se faire attacher, comme écrivain, au Parquet de Donzé-Verteuil, ce qui motiva l'arrêté du 7 brumaire an III (28 octobre 1794) par lequel Faure et son collègue le déclarèrent déchu de tout droit à être réintégré, comme il le demandait, dans son grade. (LEVOT, t. III, p. 122.)

2. ENOUF, sous-lieutenant du 1ᵉʳ mai 1786.

3. VERNEUIL (de) était né à Brest en 1764.

4. Voici quelques extraits de l'interrogatoire de Du Plessis de Grenedan :

« *Demande*. Si ce n'est par une suite de ses principes anticiviques, établis au procès, comme capitaine de vaisseau de la *Côte-d'Or*, il y

III

Traduits devant ces coadjuteurs de Sanson, les capitaines de vaisseau Coëtnempren et du Plessis de Grenedan, le lieutenant de vaisseau Lebourg et le sous-chef d'administration de Verneuil se défendent, non pour désarmer un Tribunal sans indépendance et sans honneur, mais pour livrer à l'opprobre de la postérité le Conventionnel qui les voue à la mort. Une protection, probablement maçonnique, ravit le lieutenant Le Bourg à l'exécuteur qui décapite, le 16 janvier 1794, Coëtnempren, du Plessis de Grenedan et Verneuil. Ce triple assassinat sanctionne le Rapport de Jeanbon et consacre sa victoire. Les mensonges qu'articula ce sectaire contre les officiers s'incorporent à la sentence qui les immole : « Il est constant, osent dire les juges, qu'il a existé des intelligences avec les ennemis extérieurs de la République tendant à protéger un convoi hollandais, composé de plus de cent voiles, destiné pour les ports d'Espagne et de Portugal, et facilité l'entrée des ennemis sur le territoire français, en leur livrant les vaisseaux, magasins et arsenaux appartenant à la France[1] | »

---

a allumé la révolte et l'insurrection qui s'y est manifestée. — *Réponse*. A dit que loin d'en être l'auteur il avait fait l'impossible pour l'empêcher. — *D*. A bien observé que, cependant, il résulte de tous les procès-verbaux et déclarations jointes au procès qu'il n'a rien fait du tout ce qui était en lui pour y rétablir l'ordre. — *R*. A dit qu'il avait fait arrêter trois matelots des plus mutins. — *D*. Si, pendant qu'il était au mouillage, lui cependant et les officiers de son équipage n'ont pas été, différentes fois, dans la ville de Toulon et s'ils n'y avaient pas quelques correspondances. — *R*. A dit qu'il n'avait jamais été à Toulon, ni avait même adressé correspondance dans cette ville. — *D*. S'il a fait choix d'un avocat? — *R*. Qu'il n'en a pas. » Et c'est tout. A. N. W. 311.

1. Sur les six officiers envoyés à Paris par Jeanbon et ses collègues,

Un an à peine après ce triple assassinat, le 3 mars 1793, la même Convention qui, le poignard de Robespierre sur la gorge, saluait de ses bravos le carnage de nos officiers, glorifiera par la bouche de Marec, mis en possession de tout le dossier de la procédure, les victimes de Jeanbon, sans avoir, hélas ! le courage de flétrir et surtout de frapper l'homme qui livrait notre Marine à l'Angleterre et à Sanson [1].

Mais Jeanbon Saint-André et le mensonge ne triomphent pas seuls. Si cette amputation de notre état-major, si ces tueries, si ces proscriptions appauvrissent, en pleine guerre, notre Marine, elles débarrassent, en revanche, la Grande-Bretagne d'une élite d'officiers qui ne conduiront plus demain les matelots français au feu et au devoir contre notre éternelle rivale. Obligés de constater l'inexistence du complot forgé par Jeanbon, les panégyristes du pasteur huguenot invoquent la nécessité « d'achever » à coups de poignard « la victoire de la Montagne ». « Le salut du pays, dit l'un d'eux, était alors au prix de l'unité; l'unité n'était réalisable que par l'oppression des dissidents politiques [2]. » Certes, Saint-Just, Robespierre et les Girondins professent ce dogme et s'en inspirent. Mais, peut-on en dire autant de Jeanbon? Jeanbon, dans sa campagne contre les officiers de notre Marine, obéit visiblement à d'autres préoccupations [3]. Les mobiles qui le font agir ne sont pas des prin-

---

quatre seulement comparurent devant le Tribunal révolutionnaire. Le lieutenant Enouf mourut en prison, et l'enseigne de vaisseau Leduc, tombé malade, ne put être mis en jugement.

[1]. Rapport de Marec sur l'affaire de Quiberon, lu à la Convention le 13 ventôse an III, au nom du Comité de Salut public.

[2]. Lévy-Schneider : *Le Conventionnel Jeanbon Saint-André*, pp. 517-518. L'auteur ajoute : « Théorie féconde en conséquences injustes et cruelles, théorie de circonstance et *qui était cependant dictée par la nécessité.* » — Ainsi, M. L.-S. déclare *nécessaire* l' « oppression » et, naturellement aussi, sans doute, le meurtre des « dissidents ».

[3]. L'historien de Jeanbon écrit lui-même : « *Il n'est pas certain que cette théorie ait dicté à Jeanbon son Rapport.* »

cipes, mais des intérêts. Recrutées parmi les quartiers-maîtres ou dans les rangs de la Marine marchande, les victimes de Jeanbon, loin de répudier les idées du Conventionnel, partagent son attachement à la Révolution et à la République. Comment soutenir, alors, qu'en malmenant ces braves sans-culottes, Jeanbon « justicie » des « adversaires politiques » et venge la Révolution outragée? Les officiers de l'ancien Corps qui servent, à la même époque, la République ne peuvent davantage encourir le reproche de « dissidence ». Tel Boissauveur [1]. A peine sorti de la geôle où Jeanbon l'a claquemuré, Boissauveur n'hésite pas à se mettre à la disposition de Beysser, au moment où ce général tâche de reprendre l'île de Noirmoutier aux Vendéens, et l'aide à remplir avec succès cette mission, en bloquant l'île, pendant que les troupes de débarquement s'en emparent [2]. Voilà donc un officier dont la ferveur républicaine ne saurait provoquer un doute. Il en est de même de tous les autres. Coëtnempren et du Plessis de Grenedan qui refusèrent de quitter le service, — même après l'exécution de Louis XVI, — quand, depuis deux ans, tous leurs camarades et tous leurs parents avaient rejoint l'armée des Princes, ne manifestèrent-ils pas eux-mêmes un loyal dévouement aux institutions régnantes? Les officiers contre lesquels Jeanbon exerce sa vendetta ne sont donc pas les serviteurs occultes de la Monarchie, mais des Jacobins sincères qui n'ont pas craint de sacrifier à la cause démocratique leurs traditions, leurs amitiés et leurs espérances. Voilà le trait qu'il faut mettre en pleine lumière.

1. BOISSAUVEUR (Guillaume-Marie-Lemarant de), né à Paimpol, le 19 août 1744, mort à Brest le 2 février 1829, comptait près de quarante-quatre ans de service, avait pris part à sept combats et reçu plusieurs blessures lorsqu'il fut admis à la retraite, avec le titre de chef d'escadre, le 30 juillet 1814. Il était Officier de la Légion d'Honneur. Dans un *Mémoire* (Brest, chez Malassis, 8 pages, in-8°) adressé à la Convention au mois d'octobre 1794, Boissauveur justifie sa conduite.

2. LEVOT, III, p. 388, note.

Arrachons donc à Jeanbon son masque de farouche patriote et ne nous étonnons pas si, — sous le plâtre, — nous trouvons la face d'un traître, que la haine associe aux manèges de nos adversaires. Les contemporains du proconsul ne s'y trompèrent point et ne se laissèrent pas plus duper que nous par l'animosité dont Jeanbon se targuait contre le Royalisme. Ce n'est point la Monarchie que combat l'ex-élève des théologiens de Lausanne, — mais notre Marine. En 1797, dans le *Républicain français* du 19 nivôse, l'amiral Truguet nous montre Jeanbon, — *sous prétexte de purger la Marine des royalistes,* — « chassant tous les officiers de l'ancien Corps, *bien qu'ils fussent instruits et disciplinés* [1] ». Délibérément hostile au talent, à la science et à la discipline, Jeanbon donne des armes à ceux qui l'accusent d'avoir travaillé, non pour la République, mais pour les tuteurs traditionnels de son culte. Les mensonges dont pullule son Rapport dénoncent une conscience trouble et laissent voir une âme qui n'est pas sûre d'elle-même.

IV

Un autre événement donnera plus de relief aux louches manœuvres du conventionnel et à ses cruautés incohérentes. Le 13 octobre 1793 (22 vendémiaire an II), mouillaient, en rade de Brest, les vaisseaux le *Patriote* et l'*Entreprenant*, dirigés, lors de l'expédition de Sardaigne, vers Toulon, et renvoyés de cette ville, par l'amiral Hood, le 13 septembre. Dès le début de l'occupation de Toulon par l'amiral

---

1. Le *Républicain français,* n° 1128 (Bibliothèque nationale, L^c n° 752). Truguet dit encore : « Jeanbon croyait qu'on organise un corps de Marine avec la même facilité qu'un Comité révolutionnaire. Son ignorance et sa présomption furent les principales causes de nos malheurs. »

Hood et l'amiral Jean de Langara, les équipages bretons,
— les Ponantais, — avaient inspiré de vives défiances aux
chefs de la cité. A quoi tenaient ces défiances? Travaillés
par les meneurs Jacobins, soumis à la discipline des Clubs,
les Bretons se montraient plus accessibles que les Provençaux aux tirades de la rhétorique républicaine. Leur ignorance les prémunissait mal contre les sophismes des beaux
parleurs. Ajoutons que leurs officiers, presque tous recrutés
dans la maistrance, avaient dû cette faveur moins à leurs
aptitudes techniques qu'à leur fervent sans-culottisme.
Avant que l'escadre anglaise et l'escadre espagnole se fussent présentées devant Toulon, pendant que les officiers
provençaux, dans un Conseil présidé par le contre-amiral
Chambon de Saint-Julien, se déclaraient résolus, non seulement à tolérer l'entrée des vaisseaux ennemis dans la
rade, mais encore à ne pas tirer sur une ville où la plupart
d'entre eux comptaient des parents, les capitaines ponantais, animés de sentiments contraires, envoyaient des détachements dans la presqu'île du Cap Sepet pour en défendre les approches et les forts contre l'Anglais et contre
ses alliés. Le Conseil général des Sections de Toulon connaît si bien le mauvais vouloir des équipages armoricains
que, le jour même où les Anglais débarquent et prennent
possession du fort La Malgue, les officiers du *Patriote* (capitaine Bouvet) et de l'*Entreprenant* (capitaine Boubennec)
reçoivent l'avis qu'on les rapatriera, soit par terre, soit par
mer, dans leurs ports d'attache. Cette parole fut tenue.
Le 6 septembre 1793, le Comité général royaliste congédie
les Ponantais du *Patriote*, de l'*Entreprenant*, de l'*Apollon*,
du *Pluvier* et de l'*Orion*, frappant, en eux, les irréduc-
tibles antagonistes des principes qui viennent de triompher à Toulon [1]. Le vrai motif de cet exode, faut-il le voir

1. Voici ce que nous lisons dans le *Journal de Vernes* publié par M. Alexis MOUTTET dans la *Nouvelle Revue rétrospective* de M. Paul COTTIN (année 1899), n° 39, p. 317 : « Dimanche 1ᵉʳ septembre. —

dans la crainte d'une jonction des Ponantais avec les troupes républicaines, commandées par le général Carteaux, — ou dans la peur d'une diversion en sa faveur, si l'armée républicaine attaquait Toulon? Le choix de la voie de mer, comme moyen de rapatriement, a l'avantage d'écarter les Anglais de ce double péril. Dans sa hâte d'éloigner les Bretons, l'amiral Hood offre de payer lui-même, en numéraire, ce qui leur reste dû, si la Caisse du Comité général ne peut y suffire.

Le *Patriote* et l'*Entreprenant* se dirigèrent sur Brest; l'*Apollon* vers Rochefort et l'*Orion* vers Lorient. L'amiral Hood ne laissa sur ces bâtiments que les canons nécessaires à la manœuvre des signaux. Le 13 septembre 1793, les quatre vaisseaux, — y compris la gabare le *Pluvier*, — chargés de cinq à six mille matelots, mettent sous voile. Investi du commandement de la division, le capitaine de vaisseau Bouvet se félicite tout le premier d'un choix qui lui permet de restituer à la République un contingent de soldats impatients de la défendre.

On avait le droit de croire que des marins, dont le « patriotisme » faisait naître chez les ennemis de la République de telles appréhensions, recevraient des autorités

---

On va réunir sur quatre vaisseaux de ligne de la division de Brest tous les Bretons, Malouins et autres marins ponantais, *reconnus pour Clubistes, qu'on renvoie en Bretagne. C'est une classe nombreuse, qu'il faudrait nourrir, dont on ne pourrait pas se servir, qui entretiendrait dans Toulon une fermentation dangereuse, et qui exigerait une surveillance continuelle.* Dès que les vaisseaux seront réduits aux vivres nécessaires pour la route, ils mettront à la voile, munis de patentes, pour qu'ils ne soient inquiétés par aucune des puissances en guerre, *démontés de leurs canons*, et privés de toute munition militaire. On ne leur laissera que quatre petites pièces, sans boulets, avec la poudre nécessaire pour faire des signaux en cas de détresse. Des vaisseaux le convieront jusqu'à une certaine hauteur, afin qu'ils n'abordent sur aucune côte de la domination française dans la Méditerranée. »

républicaines un accueil dénué de froideur. Il n en fut rien. Dans un *Mémoire, adressé par le citoyen Boubennec, commandant ci-devant le vaisseau de la République l'Entreprenant, à tous ses concitoyens de Brest*, voici ce qu'on peut lire :

> Aussitôt mouillé, j'envoyai un officier à bord du Commandant de la rade prendre ses ordres; à son retour, il me dit qu'il était permis de communiquer avec la terre; je descendis aussitôt et me rendis chez le Commandant d'armes pour lui rendre compte de notre arrivée; il me conduisit au représentant qui me donna ordre de retourner à mon bord et d'empêcher aucune communication avec la terre, et même de rembarquer nos canots et nos chaloupes. Le soir, l'on vint mettre les scellés sur tous nos papiers; cette conduite me surprit au premier moment, mais, à la réflexion, je pensais que ces mesures de précaution étaient nécessaires, d'après le malheureux événement de Toulon, pour pouvoir connaître les traîtres à la patrie et déjouer les projets des malintentionnés s'il s'en trouvait dans le nombre des individus venant de Toulon.

Sans-culotte fougueux, le Commandant Bouvet vit dans la même quarantaine une insolence qui le suffoqua. Pour assurer l'exécution de cette mesure, le Commandant de la Marine à Brest, l'amiral Morard de Galle, fit ranger à l'arrière du *Patriote* et de l'*Entreprenant* une chaloupe armée, avec défense aux embarcations voisines « d'en aborder ou d'en déborder ». Le lendemain, sur l'ordre de Jeanbon, les Commandants et les États-Majors des deux vaisseaux incarcérés au château de Brest, avec les officiers passagers, au nombre de cinquante et un, ouvraient leurs rangs au capitaine Purèn et à dix-sept officiers de son navire, arrêtés à Lorient le 12 octobre.

Ainsi, — comme le dit si bien Levot, — « ces hommes généreux qui, par leur patriotisme et leur attitude, avaient conservé à la France quatre vaisseaux dont chacun portait quatorze cents hommes — soit 5.600 marins — obtenaient, pour récompense, une prison « où, pendant seize mois, ils éprouveront, comme leurs familles, les plus rudes angoisses ». Mais la prison ne parut pas suffisante. Il fallait donner à nos ennemis une satisfaction plus conforme à leurs vues.

Le Proconsul avait établi, dans son pachalick de Brest, un ministère de la délation et placé à la tête de ce service un officier originaire de Castres, le légendaire Lucadou, qui conquit chaque grade par une dénonciation et chaque faveur par une boucherie. Après avoir mis de côté, pour l'abattoir, un groupe de sept marins, Jeanbon chargea Lucadou d'embaucher contre eux une bande d'accusateurs. Le grade de contre-amiral fut-il promis au chef de cette expédition mortuaire? Dépourvu d'antécédents militaires avouables, mais promu capitaine de vaisseau pour ses campagnes de basse police, Lucadou ne pouvait respecter, chez ses camarades, l'uniforme qu'il salissait lui-même. Sur son ordre, plusieurs officiers, comme Tiphaigne [1], Pi-

1. TIPHAIGNE (Guillaume), né à Hauteville-sur-Mer (Manche), le 1ᵉʳ avril 1736, pilotin en 1761, capitaine de flûte en 1775, lieutenant de frégate en 1781, lieutenant de vaisseau en 1791, capitaine de vaisseau, grâce à la protection de Jeanbon, le 8 février 1793, est un de ces officiers dont le proconsul écrivait lui-même dans une lettre adressée le 5 prairial an II (24 mai 1794) à Prieur de la Marne : « Il y a... de l'instruction chez plusieurs capitaines (les capitaines du Combat de Prairial). Mais il en est trois ou quatre dont l'ignorance est au-dessus de tout ce qu'on en pouvait dire. » Ainsi, de l'aveu même de Jeanbon, c'est sciemment que le Conventionnel donnait à la flotte nationale des chefs ignorants et incapables. Le futur supérieur hiérarchique de Tiphaigne au combat de Prairial, l'amiral Villaret-Joyeuse écrivait, à son tour, le 24 octobre 1793, les lignes suivantes, relatives à Tiphaigne : « Homme nul, sujet de risée pour son état-major et son équipage. » Voici l'ordre du jour que Tiphaigne, en présence de Jeanbon, fit clouer au grand mât du *Neptune*, pour ramener au calme son équipage mutiné :

« Citoyens, il est un préalable sans lequel les choses resteraient dans la plus grande morosité.

« Depuis fort longtemps vous agissez difformément à ma volonté. Je sais que vous avez des droits terrogatifs; mais je sais aussi qu'on ne

lastre, Phé, etc., se répandirent, — à l'exemple des représentants Tréhouart et Bréard, — dans les bouges du port, et, le verre en main, extorquèrent des matelots, des cuisiniers, des gabiers ivres, les balivernes que Jeanbon transmit à Fouquier pour les convertir en projectiles.

L'ordre était venu de pratiquer une nouvelle saignée dans les cadres d'une Marine encore trop française. Pour recueillir les grossières sornettes dont s'arma Fouquier contre les valeureux jeunes gens qui s'étaient ralliés à la République, même homicide, afin de se dévouer à la France malheureuse, Jeanbon n'adressa pas un vain appel au zèle de son pourvoyeur. Le procès ne fut qu'une septembrisade.

Deux officiers, le lieutenant Fichet [1] et l'enseigne de vaisseau de Lécluse [2], les canonniers Michel Jacquelin [3] et Gardinet [4], le chef de pièce Jules Blanchard [5] et le ca-

---

peut subjuguer un autre à ma place sans en prodiguer les raisons australes. C'est pourquoi j'évacue le tillac, à cette fin de laisser la parole à Jeanbon Saint-André qui vient exprès pour vous dire le reste : Vive la République une, indivisible et impérissable. » (Voir LEVOT, p. 234) !

On trouve dans son dossier, aux *Archives de la Marine*, la note suivante : « Brave homme, à la conduite duquel je dois des éloges, mais son âge le rend susceptible de la retraite. VILLARET-JOYEUSE. » Tiphaigne mourut le 19 avril 1814.

1. FICHET (Étienne), âgé de trente-trois ans, débuta, comme marin, puis fut promu lieutenant de vaisseau de la Révolution. Natif de Portrieux (Côtes-du-Nord), mais demeurant, d'ordinaire, à Lezardrieux. Voir son procès et celui de ses camarades aux *Archives nationales*, W. 313 (N° 427).

2. L'ÉCLUSE (Jean-Marie de), natif d'Audierne (Finistère), âgé de vingt-huit ans. (*Ibid.*)

3. JACQUELIN (Michel), natif de Dunkerque, âgé de quarante-deux ans, canonnier. (*Ibid.*)

4. GARDINET (Antoine), natif de Pesmes (Haute-Saône), second-maître canonnier, âgé de trente et un ans. (*Ibid.*)

5. BLANCHARD (Gilles), natif de Saint-Pierre-de-Plesguen (Ille-et-Vilaine), âgé de trente-sept ans, chef de pièce, sur le vaisseau l'*Orient*. (*Ibid.*)

nonnier de marine Vançon[1], expédiés à Paris, comparurent devant le Tribunal révolutionnaire, enchanté de ratifier l'arrêt de mort qu'avait prononcé contre eux Jeanbon, sans les voir et sans les entendre.

Quels griefs articula Fouquier-Tinville contre les Français innocents que lui livrait le Proconsul? Étant à bord du *Patriote*, le commandant Fichet enroula de papiers suspects un boulet ramé de 8 et jeta le paquet à la mer. Non moins pervers, le jeune de l'Écluse harcela les Toulonnais de recommandations scélérates : « Si vous allez « mouiller du côté de la Seyne, les forts, dit-il, ne tireront « pas sur vous. Si, au contraire, vous allez du côté du « cap Sepet, ceux qui ont des femmes et des enfants « doivent y réfléchir, car les boulets rougissent depuis « vingt-quatre heures (? ») » Un témoin ajoute que d'après les dires de certain domestique, « l'enseigne de l'Écluse trahissait ». On interroge le valet; cet homme ne sait rien. Qu'importe ! La livrée de Jeanbon vote la mort. « Avez-vous eu connaissance de la trahison des Toulonnais? » demande l'accusateur public au pauvre canonnier Vançon? Sans même laisser à Vançon le temps de balbutier une réponse, le tribunal l'envoie à la guillotine. A la guillotine, aussi, le canonnier Jacquelin qui, sommé de faire savoir pourquoi il obéit à son capitaine, déclare qu' « il ne sait pas ce que c'est que de refuser le service à un chef ! » A la guillotine, enfin, le chef de pièce Blanchard et le second-maître Gardinet qui restent bouche bée devant cette question : « Pourquoi le vaisseau sur lequel vous serviez n'a-t-il pas livré de combat? »

Dix-huit mois plus tard, quand les Thermidoriens reprocheront à Jeanbon ces assassinats, commandés par un mystérieux maître, l'onctueux Représentant, avec l'ac-

---

1. VANÇON (Ignace), natif de Bouhans (Haute-Saône), canonnier de la Marine à Brest. Il avait d'abord été employé sur la flûte le *Mulet*. (*Ibid.*)

cent de Tartufe, s'écriera, les mains jointes et les regards tendus vers le ciel, moins pur que son âme : « Officiers de « Toulon, rendez grâce à votre destinée qui vous a con-« duits à Brest. Où sont vos camarades de l'*Apollon?* » Bien différent, en effet, fut le sort des marins du *Patriote* et de l'*Entreprenant*, que leur heureuse fortune jeta sur les rives de la Penfeld, soumises à la bienfaisante suprématie de Jeanbon. Pendant que Laignelot égorgeait, à Rochefort, l'état-major de l'*Apollon* et du *Pluvier*, Jeanbon, au lieu de recourir au bourreau brestois, mettait en mouvement le Tribunal révolutionnaire de Paris et faisait tomber, sous la hache des tueurs parisiens, les officiers échoués à Brest. Quel contraste entre cette délicate attention du dictateur de Brest et la brutale procédure de Laignelot !

Condamnés à la peine capitale le 2 pluviôse an II (21 janvier 1794), « pour avoir participé, dit le jugement, à une conspiration par laquelle l'entrée du territoire a été facilitée aux ennemis de la République », ces six marins patriotes furent guillotinés le même jour. Ce fut une victoire de plus que l'Angleterre et le mensonge remportèrent, grâce à Jeanbon, sur la France et sur la vérité. Peu s'en fallut que le brave commandant Bouvet (Pierre-René Servais) n'éprouvât un sort identique [1]. Jeanbon voulait

---

1. BOUVET (Pierre-René-Servais) naquit, le 10 avril 1750, à Saint-Servan (Ille-et-Vilaine), d'un ingénieur de la Marine ; servit d'abord, comme capitaine au long cours, et embarqua, en 1778, comme lieutenant de frégate auxiliaire, sur la *Belle-Poule,* commandée par La Clochetière. Dans le mémorable combat que soutint cette frégate, il décida l'avantage par son habile manœuvre, et, quoique très grièvement blessé, il ne quitta pas son poste. Il embarqua ensuite sur le *Sphinx,* qui faisait partie de l'escadre de Suffren, et prit une part glorieuse à l'affaire de la Praya, ainsi qu'aux quatre premiers combats de l'Inde. A Trinquemalé, notamment, en saisissant la barre du navire, il força, pour ainsi dire, Du Chilleau, son commandant, à venir au secours du vaisseau-amiral démâté, et entamé par cinq ou six vaisseaux ennemis. Aussi fut-il nommé lieutenant de vaisseau,

lui faire opérer le même voyage et le soumettre au même couperet. Une fièvre infectieuse mit Bouvet dans l'impossibilité de quitter Brest et le sauva. Voici la lettre que ce brave homme écrivit, de son lit d'hôpital, aux membres du Comité de Salut public qui, cédant aux suggestions de Jeanbon, voulaient le comprendre dans la tuerie des officiers de marine promis au couperet révolutionnaire par le Proconsul de Brest. Avec quelle émotion cet ancien soldat de Suffren, ce héros de la Praya, ce chevalier de Saint-Louis, comblé de faveurs par les ministres de Louis XVI, défend son honneur et sa vie contre les brigands qui veulent priver la France de ses services ! La rusticité du style ne donne que plus de relief à cette plaidoirie d'un malade que guette la mort :

« Citoyens Représentants,

« Je me R' appelle que dans le courant de la traversé le citoyen Fichet lieut. de V^{au} et passagère à mon bord me fit voir différents placards de jugement et quelqu' es cayers où les Toulonnais essayaient de justiffier leur conduitte perfide ou à peu près (car je n'ai pas eu la force de les lire jusqu'au bout) étant malade; je crains que mon domestique n'ait mis tout cela dans ma malle avec mes papiers, je vous pris de donner vos ordres pour qu'on les visitte scrupuleusement pour les en soustraire s'ils y sont; si ils y sonts les mauvaises raproches ne peuvent rien sur Des esprits Républiquains, mais peut être beaucoup sur des âmes faibles. Je vous prie d'être bien persuadé

chevalier de Saint-Louis, et chargé de porter en France les dépêches de Suffren. Dix ans plus tard, Bouvet était chef de division dans l'escadre de Toulon. Bouvet fit paraître sous le titre de : *Conduite du Capitaine de vaisseau Bouvet depuis le commencement de la Révolution*, sa justification, datée de l'hôpital maritime de Brest, le 10 floréal an II. Brest, GAUCHLET, 15 pp. in-8°. (LEVOT : *Gloires maritimes.*)

que s'ils se trouvent dans ma malle c'est par un pur oubli occasionné par ma maladie et que je ne les ai même pas lūes j'ai toujours eū trop de mépris pour ces vils Toulonnais pour croire dans leurs Reliques.

« Je vous rappelle m'a demandé, citoyens représentants, a l'effet d'obtenir mon Leinge ; je suis à la requête de tout le monde.

« Je vous prie d'être bien persuadé de mon entier dévouement pour la République. »

Cette lettre, tout à la fois si indignée et si humble, ne calma pas le Proconsul. Afin d'achever le malade, qu'une sollicitude chrétienne aurait pu guérir, Jeanbon fit jeter Bouvet dans un cachot, d'où l'ancien capitaine du *Patriote* ne sortit qu'après le 9 Thermidor pour s'éteindre, quelques semaines plus tard, le 25 mars 1795, sur un lit d'hôpital. La fièvre acquitta ainsi la dette que la trahison n'avait pu régler à coups de couteau. Avec du Plessis du Grenedan, Coëtnempren et Verneuil, guillotinés le 16 janvier, Fichet et ses camarades, immolés le 21 janvier 1794, Bouvet succombait, dixième, mais non dernière victime du plan destiné par Jeanbon à paralyser nos forces navales, en frappant de terreur l'état-major. Docile tortionnaire des marins sans-culottes que le ministre du Saint-Évangile avait désignés à ses sévices, la Convention ne pouvait pas ignorer que ce sextuple homicide comblait les vœux d'un ennemi intéressé depuis longtemps à l'anéantissement de notre flotte.

V

Prêtrophobe furibond, Jeanbon déclare au Clergé catholique la même guerre qu'à la Marine et à la France. Le Prêtre n'est-il pas, avec le Soldat, le plus vigilant tuteur de la Tradition nationale? Il faut que les prêtres non seulement renoncent à leurs fonctions, mais désavouent leurs « erreurs ». Pendant que certains proconsuls se contentent d'exiger du prêtre le sacrifice de son emploi, Jeanbon réclame l'apostasie. Cet ennemi de la superstition et du sacerdoce aurait dû commencer par se dépouiller lui-même de tout caractère ecclésiastique. Son collègue, Julien de Toulouse, ministre, comme lui, du Saint Évangile, n'abandonna-t-il pas sa charge pastorale? Calviniste fanatique, le petit-fils des pasteurs du Désert regimbe contre l'abdication qu'il impose aux autres et garde jalousement son caractère et sa fonction [1]. Le catholicisme lui inspire une telle peur et une telle haine qu'il le combat jusque chez les prêtres infidèles. Les ecclésiastiques renégats ne réussissent même point à désarmer cet ennemi qui craint toujours de voir jaillir, de la cendre des croyances éteintes, une étincelle de la foi nationale. La loi a beau laisser les églises au culte constitutionnel, Jeanbon les lui ravit pour convertir les édifices, soit en Temples de la Raison, soit en magasins ou même en salpêtrières. Chaque fois qu'il prend la parole, le pasteur dénonce dans tout prêtre, orthodoxe ou parjure, « un irréconciliable ennemi de notre conscience » [2]. Pour mettre le prêtre, fidèle ou parjure, hors d'état de défendre la France, Jeanbon ne voit que la hache.

La Femme ne lui inspire ni moins de frayeur, ni moins de haine. Désespérant de la conquérir, notre Conventionnel la délaisse et se dédommage avec les enfants qu'il souille d'impiétés. Une sportule de cinquante livres récompense un enfant auquel on a décerné le prix de blasphème. A Lorient, dociles à ses suggestions, les écoliers détruisent les statues des saints et les remplacent par les bustes de

---

1. Lévy-Schneider, p. 616.
2. *Archives de Lorient, ibid.*

Marat et du régicide Lepelletier. Pour flatter Jeanbon, les satellites du Conventionnel se livrent à des profanations que les païens auraient flétries. L'un d'eux, l'ivrogne Dagorne, après avoir saccagé les églises, brisé les statues et brûlé les châsses, trouve qu'il n'a pas suffisamment outragé les catholiques et satisfait Jeanbon. Le 12 décembre 1793, la tête de S. Corentin attire, à Quimper, les paysans des communes environnantes. Afin de frapper l'imagination populaire, l'émissaire du Proconsul décide d'improviser une scène où éclate le mépris de la République pour les croyances religieuses de la Cornouaille. Comme les Bretons pourraient se révolter contre l'insulteur, un bataillon de la garde nationale, une batterie d'artillerie et une compagnie de canonniers, mèches allumées, protègent l'histrion. Sous la tutelle de l'autorité militaire et sous les auspices du dictateur, que fait Dagorne? Devant les Bretons rassemblés, Dagorne monte à l'autel, fracture à coups de hache le tabernacle, et, s'emparant des vases sacrés, leur inflige — face à la foule — une de ces obscènes profanations qu'imaginaient les Réformés du xvie siècle, au temps des guerres religieuses, pour avilir le culte catholique [1].

Quelques jours plus tard, le 30 décembre 1793, Jeanbon, à l'exemple des Montgommery, des La Colombière et des capitaines huguenots, veut opérer lui-même. L'église Saint-Louis, devenue le Temple de la Raison, abrite les Clubistes et les malandrins brestois, accourus pour prendre part à la fête que Jeanbon leur a promise et dont il a puisé l'idée dans l'histoire de la Réforme. Tout d'abord, les cérémonies du culte de la Raison se déroulent. Puis voici le tour de la saturnale classique. Dans une homélie qu'animent les fureurs de Marnix de Sainte-Aldegonde, Jeanbon souffle la haine contre les prêtres catholiques;

1. LÉVY-SCHNEIDER, p. 629.

« noir essaim de conspirateurs qui répandent la superstition parmi les masses pour les asservir. » Mais de stériles outrages ne sauraient satisfaire les ressentiments du Français parjure. Le Proconsul enjoint à l'auditoire d'abjurer, sur l'heure, un culte « dont le genre humain fut trop longtemps victime ». La plèbe sordide, groupée au pied de la chaire, s'empresse d'obtempérer aux ordres du Conventionnel. Jeanbon triomphe! La bête populaire se rue contre les autels, déchire les tableaux, démolit les statues et brise, avec une joie sauvage, tout ce que sa frénésie peut atteindre. Augustes effigies de la France croyante et religieuse, symboles radieux de notre épopée nationale, les statues de saint Louis et de Charlemagne tombent en pièces, sous les coups d'une foule que Jeanbon n'a pas vainement dénationalisée [1].

Toute la Réforme se déchaîne et s'accuse dans cette lupercale et dans ce délire. Souvenons-nous qu'au XVIe siècle, le Protestantisme brisa plus de cent mille statues, et que son hostilité contre notre culte et contre notre histoire ne distingua pas entre les œuvres d'art où se manifestait la piété de nos pères, et les icones qu'avait érigées leur admiration ou leur reconnaissance. A Lyon, les Calvinistes saccagent la basilique de Saint-Irénée, berceau de l'Église Lyonnaise; — à Vendôme, les monuments des Bourbons-Vendôme; — à Angoulême, les sépulcres des Valois-Angoulême; — à Sainte-Croix d'Orléans, la tombe de Fran-

---

1. LEVOT : *Brest pendant la Terreur*, pp. 175-176. Après le 9 Thermidor, les habitants de Brest, dans un écrit intitulé : *Dénonciation des Citoyens de la Commune de Brest*, reprochèrent à Jeanbon d'avoir outragé « les rites et les cérémonies des catholiques paisibles ». L'ancien terroriste, dans sa réponse à cette dénonciation, prend le ton et le langage d'un tartufe. L'insulte qu'on lui reproche n'a pas été commise. « La conscience a toujours été pour moi un asile sacré où j'ai cru que l'autorité ne peut se permettre de pénétrer. » Jamais Jacobin ne mentit avec autant d'audace. Nous verrons bien d'autres exemples de ces faussetés.

çois II ; — à Bourges, celle de Jeanne de France ; — à Rouen, les tombeaux de Rollon, de Guillaume Longue-Épée, de Richard Cœur de Lion ; — à Caen, les tombeaux de Guillaume le Conquérant et de la reine Mathilde ; — à Coutances, la galerie de Tancrède de Hauteville et de ses six fils, les conquérants de la Calabre, des Deux-Siciles et de la Palestine ; enfin à Orléans, sur le pont des Tournelles, le monument de Jeanne d'Arc. La Réforme vide même les tombeaux, comme à Lyon et comme à Viviers, où elle sort du cercueil le corps de l'évêque Claude de Tournon qu'elle traîne, avec une corde, à travers les rues pleines de boue. Profanations et sacrilèges, que renouvelleront, deux siècles plus tard, Jeanbon et les Jacobins, animés de la même haine contre nos paladins, contre nos rois et contre notre Iliade [1].

1. Voir Henri MARTIN *Histoire de France*, t. IX, pp. 124 et seq. — Dr FRANCUS (A. MAZON) : *Les Huguenots du Vivarais* (Privas, 1903), t. II, p. 14 à 32. — Gaston LE HARDY : *Le Protestantisme en Normandie* (Caen, 1869), p. 83. — WALLON : *Jeanne d'Arc* (Paris. 1876), pp. 378 et 528. Le monument consacré à Jeanne d'Arc avait été érigé en 1458. Les Calvinistes le détruisirent en 1552 ; les Catholiques le rétablirent en 1570. En 1792, deuxième destruction. L'infatigable gratitude des Catholiques l'a fait rééditier pour la troisième fois, au XIXe siècle. Dans cet antagonisme entre les constructeurs et les vandales, se symbolise le rôle réciproque que jouent à travers les siècles, dans l'histoire nationale, l'Eglise et la Révolution.

CHAPITRE XIV

I. — Le tribunal révolutionnaire de Brest créé par Jeanbon. — Trois officiers, MM. de Montecler, de Rougemont, Le Dall de Kéréon, qui viennent se mettre au service de la République, sont guillotinés. — Supplice d'un quartier-maître, François Legouy, pour avoir regretté les officiers de l'ancien régime.

II. — Projet d'une expédition contre les îles anglaises. — Il s'agit d'anéantir la Grande-Bretagne. — Les souvenirs du Cévenol Jean Cavalier à Jersey. — Discours oblique de Jeanbon devant le Club des Jacobins. — Riposte foudroyante de Robespierre. — Reculade de Jeanbon.

III. — Dispositions prises pour l'attaque contre Jersey. — Jeanbon se débarrasse de Laignelot et asservit le Tribunal révolutionnaire à sa cause. — Patrouilles et visites domiciliaires. — Jeanbon supprime les régiments d'artillerie et d'infanterie de marine et remplace les soldats expérimentés par des recrues ignorantes.

IV. — Sourde hostilité de Jeanbon contre les projets du Comité de Salut public. — Jeanbon veut annuler les préparatifs. — La Convention persiste dans l'aventure. — Conflit entre le Proconsul et le Comité de Salut public.

V. — Le dictateur s'apprête à frapper un grand coup. — Un procès monstre est intenté aux quinze mille marins de l'escadre de Morard de Galle. — Le Tribunal révolutionnaire est réorganisé en vue de ce procès. — Lettre de Jeanbon au Comité de Salut public. — L'accusateur public, Donzé-Verteuil, prend ses mesures. — Sa joie. — Malgré les désertions, il immobilise de nombreux témoins dans l'armée et dans la marine.

VI. — L'escadre de l'amiral Howe est signalée dans les parages d'Ouessant, en même temps que l'arrivée imminente de la flotte de Van Stabel. — L'instruction du

Comité de Salut public à Jeanbon et à Villaret. — Il ne faut pas engager une bataille qui empêche l'attaque contre Jersey.

I

Ce fut — comme on l'a vu plus haut — à la voix de Jeanbon que le Tribunal révolutionnaire de Paris sortit des limbes. Le Tribunal révolutionnaire de Brest lui devra la même faveur. Laignelot et Bréard avaient voulu donner à la capitale maritime de la Bretagne le Sanhédrin dont la République se servait, dans la plupart de nos provinces, pour égorger les Français les plus considérés et les plus riches et battre monnaie avec leur fortune.

Mais, après avoir fonctionné pendant quelques jours, le tribunal de Laignelot et de Bréard, frappé d'une disgrâce inattendue, subit une épuration qui le prive de ses principaux membres. Jeanbon chasse de Brest les magistrats révoqués et les remplace par une nouvelle livrée. Désireux d'avoir sous la main des sbires dévoués à ses obliques projets, Jeanbon recrute lui-même le nouveau personnel judiciaire, dont il dictera les sentences et désignera les victimes. Le Tribunal révolutionnaire de Paris ne pouvait rien refuser à l'homme qui l'avait créé. Le dictateur invite Fouquier-Tinville et ses complices à lui fournir trois juges, — trois bons juges. Plein de déférence pour cette requête, les obligés de Jeanbon lui cèdent leurs trois meilleurs collègues : Ragmey, Donzé-Verteuil et Bonnet. Le premier présidera le tribunal; le deuxième y remplira les fonctions d'accusateur public, et le troisième sera le secrétaire de l'accusateur.

D'où vient Ragmey [1]? Du Jura. Avocat en 1789, à

1. RAGMEY (Pierre-Louis), né le 17 janvier 1762 à Lons-le-Saulnier (Jura). Désiré Monnier, dans l'*Annuaire du Jura* de 1851, représente

Lons-le-Saulnier, Ragmey, dès le début des troubles, s'était jeté dans le mouvement révolutionnaire, avec la violence d'un fanatique et les arrière-pensées d'un mercanti. Un autre Jurassien, René Dumas [1], dit Dumas le Rouge, également inscrit au barreau de Lons-le-Saulnier, avait fondé, dans cette ville, une Société populaire, filiale du Club des Jacobins de Paris. Pour obtenir de l'avancement, nos deux aventuriers vont dénoncer à la Convention les bourgeois girondins que les suffrages populaires ont mis à la tête du département. Le régime de surenchère et de délation s'inaugure dans le sang des émeutes. Admis, le 13 juin 1793, à la barre de l'Assemblée, Ragmey accuse nos vertueux « rolandistes » de s'insurger contre la majesté des lois. Le salaire n'est pas marchandé aux délateurs. Un décret avait appelé Dumas à la présidence du Tribunal révolutionnaire ; un autre édit fait asseoir Ragmey parmi les juges.

A la veille de franchir la trentaine, si Ragmey appartient à la même génération que la plupart des héros de la République, Donzé-Verteuil, plus mûr, est un de ces sensuels que le goût d'une vie facile entraîne vers les pentes. Quinquagénaire, mais quinquagénaire alerte, encore très vert —, fils d'un boucher de Belfort, le futur terroriste brestois, après avoir fait partie, pendant plusieurs années, de la Société de Jésus, s'est séparé de ses collègues, lors de la suppression de la Compagnie, pour devenir l'aumônier des Chanoinesses nobles de Remiremont. Bizarre pressentiment ! Avant d'envoyer ses compatriotes

Ragmey comme un démagogue « altéré de sang ». Levot dit que Ragmey habita Anvers sous l'Empire et qu'après la Révolution de 1830, il revint à Paris, où il mourut sept ans plus tard.

1. DUMAS (René-François), né en 1757, décapité le 10 thermidor an II (28 juillet 1794), homme de loi avant la Révolution. D'abord vice-président du Tribunal révolutionnaire, succède à Herman comme président, juge les procès d'Arthur Dillon, de Chaumette, des veuves d'Hébert et de Camille Desmoulins, etc.

à l'échafaud, Verteuil se préoccupe des dernières pensées qui hantent les condamnés à mort, et consacre aux « plus illustres victimes » un ouvrage plein d'onction.

Cette onction restera d'ailleurs le cachet caractéristique du tortionnaire. Les contemporains nous montrent, dans l'accusateur public du Tribunal de Brest, un argumentateur tout à la fois « mielleux, patelin et diffus ». Les vertus du nouveau métier corrigent, paraît-il, chez Donzé-Verteuil [1] « les tares de l'ancien état ». Le même témoin nous assure qu'à partir du jour où l'ex-chapelain vint s'établir à Brest, « il ne passa pas trois jours sans être ivre et même quelquefois au point de tomber [2] ». Cette condescendance pour les mœurs populaires appelle sur Verteuil l'estime de Jeanbon, qui l'introduit dans son intimité, l'admet presque chaque jour à sa table et traite ce docile *famulus* comme un frère.

Ancien procureur au Châtelet, puis secrétaire de Fouquier-Tinville, Bonnet, doué d'une plume aisée, rédige les actes d'accusation que lit Donzé-Verteuil. « Un œil

---

1. DONZÉ-VERTEUIL (Joseph-François-Ignace), né en 1736 à Belfort (Haut-Rhin). Édite un certain nombre d'ouvrages anonymes signalés par Quérard (*France littéraire*, t. X). Emprisonné au fort la Loi, après le 9 Thermidor, il fut interrogé le 20 nivôse an III (janvier 1795) par deux Officiers municipaux de Brest. Verteuil répondit qu'à la journée du 10 août, à côté des Marseillais, il avait concouru à l'anéantissement du trône et qu'il avait puisé ses sentiments dans l'étude de l'histoire romaine. Le 24 janvier 1795, les députés de Brest dénoncèrent Donzé-Verteuil. Le représentant Blad en fit autant. Ainsi édifiée, la Convention décréta le renvoi de Donzé-Verteuil et de ses collègues devant le Comité de Sûreté générale. Quelques mois plus tard, les députés de Brest remettaient à la Convention un Mémoire daté du 22 pluviôse (10 février) et portant ce titre : *L'ex-Tribunal révolutionnaire de Brest*. Décrété d'accusation le 4 juin 1795, Donzé-Verteuil fut compris dans l'amnistie qui favorisa d'une si scandaleuse impunité la plupart des terroristes. Il mourut à Nancy, le 27 décembre 1818, âgé de quatre-vingt-deux ans.

2 Voir le signalement de Donzé-Verteuil aux *Archives nationales*, W. N. 88. — Voir aussi *Mémoire au Comité de Salut public* (collection Maurice LOIR).

de verre, écrit Levot, ajoute par sa fixité à l'aspect sinistre de son visage. » Jaloux de Donzé-Verteuil, Bonnet convoite la place de son supérieur et harcèle Fouquier-Tinville de lettres où l'accusateur public du Tribunal révolutionnaire de Brest passe un fort mauvais quart d'heure. La censure de Bonnet n'épargne pas les autres membres du Tribunal. De tous les juges brestois, ne se déclare-t-il pas lui-même « le seul imbu des vrais principes »?

***

Avant de disparaître, l'ancienne domesticité judiciaire, — celle de Laignelot et de Bréard, est appelée à statuer sur le sort de quatre officiers : Claude-Robert de Rougemont [1], lieutenant de vaisseau; Jean-Fortunat Baudvachères [2], capitaine de vaisseau, et deux jeunes enseignes, Henri-Louis de Montecler [3], et Jean-Marie Le Dall de Kéréon [4]. Tous les quatre viennent de la division que l'amiral de Rivière a rangée sous le pavillon espagnol. Envoyé à la Martinique pour mettre un terme aux hostilités engagées à cette épo-

1. ROUGEMONT (Claude-Robert de), lieutenant de vaisseau, âgé de trente-trois ans, né à Brest, ancien commandant de la corvette le *Ballon*. Rougemont avait épousé la fille de l'avocat Gillert, qui défendit les quatre accusés. M⁽ᵐᵉ⁾ de Rougemont, devenue veuve, devint la femme du général Devaux du Croseau (né à Grenoble le 4 juillet 1741, mort à Brest le 16 octobre 1830), officier du plus noble caractère, qui sut résister à plusieurs reprises à Jeanbon. (LEVOT, p. 206.)

2. BAUDVACHÈRES : son vrai nom est BAUD DE VACHÈRES (Jean-Fortunat).

3. MONTECLER (Henri-Louis de), né à Craon (Mayenne), en 1775. (Voir *Archives nationales*, BB³, carton 11.) M. le marquis de Montecler a bien voulu nous communiquer de précieux renseignements sur la jeune victime de Jeanbon.

4. LE DALL DE KÉRÉON (Charles-Marie), âgé de dix-neuf ans, né à Quimper, en 1775.

que entre Fort-Royal et Saint-Pierre, l'amiral a fait rentrer les rebelles dans le devoir. L'ordre était rétabli, lorsque le capitaine Bruix, chargé de notifier à la colonie la déchéance et la captivité de Louis XVI, toucha barre à Saint-Pierre, et vint remettre à l'amiral et au gouverneur les dépêches du Ministre de la Marine. En apprenant les événements de la métropole, la colonie se révolte contre l'Assemblée législative, et Rivière, faisant cause commune avec les Royalistes, force Bruix [5] à déguerpir. Quelques jours après cette aventure, la Martinique et la Guadeloupe s'étant soumises au nouveau pouvoir, Rivière refuse de s'associer à cette défaillance et se rend à la Trinidad où il confie ses vaisseaux à l'honneur castillan jusqu'au retour du roi capétien sur le trône de France. Seuls de l'état-major de l'amiral, Baudvachères, Rougemont, Montecier, Le Dall

1. BRUIX (Eustache, chevalier, puis comte), né le 17 juillet 1759, entra comme volontaire dans la Marine en 1778, débuta par un naufrage sur le *Fox*, devint Garde, la même année, participa, sur la *Concorde*, au combat de la Praya et tint constamment la mer, pendant la guerre de l'Indépendance américaine. Promu lieutenant de vaisseau de deuxième classe en 1786, de première classe quatre ans plus tard, enfin capitaine de vaisseau en 1793, il fut licencié, la même année, comme tous les officiers de l'ancien Corps de la Marine; mais, réintégré dès l'année suivante, et placé sous les ordres de Villaret-Joyeuse. Nommé contre-amiral en 1797, Ministre de la Marine le 28 avril 1798, et vice-amiral en 1799, Bruix résolut de compenser l'effet moral du désastre d'Aboukir en rétablissant les communications avec l'armée d'Égypte et en reprenant Minorque sur les Anglais. Les événements ne permirent pas d'accomplir ce double projet. Sorti de Brest avec vingt-cinq vaisseaux de ligne et 16.000 hommes de troupes (25 avril 1799), il revint à Brest (9 août) sans avoir tiré un coup de canon, mais après trois mois d'une course, peut-être sans exemple, dans les fastes maritimes, ayant dit Jomini, rendu d'importants services à notre armée d'Italie et mis en défaut les flottes anglaises, envoyées à sa poursuite dans la Méditerranée, l'Océan et la Manche. Le Premier Consul, qui n'avait pas oublié son utile concours, au 18 Brumaire, le nomma, en 1801, commandant des forces navales assemblées à Rochefort et l'éleva à la dignité d'amiral. En 1803, nommé commandant de la flottille de Boulogne, l'activité qu'il déploya pour l'organiser acheva d'user son corps délabré, et il mourut, à Paris, le 18 mars 1805. (Voir, plus haut, chap. VIII.)

de Kéréon, refusent de rompre avec le nouveau Gouvernement et s'embarquent pour la France. Cette adhésion au régime victorieux devait, hélas ! entraîner pour les quatre officiers des conséquences qui déconcertent encore aujourd'hui les historiens insuffisamment initiés aux dessous de la politique révolutionnaire. Ces quatre Français, que l'attachement à la patrie a poussés vers Brest, reçoivent de la République le même accueil qu'en obtinrent, trois mois auparavant, les officiers et les équipages de l'*Entreprenant* et du *Patriote*, congédiés de Toulon par l'amiral Hood.

La flûte le *Vanneau* les dépose, le 24 avril 1793, sur le quai de Brest. Le jour même du débarquement, Henri de Montecler quitte le bateau pour franchir le seuil de la prison. Quel attentat a donc commis cet éphèbe de dix-huit ans? Garde-marine sur le vaisseau la *Ferme*, Montecler s'est permis d'adresser, de la Martinique, le 10 juin 1792, à sa mère, une « lettre anticivique » que le Cabinet noir a ouverte. Armé de cette épître, un fougueux ennemi des prêtres et des nobles, le substitut du Procureur de la Commune, Bernard jeune, invoque, contre le signataire, la loi du 11 août 1792, — postérieure au « forfait ». « Agent de l'infâme Rivière, Montecler, — écrivit plus tard notre jacobin, — aurait échappé à la justice nationale sans mon zèle pour le poursuivre[1]. »

Bernard se vantait. Il n'eut pas de peine à convaincre le tribunal que les épanchements intimes d'un fils avec sa mère tombaient sous le coup d'une loi votée deux mois après « le crime ». Le Commandant des Armes, le vice-amiral Thévenard, dès l'arrivée de Montecler, avait appelé

---

[1] *Un Mot de Bernard jeune aux amis de la Liberté* (Brest, Gauchlet, germinal an II, 20 pages in-8°). Incarcéré à son tour après avoir rempli les prisons de suspects, Bernard jeune, pour désarmer les juges du Tribunal révolutionnaire, se pavana, non sans succès, dans ses crimes.

l'attention du Ministre de la Marine sur « ce jeune homme très instruit et de la plus belle espérance ». Chargés de décimer notre État-major, les juges ne déployèrent que plus d'acharnement contre ce jeune officier plein d'avenir. Une sorte de consigne occulte exigeait que le Tribunal privât la France d'un savoir dont aurait bénéficié notre Marine.

Agé de dix-neuf ans, Charles-Marie Le Dall de Kéréon appartenait à une vieille famille bretonne, de longue date également vouée au service du pays, sur les vaisseaux du Roi. Son oncle, le contre-amiral Le Dall de Kéréon, avait remplacé, le 6 janvier 1794, le vice-amiral Thévenard. La République ne put accuser d'une démarche indiscrète le nouveau Commandant des armes. Immobilisé par la peur, le contre-amiral se garda bien de favoriser son neveu d'une bienveillance compromettante.

Quelques heures avant de mourir, Henri de Montecler et Charles-Marie Le Dall de Kéréon, après avoir montré le plus grand courage pendant les débats, se préparèrent à une fin chrétienne et, forts d'une innocence contre laquelle les juges avaient vainement accumulé les mensonges, écrivirent à leurs familles des lettres où respire une résignation sublime [1].

---

[1]. Voici quelques extraits de la lettre de Charles-Marie Le Dall de Kéréon à son père : « ...pardonne ma mort à mes ennemis. Soyez, comme moi, généreux. Au moment où on m'a lu mon jugement, j'ai protesté de mon innocence, et j'ai crié le premier : *Vive la République!* On a admiré, a-t-on dit, mon courage; mais l'effet du témoignage de ma conscience et l'espoir de l'autre vie me soutenaient. Quant à mon supplice, *le crime fait la honte et non pas l'échaffaud* (sic). Je meurs innocent. J'avais tout fait pour la patrie, elle veut mon sang, elle est la maîtresse d'en disposer; depuis longtemps, je lui en avais fait le sacrifice. Point de vengeance, surtout. »

La lettre adressée par Henri de Montecler à sa mère exprime le même sentiment. « Jamais je n'ai été moins chagriné que depuis que j'ai entendu l'arrêt de mort prononcé contre moi. Je pardonne de tout mon cœur à mes ennemis; aussi, j'espère que Dieu me pardonnera, quoique mes torts soient infiniment au dessus de ceux des auteurs de ma mort; mais c'est un bon père. Adieu, chère maman,

Claude-Robert de Rougemont, lieutenant de vaisseau, originaire de Brest, avait contracté en mer une maladie qui le destituait de l'usage de ses membres. Une équipe de marins dut successivement le porter du *Vanneau* à la prison, de la prison au tribunal et du tribunal à l'échafaud.

Le quatrième accusé, le lieutenant de vaisseau Baudvachères, après avoir commandé la flûte le *Maréchal de Castries*, avait perdu son grade, en vertu de la loi du 12 décembre 1792, avant de toucher barre à Brest. Une Société secrète enrôlait-elle Baudvachères parmi ses membres? C'est assez probable. Les Jacobins brestois, en effet, au lieu d'abandonner Baudvachères aux injures qui, dès la sortie du bateau, accueillirent Le Dall de Kéréon, Rougemont et Montecler, provoquèrent, en faveur de leur camarade, les acclamations les plus étranges. Cette manifestation verbale ne suffit pas aux mystérieux protecteurs de l'officier. Non content de rétablir Baudvachères dans son grade, le 12 juin 1792, Jeanbon le nomma, cinq mois plus tard, capitaine de vaisseau. Baudvachères, il est vrai, pour sauvegarder les apparences, comparut devant le Tribunal révolutionnaire, mais les juges ne lui appliquèrent que la pénalité la plus bénigne : la détention jusqu'à la paix.

Le réquisitoire de Victor Hughes ne trompa ni les calculs des Jacobins, ni l'attente des conjurés. Il fut digne d'une « carmagnole » de Barère. Avant de livrer ses victimes au bourreau, la Révolution chargeait le Mensonge de les lacérer de ses lanières. Dans un réquisitoire, où chaque mot est une imposture, Victor Hughes accuse les quatre

---

adieu pour la dernière fois; votre fils se recommande à vos prières, il n'épargnera pas les siennes auprès de Dieu pour votre bonheur et celui de sa chère sœur. Tâchez de consoler la chère Agathe; que ce soit aussi un motif de consolation pour vous. Il vous reste une enfant charmante; vous vous devez toute à elle. Élevez-la dans la crainte et l'amour d'un Dieu que j'ai méconnu malheureusement trop longtemps ! » (LEVOT, pp. 267-270.)

officiers, non seulement d'avoir « persécuté », maltraité, avili les patriotes », mais de « s'être battus contre eux » mais « de n'avoir cessé de leur faire la guerre jusqu'au moment où les traîtres enlevèrent la station de la République, en conduisant le vaisseau la *Ferme*, la frégate la *Calypso*, la flûte le *Maréchal de Castries* et la corvette la *Légère* dans les ports d'Espagne pour les livrer à nos ennemis[1] ». Ainsi, l'accusateur public représente comme de mauvais Français et qualifie de « traîtres » les officiers qui, non moins réfractaires aux instances qu'aux sentiments de l'amiral Rivière, se séparèrent de leur chef et de leurs camarades pour offrir à la France un dévouement plus avide de se déployer en faveur de la République qu'au bénéfice des Princes. Un tel réquisitoire exclut, — comme on le voit, — tout doute sur la félonie de Jeanbon et de ses complices. Si les contemporains, privés des documents que nous avons entre les mains, purent s'abuser sur le rôle du Conventionnel, les pièces du procès, mises aujourd'hui sous nos yeux, nous font un devoir d'infliger à Jeanbon le stigmate dont il sigilla lui-même ses victimes.

Traduits devant le Tribunal révolutionnaire, Henri de Montecler, Claude de Rougemont et Charles Le Dall de Kéréon furent condamnés à mort, et Baudvachère, — ainsi que nous le disons plus haut, — à l'emprisonnement jusqu'à la fin de la guerre. En rendant cet arrêt, le Tribunal obéit évidemment à la même Puissance qui avait tramé la mort du capitaine de la Jaille.

Après avoir ouvert par le meurtre des officiers l'ère de l'homicide légal, la Révolution, au nom des principes égalitaires, applique aux marins subalternes les mêmes rigueurs Il s'agit de terroriser toutes les classes. Le 16 mars 1794, le Tribunal révolutionnaire — celui de Jeanbon, installé

---

1. Voir LEVOT, p. 25.

depuis huit jours — frappe de la peine capitale un pauvre vieux matelot, originaire de Guérande, François Le Gouy, quartier-maître sur le vaisseau l'*Impétueux*. Gouvernée par des chefs qui veulent qu'on sache que les fonctions les plus humbles, comme les sommets du rang ou de la fortune relèvent de leur dictature, la Révolution englobe le plébéien et l'aristocrate dans les mêmes rigueurs, dès que l'un ou l'autre heurtent les plans secrets de la secte. A trois heures de l'après-midi, au sortir du Tribunal, les gendarmes embarquent le condamné dans une chaloupe qui dirige Le Gouy vers le futur théâtre de sa mort. Le coup de canon de justice, tiré à bord du vaisseau-amiral de Villaret-Joyeuse, la *Montagne*, annonce le départ. Conformément aux ordres de Jeanbon, la guillotine se dresse sur un ponton, ancré dans la rade, au milieu des vaisseaux où les marins se rangent, commandant et officiers, sabre au clair. Des remparts de Brest et de Recouvrance, des plages voisines et de la promenade du Cours d'Ajot, la population, conviée au supplice, attend, frémissante d'émotion, le spectacle sanglant que lui offre le Proconsul. Second coup de canon. Le vaisseau-amiral hisse le pavillon de justice. Tous les regards se tournent alors vers Le Gouy qui monte sur l'échafaud flottant. Troisième coup de canon : le bourreau Ance tranche la tête du condamné, la saisit par les cheveux et la montre lentement aux équipages, contraints de saluer cet assassinat comme une victoire et de crier devant cette tête coupée : *Vive la République!*

Inexcusable est le crime commis par le quartier-maître ! Au cours d'une conversation avec ses hommes, Le Gouy osa dire que la République ne tenait pas ses promesses et que l'ancien Gouvernement l'emportait sur le nouveau. « Les patriotes, — déclara tout haut notre Guérandais, — ont fait plus de mal au pays que les aristocrates. Les nouveaux chefs traitent aujourd'hui les matelots avec une cruauté que ne connurent pas autrefois les équipages. »

Voilà les paroles que les délateurs prêtèrent au brave marin et qui le perdirent. Mais, à ces propos séditieux, Le Gouy n'a pas craint d'ajouter un silence plus criminel encore. Au moment où l'escadre célébra la reprise de Toulon (9 janvier 1794), notre frondeur, au lieu de partager la joie de ses camarades, resta muet et refusa d'associer ses joyeuses clameurs aux hourras des hommes.

Après le silence scélérat, le geste factieux. Le cabotinisme jacobin avait exigé des matelots un cérémonial cher à Jeanbon. A genoux sur le pont, les marins avaient entonné la *Marseillaise* et fait le serment de mourir pour la liberté. Cette pompe théâtrale ne parut pas du goût de Le Gouy. Au lieu d'ôter son chapeau pendant le couplet final, le quartier-maître se couvrit la figure avec son mouchoir. Dénoncé par ses camarades, Le Gouy trouva, dans Donzé-Verteuil et dans les juges du Tribunal révolutionnaire, une magistrature incapable de badiner avec de tels outrages. Les valets de Jeanbon décidèrent que, seule, la peine de mort pouvait délivrer la République d'un « conspirateur qui voulait attenter à la Souveraineté du peuple et rétablir la Monarchie [1] ».

II

Au début de l'année 1794, la République médite une expédition en règle contre les Iles Anglo-Normandes. De-

---

[1]. LEVOT : *Brest sous la Terreur*, p. 273. — G. DE LA LANDELLE : *Le dernier vaisseau à voiles de l'État*. — (*Revue de France*, t. XXIII, pp. 812-813.) Voici ce que dit de cet assassinat M. Lévy-Schneider, l'historien de Jeanbon : « Le 26 ventôse, un quartier-maître de l'*Impétueux*, convaincu de rébellion, propos séditieux et manifestations royalistes (!), est condamné à mort. Le jugement est exécuté sur un ponton en rade » (p. 273). Ailleurs (p. 653), M. L.-S. dit : « Vis à vis des marins, comme vis à vis des Brestois, Saint-André était parfois sévère, jamais rigoureux. »

puis longtemps, l'idée de cette conquête flotte dans l'air. L'automne précédent, Monge et son adjoint, le capitaine de Taillevis de Perrigny [1], avaient formé le dessein de détruire Jersey pour débarrasser la Convention de la Place d'Armes où les royalistes se ravitaillent. Au mois de novembre 1793, lorsque les Vendéens attaquèrent Granville, sur le territoire normand, pour appuyer l'armée de La Roche-

---

1. PERRIGNY (Jean-Baptiste-Anne-Charlemagne, TAILLEVIS, marquis de), né à Léogane (Ile de Saint-Domingue), le 20 mars 1762, volontaire au Régiment de Noailles-Cavalerie, le 1er janvier 1774; page du Comte d'Artois le 1er septembre 1776; entra dans la Marine à Rochefort, le 27 mai 1777; garde-marine le 12 mars 1778; enseigne de vaisseau le 1er février 1780; lieutenant de vaisseau le 1er mai 1786; chef du Bureau des ports et arsenaux à Rochefort, le 8 septembre 1792; capitaine de vaisseau le 1er janvier 1793; adjoint au Ministre de la Marine (Monge); destitué de son grade comme ex-noble, et, par mesure de sûreté générale, le 30 novembre 1793, détenu à la prison de l'Abbaye, du 9 septembre 1793 jusqu'au 2 janvier 1795; adjoint au Secrétaire général du Ministère de la Guerre en 1757 et en 1798, sous-préfet à Spa, pendant le régime impérial, et à Bar-sur-Aube pendant les Cent-Jours. Adhère à la Restauration et reçoit d'elle la croix de la Légion d'honneur et la croix de Saint-Louis. Dans une lettre écrite le 9 août 1830, à Louis-Philippe, et dans une autre lettre adressée, le 12 août 1830, au comte Sébastiani, ministre de la Marine, le marquis de Perrigny dit qu'il a perdu 60.000 livres de rente dans la catastrophe de Saint-Domingue, se déclare sans ressources, père de sept enfants, se plaint de la Restauration, qui lui refusa un emploi, et en sollicite un du gouvernement de Juillet (*Archives de la Marine*).

Le père du marquis de Perrigny avait siégé à la Constituante, comme député de Saint-Domingue. Son oncle, Charlemagne de Taillevis de Perrigny, capitaine de vaisseau, fut tué le 12 septembre 1757 à bord de la corvette l'*Émeraude*, dans un combat contre le *Southampton*. Dès le commencement du combat, Perrigny eut les deux cuisses emportées par un boulet de canon. Le vaillant officier se fit mettre dans une balle de son, sur le pont de sa corvette, et continua de commander. Il allait s'emparer du navire anglais lorsqu'il fut coupé en deux par un second boulet. Il ne restait debout qu'un garde-marine, un Villiers de l'Isle Adam, âgé de douze ans, de la famille du Grand maître des chevaliers de Rhodes. Cet enfant n'amena qu'après avoir fait tirer encore une bordée. (*Note communiquée par* M. HUBERT D'ASSY. Voir aussi MICHAUD : *Biogr. univ.*, t. XXXIII, p. 423.)

jaquelein. Désigné pour opérer le débarquement et commander l'expédition, lord Moira [1] — Grand Maître adjoint de la Franc-Maçonnerie anglaise, — dressa contre ses alliés l'embûche d'une temporisation qui causa leur perte. Mais cet échec ne rassure pas les vainqueurs. Rendus défiants par une aussi chaude alerte, les Jacobins veulent, à tout prix, enlever à l'Angleterre la sentinelle avancée qui surveille la République et menace nos côtes. Le Comité de Salut public se rallie avec d'autant plus d'enthousiasme à ce projet que la Convention tend, alors, à s'émietter en plusieurs partis et que ces factions finiraient peut-être par se soustraire à la domination du groupe d'hommes d'État qui dominent la France. En supprimant les Hébertistes et les Dantonistes, le Comité de Salut public ne voulut-il pas pourvoir à ce péril et obvier à cette rupture? Pour empêcher un nouveau schisme, il faut donc imposer à tous les groupes un mot d'ordre qui les agrège et qui les soude. Or, quelle meilleure consigne et quel plus populaire mot d'ordre le Comité de Salut public peut-il choisir que l'anéantissement de la Grande-Bretagne? D'un bout à l'autre du territoire, les souvenirs de la guerre de Cent ans n'entretiennent-ils pas les vieilles haines contre l'ennemi héréditaire? Attiser les animosités qui, depuis des

1. MOIRA (John Rawdon, Lord et Comte Moira, marquis d'Hastings), né en 1754, lieutenant en 1773, prend part à la guerre d'Amérique et se distingue dans plusieurs batailles. Intime ami du prince de Galles, fut un des témoins du duc d'York, lors du duel de ce prince avec lord Lennox. Major général le 12 octobre 1793, il devait prendre le commandement du Corps de débarquement appelé à opérer contre Granville. L'abstention de lord Moira fut la cause de l'échec. L'opposition attaqua vivement sa conduite. La Chambre des Lords le renvoya indemne le 14 février 1794, après un long débat. Malgré ce vote, lord Moira resta suspect : son rôle fut toujours jugé des plus louches. Le 24 novembre 1790 il avait été adjoint au Prince de Galles, Grand maître de la Franc-Maçonnerie anglaise. Vice-Roi des Indes, il épousa en 1804 lady Flora Mure Campbell, comtesse de Loundoun. Il revenait des Indes lorsqu'il mourut à bord du *Reveng*, dans la baie de Baïa, le 23 novembre 1826.

siècles, soufflent contre la « perfide Albion », sera livrer, en même temps, au bûcher les drapeaux des factions et, sur le sol, calciné par la flamme, ériger une acropole où flottera seul l'étendard du Comité de Salut public.

Mais une guerre avec l'Angleterre ne saurait agréer à Jeanbon. Une affiliation secrète rattache-t-elle le pasteur à la Franc-Maçonnerie anglaise? Ancien capitaine de la Marine marchande, Jeanbon s'est, sans doute, fait inscrire, comme la plupart de ses collègues, sur les contrôles de l'une de ces nombreuses Loges britanniques qui, vers la fin de la Monarchie, s'installèrent dans nos possessions d'outre-mer, pour ruiner notre crédit et supplanter notre commerce. D'autre part, à la même époque, les Réformés ont pris l'habitude de considérer la Grande-Bretagne comme la tutrice et la trésorière des Huguenots français. Qu'on se souvienne du concours accordé par l'Angleterre aux Camisards et des subsides que leur chef, Jean Cavalier, reçut de la reine Anne. L'ancien partisan cévenol rassurait si bien le patriotisme anglais que nos voisins lui conférèrent le gouvernement et la garde des Iles Anglo-Normandes.

Une scène « étrange », dont le Club des Jacobins fut, le 30 janvier 1794, l'arène, mit en relief la louche attitude et l'embarras de Jeanbon. Un orateur avait fortement malmené le peuple anglais. Ému de cette diatribe, Jeanbon se lève sur-le-champ pour défendre ses protecteurs. « Il faut, s'écrie l'orateur, non désunir, mais rapprocher les deux peuples. » Sous le couvert d'une distinction hypocrite entre le roi de la Grande-Bretagne et ses sujets, Jeanbon adjure l'auditoire de « resserrer avec le peuple anglais les liens de la fraternité démocratique en lui faisant goûter les charmes de l'égalité républicaine [1] ». Ces falla-

---

1. Aulard : *Le Club des Jacobins*, t. V, p. 224.

cieuses arguties ne leurrent pas le Proconsul, qui courbe alors la France sous son joug. Regardant en face le sournois descendant des compagnons de Jean Cavalier : « Je n'aime pas les Anglais, tonne Robespierre, je hais le peuple Anglais ! » Sous le masque de la philanthropie se dissimule une anglomanie qui pactise avec « l'Hébertisme ».

Après avoir fait comprendre à Jeanbon que le dictateur de la République non seulement voit clair dans les intrigues du calviniste, mais qu'il n'hésiterait pas, au besoin, à frapper le factieux, Robespierre, toisant avec colère l'ami des Anglais, s'écrie :

« J'augmenterai autant qu'il sera en moi la haine de mes compatriotes contre le peuple anglais. Que m'importe ce qu'il en pense ! Je n'espère qu'en nos soldats et la haine profonde qu'ont les Français pour ce peuple. » Le Proconsul ajoute : « Il est un parti de l'opposition ; à la bonne heure ! Nous allons bientôt voir de quoi il est capable. Nous allons voir les débats à la rentrée du Parlement. Mais si les Communes votent une adresse de remerciements, alors le Peuple anglais ne vaut plus la peine d'être gouverné... Quant à nous, formons notre Marine, serrons de toutes parts nos forces... »

Devant cette menace de l'échafaud, le Conventionnel, démasqué, s'empresse de balbutier des excuses et de battre en retraite : « Ce n'est pas, murmure-t-il, pour affaiblir la haine que tous les Français doivent avoir contre les Anglais que j'ai pris la parole dans cette société. J'arrive de Brest ; j'y ai tenu aux marins le même langage que Robespierre vient de vous tenir ici ; je les ai pénétrés de leur grandeur ; j'ai reçu leur serment de poursuivre sur les mers le pavillon de Georges... Les premiers succès de la Marine française ont peut-être quelque liaison avec les soins que j'ai pris pour développer, auprès des équipages, les sentiments qui doivent animer tous les bons républicains. Je leur ai dit que les Anglais ne devaient pas cesser d'être l'objet de notre mépris et de notre haine, et que nous ne devions faire la paix avec eux que lorsqu'ils seraient sortis d'esclavage. J'ai pensé que des écrits salutaires et sages, concourant avec les coups de canon, pourraient opérer cette heureuse révolution; je ne crois pas qu'il y ait aucune faiblesse dans les sentiments que je viens de vous exposer. Si j'avais quelque faiblesse de caractère à me reprocher, je remercierais celui qui m'en ferait apercevoir. »

Cette reculade donne satisfaction à Robespierre.

« J'aurais manqué mon but, répliqua l'orateur, si j'avais offensé, dans l'énoncé de mon opinion, celui qui travaille avec nous à opérer le bien de la République ! »

Se flattant d'avoir conquis Jeanbon, Robespierre lui tendit la main. Naïf optimisme d'un esprit plus ombrageux que clairvoyant ! Le dernier mot devait rester, non à Robespierre, mais au vindicatif Proconsul de Brest.

III

Le 12 pluviôse (31 janvier 1794), le Comité de Salut public arrête les dispositions que comporte l'attaque projetée contre l'archipel de la Manche. En vertu d'un arrêté, rédigé par Carnot, l'affaire doit s'engager entre le 1er et le 12 ventôse (19 février-2 mars), et mettre en ligne vingt mille fantassins, deux à trois cents cavaliers et deux cents artilleurs. Concentrées à Saint-Malo, les diverses fractions du Corps expéditionnaire s'embarquent, le soir, dans le plus grand secret, pour envahir simultanément, le lendemain, à la pointe du jour, Jersey, Guernesey et Aurigny. Jeanbon n'a pas alors rejoint son poste, ni quitté Paris. Veuf de sa signature, le décret accuse donc une abstention volontaire. Cette inertie est déjà fort éloquente. Faut-il ajouter que, d'après l'aveu même de son apologiste, non seulement Jeanbon parla peu de ce projet, « mais qu'il n'en revendiqua jamais l'idée et que le Comité de Salut public utilisa, pour l'expédition, deux vaisseaux que Jeanbon avait auparavant destinés à des croisières »? Le mauvais vouloir se révèle donc le jour même où l'entreprise s'amorce. Six jours plus tard, le 18 pluviôse (6 février 1794), après avoir fait décréter par le Comité de Salut public la relégation de Morard de Galle à Auxonne, Jeanbon prescrit l'impression du Rapport sur l'insurrection de l'escadre que commandait l'amiral. Quel lien rattache cette dernière mesure à l'expédition contre les Iles Anglaises? Nous le saurons bientôt.

Le 18 pluviôse (6 février 1794), Jeanbon signe, cette fois, plusieurs arrêtés qui semblent révéler une adhésion sans réserve à l'entreprise. Aux termes de ces édits, la flotte de la République, mouillée dans la rade de Brest, quittera le port entre le 1er et 5 ventôse (19-23 février), pour protéger les opérations dont le « Channel Island » est le point de mire. D'autre part, les vaisseaux que le contre-amiral Nielly[1] doit conduire à la rencontre du convoi

---

1. NIELLY (Joseph-Marie, baron), — vice-amiral, né à Brest, le 9 septembre 1751, d'un pilote. D'abord timonier, puis capitaine au long cours (1774), Nielly fut nommé lieutenant de frégate et commandant de la flûte la Guyane. Employé, pendant quatre ans, à escorter dans la Manche, des convois considérables, il fut promu au grade de lieutenant de vaisseau et décoré de la Croix de Saint-Louis, ce qui prouve une fois de plus que les grades, dans la Marine, n'étaient pas exclusivement réservés à la noblesse. Capitaine de vaisseau en 1793, il fut élevé au grade de contre-amiral vers la fin de la même année. Le 30 mai 1794, il rejoignit la flotte de Villaret-Joyeuse, et commanda l'arrière-garde à la bataille du 13 prairial an II, où le Républicain, sur lequel il avait son pavillon, se distingua par la vivacité de son feu. Après s'être signalé par plusieurs prises, dans la croisière, dite du grand Hiver, Nielly, lors de l'expédition d'Irlande, commanda la troisième escadre.
Séparé, par suite de circonstances de mer, de son chef, Morard de

qui nous apporte les farines américaines conserveront jusqu'à la fin de l'expédition le contact avec l'escadre. Mais, pour que ces mesures ne rencontrent aucun obstacle, le Comité de Salut public envoie Jeanbon à Brest où il arrive le 23 février, au moment où son collègue Laignelot médite de nouvelles exécutions.

Impatient de régenter, sans surveillance et sans contrôle, la Bretagne, la guillotine et la flotte, Jeanbon congédie Laignelot et s'assure l'obéissance et le dévouement d'un Tribunal révolutionnaire qui, sous prétexte d'épurer la Marine, la dépeuplera. Jamais les désertions ne ravagèrent autant notre flotte que sous la Terreur. Le 5 ventôse, Jeanbon signale cette plaie. « La République, — déclare le dictateur dans une proclamation tonitruante, — la République appelle, en ce moment, tous les marins à la gloire. Cependant, quelques matelots, séduits ou timides, cherchent à se soustraire à l'honneur de combattre et de vaincre pour la liberté. Des citoyens indignes de ce nom favorisent les désertions et cachent les lâches qu'ils devraient dénoncer. »

Ce Manifeste provoque un si vif élan patriotique que Jeanbon ordonne des visites domiciliaires et envoie des patrouilles sur les routes et dans les villages pour écumer les « volontaires » récalcitrants. On dirait, d'ailleurs, que Jeanbon ne déploie ce terrifiant appareil que dans le but de mettre en fuite les Bretons soumis à la réquisition. La tactique de notre Proconsul réussit à merveille. Le déficit des marins prend de telles proportions que, le 5 avril 1794,

---

Galle, il rallia le contre-amiral Bouvet, avec lequel il arriva à la baie de Bantry, d'où il revint à Brest. Commandant des armes à Brest, puis à Lorient, il fut brutalement révoqué, en 1804, sans pouvoir obtenir sa réintégration, à cause de la sourde opposition du Ministre. La Restauration, réparant cette injustice, lui conféra, en 1815, les titres de baron et de vice-amiral honoraire. Pendant les Cent-Jours, Nielly oublia les bienfaits de Louis XVIII et se rallia à l'Empire. A partir de 1815, il vécut dans la retraite. Mort à Brest, le 13 septembre 1833.

le Comité de Salut public charge le frère du Conventionnel, Hector Barère, d'aller dans les principaux ports et sur les côtes racoler les patriotes propres au service de la mer.

Cependant, l'expédition de Jersey accapare de plus en plus toutes les sollicitudes de la Convention. Le Comité de Salut public attache une importance capitale à la conquête des Iles et à la destruction de « ce foyer de complots ». Pour enrôler le plus de combattants possible, la Convention vote, le 27 janvier, sur les instances de Barère[1], un décret qui doit atteindre tous les hommes à même de repeupler la flotte.

A ce décret, Jeanbon en oppose immédiatement (le

---

1. BARÈRE DE VIEUZAC (Bertrand), né à Tarbes en 1755, mort le 15 janvier 1841. D'abord avocat au Parlement de Toulouse, il s'ouvre les portes de l'Académie des Jeux Floraux par un éloge de Louis XVI. Conseiller de la Sénéchaussée de Bigorre en 1789, Barère est envoyé aux États Généraux comme député de Tiers. Attaché au journal le *Point du Jour*, il rend compte des travaux de l'Assemblée. Membre de la Constituante, il siège au côté gauche, sans remplir un rôle important. Les Hautes-Pyrénées le nomment député à la Convention. Il préside la Convention quand la Commune lui intime l'ordre de juger le Roi à bref délai. C'est Barère qui interroge Louis XVI. Il fait partie du Comité de Salut public jusqu'au 9 Thermidor. C'est à lui que ses collègues confient la rédaction des fameux Rapports qualifiés de « carmagnoles ». Barère en écrit plus de cent. C'est lui qui a prononcé le fameux mot : « Il n'y a que les morts qui ne reviennent pas » (Rapport du 7 prairial an II sur les crimes de l'Angleterre). Le 9 thermidor, Barère avait dans sa poche deux Rapports, l'un pour, et l'autre contre le tyran. Le 10 thermidor, quand Robespierre est décidément vaincu, Barère se met cyniquement du côté des vainqueurs. Dénoncé par Lecointre et jeté en prison, Barère réussit à s'évader de Saintes. Au lendemain du 18 Brumaire, Barère se met au service du gouvernement nouveau et lui envoie des rapports de police. Cette correspondance fut interrompue en 1807. Exilé comme régicide, en 1816, il se retire en Belgique et rentre en 1830. Barère a laissé beaucoup d'ouvrages dénués de toute valeur. Hippolyte Carnot a publié en 1842 : *Les Mémoires de Barère* (4 vol. in-8°). M. A. Souviron a publié une notice sur *Barère*, broch. de 140 pages, Pithiviers, 1909. Voir aussi l'étude de MACAULAY : *Essais historiques et biographiques* (Barère), trad. de Guillaume Guizot.

28 janvier) un autre. Aux troupes de terre embarquées jusqu'alors pêle-mêle sur nos escadres, l'Assemblée législative, revenant aux pratiques de la Monarchie, avait très sagement substitué deux régiments d'Artillerie et quatre régiments d'Infanterie de Marine, levés parmi les populations du littoral. Que fait Jeanbon ? Il supprime ces six régiments, incorpore les officiers et les hommes dans les bataillons des « Volontaires nationaux » et décide que les vaisseaux de la flotte emprunteront désormais leurs détachements aux Gardes nationales de toutes nos provinces. Il fallait justifier cette machiavélique dislocation d'une troupe si naturellement désignée, par son origine, par son expérience et par son tempérament, pour servir à la mer. » La base essentielle de notre institution sociale — s'écrie Jeanbon dans son Rapport, — est l'égalité... Il y a dans la Marine des troupes qui portent le nom de « Régiments de Marine. » Est-ce que ces Corps de troupes auraient le privilège exclusif de défendre la République sur les mers? Pourquoi les vainqueurs de Landau ne pourraient-ils pas aller sur nos flottes montrer leur courage aux esclaves de Pitt? »

Cette grossière rhétorique et ces pitoyables sophismes ne pouvaient tromper que d'ineptes sans-culottes. Si, chez tous les peuples, la défense des vaisseaux est confiée aux soldats fournis par les communes ripuaires, c'est que les populations du littoral, moins sujettes au mal de mer que les populations terriennes, s'adaptent mieux à la vie du bord et en conjurent plus facilement les risques [1]. Un acclimatement, plusieurs fois séculaire, préserve le Breton,

---

[1]. L'Allemagne est surabondamment édifiée à cet égard. Comme l'inscription maritime ne fonctionne pas chez nos voisins d'outre-Rhin, le personnel des équipages de la flotte se recrute dans toutes les provinces. Par suite de cette organisation, les maladies inutilisent parfois 30 à 40 pour 100 des équipages, surtout lorsque la mer est grosse.

le Normand, le Boulonnais, etc., des maladies qui frappent le Limousin, le Berrichon, l'Auvergnat, le Savoyard. Ancien capitaine de la Marine marchande, Jeanbon connaît mieux que personne ce phénomène physiologique. En détruisant l'œuvre de la Monarchie, l'adversaire de l'expédition de Jersey ne devait être déçu ni dans ses calculs, ni dans ses haines. La plupart des navires de guerre ne tardèrent pas à se convertir en « pourrissoirs [1] », et cette mésaventure ne fut étrangère, ni à l'abandon de nos projets de conquête, ni à la victoire de la Grande-Bretagne.

IV

Mais on se garde bien d'avouer une hostilité inavouable. Le 7 ventôse (le 25 février 1794), Jeanbon écrit à Barère : « Nous sommes prêts, et vos ordres seront exécutés, — aussitôt que le *veto* de la nature sera levé. Mon parti est pris : je pars avec la flotte. Le pavillon de la Représentation nationale flottera sur le vaisseau-amiral ! » Pure pasquinade! Jeanbon est bien décidé à ne jamais briguer cette gloire.

L'amiral Cornic [2] doit diriger l'expédition et le général

---

1. M. Lévy-Schneider nous montre les vaisseaux de la division Gohet-Duchesne « obligés de compléter leurs équipages, — que décime la maladie, — par des novices qui n'ont jamais été à la mer » (p. 737). Plus loin (p. 582), M. L.-S. parle de l'épidémie qui sévit sur l'escadre de Brest, — et des équipages de la division Dorré, à Cancale, qui « fondent littéralement ». Enfin (p. 889), M. L.-S... s'étend longuement sur les matelots, sur les soldats et les officiers sans endurance qui emportent à la mer le germe de la maladie épidémique qui ravage la division Nielly... « Les hôpitaux se remplirent... Jeanbon et Villaret virent fondre les états-majors et les équipages. »

2. CORNIC-DUMOULIN (Pierre-François), né à Bréhat (Côtes-du-Nord), en 1731, mousse à neuf ans, volontaire en 1746, lieutenant auxiliaire en 1751, pilotin au service de l'État en 1755, capitaine au

Moulin [1] commander les 21.000 hommes stationnés à Cherbourg et à Saint-Malo pour prendre la mer au premier signal. Un Granvillais, qui prit part à la tentative du baron de Rullecourt contre Jersey, le capitaine caboteur Régnier [2], — depuis promu général, — doit fournir les

<sub>service de l'État en 1752 (à vingt-cinq ans), rentré dans la Marine marchande en 1763, prend part à sept combats, est réintégré sur les vaisseaux du Roi comme lieutenant de frégate en 1783, attaché au service des classes à Morlaix en 1786, admis à la retraite en 1787, retourne au service des classes à Tréguier d'avril 1888 à la fin de l'année 1790. Capitaine de vaisseau de troisième classe en 1793, contre-amiral le 24 octobre. Commandant d'armes à Saint-Malo, admis au traitement de réforme en l'an VII, mort le 10 avril 1801 (*Archives de la Marine*). Le *curriculum vitæ* de Cornic est un exemple éloquent de la bienveillance que le Gouvernement de l'ancien régime témoignait aux officiers de la Marine marchande et aux marins qui sortaient de ce qu'on appelait alors la roture. Cornic avait quitté la Marine de commerce pour entrer dans la Marine royale, quitté celle-ci pour rentrer dans celle-là, puis retourne définitivement aux vaisseaux du Roi. Les cadres d'autrefois étaient aussi accessibles qu'ils sont, depuis la Révolution, rigoureusement fermés.

1. MOULIN (Jean-François-Auguste), né à Caen, en 1752, mort en 1810. En 1789, ingénieur à l'Intendance de Paris, il s'enrôle en 1791, devient adjudant général dès l'année suivante, est envoyé dans les départements de l'Ouest, puis nommé commandant en chef des côtes de Brest; commande en chef l'armée française en Hollande (1797), l'armée d'Angleterre (1797). Est appelé à faire partie du Directoire le 18 juin 1799. Après Brumaire, boude d'abord l'Empire, puis reprend du service et meurt gouverneur d'Anvers.

2. REGNIER (Jean-Louis-Christophe), né à Valognes (Manche), le 29 juillet 1742, vint s'établir à Chausey avec son père et fit la contrebande avec les Iles anglaises, non sans y mêler de l'espionnage. Il chercha néanmoins à faire valoir plus tard cette navigation pour se faire nommer officier dans la Marine républicaine. En réalité, ses services se réduisent à une captivité en Angleterre, de 1757 à 1763, et au commandement d'un petit bateau corsaire, la *Sauterelle*, qui fut pris le 10 août 1780, deux mois après sa sortie. Bien qu'il se vante fort de son expédition de Jersey, où il se prétendit chargé de l'attaque de l'île par Rullecourt, Regnier se comporta très mal dans cette affaire et rentra à Granville en poste, revenant de Regneville, sans même avoir débarqué à Jersey.

Élu au commencement de la Révolution officier du bataillon du canton de Granville, capitaine en 1791, chef de bataillon le 1ᵉʳ juin 1792, adjudant général, commandant provisoire de la place le 22 août</sub>

pilotes. Deux représentants, Billaud-Varenne et Ruamps, s'établissent à Saint-Malo pour prêter main-forte à Cornic. Enfin, le 8 mars, les deux divisions Thévenard [1] et Dorré [2] (huit vaisseaux) arrivent à Cancale.

Va-t-on donc marcher? Non! Le 15 ventôse (5 mars 1794), dans une lettre adressée au Comité de Salut public, Jeanbon invoque le mauvais temps pour faire ajourner le départ de l'escadre jusqu'après l'équinoxe, — et rallie à son opinion le Comité qui tergiverse entre la confiance et

1793. Le Carpentier, qui l'avait d'ailleurs nommé à ce grade de commandant, loua sa conduite pendant le siège et le fit nommer après le siège (ventôse an II) général de brigade par ses collègues Billaud-Varenne et Ruamps. Billaud-Varenne et Ruamps l'employèrent dans la préparation de l'expédition contre les îles anglaises. Pour plaire à son compatriote Le Carpentier, Regnier se dit terroriste, dénonça le Commissaire de la Marine, Mauduit, qui l'avait jadis noté défavorablement et contribua à le faire condamner à mort par le Tribunal révolutionnaire. Il figura quelque temps à la Commission militaire de Granville. Il fut violemment attaqué au moment de la réaction thermidorienne, accusé à la fois par les républicains et les royalistes. Peut-être n'avait-il pas été aussi malveillant qu'on l'a cru. Comme tant d'autres, il eut surtout peur! D'abord suspendu (20 pluviôse), il fut destitué le 8 ventôse an III (26 février 1794), par ordre du Comité de Salut public.

Le général Hoche, qui, sans lui trouver du talent, le jugeait probe et bon républicain, usa de son influence pour lui faire rendre son grade. Le 10 vendémiaire an IV, Regnier fut rendu à l'activité pour l'inspection et la garde des côtes.

Après la suppression de l'Armée des Côtes de l'Océan, il resta à Granville, pourvu d'un traitement de réforme (1er vendémiaire an V). Le général Hedouville l'employa quelque temps à Rouen. Il obtint de se faire employer encore sous le Consulat et mourut à Sedan le 7 mai 1802, commandant d'un bataillon de vétérans. (Communication de M. Raoul du Coudrey, de Granville.)

1. THÉVENARD, fils de l'amiral. Voir sur Thévenard, *Archives nationales* F7 4433, *Réponse de Jeanbon* à la dénonciation des citoyens de la Commune de Brest. L'amiral Cornic déclare Thévenard un officier expérimenté et qui mérite toute confiance (BB3 50, fol. 59, 64).

2. DORRÉ (Yves-François), né le 23 août 1750, à Paimpol, lieutenant de frégate le 18 décembre 1779, lieutenant de vaisseau le 1er janvier 1792, chef de division le 1er germinal an IV.

la peur. Mais, dès le 21 ventôse (14 mars), le Comité se ravise. Sur son ordre, à cette date, Barère écrit à Ruamps : « Dans quelques jours, tu recevras la nouvelle du départ [1] », et deux jours après, le 15 mars, à Jeanbon : « Prépare tout ce qui est nécessaire à la flotte. C'est le *point dont tu dois t'occuper le plus* et tu n'as que *dix jours*... Il faut que l'Anglais ressente la main puissante de la République qu'il a voulu renverser. Le Comité de Salut public s'en repose sur ton patriotisme et tes lumières [2]. » Barère place bien la confiance de la République et l'honneur de la France !

Au lieu d'activer les préparatifs, Jeanbon demande, le 28 mars, au Comité de Salut public, la permission de les annuler. Ainsi que nous l'avons dit tout à l'heure, huit vaisseaux sont à l'ancre dans la baie de Cancale, épiant le moment favorable pour fondre sur Jersey et le frapper à mort. Or, Jeanbon veut que, sans perdre une minute, le Comité de Salut public donne l'ordre aux deux divisions de rentrer à Brest [3]. De quels motifs le Conventionnel colore-t-il cette évasion? « La flotte anglaise, dit le Représentant, peut attaquer les vaisseaux et les forcer à se brûler ou à s'échouer [4]. Mensonge ! La flotte anglaise ne menace pas alors Cancale. Et puis, que dire de ce farouche patriote qui considère comme inévitable la défaite d'une division de huit vaisseaux français attaqués par une escadre britannique?

Le Comité de Salut public ne daigne pas répondre au

---

1. « Ta lettre du 15 ventôse, écrit Barrère à Jeanbon, a été l'objet de la délibération du Comité. Il ne faut donc pas, comme tu le penses, que l'escadre parte. » (LÉVY-SCHNEIDER, p. 137.)

2. Lettre signée Barère, Billaud-Varenne, Collot d'Herbois, Carnot (collection Maurice LOIR).

3. *Recueil Aulard*, t. XII, p. 47.

4. *Recueil Aulard*, t. XII, p. 47.

sournois conspirateur. Cependant, un arrêté du 21 mars nous apprend que, sur les 30.000 hommes qui attendent, à Saint-Malo ou aux environs, les ordres de l'amiral Cornic et du général Moulin, le Comité de Salut public en distrait 24.000 pour aller assurer la tranquillité publique à Brest, à Cherbourg, dans le Morbihan, dans les Côtes-du-Nord et l'Ille-et-Vilaine, où se remue, paraît-il, une chouannerie tumultueuse. Mais, n'est-ce pas Jeanbon qui provoque ces mouvements factices ou plutôt qui les imagine?

Si la Convention donne au Corps expéditionnaire une destination nouvelle, elle renonce moins que jamais à l'aventure. Au général Rossignol, qui lui demande, le 5 germinal (26 mars), si les préparatifs commencés doivent être suspendus, le Ministre de la guerre Bouchotte [1], interprète du Comité de Salut public, — répond par la néga-

1. BOUCHOTTE (Jean-Baptiste-Noël), né à Metz, en 1754, mort en 1840. S'engage à seize ans et fut capitaine en 1789. Fit la campagne de 1792, promu colonel et commande la place de Cambrai, la Convention le nomma, le 4 avril 1793, ministre de la Guerre, en remplacement du général de Beurnonville. Peupla de sans-culottes les bureaux de la Guerre, fut très attaqué, mais conserva sa place jusqu'au moment où les Ministres furent remplacés par des Commissions exécutives (31 mars 1794). Emprisonné après Thermidor, fut traduit devant le Tribunal d'Eure-et-Loir qui le renvoya indemne. Le temps était aux défaillances. Bouchotte vécut depuis dans la retraite à Metz. Comme ministre, ce fut un incapable, un démagogue et un brouillon. Dans une lettre datée d'Ancenis, 20 juillet 1793, et adressée au Comité de Salut public, les Conventionnels Merlin de Douai et Cavaignac signalent l'anarchie, les dilapidations, etc., qui sévissent dans l'armée; — le stupide Ronsin et le comédien Grammont etc., nommés généraux, puis, après avoir rappelé les plaintes qui s'élèvent chaque jour contre Bouchotte, concluent ainsi :

« Il est temps, plus que temps, que vous coupiez la racine de tant de maux, et vous ne le pouvez qu'en remplaçant promptement le Ministre de la Guerre. L'un de nous (Merlin de Douai) est depuis longtemps son ami; mais il n'y a point d'amitié qui tienne quand le salut de la patrie nous commande. Bouchotte a toujours été et sera toujours un excellent citoyen et un très bon esprit, mais *il ne sera jamais qu'un très mauvais Ministre.* » M. Aulard, dans le tome V du *Recueil des Actes du Comité de Salut public*, p. 314, ne publie que six lignes, sur cent environ, de cette lettre très importante.

tive. Le maintien à Cancale des divisions Thévenard et Dorré prouve d'ailleurs que les intentions belliqueuses des dictateurs parisiens ne varient pas [1]. Cette obstination irrite de plus en plus l'ami de l'Angleterre. Dans une lettre adressée, le 20 germinal (10 avril), au Ministre de la Marine Dalbarade, Jeanbon insinue que « si son vœu pouvait compter pour quelque chose, les vaisseaux de Thévenard et de Dorré quitteraient bien vite la baie de Cancale [2] ». Le lendemain 21 germinal (11 avril 1794), l'intérêt de la cause qu'il sert pousse Jeanbon à une démarche aussi brutale qu'imprudente. Plus docile à la « Puissance occulte » qu'à la Convention, le pasteur donne l'ordre aux commandants Thévenard et Dorré de réintégrer sur-le-champ la rade de Brest. Mais l'amiral Cornic a reçu, le 17 germinal (7 avril), du Comité de Salut public l'injonction de ne laisser appareiller aucun des bâtiments de la flotte sans le *liceat* formel du Gouvernement. Jeanbon se heurte au refus sans phrase de Cornic [3].

V

Cette fin de non-recevoir bouleverse tous les plans du Proconsul de Brest. Obligé d'en finir avec une expédition maudite, Jeanbon s'apprête à frapper un grand coup. Les désertions et les épidémies ne tarissent pas assez vite les états-majors et les équipages. D'accord avec l'accusateur public, le fameux Donzé-Verteuil, son subordonné, sa créature et son commensal, — Jeanbon décide d'immobi-

---

1. *Archives de la Marine*, B. B^2, n° 16, fol. 172 (LÉVY-SCHNEIDER, p. 437).
2. *Ibid*, p. 763.
3. *Ibid*, BB^3 50, fol. 11, 18; 21 germinal. Deuxième Registre d'arrêtés des Représentants du peuple.

liser quinze à dix-huit mille marins, — bref, toute une escadre ! — en les déférant au Tribunal révolutionnaire de Brest [1]. Ainsi amputée, comment la République pourra-t-elle songer encore à la conquête des Iles Anglo-Normandes ?

Mais sur quels hommes Jeanbon va-t-il faire tomber le couperet national ? Sur les marins et sur les officiers de l'escadre que commandait, dans la baie de Quiberon, le contre-amiral Morard de Galle [2]. Le procès de cette esca-

---

1. M. H. WALLON, dans son *Histoire des Représentants en Mission*, t. II, 50, n'ayant pas sous les yeux les *Éclaircissements* de Donzé-Verteuil (Archives communales de Toulon, série D), ou *Donzé-Verteuil au Comité de Salut public*, 8 brumaire an III (29 octobre 1794), attribue au seul accusateur public l'initiative de ce monstrueux procès. Or, Donzé-Verteuil ne fut, dans cette affaire, que l'instrument de Jeanbon.

2. MORARD DE GALLE (Justin-Bonaventure), né à Goncelin (Isère), le 30 mars 1741. Entra fort jeune dans les Gendarmes royaux, mais abandonna bientôt le service de terre pour entrer dans la Marine, et partit pour l'Inde. Au cours de la campagne, au combat de Praya, il servait en qualité de lieutenant sur l'*Annibal*, sous le commandement de M. de Tremigon, lorsque le vaisseau fut entouré par cinq bâtiments ennemis. Le capitaine fut enlevé dès les premiers coups, et les manœuvres brisées. L'intrépide lieutenant, demeuré seul, couvert lui-même de blessures, désempare les assaillants qu'il force à la retraite, seconde vaillamment le *Héros*, le vaisseau amiral, et le ramène triomphant au moment où déjà notre escadre ne comptait plus le revoir. La voix de l'armée et le suffrage de l'amiral lui déférèrent dès lors le commandement définitif du bâtiment, et la Cour accéda à des vœux si honorablement exprimés. Presque tous les officiers de la Marine royale ayant émigré à l'époque de la Révolution, Morard de Galle, rentré en France, parvint rapidement au grade de contre-amiral, et commanda, en 1793, une division de la flotte aux ordres de Le Large. Arrêté en 1794, il ne recouvra sa liberté qu'après le 9 Thermidor. Il continua ensuite à être employé dans son grade, fut élevé, en novembre 1796, à celui de vice-amiral, et, le 15 décembre suivant, il sortit de Brest à la tête de la première escadre de la grande flotte destinée à tenter une descente en Angleterre. Après avoir été tourmenté par plusieurs coups de vent, il rentra à Rochefort, le 13 janvier 1797, tandis que sa division regagnait le port de Brest. La non-réussite de cette expédition jeta sur lui quelque défaveur ; mais, après le 18 Brumaire, il fut porté au Sénat. En 1803, il obtint le titre de

dre, tout à la fois instruit par le Comité de Salut public, par Jeanbon et le Tribunal révolutionnaire, n'a-t-il donc pas abouti, devant le Tribunal révolutionnaire de Brest à l'immédiate incarcération de plusieurs officiers, — et, devant le Tribunal de Paris, à l'exécution de Du Plessis de Grenédan, de Coëtnempren et de Verneuil (14 janvier 1794)? N'importe! A l'exemple des Césars qui renvoyaient devant de nouveaux juges les sénateurs et les chevaliers que les magistrats avaient soit absous, soit insuffisamment frappés, Jeanbon et son *famulus* Donzé-Verteuil veulent intenter de nouvelles poursuites, pour lancer de nouveaux édits de proscription et créer dans la flotte française de nouveaux vides.

Comme préambule à cette capitale besogne, le Tribunal révolutionnaire subit une modification qui le débarrasse de ses membres modérés ou suspects. Et d'abord, le Proconsul lui impose non seulement de nouveaux jurés, choisis sans doute parmi la clique des Clubs, mais le nantit d'un nouveau substitut, le citoyen Bonnet, « l'abominable drôle [1] », tortionnaire avide de sang qui, dans ses lettres à Fouquier-Tinville, flétrit la mansuétude des juges. Plein d'admiration pour le personnage, Jeanbon le félicite de son intelligence, loue son désintéressement et majore ses gages [2].

Quand tout est prêt, Jeanbon adresse, le 27 germinal (16 avril), au Comité de Salut public une lettre où il sollicite l'envoi de Morard de Galle à Brest. « L'accusateur public du Tribunal révolutionnaire juge la présence du contre-amiral indispensable pour le jugement de l'affaire de Quiberon ». « Cette affaire — ajoute Jeanbon, sur le ton patelin qu'il affecte quand il parle à Robespierre et à ses collègues, — cette affaire est examinée avec le plus

---

grand Officier de la Légion d'Honneur. Mort à Guéret (Creuse), le 23 juillet 1819.

1. Lévy-Schneider, p. 713.
2. *Ibid.*, p. 713.

grand soin, et vous pouvez compter que la décision en sera juste autant qu'éclairée. Le Tribunal apporte dans l'exercice de ses fonctions cette imperturbable fermeté qui est dans vos principes, et procède, en même temps, avec la dignité qui convient à des juges [1]. »

Voilà donc Morard de Galle quittant la ville d'Auxonne, où l'avait relégué le Comité de Salut public, pour se mettre en route vers Brest et vers de nouveaux juges. A peine l'amiral se trouve-t-il en présence de Donzé-Verteuil que l'accusateur public veut le traiter en prévenu. L'amiral, exaspéré de cette supercherie, interpelle durement le valet du Proconsul :

« Tu as, lui dit-il, indignement trompé le Comité de Salut public par un subterfuge criminel [2]. » Donzé-Verteuil se moque de ce reproche et incarcère Morard de Galle, qui ne sortira de prison qu'au lendemain du 9 Thermidor. Les capitaines de vaisseau Kerguelen et Thomas, également mandés à Brest avec le concours de Jeanbon, subissent le même sort. Peu à peu, l'insurrection de Quiberon, soumise aux savantes investigations de Donzé-Verteuil, prend les proportions d'un complot colossal. Au cours d'une missive où il prie un collègue parisien de lui transmettre la copie du jugement rendu contre les compagnons de Morard de Galle, Donzé-Verteuil s'enorgueillit de l'importance que lui donne « une affaire, dit-il, unique en son genre, et peut-être la plus solennelle qui puisse être portée devant un tribunal révolutionnaire, *puisqu'il est question de juger une armée navale tout entière, qui alors était composée de quinze à dix-huit gros vaisseaux* [3] » !

Ainsi que cet aveu le démontre et comme nous le disons

---

1. *Recueil des Actes du Comité de Salut public*, t. XII, p. 629.
2. *Morard de Galle, ex-vice-amiral et ci-devant commandant l'armée navale de la République à la Convention nationale.* Brest, 19 frimaire an III (manuscrit de 17 pages BB⁴ 20, fol. 1-12).
3. A. N., W., 121, pièce 101.

plus haut, les poursuites doivent porter contre quinze à dix-huit mille hommes ! Devant la perspective de cette armée navale défilant à la barre du Tribunal révolutionnaire, Jeanbon, loin de gémir d'un procès qui va vider ses vaisseaux, en présence de l'ennemi, se félicite de l'aubaine. Comment le Proconsul déplorerait-il, d'ailleurs, une affaire qu'il a lui-même ourdie [1]? Enchanté de l'accueil que reçoivent ses renseignements, Donzé-Verteuil fait observer que la convocation des innombrables témoins auxquels il faudra faire appel coûtera cher. Même stoïque fermeté du doux pasteur.

« La République, déclare Jeanbon, ne regarde jamais aux dépenses fructueuses et indispensables. Le plus grand service à lui rendre est de la venger de tous les crimes qui ont souillé la campagne navale de Quiberon, afin que l'exemple des coupables prévienne de nouveaux attentats dans les escadres françaises. »

Avec cette vertueuse homélie, Donzé-Verteuil reçoit du Ministre du Saint Évangile sa bénédiction et une importante sportule. Tout va donc pour le mieux, — puisque les escadres de la République, à la veille des luttes qui se préparent, n'auront ni le nombre, ni l'ascendant, ni la compétence.

Le complot déroule savamment ses phases. Le 18 floréal (7 mai 1794), vingt-trois jours avant la défaite du 13 prairial, et deux jours après l'ordre d'appareillage envoyé à la flotte pour marcher contre l'escadre anglaise, Jeanbon retient à terre, — sur la demande de l'accusateur public, — un premier et nombreux contingent d'officiers, de soldats de marine et de matelots inculpés des méfaits les plus odieux et les plus faux. Docile au mot d'ordre de

---

[1]. « A la vue de cette effrayante peinture, dit Donzé-Verteuil, Saint-André s'écria qu'il fallait tout approfondir et aller jusqu'au dernier rameau. » (*Éclaircissements* de DONZÉ-VERTEUIL.)

son maître, Donzé-Verteuil refuse d'exposer aux hasards de la guerre les témoins dont il veut utiliser les dépositions contre les complices et les subordonnés de Morard de Galle.

VI

En éliminant de la flotte, grâce à ce stratagème judiciaire, les officiers les plus expérimentés, et en les condamnant à l'inaction, Jeanbon crée une disette artificielle de chefs. Cette pénurie obligera les autorités maritimes à combler les vides de l'État-Major avec des officiers ignorants, incapables ou lâches [1], qui détermineront, en partie, la catastrophe du 13 prairial. Singulière coïncidence ! C'est, comme on l'a vu, le 18 floréal, que Jeanbon rend son arrêté. Deux jours auparavant, le 16 floréal, l'escadre de l'amiral Howe [2], signalée dans les parages d'Ouessant, apparaît juste au moment où la France apprend l'arrivée imminente des navires convoyés par l'amiral Van Stabel [3].

1. BB³ 65, fol. 58. Donzé-Verteuil au Comité de Salut public. — LÉVY-SCHNEIDER, p. 783.
2. HOWE (Richard SCROPE, Comte), né à Londres en 1722, mort en 1799. Il fit la campagne des Antilles contre les Français, de 1743 à 1745, prit part aux ravages de nos côtes en 1757, servit comme contre-amiral dans la guerre d'Amérique, ravitailla Gibraltar (1782), devint lord de l'Amirauté l'année suivante et reçut, en 1794, le commandement de la flotte destinée à agir contre notre littoral de l'Ouest. A la suite du combat du 13 prairial, les Anglais lui offrirent une épée d'or. Comblé d'honneurs par le Gouvernement, il réussit à apaiser la redoutable mutinerie des équipages révoltés de Plymouth et de Portsmouth et mourut d'un accès de goutte.
3. VAN STABEL (Pierre-Jean), contre-amiral, né à Dunkerque, le 8 novembre 1744, d'une famille de marins. Dès l'âge de quatorze ans, il navigua au commerce jusqu'en 1778, époque où il fut admis dans la Marine royale. En 1781, il commandait le cutter le *Rohan-Soubise* : dans une croisière sur les côtes d'Angleterre, il rencontra le corsaire anglais l'*Amiral-Rodney*, lui donna la chasse,

Faut-il croire, avec Barère, qu'un espion avait averti le Gouvernement anglais [1], — ou, avec l'auteur anonyme d'une brochure contemporaine, que le Comité de Salut public avait lui-même révélé au Cabinet anglais le rendez-vous assigné au convoi et à la flotte de Brest [2]?

La division stationnée à Cancale reçoit, le 20 floréal (9 mai 1794), l'ordre de renforcer la flotte qui doit se porter au-devant du convoi d'Amérique. Néanmoins, il est entendu que le contre-amiral Cornic ne quittera pas Saint-Malo. Le Comité de Salut public maintient entre les mains de ce chef la direction de toutes les opérations projetées contre Jersey. Le 10 mai, Barère écrit à Jeanbon que le salut du convoi est « l'unique objet de la sortie actuelle et qu'il faut conserver la flotte pour l'expédition importante que le Comité de Salut public a préparée ». En ordonnant à Jeanbon de protéger la rentrée des navires qu'accompagne Van Stabel, le Comité de Salut public ne considère

---

l'atteignit et s'en empara, après une heure de combat. Dans cet engagement, Van Stabel, atteint de deux balles à la gorge, se fit panser et continua de donner ses ordres. Lieutenant de frégate en 1782, enseigne en 1792, capitaine de vaisseau en 1793, et, dans une croisière de quatre mois qu'il fit dans la Manche, il prit, coula ou incendia une quarantaine de bâtiments anglais. Élevé au grade de contre-amiral, la même année, il partit avec six vaisseaux pour attendre un convoi anglais dans la Manche. Mais, au lieu des vaisseaux qui devaient protéger le convoi, il rencontre l'amiral Howe avec vingt-huit vaisseaux de ligne. Sans se déconcerter, Van Stabel engage le combat, enlève dix bâtiments et rentre à Brest. Il conduisit à sa destination, le 15 prairial an III, le convoi des farines, commanda l'escadre légère de Villaret dans la croisière du *grand Hiver*. En 1796, chargé de rendre l'Escaut au commerce, il passa sous le feu de plusieurs forts hollandais sans tirer un seul coup de canon et força les passes avec huit navires marchands. Sa mission était accomplie. De retour à Flessingue, il allait établir une croisière dans la mer du Nord lorsque sa santé délabrée le contraignit à rentrer à Dunkerque où il mourut le 30 mai 1797.

1. *Moniteur*, t. XX, p. 743.
2. La broch..e est intitulée : *Coup d'œil sur le gouvernement de la tyrannie décemvirale.*

donc cette affaire que comme un incident qui ne saurait préjudicier à l'expédition dont la République fait son principal objectif. Le 16 mai 1794, un courrier extraordinaire apporte à Jeanbon une lettre où Billaud-Varenne, au nom du Comité de Salut public, invite le Proconsul à ne partir que si le convoi court réellement des risques :

Il ne faut pas compromettre nos forces navales — déclare Billaud, — *quand tous nos moyens supplémentaires ne sont pas encore mis à exécution, et que le moindre échec pourrait faire avorter notre plan de campagne contre l'Angleterre. Ce n'est pas une victoire qu'il nous faut pour l'instant, mais notre convoi; ce n'est pas un combat, mais une contenance fière et imposante qui écarte l'ennemi ou le tienne en panne; ajourner notre vengeance, c'est la rendre plus sûre* [1].

Nous devons rendre hommage à la netteté de vues qu'accusent les instructions du Comité de Salut public. Le Comité défend à Jeanbon et à Villaret-Joyeuse toute bataille qui pourrait mettre obstacle au but que poursuit la République. Interdiction vaine ! Rebelle aux ordres comme aux projets de ses collègues, Jeanbon défère, en revanche, à la consigne que lui transmet un Maître inflexible et clandestin : lancer dans la mêlée toutes les forces navales disponibles pour rendre désormais irréalisable toute attaque contre la terre d'asile séculaire des huguenots français : voilà le dessein secret qu'il s'agit de faire prévaloir. Victorieuses ou battues, il faut qu'au retour du combat nos escadres ne puissent plus se prêter à une entreprise que l'ex-pasteur de Montauban considère non seulement comme sacrilège, mais comme fratricide.

[1]. Collection Maurice LOIR. Document cité par LÉVY-SCHNEIDER, p. 791.

CHAPITRE XV

I. — A la veille du Combat de Prairial, le Comité de Salut public décrète l'assassinat des prisonniers anglais. — Cet ukase est exécuté par le lieutenant de vaisseau Charbonnier, commandant la *Boudeuse*. — Onze prisonniers anglais sont égorgés. — La Convention récompense l'assassin en le créant capitaine de vaisseau.

II. — La flotte française quitte Brest. — Charlatanisme de Prieur de la Marne. — L'amiral Villaret-Joyeuse. — Son caractère. — Echecs et récompenses.

III. — Combat du 13 Prairial. — Ni les officiers ni les marins ne sont préparés à la lutte. — Victoire des Anglais. — Indigne conduite de Jeanbon et de Villaret-Joyeuse. — Ils abandonnent sept vaisseaux à l'ennemi et désertent le champ de bataille. — Attitude de Jeanbon qui se cache dans la cale pendant le combat.

IV. — La flotte de Van Stabel arrive à Brest sans encombre. — Jeanbon n'est pour rien dans ce succès, mais se vante d'avoir sauvé le convoi. — Fêtes organisées pour endormir et tromper les masses.

V. — Inutiles mensonges, inutiles cruautés. — Vingt-six administrateurs du Finistère sont guillotinés. — Ces crimes n'intimident plus la foule et ne relèvent pas le prestige de Jeanbon.

VI. — L'incident du *Vengeur*. — Légende lancée par le Comité de Salut public pour faire oublier la défaite du 13 prairial. — Impostures de Barère. — Récit de Renaudin. — Renaudin manque à ses devoirs. — Pourquoi Jeanbon le dérobe au Conseil de guerre.

VII. — Jeanbon discrédité est obligé de quitter Brest. — Lettre insultante du capitaine Bompard au Conventionnel. — Jeanbon a rempli sa tâche : il a détruit notre marine. — La Convention, l'année suivante, change de tactique. — Après la guerre d'escadres, la guerre de courses ! — Mêmes revers. — La France n'a ni flotte, ni arsenaux, ni équipages. — Le régime jacobin aboutit à la ruine de notre établissement naval.

I

Mais, avant de parler du Combat du 13 prairial (1ᵉʳ juin), il nous faut mentionner le décret que fulmina le 7 prairial (26 mai 1794), le Comité de Salut public, à la veille de la rencontre des deux flottes. Nos marins vainqueurs allaient sûrement capturer plusieurs navires anglais : quel sort la République réservera-t-elle aux futurs prisonniers? Voici l'ukase qui décida ce point de droit et qui mit la France révolutionnaire au ban des nations civilisées :

« La Convention nationale, après avoir entendu le Rapport du Comité de Salut public, décrète :

« ARTICLE PREMIER. — Il ne sera fait aucun prisonnier anglais ou hanovrien;

« ART. 2. — Le présent décret et l'Adresse aux soldats de la République seront envoyés sans délai aux Représentants du Peuple près les armées [1]. »

Est-il vrai qu'en recevant cet arrêt de sang, digne préambule du décret du 22 prairial qui privait les accusés de défenseurs et de témoins, est-il vrai que la Convention voulut répondre au blocus qu'au lendemain de la proscription de la Gironde, l'Angleterre avait déclaré contre tous les ports français? Cette explication — hasardée par Mignet — heurte toutes les vraisemblances : la République aurait-elle attendu un an pour se venger? Ajoutons que la mesure prise par le Gouvernement britannique ne dérogeait pas aux droits de la guerre. L'investissement des pièces assiégées ne comporte-t-il point la même procédure? Il est d'usage que les belligérants tentent de se couper réciproquement les vivres. Que signifiait donc le

---

1. Réimpression du *Moniteur*, t. XX, p. 587.

décret ? Flairant la prochaine défaite de la Terreur, pressentant l'imminente déchéance du système, Robespierre et ses complices croyaient qu'en redoublant de menaces et de cruautés contre la France et contre l'Europe, ils frapperaient d'épouvante les ennemis du dedans et du dehors.

Au décret du 7 prairial, la Convention joignit une Adresse aux Armées de la République. Après avoir évoqué le souvenir des contrées dévastées « par les émissaires anglais », la Vendée, Toulon, Lyon, Landrecies, la Martinique, Saint-Domingue, la Guadeloupe, envahies par l'Angleterre, Barère achevait sa carmagnole par ces exhortations sanguinaires :

> Soldats républicains, quand la victoire vous présentera des Anglais, frappez ! Il ne doit en revenir aucun, ni sur les terres liberticides de la Grande-Bretagne, ni sur le sol libre de la France. Que les esclaves anglais périssent et la France sera libre !

Le brave Durand de Linois [1] fut des premiers à ne point se soumettre au décret de guerre à mort. A peine en croi-

---

[1]. LINOIS (Charles-Alexandre-Léon DURAND, comte de), né en 1761, mort en 1848. A quinze ans, il débutait dans la Marine, parcourait les principales mers du globe et figurait parmi les combattants de la guerre d'Amérique. A vingt ans, il était nommé enseigne, puis lieutenant et capitaine de frégate. Fait prisonnier par les Anglais, Linois est mis en liberté après une captivité de dix mois. Promu, dès son retour, capitaine de vaisseau, il assiste au combat du 5 messidor an III, et de nouveau il est fait prisonnier. Promptement échangé, il prend part à l'expédition de l'Inde, est nommé contre-amiral et bat les Anglais dans la rade d'Algésiras. Une nouvelle expédition le fait tomber, pour la troisième fois, entre les mains des Anglais (1806). Rendu à la liberté en 1814, il est nommé par Louis XVIII gouverneur de la Guadeloupe. A peine arrivé à son poste, une escadre anglaise le cerne, l'oblige à capituler et prend possession de l'île. Ramené en France, il demande à être jugé par un Conseil de guerre qui l'acquitte à l'unanimité. Mis à la retraite en vertu d'une ordonnance qui lui donne, en même temps, le titre de vice-amiral honoraire, Linois se retire à Versailles, où il mourut dans une obscurité volontaire.

siège, notre capitaine de vaisseau fait trois prises et renvoie les Anglais en France. « Ce fut leur salut, écrit à ce sujet Léon Guérin, — car les commissaires n'osèrent pas faire exécuter dans le port ce qu'ils se flattaient de pouvoir mettre sur le compte de la fureur des combats. »

Pluckett, avec ses deux corsaires, le *Sans-Culotte Nantais* et le *Patriote de Brest*, saisit, sur un navire portugais, en route pour l'Irlande, sept passagers anglais. A peine captifs, « ces infortunés, qui connaissent l'horrible décret de ne faire aucun prisonnier et de les couler à fond ou de les tuer », se jettent aux genoux de Pluckett et implorent sa pitié. Le capitaine leur accorde non seulement la vie, mais la liberté, sans même vouloir toucher aux soixante guinées que les malheureux lui offrent. Est-ce pour obéir au décret qui défend la rançon que Pluckett décline le cadeau? Non, mais pour qu'à leur retour en Irlande, les Anglais puissent dire hautement que « les Français ne sont ni des assassins, ni des dévaliseurs [1] ».

Un seul officier se soumit au Décret : le lieutenant de vaisseau Charbonnier, commandant la frégate la *Boudeuse*. Sorti d'Alger le 24 messidor an II (12 juillet 1794), ce navire capture, le 25, à vingt lieues au sud de Mahon, un brick anglais venant de Falmouth, et se rendant à Palerme. Au premier coup de canon, le pavillon britannique est amené. Les marins de la *Boudeuse* montent aussitôt à bord du brick, enchaînent les onze hommes d'équipage et les transfèrent sur le bâtiment français. Conformément à la loi du 7 Prairial, les onze Anglais, mis en rang devant le peloton, attendent l'ordre qui doit les fusiller. Strict observateur de la consigne terroriste, Charbonnier commande le feu. Les onze malheureux tombent

---

1. *Mémoires* de Pluckett, c. III, p. 17.

frappés mortellement, — mais non sans couvrir d'imprécations leur assassin [1].

Le capitaine de la *Boudeuse* avait foulé aux pieds la loi divine pour exécuter la loi révolutionnaire. Les remords l'empêchèrent de survivre à son forfait. En vain, la Convention, outrageant toute pudeur, lui conféra-t-elle, comme prix du sang, — le grade de capitaine de vaisseau. La malédiction des victimes ne cessa de poursuivre le coupable. Honni de tous ses compatriotes, montré au doigt par les enfants et par les mères, Charbonnier mourut sans s'être réconcilié avec sa conscience, qui ne lui pardonna jamais sa bassesse et sa cruauté.

Terreur à bord, terreur à l'ancre, terreur à terre, terreur jusqu'en pleine mer, voilà donc toute la Révolution !

II

Ce fut le 16 mai 1794 (27 floréal an II) entre quatre heures et six heures du soir, par une jolie brise gonflant les voiles, que l'armée navale, flammes déployées, quitta la rade de Brest. A la chute du jour, cette imposante flotte de vingt-cinq vaisseaux de guerre pénètre dans le canal, s'engage dans le « goulet » qui aboutit à la haute mer, et se dirige vers l'ennemi et vers l'inconnu. Va-t-elle déposséder l'Angleterre du sceptre des mers ou consacrer notre déchéance ? Après avoir accompagné son collègue Jeanbon jusqu'à la sortie du défilé, Prieur de la Marne retourne à terre, — mais non sans léguer à la postérité le dialogue

---

1. C'est G. de la Landelle qui raconte ce drame. *Revue de France*, t. XXIII, p. 811.

qu'aurait engagé, — du haut de la dunette, — le délégué du Comité de Salut public avec les équipages, — dialogue histrionesque, forgé le lendemain par le Conventionnel, entre deux lampées de rhum, sur la table d'une taverne :

« Écrasez les Anglais ! Revenez bientôt vainqueurs !

« — Nous sommes Français ! ripostent les marins.

« — Vive la République ! ajoute Prieur.

« — Vive la France ! Vive la République ! » vocifèrent les sans-culottes !

Légende !

A ce moment, le phare de Saint-Mathieu, qui domine la pointe Nord, s'allume. En même temps, tous les navires, après avoir hissé leurs fanaux, se forment sur trois lignes. Peu à peu disparaît, dans les dernières clartés crépusculaires, la flotte — que la République charge de vaincre la famine en protégeant le convoi d'Amérique et qui, quinze jours plus tard, réintégrera Brest, amputée et battue, sous la conduite du même Jeanbon, artisan de sa défaite et de notre honte.

Quel va être le héros de la première bataille navale que doit livrer le nouveau régime?

C'est Villaret-Joyeuse [1]. Gentilhomme doué d'une belle

---

1. VILLARET DE JOYEUSE (Louis-Thomas), vice-amiral, né à Auch, en 1750. Après avoir servi dans les gendarmes de la Maison du Roi, Villaret entra dans la Marine, en 1766, devint lieutenant de vaisseau en 1775, assista au siège de Pondichéry en 1778, et, après la capitulation, commanda, sous Suffren, la *Naïade*, qui fut prise, le 11 juin 1783, par le vaisseau anglais le *Sceptre*. Délivré à la paix, décoré de la Croix de Saint-Louis, il fut promu capitaine de vaisseau en 1791 et envoyé à Saint-Domingue lors des premiers troubles. Après la destitution de Morard de Galle, Villaret, qui venait d'être fait contre-amiral, obtint le commandement de l'armée navale de Brest.

En 1795, Villaret, en vue de l'île de Groix, donna la chasse à l'escadre de l'amiral Cornwallis. Malgré le courage de Bergeret, le commandant de la *Virginie*, et de Bestout, qui résista héroïquement à cinq vaisseaux, Cornwalis parvint à s'échapper. Une semaine plus tard (23 juin), Villaret rencontre l'amiral Bridport qui commande dix-sept vaisseaux. L'escadre française se comporte valeureusement;

prestance et d'une physionomie heureuse, joli cavalier, homme du monde accompli, beau parleur, — soldat plein de bravoure, mais tacticien de troisième ordre, — ce Gascon nous offre, pendant sa longue carrière, l'exemple d'un Chef qui, toujours battu, non seulement ne pâtit point de ses revers, mais, de défaite en défaite, monte aux plus hauts sommets de la hiérarchie maritime. Pourquoi? C'est que la Révolution demande aux officiers plus de complaisances que de victoires. Le mérite de l'ancien compagnon de Suffren fut précisément de lire dans l'âme des Jacobins ce que voulaient les nouveaux maîtres, — et de cajoler leur orgueil. Au nombre des fables qu'accrédite, depuis cent ans, le psittacisme des Manuels d'histoire, l'une des plus tenaces est celle qui nous montre la Convention fauchant, à coups de « rasoir national », les généraux ineptes ou malheureux, pour contraindre les survivants à moins de prudence et à plus de bravoure. Niaise imposture ! C'est l'époque où florissent les « épaulettiers » tout à la fois les plus ignares et les mieux en Cour, — c'est le temps où, selon le témoignage de Kléber lui-même, Prieur de la Marne prend, dans un Conseil de guerre, la défense de Rossignol [1]

---

mais l'*Alexandre*, le *Tigre* et le *Formidable* restent au pouvoir de l'ennemi. Vice-amiral le 27 septembre 1794, Villaret refuse le commandement de l'armée navale qui doit porter les troupes destinées à agir en Irlande. Élu membre du Conseil des Cinq Cents, il est condamné à la déportation, lors du coup d'État de fructidor. Après s'être dérobé aux recherches, il se rend volontairement à l'île d'Oléron, et est rappelé par le Premier Consul qui le charge du commandement des forces navales envoyées à Saint-Domingue. De retour en France avant la fin de cette expédition, il est nommé, en 1802, capitaine général de la Martinique et de Sainte-Lucie; subit une attaque des Anglais en 1809, capitule et, comme récompense, est nommé, en 1811, gouverneur général de Venise. C'est dans ce dernier poste qu'il meurt, en 1812, grand Aigle de la Légion d'Honneur. Son nom est gravé sur l'Arc de l'Étoile !

1. ROSSIGNOL (Jean-Antoine), né à Paris en 1759, mort en 1802. Ouvrier orfèvre, se distingue parmi les agitateurs du faubourg Saint-Antoine. Nommé lieutenant-colonel de gendarmerie, il servit en Ven-

contre les meilleurs généraux, contre les Aubert du Bayet, les Marceau, les Dambarrère, les Haxo, les Beaupuy, etc. humiliés de subir la suprématie de cet incapable et de ce fuyard. « Le Comité de Salut public, s'écrie Prieur, — a la plus grande confiance dans les vertus civiques du général Rossignol. Je déclare donc aux officiers généraux qui m'entourent que, quand même Rossignol perdrait encore vingt batailles, *quand il éprouverait encore vingt déroutes*, il n'en serait pas moins *l'enfant chéri de la Révolution et le fils aîné du Comité de Salut public* [1]. »

dée, sous les ordres du général de Biron. Un décret de la Convention, en date du 26 juillet 1793, le nomme général en chef de l'armée des Côtes de La Rochelle. Cet inepte épaulettier eut sous ses ordres des hommes comme Kléber, Marceau, Aubert-Dubayet, etc. Rossignol ne donnait jamais de sa personne et restait caché pendant que les soldats se battaient. Philippeaux, dans ses *Comptes rendus*, le représenta comme le plus stupide des Chefs. Le Neuf Thermidor abattit seul la puissance de Rossignol. Il fut arrêté le 13 janvier 1795, mais fut libéré lors de l'amnistie du 26 octobre suivant. Impliqué dans la conspiration de Babeuf, il réussit à se faire acquitter. Mais il fut moins heureux après le 18 Brumaire. Englobé dans l'arrêt de déportation qui suivit l'affaire de la Machine infernale, Rossignol fut transporté à Anjouan (Iles Seychelles), où il mourut. Voir BARRUCAND : *La Vie véritable du Citoyen Jean Rossignol*. Un volume in-16.

Dans une lettre adressée au Comité de Salut public par Philippeaux le 22 septembre 1793, nous trouvons le passage que voici : « Le général Rossignol qui, depuis un mois, accuse la Convention de prétendues victoires obtenues par son courage, *tandis qu'il n'est pas sorti de sa baignoire ou de son lit*, n'a dirigé dans le fait que des mouvements désastreux. » Dans le *Recueil des Actes du Comité de Salut public*, t. VII, p. 9, M. Aulard ne reproduit pas un mot de cette phrase. Toute la lettre, d'ailleurs, est supprimée et remplacée par cette analyse : « Philippeaux dénonce longuement au Comité l'ineptie de Rossignol et la perfidie de Rossin. » Nous avons appelé l'attention des lecteurs de l'*Éclair*, de la *Libre Parole* et du *Soleil* sur les amputations si audacieusement commises par M. Aulard dans beaucoup de pièces. Voir l'*Éclair* du 6 avril 1907, la *Libre Parole* du 22 juin 1909 et le *Soleil* du 18 février 1909. Nous demandions que, dans le volume supplémentaire, M. Aulard rétablît *in integro* les documents qu'il avait indignement mutilés. Dans la Préface du tome XVIII, M. Aulard, sans faire allusion à nos critiques, annonce que satisfaction nous sera donnée.

1. *Mémoires de Kléber*, édition BAGUENIER-DESORMEAUX, p. 312.

Ainsi, chez les généraux, la Convention préfère aux talents stratégiques et aux vertus guerrières la sans-culotterie et l'obséquiosité. Avec sa finesse gasconne, Villaret flaire, dès le début, cet état d'âme et se garantit contre la disgrâce et l'échafaud par une ferveur jacobine résolue à toutes les condescendances et capable de toutes les surenchères. Pas un seul jour, les délateurs ne trouvent en défaut l'orthodoxie républicaine de l'ancien gendarme de la Maison du Roi, comblé de faveurs par les Ministres du tyran assassiné. Quand le Gouvernement révolutionnaire décrète que « tout militaire possesseur de brevets, commissions ou lettres de service expédiées avec le signe odieux de la Royauté », doit les faire passer au Ministre, non seulement cet ancêtre de nos arrivistes communique l'ordre à l'escadre qu'il commande, mais Villaret donne lui-même la mesure de son courage en se débarrassant, le premier, des pièces destinées à certifier tout à la fois la munificence de ses anciens maîtres et l'indépendance de son cœur. Les Jacobins ne se trompèrent pas sur le caractère de Villaret-Joyeuse et prévirent immédiatement que cet officier de l'ancienne Marine s'adapterait sans peine à la nouvelle Cour. Une douzaine d'officiers subalternes, Lefrancq, Pillet, Lucadou, Deheu, Poydras, David, etc., invoquant leur qualité de « vrais sans-culottes et de ces républicains qui la veulent une et indivisible », sommèrent Jeanbon de placer à la tête de l'armée navale le citoyen Joyeuse, — non comme le tacticien le plus consommé, mais comme le républicain le plus intraitable. Dictée, certaine-

---

Prieur ajouta : « Nous voulons que Rossignol soit entouré de généraux de division capables de l'aider de leurs conseils et de leurs lumières, et malheur à eux s'ils l'égarent, car nous les regarderons comme les seuls auteurs de nos revers, chaque fois que nous en éprouverons. » Kléber commente comme il suit ce discours : « Personne ne prit la peine de réfuter ce ridicule épanchement, qui fut généralement attribué à l'*état d'ivresse* dans lequel se trouvait trop souvent cet énergumène proconsul. » *Ibid.*

ment, par Jeanbon lui-même aux démagogues stipendiés et aux délateurs professionnels qui la signèrent [1], cette grossière recommandation mit à la tête de notre flotte un officier qui, sans le vouloir, devait donner aux perfides desseins de Jeanbon le concours d'une indiscutable insuffisance. Sans résistance contre les suggestions d'une ambition avide de tous les avancements, l'amiral subira la familiarité des terroristes dont Jeanbon s'entoure, rompra le pain avec le pourvoyeur de la guillotine Donzé-Verteuil, et recevra, même un jour, à sa table, le bourreau Ance [2], honoré de la même faveur par les Représentants du Peuple.

[1]. Les signataires furent récompensés de leur démarche. Un décret du 25 brumaire an II nomma Lefrancq et Lucadou capitaines de vaisseau, et les appela à commander, l'un l'*Entreprenant*, l'autre le *Patriote*, arrivés de Toulon l'avant-veille. Leurs prédécesseurs, les capitaines Boubennec et Bouvet (Pierre-René-Gervais), devaient expier, par une détention de seize mois, le tort d'avoir conservé à la République les vaisseaux renvoyés de Toulon par l'amiral Hood. Pillet (Jean-Pierre), d'enseigne auxiliaire, promu capitaine de vaisseau, fut mis à la tête du *Jean-Bart*, en remplacement du capitaine Coëtnempren, guillotiné sur l'ordre de Jeanbon. Après avoir sollicité la nomination de Villaret-Joyeuse au commandement suprême de la flotte, le délateur Lucadou écrivit ce qui suit au sujet du Combat du 1er juin 1794 : « Faut-il vous retracer la lâche trahison de ce combat, sous Villaret-Joyeuse, *toujours protégé par les bureaux de la Marine*, qui n'ont cessé de victimer les officiers républicains? » Plus tard, Lucadou, se trouvant à Paris, pendant les journées de Vendémiaire, combattit les royalistes. Cela ne l'empêcha pas d'écrire, en 1814, à Malouet, alors Ministre de la Marine, pour le supplier de lui donner un emploi. « Profondément attaché à l'autorité royale », Lucadou « avait conservé ses sentiments pendant la Révolution, et c'est à cause de cette inaltérable fidélité qu'on l'avait destitué ! » Voilà un des officiers sans-culottes créés par Jeanbon et l'un de ses fournisseurs de cadavres.

[2]. G. DE LA LANDELLE : *Histoire du trois-mâts l'Océan*. Voir la *Revue de France*, t. XXIII, p. 811.

III

Ce qui précède fait voir dans quelles conditions les vaisseaux de l'amiral Villaret-Joyeuse durent se mesurer avec l'escadre de l'amiral Howe. Exclusivement soucieux de défendre l'honneur de nos ancêtres et les droits de la vérité, pourquoi ne dirions-nous point que Jeanbon sembla vouloir livrer la flotte française à toutes les chances d'insuccès dont disposent les éléments et les hommes? Les équipages enrôlés par les Conventionnels comprennent des matelots pour la plupart étrangers au service de la mer comme au métier des armes. La République ne les a préparés à leur rôle que par quelques exercices en rade. Les canons sont servis par d'ignares gardes nationaux qui remplacent les « artilleurs de la Marine » que la Monarchie avait lentement formés et que le décret, rendu par Jeanbon le 28 janvier 1794, a licenciés, au moment même où la France allait faire appel à leur expérience et profiter de leur savoir. Enfin, la plupart des officiers et des capitaines naviguent pour la première fois en escadre [1]. Aucun cours et aucune manœuvre d'ensemble ne les ont initiés soit à la science, soit à la pratique du commandement. Incompétence et ignorance voulues par Jeanbon — en haine des Chefs qui, formés par les Suffren et les La Motte-Picquet,

---

1. « Avant 1789, nous avions des Canonniers-Matelots. On les avait remplacés, sous la Constituante, par des Artilleurs de la Marine qui ne les valaient pas. La Convention (sur la demande de Jeanbon) renvoya ces derniers pour mettre à leur place des bataillons de gardes nationaux. Avec de semblables mesures, conclut sévèrement le capitaine de vaisseau E. CHEVALIER, — quel succès pouvions-nous attendre dans la lutte engagée avec l'Angleterre? » *Histoire de la Marine française sous la première République*, p. 127.

les de Grasse, les Guichen, les Ternay [1], etc., passaient pour les plus instruits de l'Europe, mais incompétence surtout ourdie contre notre fortune.

Pour lutter victorieusement contre des ennemis bons manœuvriers, aguerris et de sang-froid, comme les Anglais, il aurait fallu leur opposer des équipages et des officiers expérimentés et calmes. Les « nullités » que Jeanbon investit du commandement provoquent fatalement notre déroute. Pendant que les officiers, issus de l'ancienne Marine, comme Dordelin [2] et L'Héritier [3], se montrent à la hauteur

---

1. TERNAY (Charles-Henri D'ARSAC, connu sous le nom de Chevalier de), né au château de Ternay (Vienne). Capitaine de vaisseau le 10 janvier 1761; commandant général des Iles de France et de Bourbon le 16 août 1771; chef d'escadre le 15 novembre de la même année, mort le 15 décembre 1780, en dérobant aux Anglais un convoi qu'il portait aux Insurgents d'Amérique. Il était le fils de Charles-Fernand d'Arsac, marquis de Ternay, et de Louise Lefebvre de Laubrière.

2. DORDELIN (Alain-Joseph comte), né à Lorient, le 13 mars 1764, fils et petit-fils de capitaine de vaisseau. A sept ans, s'embarqua sur le bâtiment le *Centaure*, commandé par son père; garde-marine en 1773; enseigne en 1783; lieutenant de vaisseau en 1786; capitaine de vaisseau le 1er janvier 1793; contre-amiral le 1er janvier 1799; préfet maritime de la Spezzia, du 30 mai au 1er août 1810; préfet maritime de Brest du 30 octobre 1810 au 23 août 1811. La Restauration le mit à la réforme. Dans une lettre, conservée aux *Archives de la Marine*, voici ce que nous lisons : « Sans cesser d'être fidèle à la cause de « mon légitime Souverain, je fus entraîné, comme un grand nombre « de militaires, et obligé de servir, mais, très heureusement, dans une « arme qui ne pouvait être dirigée que contre les ennemis du nom « français. »

3. L'HÉRITIER (Louis), né à Châteaumeillant (Cher), le 17 janvier 1747, successivement matelot, timonier, aide-pilote et lieutenant de frégate sur les vaisseaux du Roi, du 10 octobre 1763 au 24 juillet 1784. Une lettre adressée de Bordeaux, le 10 novembre 1782, au Ministre de la Marine, par l'amiral d'Estaing, appelle l'attention du ministre sur cet officier de trente-cinq ans. « Je lui ai donné différentes commissions, dit l'amiral, j'ai mis à l'épreuve ses talents, sa valeur et son intelligence. Il est un des sujets que je désirerais le plus que vous missiez à portée d'employer, en ayant la bonté de lui accorder la permission de me rejoindre promptement. » L'Héritier fut nommé lieutenant de vaisseau le 17 mars 1793; capitaine le 28 octobre 1793;

des capitaines anglais, les officiers improvisés, les marins du commerce, promus lieutenants ou capitaines, ne justifient que trop, par leur gaucherie ou leur ignorance, les calculs antifrançais de Jeanbon[1]. Même infériorité chez les sous-officiers et les matelots enlevés aux bâtiments de la Marine marchande. Mais la perte de la bataille, la France la doit surtout à la maladresse et à l'inaptitude des canoniers que Jeanbon s'est si perfidement empressé de substituer aux excellents pointeurs de l'Ancien Régime. Tout manque aux stupides recrues, hâtivement embauchées par le Proconsul : le sang-froid, la science et la précision du tir. Sans attendre que les ennemis soient à distance, nos vaisseaux les saluent de bordées aussi bruyantes qu'inutiles. Pas un bâtiment anglais ne fut coulé, pas un ne fut démâté de bonne heure ; ceux des nôtres, que la flotte de l'amiral Howe remorqua, reçurent, en revanche, une telle pluie de boulets que l'amirauté britannique ne put se défaire qu'au plus bas prix de ces guimbardes ajourées comme des lanternes. Dès le début de cette campagne navale de quatre jours, les fautes s'accumulent, les signaux de Villaret-Joyeuse sont mal compris ou inexécutés, les capitaines ne serrent pas la ligne, les mâtures des bâtiments fléchissent, les gréements se détériorent et les avaries se succèdent[2].

Quatre jours d'efforts donnent la victoire à nos enne-

---

chef de division le 21 mars 1796. La Restauration le nomma contre-amiral honoraire le 1ᵉʳ juillet 1814 (*Archives nationales*).

1. Voici ce qu'écrit à ce sujet Lévy-Schneider, p. 860 : « Quant aux anciens sous-lieutenants, la plupart ont tenu tête brillamment aux capitaines de Howe. Ajoutons, pour être justes, que les deux officiers qui avaient fait partie du grand Corps, Dordelin, l'Héritier, se sont particulièrement bien montrés, et, pour nous résumer, nous constaterons que, dans la Marine comme dans les armées de terre de la Révolution, les officiers véritablement improvisés ont trompé toutes les espérances, que les anciens officiers de la Marine royale restés au service ont justifié l'avancement précipité dont ils avaient été favorisés. »

2. Lévy-Schneider, pp. 813-814.

mis. Les Anglais percent notre centre, écrasent notre arrière-garde tout en forçant notre avant-garde à rester spectatrice du combat [1]. Vers onze heures et demie, la lutte ayant cessé, les combattants voient, à travers la fumée, la mer roulant des débris de vaisseaux et des cadavres, entre lesquels flottent les navires désemparés que n'ont pas engloutis les vagues.

L'avant-garde de la flotte française a filé à une demi-lieue sous le vent. Onze vaisseaux anglais, dont trois démâtés, restent immobiles ; — douze navires français non moins endommagés, attendent une remorque. Les deux flottes se trouvent donc séparées par vingt-trois pontons destinés d'avance au Chef d'Escadre qui voudra les prendre. Ce Chef d'Escadre audacieux — il est triste de le dire, — ne fut pas Villaret-Joyeuse. L'amiral français et le représentant s'entendent pour laisser enlever par lord Howe les sept frégates qui, le pavillon en berne et la flamme nationale par dessus, implorent en vain l'assistance de leurs frères.

Cette lâcheté ulcéra les officiers. L'un d'eux, le capitaine Teillard, consigne, en termes amers, dans son *Journal*, la honteuse évasion de ses Chefs. Pendant que Jeanbon et Villaret fuient, les Anglais, non seulement sauvent tous leurs navires, mais s'emparent des sept bâtiments français qui, pendant quatre heures, firent inutilement appel au courage et au patriotisme du Proconsul. Où était alors le Jeanbon qui, presque tous les soirs, au Club de Brest, enivrait nos marins de menteuses tirades contre l'Angleterre ?

Un écrivain maritime qui fait autorité, Jal, après avoir pris connaissance de tous les documents contemporains, met sur le compte exclusif de Jeanbon la félonie qui marqua le dénouement de la lutte. Ce fut le Proconsul qui

---

[1] Maurice Loir.

donna l'ordre à Villaret-Joyeuse de ne pas revenir sur le champ de bataille. « Les capitaines des vaisseaux abandonnés n'accusèrent point Villaret, dit Jal, de cette inaction. Ils le savaient homme de son métier, et le souvenir du combat de la *Naïade* contre le vaisseau anglais de soixante-quatre canons le *Spectre* (1781), autant que la conduite de Villaret dans l'Inde, le protégeaient contre l'accusation de faiblesse ou de timidité. Jeanbon fut donc regardé comme la cause de cette panne qui coûta sept vaisseaux à la France. »

Le *Journal sommaire de la croisière de la flotte de la République commandée par le contre-amiral Villaret*, œuvre de Jeanbon, nous montre le Proconsul anéanti, prostré, confondu par les scènes tragiques qui se déroulent au-dessus de sa tête [1].

Beaulieu, dans la *Biographie universelle*, de Michaud, assure qu'au milieu des feux terribles que dirigeait la flotte anglaise contre le vaisseau-amiral la *Montagne* qui portait Villaret et le Proconsul, ce dernier criait de toutes ses forces : « Mes amis, mes amis ! Sauvez la *Montagne*, sauvez la *Montagne !* »

1. « *Il est impossible*, avoue Jeanbon, *de rendre compte exactement des mouvements qui ont été faits dans cette journée* : dans la chaleur de l'action, on n'a pu saisir que les faits principaux... Quelques-uns des vaisseaux désemparés étaient à une grande distance au vent à nous, confondus pêle-mêle avec les vaisseaux anglais qui se trouvaient dans le même état : il fallait travailler à les sauver. — Le général fit donner des remorques à tous ceux que sa position lui permettait de recueillir ; il mit en panne pour faire cette opération, et tel était le délabrement de l'armée anglaise, qu'il ne fut pas inquiété. » Jeanbon Saint-André reconnaît que la flotte anglaise avait plus souffert que la flotte française et que tous les vaisseaux français qui « avaient conservé un bout de mât pour pouvoir sur le champ y établir une voile, après la résistance la plus honorable, ont échappé à l'ennemi ». Pourquoi la *Montagne* n'alla-t-elle pas participer au sauvetage et demeura-t-elle « en panne cinq ou six heures pour faire toutes ses dispositions », et pourquoi « fit-elle après servir au plus près du vent sous les huniers », abandonnant ainsi le champ de bataille? (*Journal Sommaire*, p. 28.)

Tout en attestant l'épouvante du lamentable Jeanbon, cette clameur tendrait, du moins, à faire croire que le Représentant du peuple n'avait point quitté le pont. Mais un témoin oculaire, — témoin des plus honorables, auquel la Convention, par un décret en date du 26 février 1795, accorda une indemnité de 300 livres « pour les huit blessures qu'il avait reçues au Combat du 13 Prairial », — Bouvet de Cressé[1], embarqué sur la *Montagne,* comme Chef de l'imprimerie de l'Escadre, nous montre, pendant le combat, le tremblant et pusillanime Jeanbon descendant à la batterie, impatient d'y chercher un refuge. Mais, à peine le feu cesse-t-il, que Jeanbon sort de la fosse aux lions où il s'est tapi, sur une caisse de chandelles qu'avoisinent des câbles, encore humides et gluants de brai, pour remonter au jour. Il s'agit de payer d'audace.

La redingote imprégnée de suif, « Jeanbon se traîne en rampant, et, à pas mesurés, de batterie en batterie et de mort en mort, réapparaît tout radieux sur le pont ». L'amiral veut qu'on tente un suprême effort pour reconquérir les vaisseaux français dont lord Howe va faire son trophée. Résistance de Jeanbon. « L'oscillation de sa longue redingote bleue, dégoûtante et sillonnée de suif et de goudron, décèle la conduite du Thersite de Montauban. Tous frémissent indignés. On parle même de jeter à la mer le Représentant du peuple, et déjà, vingt bras s'avancent pour le saisir, quand Villaret ordonne de hisser la misaine, et sauve, par cette manœuvre qui rappelle chacun à son poste, la vie à Saint-André[2]. » Cette scène originale nous éclaire sur l'héroïsme du guillotineur.

---

1. *Histoire de la Marine de tous les peuples.* Paris, 1824, 2 vol. in-8°, t. II, pp. 473-474.
2. Les accusations de Bouvet de Cressé sont corroborées par les affirmations d'un historien anglais, le capitaine Brenton. Voici comment cet écrivain s'exprime : « Jeanbon Saint-André, le représentant du peuple, se trouvait aux côtés de l'amiral français, quand le feu

En somme, la bataille close, sur les dix-neuf vaisseaux dont dispose alors l'amiral Villaret, le *Mucius*, le *Jemmapes* et le *Scipion* ont perdu leurs mâts. Un bas-mât reste au *Terrible*, que monte l'amiral Bouvet, et au *Républicain*, où l'amiral Nielly arbore son pavillon. Le *Trajan* remorque le *Tyrannicide*, démâté, dès le premier jour de la bataille. Enfin, de meurtrières avaries détériorent *le Trente et un Mai* et la *Montagne*. En conséquence, après sa rencontre avec l'amiral Howe, Villaret ne peut plus mettre en ligne que douze vaisseaux sur vingt-cinq. Et quels vaisseaux ! Des écumoires !

La fortune des armes a-t-elle aussi cruellement frappé nos adversaires? Leur escadre comprenait, comme la nôtre, vingt-cinq bâtiments. Le lendemain du combat, quatorze vaisseaux complètement intacts auraient pu affronter les chances d'une nouvelle bataille. Le choc a dépossédé la *Queen Charlotte* et le *Bellerophon* de leurs mâts de hune. Deux autres navires n'ont plus de bas-mâts et trois n'en conservent qu'un seul. Enfin, un seul vaisseau, le *Brunswick*, manque à l'appel. A la suite du combat avec le *Vengeur*,

commença; mais il disparut aussitôt et resta dans la cale tout le temps du combat. » (BRENTON : *The naval history of Great Britannia*, I, 130.) Plus loin, Brenton ajoute qu'ayant eu l'occasion de parler de Jeanbon Saint-André à Villaret et de sa conduite pendant le combat du 13 Prairial, l'amiral français lui aurait répondu : « Ah ! le coquin ! à l'instant de la bordée du *Queen Charlotte*, il descendit dans la cale, et nous ne le vîmes plus pendant le combat. »

La *Biographie de Londres*, parue en 1800; — le *Dictionnaire historique* de Jal; les historiens Guérin et Rouvier, la *Petite Biographie des conventionnels*, 1815; la *Biographie moderne de 1816*; le grand ouvrage intitulé : *Victoires, conquêtes, désastres, revers et guerres civiles des Français de 1792 à 1815 par une Société de militaires et de gens de lettres* (t. III, p. 96); l'*Histoire de la Convention nationale de France*, par D.-J. DURDENT (t. II, p. 22), donnent la même version. En 1901, M. Lévy-Schneider essaie d'annuler les dispositions des témoins, — sans fournir en faveur de son héros une seule preuve qui vaille. Toute sa tentative de réfutation se résume dans ces mots : « Ce trait de lâcheté est bien invraisemblable. » C'est possible. Mais il n'en est pas moins certifié par un témoin oculaire.

le capitaine du *Brunswick*, grièvement blessé, céda le commandement à un officier, et celui-ci, désespérant de rejoindre l'escadre, s'est dirigé vers le Nord. Telle est la situation respective des deux escadres.

IV

Quel est donc, pour la France, en définitive, le bilan de la journée? Nous avons perdu sept vaisseaux; — l'Anglais nous a tué, pris ou mis hors de combat la moitié de notre effectif, soit sept mille hommes, — et la fameuse « flotte nourricière », que la France attend et dont notre armée navale devait assurer l'entrée, affronte, seule, sans nous, les hasards de l'Océan, livrée par Jeanbon aux risques d'une meurtrière rencontre avec l'amiral Montagu qui bloque l'Iroise [1].

Mais en dépit de cette catastrophe, tout n'est pas encore compromis. Une force navale, toute fraîche, sous les ordres de Thévenard et de Dorré, vient d'arriver de Cancale et mouille dans les eaux de Bertheaume [2]. Avec cette division et les bâtiments les mieux en état de Villaret-Joyeuse, ancrés dans la même anse, Jeanbon peut constituer un groupe de quinze vaisseaux, balayer les douze navires de

---

1. L'Iroise, golfe de l'Atlantique qui donne accès dans la rade de Brest, par un chenal compris entre la Chaussée des Pierres Noires, la pointe de Saint-Mathieu et la pointe de Toulinguet.

2. Anse de la côte O. du Finistère, sur le bord N. du golfe de l'Isoire, près de l'entrée du goulet de Brest. L'anse de Bertheaume s'ouvre à 5 k. E. de la pointe de Saint-Mathieu, au revers de la pointe qui occupe le chât. de Bertheaume et à 1 k. N.-E. de la pointe de Créah'-meur. Ainsi, l'anse de Bertheaume se trouve sur la gauche des navires qui entrent à Brest. L'anse de Bertheaume est un assez médiocre mouillage.

l'amiral anglais et ouvrir un passage libre au convoi de Van Stabel.

Mais l'orgueil et la peur clouent Jeanbon dans l'anse maudite. Pour aller au-devant du convoi de farines, il faudrait d'abord rentrer à Brest et croiser devant toute la ville avec un déficit de sept vaisseaux et de sept mille hommes, montrer aux « patriotes », qu'on a grisés de *Marseillaises* et de vin bleu, non seulement une flotte amoindrie et criblée de boulets, mais des vaisseaux transformés en pourrissoirs. Pour s'épargner l'affront de ce défilé macabre et l'aléa d'une deuxième aventure, Jeanbon sacrifie ses blessés, « le convoi fromentaire » et notre honneur. Au milieu du deuil général, un seul souci domine notre dictateur : travestir les faits pour leurrer la France et garder le Pouvoir. Une pantalonnade théâtrale va servir de préambule aux jongleries du Rapport et aux carmagnoles de Barère.

Arrivé le 23 prairial (11 juin 1794) à Brest, l'homme qui vient de perdre la bataille du 1er juin « a l'effronterie de recevoir les honneurs du triomphe que lui a préparés, entre deux orgies, son digne collègue Prieur de la Marne[1] ». A l'heure même où le précieux convoi lutte peut-être contre l'ennemi victorieux et risque de devenir sa proie, Jeanbon débarque, avec la pompe d'un *imperator*, chargé de butin et constellé de trophées. Tous les truands des deux sexes, que font vivre les fonds secrets de la République, encombrent les quais, acclament Jeanbon et, de même qu'au Saint-Sacrement, le jour de la Fête-Dieu, lui jettent des fleurs. Hymnes et chants éclatent sur le parcours du

---

[1]. *Dénonciation des citoyens de la Commune de Brest.* — La *France Maritime*, t. II, pp. 395-396, donne aussi de curieux détails sur cette pompe triomphale. Voir aussi Levot, p. 257. « La rive était pavoisée, et toutes les fenêtres garnies de femmes qui tenaient des corbeilles ornées de rubans tricolores et remplies de fleurs dont elles jonchaient la suite du cortège. »

cortège à travers les rues, drapées de tentures. Il ne manque que le dais à cette procession du Mensonge et de la Peur. La foule conduit Jeanbon au dernier « reposoir », à l'Hôtel de Ville, où les Jacobins municipaux achèvent de couronner de lauriers le dieu qui vient de reculer devant Howe. Flanqué, à droite et à gauche, le Prieur de la Marne et de Dubois-Crancé, le triomphateur savoure avec délices l'encens des Vestales du trottoir et des thuriféraires de la rue.

Voilà le glorieux emploi que le délégué du Comité de Salut public fait d'une trêve qui devrait être consacrée à la sauvegarde de Van Stabel et, qu'il emploie à un divertissement de carnaval. Pendant deux jours, indifférent au sort du convoi, Jeanbon maintient notre escadre inerte. Pas un de nos vaisseaux ne se porte à la rencontre de la flotte vers laquelle s'orientent tous les regards et se tendent tous les cœurs. Voulait-il donc que « le convoi nourricier » tombât au pouvoir des forces britanniques qui, sous les ordres de l'amiral Montagu, croisaient devant Ouessant? Van Stabel et la Providence déjouèrent heureusement ces nobles calculs.

Si le délégué du Comité de Salut public nous trahit, la « Souveraine Sagesse » reste fidèle à notre fortune. Investi de la mission de convoyer les cent vingt-quatre bâtiments, chargés de farine, Van Stabel appartient à cette forte race des marins boulonnais qui, depuis des siècles, avec les marins bretons et normands, fournissent à notre armée navale, l'élite de ses soldats et de ses chefs. Après cinquante-neuf jours d'une traversée au cours de laquelle le convoi, non seulement ne perd aucune de ses unités, mais se grossit de sept à huit prises, Van Stabel, arrivé en vue de Brest, au lieu de diriger sa route vers l'Iroise, que bloque l'amiral Montagu, décide de s'engager dans le passage du Raz, détroit trop dangereux pour que les croiseurs ennemis s'y fourvoient et que l'amiral français les rencontre. Vers le soir, le vent servant avec une jolie brise, Van Stabel ordonne au vaisseau le *Jean Bart*, ainsi qu'aux frégates et corvettes, de se placer à la tête de leurs colonnes respectives et d'entrer dans le chenal, une colonne après l'autre, en ligne. Exécuté par tous les capitaines, avec une rare précision de mouvements, cet ordre permet à tous les bâtiments de franchir pendant la nuit, le Raz, sans incident et sans encombre. « A la pointe du jour, — raconte un des meilleurs officiers de l'amiral, l'excellent Pluckett [1], nous eûmes lieu de rendre grâce à la Providence, quand nous aperçumes six vaisseaux de ligne anglais dans l'Iroise. Sans les mesures prises par Van Stabel, l'ennemi nous aurait donc infailliblement enlevés à la vue de notre destination. » Ce simple exposé n'anéantit-il pas à jamais l'absurde assertion que le Combat du 13 Prairial libéra le convoi de la République [2]?

A peine les bâtiments de Van Stabel mouillent en rade de Bertheaume qu'un capitaine, le fameux Lucadou, se rend à bord de l'amiral et raconte à Van Stabel le désastre du 13 prairial. Écho de l'État-Major, interprète des équipages, Lucadou, malgré la bienveillance dont le favorise Jeanbon, ne peut se défendre contre la vérité qui le presse,

---

1. *Mémoires*, t. II. Cet ouvrage est devenu très rare. La Bibliothèque nationale en possède cependant un exemplaire que G. de Landelle a consulté pour son *Histoire du Trois Ponts : l'Océan;* Lévy-Schneider ignore complètement Pluckett.

2. Voici comment Jeanbon Saint-André raconte l'arrivée du convoi : « Heureusement, le convoi arrivé des États-Unis mouilla le jour suivant, et nous eûmes, après une campagne pénible, la satisfaction de voir que *nous l'avions sauvé*. Il était difficile qu'il échappât *sans nous*. Trente-six vaisseaux l'attendaient sur le point de croisière; douze étaient aux atterrages pour s'en emparer, s'il eût échappé à la grande armée anglaise, et douze vaisseaux espagnols croisaient sur le Cap Saint-Vincent pour lui barrer le passage, au cas qu'il eût passé au sud des Açores. *Nous avons fait avorter ce plan.* » Est-ce la peine d'insister sur le cynisme de ces impostures?

et, dans ses confidences de camarade à camarade, signale et flagelle l'indigne conduite du Commissaire; montre nos marins blessés, implorant en vain, pendant quatre heures, une remorque et nos six navires abandonnés, sans combat, à l'Anglais et à ses geôles! Les révélations de Lucadou déchirent l'âme de l'honnête Van Stabel qui, dans sa généreuse colère, s'écrie : « Si j'avais été à la place de Villaret-Joyeuse, j'aurais fait mettre six boulets ramés aux pieds de Jeanbon et je l'aurais noyé. » Une heure après le départ de Lucadou, le Conventionnel vient voir à son tour notre Boulonnais. Entrevue orageuse : « Après forces accolades fraternelles, — narre Pluckett, — le Représentant dit au contre-amiral, en ma présence :

« La France est, enfin, sauvée de la famine. Oh ! Van Stabel, quel magnifique combat nous avons eu ! Que n'y étais-tu donc ! »

« Le contre-amiral répond avec feu :

« Si j'avais été là, peut-être que les onze vaisseaux que vous avez laissés sur le champ de bataille seraient ici.

« — Mais, — bégaie Jeanbon, — ils étaient six vaisseaux anglais contre cinq vaisseaux français. L'ennemi était, par conséquent, le plus fort.

« — Tu raisonnes là en Représentant, et non en marin ! » riposte Van Stabel.

Cette rude franchise fait comprendre à Jeanbon qu'il a tout à redouter d'un marin si différent de Villaret-Joyeuse. Van Stabel doit se rendre à Paris, pour faire son Rapport au Comité de Salut public et lui remettre les trophées de Pondichéry, reconquis sur les Anglais. Jeanbon retarde le départ de l'amiral et se hâte de devancer, à Paris, l'honnête Boulonnais. Ne faut-il pas que le Conventionnel propage lui-même, dans la capitale et dans la presse, la légende destinée à dissimuler sa lâcheté du Proconsul? Grâce à un malhonnête subterfuge, Jeanbon quitte, le premier, Brest. Mais Van Stabel n'est pas homme à se laisser mystifier par un traître. Quand l'amiral arrive au Pavillon de Flore, Jeanbon, en conférence avec Robespierre et ses collègues du Comité de Salut public, leur expose qu'il a dû laisser entre les mains de l'ennemi quelques vaisseaux pour soustraire à l'Anglais le convoi d'Amérique et préserver la République de la famine. Exaspéré par cette fable, Van Stabel inflige aux assertions du pasteur le démenti le moins diplomatique. L'heure est venue de parler par les fenêtres. A la face des arbitres de la France, l'amiral flétrit la couardise, que dis-je, la défection du Conventionnel qui, pendant deux fois vingt-quatre heures, s'immobilisant dans la rade de Bertheaume, ne craignit pas d'abandonner aux amiraux de George III le sort de la flotte et la maîtrise de la mer. Jamais les Décemvirs n'avaient vu se dresser contre leur omnipotence de telles hardiesses et de telles lanières. Pour la première fois, un marin souffletait leur arrogance, leur despotisme et leur félonie. Van Stabel n'était qu'une voix, mais cette voix troublait le silence où se berçait la quiétude d'une tyrannie jusque-là sans contradicteurs.

Le ministre Dalbarade donna l'ordre à Van Stabel de regagner Dunkerque en toute hâte. Pour ne pas s'exposer à l'humiliation et surtout au péril d'une algarade publique devant le Tribunal révolutionnaire, Jeanbon n'osa pas envoyer Van Stabel à l'échafaud. Mais une cruelle disgrâce n'en frappa pas moins le loyal soldat qui s'était permis de démasquer un traître. L'amiral, que la France honorait comme son sauveur, n'obtint de la République, ni un vancement, ni une part de prise. Pendant que Jeanbon distribuait aux bénéficiaires de sa légende, aux veuves et aux enfants du *Vengeur,* les plus fastueuses récompenses, la Convention laissait mourir dans l'inaction et dans la détresse le libérateur de la « flotte nourricière [1] ». Sans ressource et sans pain, la veuve de Van Stabel, avec les deux nièces que l'amiral avait adoptées, dut quitter Dunkerque, pour venir à Paris, dans un misérable galetas de la rue des Martyrs, quémander un supplément de pension à la chétive sportule de 711 francs que lui allouait l'avare République. Sept cent onze francs, pour rémunérer les services d'un amiral qui, pendant quarante années, avait servi la France, et qui, — suprême exploit ! — avait ravi au commerce anglais huit bâtiments dont un seul valait une fortune !

V

Après avoir détruit notre flotte, amputé de 7.000 marins notre armée navale, après avoir laissé entre les mains de l'Anglais sept vaisseaux et plusieurs centaines de blessés, Villaret et Jeanbon n'ont plus qu'une préoccupation : rivaliser de gasconnades pour voiler, aux yeux de la France, l'opprobre de ce désastre. « Une lettre de Villaret à sa femme, — écrit Prieur le 21 prairial, — annonce que dix vaisseaux anglais ont été démâtés [2] et que deux ont coulé bas en sa présence [3]. » Est-ce assez précis? Mais cette galéjade n'impressionne pas sans doute suffisamment un peuple que la Révolution, depuis quatre ans, abreuve de contes empruntés au répertoire de ma Mère l'Oye. Il faut donc corser le drame. Deux jours s'écoulent. Après Villaret, Jeanbon prend la parole. Le 23 prairial, voici ce que

1. VAN STABEL mourut à Dunkerque le 30 mars 1797. Nous empruntons les détails qui précèdent aux *Mémoires* de PLUCKETT et à l'étude de G. DE LA LANDELLE.

2. Il n'y en a eu que trois.

3. Pas un seul n'a coulé (IV⁰ Registre de Correspondance des Représentants du peuple. *Archives Communales* de Brest).

le commandant des armes, le contre-amiral Vautier[1], mande de Brest, au Ministre Dalbarade : « J'ai vu Jeanbon à midi ; je lui ai entendu dire que les Anglais avaient eu *trois* vaisseaux coulés, — dont un à trois ponts [2] ! »

« Dont un à trois ponts ! » Comment oserait-on contredire un narrateur aussi sûr de ses détails? Cette surenchère enchante trop Prieur pour que notre représentant oppose au récit de Jeanbon la fable plus modeste de Villaret. Entre deux légendes, Prieur choisit, comme de juste, la plus glorieuse. Vite, une nouvelle lettre au Comité de Salut public : après avoir fixé, le 21 prairial, à deux unités le chiffre des vaisseaux fictivement engloutis, — Prieur, dès le surlendemain, élève à trois le total des bâtiments ennemis qu'a dévorés l'abîme des mers. Le décalogue de la Révolution sanctifie ces falsifications de l'histoire [3].

Mais nous ne sommes pas au bout des hâbleries jaco-

---

1. VAUTIER (Alphonse), né à Saint-Lô, le 3 août 1742, débuta dans la Marine marchande, à vingt-deux ans; lieutenant sur l'*Aimable-Marie*, fait la campagne de pêche à Terre-Neuve, nommé lieutenant auxiliaire sur la flûte la *Nomade*, que commande le capitaine Rosbec de Kerlero; voyage dans l'Inde, sert, comme lieutenant de frégate, pendant la guerre d'Amérique.

A la suite du combat que soutint, le 25 janvier 1779, le comte de Guichen contre le *Québec,* Vautier reçut plusieurs blessures qui lui firent perdre en partie l'usage du bras droit.

Un rapport, adressé au Roi, sur le funeste combat du 12 avril 1782, où le comte de Grasse fut fait prisonnier, attribue au courage et au sang-froid du lieutenant Vautier le salut du *Duc de Bourgogne.*

Fait partie de l'escadre de Vaudreuil. Capitaine de brûlot en 1782, lieutenant de vaisseau le 1er mai 1786; chevalier de Saint-Louis en 1788; capitaine de vaisseau le 16 février 1793; contre-amiral le 16 novembre suivant, commandant des armes (Préfet maritime) à Cherbourg le 15 septembre 1793 et, le 27 mars 1794, envoyé à Brest.

Mort à Saint-Vaast (Manche), le 19 juillet 1819, Vautier avait épousé la sœur du conventionnel Le Carpentier.

2. BE³, folio 177.

3. LÉVY-SCHNEIDER dit du Rapport mensonger de Barère, dont nous parlons plus loin : « Ce rapport contenait des inexactitudes de détail; mais il était soutenable. » P. 878.

bines. Pendant quatre jours, les escadres de la France et de la Grande-Bretagne s'entrechoquèrent. Ni un officier, ni un matelot, à bord de nos vaisseaux, ne peut donc ignorer et n'ignore la véritable force de l'ennemi. Cependant, l'amiral Villaret écrit de Paris que la flotte anglaise comptait « *trente* vaisseaux ». Pas un de moins ! En ajoutant cinq unités seulement à l'effectif authentique, Villaret a le tort de ne pas tenir assez compte de l'état d'âme de la foule. Jeanbon sait beaucoup mieux ce qu'exige une multitude avide d'hyperboles. Écoutons donc l'onctueux dictateur : « Le 1er juin, — dit Jeanbon, — dans un *Journal* que reçurent le lendemain les cinquante mille jacobinières, — le 1er juin, l'armée anglaise parut au vent à nous, sur une ligne de front, faisant porter, vent arrière, sur l'armée de la République. Elle était formée, alors, de *vingt-huit vaisseaux* de ligne, et on s'aperçut qu'il y en avait encore quelques-uns au vent, formant un corps de réserve. Le capitaine de la *Proserpine* nous a assuré en avoir compté *trente-quatre,* — dont huit à trois ponts ! »

Trente-quatre vaisseaux anglais ! Pour amoindrir sa défaite, Jeanbon crée neuf vaisseaux chimériques, neuf vaisseaux fantômes ! Nous voguons en plein folklore. Pas encore assez, toutefois. Intoxiquée par les vingt mille charlatans qui, chaque jour, dans la presse, à la tribune de la Convention et des Clubs, lui versent l'*aqua tofana* du mensonge, la France révolutionnaire attend avec impatience l'alcool dont Barère l'enivre, après chaque rencontre. Nos jacobins ne sont pas frustrés de leur rasade coutumière. Le 28 prairial (16 juin 1794), le sonore banquiste s'acquitte de sa fonction rituelle avec l'emphase que commande l'humiliation de notre déroute : « Notre flotte, *quoique inférieure de quatorze vaisseaux,* quoique placée sous le vent de l'ennemi, n'a pu oublier, — s'écrie Barère, — qu'elle était Française et que, pour des Républicains, combattre les Anglais, c'est centupler les courages... Si plusieurs de nos vaisseaux ont été démâtés, *un plus grand nombre de vaisseaux anglais ont subi le même sort* et *trois* vaisseaux anglais ont été coulés bas ! »

Curieux effet de l'artillerie révolutionnaire ! Au lieu de réduire l'escadre de l'amiral Howe, le Combat du 13 Prairial l'a grossie. Le 1ᵉʳ juin, avant la rencontre, elle n'était forte que de *vingt-cinq* vaisseaux. Quinze jours plus tard, sous la plume de Barère, elle en compte *trente-neuf !*

A Brest, cette campagne de fictions ne trompe personne. Le 11 juin, quand le Proconsul, après avoir obtenu les acclamations de la tourbe vénale qu'a stylée Prieur, circule, cette fois, sans escorte, dans les rues, un long cri de colère flagelle la lâcheté de Jeanbon et la défaillance de Villaret. Déjà sur la *Montagne*, un matelot, frôlé au passage par Jeanbon, avait dirigé son arme contre le Représentant [1]. Les marins et les officiers ne pardonnent pas et ne peuvent pardonner aux deux complices l'abandon des vaisseaux capturés par l'amiral Howe. Cette violation des lois de l'honneur exaspère les Bretons. Impatient d'endormir les masses, le Proconsul veut leur offrir, le 30 prairial (le 18 juin), une de ces fêtes à la fois païennes et bachiques où tout froisse l'âme française. Il s'agit de célébrer le retour du convoi ramené par Van Stabel à Brest. Cette cérémonie théâtrale ne passionne que la vile plèbe qui vit des subsides dont la comblent les Conventionnels, en échange de ses votes et de ses crimes. Fidèle aux vieilles traditions chevaleresques qu'entretiennent, depuis des siècles, la Royauté capétienne et l'Église, le peuple breton se montre moins sensible à la conquête

---

1. Du Chatellier : *Histoire de la Révolution en Bretagne*, t. IV, p. 166. « Un officier, alors novice à bord du vaisseau *La Montagne*, nous a rapporté que la connaissance de l'ordre de la retraite poussa l'indignation si loin qu'un matelot dirigea son arme vers Jeanbon, au moment où il passait près de lui. »

de quelques barils de farine qu'à la perte des vaisseaux enlevés par l'Angleterre. Lorsque, le 22 juin (6 messidor), les Brestois, du haut de leurs remparts, voient rentrer au port, — avariée et amoindrie, — la flotte qui, quinze jours auparavant, avait franchi le goulet, si joliment gréée et si fière, une tempête de huées gronde, de carrefour en carrefour, de rue en rue, et, rugissant jusque sous le balcon de l'Hôtel de la Marine, va signifier au Proconsul sa déchéance.

Tant que l'escadre stationna dans la rade de Bertheaume, Jeanbon avait pu mystifier la foule. Mais, devant ces débris de navires de guerre, devant le simulacre d'une force navale sur laquelle les ennemis de l'Angleterre avaient fondé tant d'espérances si cruellement trompées, le cœur de la Bretagne saigna. Parmi les spectateurs, plus d'un avait recueilli, dans les traditions de sa famille, les souvenirs d'un temps où notre pays, au lieu de recevoir de l'Angleterre de tels affronts, lui en infligeait. Était-elle donc, par exemple, éloignée, l'époque où, dans ce même port, que Jeanbon et la République jonchaient aujourd'hui d'épaves, Duguay-Trouin amarinait cinq vaisseaux anglais de haut bord, — pendant que ses équipages, faisant défiler sur les quais les marins ennemis, enchaînés deux par deux, criaient à la multitude, ivre de joie et d'orgueil : « Les voilà, les Rois de la Mer ! »

Mais la sourde fureur qui secoua le peuple de Brest aurait peut-être pris un autre caractère si ces braves gens avaient su qu'au fond de son âme, le haineux proconsul, dont ils avaient si facilement accepté le joug, se consolait d'une défaite qui, désormais, interdisait nos projets d'expédition contre les Iles anglaises.

VI

Cinq semaines nous séparent alors du Neuf Thermidor. Comme ces falaises de craie que bat, jour et nuit, le flot de l'Océan, le Gouvernement de la Terreur se démantelait, de jour en jour, battu en brèche par la vague des désenchantements populaires. Le 22 mai précédent, le Tribunal révolutionnaire que Jeanbon, à la veille de s'embarquer sur l'Atlantique, avait investi d'une autorité dictatoriale sur Brest, livrait au bourreau Ance les chefs du département.

L'année précédente, le 19 juillet 1793, la Convention, présidée, ce jour-là, par Jeanbon, avait décrété l'arrestation des vingt-six administrateurs du Finistère. Cinq mois avant la proscription de la Gironde, nos Bretons fédéralistes avaient réclamé l'ostracisme des Chabot, des Danton, des Bazire, des Merlin et de leurs collègues. La Gironde battue, ses partisans durent naturellement expier cette défaite. Le château de Brest, qu'on appelait alors « Le Fort La Loi », reçut les prisonniers. Dans ses curieux *Souvenirs*, le lieutenant de vaisseau Louis Besson nous raconte comment ses compagnons de captivité passèrent l'hiver, ballottés entre les illusions et le désespoir. Trait curieux : chaque fois que Jeanbon quittait Brest pour se rendre à Paris, ce voyage redoublait les transes des prisonniers. Dès le lendemain du jour où le Conventionnel prenait congé des Brestois, le sang coulait sur la place du Château. Notre Proconsul voulait-il se créer d'avance un alibi? Vers la mi-mai de 1794, un billet apprend aux prisonniers que Jeanbon Saint-André part pour Paris. « A
« cette nouvelle, dit Besson, nous frémîmes tous. Pendant
« cette journée, la terreur règne dans la salle... Les signes
« précurseurs de la tempête apparaissent à chacun et
« l'effroi est dans tous les cœurs. On entendait des pas,

« les voix des soldats, le bruissement des clés. La porte
« s'ouvre et le geôlier entre, les mains garnies de papiers.
« Ce sont les actes d'accusation contre les trente à trente-
« cinq membres et autres attachés au département du
« Finistère. Silence général, chacun reste à la place où
« il se trouve. « C'est pour demain, mes amis », dit l'évê-
« que intrus de Quimper (Expilly). » Les accusés et leurs
défenseurs essayèrent vainement de réfuter les sophismes
de l'accusateur Donzé-Verteuil et Ragmey leur fermè-
rent la bouche.

Trois ans auparavant, les victimes — devons-nous le
rappeler? — avaient couvert de leur égide les coupe-
jarrets qui, sur l'ordre d'une Puissance très peu occulte,
faillirent assassiner M. de la Jaille. Aujourd'hui, la «Justice
immanente » se servait de Donzé-Verteuil pour frapper
cette bourgeoisie pusillanime. Quel fut le chef d'accusation qui motiva la sentence de mort? Cruel châtiment :
le valet de Jeanbon, l'accusateur public Donzé-Verteuil, —
déclara, dans son réquisitoire, et fit imprimer, dans le
Journal de Paris (numéro 520), que « les Administrateurs
du Finistère avaient voulu donner la Bretagne à l'Angleterre »! Quelle expiation! En flagellant nos Girondins
d'un tel reproche, certes, Donzé-Verteuil proférait une
imposture. Mais, quand, le 3 mai les vingt-six magistrats, entassés dans les charrettes mortuaires, en corps
de chemise, les cheveux rasés, la tête nue, les mains
liées derrière le dos, furent dirigés vers la place du Château, où se dressait l'appareil de leur supplice, peut-
être se dirent-ils que, s'ils n'avaient pas voulu « livrer la
Bretagne aux Anglais », en revanche, — séides du Club
des Jacobins, Kergariou et ses collègues avaient favorisé,
par une criminelle inertie, les trames de nos rivaux contre
Saint-Domingue [1].

---

1. Voici les noms des principales victimes : François-Louis de
Kergariou, maréchal de camp et chevalier de Saint-Louis, président

La sentence fut prononcée dans un morne silence, interrompu seulement, — dit Levot, par cette exclamation simultanée de Bergevin, de Guillier et de Moulin : « Scélérats, que notre sang retombe sur vos têtes ! » Vain anathème ! L'amnistie de la Convention, la pusillanimité du Consulat et du Gouvernement impérial devaient annuler cet appel à la loi providentielle de la réversibilité des peines. Pas un des membres du Tribunal révolutionnaire de Brest ne gravit les degrés de l'échafaud. Tous moururent paisiblement dans leur lit !... Les Girondins qui les avaient tirés de leurs taudis pour les lancer contre l'ordre traditionnel n'étaient-ils pas plus coupables que ces tueurs vulgaires ? La « Justice immanente » dédaigne les comparses.

Cependant, le bourreau Ance s'impatientait. Dès le matin, avant de savoir si les jurés lui livreraient des têtes, il avait requis les chevaux et les voitures nécessaires au transport des cadavres. Le Tribunal siégeait dans la chapelle de l'ancien Séminaire des Jésuites. A mesure que les vingt-six condamnés sortent du sanctuaire, Ance leur fait couper les cheveux, leur lie les mains derrière le dos et les entasse dans des charrettes qui les conduisent sur la place du Château où s'accomplit, devant la garnison en armes, le dernier acte du drame. Après avoir donné l'absolution à ses collègues, l'évêque constitutionnel Expilly gravit, le dernier, la funeste plate-forme. L'exécution des vingt-six ne dura pas plus de dix minutes. D'après une version accréditée à Brest, le bourreau, au lieu de laisser tomber les têtes dans le panier destiné à les rece-

---

du Directoire, né le 13 juin 1725, à Plounérez-Mœdec, arrondissement de Lannion, Brichet, Aymez, Morvan, Guillier, Bergevin, Dubois, Derrien, Postic, Le Prédour, Mérienne, Malmanche, Deniel, Moulin, Le Gac, etc. Donzé-Verteuil avait brutalement fermé la bouche aux témoins à décharge, et envoyé l'un d'eux, Havard, de Landerneau, en prison « jusqu'à ce qu'il soit statué sur son sort ». Levot, p. 314.

voir, les rangea symétriquement sous les yeux des condamnés qui, les mains enchaînées, face au sinistre appareil, attendaient leur tour.

A cette heure, la Révolution ne prend même plus la peine d'observer les formes que respectent les peuples les plus barbares. Rédigés avant la sentence, les actes de décès fixent l'exécution des condamnés à cinq heures du soir. Or, un extrait du jugement de condamnation porte que les vingt-six administrateurs furent décapités entre six et sept heures du soir, à la tombée de la nuit. « Un crêpe funèbre semblait voiler le tribunal, — raconte un témoin, — l'avocat Le Hir. L'heure des ombres s'approchait et, avec elle, l'heure dernière, — 20 mai 1794 ». Invité par l'historien breton, le loyal Maufras du Châtellier, à bien préciser ses souvenirs sur ce forfait, Le Hir affirma, chaque fois, que les valets de Jeanbon avaient dressé l'acte de décès antérieurement à la mort des victimes.

Quelques jours plus tard, le 13 juillet 1794, à l'heure même où les ennemis de Robespierre tramaient la mort du « tyran » et la fin de la Terreur, Donzé-Verteuil livrait aux fossoyeurs les trois principaux chefs de la Société populaire, Le Bronsort, l'abbé Rideau et Toullec, Girondins fanatiquement dévoués à la Révolution tant qu'elle leur avait donné le pouvoir, mais brouillés avec la République depuis que le régime avait voulu favoriser d'autres Jacobins et se donner d'autres maîtres. La charrette amena les condamnés sur la place du Château après le coucher du soleil, aux lumières. Presque tous les soirs, la guillotine, dressée dans la pourpre du couchant, s'auréolait de lueurs fauves. Au moment où les aides du bourreau abattent Toullec sur la bascule, soudain un coup de vent éteint plusieurs flambeaux. « Je n'y vois plus », dit Ance. Saisissant une des torches, Toullec se tourne vers l'exécuteur : « Regarde-moi bien, lui dit-il ; tu ne me verras point pâlir. » Moins d'orgueil eût convenu, certes, à l'un des hommes à qui Brest devait ses malheurs et le bourreau son empire. Même en face de l'échafaud, le remords ne devait, hélas ! secouer presque aucun de ces bourgeois sectaires qui se consolaient de leur supplice en voyant les Prêtres et les Nobles tomber dans le même gouffre où la Montagne poussait la Gironde.

Le Neuf Thermidor n'arrêta pas, à Brest, le fonctionnement du couperet national. Le 30 juillet, trois jours après le coup d'État, un religieux, le P. Yves Mevel, gardien des Capucins de Morlaix, Mlle de Forsanz [1], ex-noble, une blanchisseuse et deux autres femmes coupables « d'avoir conspiré contre la liberté du peuple français », encourent la peine de mort. D'après une tradition conservée à Morlaix, le P. Mevel avait célébré la messe dans une maison du quartier des Halles. « Cet attentat contre la République » postulait la peine des parricides. « Dans le repaire de Mevel, — dit Donzé-Verteuil, au cours de son réquisitoire, — se rendaient les superstitieux et criminels sectateurs d'un culte exercé par des ministres séditieux et rebelles. » L'une des « conspiratrices », Mlle de Forsanz, après avoir porté sa tête sur l'échafaud, devait subir la souillure d'un supplice posthume. Comme Mlle de Forsanz — d'après le témoignage de ses contemporains — se caractérisait par l'agrément de ses traits et l'élégance de sa taille, un des juges du Tribunal révolutionnaire, le chirurgien Palis [2], le compatriote et l'ami de Carrier, —

1. Mlle de Forsanz, née le 24 juin 1767, au château de Caslou, paroisse de Montauban-de-Bretagne (Ille-et-Vilaine), où habitait son père, Guillaume de Forsanz, qui avait épousé, en 1766, Mlle Émilie L'Amour, fille de Guy-Claude L'Amour et de Françoise Pivant. La famille L'Amour possède encore le manoir de Caslou et habite les environs de Redon.

2. Palis (Joseph), né vers 1768, à la Morle (Cantal). D'abord élève du collège Sainte-Barbe, Palis étudie ensuite la chirurgie et, à peine

lui avait offert un marché infâme. La jeune chrétienne ne laissa pas même achever Palis et le souffleta d'un refus indigné. Cette réponse ne découragea pas le misérable. Le Tribunal condamna Mlle de Forsanz à mort. Aussitôt que le citoyen Ance eut accompli sa besogne, le cadavre, transporté à l'École de chirurgie, sur le marbre de l'amphithéâtre, y reçut la visite de Palis. Les élèves savaient quelle profanation néronienne ruminait dans son cœur l'immonde satellite du Proconsul. On le guetta. « Par les
« fentes et les infractures de la porte, — nous confie le
« vénérable du Châtelier, — les jeunes gens virent tout
« ce qui se passa, — et c'est de l'un d'eux, homme très
« grave et très digne, qui a été longtemps à la tête de l'une
« des administrations du Morbihan, que nous tenons les
« détails très circonstanciés de ces infamies que tout Brest
« a redites. La ville de Brest, tout entière, est restée,
« pendant un demi-siècle, sous l'affreuse impression de ces
« énormités, et bien des années s'écouleront encore avant
« que le souvenir de Palis et de ses forfaits soit oublié [1]. »

Il est nécessaire que l'histoire éternise le souvenir des turpitudes où se ravalent les « régénérateurs du genre humain », dès qu'ils rompent avec Dieu.

Le 13 thermidor (31 juillet 1794), le Tribunal révolutionnaire juge et condamne Mlle Marie Barbe Jacobe de Kerjegu et Gabriel-Louis Moreau. Leur crime? L'un et

---

muni d'un diplôme, fut expédié à l'armée du Rhin où il dénonça Custine. Envoyé à Brest, il fut nommé juge du Tribunal révolutionnaire. Palis, comme tant d'autres, fut soustrait à la justice. Levot a vainement cherché comment Palis acheva sa carrière et finit sa vie. (*Brest pendant la Terreur*, p. 420.)

1. Du Chatellier : *Le Finistère sous la Terreur*, p. 133. — Voir aussi Levit, p. 356-363; Berryat Saint-Prix : *la Justice révolutionnaire*, t. I, p. 232. — L'abbé Tréphany : *Histoire de la Persécution relegieuse dans le Finistère*, p. 63; *Archives nationales*, W. 542, folios 35-38. Un écrivain, étranger à notre race, il est vrai, ne voit dans ce sadisme macabre qu'une « plaisanterie de carabin ».

l'autre ont échangé des lettres avec l'émigré Barbier de Lescoët. Receveur de rentes, ex-juge au tribunal de Morlaix, Moreau est le père du célèbre général républicain qui commande alors une division de l'Armée du Nord, sous les ordres de Pichegru. Après s'être emparé de la ville d'Ypres, dans les Pays-Bas autrichiens, Moreau s'était porté sur Nieuport, défendu par une garnison de 1.800 Hanovriens et de 400 Français du Loyal-Émigrant, soumis aux ordres du lieutenant-colonel marquis de Villaines. La brigade Laurent a reçu la mission d'isoler la place, et la brigade Vandamme, d'en faire le siège. Le 4 juillet, Nieuport, complètement investi, est criblé de bombes, et, le 19 juillet, la place capitule. Aussitôt que la garnison hanovrienne a défilé sur les glacis et quitté la ville, Moreau et Vandamme donnent le signal de la chasse contre leurs compatriotes et convient la soldatesque à une curée sanglante. Valides et blessés, moribonds et malades, tous les Français doivent périr, — et tous périssent. Barras, Fréron, Fouché, Le Carpentier, Laplanche, ont décidément trouvé dans nos États-Majors des serviteurs dignes d'eux. Le 20 juillet, Moreau mande au Comité de Salut public qu'il a fait fusiller 150 émigrés sans défense, puis ajoute : « Les précautions sont si bien prises qu'il n'en échappera « pas un seul. » Moreau tint parole. Le lendemain, 200 malades et blessés, conduits à une lieue de la ville, sur les dunes, reçoivent la mort, la tête haute et la prière aux lèvres. Sur les 400 gentilshommes du deuxième bataillon de Loyal-Émigrant, 40 à peine survivent à cette boucherie.

C'est ainsi que la Convention transforme ses meilleurs généraux en égorgeurs de malades et en tueurs de bles-

---

1. RENÉ BITTARD DES PORTES : *Les Émigrés à Cocarde-Noire*, p. 191 à 200. — *Archives historiques de la Guerre*. — Armée du Nord. Juillet 1794. — A. DU CASSE : *Le général Vandamme*, tome Ier, p. 161. — CH. MURET : *Histoire de l'Armée de Condé*, tome Ier, pp. 249 à 252.

sés. Pour garder leur commandement, il faut qu'à l'exemple des Représentants en mission, les chefs militaires se souillent de sang et de boue.

Au moment même où, sur l'ordre de Vandamme, le général Moreau livre aux fusilleurs les émigrés ramassés, agonisants, sur les routes, le commandant de la deuxième division de l'armée du Nord apprend que le receveur de rentes Moreau, son père, passe devant le Tribunal révolutionnaire de Brest. Une lettre, adressée le 6 août 1794, par le général à Donzé-Verteuil, plaide, en termes d'une honteuse poltronnerie, la cause de Gabriel-Louis-Moreau : « Je ne puis croire à un crime de sa part, dit le général... J'attends de ta complaisance de vouloir bien m'instruire du délit dont on l'accuse. » Cette plate supplique ne devait atteindre Donzé-Verteuil que plusieurs jours après l'exécution du receveur de rentes. Il est assez probable que le ton piteux de l'épître, loin de désarmer Donzé-Verteuil, l'eût plutôt encouragé !

Le jour même du supplice, le 31 juillet, le Tribunal révolutionnaire recevait la notification officielle des événements qui portent la date du Neuf Thermidor. D'autres juges auraient suspendu leur corvée sanglante, mais les séides de Jeanbon, au lieu de chômer, traduisent le 19 thermidor (6 août), à leur barre, et frappent d'une sentence capitale Charles-Marie de la Porte-Belval, sous-chef de bureau de la Marine, neveu du maire Berthomme et l'un des trois députés qui furent envoyés à Rennes au mois de janvier 1789 pour y porter l'adhésion de la jeunesse brestoise au pacte d'union formé dans cette ville pour l'extinction de la noblesse bretonne.

VII

Les vingt-six homicides des administrateurs du Finistère offerts, le 20 mai 1794, en holocauste aux sectaires de plus en plus exigeants qui se flattaient de perpétuer, à coups de poignard, leur domination sur la France, provoquèrent contre la République une exaspération, avant-courière de l'inévitable catastrophe. La destruction de l'escadre (1er juin 1794) acheva de détacher de la cause révolutionnaire ceux qu'avaient ensorcelés les forfanteries de Jeanbon et de Prieur. Les illusions dont s'étaient leurrés, pendant tant de mois, les patriotes s'évanouirent, comme un vol d'oiseaux migrateurs qui retournent à leurs nids. Les optimistes ne crurent plus que la Révolution pouvait incarner notre génie, satisfaire notre idéal, assumer nos destinées. Leur firmament s'était vidé de ces chimères.

Le Comité de Salut public eut-il vent de ces mécomptes? Sentit-il le souffle de l'orage qui devait le foudroyer? Pour ressaisir l'opinion publique qui s'en allait à la dérive, la Convention chargea son bateleur coutumier de lancer dans l'air, comme une montgolfière de foire, la légende du *Vengeur*. Le 9 juillet 1794, jaillissait de la tribune le Rapport inutilement destiné à conjurer la désaffection naissante. La carmagnole de Barère fit le tour du monde. La voici :

Imaginez le vaisseau le *Vengeur,* percé de coups de canon, s'entr'ouvrant de toutes parts et cerné de tigres et de léopards anglais, un équipage composé de blessés et de mourants, luttant contre les flots et les canons. Tout à coup, le tumulte du combat, l'effroi du danger, les cris de douleur des blessés cessent ; tous montent ou sont portés sur le pont. Tous les pavillons, toutes les flammes sont arborés ; les cris de : Vive la République, vive la liberté et la France se font entendre de tous côtés : c'est le spectacle touchant et animé d'une fête civique plutôt que le moment terrible d'un naufrage. Un instant, ils ont dû délibérer sur leur sort. Mais non, citoyens, nos frères ne délibérèrent plus, ils voient l'Anglais et la Patrie. Ils aimeront mieux s'engloutir que de déshonorer par une capitulation ; ils ne balancent point ; leurs derniers vœux sont pour la liberté et pour la République, ils disparaissent.

Tout est faux dans cette rhapsodie grossière. L'épopée du *Vengeur* s'engloutissant — enseignes déployées — dans la mer, avec son commandant, son état-major et tous ses marins, n'appartient pas plus à l'histoire que les contes de Perrault ou le drame de *Chantecler*. Au lendemain du jour où la Convention, à la suite de la cantilène de Barère, avait voué à l'immortalité le vaillant capitaine Renaudin descendu dans l'abîme avec son équipage, pavillon flottant ; — au moment où, dociles exécuteurs d'un vote solennel, les huissiers de l'Assemblée révolutionnaire suspendaient aux voûtes du Panthéon une nef en ivoire figurant le *Vengeur du Peuple*, les journaux anglais apprenaient à la France que feu Renaudin, accompagné de ses principaux officiers, de ses fils, d'un cousin et des 367 hommes de son équipage, jouissant de la santé la plus florissante, trouvaient alors à Tavistock, chez les mêmes ennemis, un abri, des vivres, le claret et le couvert !

La Convention avait tout d'abord voulu célébrer, en l'honneur de ces illustres défunts, un service funèbre dont le peintre David eût réglé le cérémonial et l'Opéra chanté la gloire. Toutes les Municipalités de la République devaient instituer, à leur tour, d'imposantes solennités funéraires pour fêter la mémoire des héros que Barère avait embaumés dans une si radieuse légende. Les récits des feuilles britanniques vinrent couper court à la mascarade

Ténors de l'Odéon, danseurs de l'Opéra, hymnes de Gossec, discours de Robespierre, chœurs de vieillards, tout ce carnaval mortuaire sombra dans la nuit. A la même heure, Renaudin envoyait à la Marine un Rapport qui, pendant quarante ans, — par respect pour la fable révolutionnaire, — cadenassé dans un carton des Archives, défia les regards des profanes. Ce fut seulement après de longues et coûteuses démarches que le document libérateur put sortir de cette tutélaire hypogée et confier aux curieux son déplorable secret.

Voici les principaux passages du Rapport :

« ...Nous reçûmes plusieurs bordées à couler bas, écrit Renaudin ou plutôt son secrétaire; puis un trois-ponts revint sur nous et nous tira deux autres bordées. Elles démâtèrent le *Vengeur du Peuple* de tous ses mâts. Nous ne pûmes riposter, parce que l'eau avait pénétré subitement dans les soutes et que l'équipage se disposait à pomper et à puiser. Le vaisseau approchait du moment où la mer allait l'engloutir; le danger s'accroissait de la manière la plus alarmante. Le *Trente et un Mai* passa près de nous; il fit naître quelques espérances de salut bientôt évanouies. Il se disposait à nous prendre à la remorque, lorsque les Anglais se débrouillèrent et le forcèrent à s'éloigner. L'eau avait gagné l'entrepont, nous avions jeté plusieurs canons à la mer; la partie de notre équipage qui connaissait le danger, répandait l'alarme. Les pavillons *étaient amenés en berne;* plusieurs vaisseaux anglais mirent leurs canots à la mer; les pompes et les seaux furent bientôt abandonnés. Les embarcations, arrivées le long du bord, reçurent tous ceux qui, *les premiers,* purent s'y jeter (le capitaine Renaudin, son cousin qui commandait en second, ses deux fils furent de ceux-là). A peine étaient-elles débordées, que ceux de nos camarades *qui étaient restés à bord* implorèrent en poussant des cris lamentables, des secours qu'ils ne pouvaient plus espérer. Bientôt disparurent le vaisseau et les malheureuses victimes qu'il contenait ; les derniers cris de ces malheureux furent ceux de : « Vive la République ! » Plusieurs revinrent sur l'eau, ils furent sauvés par un cutter, une chaloupe, quelques canots, et conduits à bord des vaisseaux anglais. *Il s'est sauvé la quantité de trois cent soixante-sept personnes.* Sept cent vingt-trois hommes composaient notre équipage avant le premier combat ; deux cent cinquante ont été tués ou blessés, le reste a sombré avec le *Vengeur.* »

Si la conduite du capitaine Renaudin, pendant le combat, fut digne d'un brave marin et d'un bon Français, si sa résistance mérite tous nos éloges, le courage du capitaine subit néanmoins une honteuse défaillance. Au moment même où Renaudin allait devenir le héros de Barère, le capitaine, désespérant de vaincre, écrasé par des forces supérieures, lâchement abandonné par Jeanbon, le commandant du *Vengeur* fit attacher en berne le pavillon de son navire et se rendit, avec ses hommes, à l'Anglais vainqueur.

Mais une faute, plus grave encore, flétrit la mémoire du « Marin de la République », canonisé par l'école légendaire. Les règlements maritimes, d'accord avec les lois de l'honneur, statuaient — sous la Convention, comme aujourd'hui, — que « le capitaine qui n'abandonne pas le dernier son navire en perdition est passé par les armes ». Renaudin, non seulement sauva sa famille, ses fils, son cousin, mais quitta, l'un des premiers, son bord, en abandonnant sur le pont et dans la cale les blessés et les mourants que la loi recommandait à sa sollicitude. Cette abdication du devoir méritait la mort. Mais la même République qui décapitait les généraux les plus glorieux, comme Custine, Biron, Houchard, honora de sa clémence le déserteur Renaudin. Le commandant du *Vengeur* obtint le même sort que les plus lâches généraux de la Vendée. En dérobant Renaudin au Conseil de guerre, Jeanbon voulut évidemment soustraire au public les dessous du Combat de Prairial [1]. Obligée de glorifier son héros et de duper l'opinion, la République ne cessa de témoigner à Renaudin la moins discrète bienveillance. Après avoir commandé plusieurs vaisseaux, Renaudin, promu contre-amiral, puis Inspecteur général des Ports de l'Océan, venait d'être envoyé à Toulon, comme « Commandant des Armes », lorsque le Premier Consul, instruit de la conduite du personnage, le raya des cadres. A peine cinquantenaire, doué d'une santé robuste, Renaudin se croyait appelé aux plus hautes destinées. Mais si la décision du nouveau chef irrita l'ancien commandant du *Vengeur*, elle ne lui fit pas rompre l'opportune consigne du silence [2].

Ni la ville de Brest, ni la Marine ne se réconcilièrent

1. « Embarqué à bord du *Culloden*, frégate de vingt-huit canons, Renaudin fut emmené prisonnier en Angleterre. Il y vécut comblé d'égards jusqu'au jour où il fut informé de son échange avec le commodore Geo Oakes, récemment capturé sur sa frégate *Thames*. Celui-ci, homme de bonne éducation, crut bien faire en écrivant de Paris à l'ancien capitaine du *Vengeur* pour mettre à sa disposition le crédit de sa famille à Londres et sa propre bourse, au cas où Renaudin voudrait lui faire l'honneur d'accepter ses services. Mais l'ancien matelot reparut sous l'habit de l'officier supérieur, et le commodore Oakes reçut cette note aussi brutale que laconique : « Où puis-je me rencontrer pour me battre avec vous? » Il est peu probable que Kléber, Hoche ou Marceau eussent fait la même réponse ! » Contesse : *La Marine d'autrefois*.

2. Renaudin se retira, le 4 février 1802, à Saint-Denis d'Oléron, avec une pension de 4.000 francs. Le 1er mai 1809, il mourait, maire de Saint-Martin-de-Gua. Issu d'une famille de pêcheurs, Renaudin savait à peine écrire et lisait assez mal. Contesse raconte que l'une des lettres écrites par l'ancien commandant du *Vengeur* commençait ainsi : « Je prends la libertée... » Dans son *Histoire du Consulat*, Thiers tua Renaudin d'un coup de fusil. Quinze ans plus tard, Lamartine, dans son *Histoire des Girondins*, le faisait couper en deux par un boulet. Les Anglais furent plus humains. Voir la savante étude de Gustave Bord : le *Combat du 13 Prairial an III et la Légende du Vengeur*. Nantes, 1883.

avec l'artisan de notre défaite. Villaret-Joyeuse eut beau plaider la cause de Jeanbon Saint-André [1], personne ne prit au sérieux cette apologie suspecte. Associés aux mêmes fautes, coupables des mêmes défaillances, responsables de la même défaite, l'amiral et le Représentant ne pouvaient séparer ni leurs intérêts, ni leurs causes, ni leurs hontes. Mais en vain l'amiral fit-il peser sur ses capitaines la responsabilité des malheurs qu'il ne sut pas conjurer, en vain Jeanbon punit-il quelques officiers, ses sévérités ne désarmèrent ni l'opinion publique surexcitée, ni les capitaines frappés. Avec une verdeur de style qui, quelques jours auparavant, l'aurait, en moins de vingt-quatre heures, conduit à l'échafaud, le commandant du *Montagnard*, le capitaine Bompard, ne craignait pas d'invectiver Jeanbon. « L'affaire du 10 est cause, lui écrivait-il, que je suis incarcéré. Cette affaire est pourtant celle où j'ai acquis le plus de gloire. Ou tu es dans l'erreur, Citoyen Représentant du Peuple, à mon sujet, — ou tu es l'ennemi juré de la République. Si tu es dans l'erreur, je m'empresse à t'en tirer; mais si tu es un tyran, je me plais à te braver. Tout autre que moi choisirait cette occasion pour faire valoir ses actions héroïques. Moi, je me tais et me borne à te dire que je saurai mourir tout aussi bien que j'ai su vivre.

« Ton égal en droit. »

Ainsi provoqué, Jeanbon n'ose même pas répondre. De plus en plus défié, tout à la fois maudit par la colonie révolutionnaire qu'il a lui-même fondée et qui se sent perdue, — insulté par une bourgeoisie dont il a tué les chefs et spolié les biens, — exécré de la Bretagne qu'il a tarie et ruinée, Jeanbon, comprenant que son rôle est fini et son prestige éteint, prend le parti de quitter le port

---

1. BB⁴ 38, fol. 230; VI⁰ Reg. de Correspondance des Représentants, BB³ 38, fol. 209. V. Lévy-Schneider.

auquel il a promis la gloire et qu'il a souillé de sang, de décombres et de boue. Le sectaire n'a-t-il pas d'ailleurs accompli la tâche que s'étaient assignée ses rancunes? N'a-t-il pas préservé les Iles Anglaises et détruit les forces navales qui jetaient nos voisins dans de si légitimes transes?

Mais il ne faut pas que le public flaire la félonie du héros de Prairial. De retour à Paris, Jeanbon se montre, le 11 messidor (29 juin), au Club des Jacobins, et, pour assurer le triomphe du mythe qu'il a créé, forge de nouveaux mensonges. Nous savons aujourd'hui qu'au lendemain de la bataille, Jeanbon, au lieu de se préoccuper du convoi en péril, immobilisa l'escadre de Villaret dans la rade de Bertheaume. Sentant quels fâcheux soupçons pouvait provoquer la révélation de cette passivité criminelle, Jeanbon raconte aux Jacobins qu' « immédiatement après le combat naval, il mena la flotte au-devant de la division anglaise d'Ouessant », placée sous les ordres de l'amiral Montagu. Essaya-t-il de détruire cette force navale? Non! « Après l'avoir poursuivie à distance convenable, je levai la chasse, dit Jeanbon, pour aller au-devant du convoi et le conduire au port [1]. »

Comme nos lecteurs ont pu le voir, dans ces affirmations ne luit pas même une étincelle de vérité. Tout est faux. L'insolence, le succès et l'impunité de cette imposture nous renseignent mieux que tous les *Mémoires* contemporains sur le personnel gouvernemental de la Terreur, sur sa moralité, sur sa politique et sur ses victoires.

L'année suivante, l'amiral Martin [2] et quelques autres

---

1. AULARD : *Le Club des Jacobins*, t. VI, p. 198.
2. MARTIN (Pierre, comte), né le 29 janvier 1752, à Louisbourg, dans l'Ile du Cap Breton, où son père, originaire de la Provence, était forgeron. Après la perte de l'île, en 1758, il vint s'établir à Rochefort. Le jeune Pierre embarque, en 1764, comme mousse, sur la flûte le *Saint-Esprit*, premier pilote, perd l'œil gauche sur la *Terpsichore*. Blessé à la

hommes de mer rivaliseront de courage et de science stratégique contre les escadres britanniques. Hélas ! ces tentatives malheureuses n'auront d'autre résultats que de mettre en relief la nullité de nos forces navales. Après l'engagement du 17 juillet 1795, l'escadre de l'amiral Martin perd, par la désertion, — fait inouï dans les annales de la Marine — la presque totalité de ses effectifs [1]. Mal nourris, presque nus, découragés par des revers que n'atténue aucune revanche, les matelots n'ont plus qu'une pensée : fuir le service d'une flotte fantôme et rompre avec un gouvernement qui les affame et qui les rançonne. Sur les navires se déchaînent à la fois toutes les maladies qui déciment les équipages. Au mois de septembre 1795, la flotte, mouillée en rade de Toulon, manque des dix mille

---

bataille d'Ouessant sur le *Magnifique*, il est nommé pilote entretenu, fait la campagne de Savannah sous d'Estaing, prend part aux combats de la Grenade, de la Dominique et de la Martinique, et, blessé de nouveau dans le second, il obtient le grade de lieutenant de frégate auxiliaire. Embarqué sur le *Rossignol* qui transportait au Sénégal le chevalier de Boufflers, gouverneur général de cette colonie, Martin, rude marin, plaît singulièrement au gentilhomme qui le nomme officier de port, lui donne le commandement de la goëlette la *Cousine*, et lui fait obtenir le grade de sous-lieutenant de vaisseau.

En 1791, nommé lieutenant de vaisseau et chevalier de Saint-Louis, ce fils de forgeron embrasse avec ardeur les principes révolutionnaires et devient capitaine de vaisseau en 1793. Promu, la même année, contre-amiral, il va, à Brest, commander une division de l'armée navale de Villaret-Joyeuse et, de là, se rend à Toulon pour réorganiser le port qui vient d'être repris sur les Anglais. Le 13 mars 1795, l'amiral gagne les environs de Gênes et, par le travers du cap Noli, engage une action contre la flotte britannique. Nous perdons deux vaisseaux dont l'un, le *Censeur,* est pris et l'autre, le *Caira,* coule, après s'être rendu. Le 13 juillet, au matin, Martin rencontre au cap Roux la flotte de l'amiral Hotham composée de 23 vaisseaux et lui livre le combat avec 17 navires. Le résultat reste indécis. Nommé préfet de Rochefort, grand officier de la Légion d'honneur, et enfin comte de l'Empire, Martin est remplacé en 1810 par Truguet et rentre dans la vie privée en 1815. Mais la Restauration ne lui tient pas rancune et lui donne le titre de vice-amiral. Mort à Rochefort le 1er novembre 1820.

1. Capitaine CHEVALIER, p. 219.

hommes qu'exige son service. Nos arsenaux souffrent de la même disette : navires, personnel, approvisionnements, vivres, tout périclite et fait défaut. La conspiration ourdie par Jeanbon n'a que trop visiblement obtenu le succès que souhaitaient les Jacobins et nos ennemis séculaires.

Devant ces universelles ruines, la Convention se figure qu'en changeant d'objectif, la Marine républicaine éluderait la mauvaise chance. Les hommes de la Terreur avaient voulu envahir le sol britannique et promener dans Londres le fer et la flamme. Le machiavélisme de Jeanbon fit échouer ce dessein. Après Thermidor, la Convention se fixe un autre but. Ce n'est plus l'Angleterre qu'il s'agit de détruire, mais son commerce. Désormais, nos flottes porteront le ravage dans les colonies britanniques. A la guerre d'escadre succédera la guerre de course. Cette volte-face, hélas ! ne devait pas porter bonheur à la République. La guerre d'escadres avait abouti à la défaite du 13 Prairial. La guerre de courses se dénouera par la catastrophe d'Aboukir.

Inférieurs, comme personnel et comme matériel, aux vaisseaux anglais, nos vaisseaux ont la mauvaise fortune d'avoir à leur tête des États-Majors dont l'ignorance n'est égalée que par l'impéritie de leurs soldats. L'indiscipline étend ses ravages sur les officiers comme sur les hommes. Dans une lettre au Ministre de la Marine, l'amiral Brueys [1]

1. BRUEYS D'AIGALLIERS (François-Paul), Chevalier, puis Comte), né à Uzès (Gard), le 11 février 1753, entra dans la Marine en 1766, comme volontaire, devint garde, en 1768, enseigne en 1777, lieutenant de vaisseau en 1780, et, pendant la guerre de l'Indépendance américaine, participa, dans l'armée du Comte de Grasse, aux cinq combats livrés aux amiraux Hood et Graves. Nommé, en 1783, Chevalier de Saint-Louis, employa quatre années à explorer les Antilles. Devenu capitaine de vaisseau en 1792, il fut chargé de faire reconnaître le pavillon de la République dans les Échelles du Levant et dans les ports de l'Atlantique. Destitué comme noble, en 1793, réintégré en 1795, et promu chef de division, puis contre-amiral, l'année sui-

dénonce « l'insubordination des États-Majors et des matelots », comme le chancre de la marine républicaine. « Les matelots, écrit un des officiers de l'escadre, ne sont liés à leurs Chefs ni par la crainte ni par la confiance. » Disons toutefois, à l'honneur de la France, que si, dans la bataille d'Aboukir, comme dans le Combat de Prairial, la perfide politique de la Révolution causa notre défaite, les officiers et les hommes nous dédommagèrent, autant qu'ils le purent, de nos humiliations et de nos malheurs. Le 1er août 1798, comme le 1er juin 1794, l'Angleterre n'eut-elle pas lieu d'admirer, chez nos aïeux, un patriotisme inaccessible aux suggestions de l'ambiance et un courage supérieur à la fortune ?

vante, il commanda les forces navales de l'Adriatique. Promu vice-amiral en 1798, Brueys fut investi du commandement des forces navales destinées à l'expédition d'Égypte, appareilla de Toulon, le 13 mai, rallia à Gênes les transports chargés de l'armée de débarquement, traversa lentement et heureusement la Méditerranée, prit Malte chemin faisant, et alla jeter l'ancre dans la baie d'Aboukir. C'est alors que Nelson nous y surprit. Brueys fit à la hâte quelques préparatifs de défense et résolut de combattre à l'ancre, malgré les avis contraires de Blanquet du Chayla et de Dupetit-Thouars. La bataille s'engagea et continua toute la nuit. Ce fut une catastrophe. La bataille d'Aboukir détruisit notre Marine. ~~Bruix~~ [Brueys] mourut, le 1er août 1798, le corps coupé en deux par un boulet, heureux de n'être point témoin de l'explosion et de l'engloutissement de son vaisseau.

CHAPITRE XVI

I. — Le système politique de la Convention. — Robespierre avait tout prévu, sauf sa chute. — Le Neuf Thermidor postule la Monarchie. — Jeanbon Saint-André désavoue le système dont il fut le serviteur. — Volte-face des Conventionnels. — Premier assaut contre Jeanbon. — Réquisitoire de Galetti. — Jeanbon, prévenu de félonie. — Hardy met Jeanbon en cause, et le fait arrêter. — Mensonges de l'accusé. — Après avoir prononcé quelques condamnations, la Convention, avant de se dissoudre, amnistie tous les terroristes.

II. — Les Brestois victimes de la Terreur dénoncent vainement les membres du Tribunal révolutionnaire. — Donzé-Verteuil, Ragmey, etc., se soustraient à la vindicte des lois.

III. — Dissolution de la colonie révolutionnaire de Brest fondée par Jeanbon.

I

Quel système de gouvernement applique la Convention à la France? Après avoir gravi, le poignard à la main, les sommets du Pouvoir, se maintenir, dans la citadelle conquise, en frappant à coups de couteau les Prêtres, les Bourgeois et les Nobles, c'est-à-dire tous les Français soupçonnés de vouloir en franchir les approches, — voilà le Gouvernement républicain tel que Danton, Saint-Just, Robespierre, la Montagne, la Gironde, le Comité de Salut public, Jeanbon Saint-André, etc., le conçoivent et le pratiquent. Tout leur art tient dans cette méthode empruntée aux Républiques grecques et aux tribus cafres.

Le Gouvernement conventionnel repose sur deux facteurs : en haut, une oligarchie, détentrice de tous les pouvoirs, arbitre suprême de toutes les existences et de toutes les fortunes ; — en bas une plèbe stipendiée, garde consulaire des dictateurs, outil de pillage, de proscriptions et de mort.

« César Borgia, — raconte Machiavel, — me dit qu'il « avait tout prévu, — sauf la mortelle disgrâce où le jet- « terait le trépas de son père ». Cette fin fut, en effet, la fin de ses assassinats, de son omnipotence et de ses victoires. Alexandre VI disparu, le duc de Valentinois dut quitter Rome, et, suivant le mot si cruel et si juste de Sannazar, se résigner à n'être plus rien : « *Incipis esse nihil !* »

De même, parmi les hommes de la Terreur, nul ne s'était dit que le rempart de cadavres, exhaussé, d'heure en heure, autour de la Convention, par les fournées du Tribunal révolutionnaire, pouvait cesser, un jour, de protéger Robespierre et ses complices, et qu'en moins d'une journée, le Gouvernement s'écroulerait dans le même ruisseau et le même néant où sombrerait son chef. Étrange imprévoyance d'un parti si vain, pourtant, de son intelligence et de sa force ! Ni Robespierre, ni les membres du Comité de Salut public n'avaient compris que le crime enseigne le crime, et qu'il devait arriver une heure où les Représentants suspects, instruits par les victoires que le couperet national avait remportées sur Danton, Fabre, Camille Desmoulins, Fabre d'Églantine, etc., ne trouveraient d'autre moyen d'échapper à ses atteintes qu'en le tournant contre l'homme qui le braquait, depuis dix-huit mois, contre la France. Tant que la Révolution n'avait pas exterminé la Nation tout entière, tant qu'il restait un Français vivant et libre, le triomphe du Proconsul restait précaire, et la défaite de ses ennemis illusoire.

L'effondrement de Robespierre devait précipiter et précipita la ruine immédiate du système dont l'Incorruptible était l'âme. La mort du Proconsul tua la puissance de la Mort. Après avoir cru à la vertu de la rapine, de l'ostracisme et de l'assassinat, les Terroristes virent, en un clin d'œil, leur sagesse déjouée, leurs calculs déçus et leur hégémonie détruite.

Dès le soir même du Neuf Thermidor, la Monarchie dessina ses architectures dans les nuées sanglantes où s'abîmait le régime. Les jacobins qui, cent fois, avaient fait le serment de résister à la tyrannie, se familiarisèrent aussitôt avec le sentiment de leur impuissance et songèrent d'autant moins à sauver la République qu'ils n'entrevirent leur propre salut que dans sa déchéance.

Tel Jeanbon Saint-André. Robespierre guillotiné, l'ex-proconsul de Brest s'achemine aussitôt, à travers la nuit, vers l'Homme, vers le Maître dont il entend au loin les pas et qu'appellent, devant la carence du Roi, l'universelle lassitude et l'immanente justice. Les assassins de Robespierre sont le droit, la loi, la force. En attendant l'Empire, Jeanbon se réfugie dans cette forteresse provisoire, pour y mettre à l'abri ses trahisons et ses crimes.

Le 17 thermidor, la Société Populaire de Marseille invite Jeanbon à s'expliquer sur la mort du « tyran ».

L'ex-compagnon de Robespierre n'hésite pas une minute à condamner la majesté tombée et l'ami vaincu. « La liberté, — déclare l'orateur, — vient d'éprouver une « nouvelle secousse. Quelques hommes, à l'aide d'une ré- « putation colossale, avaient osé concevoir l'odieux projet « d'asservir le peuple. Ils ont passé, ils ne sont plus ! Et « le peuple demeure immortel et toujours grand. — Une « nation qui a eu le courage de renverser les trônes ne « s'abaissera pas au point de devenir l'esclave méprisable « de quelques conspirateurs dont l'hypocrisie et la dissi- « mulation ont fait tout le mérite... » Voilà l'oraison funèbre que scande Jeanbon, sur le cadavre encore chaud, de son maître égorgé ! Dans le Proconsul, — dont, la veille encore, il recevait, à genoux, les ordres, notre Conventionnel ne voit plus qu'un conspirateur et qu'un tartufe, hostile au Peuple, — au nouveau Souverain, devant lequel, maintenant, Jeanbon, — Sicambre peu farouche ! — en attendant Bonaparte, courbe provisoirement la tête.

La majorité thermidorienne enrôle alors dans ses cadres tous les pourris et tous les terroristes ; les Barras, les Fréron, les Merlin (de Thionville), etc., qui, les mains encore teintes de sang, proclament, aujourd'hui, l'inviolabilité de la vie humaine. Harcelé des mêmes angoisses, et non moins désireux de conjurer l'expiation méritée, l'ex-amphitryon du bourreau Ance daigne reconnaître, le 20 prairial, qu' « au temps de la Terreur il voyait la France sous un point de vue différent qu'il ne (sic) la voit aujourd'hui ». Ainsi parlent, d'ordinaire, les despotes, le jour où la persécution, cessant d'être un péril pour les autres, commence à devenir une menace contre le persécuteur. Arraché à la peur, cet acte de contrition ne calme pas les braves gens contre lesquels le disciple de Calvin exerçait la veille les industries d'un ministère non moins agressif que vénal. A peine sortis des geôles où les avait incarcérés le Proconsul, les Brestois opprimés par Jeanbon se rassemblent, délibèrent, et confient à une députation le soin d'aller à Paris démasquer le tyran et réclamer justice contre le Tribunal révolutionnaire qui n'eut pas le temps de les égorger. Ignorent-ils ou ne veulent-ils pas savoir que Donzé-Verteuil obéissait aux ordres du Proconsul ? Qu'importe ! L'acte d'accusation n'en sonne pas moins aux oreilles de l'effaré pasteur, comme le glas de la sécurité perdue. Un ennemi invisible marche, la nuit, dans son mur. Le 2 germinal, quand Saladin vient, à la tribune de la Convention, lire son Rapport sur les faits reprochés à Barère, à Billaud-Varenne, à Collot d'Herbois, tous les Conventionnels qui se sentent éclaboussés par les récriminations de l'orateur,

— Robert Lindet, Prieur (de la Côte-d'Or), Carnot, etc., se lèvent et bégaient une défense timide. Hélas ! analogues aux méfaits flétris, leurs exploits ne vont-ils pas les vouer aux mêmes supplices? Devant cette rafale de projectiles, Jeanbon se demande, en tremblant, s'il ne sera pas, lui aussi, touché par quelque balle morte : « Quant à moi, murmure l'ex-Dictateur, je déclare... »

« On ne parle pas de toi ! » se hâte de vociférer vingt coupables, vingt tueurs impatients de clore un débat qui peut les conduire à l'échafaud que Robespierre et Carrier ont empourpré de leur sang. Mais, comme Jeanbon, malgré cet avertissement, au lieu d'étouffer sa voix, dénonce l'indiscipline des chefs et gémit sur leur ignorance, les Français, doués de mémoire, finissent par s'exaspérer contre cet intempérant fantôme qui s'acharne à soulever la pierre de son sépulcre pour s'en faire une tribune. Pourquoi ce spectre vient-il troubler le silence où commençait à sommeiller le souvenir de ses brigandages? Le 15 germinal (4 avril 1795), dans le *Journal des Lois de la République Française,* un vaillant écrivain, Galetti, somme Jeanbon de se montrer plus sobre de discours et de moins insulter de ses gémissements les témoins de ses homicides et de ses ravages. « Si quelque chose a dû frapper d'étonnement les hommes qui connaissent Jeanbon, s'écrie Galetti, c'est d'avoir vu, avant-hier, ce Représentant du Peuple monter à la tribune et se plaindre hypocritement de la douleur qu'il ressentait de voir les places d'officiers de marine confiées à des hommes ineptes ou de mauvaise foi.

« Que ce langage est donc profondément perfide, dans la bouche de l'homme qui a désorganisé la Marine française dans toutes ses parties ! Souffrira-t-on que la Convention soit trompée plus longtemps par un Tartufe aussi dangereux?

« Jeanbon, réponds, si tu peux !

« N'est-ce pas toi qui as arraché des places de la Marine les meilleurs officiers, les plus patriotes, les plus instruits, comme si tu voulais les punir de n'avoir pas émigré?

« N'est-ce pas toi qui as plongé avec barbarie plus de deux cents de ces infortunés dans des cachots infects, où plusieurs ont péri de chagrin, de famine ou de misère, tandis que la plume traçait les délits mensongers dont il entrait dans tes calculs criminels d'affubler ces républicains malheureux, pour les traîner à l'échafaud?

« N'est-ce pas toi qui as donné les places qu'occupaient ces marins à toutes les viles créatures qui t'entouraient sous le nom de *Montagnards par excellence*, et dont la funeste incapacité a si bien secondé les projets du Cabinet de Saint-James?

« N'est-ce pas toi qui eus l'imprudence, après avoir laissé prendre sept de nos plus beaux vaisseaux et 6.000 de nos meilleurs marins, de te faire porter en triomphe dans les rues de Brest, en te laissant prodiguer le nom de *Restaurateur de la Marine française* par des citoyens que tu trompais indignement et qui s'empressaient de couvrir de fleurs et de lauriers les rues dans lesquelles tu devais passer?

« N'est-ce pas toi qui as encore trompé la France, — excepté la Marine, — en publiant un Rapport rédigé avec tant d'imposture que *chaque phrase est un mensonge* révoltant pour tous ceux qui ont eu connaissance des faits qui y sont consignés?

« N'est-ce pas toi qui as arraché toutes les garnisons des vaisseaux (les régiments de Marine) composés d'hommes pratiques, aguerris et expérimentés, pour y substituer des soldats de réquisition dont la plupart cultivateurs, arrachés à leurs charrues, n'entraient qu'en répugnant dans les bâtiments et entravaient bientôt le service par leur inexpérience et par les maladies accidentelles et journalières que leur occasionnait un élément auquel ils n'étaient pas habitués? *Tu ne justifieras jamais* ce grand acte de désorganisation.

« N'est-ce pas toi qui as donné l'inspection du premier et du plus beau port de l'univers à ce scélérat de prêtre (Donzé-Verteuil), qui, n'ayant pas la première notion de ses devoirs, n'a abandonné son poste qu'après avoir volé, dilapidé les magasins et les arsenaux... Je ne puis dire davantage...

« N'est-ce pas toi qui as marqué par la terreur, le sang et l'échafaud, toutes les villes qui ont été soumises à ton pouvoir?

« Depuis que tu es à la tête de nos forces navales, réponds? avons-nous eu un seul succès? Non! 14 vaisseaux nous ont été ravis; 10.000 marins ont été enlevés à la Marine française par tes manœuvres ignorantes et perfides. Et tu portes, aujourd'hui, l'hypocrisie jusqu'à t'apitoyer sur les maux qui sont ton ouvrage?

« Non! tu n'en imposeras pas à la Convention! Tu n'échapperas pas à cette Justice éternelle qui poursuit tous les coupables [1] ».

Ainsi, pour la première fois, un Français indépendant jette, en plein soleil, à la face de Jeanbon démasqué, cette accusation de félonie qui, depuis un an, brûlait toutes les lèvres, enfin descellées par le Neuf Thermidor! Si la Révolution a tari le personnel politique qu'elle avait tiré des limbes et, pour vivre, l'a précipité dans la nuit et dans la mort, par contre une presse intrépide sort de l'épouvante et traduit, seule, avec autorité, devant une Représentation nationale sans crédit, les aspirations et les rancœurs de la Patrie sans défense et sans maître. Pour préserver son omnipotence des atteintes que pouvait lui porter l'antagonisme des événements et des hommes, la Convention non

---

1. *Journal des lois de la République française* (4 avril 1795).

seulement, d'un trait de plume, falsifiait les faits, mais, à coups de hache, détruisait les dénonciateurs de ses crimes. Du jour où le mensonge officiel, contredit et réfuté par la presse, enfin libre, cessa d'exercer sa suprématie sur une France silencieuse et subjuguée, les jacobins comprirent que le sans-culottisme était à bout et leur règne fini. En perdant le droit de mentir, la République perdit son infaillibilité. Si les anciens Proconsuls ne peuvent plus cacher au pays le secret de leurs lâchetés et de leurs fureurs, s'ils ne peuvent plus, le poignard à la main, défendre leur butin et leurs vices, la prochaine revanche de l'Église et de la Monarchie, c'est-à-dire de l'ordre, n'est-elle pas inévitable?

Mais ce n'est point sans colère que la République et l'imposture envisagent ce « malheur ». Toutes les révélations contre le destructeur de notre Marine émanent d'un publiciste breton, Picquenard [1], qui dirige, à Brest, un journal, l'*Ami des Principes*, où les gazettes parisiennes s'approvisionnent de lanières contre l'artisan de nos catastrophes navales. Dans la nuit du 16 ventôse (6 mai 1794), la maréchaussée arrache Picquenard à son lit et le jette sur la paille du même cachot que Jeanbon joncha de prisonniers et de cadavres. Mais contre l'arbitraire se dressent, cette fois, des écrivains que la République ne peut ni acheter, ni intimider, ni anéantir. Le 13 germinal (2 avril 1795), le *Journal de la République* signale au pays

1. PICQUENARD (Jean-Baptiste), directeur de l'*Ami des Principes*, ou *Annales Républicaines de Brest*, journal tri-décadaire. Le 1er numéro parut à Brest le 23 novembre 1794 et portait pour devise : « Les hommes disparaissent, les principes sont éternels. » M. Delourmel, bibliothécaire et architecte de la ville de Brest, croit que le directeur de l'*Ami des Principes* se confond au littérateur de même nom mort en 1826. Après avoir voyagé pendant sa jeunesse, aux colonies, Picquenard revint en France et fut nommé, après la journée du 10 août, membre de la Commission administrative de Paris, puis Commissaire du Directoire, près le Bureau Central (1798). De 1801 à 1803, Picquenard fut secrétaire général de la préfecture du Pas-de-Calais. Il a laissé plusieurs livres.

cette inutile violence. « Le citoyen Picquenard, — dit le *Journal*, — est le premier qui ait démasqué les assassins de Brest; c'est lui qui commençait à soulever le voile de la perfidie dont Jeanbon a couvert jusqu'à ce jour ses actions criminelles. Il annonçait la publication prochaine de vérités terribles, mais qu'il regardait comme indispensables pour dévoiler la férocité, l'hypocrisie et le machiavélisme de ce député dont toutes les opérations ont été masquées au coin de l'arbitraire, du carnage, de la proscription et du mensonge ! » Si la défaite des Montagnards ne permet plus de livrer au bourreau ceux qui les flétrissent, le principe de la solidarité républicaine et surtout d'occultes complicités obligent les révolutionnaires modérés à défendre leurs devanciers et à venger leur œuvre. Sur l'ordre des Conventionnels Tréhouart et Faure, la geôle de Brest ouvre une de ses cellules au rédacteur en chef de l'*Ami des Principes*, — et le bâillon de Thermidor tente d'étouffer les témoignages hostiles à la légende de la Révolution et aux héros de la Terreur. Malgré la mort de Robespierre, une même haine de la presse et des journalistes anime tous les groupes républicains, également intéressés à la dissimulation des événements qui les accusent et au silence des hommes qui les connaissent.

Nul régime n'appela plus résolument à son secours la puissance des ténèbres et les industries de la force. Afin d'empêcher l'imprimeur Gauchlet de mettre son art au service de la Contre-Révolution et de la lumière, Jeanbon, le 9 janvier 1794, avait fait transporter à l'Hôtel des Représentants l'atelier et le matériel des typographes, sans se préoccuper du préjudice que cette séquestration pouvait porter à l'intérêt général et à l'histoire. Mais l'ostracisme des ouvriers, des caractères et des presses ne suffit pas à rassurer le vigilant adversaire de la Marine et de l'imprimerie. A la veille d'exterminer nos forces navales, Jeanbon prend de nouvelles sûretés contre les Français fureteurs et patriotes. Un arrêté du 12 mars 1794 interdit, sous peine de mort, au même Gauchlet, de livrer au jour tout ouvrage que les Représentants, le Tribunal révolutionnaire et le District n'auront pas sanctionné de leur *imprimatur* [1]. Le silence ou l'échafaud ! La Monarchie se contentait de livrer les mauvais livres à la censure. Pour sauver la République et les Républicains, le dictateur frappe non seulement toute pensée libre d'interdit, mais Gutenberg d'excommunication !

Jeanbon, éloigné de Brest, la même peur de la justice tenaille les successeurs de l'homme de Prairial et leur dicte les mêmes précautions et les mêmes rigueurs contre la presse et contre la vérité. Deux officiers, diffamés par le Proconsul, Gassin, le capitaine du *Jacobin*, et Bompard, le capitaine du *Montagnard*, ont voulu dénoncer dans un *Mémoire* les manèges antifrançais de Villaret et de Jeanbon. Les typographes viennent à peine de composer les premières feuilles de cette *Défense* que Tréhouart et Faure, non contents d'arrêter le travail, font appréhender les deux capitaines par une gendarmerie insensible aux représailles de la France contre la Terreur, — et sans égards pour les légitimes curiosités de la justice. Conduits à Paris, le lendemain, Bompard et Gassin méditent dans la maison d'arrêt du Luxembourg, — le premier jusqu'au 8 octobre 1795, et le second jusqu'au mois de mars 1796, — sur les inconvénients des révélations funestes aux héros de la République et de la fable. Mais la vérité porte en elle une vertu si rebelle à toutes les compassions et si supérieure à toutes les gendarmeries, qu'après avoir maudit Galetti, — emprisonné Gassin, Bompard et Picquenard, la Convention obtempère aux injonctions d'une presse qui, seule Puissance survivante au milieu de l'universelle ruine, représente alors et défend l'Ordre, le Devoir et l'Équité.

1. Levot, pp. 212-213.

Mêlés à tous les scandales, les Thermidoriens en redoutent, non sans raison, les éclaboussures. Mais l'incorruptible courage des journaux empêche le législateur de vouer le mal à l'oubli et contraint la Convention à sacrifier son égoïsme à l'intérêt national.

« Je dénonce, — s'écrie le 28 mai 1795, le Normand « Hardy [1], — je dénonce, comme des conspirateurs très « dangereux, Jeanbon Saint-André et Robert Lindet. Le « premier disait aux Jacobins qu'il avait les mêmes sen-« timents que Robespierre et s'applaudissait d'avoir fait « assassiner ceux qu'il appelait les fauteurs de Kervélé-« gan. On sait quels torts il a faits à la Marine de la Ré-« publique. » Ainsi, de son vivant, Jeanbon est découronné de l'auréole que voudront lui conférer, de nos jours, les Michelet, les Lamartine, les Louis Blanc, bref, tous les coryphées de l'école révolutionnaire et fabuleuse. En attendant que nos écrivains libéraux déifient Jeanbon, un collègue du grand homme peut, sans soulever de murmures, — un an à peine après le combat de Prairial, — accuser le Proconsul d'avoir, à dessein, saccagé notre établissement naval pour assurer aux rivaux de la France la maîtrise de la mer.

Consolantes représailles de la minorité, hier opprimée, aujourd'hui frémissante ! Un soufflet précipite Jeanbon du Capitole brestois dans la boue du pavé parisien. Faisant allusion au caractère « rusé » de Jeanbon, le député de Rouen, le citoyen Hardy, rappelle « la contenance équivoque » que les spectateurs observèrent la veille chez l'ancien membre du Comité de Salut public, à la nouvelle

---

1. HARDY (André-François), né à Rouen en 1748, médecin à Rouen, député de la Seine-Inférieure à la Convention, mis hors la loi comme Girondin, le 28 juillet 1793, rappelé le 18 ventôse an III, député de la Seine-Inférieure aux Cinq-Cents et au Corps Législatif jusqu'en 1802, directeur des droits réunis, médecin sous la Restauration, mort à Paris le 25 novembre 1823. (*Dictionnaire des Parlementaires.*)

que « Toulon venait de tomber au pouvoir des rebelles ». Pourquoi cet étrange embarras? Jeanbon craignit-il alors que l'événement évoquât le souvenir de ses clandestines intelligences avec les adversaires de notre puissance maritime?

Au moment où la Convention va délibérer, un interrupteur anonyme, montrant du doigt la plupart des banquettes vides, déclare illégale toute décision qu'escamoterait une poignée de législateurs indiscrets. Sourd à ce *veto*, un autre Conventionnel, Henri Larivière, entame le procès de l'ancien Comité de Salut public, fustige Billaud-Varenne, Prieur, Jeanbon, bref, honnit tous les héros qui, pendant la terrible crise où notre pays faillit périr, masquaient d'un prétendu patriotisme leurs affres, leurs cupidités et leurs fureurs. Décidément, le règne des Barbares expire : leurs chariots de guerre s'enfoncent vers la nuit, et, dans les rougeurs de l'aube nouvelle, surgit et chante la France, enfin, délivrée !

Mais, tandis que les bûchers, les carmagnoles et les tocsins s'éteignent, voici que, parmi les flaques de sang et parmi les décombres, éclate, soudain, un charivari d'invectives, de huées et de menaces. Après avoir dénoncé la France tout entière, c'est la Convention qui se traduit à son tour, à la barre du tribunal de sang créé par le Comité de Salut public même — et qui se juge ! Soustraits à l'autorité d'une croyance commune, affranchis de la notion du devoir, les chefs du gouvernement révolutionnaire ont fini par perdre le seul bien qui unisse entre eux les hommes. Les institutions se maintiennent encore, mais elles ne sont plus qu'une façade. L'intérêt individuel et la passion parlent seuls aux despotes de la veille et les ruent les uns contre les autres, dans une mêlée où l'égoïsme, seul, échauffe les belligérants de sa flamme avare. Réfractaires aux appels de la patrie déchirée et dociles seulement aux suggestions de la haine et de la peur, frappés tout à la fois d'impuissance et d'épouvante, les dictateurs, si d'accord, naguère, contre les patriotes, se débattent, maintenant, les yeux bandés et des tronçons d'épée au poing sous la main de Dieu, sans soupçonner sa présence et sans comprendre ses coups.

Tragique confrontation de la lâcheté et du crime ! Mis tout à coup en présence les uns des autres par l'inexorable fatalité des rancunes, les artisans et les témoins de la Terreur se plantent dans le dos les poignards qu'ils maniaient la veille contre leurs victimes. Accusé d'avoir trempé dans les assassinats ourdis par Robespierre, Carnot se répand en solennels verbiages où s'obnubilent ses services et se ternit sa gloire. Si, trop pusillanime pour résister au « tyran », il ne refusa ni une signature aux ukases les plus barbares ni une tête à Fouquier-Tinville, Carnot n'accepte aujourd'hui que la responsabilité des décrets où se jouait le sort de la France et de l'armée. En proie aux mêmes angoisses dont frissonnèrent tous les honnêtes gens, sous sa dictature, le Proconsul de la Picardie, André Dumont, se flatte d'échapper aux stylets des nouveaux justiciers en tirant à boulets rouges sur leurs prédécesseurs et sur ses émules [1]. « Les mesures générales, — dit, à son tour, « un autre malfaiteur et un autre poltron, Prieur (de la « Côte-d'Or), — enveloppe toujours des innocents. Je n'ai « point demandé à partager le sort des anciens membres « du Comité de Salut public. Mais songez que ce serait « aujourd'hui un beau jour pour les Royalistes, si... »

Une violente huée coupe la fin de la phrase et rappelle notre couard à la pudeur et au silence. Mais voici que Jeanbon se lève : aussitôt, l'auditoire se tait pour écouter « le bourreau de la Bretagne ». Incapable d'opposer aux plaintes qui sortent des tombes une parole sincère, Jean-

---

[1]. Comte Ém. de Rougé : *André Dumont, passim.*

bon défend sa vie avec les mêmes armes dont il se servit naguère pour fulminer la mort. Anathème à la vérité ! Les mensonges qui, pendant vingt mois, à l'appel de Jeanbon, envoyèrent tant de braves gens à l'échafaud, se mettent cette fois, troupe reconnaissante et docile, au service du même Proconsul pour le ravir au supplice. Mais, à cette heure confuse, la France saignée, trahie, poursuit ses anciens maîtres d'une trop furieuse clameur pour que la Convention ose se cabrer contre cette frémissante armée de rancunes et de deuils. En vain, Jeanbon veut raturer les faits qui l'avilissent, on dédaigne de réfuter l'imposteur contre lequel se déchaîne la lamentation publique des mères, des orphelins et des veuves. C'est à peine si quelques Conventionnels soufflètent le tyran d'une interruption cinglante — tant chacun a hâte de faire tomber sur le coupable la sentence expiatrice que le public exige. « Tout le monde sait que Jeanbon a ruiné notre Marine ! » crie Blad, non seulement à l'assemblée, mais à la postérité.

C'est la seule exclamation qu'arrache la colère aux complices impatients de tirer le rideau sur un drame où une parole de trop pourrait livrer leurs têtes à la même hache.

« Un courrier extraordinaire, dit Pierret [1], vient de nous apporter une dénonciation de quinze cents Brestois contre le Proconsul. Je demande son arrestation ! »

Un geste unanime de la salle abandonne l'homme aux geôliers qu'il infligea lui-même à Louis XVI, à Marie-Antoinette, à la vertu, à l'honneur. Enfin ! l'un des dictateurs qui, comme le Roi de l'Abîme, Abbadon, possédait « les clefs de l'Empire des Morts », va donc tomber sous l'une des flèches qu'au temps de sa puissance, il décochait

---

1. PIERRET (Nicolas-Joseph), né à Valentigny (Aube), le 15 mars 1758, notaire, administrateur du district de Bar-sur-Aube, député de l'Aube à la Convention et aux Cinq-Cents ; juge, de l'an V à l'an VII. Mort à Brienne le 19 février 1825.

lui-même contre la Bretagne, contre la Marine, contre notre passé et contre notre avenir.

Mais non ! La justice et la France seront frustrées de la satisfaction qu'elles sollicitent. Si les Thermidoriens ne peuvent se soustraire aux colères et aux jussions de la France mutilée, ils se consolent aussitôt de leur déférence en se disant que, chez les chrétiens qui, seuls, pâtirent de la Terreur, la bienveillance native du croyant apaise vite le ressentiment de l'opprimé. Au bout de quelques mois, en effet, satisfait des mandats décrétés contre ses persécuteurs, le pays s'intéressera moins au châtiment des terroristes déchus qu'à l'avènement du Libérateur imploré. Les disparus et les vaincus n'inspirent pas au Français catholique les haines farouches qui, dès que le canon ne tonne plus, poussent le Jacobin sur les champs mortuaires pour y égorger, sans risques, les moribonds sans secours.

L'obscurité, que cherchent maintenant les anciens Proconsuls, assure, d'ailleurs, notre silence et leur impunité. Aussi, l'amnistie dont la Convention, expirante, couvre, — le 26 octobre 1795 — tous les crimes et tous les accusés, soumis à la justice républicaine, ne fait-elle gémir que le philosophe, encore plus inquiet qu'indigné de l'immunité du mal.

Immunité cruelle et pleine de périls ! Encouragés par cette clémence, les guillotineurs, au lieu de se dissoudre, garderont, sous les futurs régimes, leurs cadres, leur programme, leurs espoirs, toujours prêts à profiter de la première saute de vent et de notre première défaillance, pour redescendre, incorrigibles hastaires, la pique à la main, sur le forum qu'ils ensanglantèrent tant de fois et que nous défendîmes si mal. Depuis un siècle, le fléau des amnisties ne maintient-il pas, intangible, debout, l'armée du Mal?

Mais le non-lieu de Jeanbon ne désarme ni n'intimide les âmes altérées de justice. Les mêmes écrivains qui, sous la Convention, flagellèrent le Dictateur, refusent, sous le Directoire, de respecter son ombre. Ce spectre vient d'obtenir les honneurs d'une fastueuse sépulture dans un Consulat qui le tient désormais à l'écart de nos tumultes politiques. Mais vaine retraite! Les journaux franchissent le cercle d'horreur sacrée où se confine le terroriste et rompent hardiment le silence auquel Jeanbon crut condamner ses victimes en envoyant les unes en prison et les autres à la mort.

A cette époque précisément (1797), les pontons anglais commencent à se dépeupler des officiers et des marins que l'homme de Prairial fournit, le 1er juin 1794, à leurs cloaques et à leurs cimetières. Pendant trois ans, c'est à peine si quelques journaux et quelques lettres pénétrèrent dans ces bagnes nautiques, où le scorbut, émule de notre couperet républicain, fit expier à des milliers de marins la félonie du Proconsul et notre abdication. Confident des survivants, un courageux journal, le *Pacificateur*, nous décrit la stupeur des captifs quand, à peine sortis du bateau qui les a ravis à Plymouth, ils apprennent l'étonnante destinée du Proconsul et de l'amiral, — le premier récompensé de ses crimes par une mission diplomatique et le second rémunéré de ses complaisances par l'ascension ininterrompue de sa fortune. C'est contre Villaret que s'élèvent les premières rumeurs. Le 25 mai 1797, une lettre, adressée au *Pacificateur*, exige que la conduite de Villaret soit examinée. « Chaque défaite lui a servi d'échelon pour « monter plus haut. Je demande, dit le correspondant, « que trente-trois témoins soient entendus... La France

« entière jugera entre moi et cet homme, dont les titres
« glorieux sont d'avoir perdu 43 vaisseaux, frégates, cor-
« vettes passés à l'ennemi, sous son généralat, — dont
« les titres glorieux ont coûté la vie à plus de 12.000 ma-
« rins français qui ont péri dans les prisons d'Angleterre,
« par la famine, la prison et le poignard ; — dont les titres
« glorieux, enfin, sont la persécution odieuse, l'incarcéra-
« tion de braves officiers et de marins dont l'innocence
« reconnue fera son éternel supplice [1]. »

Mais voici que les agresseurs s'enhardissent et que, non contents de stigmatiser le serviteur, ils attaquent le maître. « Qu'on juge, — dit le *Pacificateur,* quel fut
« l'étonnement des prisonniers en lisant le Rapport ou
« plutôt l'impudente carmagnole de Jeanbon Saint-André,
« assez audacieux pour dépeindre comme une victoire la
« plus honteuse défaite qu'ait jamais essuyée aucune na-
« tion maritime. On a vu arriver à Brest le capitaine de
« l'un de ces vaisseaux désemparés. Il sortait d'Angle-
« terre, la rage dans l'âme, de ce que ses frères d'armes,
« les Marins, avaient eu la lâcheté de ne pas démentir
« en France le fallacieux Rapport de Jeanbon. Il mani-
« festa son indignation sur la Place d'Armes de Brest,
« devant plus de deux cents marins de tout grade... Il
« partit pour Paris avec l'intention de dénoncer à l'Eu-
« rope et Villaret-Joyeuse et Jeanbon. Il y arriva. On lui
« ferma la bouche en l'élevant sur le champ au grade de
« Contre-Amiral et en le renvoyant à Brest, commander
« un vaisseau. On a vu Bompard et Gassin lui dire :
« Qu'est devenu ton courage ? »

A la même époque, au mois de mars 1797, une autre

---

1. *Le Pacificateur,* n° 4 (24 juin 1797), *Bibliothèque nationale.* L $\frac{c}{3}$ 744.

prison anglaise, — la prison de Gibraltar, — licencie un témoin plus perspicace encore des louches machinations auxquelles se livra Jeanbon contre la flotte française : c'est l'ordonnateur Puissant, l'un des fonctionnaires les plus considérés de la République. A peine de retour en France, Puissant, dans une brochure datée du 5 germinal an X (25 mars 1797), n'hésite pas à dénoncer la connivence de Jeanbon avec l'Angleterre. « Les vues de Pitt, — dé-
« clare notre haut fonctionnaire, — étaient d'exciter une
« guerre civile dans le Midi qui le rendit maître de Toulon
« et de Marseille..., de *faire exterminer* tout ce qu'il ne
« pendrait pas, — principalement *les officiers;* et enfin de
« faire porter les choses à un tel degré de cruauté, à cet
« égard, qu'il opérât la *destruction de la marine* en révol-
« tant tous les marins. » Mais pour exécuter ce plan, il fallait que, parmi les dictateurs de la France, l'Angleterre s'affiliât un serviteur capable de tous les dévouements et de toutes les perfidies. Nos ennemis le trouvèrent dans le vindicatif huguenot. « Avilir la marine française, tel fut
« le but de Jeanbon », — dit encore Puissant. Le même Ordonnateur ajoute : « *Le but* des décrets de Jeanbon fut
« de déshonorer, avilir, anéantir la *Marine française.* Leur
« effet fut de sacrifier 45.000 victimes et de faire à la Ma-
« rine une plaie profonde qui saigne encore et dont le
« sang fume et crie vengeance [1] ! » Après cette accusation si précise, émanant d'un témoin si renseigné, quel patriote oserait innocenter le Proconsul de ses guet-à-pens et de ses embûches?

1. *Toute la France a été trompée sur l'Événement de Toulon en 1793. Voilà la vérité !* Par le citoyen Puissant, ex-Ordonnateur de la Marine à Toulon (pp. 29 et 37). A Coutances, de l'imprimerie J.-N. Agnès, an V de la République. Nous ne saurions trop remercier le commissaire de la Marine Babron, arrière-petit-fils de Puissant, de nous avoir commandé cette ravissante brochure.

II

Pendant que le Proconsul, absous par la Convention, sans avoir même eu des juges, s'autorise de cette victoire, remportée sur l'éternelle justice, pour obtenir une prébende qui permette à notre tueur, non seulement de survivre à ses victimes, mais de braver leur descendance, les administrateurs et les fonctionnaires brestois, les officiers et les marins ponantais, ravis, par le Neuf Thermidor, à l'échafaud que leur réservait Jeanbon, engagent une lutte acharnée contre tous les Pouvoirs, moins tendres à l'innocence qu'au crime et plus enclins à donner des places aux égorgeurs qu'à rendre la liberté à leur proie. Au Comité de Salut public, à Jeanbon, à Prieur (de la Marne), etc., il suffisait de quelques heures pour juger, condamner et saigner les Français « suspects ». Avant d'élargir Morard de Galle, Kerguelen, Bonnefoux, Boissauveur, etc., purs de toute tare, le nouveau Comité de Salut public chicane, lanterne, pleurniche. Tenir soixante marins sous le couteau et dérober à la République ce butin, quelle infidélité aux grands ancêtres et quelle concession aux « conspirateurs ! » Le Neuf Thermidor a eu beau culbuter le personnel jacobin, la tradition révolutionnaire proteste contre ces libérations, peut-être imprudentes, d'une caste militaire professionnellement hostile à la démocratie. Mais si Morard de Galle et ses camarades de la croisière de Quiberon purent, le 3 mars 1795, réintégrer leurs fonctions et leurs ports, la République thermidorienne ne relâcha que trois mois plus tard, — le 9 août 1795, — les officiers du *Révolutionnaire*, emprisonnés, depuis Prairial, sur l'ordre d'un Représentant inconsolable d'une bravoure qui n'avait donné que plus de relief à sa couardise. Beaucoup plus favorisés que leurs anciens justiciables, les membres du Tribunal révolutionnaire, Ragmey, le valet de Jeanbon, — Bonnet, l'élève de Fouquier-Tinville, — Donzé-Verteuil, l'homme qui, d'accord avec le Proconsul, voulait traduire à sa barre les marins de toute une escadre pour immobiliser dans la rade de Brest dix-huit vaisseaux français dommageables à la flotte britannique, — n'habitèrent que pendant quelques semaines la geôle dont ils avaient fait l'antichambre de l'échafaud. Villégiature plutôt que prison, le château de Brest, si cruel à l'aristocratie, au clergé et à la Gironde, n'eut que des égards pour ces hôtes illustres, que protégeaient le souvenir des services rendus au parti jacobin, le prestige d'une puissance sans limites et là le mystère d'une trame sans exemple.

III

Propylée maritime de l'Amérique, de l'Afrique et de l'Orient, Brest abrite, alors, dans ses bouges, une bohème cosmopolite qu'y vomissent, à chaque marée, les goëlettes, les dundees, les tartanes, les felouques, les balancelles, les chebecs, les caraques, les hourques, les baleinières, les lougres, les gabares, de l'Ancien et du Nouveau Monde, — hanse bariolée, foisonnante, nidoreuse, où se confondent les négriers du Gabon, les corsaires de l'Archipel, les flibustiers de l'île de la Tortue, les forbans de Bornéo et les pirates barbaresques, — frairie du crime, trust de malandrins, — aux poches gonflées de ducats, de florins, de cruzades, de guinées, de rixdales, — et la flamme de toutes les passions et de tous les vices dans les traits et dans les yeux.

En temps ordinaire, maintenue par une maréchaussée

inflexible, cette clique cosmopolite ne quitte les tavernes où elle vide sa bourse, assouvit ses luxures, que pour rentrer à bord et, sous de nouveaux chefs, entreprendre de nouveaux brigandages. A part les tenanciers des cabarets, les Brestois ne connaissent de cette *fœx urbis* que les arrêts qui la flétrissent. Devant ce fleuve de boue, la population honnête se signe et s'évade [1].

Mais si ce cloaque faisait gémir le chrétien, en revanche, il rappelait à Jeanbon le fameux *Supplément au Voyage de M. de Bougainville*, où Diderot exalte « la bonne nature » et félicite les Tahitiens de s'abandonner, sans réserve et sans vergogne, à ses lois. Une classe d'hommes, aussi indépendante du Décalogue, une multitude sur laquelle le Catholicisme exerce si peu de prises, ne pouvait qu'arrêter les regards complaisants du Proconsul, qui décida, sur-le-champ, d'en faire le noyau de la Cité idéale.

Ainsi se fonda cette « colonie révolutionnaire de Brest »,

---

[1]. Moreau de Jonnès : *Aventures de guerre sur le Consulat et l'empire*, t. I, p. 150 : « En un clin d'œil la ville était changée en une immense guinguette, où chacun s'amusait à sa guise.

« Le faubourg de Recouvrance devenait un vaste cabaret; une certaine rue de la vieille ville, celle des Sept-Saints, qui s'élève en amphithéâtre par de larges degrés, montrait dans sa perspective des milliers de buveurs attablés dans toute sa longueur; les maisons ne pouvaient les contenir. Hors des portes, les plaisirs étaient plus variés et moins innocents; il y avait des bals dont les danseuses ressemblaient à ces courtisanes d'Athènes au prix fixe de trois oboles. Au milieu de ces ébats universels, un jour, on entendit un coup de canon, puis un second et enfin un troisième. Les ivrognes restèrent les bras tendus vers la bouteille, les danseurs s'arrêtèrent dans leur entrechat, les syrènes fondirent en larmes, c'était le vaisseau-amiral la *Montagne* qui donnait le signal de partance. Aussitôt, une longue procession de marins, de soldats, d'artilleurs, s'achemina vers le port pour s'embarquer dans les canots qui devaient les porter en rade à bord de leurs bâtiments. La plupart des matelots, ornés de rubans bariolés, suivaient en troupes des violons enroués, des bignous criards, et armés de leurs verres et de leurs brocs de vin, ils continuaient, chemin faisant, leurs rigodons et leurs jetés-battus. »

dont le seul nom épouvantait la province. Ainsi se déchaîna contre la ville subjuguée cette vaste bacchanale qui, sur les flancs de la colline où s'étage le faubourg de Recouvrance, déroulait les rondes d'une danse délirante que menaient, jour et nuit, le Crime et le Vice — inlassables chefs d'orchestre de cette farandole.

Il arrivait, pourtant, des heures où se dépeuplait l'amphithéâtre et où se déplaçait l'orgie : c'était lorsque, sur un signe du maître, le bourreau dressait, au milieu du forum, devant le château de Brest, la machine destinée à régénérer la Marine et la Bretagne. Macabre saturnale ! Dévalant les rues, ivrognes et prostituées, toute « la colonie révolutionnaire » de Jeanbon accourait, se précipitait, dans un galop infernal, autour de l'autel où, la flamme de la Terreur dans les yeux, le citoyen Ance, la hache au poing, célébrait les Pâques sanglantes de l'humanité nouvelle. Chaque plainte des martyrs accélérait les bonds, chaque coup de couteau surexcitait les gambades, chaque tête coupée exaspérait les trépignements de cette « Danse des Morts », jusqu'à ce que la nuit engloutît dans ses ténèbres et dans son silence les cadavres et les spectateurs, la guillotine et la sarabande.

. . . .

Le Soleil de Thermidor devait naturellement dissiper ce ténébreux cauchemar et mettre en fuite cette pyrrhique stercoraire. Grâce à Dieu, « l'idéale cité » de Jeanbon n'avait pas pris racine dans le sol de l'Armorique, sanctifié par trop de vertus, ensoleillé par trop de prodiges, pour féconder cette plante vénéneuse. En mettant fin au mandat du Proconsul et à la mission du bourreau, la Convention frappa d'un arrêt de mort ce *placer* du vice. Privés de la sportule que leur allouait la République, flibustiers, pirates, boucaniers, Frères de la Côte, nervis, ruffians, forbans, gourgandines, pliant bagage, détalèrent avec les spectres que la Révolution avait fait sortir du « Puits de l'Abîme » pour asservir et polluer ce coin de France. Si la Débauche et si le Crime ne peuvent jamais, hélas ! quitter l'arène où s'agitent les foules, ces deux Puissances cessèrent, du moins, d'y occuper le trône sur lequel les avait érigées le Proconsul. La République vaincue et Jeanbon révoqué, la Bête perdit, — avec sa liste civile et sa Cour, — son omnipotence et ses maléfices.

LIVRE III

ROCHEFORT

CHAPITRE PREMIER

LES DÉBUTS DE LA RÉVOLUTION

I. — L'arsenal de Rochefort. — Indolence traditionnelle des ouvriers. — La « molle Charente ».
II. — Le chômage du port. — La pénurie du pain provoque une émeute le 26 avril 1789. — Boulangeries saccagées. — Ordre momentanément rétabli.
III. — Fête de la Fédération. — Autel de la Patrie. — Participation des communautés religieuses aux fêtes civiques.
IV. — Les boutefeux de Rochefort : Niou, Charlot de la Grandville et Romme. — Religieux affiliés à la Franc-Maçonnerie. — Rôle des Loges.
V. — Le comte Louis de Vaudreuil, commandant de la Marine. — Officiers laborieux et patriotes. — Le registre des correspondances de Vaudreuil.
VI. — Premières violences. — L'administrateur du bagne Perrault. — On l'oblige à s'agenouiller sur le balcon de l'Hôtel de Ville.
VII. — Autres sévices. — Le Major de la Marine Mac-Carthy Martaigne menacé. — Incidents sur incidents. — Le pavillon blanc remplacé par le pavillon tricolore. — Manifestations populaires. — Les cravates des drapeaux.
VIII. — Découragement et exode des officiers. — Insubordination des marins.
IX. — Lettre de Vaudreuil au ministre de la Marine. — Carence de candidats pour les emplois vacants.

I

Les trois arsenaux de l'ancienne Monarchie : Toulon, Brest et Rochefort, avaient chacun leur tempérament et leur caractère. Toulon, c'était l'indiscipline; Brest, la fougue brutale; Rochefort, l'indolence. Le caractère charentais se reflète dans le sol, sans accident, mais non sans poésie. Si ce pays ras manque d'envolée, si l'observateur ne découvre qu'une grande région plate, tristement coupée de vignobles, de guérets et de marécages, médiocrement boisée, à peine onduleuse et s'ouvrant, de distance en distance, par une lointaine échappée de vue, sur la mer, — les villages blanchâtres, avec leurs églises à terrasse et leurs tours saxonnes, érigés sur les renflements de la plaine; les fermes ceintes de bouquets d'arbres et les prairies, bordées de saules, animent pourtant ce vaste et monotone paysage, où souffle la brise salée de l'Atlantique et où vibre, par instants, sa douloureuse complainte. La mer, céruléenne et languide, n'est pas aussi calme qu'elle le paraît de loin : de subits accès de colère font tout à coup tressaillir ou même chavirer les barques qui se fient à sa clémence. Le profil de la côte, les plages de sable blanc, les tranquilles et nettes silhouettes des arbres et des clochers, le ciel, blanc d'argent, évoquent le souvenir de Fromentin et de son *Dominique*. Voilà bien le « charme pauvre » des sites où se complaît le peintre saintongeais.

En 1766, la France méditait une expédition contre le Maroc. Chargé des préparatifs, Rochefort ne poussa pas les travaux avec l'énergie qu'exigeait le Ministre de la Marine, le duc de Choiseul [1]. Peu endurant, Choiseul n'entendait pas que la nonchalance des ouvriers compromît l'intérêt de l'État. « Je ne dois pas vous cacher, — écrivit le grand seigneur lorrain à l'intendant Froger de l'Éguille, — que les lenteurs extraordinaires qu'on éprouve dans les

---

1. *Archives nationales*, DXVI 14-24; F 73664. — *Archives de la Marine* à Rochefort. Registre de la Correspondance du Comte de Vaudreuil; Archives privées du château de Rère, à M. le Comte d'Orléans.

armements qui se font à Rochefort sont très nuisibles au service. Je vous recommande de presser les ouvrages. Je serai obligé de faire suivre les armements par d'autres ports si l'on n'apporte pas plus de diligence et d'exactitude dans celui de Rochefort [1]. » Cinq ans plus tard, le successeur de Choiseul, Bourgeois de Boynes [2], las d'une torpeur qu'aucune remontrance ne peut vaincre, donne l'ordre de licencier l'Arsenal. Le travailleur saintongeais paraît décidément réfractaire aux tâches urgentes. Le Commandant de la Marine, M. de Maurville [3], le maire du Lau-

1. Froger de l'Éguille ne laissa pas cette lettre sans réponse. Il fit remarquer que si, dans les ports de Brest et de Toulon, les mouvements étaient plus prompts, c'est que la Marine avait à sa disposition des forçats. En conséquence, il demanda une chiourme de cinq à six cents forçats. Au mois de septembre 1766, arriva de Brest à Rochefort une chaîne de quatre cents galériens et, deux mois après, une autre de deux cents condamnés vint compléter le contingent. Voir VIAUD et FLEURY : *Histoire de la ville et du port de Rochefort*, t. II, pp. 111-113.

2. BOYNES (Pierre-Étienne-Bourgeois de), d'abord procureur de la Chambre Royale et successivement intendant de la Franche-Comté, premier président du Parlement de Besançon 1757, conseiller d'État en avril 1761, fut nommé au mois d'avril 1771 ministre de la Marine, en remplacement du duc de Praslin. Boynes resta en fonctions jusqu'à la mort de Louis XV. Au début du règne de Louis XVI, le 23 juillet 1774, il céda la place à Turgot, qui ne fut d'ailleurs que son successeur provisoire. M. F. Lacour-Gayet (*La Marine militaire de la France sous Louis XV*) dit que Boyne · s'aida des lumières d'un officier bleu, nommé Boux, qui était entré dans le « grand corps » comme lieutenant de vaisseau. Boynes se rendit surtout célèbre par l'ordonnance du 17 février 1772 qui créa huit régiments, ou brigades, dont l'ensemble formait le Corps Royal de la Marine. A chaque régiment devaient être attaché plusieurs vaisseaux et frégates et un certain nombre de compagnies d'artillerie. Un des grands mérites de Boynes fut de constituer, sous les ordres de d'Orvilliers, une escadre d'évolution. Il eut une idée non moins heureuse : ce fut d'établir au Havre une École royale de Marine. Boynes mourut en 1783. MOREAU, dans ses *Souvenirs* (I, 74), dit que « Boynes est savant, sachant les formes et très bonne tête ».

3. MAURVILLE (Hippolyte-Bernard Bidé de), né le 29 janvier 1701, garde-marine en 1715, chef d'escadre en 1764, commandant de la Marine à Rochefort en 1772, lieutenant-général en 1775, mort le

rens [1] et l'intendant d'Aubenton [2] eurent toutes les peines du monde à sauver Rochefort de la déchéance. Est-ce à dire que l'ouvrier rochefortais soit une sorte de lazzarone, ne besognant qu'à ses heures? Non ! Mais comme la molle Charente, son activité se déploie avec une marécageuse lenteur. Sans initiative et sans ressort, accessible à tous les conseils, aux bons et aux pires, s'il obéit sans passion comme sans enthousiasme à la consigne des mauvais bergers, il accepte et subit, avec non moins de docilité, le magistère des supérieurs énergiques. Curieuse permanence du caractère de la Race ! L'histoire locale nous le montre, encore aujourd'hui, plus bruyant que pervers et plus enclin aux gasconnades qu'aux voies de fait : la Garonne est si proche !

Au début de la Révolution, cette mollesse et cette fluidité contrecarrèrent les trames du parti jacobin et maintinrent les apparences de l'ordre. Si, dans les deux autres ports militaires du Ponant et du Levant, à Brest et à Toulon, les Bretons et les Provençaux, fanatisés par les sectes, ensanglantèrent le Forum, à Rochefort, le Club des Amis de la Constitution tira de nos Charentais plus

---

29 janvier 1784. Ses cinq fils furent officiers de Marine. (*Archives de la Marine*, C⁷.)

1. LAURENS (Joseph-Michel, du), deuxième médecin de la Marine, fut nommé maire de Rochefort par ordonnance du Roi du 1ᵉʳ janvier 1771. Destitué en 1772, il racheta la charge de maire, et une ordonnance du Roi du 24 février 1773 le nomma en cette qualité.

2. D'AUBENTON (François-Ambroise), fils de d'Aubenton de Vauroux et d'Anne L'Enfant, né à Paris, en 1721. Commis à la Cour sous les ordres de son père, en 1756; — commissaire ordinaire en 1749 à Toulon; — commissaire général le 1ᵉʳ avril 1762; intendant à Rochefort le 1ᵉʳ janvier 1771; retiré avec une pension de 16.000 livres le 5 décembre 1776; conseiller d'État le 22 décembre 1776. François d'Aubenton avait épousé Marguerite de l'Espine. Mort le 30 septembre 1793 à Mornay (Charente-Inférieure). (Communication *de son arrière-petit-fils M. d'Aubenton-Carafa.*)

de vociférations que de coups et plus de bourrades que de tueries. La faconde des conspirateurs ne remuait pas facilement ces ruraux à peine dégrossis. Les excitations de la rue lassaient vite la paludéenne nonchalance de ces ouvriers jamais pressés.

II

Pendant l'hiver de 1788-1789, la bohème des villes environnantes, chassée par le froid et par la faim, avait envahi la ville, devenue peu à peu le rendez-vous de tous les loqueteux et de tous les vagabonds de l'Aunis. Le chômage du port et la rareté du pain exaspérèrent ces truands et les précipitèrent, le 26 avril 1789, à l'assaut de deux boulangers transformés, selon le vocabulaire de l'époque, en « accapareurs de farines ».

Les boutiques saccagées et l'estomac satisfait, les pillards poussent déjà le sieur Ayraud vers la gueule béante d'un four incandescent, lorsque la maréchaussée, le sabre au poing, fend la foule, enlève le « coupable » et prévient un crime. Mais il faut ramener à la raison les ouvriers enfiévrés par la rhétorique des tavernes. Les édiles rochefortais veulent haranguer la multitude : les perturbateurs conspuent la Municipalité impuissante. Le régiment des Chasseurs Bretons, requis en toute hâte, se montre, grâce à Dieu, plus persuasif que l'éloquence municipale. Le cliquetis des colichemardes, le scintillement des panaches et le galop des chevaux, effraient les agitateurs mal aguerris et dispersent, en un clin d'œil, une foule plus tumultueuse que violente.

Mais ce n'est là qu'une de ces émeutes banales comme il en éclata si souvent sous le règne de Louis XIV et sous la Régence, — simples soulèvements agraires que suscite l'insuffisance des récoltes et qu'apaise l'arrivage des blés. A cette heure, le feu de la Révolution ne calcine pas encore l'âme populaire.

Quand le vrai drame commence, le rideau se lève sur un décor d'idylle. Le 23 août 1789, le régiment de Royal-Roussillon, les troupes de la Marine, le Corps des Officiers de vaisseau, les maîtres entretenus, la Compagnie d'artillerie de Bluget et la maréchaussée s'alignent côte à côte sur la Place d'Armes avec les Chasseurs nationaux et les Milices urbaines.

Sous le soleil qui flamboie, autour de l' « Autel de la Patrie », que festonnent des guirlandes de fleurs et de feuillage, les troupes soldées fraternisent avec la garde bourgeoise, glorieuse de son virginal harnais de guerre. « Un même élan, — disent les journaux de l'époque, — enflamme et rapproche les classes jadis rivales. » En présence de l'Intendant et du Gouverneur de la Province, le duc de Maillé [1],

1. MAILLÉ DE LA TOUR-LANDRY (Charles-René, comte, puis duc de), né le 5 octobre 1732. D'abord page du Roi, puis capitaine de dragons, épouse, en 1755, Louise Savary de Brèves de Jarzé, fille de Savary de Brèves, marquis de Jarzé, et de Bonne Damaris de Bricqueville la Luzerne, dame de compagnie de la princesse de Condé et gouvernante de ses enfants. Gentilhomme de la maison de Condé, Charles-René fut promu, en 1758, colonel du régiment de Condé-Infanterie, chevalier de l'Ordre de Saint-Louis la même année, brigadier des armées en 1766, maréchal de camp le 5 janvier 1770, premier gentilhomme du comte d'Artois en 1773, chevalier de l'Ordre de Saint-Lazare et de Notre-Dame du Mont-Carmel en 1779, Lieutenant-général le 1er janvier 1784, et la même année, chevalier du Saint-Esprit. Le couronnement de toutes ses dignités fut son élévation, en 1784, au titre de duc héréditaire, — non pair.

Charles-René perdit sa première femme en 1766. Il se remaria, le 8 mars 1769, à Madeleine-Angélique-Charlotte de Bréhan. Meurt le 15 janvier 1791. Dans la journée du 10 août 1792, sa veuve, la duchesse de Maillé, voulant pénétrer aux Tuileries, secouait avec désespoir les barreaux de la grille. Comme les tricoteuses en gardaient l'accès, la duchesse, parlant de la Famille royale menacée de mort, dit aux affreuses geôlières : « J'étais avec eux, lorsqu'ils étaient dans la joie, je veux être avec eux, lorsqu'ils sont dans la peine. » Aussitôt, les grilles s'ouvrirent devant la courageuse femme.

convoqués pour témoigner de cette liesse et jouir de cet accord, l'armée et la bourgeoisie confondent leurs rangs, leurs couleurs et leurs espérances. Mais ce n'est pas encore assez. Un serment solennel consacre la concorde des cœurs. L'armée jure de rester fidèle au drapeau et au Roi ; la Milice promet de maintenir la paix et de sauvegarder l'ordre.

Le 6 avril suivant, une fête nouvelle élargit le cadre de l'églogue et y fait entrer les Confédérés de toute la région. La Rochelle, Niort, Saintes, Marennes, Jonzac, Mirambeau, Saujon, etc., bref, deux cents communes encombrent Rochefort de leurs délégués, l'embrasent de leur allégresse et l'accablent de leurs serments. On ne saurait alors accuser l'Église de bouder le nouveau régime, de se défier de ses effusions et de s'isoler de ses cérémonies. La joie commune l'envahit et l'exalte. Si le Pouvoir civil dresse aux portes de Rochefort, sous un fastueux baldaquin, un pavillon flanqué de quatre obélisques, le Clergé, malgré ses répugnances pour les pompes païennes, brigue et obtient l'honneur de décorer lui-même le monument municipal. Après avoir paré de verdure les reposoirs de la Fête-Dieu, les Sœurs hospitalières enjolivent avec le même zèle et le même goût l'Autel de la Liberté [1].

Elle mourut le 26 juillet 1819. Le duc de Maillé n'avait pas eu d'enfants de sa première femme. De la seconde il laissa deux fils ; le duc de Maillé actuel est le petit-fils de l'aîné, Charles-François-Armand. (Chanoine LEDRU : *La Maison de Maillé*, t. I, pp. 402-414.)

1. Un an plus tard, au mois d'avril 1791, les mêmes Filles de Saint-Vincent de Paul étaient dénoncées par le club des Jacobins comme complices d'un « attentat contre les lois commis par le sieur Cosson, prêtre insermenté ». Quel était cet « attentat »? Les Sœurs hospitalières avaient reçu la communion pascale des mains de ce vénérable ecclésiastique. Voilà tout. En exerçant son ministère spirituel, l'abbé Cosson « cherchait à allumer, dans tout l'Empire, — disaient les délateurs, — les torches effrayantes de la guerre civile ». — L'abbé LEMONNIER : *Études historiques sur Rochefort-sur-Mer*.

Au moment où les Communautés monastiques prennent une part si sincère aux solennités civiques, l'Assemblée nationale a confisqué les biens des Corporations religieuses et revendiqué pour les Caisses de l'État l'argenterie des églises. Mais ces sécularisations, si cruelles qu'elles soient, ne détachent de la « cause nationale » ni le clergé régulier, ni le clergé des paroisses. Les Prêtres séculiers, les Capucins, les Lazaristes qui desservent les temples, les hôpitaux et les chapelles, s'associent à la cérémonie civique, et l'un d'eux, le curé de Notre-Dame, après avoir bénit le drapeau fédéral, déployé au-dessus de l'autel, harangue la foule et entonne le *Te Deum*. Serments et discours débordent de protestations pacifiques et d'effusions fraternelles. Mais, pendant que ces tendresses s'échangent, toutes les âmes vibrent-elles des mêmes élans et brûlent-elles des mêmes ardeurs?

Au moment même où les délégués des Communes, enflammés du plus sinc enthousiasme, jurent, à la face du Ciel, de défendre jusqu'à la mort la Constitution et la Monarchie, la haine ourdit d'autres desseins et profère d'autres serments dans les catacombes des Sociétés secrètes. A la hiérarchie ostensible de l'*Almanach Royal* se superposait, depuis plusieurs années, le magistère occulte des Loges.

III

La Franc-Maçonnerie avait enrôlé de bonne heure trois hommes : l'ingénieur de la Marine Niou [1], l'intendant ordonnateur Charlot de la Grandville [2] et le professeur

---

[1]. Nommé maire le 11 juillet 1790, puis élu membre de la Convention.

[2]. LA GRANDVILLE (Jean-Charles-Bernardin, CHARLOT de), né à

d'hydrographie Romme [1], artificieux conspirateurs destinés à supplanter tous les chefs, à ramasser toutes les fonctions, à dicter toutes les lois. Il fallait un personnel à cette Sainte-Wehme. Le triumvirat avait choisi ses affiliés parmi les contremaîtres de l'arsenal et les aumôniers de la Marine [2].

Dinan le 14 janvier 1737, épouse, en 1766, Adelaïde-Rosalie de Petit-Cardon, originaire de Saint-Malo. Successivement intendant de la Marine à Rochefort en 1785, ordonnateur en 1792, plus tard chef des Bureaux civils de la Marine, Ch. de la Grandville prend sa retraite le 30 août 1794, et se retire à Bordeaux, où il mourut le 10 septembre 1804.

Charlot de La Grandville suscita les premières agitations, en désignant pour le remplacer à l'Assemblée de la Noblesse d'Aunis (mars 1789) le Procureur du roi Orceau de Fontette. Il fallut un arrêté royal (28 mai 1789) pour faire accepter ce dernier. Charlot de la Grandville mérita de rester à la tête de l'Administration, même pendant les plus mauvais jours de la Terreur.

1. ROMME (Charles), né à Riom vers 1744, mort à Rochefort en 1805. Il fit ses études à Paris, entra en relation avec Lalande, sous la direction duquel il étudia l'astronomie, puis devint professeur de mathématiques et de navigation à l'École de Rochefort. Nommé membre correspondant de l'Académie des Sciences (1778), et géographe du roi. Il obtint une mention dans un concours ouvert, par cette savante compagnie, pour perfectionner la fabrication du salpêtre. Il devint membre de l'Institut lors de la création de ce corps. Nous citerons, parmi ses ouvrages : *Mémoire où l'on propose une nouvelle méthode pour déterminer les longitudes en mer* (1777, in-8°); *l'Art de la mâture des vaisseaux* (1778, in-fol.); *l'Art de la voilure* (1781, in-fol.); *l'Art de la Marine* (1787, in-4°); *Dictionnaire de la Marine française* (1792-1813, in-8°); *Dictionnaire de la Marine anglaise* (1804, 2 vol. in-8°).

Lors de la suppression de l'École d'hydrographie, le Commandant de la Marine à Rochefort, l'amiral de Vaudreuil, écrivit au Ministère pour l'intéresser au sort de Romme, qu'il représentait comme dépourvu de fortune. Or, quelques mois plus tard, Romme achetait les biens du Collège de La Rochelle, situés à Ciré, moyennant la somme de 26.000 livres.

2. Les Capucins, dit M. l'abbé Lemonnier, avaient beaucoup perdu de leur ancienne ferveur. Plusieurs d'entre eux étaient affiliés à la Franc-Maçonnerie; nous avons lu le diplôme maçonnique du P. Théophile, gardien des capucins de Rochefort. Ce document porte que le P. Théophile avait été reçu Grand-Écossais à la Loge d'Angoulême et qu'il avait pris part à plusieurs réunions dans les Loges de Rochefort

Quelle résistance efficace peut opposer un pouvoir régulier à l'oblique agression d'un adversaire embusqué dans les ténèbres? Recrutées le plus souvent parmi les agents de l'Administration elle-même, les Loges frappaient, à coup sûr, une Puissance déjà trahie par ses propres serviteurs. Avant de riposter et de sévir, les officiers, les magistrats, les fonctionnaires, restés fidèles, s'imposaient les lenteurs d'une procédure qui soumettait la répression à des lois dont s'affranchissait l'attaque. Dans cette lutte inégale entre l'honneur et le parjure, le dernier mot devait fatalement rester à l'ennemi clandestin qui, s'assurant l'avantage de l'offensive, fixait lui-même l'heure, les conditions et le sort du combat.

IV

Depuis 1785, les services maritimes de Rochefort se trouvaient dans les mains du Chef d'Escadre Louis de Vaudreuil. De même que le comte d'Hector à Brest et l'amiral d'Albert de Rions à Toulon, le comte de Rigaud de

---

et de La Rochelle. Le cachet de R. Bertier, ci-devant « P. André d'Angers », nommé, plus tard, curé constitutionnel de Saint-Louis, porte le compas et l'équerre maçonnique.

« Le 30 janvier 1791, les capucins Guesnet, Lay, aumôniers de l'hôpital de la Marine, Cipière, aumônier du bagne, le carme Peluchonneau, aumônier de l'Hôpital, l'augustin Masdebord, aumônier du Corps royal de la Marine (4e régiment), prononcèrent le serment exigé par la Constitution civile du clergé, en compagnie de deux prêtres séculiers, MM. Laydet, curé de Notre-Dame, et Couzineau, son vicaire.

« Le 28 février 1791, cinq autres capucins s'assermentèrent. L'un d'eux, François Gréard, en religion Donatien d'Orléans, devint le président du Club des Jacobins. Ses confrères, enrôlés dans le clergé constitutionnel, étaient les orateurs habituels du Club et de la Loge. Les huit prêtres lazaristes attachés à la paroisse de Saint-Louis refusèrent tous le serment. »

Vaudreuil [1] honorait les fonctions dont M. de Sartines l'avait investi, non seulement par l'aménité de ses manières, mais par l'élévation de son âme. Une instinctive droiture, une intelligente bienveillance, une sollicitude sans relâche pour les humbles, un culte ardent de la France et de sa gloire, fortifiaient chez ce gentilhomme les vertus professionnelles et les qualités de la race.

Sur la foi de trop nombreux Mémoires, l'opinion publique, trompée par Rivarol, par Bachaumont, par Lauzun, par Walpole, par Diderot, etc., se représente volontiers les fonctionnaires et les administrateurs de l'Ancien Régime comme des freluquets en habit zinzolin, le chapeau

---

1. VAUDREUIL (Louis-Philippe de Rigaud, comte de), député aux États Généraux, exposa, comme on le sait, courageusement sa vie dans la nuit du 5 au 6 octobre 1789, pour sauver la famille royale. Il eut plusieurs enfants dont l'aîné, Louis-Philippe, marquis de Vaudreuil, né à Rochefort, le 18 avril 1724, devint lieutenant-général des armées navales et fut une des gloires maritimes de la France. En 1780, il commandait à Rochefort le vaisseau le *Magnanime*. Dans la guerre américaine, de 1781 à 1783, il fit partie de l'escadre du Comte de Grasse et commandait le vaisseau le *Sceptre*. Il fut grièvement blessé le 12 août 1782 à la bataille de Saintes et à la Dominique. La Peyrouse prit le commandement du *Sceptre*. Il fut promu chef d'escadre le 14 août 1782. La célébrité du Marquis a fait oublier son frère, le comte Louis, appelé *Vaudreuil cadet*, Chevalier de Saint-Louis, Chef d'escadre et Commandant de la Marine à Rochefort, du 30 avril 1785 au 14 juillet 1792. Les services qu'il a rendus durant les premières années de la période révolutionnaire, son administration juste et bienveillante, méritaient mieux. (*Archives de la Marine* C[1] 169.)

Après sa démission, le comte de Vaudreuil se retira dans sa propriété du Breuil, près Saintes, où sa femme et lui furent arrêtés comme suspects en 1793, et conduits à la prison de Brouage, d'où ils ne sortirent que le 11 février 1795. M. de Vaudreuil mourut en 1811, laissant quatre enfants : 1º Jean-Louis, né à Rochefort le 18 mai 1768, chef d'escadron, mort à La Réole, le 21 octobre 1845. 2º Pierre-Louis, né à Saintes, le 18 septembre 1770, officier d'artillerie en 1789, secrétaire d'ambassade sous la Restauration, mort à Saintes le 3 avril 1853. 3º Marie-Madeleine-Louise, née à Saintes le 27 avril 1767, mariée, le 25 octobre 1785, à Jean-François-Jacques, marquis de Calvimont, morte le 25 novembre 1826. 4º Louise-Thérèze, morte à Saintes, le 1er septembre 1857, à l'âge de soixante-dix-sept ans.

galonné sous le bras et l'épée de nacre en verrouil, — courant du salon de Mme du Deffand à la chaumière de Mme d'Épinay, intriguant le matin dans les antichambres de Versailles, minaudant l'après-midi dans les bosquets de Trianon et fleuretant le soir dans les coulisses de l'Opéra. Sans doute, une cohue de damerets baguenaudait à Paris, de ruelle en ruelle, colportait tour à tour chez Mme Geoffrin et chez Mlle de Lespinasse les épigrammes aiguisées la veille chez Mme d'Houdetot, — quêtant un sourire de Voltaire, et, le lendemain, faisant la cour à Mme du Barry ou à Mme de la Tournelle. Mais ce patriciat frivole n'incarnait pas plus la France d'autrefois que le « Tout-Paris » de nos feuilles mondaines ne reflète aujourd'hui nos hautes classes sociales. A côté d'une tribu d'oisifs et d'agités, friands de commérages et de scandales, travaille une élite appliquée à ses devoirs, rebelle à la dissipation, réfractaire au bruit, étrangère à tous les libertinages. Molière, Lesage, Regnard, Marivaux, etc., ne mettent guère en scène que des gens de Cour qui passent leur temps à faire des visites ou des conquêtes. Grâce à Dieu, ces exercices galants n'obsèdent pas tous nos grands seigneurs. Le comte de Vaudreuil nous a laissé un registre qui nous montre un gentilhomme inflexiblement dévoué à sa tâche, correspondant, chaque jour, pendant sept ans, avec les Ministres Castries, Sartines, Bertrand de Molleville ou Fleurieu, — passionnés, comme lui, pour les obligations de leur charge et pour le bien de l'État.

Un de nos amis [1] a bien voulu compulser pour nous cette Correspondance où se répercutent, jour par jour, heure

---

[1]. En faisant des recherches aux *Archives* du port de Rochefort, M. l'abbé Lemonnier, aumônier du lycée, a trouvé le Registre-copie des lettres adressées par le comte Louis de Vaudreuil au Ministère de la Marine. Dans ces lettres, le Chef d'escadre rapporte, au jour le jour, tous les incidents de la ville et du port. Pendant les cinq

par heure, les sollicitudes et les agitations ambiantes. Pas un moment, Vaudreuil n'avilit l'autorité que le Gouvernement lui a conférée. Son âme s'égale à toutes les vicissitudes et se redresse contre tous les revers. Si le fonctionnaire fléchit parfois, c'est que le Ministre l'exige ou que l'humanité le conseille. Ni les provocations, ni les injures ne troublent ce grand cœur, toujours maître de lui-même jamais avare de son dévouement, mais malheureusement incertain de son devoir. Devant le drame qui se déroule, comment Vaudreuil oublie-t-il, en effet, qu'il porte, au flanc gauche, une épée? Cette épée n'est pas un joujou de Cour, mais une arme sacrée. Si son Roi lui a confié ce fer, c'est sans doute pour défendre la Monarchie et la France. D'où vient pourtant que le glaive reste au fourreau? L'impeccable administrateur du xviiie siècle supplante, hélas ! le chevalier du xve.

V

La première violence que Vaudreuil mentionne dans son Registre s'exerce contre un administrateur du bagne, le sieur Perrault, bureaucrate austère, qui, pendant une

---

premières années, les notes se succédèrent, claires et brèves. Mais, à partir de 1790, quand la Révolution précipite sa marche, le Commandant de la Marine ne se borne plus à la courte mention d'un armement ou d'une promotion, il écrit ses impressions, ses craintes, ses pressentiments. Ce registre oublié ne contient pas seulement la nomenclature aride des Actes administratifs, il révèle l'état d'âme d'un officier supérieur dévoué à son Roi, aimant la Marine, et qui voit l'un et l'autre emportés par une tempête devant laquelle il se sent impuissant.

Lettré délicat et historien documenté, M. l'abbé Lemonnier s'est donné la peine de relever pour nous dans cette Correspondance les principaux faits qui mettent en relief l'état d'esprit des marins et des hommes politiques saintongeais pendant les premières années de la Révolution.

kermesse civique, a surpris un de ses employés fraternisant, le verre à la main et les jambes flageolantes, avec un groupe de soldats ivres. Cet oubli de la dignité professionnelle valut à l'agent les remontrances du rigide supérieur, jaloux du bon renom de ses subordonnés.

L'année précédente, le subalterne, frappé d'une admonestation, aurait baissé la tête. Mais, depuis la prise de la Bastille, un vent de fronde souffle dans toutes les zones de la société française. Au lieu de désarmer le coupable, la paternelle algarade de Perrault l'exaspère. A la voix de l'employé factieux, ceux-là même qui, la veille, pleins d'horreur pour « la barbarie féodale », avaient, debout, tête nue, devant l'Autel de la Patrie, juré de considérer désormais tous leurs compatriotes comme des frères, font cette fois le serment de pendre sans débat le contempteur de la Majesté populaire...

Le corps de l'aristocrate Perrault allait, séance tenante, se convulser à la fourche d'un réverbère, quand les échevins, prévenus, donnent l'ordre d'enlever « le criminel » et de l'acheminer vers l'Hôtel de Ville. La geôle municipale soustrait le dangereux conspirateur à la potence, mais non à la juste expiation que mérite son sacrilège. Obéissant aux bienveillantes adjurations des autorités urbaines, Perrault, pour racheter sa vie, s'agenouille sur le balcon de l'Hôtel de Ville et, le front découvert, les mains jointes, demande pardon au peuple d'avoir méconnu l'infaillibilité de la Démocratie en gourmandant un ivrogne. Comme dans les arènes antiques, le nouveau César daigne lever la main pour faire grâce.

Indigne désormais d'habiter Rochefort, Perrault reçoit l'ordre de sortir sur-le-champ de la ville qu'il vient d'outrager. Une sentence d'exil sidère le coupable. Entourant le proscrit, le Maire et le Corps municipal évacuent la Maison commune, traversent les rangs de la foule et conduisent Perrault à la porte Charente, où une voiture, flanquée de dragons, le reçoit, l'entoure et l'emporte à Niort. Ne se croirait-on pas à Pise ou à Sienne, au temps des Sforza ou des Castracane?

VI

La Monarchie n'est pas encore déchue que, déjà, les mœurs et les lois des Républiques italiennes exercent leur empire et leurs sévices. Contre les Rois Capétiens, les Français ont pu, pendant des siècles, appliquer le droit de remontrance. Plus attachés au principe d'autorité que les anciens maîtres, — les Jacobins notifient, dès maintenant, à leurs sujets, le dessein de ne plus tolérer cette licence.

La délivrance de l'agent du bagne avait leurré cette soif du sang qu'allument, dans les veines de toute populace débridée, la paresse et le désordre, l'anarchie et la luxure [1]. Il fallait un cadavre aux ruffians du port. Quarante heures après l'exode de Perrault, les marins pendent un compagnon de taverne au pilori des halles.

Un jour, — le 3 septembre 1790, — le Major de la Marine Mac-Carthy Martaigne décide que la cloche du port cessera de sonner les jours de pluie. A la lecture de ce simple arrêté, dix mille ouvriers se soulèvent, entourent le vaillant chef d'escadre et veulent lui faire un mauvais parti. Aucun officier n'inspire plus le respect que Mac-Carthy. Quelques paroles lui suffisent pour calmer les mutins et

---

[1]. Dans une lettre datée du 14 août 1790, Vaudreuil écrit au Ministre de la Marine que la débauche ronge l'armée et la Marine, et le peuple l'hôpital. « Le nombre des malades est si grand, écrit l'amiral, *que le service du port et des vaisseaux est entravé.* »

Parmi les causes de la Révolution, personne n'avait encore signalé le chancre du libertinage.

Vaudreuil joint à sa lettre un extrait de la situation de l'hôpital de Rochefort.

les soustraire, pendant vingt-quatre heures, aux mauvais conseils et à l'influence des meneurs. Mais l'alerte n'en fut pas moins très chaude [1].

Les incidents succèdent aux incidents. Les matelots du quartier de Souillac abandonnent leur poste, sous prétexte qu'ils n'ont pas la même ration que les autres marins. Mensonges ! M. de Vaudreuil n'admet la sincérité d'aucune de leurs doléances. « Quant aux mauvais traitements qu'ils disent avoir éprouvés, les officiers ont eu la plus grande attention à les traiter, et, en général, les officiers mariniers ont eu plus à souffrir des matelots que ceux-ci de leurs officiers. » A cette époque, la Marine arbore encore le pavillon blanc constellé de fleurs de lys. Le 22 octobre 1790, l'Assemblée nationale, sur la proposition de Mirabeau, décrète que le pavillon tricolore remplacera désormais, sur les vaisseaux de l'État, l'antique bannière royale. Rouge, blanc, bleu, le bleu flottant, le nouvel étendard s'encadre d'une bande étroite, moitié bleue, moitié rouge.

Le dimanche 19 décembre 1790, à midi, les nouvelles couleurs somment le vaisseau-amiral, où officie, sans conviction et sans joie, le Commandant de la Marine, entouré de tous les officiers et des Corps civils et militaires. Vers deux heures, à la vue du pavillon qui surgit, les cris cinq à six fois répétés de *Vive la Nation ! la Loi ! le Roi !*

---

1. GUÉRIN (*Histoire de la Marine*, III, 40). Mais M. de Vaudreuil raconte autrement l'incident. « Le 3 septembre, raconte le Commandant de la Marine, une troupe de compagnons calfats, poussés sans doute par des gens malintentionnés, sortait du port à l'heure du déjeuner et allait tumultueusement chez M. de Martaigne, qu'on leur avait dit avoir déchiré la feuille d'augmentation de paye qui leur avait été accordée. Ce bruit n'avait nul fondement. La Municipalité envoie deux de ses membres qui parviennent à ramener les manifestants dans le port. »

Mac Carthy-Martaigne avait été nommé garde-marine au mois d'août 1754; lieutenant de vaisseau le 15 novembre 1771; capitaine le 4 avril 1780, directeur des constructions le 28 décembre 1782, et Major général de la Marine à Rochefort en 1786.

et une bordée de vingt et un coups de canon accueillent le drapeau national. Immédiatement après, le pavillon tricolore couronne les mâts de tous les navires en rade et provoque les mêmes acclamations et les mêmes salves d'artillerie. Cette solennité vaut au Commandant de la Marine les félicitations du Roi « qui, — mande le Ministre, le 31 décembre 1790, — s'est montré satisfait de la manière dont on a rempli ses intentions ». Le style officiel du nouveau régime inaugure, à cette heure, ses fourberies protocolaires.

Les Municipalités, les Clubs, les Avocats, toutes les individualités et tous les Corps, les plus étrangers à la flotte et les plus hostiles au Pouvoir interviendront désormais dans les cérémonies maritimes, pour les diriger ou les travestir. En revanche, l'autorité des officiers s'éclipse devant la Royauté des tavernes. « J'ai l'honneur [1] de vous informer, écrit Vaudreuil le 29 mai 1791, que, samedi au soir, 26 mai, pendant que nous étions au Conseil, plusieurs membres de la Société des Amis de la Constitution vinrent en députation me demander mon agrément pour présenter, le lendemain, aux deux divisions qu'ils doivent passer en revue, des cravates pour être attachées aux drapeaux. Je leur répondis que, comme vous ne m'aviez transmis aucun ordre à cet égard, je n'étais pas autorisé à permettre qu'il fût rien changé ni ajouté aux drapeaux. Alors, ils nous dirent que leur projet avait été de n'offrir ces cravates que lorsque l'ordre de les prendre m'aurait été adressé, mais que nos troupes ayant été informées de leur intention, ils avaient fait une députation pour leur témoigner le désir qu'elles avaient de voir, le plus tôt possible, ces cravates attachées à leurs drapeaux. Je répliquai qu'il était bien étonnnat que les troupes eussent fait cette demande sans en avoir prévenu leurs chefs et obtenu leur agrément ; ces Messieurs

---

1. Lettre du 7 septembre 1790.

me dirent que, si je ne consentais pas, ils n'iraient pas leur présenter ces cravates, mais qu'ils avaient lieu de craindre que ce refus ne mécontentât les troupes et qu'il n'en résultât du désordre. »

Toujours le même argument : « Obéissez à nos injonctions, ou gare à notre vengeance ! Votre résistance, d'ailleurs, ne nous désarmera pas. » En présence de cette sommation, le pauvre Vaudreuil se lamente et s'évade.

« MM. de Tilly et de Maurville, qui devaient, en leur qualité de Commandants d'escadre, être présents, le lendemain, à la revue, étant présents au Conseil, nous jugeâmes qu'après la démarche irrégulière qu'avait faite la troupe, il valait mieux que les cravates fussent reçues par ces deux chefs et attachées aux drapeaux avec leur autorisation, que de courir le risque de les y voir mettre, malgré la défense qu'on aurait pu en faire, et ça été exécuté, comme nous en étions convenus. » Tout ce qui se passe ici, comme ailleurs, accuse l'impuissance des chefs, partagés entre une autorité royale craintive et une faction furibonde [1]. »

VII

Le découragement gagne de plus en plus les officiers, mis en quarantaine, honnis et remplacés par les Sectes victorieuses. A son tour, le Ministre déserte un poste où la France ne peut plus être utilement servie. Instruit de ce départ, le 28 avril 1791, M. de Vaudreuil écrit au Ministre de la Marine, M. de Fleurieu :

« J'ai appris hier, avec bien du chagrin, que vous aviez

1 Lettre du 31 mai 1791.

donné votre démission, et je ne peux cependant qu'approuver le parti que vous prenez de quitter une place qu'on ne cherche qu'à avilir, et où il ne vous était plus possible de faire le bien; le Roi étant sans pouvoir, sans autorité, quelle peut-être celle de son Ministre et de toutes les personnes chargées de faire exécuter ses ordres [1]? »

Ébranlés par la débandade de leurs chefs, les officiers partent en congé ou demandent leur retraite. « L'anarchie qui règne dans la Marine, les désagréments auxquels les officiers sont exposés dans les circonstances actuelles en ont éloigné un grand nombre qui sont très attachés au service et faits pour y parvenir [2]. »

Le Ministre se préoccupe de cette dislocation des États-Majors. Un décret accorde quatre mois aux officiers pour qu'ils optent entre un nouveau bail avec la Marine ou l'exode. Le 4 juin, deux Majors généraux, huit lieutenants de vaisseau du port de Rochefort demandent leur retraite. Le recrutement des officiers s'éteint et les écoles se dépeuplent. Les familles refusent d'alimenter un Corps que les nouveaux Pouvoirs veulent détruire.

Les témoignages suivants, tracés au jour le jour, nous font assister à la décadence de la discipline et à la naissance de l'anarchie :

« 23 juin 1791 [1]. Les soldats en garnison à l'île d'Oloron sont accourus, sans vestes, sans culottes, hors d'état de paraître sous les armes et indisciplinés.

« Les matelots bretons et normands, venus ici sur l'*Apollon* et l'*Uranie*, une fois rendus dans le port, se sont tenus plus aux cabarets qu'à bord de leurs bâtiments, au désarmement desquels il a fallu employer d'autres hommes. Il en sera vraisemblablement de même de l'équipage du *Fougueux*. »

1. Lettre à M. Raymond de Saint-Félix, capitaine du détachement.
2. Lettre du 29 mars 1791.

Le 15 : « La flûte le *Dromadaire* ayant appareillé au bas de cette rivière pour aller, à l'île de Ré, y prendre une partie des soldats, l'équipage du *Dromadaire* déclare qu'il débarquera tout entier si on punit un seul de ses matelots ; — et on est obligé de désarmer le navire. » Pour remplacer ce navire, on arme la *Lionne*, mais le pilote du *Dromadaire*, voulant figurer sur le rôle de l'équipage, réclame un jury et fait appuyer sa demande par les autres pilotes et par les orateurs du Club. C'est en vain que l'Ordonnateur du Port conseille de subordonner la décision au retour de la *Lionne*. Il faut céder, « et voilà, conclut Vaudreuil, une expédition manquée. Je prévois avec peine qu'il ne sera plus possible d'armer un seul bâtiment de l'État. »

Quinze jours s'écoulent ; un jugement acquitte les meneurs de la révolte du *Dromadaire* et renvoie indemne le pilote de la *Lionne*, convaincu de refus d'obéissance. En même temps que la Loge immobilise le bâtiment dans le port, un avocat de la secte fait traîner le procès. Les arrêts rendus par les jurys du *Dromadaire* et de la *Lionne* consternent l'honnête M. de Vaudreuil, persuadé que « ce moyen ne rétablira jamais l'ordre et que les équipages peuvent désormais manquer impunément à leurs chefs, qui détruit toute autorité et dégoûte, par conséquent, les officiers du service ».

Le 15 octobre 1791, l'émeute gronde. La nouvelle taxe du pain soulève les ouvriers de l'arsenal et les pousse à l'assaut des boulangeries. La troupe prend les armes, le drapeau rouge est déployé et la loi martiale proclamée. Comme les ouvriers forment la moitié de la Garde nationale, une collision semble imminente avec la troupe de ligne. Ce péril émeut M. de Vaudreuil, sans le faire sortir de ses incertitudes :

Il serait à désirer, écrit le Commandant de la Marine, le 18 octobre 1791, qu'un décret de l'Assemblée Nationale décida que les ouvriers employés dans les ports ne doivent pas faire partie de la Garde nationale, ni en porter l'uniforme. Ces ouvriers prennent souvent les mêmes jours pour monter la garde, faire l'exercice, et comme on leur paie également leur journée, c'est une perte réelle pour l'État [1].

VIII

Inutiles doléances ! Qu'importe aux nouveaux maîtres le gaspillage de nos finances et la détresse de l'État? Effrayé du découragement qui chaque jour, prive le Grand Corps de ses officiers les plus instruits, M. de Vaudreuil confesse au Représentant du Roi les pénibles réflexions qu'inspire cette fuite, malheureusement trop justifiée par l'inclémence des temps et la frénésie des hommes :

> Je ne négligerai rien pour remplir les vues de Sa Majesté et faire parvenir à chacun des officiers de ce département un exemplaire de sa lettre; je dois cependant, Monsieur, ne pas vous dissimuler le peu d'espoir que j'ai de pouvoir réussir. D'après les ordres que j'ai reçus par une dépêche du Ministre en date du 15 août, j'avais écrit au fait à tous les officiers, dont les congés étaient expirés, de se rendre au département avant le 15 septembre; il n'en est revenu qu'un très petit nombre; la plupart qui vraisemblablement n'étaient plus chez eux n'ont pas répondu. Il faut convenir que, depuis que l'anarchie règne dans les ports, les officiers qui y ont résidé ont éprouvé toutes sortes de désagréments, aussi la plupart ont-ils fait volontiers le sacrifice de leurs appointements pour s'éloigner et se soustraire aux humiliations auxquelles ils étaient exposés en restant au département.

Le 13 janvier 1792, les troupes refusent de s'embarquer

---

1. La Garde nationale de Rochefort comprenait trois bataillons composés de huit compagnies de soixante hommes et un peloton de cavalerie, soit quinze cents hommes.

à bord du transport le *Merlan* et retardent le départ des frégates l'*Inconstante* et la *Néréide*. Si le Code militaire prévoit et punit ce cas de rébellion, le Coran jacobin l'absout.

Mais voici que les démissions d'officiers affluent, et que M. de Vaudreuil voit de jour en jour s'appauvrir et s'anémier les États-Majors des bâtiments de guerre. Si les élèves des écoles comblaient les vides des cadres, on se consolerait de ces exodes. Mais les candidats font grève et, faute de sujets, la Marine royale périclite :

> M. Monge, examinateur des élèves de la Marine, — écrit le 9 janvier 1792, le Commandant de la Marine — a passé ici une quinzaine et en est reparti hier pour Bordeaux, il ne s'est présenté que trois jeunes gens pour concourir aux places d'aspirants. Aucun des trois n'a été jugé assez instruit pour y être admis et personne ne s'est présenté pour concourir aux places d'enseignes entretenus.

IX

Quelle crise morale accuse cette pénurie de candidats cultivés et cette dérobade d'une jeunesse jadis si follement éprise des aventures, si insoucieuse du péril et si insatiable de gloire ! Pendant que la Noblesse et la Bourgeoisie boudent la Marine, d'autres classes postulent les emplois sans titulaires. Contradiction bizarre : au lieu de rassurer Vaudreuil, ces ambitions l'inquiètent. Voici ce qu'il écrit le 1er février 1792 :

> J'ai l'honneur de vous faire passer une pétition signée d'une centaine de citoyens de Rochefort, la plupart membres du Club de cette ville, qui, sans doute, à l'instigation de ceux qui désireraient remplacer les officiers de Marine absents, sont venus hier au soir, au nombre de plus de vingt personnes, me solliciter vivement de faire passer une revue extraordinaire le 5 de ce mois.

En présence de ce flot d'incapacités, qui se précipite sur les grades, et qui va pousser nos escadres vers la catastrophe du 13 Prairial, l'heure est venue, pour les vrais marins, de se séparer de ces funestes naufrageurs et d'abandonner une flotte où vont triompher l'impéritie et l'indifférence.

La Marine vient précisément de recevoir une organisation nouvelle qui justifie le départ de Vaudreuil. La Révolution substitue au « Commandant de la Marine » le « Commandant des armes ». Le ministère girondin veut maintenir M. de Vaudreuil dans le poste que l'Assemblée législative a créé. Mais le gentilhomme comprend que le régime exige d'autres serviteurs et recherche d'autres services.

Rester à Rochefort gênerait non moins sa conscience que ses adversaires. Il faut décidément abdiquer. L'amiral offre sa démission le 3 mars 1792 : « J'ignore, dit M. de Vaudreuil, les fonctions que les Commandants d'armes auront à remplir dans les ports, mais, quelles qu'elles soient, je vous prie, Monseigneur, de vouloir bien ne me pas proposer au Roi pour remplir une de ces places. »

Pourquoi Vaudreuil tient-il donc tant à se faire relever de la faction où le Roi l'a placé? C'est que le Jacobinisme, grandi par la défection de tous les Pouvoirs, a brisé toutes les résistances et que, devant le cyclone qui déploie ses inflexibles fureurs, le pauvre vice-amiral, affaibli lui-même par la pusillanimité environnante, estime qu'il ne reste plus aux patriotes, isolés et vaincus, qu'à se ranger sur l'une des rives du torrent, le regard tendu vers le Ciel libérateur.

CHAPITRE II

JACQUERIES

I. — Émeutes agraires provoquées par un futur membre de la Commune de Paris. — L'abbé Jacques Roux.

II. — Troubles populaires et sacs de châteaux. — Incendies. — Saint-Thomas-de-Cosnac.

III. — Les Jacques faits prisonniers sont amenés à Pons.

IV. — Jacqueries contre les villes. — Rôle des scribes et des procureurs fiscaux. — Funeste résultat des décrets du 4 août.

V. — La paroisse de Migron donne le signal de la révolte contre la bourgeoisie des villes. — Les commissaires Eschassériaux et Dubois.

VI. — Émeute à Varaize. — Les hommes de loi La Planche et La Broue. — Complot contre le maire Latierce. — Scènes tragiques.

VII. — Assassinat de Latierce. — Toutes les paroisses environnantes convoquées. — Lâchetés des corps administratifs. — Dévouement de l'abbé Isambart. — Les deux mille Jacques complices des assassins sont acclamés par la populace.

I

Dans les campagnes saintongeaises, c'est le subit effondrement des autorités sociales qui précipite l'émeute. En sombrant, les ci-devant maîtres entraînent dans leur ruine les ci-devant Codes.

La Jacquerie sort, la hache d'une main et la torche de l'autre, du cimetière où la Constituante vient d'ensevelir les Baillis et les Sénéchaux, les Conseils de justice et les Amirautés, les fonctionnaires et les magistrats auxquels la Monarchie confiait, depuis des siècles, le soin de gouverner la nation et de museler la bête. Sans doute, d'autres chefs remplaceront demain les belluaires destitués et de nouvelles lois supplanteront les ordonnances abrogées. Mais, pendant ce va-et-vient des guides d'hier et des guides de demain, les nouveaux, systématiquement choisis parmi la classe la moins indépendante, ou s'associent aux passions de la foule [1] ou, s'ils les désarment, tentent vainement de leur résister.

Ainsi favorisés par l'avilissement du Pouvoir et l'interrègne de la Loi [2], faut-il s'étonner que les conspirateurs trouvent l'heure opportune pour déchaîner la Gorgone des séditions agraires? Ne rencontrant que des constructions à peine ébauchées et des surveillants novices, le ras de marée détruit, sans peine, toutes les digues et submerge, sans effort, toutes les sentinelles.

En proclamant la souveraineté de la Raison, la Constituante avait démantelé l'arche d'où l'Église, gardienne des

---

1. Dans une lettre adressée le 16 juillet 1790 (*Archives nationales* DXVI, 12-24) par le Comte de la Luzerne, alors Ministre de la Marine, au Président du Comité de la Marine de l'Assemblée nationale, nous trouvons la remarque suivante : « Il résulte des débats de l'Assemblée nationale qu'il ne peut être tenu de Conseil de guerre jusqu'à ce qu'elle en ait indiqué la forme. Les lois nouvelles n'existent pas encore. Les lois anciennes sont devenues sans force, parce qu'on ne peut plus leur donner exécution. » Personne n'a mieux précisé la cause de l'anarchie.

2. M. de Turpin, Commissaire du Roi à Saintes, se livre aux réflexions suivantes dans une Lettre adressée le 30 avril 1790 au Ministre de l'Intérieur : « Il est très à craindre que de pareilles insurrections ne gagnent dans plusieurs endroits de cette province, eu égard à la manière dont les Municipalités en sont composées. Presque partout on a éliminé les grands propriétaires, — et les emplois sont occupés par des hommes qui remplissent strictement le conditions d'éligibilité. Il en résulte une sorte d'acharnement des gens peu riches pour vexer ceux qui ont des héritages plus considérables. » A. N. F¹ 3664.

textes sacrés, — notifiait aux individus comme aux peuples les principes immuables, destinés à les protéger contre l'erreur et contre la mort. Si, parmi le Clergé français, l'immense majorité refusa de s'affranchir de la suprématie du Décalogue et répudia la « Liberté » que lui offrait la Révolution, quelques ecclésiastiques honorèrent l'idole dont on venait de dresser l'autel, abjurèrent le vrai Dieu et rompirent avec l'humilité confiante qui leur rendait sacrées les coutumes reçues et les institutions établies.

Le sens individuel est un souverain fugace et sournois. A l'entendre, son magistère doit inaugurer le règne de la conscience intelligente. Mais voyez-le à l'œuvre : il érige sur un trône la convoitise et la violence et courbe ses victimes sous le joug d'une intolérable servitude. Ce fut surtout dans les régions les plus modestes et parmi les classes les moins cultivées que le schisme, — fils du sens individuel, — exerça ses ravages.

Sur la rive droite de la jaune Gironde, entre Port-Maubert [1] et Saint-Ciers-la-Lande [2], la muraille crayeuse du littoral domine une maremme où rôdent le miasme de la fièvre et le souffle de la malaria. Bâtis sur la cime du talus, les villages ne jouissent ni de la beauté verte de la forêt, ni de la splendeur bleue de l'Océan. A leurs pieds se déploie un vaste estuaire où le vent de Saintonge n'impatiente que des vagues fangeuses qui ne frappent ni monts buissonneux, ni caps vêtus de forêts, mais battent des roches sordides, ou meurent dans la vase.

Sous l'Ancien Régime, la flotte recrutait dans cette triste région des matelots qui, de retour au pays, leur congé fini, entretenaient, parmi les pêcheurs et les paysans, les mœurs

1. Port-Maubert ou Maubert (Charente-Inférieure), commune de Saint-Fort-sur-Gironde, hameau de quatre-vingt-trois habitants, port sur la rive droite de la Gironde.
2. Dépt. de la Gironde. Aujourd'hui, commune de 2.700 habitants (Ciers est pour Cyr).

brutales des garnisons et la licence des ports de guerre. A peine la Révolution se déchaîne-t-elle que les marins de Rochefort abandonnent les navires et l'arsenal pour rejoindre leurs anciens camarades et se coaliser avec eux contre les châtelains dénoncés par les Clubs comme les ennemis de l'État et les « sangsues du peuple ». Les Clubs de Rochefort et les orateurs des Loges soufflent, parmi les équipages, le même esprit de révolte qui exalte, à la même heure, les matelots de Toulon et de Brest. Mais comme la noblesse rochefortaise, mise en garde par les agitations des provinces voisines, est rare ou dispersée, les marins quittent la ville et se répandent dans les campagnes où, devenus les instruments des « hommes de loi », ils pousseront les paysans saintongeais à tous les excès et à toutes les fureurs.

Tant qu'un clergé fidèle gouverna ces rustres, sa forte discipline contint et réprima leur barbarie. Mais l'heure vint où l'Église, représentée par un prêtre parjure, au lieu de combattre les passions de cette race grossière, les attisa. Un dimanche, le 25 avril 1790, les habitants de Saint-Thomas-de-Cosnac [1] apprennent, au prône, de la bouche même de leur vicaire, l'abbé Jacques Roux, le futur membre de la Commune, — que le nouvel Évangile, loin de condamner la spoliation, la préconise, et qu'à la propriété personnelle, — legs d'une ère définitivement close, — doit succéder désormais la communauté des biens [2].

---

1. Charente-Inférieure, commune de 1.350 habitants, à quatre kilomètres de l'estuaire de la Gironde, canton de Mirambeau.
2. Le Rapport adressé au Ministre de l'Intérieur par M. de Turpin donne les détails suivants sur Jacques Roux : « Si l'on doit ajouter foi aux récits de diverses personnes assez dignes de foi, le Sieur Le Roux (sic), vicaire de cette paroisse de Saint-Thomas, de Cosnac, a une grande part à cet événement; il est généralement accusé d'avoir prêché la doctrine dangereuse qui annonçait au peuple que la terre appartenait à tous également, qu'on ne devait plus se soumettre au payement des anciens droits seigneuriaux. On assure que, non con-

Cette doctrine séduit et capte immédiatement une plèbe en proie à toutes les détresses et flattée dans toutes ses concupiscences. L'église de Saint-Martin de Cosnac obtient

tent d'avoir parlé publiquement ce langage dans quelques-uns de ses prônes, il s'est occupé sourdement, par la séduction, de faire soulever le peuple contre les hommes favorisés de la fortune. Si tels étaient ses desseins, on peut dire qu'il a complètement réussi. Je ne connais cet ecclésiastique en aucune manière, mais il est évident qu'il est un fort mauvais prédicateur dans cette contrée. A. N. F¹ 3664.

Jacques Roux, né en 1752 à Pranzac (Charente), était le second de douze enfants de Gatien Roux, lieutenant d'infanterie et juge assesseur du Marquisat de Pranzac. Tonsuré à quinze ans et promu chanoine de Pranzac, aussitôt après il enseigne, comme auxiliaire des Lazaristes, la philosophie au Séminaire d'Angoulême. Ordonné prêtre, en 1780, nommé vicaire à Cozes, en 1787, et, l'année suivante, transféré à Saint-Thomas-de-Cosnac, la cure d'Ambleville qu'il sollicitait lui fut refusée. Le 25 avril 1790, en pleine église, Jacques Roux exalte les vainqueurs de la Bastille, célèbre les bienfaits de la Révolution, pousse au refus des redevances, prône le pillage et la confiscation des biens, etc. Suspendu par les Vicaires généraux, il se rend à Paris où, le 16 janvier 1791, il prononce le serment schismatique. « Interdit de mes fonctions sacrées, — dit le transfuge, — pour m'être déclaré l'apôtre de la Révolution, forcé de quitter mon diocèse et mon foyer pour échapper à la fureur des méchants qui avaient mis ma tête à prix, cette Constitution inappréciable me fait oublier que, depuis seize ans, je n'ai vécu que de mes infortunes et de mes larmes... »

L'Église n'avait pourtant pas été marâtre pour Jacques Roux; ne l'avait-elle pas pourvu d'une prébende canonicale, dès l'âge de quinze ans? Vicaire de Sainte-Marguerite, Jacques Roux n'obtint qu'une voix, quand il brigua les fonctions de curé de cette paroisse. En 1792, membre de la Commune de Paris, il fut un des deux Municipaux qui reçurent la mission d'accompagner Louis XVI au lieu de son supplice. L'abbé Taillet, vicaire général de Saintes, trace de Jacques Roux le portrait suivant : « La France a produit beaucoup de monstres depuis huit ans; il est un des plus méchants et, en même temps, des plus dangereux, parce qu'il cache, sous les dehors de la douceur, une âme infernale. Le refus d'une cure qu'il désirait en a purgé le diocèse; il a été à Paris et s'est fait l'un des clients et des satellites de Mirabeau. Là, transporté dans la grande école du crime, il s'y est perfectionné rapidement. Associé aux travaux des grands factieux, admis à leurs confidences, il faut qu'il se soit élevé à une grande hauteur, puisque la municipalité l'a jugé digne d'assister, en son nom, au supplice du plus vertueux des princes. Les papiers publics ont rapporté qu'au sortir du Temple, avant de monter en

l'honneur des premiers coups. Pour affirmer ses droits sur le spirituel comme sur le temporel, le peuple souverain saccage les bancs et brise les images.

II

Dès le lendemain, le glas du tocsin et le vacarme du tambour enlèvent les auditeurs du prêtre millénariste aux travaux agricoles et les appellent aux armes. Sommé de conduire la paroisse à la conquête des métairies et des châteaux, le Maire Martin, au lieu d'obéir à « la Nation », invoque la loi martiale et parle d'arborer le drapeau rouge. Cette attitude ne sera pas oubliée par nos paysans et recevra, le jour venu, la récompense qu'elle mérite. Mais, à

---

voiture, Louis XVI, l'infortuné Louis XVI, avait présenté à ce prêtre, avec une contenance ferme et noble, un écrit important pour être remis à la Municipalité; et que, dans ce moment, où l'âme de Robespierre eût été la plus attendrie, Jacques Roux, plus dur que le dernier des bourreaux, repoussa l'illustre victime : « Je suis ici, dit-il, pour vous conduire à l'échafaud et non pour recevoir vos billets. » Cet homme n'est point né en Saintonge, il est né au pays de Ravaillac. »
La Commune censura Roux. La concubine de Marat, Simonne Evrard, et Robespierre, le dénoncèrent. Le 2 août 1793, Roux entrait à la Conciergerie pour comparaître devant le Tribunal révolutionnaire. L'instigateur de la Jacquerie saintongeaise savait fort bien quelle serait l'issue du jugement. Pour éviter le couperet, il se tua de cinq coups de poignard. M. Louis Audiat nous raconte que Jacques Roux avait un frère, Louis, chanoine, lui aussi, de Pranzac, en 1787, et qui prêta le serment. Ce frère servit en Vendée. Une lettre de l'abbé Louis (Luçon, 19 septembre 1790) révèle les sentiments fraternels de ce Jacobin : « Vous me demandez si Jacques Roux est mon frère; oui ! Je lis dans un papier qu'il est arrêté comme suspect et renfermé à Sainte-Pélagie. S'il a changé de principes, il mérite la mort, et, si j'étais son juge, je le condamnerais. » La belle âme ! Voir *Deux Victimes des Septembriseurs*, p. 129-130.

défaut du premier magistrat, deux officiers municipaux se dévouent et, sous les auspices de Bernard et de Morisset, les factieux de Saint-Thomas, gagnant la campagne, enrôlent les communes environnantes, Semoussac [1], Saint-Fort [2], Saint-Georges-des-Agouts [3], Saint-Thomas, Saint-Bonnet [4], Saint-Dizant [5], non moins sensibles que Saint-Thomas aux promesses du vicaire et aux charmes d'une razzia. Par quel assaut la horde inaugurera-t-elle l'application du nouveau décalogue?

Un Conseiller au Parlement de Bordeaux, M. de Paty, Marquis de Bellegarde, possède dans la contrée deux fiefs : le château de Boisroche, à Saint-Bonnet-de-Mirambeau, et le manoir de Saint-Georges-des-Agouts, riches domaines, guettés depuis plusieurs mois par d'inexorables convoitises. La nuit du 4 août les a dépossédés de leurs privilèges féodaux; le tenancier cupide veut les frustrer de leurs redevances territoriales. Dans toutes les provinces, la torche des vassaux abolit les créances et calcine les baux. A leur tour, les Jacques du marais saintongeais chargent les flammes de la même liquidation et du même service. L'incendie, allumé par la bande, dévore les murs, les meubles et les titres des deux châteaux. Plus heureux que M. de la

---

1. Charente-Inférieure, commune de 512 habitants, canton de Mirambeau.

2. Charente-Inférieure, commune de 1.933 habitants, à quatre kilomètres de la rive droite de la Gironde, canton de Saint-Genis-de-Saintonge. Saint-Fort est le nom d'un saint dont le tombeau se trouve dans la crypte de Saint-Seurin de Bordeaux. C'était un disciple de saint Martial.

3. Charente-Inférieure, commune de 510 habitants, canton de Mirambeau.

4. Charente-Inférieure, commune de 1.437 habitants, canton de Mirambeau. Petit port de *Conas*, sur la Gironde.

5. Saint-Dizant-du-Guâ (Charente-Inf^{re}), commune de 1.484 habitants, à quatre kilomètres de la Gironde, canton de Saint-Genis-de-Saintonge.

Bourdonnaye, en Bretagne [1], que le comte d'Escayrac [2], dans le Languedoc, — que six châtelains du Quercy [3], qui subissent, à la même heure, le sort de leurs parchemins et de leurs manoirs, le marquis de Bellegarde peut se sauver sous une grêle de projectiles, sans autre désagrément qu'une balle qui lui traverse l'épaule, et la perte d'un cheval, abattu sous son cavalier par un adroit coup de mousquet. Cette lutte le livre aux factieux qui le bousculent et le garrottent. Le pistolet au poing, les fermiers arrachent à leur seigneur une quittance générale des censives et des rentes assimilées par les précurseurs du socialisme aux « privilèges de la féodalité ».

Étrange superstition de la « forme » chez les artisans de la violence ! Après avoir détruit les anciens titres, les tenanciers en exigent de nouveaux : une signature ou la mort ! L'anxiété du débiteur n'est calmée que par l'accomplissement de ce rite illusoire [4]. Les chartriers incinérés et les dettes annulées, l'heure sonne de fêter cette délivrance. Un des meneurs, le procureur fiscal Viauld, — du village de Chez-Flandrais, — celui-là même qui vient d'arquebuser

1. « Dans la nuit du 22 au 23 février 1791, le château de Villefranche, à trois lieues de Malestroit (Morbihan), habité par M. de la Bourdonnaye, est attaqué par trente-deux coquins qui lient le châtelain et sa femme sur un lit, les approchent du feu et leur « chauffent » les pieds. » (TAINE : *Révolution*, I, p. 378.)

2. ESCAYRAC (Jean de Belcastel, comte d') avait essayé de faire appel aux bons citoyens contre la Jacquerie conduite par un agitateur nommé Joseph Linard. Il réunit quinze gentilshommes au château de Castelnare dans le Lot; mais ne fut pas suivi et se retira en Languedoc chez le comte de Clarac, maréchal de camp. Le château de M. de Clarac fut bloqué par les paysans et M. d'Escayrac fut atteint, dans cette échauffourée, de cinq coups de fusil qui le tuèrent, le 7 janvier 1791.

3. TAINE : *Révolution*, p. 374.

4. Le château de Boisroche avait été vendu, le 14 juillet 1778, pour la somme de 150.000 francs, par le baron de Saint-Dizant à Michel Paty, seigneur de Bellegarde, conseiller honoraire au Parlement de Bordeaux. Le château est aujourd'hui tel que l'a fait l'incendie du 4 avril 1790. Ce n'est qu'une ruine.

le marquis de Bellegarde, ramène au château de Saint-Georges les incendiaires altérés, envahit avec eux la cave « féodale » et leur abandonne les tonneaux qu'ils défoncent et qu'ils vident [1]. Vociférations, kermesses, galimafrées, orgies, débauches ! Toutes les victuailles qu'a respectées le bûcher rassasient, à grand'peine, la horde famélique qui fait main basse sur tous les mets que sa voracité convoite — embrochant jusqu'aux chiens de chasse, après avoir rôti la basse-cour.

Ces rapines inquiètent deux Maires, hantés de craintes soudaines sur les suites judiciaires d'une expédition qui débuta par l'incendie et qui s'achève dans le vol. Mais les commensaux des deux magistrats imposent immédiatement silence à ces remords superflus et menacent leurs complices du même brasier où cuit la meute seigneuriale. Ce geste éloquent rétablit la discipline et maintient le désordre. Le lendemain, les mêmes scènes de pillage se renouvellent au château des Cheminées, chez le Marquis de Cumond ; — au château de Tirac, chez le marquis de Lage de Volude [2] ; — au château de Romaneau, chez le Comte du

---

[1]. Le logis de Saint-Georges existe encore. La famille de Paty était représentée naguère, dans la Gironde, par M. de Paty de la Parcaud. Michel de Paty, seigneur de Bellegarde, baron du Carney, et son fils, Jean-Baptiste de Paty de Bellegarde, capitaine du régiment Colonel-Général-Infanterie, son procureur, avaient été convoqués, en 1789, à l'Assemblée électorale de la Noblesse de la Sénéchaussée de Guyenne.

[2]. Château du Tirac, commune de Lorignac, à quatre kilomètres de Saint-Fort (Charente-Inférieure), confisqué et vendu comme bien national. Aujourd'hui, propriété du Dr Éveillé. L'extérieur de l'habitation subsiste en partie. Les fenêtres sont presque toutes murées. Quelques vases de pierre sur la terrasse à l'italienne. Le lierre grimpe le long des murs. Dans le grand salon, des débris de boiserie sculptée et la place de la glace arrachée. Dans le château du Tirac naquit, le 27 février 1763, Paul, d'abord comte, puis marquis de Lage de Volude, aspirant de marine en 1778, lieutenant de vaisseau en 1786. Sert sur la *Médée* sous les ordres de son oncle, le comte de Kergariou. Est rayé des cadres pour ne pas s'être présenté à la revue passée dans les ports le 15 mars 1792, s'engage dans l'armée des Princes, meurt le 15 mars

Luc ; — à Saint-Dizant-du-Guâ, chez Mme de Baulon, — pendant qu'une cinquième bande, rentrée à Saint-Thomas-de-Cosnac, se rue sur le logis du notaire Martin [1], hache ses meubles, saccage ses archives, dévalise son coffre-fort, met le feu à sa maison, inflige les pires outrages à sa fille et contraint le Maire lui-même à quitter, au plus vite, le théâtre de ces saturnales, pour échapper à un traitement plus barbare encore.

Du foyer de la révolte à Pons, on compte à peine quatre lieues, et huit de Saint-Thomas-de-Cosnac à Saintes, le chef-lieu du District. Comment se fait-il qu'à cette insurrection rurale les villes n'opposent qu'une lâche inertie?

Les habitants que chasse l'épouvante viennent pourtant, d'heure en heure, signaler aux autorités municipales la marche des brigands et la panique de la foule. Pour arrêter le fléau, il suffirait de lancer contre cette fourmilière de maraudeurs quelques gardes nationaux énergiques qui ne craindraient ni d'exécuter les lois, ni d'user de leurs armes. Malheureusement, si les mêmes querelles échauffent seulement à Paris quelques feudistes agités, elles font péricliter, en province, tous les droits et délirer toutes les têtes. Le 8 février précédent, l'Assemblée constituante n'a-t-elle pas entendu la lecture d'un Rapport où Merlin (de Douai), sourd aux clameurs des châtelains qu'on détrousse et des officiers qu'on égorge, flagelle « l'égoïste feudataire » qui crie à la spoliation, et réserve ses tendresses aux vertueux laboureurs, c'est-à-dire aux mutins « que le

---

1799, à Porto-Rico. Il avait épousé Mlle d'Amblimont, dame d'honneur de la princesse de Lamballe. Voir le Baron de la MORINERIE : *Souvenirs d'émigration de Mme la marquise de Lage de Volude, Lettres à Mme la comtesse de Montijo* (Évreux, chez HÉRISSEY, 1869, in 8°) ; — et la Comtesse H. DE REINACH-FOUSSEMAGNE : *La Marquise de Lage de Volude* (1764-1842), préface du marquis Costa de Beauregard. Paris, chez PERRIN (1908, in-8°).

1. Le petit-fils du notaire Martin, Gilbert Martin, mort il y a quelques années, s'était fait un nom comme caricaturiste.

sentiment d'une longue oppression peut égarer [1] »? Ne nous étonnons donc pas si les officiers municipaux de Pons et de Saintes, immobiles sur leurs chaises curules, délibèrent pendant cinq jours, avant de s'émouvoir d'une Jacquerie qui lèse peut-être leurs principes, mais qui n'endommage pas leur classe. Pour les arracher à cette torpeur, il faut que le notaire Martin vienne lui-même dénoncer aux autorités de Saintes les attentats dirigés par de maladroits paysans contre les propriétaires roturiers. Cette gauche dérogation des brigands aux usages de la Jacquerie patriote éveille les justes susceptibilités des édiles, — sans toutefois leur faire méconnaître les devoirs de la prudence et les règles de la hiérarchie.

III

Saint-Thomas-de-Cosnac dépend de Pons [2] : Que Pons élève la voix, et, sur-le-champ, les troupes soldées et les

---

1. Rapport sur le régime féodal. Réimpression du *Moniteur*, t. III, pp. 331, 454 et 619.

2. Voici quelques extraits du procès-verbal de la délibération du Conseil municipal de Pons : « Ouï le Procureur de la Commune, la Municipalité a cru de sa prudence de prendre les précautions convenables pour fournir des secours à cette paroisse ravagée, en prévenant les chefs des difficultés des différentes troupes militaires de se tenir prêts en cas de nécessité et de réquisition; et néanmoins, demeurant avertie qu'elle doit être instruite de cet événement par la Municipalité de Pons et requise par elle, elle a décidé qu'elle attendrait les avis et réquisition de cette même Municipalité avant de prendre aucun parti, et qu'elle demeurerait en séance jusque-là. »

Voici, d'autre part, le début de la lettre adressée par la Municipalité de Pons à la Municipalité de Saintes :

« Messieurs, *nous avons cru ne pouvoir refuser* main forte à MM. Guyot et Pelletan, habitants de Saint-Thomas de Cosnac, qui nous requièrent, à cet effet, au défaut des Municipalités des cinq paroisses révoltées, qui sont dans la terreur et composées de personnes éloignées qui ne peuvent se correspondre. »

gardes urbaines voleront à la défense des paroisses, où, d'ailleurs, la sédition aura, probablement, eu le temps de promener sa torche et de terminer son œuvre [1].

Vingt-quatre heures s'écoulent dans la calme expectative d'une réquisition en due forme. Enfin, le lendemain matin, les cérémonies légales s'accomplissent et le régiment d'Agénois, la maréchaussée, les gendarmes, nantis de tous les papiers réglementaires, reçoivent l'ordre de réprimer une émeute assouvie et fourbue. Si l'ordre succombe, la procédure triomphe.

Pas un château n'est intact, pas un châtelain indemne; l'universelle dévastation condamne nos paysans à la vertu et au chômage. Comme de loyaux moissonneurs, contents de leur besogne, et satisfaits de leur salaire, les séditieux attendent, les bras croisés, dans un bois ombreux, la force armée qui, cinq jours après l'incendie et le pillage, vient cueillir, sans effort, les truands repus, pour les livrer, le lendemain, à une justice sans rigueur.

Le 1er mai, les prisonniers arrivent à Saintes, harassés par une marche de huit lieues, sous la pluie et sous le soleil, à travers les campagnes qu'a terrorisées leur légende. Les voiles de la nuit enveloppent déjà la ville, pleine de tumulte et de frayeur. De souffreteux réverbères laissent à peine voir la mine hâve, les guenilles et les chaînes des prisonniers qui défilent entre la troupe réglée et la milice urbaine, baïonnette au canon et fanfare en tête. Rangés sur le passage de ce macabre cortège, citadins et villageois acclament les libérateurs et conspuent les brigands. Huées irréfléchies ! Injures imprévoyantes ! La foule se doute-t-elle, en effet, qu'elle invective les précurseurs des maîtres de demain et qu'elle flétrit les exploits que soudoiera,

---

1. Pons (Charente-Inférieure), commune de 4.717 habitants, chef-lieu de canton, arrondissement de Saintes.

dix-huit mois plus tard, un Pouvoir légal, le gouvernement de la Terreur [1]?

IV

« Ce qui aurait demandé une année de soins et de méditations, — raconte le secrétaire de Mirabeau, le Genevois Étienne Dumont, en parlant de la « Nuit du 4 Août », — fut proposé, délibéré et voté par une acclamation générale. L'abolition des droits féodaux, de la dîme, des privilèges des provinces, — trois articles qui, à eux seuls, embrassaient tout un système de jurisprudence et de politique, furent décidés, avec dix ou douze autres, en moins de temps qu'il n'en faut au Parlement d'Angleterre pour la première lecture d'un bill de quelque importance. »

Enfants des ténèbres, fils du cauchemar, les décrets de la Nuit du Quatre Août, de même que les Lemures et les Stryges qui sortaient de l'antre de Delphes, soufflèrent sur la France la révolte et la guerre, la jacquerie et le meurtre, tous les attentats et tous les supplices, toutes les fureurs et toutes les épouvantes. Un dictateur, un tyran, exalté par une volonté implacable et soutenu par une armée héroïque, aurait pu à peine assurer l'application des édits que venait de fulminer, dans une heure d'hallucination et d'incohérence, une Assemblée incapable de comprendre que l'humanité des lois est vaine contre l'ignorance, et la sincérité des intentions inutile contre la folie

---

1. Nous avons puisé les principaux éléments de ce récit dans le carton F¹ 3664 des *Archives nationales* : 1° lettre adressée le 30 avril 1790 par M. de Turpin au Ministre de la Marine; 2° lettre du duc de Maillé, le 6 mai 1790. Nous avons aussi consulté un très savant livre : *Deux victimes des Septembriseurs*, de Louis Audiat. Paris, Desclée, 1903.

des hommes. Mais à la place de ce chef absolu, de ce « fort armé », substituez quarante mille Municipalités à qui tout manque : le savoir, l'aptitude, l'autorité, la force. Aussitôt, dans ces esprits simplistes et bornés, les décisions de l'Assemblée nationale se dépouillent de leur caractère impersonnel et abstrait pour s'incorporer aux idées et aux passions régnantes. Quels « privilèges » la Nuit du 4 Août avait-elle engloutis dans sa ténébreuse géhenne? Elle avait abrogé des symboles plus que des droits. Rites champêtres ou gaulois, protocoles bucoliques ou égrillards, c'est une liturgie caduque et non un code vivant, c'est un décor valétudinaire et non un édifice intact qui, tout à coup, a sombré. Mais les procureurs campagnards, les hommes de loi des gros bourgs, les avocats, les procureurs fiscaux, les sergents, les feudistes, toute cette besogneuse basoche que les anciennes juridictions faisaient vivre et qui, du matin au soir, ont perdu leur gagne-pain, se précipitent sur les textes que bâcle l'Assemblée nationale, — comme une nuée de sauterelles sur un champ de blé. Il s'agit de tirer de cette morne littérature une fructueuse prébende. Parmi les paysans, nombre de métayers, éprouvés par une mauvaise récolte, gémissent sur l'inclémence des saisons et la lourdeur des fermages. A ces laboureurs cupides ou naïfs les hommes de loi vantent la munificence de l'Assemblée nationale qui, leur disent-ils, — non seulement affranchit la classe agricole de toute servitude féodale, mais l'exonère de toute dette chirographaire et de toute créance hypothécaire. Cette interprétation flatte trop les anciens rêves de « Terre promise » et d' « Age d'or » pour que les fermiers se défient des faux prophètes et repoussent leurs mensonges. La Révolution a ouvert la période jubilaire annoncée par toutes les légendes : le rameau d'or à la main, les campagnes se ruent vers le « pays d'Astrée », vers l'Éden, que leur montre un syndicat de spéculateurs avides de trafiquer de ces chimères.

Les anciens seigneurs ne souffrent pas seuls des impostures qu'accréditent les robins de village. Depuis Louis XIV, nombre de fiefs, sortis des mains d'une aristocratie dépensière, enrichissent de leurs redevances la bourgeoisie des petites villes. Ce nouveau patriciat, qu'alimentent les revenus des domaines ruraux, ne soulève pas moins de jalousies et n'est pas en butte à moins de menaces que la noblesse territoriale. De là deux Jacqueries bien distinctes : l'une qui s'attaque aux châteaux, et l'autre qui gronde autour des petites villes.

V

C'est une paroisse de l'arrondissement de Saintes, c'est la paroisse de Migron [1] qui donne le signal de la révolte contre l'aristocratie urbaine et qui promet, la première, aux paysans résolus, l'extinction de leurs dettes et la dépouille des riches. « La terre libre comme l'homme libre », telle est la charte nouvelle. Non satisfaits de contester la légalité des « agriers », des « champarts », des « terrages » et des rentes, le maire Rapet, le procureur syndic Besson, les officiers municipaux Papin et Giraud « menacent du gibet » les laboureurs, moins hardis ou plus scrupuleux, qui refusent d'acquiescer à cette spoliation et de courir cette aventure. Une lettre insolente fait connaître en même temps au Directoire du District [2] les théories et les des-

---

1. Charente-Inférieure, commune de 1.151 habitants, canton de Burie et arrondissement de Saintes.
2. A la tête de chaque arrondissement ou « district », l'Assemblée constituante avait placé un « Directoire » nommé par les électeurs de l'arrondissement. Comme ce Directoire comptait une majorité de membres élus par la population rurale, cette majorité de membres élus par le peuple se trouvait en antagonisme avec les autorités urbaines du chef-lieu.

seins des factieux. « S'il le faut, les chefs de la Commune,
— déclare la lettre, — iront eux-mêmes, avec une escorte
de paysans en armes, initier le Directoire du Département à leurs résolutions et lui notifier leur résistance. »

Le Directoire révoque les signataires de cette sommation injurieuse et charge deux de ses membres, Joseph Dubois et René Eschasseriaux [1], d'aller signifier aux coupables sa décision et leur déchéance. Douze cavaliers de la maréchaussée accompagnent les deux délégués, instruits, la veille, de l'exaltation populaire et désireux de la contenir

C'est le dimanche 10 octobre 1790 que les Commissaires se mettent en campagne. Toute la population les attend et les surveille. A peine ont-ils touché le territoire de la paroisse que les femmes, embusquées sur les collines prochaines, signalent les « envahisseurs » aux vedettes de l'émeute. Aussitôt le rugissement des cloches et des tambours remplit de rumeurs le village et appelle la commune tout entière à la rescousse. En flattant la cupidité des fermiers, l'orateur et l'artisan de l'émeute, l'échevin Giraud, a forgé leur union. Sur la place de l'église, où se rangent deux cent cinquante paysans, munis de vieux sabres, de faulx et de fusils, pas un laboureur valide ne manque à l'hallali de la curée !

Un violent colloque s'engage entre le chef des mutins et les commissaires. Mais bientôt, — étourdis par un vacarme qui les empêche d'édifier la foule sur ses responsa-

---

1. Eschassériaux jeune (René), né en 1754, à Corme-Royal (Charente-Inférieure), près de Saintes, mort en 1831. Il fut député suppléant à la Convention, où il ne siégea qu'après la mort de Louis XVI, et se montra moins ardent que son frère Joseph. Élu, comme lui, au Conseil des Cinq-Cents, il y lut, en 1798, un Rapport pour le rétablissement des haras, défendit la liberté de la presse, entra au Corps législatif, après le 18 Brumaire, devint maire de Saintes, membre de la Chambre des Représentants pendant les Cent-Jours et de celle des députés en 1820 et en 1827. On 1830, il figura au nombre des 221. — Son fils, Camille, né en 1800, mort en 1834, siégea aussi à la Chambre, de 1831 jusqu'à sa mort, parmi les membres de la majorité.

bilités et sur leurs devoirs, — les délégués pénètrent dans l'église et l'un d'eux donne lecture des ordonnances qui mettent les autorités de la paroisse aux prises avec les lois. Cette proclamation calme momentanément les factieux, libère les mandataires du Directoire et dénoue le premier acte du drame. Protégés par la maréchaussée, Eschassériaux et Dubois rentrent à Saintes, indemnes et inquiets, — sans blessures, mais non sans transes. Le rapport qu'ils soumettent au Directoire confesse tout à la fois leur impuissance, leur déroute et leurs angoisses.

VI

Angoisses trop justifiées ! Moins de quinze jours plus tard, la commotion gagne le district de Saint-Jean-d'Angély [1], — la région de la Saintonge la moins fascinée peut-être par la rhétorique sentimentale dont les bateleurs de Clubs s'enfarinent alors les lèvres — mais la plus sensible, en revanche, aux faveurs financières que promettent aux humbles les destructeurs du vieux monde. Chez ces villageois épais, le sensualisme éteint la flamme de tout idéal. La Révolution inaugure à leurs yeux, non le règne de la liberté, mais l'ère de la fortune. Pleins de complaisance pour ce cupide millénarisme, deux agitateurs professionnels, deux hommes de loi, La Planche et La Broue, cantonnés à Varaize [2], — la paroisse la plus proche de Saint-Jean, — y préconisent, sans relâche et sans périphrase, l'illégitimité de la rente et les avantages d'une banqueroute. Ces homélies finissent par troubler la quiétude des rentiers.

1. Charente-Inférieure, chef-lieu d'arrondissement, 7.183 habitants, sur la rive droite de la Bentonne.
2 Charente-Inférieure, commune de 668 habitants, canton et arrondissement de Saint-Jean-d'Angély.

La bourgeoisie de Saint-Jean ne peut, naturellement, s'accommoder d'un apostolat aussi hostile à son repos qu'à ses principes. Le plus enragé des rhéteurs, le procureur La Planche, a, maintes fois, usurpé les fonctions du maire Latierce. On décide de poursuivre l'intrus pour atteindre l'anarchiste. En même temps que le Présidial charge le sergent Boyer de saisir La Planche, vingt-cinq Chasseurs Bretons et deux brigades de la maréchaussée reçoivent, le 20 octobre, l'ordre de prêter main-forte à ce mandement de justice.

A cette époque, la plupart des autorités sociales et politiques sont déjà caduques ou chancelantes. Mais, pendant que les anciens Corps succombent, l'individu, — pivot de l'ordre futur, — reste debout au milieu de l'universelle déliquescence. Champion du droit individuel, Laplanche se dresse en face de la société qu'il brave, le front haut, sciemment infidèle à la loi et au devoir. Que va-t-il se passer? C'est contre le corps social que les paysans de Varaize se déclarent et se mutinent. Les gendarmes appréhendent le perturbateur. Pour leur arracher Laplanche, hommes et femmes s'arment de couteaux de chasse, de pieux, de haches, de faux, d'antiques mousquets — et, quand la force armée, victorieuse, prend le chemin de la ville, avec son prisonnier enfin désarmé, un coup de feu soudain proteste contre ce triomphe du régime expirant et du code condamné.

L'instinct de la sûreté personnelle fait spontanément partir la plupart des fusils de l'escorte. Décharge meurtrière! Trois paysans et deux femmes jonchent le sol et réclament vengeance. Sous le coup de l'émotion que provoque cette scène tragique, les mutins, un moment effarés, s'arrêtent et reculent, pendant que les commissaires, l'huissier et les cavaliers, s'évadant du champ de bataille, détalent, au galop, avec leur captif.

VII

L'effusion du sang affole les foules, laissées seules en face des cadavres qu'abandonne la répression triomphante. Il faut une proie aux séditieux vaincus, mais non terrorisés. Leur fureur inassouvie cherche un coupable et se rue sur un innocent. Le maire de Varaize, l'honnête Latierce, a désapprouvé les excitations de Laplanche et refusé de conniver avec l'émeute. Cette droiture et cette résignation le désignent aux ressentiments d'une foule avide, — comme toutes les multitudes débridées, — du sang d'un juste.

Parmi les mutins, quelques-uns, impatients de satisfaire leur délire, proposent d'attacher Latierce à l'aile d'un moulin à vent et veulent hâter le sacrifice qu'exige la vindicte populaire. Mais la promptitude et l'obscurité de cette torture répugnent à la majorité des juges qui réclament pour le supplice de leur victime une assistance plus touffue, un théâtre plus vaste et des apprêts plus pompeux.

Ce parti l'emporte. Le glas du tocsin vibre dans tous les clochers et convie au drame qui se prépare les gardes nationaux de cinquante paroisses. Plus de deux mille travailleurs ruraux, avec leurs curés et leurs maires, requis, la pointe des baïonnettes aux reins, de précéder et de couvrir la bande, grossissent le rassemblement de Varaize et se dirigent, le fusil, la hache ou la faulx sur l'épaule, vers Saint-Jean épouvanté. Depuis les Cottereaux, les habitants des petites villes n'ont pas connu les anxiétés d'une aussi farouche invasion. Dès les premières rumeurs, la cité se vide et les bois environnants se remplissent. La pusillanimité des pouvoirs ajoute encore au péril et à la peur. L'autorité civile a, sous la main, une milice urbaine, une maréchaussée, deux détachements de troupes régulières, bref, une force plus que suffisante pour écraser et mettre en fuite la horde qui bat les murs. Vainement, les fils de Latierce implorent-ils, en faveur de leur père, un acte d'énergie et un mouvement de pitié. Au lieu de foncer sur l'émeute, le Directoire et la Municipalité parlementent avec elle. Que veulent les séditieux? Peu de chose. La libération de Laplanche et l'amnistie de ce boutefeu. Quelques citoyens font observer que la dispersion des brigands s'impose peut-être plus que l'abdication de la justice. A la demande d'une sortie vigoureuse contre l'insurrection frémissante, les précurseurs de nos pacifistes répondent que l'innocence des paysans interdit contre ces frères « égarés » non seulement l'offensive, mais l'injure [1].

Admis devant le Directoire, les fondés du pouvoir de l'émeute annoncent le soulèvement de cent paroisses et la mobilisation de dix mille paysans si, dans les vingt-quatre heures, l'ergastule de Saint-Jean-d'Angély n'a pas restitué Laplanche à ses « frères » et à ses dupes. Un magistrat, M. Blancard, fait attendre, pendant quelques heures, la transgression de la loi et la violation de son devoir. Mais la couardise générale s'irrite de ces lenteurs,

---

1. Une plaquette imprimée à cette époque, à Rochefort, chez René Daniel-Jousserand Mesnier (B. N. L. $\begin{smallmatrix}39\\b.\\4235\end{smallmatrix}$), sous ce titre : *Précis des événements arrivés à Varaize les 21 et 22 octobre 1790*, contient les détails suivants : « La Municipalité rassemble le Conseil général, les officiers de la Garde nationale, les membres du Directoire du District et plusieurs citoyens notables. On examina s'il serait prudent d'employer la force militaire ou si l'on devait suivre la voie de conciliation. » Après cet examen, la réunion abandonne tout projet de défense. Pour justifier cette inertie, on fit observer, dit le *Précis*, que les citoyens rebelles étaient sans doute coupables, puisqu'ils s'opposaient à l'exécution de la loi, mais qu'ils n'avaient pas *encore mérité le nom de « brigands »* et qu'en employant contre eux la force militaire, la ville s'exposait à détruire dans un jour et les cultivateurs et une infinité d'honnêtes citoyens qu'ils avaient forcés de marcher à leur tête.

et si, pour pallier l'opprobre de la défaite, le Directoire réclame la vie de Latierce, en échange de la liberté de l'agitateur, nulle force militaire n'est chargée d'exiger, les armes à la main, cette rançon illusoire. Dans les temps anciens, on apaisait les dieux courroucés en leur offrant des libations de sang humain. Rien ne change. Pour assurer le salut de la ville et conjurer le destin, les Ponce-Pilate du Directoire livrent aux mutins une innocente victime [1].

En même temps que les factieux couronnent de lauriers et portent en triomphe Laplanche délivré, Latierce, couvert de chaînes, est, à coups de piques, acheminé par les rustiques hastaires vers le forum qui doit boire le sang de l'holocauste.

Où se pavane en ce moment la milice? Où les Chasseurs Bretons et les soldats d'Agénois assurent-ils l'ordre et montent-ils la garde? A peine les guetteurs dénoncent-ils la marche des paysans sur la ville que les Pouvoirs publics, jaloux de soustraire leurs compatriotes aux hasards d'une collision avec les insurgés, enjoignent aux Gardes Nationaux et aux troupes réglées de réintégrer, les uns leurs foyers et les autres leurs casernes. La présence

1. Au cours de l'Enquête entreprise par les Commissaires Bénard et Jouneaux, administrateurs du Directoire de la Charente-Inférieure, le sieur Magné déclare qu'il est convaincu que si, à Saint-Jean-d'Angély, on eût voulu, on aurait pu aisément délivrer Latierce, « lorsqu'on a emmené, dit le témoin, le sieur Latierce, dans les dernières de Saint-Jean-d'Angély, battre la caisse pour recommander à tous les citoyens et gardes nationaux de se tenir chez eux et leur faire défense de ne point sortir et prendre les armes, ce qui l'avait fort étonné ».

Le sieur Magné ajoute qu' « il fit plusieurs démarches pour remettre une lettre dont il était chargé pour le district de Saint-Jean-d'Angély mais qu'il ne put rencontrer personne ». Il entretint quelques-uns de MM. les Officiers municipaux; ces Messieurs convinrent qu'ils auraient pu sauver le Maire de Varaize et disperser ceux qui étaient alors attroupés, mais ils « *crurent alors préférable d'abandonner une victime qu'ils paraissaient désirer* » (*Archives nationales,* F⁷ 3664).

et la vue des soldats pourrait éveiller les ombrages des paysans et porter les mutins à de fâcheuses représailles. Adversaires de toute provocation inutile, nos sages administrateurs abandonnent la rue à l'émeute et l'émeute à ses fureurs.

Voilà donc Latierce entouré d'un cercle de couteaux, de baïonnettes et de pistolets braqués contre sa poitrine, quand, tout à coup, un des prêtres contraints de suivre la horde, l'abbé Isambart, écarte la foule, arrache, d'un revers de main, aux bourreaux interdits, leur patient, le hisse sur son dos et l'emporte, en courant, dans une maison voisine, où le sauveur et son protégé se verrouillent et se barricadent. Mais, derrière l'intrépide curé de Taillant[1], se précipite la bande des tueurs qui, se cramponnant à leur proie, brisent la porte à coups de hache, bousculent le prêtre et poussent le maire de Varaize sur la place, assourdie de clameurs, écumante de colère et altérée de meurtre.

Cette fois, l'infortuné Latierce n'échappera pas aux assassins. Vingt, trente, quarante sicaires abattent leurs fusils sur le vaillant magistrat, lui balafrent la figure avec la pointe de leurs sabres, le lardent de coups de faulx, ou, du bout de leurs baïonnettes ensanglantées, fouillent ses entrailles fumantes.

A quelques pas de cette boucherie, les autorités du District, — membres du Directoire, conseillers municipaux, juges, etc., — entendent les râles de Latierce et les vivats de ses meurtriers. Les lamentations du martyr s'élèvent, au milieu de la foule rugissante, sans remuer ni les Pouvoirs civils, claquemurés dans leurs demeures, ni les chefs militaires, consignés dans leurs quartiers. Les assassins, satisfaits, et leurs couteaux essuyés, les deux mille Jacques, drapeaux au vent et tambours battant, défilent,

---

1. Charente-Inférieure, commune de 232 habitants, canton de Saint-Savinien et arrondissement de Saint-Jean-d'Angély.

la *Marseillaise* aux lèvres et Laplanche en tête, à travers la cité conquise, parmi les acclamations d'une populace ivre de joie et pleine de confiance dans le radieux avenir que lui promettent l'audace des brigands, l'abdication des gens de bien et la lâcheté des magistrats.

CHAPITRE III

LA SÉDITION DE LA « CAPRICIEUSE »

I. — Trames du Club des Jacobins de Rochefort et de Bordeaux. — La frégate la *Capricieuse,* commandée par M. de Boubée, reçoit l'ordre d'appareiller pour Saint-Domingue.

II. — Le général de Blanchelande, gouverneur de Saint-Domingue, s'oppose au débarquement de la *Capricieuse.* — Correspondance échangée entre M. de Blanchelande et M. de Boubée.

III. — Le commandant de la *Capricieuse* envoie une plainte au ministre de la Marine. — Au bout de huit jours, volte-face complète.

IV. — Le commandant de la *Capricieuse,* dans un Rapport au Ministre de la Marine, raconte la mutinerie de l'équipage. — Il est fait prisonnier dans sa cabine et gardé par trois sentinelles.

V. — Les marins ivres ont presque tous abandonné leur Chef. — Les mutins tirent le canon. — M. de Boubée est transporté à la prison militaire. — Les chefs ne soupçonnent par les dessous du complot et n'y voient qu'une mutinerie vulgaire.

VI. — Aucune enquête n'est ordonnée. — Les mutins sont laissés libres. — Curieuse lettre de Vaudreuil à M. de Fleurieu.

VII. — Texte de la plainte des marins contre leur capitaine. — Inanité des doléances. — Le commis aux vivres Rousseau est acquitté. — Le capitaine de Boubée est déféré devant le Conseil de Guerre, puis acquitté.

I

Pourquoi la Législative, au lieu de graduer l'émancipation des Noirs, comme le conseillait la sagesse et comme le commandait l'humanité, brusqua-t-elle un affranchissement barbare?

Les mystérieux instigateurs de cette aventure savaient, certainement, que les décrets de l'Assemblée nationale allaient ouvrir l'outre d'Éole. Si le massacre des nègres et des blancs confirma leurs calculs, l'anéantissement de notre commerce et la ruine de notre colonie justifièrent leurs espérances. Plus tard, quand, d'incohérences en incohérences, les mêmes législateurs décidèrent de rétablir l'ordre qu'ils avaient eux-mêmes détruit, pourquoi la mobilisation de nos forces maritimes se heurta-t-elle aux contradictions les plus tragiques?

La possession d'un domaine colonial exige l'entretien d'une flotte de guerre et comporte la liberté des communications maritimes et militaires. On eût dit qu'une puissance étrangère, jalouse de notre fortune, saccageait le plus riche de nos fiefs transatlantiques pour conjurer le péril d'une rivalité navale et s'assurer, le fer et la flamme à la main, la souveraineté des mers.

A Brest, — où l'escadre appelée à délivrer Saint-Domingue se ravitaille, — la Société des Amis de la Constitution, affiliée au Club parisien, soulève la plèbe du port contre l'entreprise et mutine les équipages contre les officiers. Une bande de spadassins inconnus frappe de vingt coups de poignards un des futurs chefs du Corps expéditionnaire, le capitaine de Patry, et tente d'assassiner le marquis de la Jaille, désigné par le Roi pour commander l'une des frégates qui doit opérer contre l'émeute.

Pour connaître les dessous d'une conspiration si dommageable à notre patrie, il faudrait interroger les Archives secrètes des Loges et des Clubs qui, dans nos ports, substituèrent à l'ascendant des pouvoirs légaux l'omnipotence d'un gouvernement clandestin. A Rochefort, les événements reçurent leur impulsion, et les hommes leur mot d'ordre, non de l'officine locale, — mais du Club des Jacobins Bordelais, — cosmopolite caverne où se rencontraient les forbans de tous les archipels et les écumeurs de toutes les mers. Qui déchiffrera les Archives des Clubs des Jacobins, connaîtra les trames qu'ourdirent, dans cet antre, les destructeurs de la Monarchie.

Vers les premiers jours du mois de juillet 1790, le Ministre de la Marine, M. de La Luzerne, inquiet du bouillonnement révolutionnaire de nos colonies et redoutant la connivence des rebelles avec l'étranger, — après avoir fait armer dans le port saintongeais deux frégates, l'*Embuscade* et la *Capricieuse*, chargea les capitaines de croiser dans les eaux de la Martinique et d'en bloquer tous les havres. Une importante fraction du régiment d'Agénois, mise à la disposition du Commandant de la *Capricieuse*, M. de Boubée [1], devait fournir à cet officier les moyens de pourvoir à toutes les surprises. Forts de leur nombre, les hommes de couleur allumaient chaque jour un nouveau

---

1. BOUBÉE (Ambroise-Antoine de), né le 24 octobre 1753, à Montbrison (Loire), fils de Henri de Boubée, écuyer, ancien officier au régiment de Beaucaire, et d'Anne-Claudine Le Mercier. Garde-marine en 1770; enseigne de vaisseau en 1777; lieutenant de vaisseau en 1781. La famille de Boubée est originaire de Lectoure (Gers). La branche à laquelle appartenait le capitaine était allée s'établir, au commencement du XVIIIe siècle, à Feurs, dans le Forez : elle s'est éteinte, en 1907, dans la personne de la marquise de Vivens, décédée sans postérité.

M. de Boubée mourut à Paris en 1791. Il était le frère de François de Boubée, officier de cavalerie, guillotiné à Lyon sous la Terreur, et fils d'Henri de Boubée, officier de cavalerie sous Louis XV. Il mourut célibataire. (*Communication de M. L. de Boubée.*)

brasier qu'il fallait à tout prix éteindre. Des instructions spéciales, dictées au Ministre de la Marine, M. de La Luzerne, par la plus légitime défiance, faisaient un devoir à M. de Boubée de s'opposer à tout contact des navires anglais avec les boutefeux de Saint-Pierre et de Fort-de-France.

M. de Boubée compte alors parmi les meilleurs officiers de notre flotte. A peine âgé de vingt-neuf ans, ce vigoureux Forézien avait obtenu la croix de Saint-Louis sur la demande adressée par le comte de Grasse au duc de Castries, alors ministre de la Marine : « M. de Boubée, — lisons-nous dans le préambule de la décision ministérielle qui confère à l'officier cette haute distinction, — M. de Boubée, jeune lieutenant de vaisseau, commandant, à Saint-Domingue, la frégate *La Fée*, depuis la mort de M. de Saint-Marsault, a soutenu deux combats qui lui ont fait beaucoup d'honneur : l'un, dans la nuit du 3 au 4 juin 1781, contre un vaisseau anglais de 44 canons, qui pouvait être l'*Ulysse*, l'autre, dans la nuit du 27 au 28 juillet, contre une frégate de sa force qui pouvait être la *Nymphe*. Dans le premier combat, il a obligé le vaisseau à quitter la partie, et, dans le second, quoique la frégate *La Fée* se trouvât démâtée de ses principaux mâts par un coup de vent qu'elle avait essuyé, elle a eu un avantage marqué sur son adversaire qui a pris la fuite.

« M. le comte de Grasse demande la croix de Saint-Louis pour M. de Boubée. Si Monseigneur peut l'accorder, quoique M. de Boubée n'ait que onze ans de service, la grâce paraît bien placée [1]. »

---

1. Le document se termine ainsi :

« Mais M. de Boubée demande, aussi, pour M. d'Allemand, enseigne de vaisseau, son second, dont il fait le plus grand éloge, une lieutenance d'Infanterie dans la division de Toulon et un petit commandement. M. d'Albert de Rions, en sa qualité de major de cette division, appuie aussi la demande de cette lieutenance.

« Pour M. de Leyritz, garde de la Marine, qui a été blessé à une cuisse

Voilà l'homme qui reçoit la mission de croiser dans les eaux de la Martinique et de protéger notre colonie contre une conjuration qui ne cache ni ses inspirateurs ni ses vues.

II

Munie de cette consigne, la *Capricieuse* appareille. La traversée dure cinq semaines : à peine la frégate a-t-elle eu le temps d'accoster le môle de Saint-Pierre que l'aide de camp du Gouverneur, M. de Paroy, aborde la *Capricieuse* et invite le capitaine à ne débarquer, ni un équipage ni une troupe qui viennent, — non comme leur chef le croit, — combattre les factieux, mais grossir leurs rangs et seconder la rébellion.

Ces observations inattendues déconcertent M. de Boubée, qui se croit sûr de la loyauté des marins et certifie l'esprit de discipline des soldats. On ne l'écoute point.

---

et à une jambe, le grade d'enseigne de vaisseau à prendre son rang. Ce garde, qui est de 1779, se trouve immédiatement après M. de la Bonde qui a été fait enseigne.

« Pour la mère du sieur Gambain, officier auxiliaire qui a été tué, une pension de 300 francs sur les Invalides. Cette femme qui est veuve, âgée et infirme, ne subsistait que par le secours de son fils. — *Approuvé.* » Ces demandes du capitaine de Boubée en faveur de ses compagnons d'armes ne sont-elles pas des plus touchantes?

C'est aux Archives de la Marine que nous avons trouvé le dossier de M. de Boubée. D'autre part, M. le Vicomte DE NOAILLES, dans son livre, *Marins et soldats français en Amérique,* cite l'extrait suivant d'une autre lettre, adressée par M. de Grasse au ministre relativement à M. de Boubée : « Le grade de lieutenant de vaisseau étant d'ancienneté à l'obtenir, ne doit pas lui être accordé comme grâce; la croix de Saint-Louis serait plus flatteuse pour cet officier qui a donné, dans ces différentes rencontres, les marques de la plus grande valeur et de la tête la mieux organisée. » La lettre de l'amiral revint avec cette apostille dans le bas : « Monseigneur m'a fait notter sur le champs qu'il approuvait,... etc. » (6 octobre 1781).

Quelques jours plus tard, une démarche, plus imprévue encore, met le comble à la surprise et à la colère du capitaine. Au nom du chevalier de Feynier, alors Gouverneur des Iles Sous-le-Vent, son lieutenant, le général Rouxel de Blanchelande [1], intime à M. de Bo bée l'ordre de lever l'ancre et de regagner la métropole.

Protestations immédiates des officiers et du capitaine, de plus en plus décontenancés par un *veto* qui diffame de braves gens et qui dérobe leurs chefs aux aventures dont se berce une ambition naturellement avide de hasards. Sans se laisser arrêter par les considérations que lui soumet l'État-Major, M. de Blanchelande répond aussitôt :

---

1. BLANCHELANDE (François-Philibert ROUXEL de), né à Dijon, le 21 février 1735, mais d'origine normande, Blanchelande, fils de Claude, écuyer, chevalier de Saint-Louis, ancien lieutenant colonel du régiment de Souvrey, et de Catherine Braconnier. Surnuméraire dans l'artillerie, en 1747, lieutenant en 1755, capitaine en 1761, Major du régiment provincial de Dijon en 1771 ; lieutenant-colonel en 1773, brigadier en 1781, gouverneur de Tabago en 1781, maréchal de camp en 1788. Sa belle attitude contre les Anglais aux Antilles appela sur lui l'attention de Louis XVI, qui le nomma lieutenant du Gouverneur de Saint-Domingue. Blanchelande avait vu, dès le début de la Révolution, le péril dont d'inopportuns décrets menaçaient nos colonies. Mais la Constituante passa outre.

Mandé à Paris, Blanchelande fut envoyé devant le Tribunal révolutionnaire le 11 avril 1793. Un commissaire de Saint-Domingue (Bruley) le représenta comme un bourreau et comme un conspirateur : Hommes égorgés, femmes, filles outragées sur les corps de leur mari ou de leur père, enfants blancs empalés au bout des piques pour servir d'étendard, voilà ce qu'avait fait Blanchelande. Blanchelande voulut protester. L'auditoire murmura. Il obtint pourtant deux heures pour se recueillir. L'avocat Tronson-Ducoudray le défendit. Interrogé sur ce qu'il avait à dire, Blanchelande s'écria : « Je jure par-devant Dieu que je vais voir tout à l'heure que je n'ai trempé pour rien dans les faits que l'on m'impute. » Condamné à mort, le lundi 15 avril 1793, à sept heures du matin, après soixante-quinze heures de débats, il fut exécuté, le même jour à trois heures de l'après-midi, sur la place du Carrousel. Son fils Jean-Philibert de Blanchelande, dont le seul crime était d'être le fils de son père, fut guillotiné le 20 juillet 1793.

Port-au-Prince, 16 novembre 1790.

Je suis véritablement peiné, Monsieur, de ne pouvoir me rendre à vos vœux en conservant dans la colonie la frégate du Roi la *Capricieuse*. Mais les ordres que j'ai reçus à cet égard de M. de Peynier sont trop précis pour que je puisse me permettre de les enfreindre.

Examinez avec attention, je vous en prie, le danger auquel je m'exposerais si, en différant l'ordre de départ de votre frégate, il arrivait des événements fâcheux. Qu'aurais-je à répliquer sur mon exactitude à tenir la main à l'exécution de cet ordre? Il ne faut pas vous abuser. La fermentation règne toujours dans les esprits. Votre équipage, la garnison de terre qui est à bord, sont pénétrés d'une doctrine qui produirait des effets funestes. Vous pensez que quelques têtes seulement sont échauffées; croyez, Monsieur, que c'est tout votre détachement, partie même de vos matelots. De là votre frégate serait devenue un appui pour les ennemis de la colonie. Faites bien réflexion sur l'équipage du vaisseau le *Léopard*. MM. les officiers pensaient comme vous; mais ils n'en ont pas été moins forcés de céder et même de débarquer pour ne pas être exposés à perdre peut-être la vie.

Je vous engage tous à presser votre départ [1].

Comment M. de Blanchelande pouvait-il mieux connaître que M. de Boubée l'état moral de l'équipage et l'esprit de la troupe? Quel traître lui avait révélé une « fermentation » que M. de Boubée ne soupçonnait pas lui-même? Un plan du complot venait-il d'être transmis à M. de Blanchelande par le délateur d'une Loge parisienne ou le transfuge d'un Club bordelais? Rien n'irrite et ne blesse comme les demi-confidences qui font tout craindre et qui ne précisent aucun soupçon. Au lieu de désarmer M. de Boubée, les vagues accusations du général l'indignèrent. Louis XVI avait investi d'une mission sacrée le capitaine

---

1. *Archives nationales*, DXVI, 12-24.

de la *Capricieuse* : le gouverneur avait-il le droit de relever cet officier de son devoir et de refuser son sacrifice?

Dans ces conjonctures cruelles, M. de Blanchelande montra le courage le plus difficile à un homme de cœur : celui d'immoler la camaraderie à l'intérêt public et de réduire à l'inaction un Français friand de périls et altéré de gloire. Les événements ne donnèrent que trop raison à une clairvoyance et à un patriotisme que Blanchelande devait payer de la vie. En contrecarrant les intrigues du Club des Jacobins, en refusant à l'émeute les recrues que la faction attendait, l'intrépide général, non seulement se condamne lui-même, mais condamne son fils à la peine de mort [1].

Sans doute, la France perdit, quand même, Saint-Domingue et le Club des Jacobins obtint gain de cause. Mais, en barrant la route aux conspirateurs et en retardant leur victoire, Blanchelande avait gaspillé dans une lutte inutile les forces dont la Révolution se réservait l'emploi. Dans les temps de troubles, la nécessité s'impose aux factieux de créer, à coups de poignard, une nouvelle règle du devoir. Pour encourager la félonie, il faut frapper la fidélité, même malheureuse. Beaucoup d'officiers hésitaient. Première victime de l'honneur militaire, le gouverneur de Saint-Domingue leur apprit, par son supplice, qu'ils devaient dorénavant opter entre l'émigration et l'échafaud.

M. de Boubée n'avait pas voulu comprendre qu'en empêchant de débarquer l'équipage et les troupes de la *Capricieuse*, le Gouverneur avait conjuré la défection des hommes et le massacre de l'État-Major. Dieu sait pourtant si les précédents autorisaient toutes les craintes et légitimaient toutes les précautions. Au mois de mai 1790, les équipages du *Borée* et du *Fougueux*, unis aux bataillons d'Artois et

---

1. Louis-Philibert Rouxel de Blanchelande fut le premier officier général qui fut traduit devant le Tribunal révolutionnaire.

de Normandie à peine arrivés de France, n'avaient-ils pas soulevé contre le Gouverneur et contre l'autorité royale les régiments coloniaux du Cap et de Port-au-Prince, pactisé avec l'émeute qu'ils venaient réprimer et répandu le sang des chefs qui devaient les conduire au feu ?

III

Ni le ton des communications, ni l'angoisse croissante des avertissements ne délivrèrent M. de Boubée de ses illusions et ne triomphèrent de sa confiance.

Mais le 22 décembre, le jour même où la *Capricieuse* entrait en rade de l'île d'Aix, voici la lettre que le capitaine adressait au Ministre de la Marine, M. de Fleurieu :

En rade de l'île d'Aix, le 22 décembre 1790.

J'ai l'honneur de vous rendre compte de l'arrivée de la frégate que je commande partie du Môle, du 20 au 21 novembre. La lettre de M. de Blanchelande que je joins ici, vous instruira sans doute des raisons qui l'ont déterminé à la renvoyer en France après un séjour aussi court dans cette station des Iles Sous-le-Vent.

Il est très douloureux pour nous, sur le fait d'une révolte imaginaire, d'avoir été la fable de la colonie. On avait surpris la religion de M. de Blanchelande, en lui parlant d'un complot général, tandis qu'il n'y avait que quelques individus coupables.

Un tambour de régiment d'Agenois, homme très dangereux, connu du régiment, mais que le régiment nous a forcé de prendre, s'est offert en arrivant à Port-au-Prince aux malintionnés de cette ville. Pour tirer plus d'argent d'eux sans doute, il a *promis de faire révolter les soldats des deux frégates et de séduire un nombre de ceux de Port-au-Prince*. Le lendemain il a été arrêté.

Quelques gens de l'habitacle avaient aussi de grandes dispositions à se donner aux séditieux; tels sont les motifs pour lesquels on a calomnié tout un équipage. Nous craignons avec raison d'être soupçonné de relâchement dans la discipline. Les attestations répétées du général nous innocenteront à vos yeux.

Huit jours s'écoulent; volte-face complète!

Le 29 décembre 1790, le Ministre de la Marine, Comte de Fleurieu, reçoit de M. de Boubée un billet et un Rapport où le capitaine de la *Capricieuse*, désavouant l'optimisme qu'ont entretenu dans son esprit les intrigues des conspirateurs, déplore une méprise funeste et confirme le diagnostic et les affirmations de M. de Blanchelande.

Voici le billet :

En rade de l'île d'Aix, le 28 décembre 1790.

Mon stile (*sic*) sera bien différent de celui au dernier courrier. Les circonstances sont changées. J'avais trop bien présumé de mon équipage. J'imaginais qu'il suffisait de se défaire du détachement de l'Agénois et de tout l'habitacle [1]. Aujourd'hui, tout est gangrené [2].

Écrit dans la prison où l'infortuné M. de Boubée dut expier son imprévoyance, le Rapport, avec ses incorrections et ses ellipses, trahit les tressaillements et les soubresauts d'un naufragé qui, roulé soudain au fond d'un gouffre, lutte, les mains liées, dans les ténèbres, contre un ennemi invisible. Nouvel Hamlet, le commandant de la *Capricieuse* sait-il, en effet, de quel tribunal part la sen-

---

1. Réduit où se tenaient le timonier, le commis aux vivres, le pilotin, etc., sur le pont des anciens navires de guerre.

2. *Archives nationales*, DXVI $\frac{14\text{-}24}{2}$.

tence qui maléficie son équipage et qui le frappe lui-même? Connaît-il les forces occultes dont ces pauvres gens subissent le sortilège et qui les lancent, les yeux bandés et le couteau au poing, contre le plus juste et le plus clément des maîtres?

IV

Voici ce curieux document :

En rade de l'île d'Aix, ce 28 décembre 1790.

Le 23 décembre, la frégate a mouillé à l'île d'Aix; le 25, le capitaine, après avoir fait amarrer son bâtiment sur les vases vis-à-vis le port des Barques, d'après les ordres de Vaudreuil, commandant de la marine à Rochefort, vint à Rochefort pour rendre de vive voix des comptes à ce général.

Il arriva dans la ville à midi et demi. A deux heures, ses amis le tirèrent de table pour l'avertir qu'il y avoit contre lui une fermentation affreuse; qu'on avoit déchaîné la populace et qu'il eût sur le champ à se cacher de peur d'être mis en pièces.

M. de Boubée demanda ce qu'on lui reprochoit. « Des pauvretés, lui répondit-on; l'article le plus grave est de n'avoir pas voulu recevoir devant la Martinique un canot portant pavillon national, tandis qu'il en avoit reçu deux, envoyés par M. de Damas, général de la colonie [1]. On sait que M. de

---

1. DAMAS DE MARILLAC (Claude-Charles, vicomte de), né à Lyon, le 20 janvier 1731, fils de Roger, marquis de Damas-Roussel, Chevalier, non profès, de l'Ordre de Saint-Jean de Jérusalem et page du Grand-Maître Emmanuel Pinto, en 1744; rentré en France; enseigne au Régiment de Talaru en 1748; lieutenant en 1752; capitaine en 1756; blessé à Minden en 1759; major en 1763; colonel en 1769; maréchal de camp en 1781; gouverneur général de la Guadeloupe le 29 mars 1782, et gouverneur de la Martinique le 19 juillet 1783, nommé lieutenant-général le 1ᵉʳ février 1792, mais n'accepte pas. Envoyé en Amérique en 1777, assiste, l'année suivante, le 6 sep-

Paroy, son chef d'état-major, lui avoit fait signal de ne pas communiquer avec la terre, mais on ne veut pas se payer de cette raison. »

M. de Boubée ne voulut point se cacher. Il parvint, en passant par des rues détournées, chez le général, accompagné d'un seul officier. Il rendit compte; le général n'avoit aucune connoissance de la chose. Il dit à M. de Boubée, à tout hasard, de se rendre à son bord, ce qu'il fit par des rues détournées à pied.

La distance en étoit de trois lieues. M. de Boubée n'arriva à la frégate que le lendemain. Il s'étoit égaré dans la nuit. Il trouva MM. d'Anglars et de Vassoigne partis. Les deux lieutenants de vaisseau, l'un en second, l'autre en troisième, avoient eu, la veille au soir et dans la nuit, des avis de terre qui leur prescrivirent immédiatement de s'éloigner au plus vite, qu'on leur en vouloit encore plus qu'à M. de Boubée. Les mêmes avis disoient que le capitaine devoit prendre le même parti. On n'accusoit aucun corps de délit autre que des pauvretés. Cependant, on devoit venir en bande à bord pour enlever ces trois officiers. L'équipage étoit gagné et devoit les livrer.

M. de Boubée, malgré ces nouvelles, resta à bord toute la journée. Il lui arriva avis sur avis de Rochefort qu'il eût à s'éloigner au plus vite, qu'on devoit aller à bord pour l'enlever, le rendant responsable de l'évasion de ces deux officiers auxquels on en vouloit. On lui disoit que la municipalité faisoit de son mieux pour calmer le désordre, mais que, malgré sa bonne volonté, il seroit très possible qu'il fût assommé ou tout au moins pillé, colleté, et qu'il reçût cent autres avanies avant que la municipalité pût le prendre sous sa sauvegarde.

Un avis plus décisif encore, reçu avant la nuit, le détermina à partir la nuit même. Il avoit vérifié qu'il ne lui restoit à peu

---

tembre 1778, à l'attaque dirigée par le marquis de Bouillé contre la Dominique et concourt à la prise de cette île. Ce fut à sa fermeté et sa prudence que la ville de Saint-Pierre dut, le 3 juin 1790, son salut. Il revint de la Martinique au mois de juin 1791, fut incarcéré, à son retour, pendant de longs mois. De son mariage avec la fille du marquis de Montcalm, le Vicomte de Damas eut un fils, Joseph-Antoine-Auguste de Damas, sous-lieutenant au 16e régiment de dragons. Compris dans la prétendue conspiration des prisons, il fut guillotiné, le 7 juillet 1794 (19 messidor an II) à vingt ans.

près personne pour lui à bord, et que les gens qui jusque-là étoient demeurés ses plus fidèles avoient été séduits.

A huit ou neuf heures du soir, M. de Boubée fit armer un canot à quatre avirons, sous prétexte d'envoyer à sa femme un quartier-maître marié au port des Barques. Il chargea cet homme d'un sac de nuit en apparence, pour le porter à quelqu'un de connoissance dans le village.

Le sac part; le nommé Landri, canonnier-matelot, chef de pièce, l'arrête à l'échelle :

« Je veux visiter ce sac, lui dit-il.

M. de Boubée était à peu de distance; il arrive :

« Laissez passer ce sac; il m'appartient.

— Non, Monsieur, il sera visité.

— Mais, je le reconnois à moi, et je vous l'ordonne.

— Il a beau vous appartenir : dans ce moment, tout est suspendu. Il sera visité à la consigne. »

M. de Boubée interrompt :

« Monsieur le capitaine d'armes, faites mettre cet homme aux fers : il est ivre.

— Je n'iroi pas. »

Le capitaine d'armes ne se met point en devoir de l'y conduire. M. de Boubée arrache le sac des mains de Landri. Le canonnier cède.

Le quartier-maître porte le sac dans le canot : les quatre rameurs en étoient partis, il n'y restoit que le patron. Le capitaine appelle en vain des canotiers. Une seule voix répond :

« Ils sont bons citoyens. »

Beaucoup de tumulte à bord :

« Des fanaux ! crioit un aide-pilote. Sonnez la cloche ! Tout le monde en haut ! »

M. de Boubée crut qu'il étoit temps de s'échapper, de peur de plus grands accidents. Il s'élance dans le canot et crie aux deux quartiers-maîtres qui y étoient :

« Poussez au large, amenez les avirons ! »

Je suis au gouvernail, l'un d'eux prend un aviron, l'autre se met en devoir de couper la bosse, mais ne la coupe pas. Le nommé Carrière, aide-pilote, crie du passe-avant :

« Ne larguez pas ! Ne larguez pas ! »

Le tumulte augmente à bord. Dix voix ensemble.

« Prenez garde aux poudres ! »

La bosse ne se coupe point, le quartier-maître la dit engagée; le même aide-pilote continue de crier :

« Ne larguez pas ! »

D'autres voix :

« Nous vous coulerons ! »

Carrière saute dans le canot, suivi de quatre ou cinq autres. Des fanaux arrivent :

« Il faut absolument que vous remontiez à bord, capitaine, s'écrie Carrière; vous ne pouvez aller à terre. Qu'allez-vous y faire?

— Que vous importe? Ai-je des comptes à vous rendre? Remontez, et laissez-moi, je vous l'ordonne sous peine de désobéissance. »

Après s'être fait beaucoup prier, l'aide-pilote remonte, mais les deux quartiers-maîtres avoient disparus. Le capitaine, resté seul, fut obligé de remonter sur le gaillard.

Il le trouva rempli de monde. On l'entoure. Carrière le harangue :

« Êtes-vous le capitaine à bord? » demande M. de Boubée.

— Non, mais je parle au nom de tout l'équipage qui veut vous garder à bord et visiter le sac.

— De quel droit ne suis-je plus maître de faire mes volontés?

— M. le Capitaine a des armes chargées, s'écrie toujours le même aide-pilote. »

A l'instant, le capitaine sent ses deux mains saisies. On soulève une lévite qu'il avoit sous son habit et on lui enlève deux pistolets de ceinture :

« Comment ! capitaine, des armes chargées sur vous? Cela mérite interdiction.

— Qui de vous me défendra le port d'armes? J'allois à terre et j'étois bien aise d'être armé.

— Messieurs, n'êtes-vous pas de l'avis que le capitaine soit déposé, enfermé dans sa chambre et gardé à vue pour avoir voulu quitter son bord la nuit, son second n'y étant pas, — ayant, de plus, sur lui des armes chargées?

— Oui ! » lui répond-on par acclamation.

Sur-le-champ, on mène le capitaine dans sa chambre, où on l'a laissé toute la nuit, enfermé, gardé par trois sentinelles, un matelot, un canonnier et un soldat d'Agénois. On visite sa chambre pour savoir s'il n'y a point d'armes, de poudre ou objets combustibles. On enlève son sac de nuit et on va dans la grande chambre en faire l'inventaire et dresser procès-verbal d'arrestation. Ni violences, ni dégâts et même beaucoup d'égards.

V

M. de Boubée n'avait exactement pour lui que M. Proteau, sous-lieutenant, et M. de Saint-Jean, jeune élève de la Marine, qui ont l'un et l'autre été témoins de tout ce qui est arrivé. Après son interdiction, Carrière proposa encore à l'équipage de choisir un nouveau chef. M. de Boubée eut encore assez de crédit pour faire tomber le choix sur M. Proteau. Ce dernier ne voulut pas accepter. M. de Boubée le lui ordonna pour ne pas provoquer un grand désordre.

Il est à remarquer que les chefs du complot avoient fait enivrer la plus grande partie de l'équipage. Presque tous ont abandonné le capitaine. On ne peut guère excepter que Lemaître, l'un des seconds canonniers, sergent de la marine, et le sergent d'Agénois qui ont resté dans leur poste sans oser paroître. Dans le vrai, c'eût été s'aventurer mal à propos que de s'opposer à un pareil torrent, mais ils auroient dû d'avance avertir le capitaine et lui parler à l'oreille du complot trop général pour qu'ils pussent l'ignorer.

Le capitaine d'armes qui, jusque-là, avoit mérité par sa conduite la plus grande confiance, étoit du nombre des insurgents. Il est vrai qu'il faut lui rendre la justice qu'il n'a pas quitté d'un pas la personne du capitaine, prêt à s'opposer à la moindre violence qu'on pourroit lui faire. Dans la foule, un ivrogne fit la motion de l'attacher au cabestan pour y passer la nuit; elle fut étouffée sur-le-champ par le capitaine d'armes et même par l'aide-pilote.

Sitôt le capitaine arresté, on tira du canon, signal de convention avec le village du Port des Barques [1]. Un second maître d'équipage, qui exprès, y avoit passé la nuit, a avoué, le lendemain, à M. de Boubée que, s'il y avoit eu un second coup de canon de tiré, toutes les chaloupes des pêcheurs du Port des Barques et de tous les bâtiments au bas de la rivière auroient été en l'air pour courir après lui; au premier coup de canon, elles s'étoient toutes préparées.

---

1. Port-des-Barques (Charente-Inférieure), commune de 337 habitants, canton de Saint-Nazaire. Port situé sur la rive gauche de la Charente, non loin de son embouchure, à dix-neuf kilomètres en aval de Rochefort, par la voie du fleuve.

Ce qu'il y a de très extraordinaire, c'est que M. de Boubée a demandé plusieurs fois à son équipage s'il avoit quelque reproche à lui faire, et la nuit et le lendemain matin tous ont répondu par acclamation qu'ils étoient parfaitement satisfaits de lui, que jamais ils n'avoient été menés aussi doucement ni mieux traités; que cependant leur patriotisme les obligeoit à faire ce qu'ils faisoient.

« Comment manquer à vos sentiments, celui d'obéissance aux chefs?

— Il est vrai, mais si nous méritons punition, nous la subirons de la municipalité.

— Je ne demande pas mieux que d'y être traduit, leur répondit-il. Je doute qu'elle vous approuve et dites-moi donc, au moins, ce qu'on peut me reprocher; ma conscience est bien nette.

— Vous le saurez ! Mais si ces deux messieurs étoient restés à bord, cela ne serait pas arrivé ! »

Voici un autre trait caractéristique. Le nommé Renard, aide-charpentier, tout en fouillant M. de Boubée, lui disoit :

« Mon capitaine, j'ai les larmes aux yeux de tout ceci; je suis pénétré d'attachement pour vous, mais tout ce que je fais, il faut que je le fasse. »

Landri, le chef de pièce dont on a déjà parlé, tenoit le même langage.

Le lendemain 27, le second maître d'équipage, revenant du port des Barques, dit les mêmes paroles au capitaine :

« Je vous suis particulièrement attaché, pénétré de reconnaissance pour tout ce que vous avez fait pour moi dans les deux compagnes que je viens de faire avec vous, mais la patrie est au-dessus de tout ! »

C'est ainsi qu'on égare des gens simples et droits, c'est ainsi que des âmes atroces les déterminent à fausser leur serment, tout en croyant obéir aux décrets de l'Assemblée nationale. Quelle justice ne doit-on pas faire de ces monstres? Carrière lui-même fut obligé de convenir vis-à-vis de tout l'équipage que jamais il n'avoit entendu dire que du bien du capitaine et qu'il en avoit toujours éprouvé, mais que cependant il croyoit les sentiments du capitaine plus purs au commencement de la campagne, qu'il avoit été séduit par deux officiers.

Le détachement d'Agénois s'est conduit indignement, car Carrière tenoit une main du capitaine pendant qu'on le fouilloit.

ROCHEFORT. — CHAPITRE III   495

Le lendemain 27, dès quatre heures du matin, on obtint d'envoyer à M. de Vaudreuil M. de Saint-Jean pour l'informer de ce qui s'étoit passé. En même temps, l'équipage envoya des députés pour porter à la municipalité le procès-verbal auquel ils avoient travaillé toute la nuit.

Vers midi, M. de Simard, élève de la marine, apporta à M. de Boubée l'ordre de M. de Vaudreuil de rester aux arrêts à son bord, ordre ordonné avant qu'il fût instruit. L'équipage, malgré cet ordre, voulut toujours qu'il fût gardé à vue, craignant, ajoutait-il, que, dans un moment de désespoir, il ne songeât à se détruire en faisant sauter le bâtiment.

L'après-midi, M. Niou[1], maire de Rochefort, M. Chambellan, premier officier municipal, et M. Bessière, le Procureur de la Commune, accompagnés de trois officiers de la garde nationale et d'un officier major de la marine, ont eu la bonté de se transporter à bord pour mettre M. de Boubée sous leur sauvegarde. Sur la réquisition de M. de Vaudreuil, ils l'ont accompagné jusqu'au vaisseau-amiral de Rochefort où il attend impatiemment qu'on lui communique les griefs qu'on a contre ses deux officiers, desquels il n'y a que des éloges à faire.

Tel est l'affreux événement duquel M. de Boubée croit devoir demander la justice la plus exemplaire, surtout contre Carrière, le chef principal, qui s'est mis à la tête de tout, le nommé Meynard, second pilote, qui n'a paru qu'après. Les chefs étaient à terre et l'équipage a suivi l'impulsion.

Amiral[2] de Rochefort, le 28 septembre 1790.

BOUBÉE.

Peu de documents accusent, semble-t-il, avec plus d'évidence, l'immixtion d'une dictature secrète dans nos émeutes et l'asservissement de la troupe à ses ordres. Marins et soldats subissent avec une égale docilité la loi d'un gou-

1. NIOU (Joseph), né à Rochefort le 6 janvier 1749, aspirant élève ingénieur-constructeur le 17 mai 1766; élève le 1er juillet 1768; aux Écoles de Paris le 31 juillet 1772; sous-ingénieur-constructeur le 1er mars 1744; ingénieur le 31 janvier 1784, élu maire de Rochefort, membre de la Législative et de la Convention.

2. L' « amiral » est la prison maritime.

vernement clandestin qu'ils condamnent, — tout à la fois incapables de résister à ses contraintes et de dissimuler leur révolte intérieure contre sa tyrannie. « Sachez, Hilde, — s'exclame Solness dans la pièce d'Ibsen, — qu'il y a de la sorcellerie qui fait agir les Puissances du dehors. Et il faut s'y prêter, qu'on le veuille ou non ! Il le faut ! » Dans l'histoire moderne, les associations occultes jouent le rôle de la fatalité d'Œdipe dans le drame grec. C'est leur impulsion qui, pendant les temps troublés, nous précipite dans le tourbillon des hasards; c'est elle qui arme celui-ci du couteau et qui courbe celui-là sous la fatalité. Aujourd'hui, nous connaissons les influences mystérieuses qui dominèrent les hommes de la Constituante et de la Convention, et nous pouvons nommer les ennemis invisibles que la France portait dans son sein. Mais les contemporains ne voyaient pas, eux, ces Puissances voilées qu'ils frôlaient chaque jour, dans la rue, au théâtre, sur le Forum et dans le sanctuaire même du foyer domestique. Ombres tragiques qui menaient nos ancêtres par la main et qui les conduisaient, d'étapes en étapes, jusqu'au seuil de la catastrophe irréparable.

C'est ainsi que, pas une minute, la mutinerie de la *Capricieuse* n'inquiète et ne trouble M. de Boubée, M. de Vaudreuil et M. de Fleurieu. On s'en irrite plus qu'on ne s'en préoccupe : l'insubordination de l'équipage apparaît, non comme une énigme qu'il faut éclaircir, mais comme une de ces séditions banales que suscitent les énervantes vicissitudes d'une longue et mortelle traversée.

VI

La cécité des hommes entraîne l'incohérence des actes. Les règlements maritimes et la loi veulent que les factieux attendent, au fond d'une geôle, la convocation d'un Conseil de guerre. Oublieux du Code, ni le Ministre de la Marine, ni l'amiral n'enjoignent d'interroger les quartiers-maîtres et n'exigent de ces braves gens l'explication des aveux dont leur instinctive droiture n'a pu se défendre. Singulière abdication d'un pouvoir affolé par l'universelle anarchie ! En face de la révolte de la *Capricieuse*, quelles mesures prend le Commandant de la Marine pour venger l'ordre et châtier les perturbateurs? Pendant que les matelots, foulant aux pieds la discipline et les règlements militaires, requièrent l'arrestation du capitaine qu'ils viennent d'abreuver d'outrages, M. de Vaudreuil, laissant les mutins libres, incarcère leur chef et leur victime [1].

Ne nous montrons pas toutefois trop sévères. En séquestrant M. de Boubée, le Commandant de la Marine le sauve. Le temps s'annonçait où, — comme l'armée, — la prison allait devenir « le Refuge de l'Honneur ». Antichambre de la mort en 1793, le cachot est, en 1790, la seule sauvegarde de la vie. Pour empêcher l'effusion du sang, les Pouvoirs publics claquemurent, non les Français qui brandissent le poignard ou qui manient la pique, mais ceux que couche en joue ou qu'a déjà balafrés l'arme des sicaires [2].

Dans le récit qu'il envoie au comte de Fleurieu, Vaudreuil avoue, le plus naturellement du monde, son inévitable déférence aux pratiques inédites qu'impose la débâcle de toutes les autorités traditionnelles. Voici cette curieuse correspondance :

1. A la décharge de M. de Vaudreuil, il est juste de rappeler que, sous l'Ancien Régime, les prisons, dépourvues du caractère infamant qu'elles comportent aujourd'hui, n'étaient que des « chambres de sûreté », où les prévenus attendaient leur jugement. Le Code pénal de la Monarchie ne connaissait pas la peine de l'emprisonnement en matière de délit ou de crime de droit commun. La Bastille, le Mont Saint-Michel, le For l'Évêque, etc., n'abritaient que des personnages politiques, des espions, des déments ou des détraqués, emprisonnés en vertu de « lettres de cachet », dans l'intérêt de l'État ou des familles.

2. Affaire de la Jaille, à Brest.

J'ai l'honneur de vous informer que plusieurs personnes de l'équipage *La Capricieuse* ont porté des plaintes par écrit contre M. de Boubée et d'autres officiers et ont adressé ou remis ces plaintes aux gardes nationales qui, depuis trois jours, sont assemblées pour l'élection de leurs nouveaux officiers.

Les têtes se sont échauffées, les plus sensés ont, cependant, obtenu qu'ils nommassent des commissaires qui adresseront un réquisitoire à la municipalité pour me réquérir de tenir M. de Boubée aux arrêts à son bord ainsi que MM. d'Anglars [1] et de Vassoigne [2] contre lesquels il y avait aussi des plaintes. Ces commissaires vinrent avant-hier 26 me donner copie de ce réquisitoire ; je leur répondis que M. de Boubée qui était venu la veille à terre était reparti le même soir pour retourner à son bord et que je lui avais donné l'ordre d'y rester, que j'en renouvellerais l'ordre ainsi que pour M. d'Anglars. J'y envoyais en effet, le soir même, un sous-aide major de la Marine qui n'y trouva plus MM. d'Anglars et de Vassoigne ; ces deux officiers, — ayant été prévenus par les personnes qui revenaient de la ville de la grande fermentation qu'il y avait parmi les gardes nationales qu'on leur disait devoir aller à bord avaient jugé à propos, sous prétexte de promenade, de s'en aller vers la rive droite de la rivière et ne sont pas retournés à bord. M. de Boubée ne se croyant pas plus en sûreté à son bord d'après les dispositions de l'équipage et des soldats, voulut aussi, avant-hier, vers les dix heures du soir, descendre à terre dans un petit canot. Mais l'équipage s'ameuta, le força de remonter à bord, et le garda dans sa chambre avec des sentinelles.

Ces gens-là dressèrent un procès-verbal que plusieurs d'entre eux portèrent hier au matin à la municipalité. Un jeune élève de la Marine vint à bord m'informer de ces événements. Je jugeai qu'il en convenait d'envoyer chercher M. de

---

1. ANGLARS (Charles-Louis d') émigra, s'enrôla dans le régiment de Béon, fit partie de l'expédition de Quiberon. Né à Nachamps (Charente-Inférieure), fusillé le 18 fructidor à Auray. (DE LA GOURNERIE : *Débris de Quiberon*, p. 170.)

2. VASSOIGNE (Élie-François de), écuyer, né au château de la Bréchénie (Charente), marié à Mlle de Frétard d'Écoyeuse et décédé à Saintes. Capitaine au Régiment de la Sarre. Il était le fils de René, chevalier de Vassoigne, capitaine de grenadiers au Régiment royal de la Marine, et de Julie de Galard de Bearn. (*Communication de M. le marquis de Vassoigne.*)

Boubée, pour le conduire à l'*Amiral;* mais, afin de n'éprouver aucun obstacle de la part de l'équipage à sa translation, j'allai à la Maison de Ville et je requis de la municipalité que deux officiers municipaux, avec deux gardes nationaux, un officier et un soldat d'Agénois accompagnassent l'officier de la marine que j'envoyais pour retirer M. de Boubée de la frégate et le conduire à l'*Amiral,* ce qui est exécuté, et il y est d'hier soir.

Vous avez remarqué, Monsieur, dans le compte que je viens d'avoir l'honneur de vous rendre, qu'aucunes plaintes portées dans le procès-veral d'arrestation du capitaine ne m'ont été adressées directement. J'ai eu par les commissaires des gardes nationales une copie que je leur demandai des plaintes qu'on leur avait adressées et je l'envoyai de suite à bord de la frégate pour que les officiers accusés puissent y répondre, ne l'ayant reçu. Les deux lieutenants n'y étaient plus et M. de Boubée n'aura pas eu le temps d'y répondre, ne l'ayant reçu qu'hier au matin.

Il devint indispensable de désarmer cette frégate et je vais donner des ordres pour qu'elle remonte aussitôt qu'elle pourra flotter. En attendant, je ferai débarquer le détachement d'Agénois qui en forme la garnison et qui est très insubordonné. — VAUDREUIL [1].

VII

M. de Boubée incarcéré, l'autorité maritime se fait enfin livrer « la plainte » — la terrible « plainte » destinée à justifier la rébellion des marins, l'emprisonnement du capitaine et la violation du Code. Nous avons ce papier sous les yeux; le néant des griefs y trahit, non seulement l'innocence du prisonnier, mais surtout celle de ses accusateurs.

De quel attentat contre la « Nation » M. de Boubée s'est-il rendu coupable? « Il a demandé des hommes pour aller

---

1. *Archives nationales,* DXVI $\frac{12\text{-}24}{2}$.

à terre porter un sac chez M. Durenaud. » Transfert suspect ! L'équipage défiant réclame aussitôt l'ouverture de cette louche valise. L'officier se dérobe et refuse. L'inflexibilité de son attitude aggrave les soupçons des « patriotes »; leurs ombrages se mesurent à nos malheurs. Négligeable peut-être hier, aujourd'hui le porte-manteau du capitaine, devant l'Europe qui s'arme de minute en minute, devient immédiatement un danger public. L'imminence du péril interdit le respect des rites vulgaires. La « Nation » ouvre donc le sac et qu'y voit-elle? « Une brosse, une gibecière contenant treize balles, six pierres, une poire à poudre, un livre de poste, sept chemises, une cote, un gilet, dix mouchoirs, deux caleçons, trois paires de bas, trois paires de chausses, une paire de souliers d'argent, de souliers, une paire, *idem* d'or. »

L'importance de cette découverte confirme les justes alarmes de l'équipage, pénétré tout à la fois de la gravité de la conjoncture et de la grandeur de ses devoirs. Sur-le-champ, les marins ordonnent au capitaine de se retirer dans sa chambre et le font garder par quatre factionnaires incorruptibles. En même temps, le canon tonne; un feu s'allume au grand mât et les capitaines des deux bâtiments voisins, requis de certifier l'incivisme de M. de Boubée et l'inventaire de la valise, sanctionnent le tout d'un solennel paraphe [1].

---

1. Voici la seconde pièce, qui fut rédigée par l'équipage :

« Je soussigné, certifie M. Danglars, lieutenant en premier de la frégate la *Capricieuse*, sur laquelle j'étais embarqué timonier, avoir insulté l'uniforme dont j'ai l'honneur d'être revêtu dans les termes ci-après.

« Le jean f... de bouton blanc que vous portez à votre chapeau me » déplaît et me donne le droit d'insolence. Sachez, drôle, que vous » êtes, que nous avons l'honneur à défendre au péril de notre vie ! »

« Cette insulte a été faite devant le sieur Contis, de la seconde, et le sieur Constantin, fusilier de la première compagnie, citoyens de Rochefort.

L'inanité de ce procès-verbal éclaire enfin l'autorité maritime et réveille la raison et le courage chez les chefs engourdis par la crainte d'une jacquerie latescente. On décide de saisir les mutins les plus fougueux et d'écrouer leur conseiller le plus ardent, le commis aux vivres Rousseau, scribe agité, expéditionnaire jaloux, bureaucrate envieux comme presque tous ses camarades de la « Plume », inlassables conspirateurs, toujours en train d'ourdir quelques perfidies contre les « Officiers Rouges », impassibles spectateurs de ces cabales. Le nouveau Code pénal accorde aux marins la faveur du « jugement par les pairs ». Mais peut-on choisir des jurés dans les rangs d'un équipage solidaire de toutes les fautes et complice de toutes les fureurs? Les bâtiments en rade fournissent des juges moins associés, sans doute, aux violences, mais non moins propices aux rebelles. Au bout de trois semaines, le tribunal improvisé rend le verdict d'acquittement que commandent la camaraderie et que dicte l'universel marasme.

Le respect dû aux lois, la décence, l'honneur de la Marine, exigeaient l'élargissement immédiat de M. de Boubée et le désaveu des sévérités exercées contre cet irréprochable serviteur. Mais, devant les objurgations du Club des Jacobins et les invectives de la plèbe, les Autorités, au lieu de braver la foule, lui obéissent et se prêtent au simulacre d'un procès qui ne peut aboutir qu'à la glorification de l'accusé. Les rebelles veulent que M. de Boubée ne quitte la prison que pour le prétoire [1]. Un conseil de guerre, présidé

« Je demande au Corps qu'il fasse faire par l'accusé une réparation d'honneur devant la troupe assemblée.

« A Rochefort, le 24 décembre 1790. Signé : GAMON, fusilier de la Compagnie de Rivoil.

« Pour copie conforme à l'original. — Signé : ROSSIGNOL. »

1. Nous trouvons dans le dossier de M. de Boubée la pièce suivante :

« Le Conseil de Marine extraordinairement assemblé a jugé la

par un éminent chef d'Escadre, le comte de Cacqueray-Valmenier [1], statue sur le sort du Commandant. L'arrêt rendu le 10 février 1791 déclare non coupable le capitaine contre lequel s'est révolté un équipage pourri par les Sociétés secrètes et protégé contre toutes les pénalités légales par un Pouvoir qui ne veut ni défendre la France, ni se défendre lui-même. Félicitons M. de Cacqueray de ne pas s'être laissé gagner par cette couardise et d'avoir osé renvoyer indemne un officier innocent [2]. Dans un temps où la foule impose à tous ses sentences, lui résister n'est pas une médiocre vertu.

---

conduite de M. de Boubée exempte de reproche. (Voir *Lettre du 15 janvier 1791. Service général.*)

« Nous, commissaire des Ports et Arsenaux de Marine, chargé de la direction du Bureau Général des Armements de ce port, et de l'Inspection des Vivres, certifions, que M. de Boubée, lieutenant de vaisseau, a commandé la frégate *La Capricieuse* pendant six mois, dix-sept jours, à compter du vingt-trois juillet mil sept cents quatre vingt-dix, au neuf février mil sept cents quatre vingt-onze compris, qu'il a débarqué. En foi de quoi lui avons délivré le présent pour lui servir et valoir à ce que de raison.

« A Rochefort, le 9 juin 1791. « Esmein. »

1. Cacqueray de Valmenier (Charles-Georges, comte de), originaire de Normandie, né en 1730 à Rochefort, garde-marine en 1745, enseigne de vaisseau en 1751, lieutenant de vaisseau en 1757, capitaine de frégate en 1771, capitaine de vaisseau en 1772, major de Corps Royal d'infanterie en 1775, major du Corps Royal de la Marine en 1777, brigadier des armées navales en 1781, chef d'escadre en 1784. Il émigra, fit partie de l'armée des Princes, où se trouvaient, d'après un Mémoire, présenté à Charles X, — quarante Cacqueray, fut nommé, au retour des Bourbons, contre-amiral honoraire, le 27 décembre 1815. Élu député de la Martinique, il représenta les colonies au sacre de Charles X. Décédé en 1827.

2. Le pilotin Dessaine, de l'Ile de Ré, après plusieurs semaines de silence, accusa M. de Boubée de lui avoir administré deux ou trois coups de canne. Le Conseil reconnut la réalité de cette légère voie de fait. Mais, constatant que « Dessaine ne s'était jamais plaint d'avoir été blessé et qu'aucun témoin n'avait confirmé l'acte reproché à M. de Boubée, les juges acquittèrent le capitaine ».

CHAPITRE IV

LA MUTINERIE DE L' « *EMBUSCADE* »

I. — Le Chevalier Pierre d'Orléans, commandant de la frégate l'*Embuscade*, est chargé d'aller à la Martinique donner la chasse aux bâtiments anglais. — Troubles de la Martinique. — Le gouverneur comte de Damas.

II. — Lettre adressée de France à l'équipage de l'*Embuscade* contre le capitaine. — Émeute au moment où la frégate met à la voile. — Les marins se saisissent de l'État-Major, consignent chaque officier dans sa chambre et s'adjugent la direction du navire. — Lettre du Capitaine au Ministre de la Marine. — Récit détaillé de la mutinerie.

III. — L'équipage veut aller chercher en France des éclaircissements sur la mission du capitaine.

IV. — Révolte analogue à la Guadeloupe et à Sainte-Lucie.

V. — Situation inquiétante. — Hommage à M. de Behague. — Il faut que l'Assemblée nationale rétablisse l'ordre dans les idées.

VI. — Le Chevalier d'Orléans demande à aller à Paris fournir des explications aux ministres et à l'Assemblée nationale qui pourront, en connaissance de cause, juger sa conduite. — Il est prisonnier à bord de l'*Embuscade*, ainsi que son État-Major.

VII. — M. de Vaudreuil reçoit le rapport des mutins. — Il est question d'eux dans tous les clubs du royaume. — S'ils ont fait route vers la France, c'est qu'ils y ont été obligés par les Clubs. — Le Capitaine d'Orléans demande que les mutins ne soient pas punis.

VIII. — Le Club des Amis de l'Égalité acclame les mutins et flétrit le capitaine. — Ingérence du Club des Jacobins de Bordeaux. — Vaudreuil démissionnaire. — Lettre de Vaudreuil au Roi. — Les successeurs de Vaudreuil moins fiers et moins ombrageux.

I

Quelques mois plus tard, les maux inguérissables dont souffre la France prennent une telle tournure que les officiers, trahis ou maltraités par leurs équipages, n'osent même plus sauver les apparences de la répression par une comédie judiciaire. Une subtile odeur de mort s'exhale des organismes destinés à maintenir l'ordre. Démantelés chaque jour par les amnisties que le législateur prodigue à toutes les révoltes et à tous les crimes, Tribunaux et Conseils de guerre, au lieu de protéger l'opprimé qui leur demande un abri, l'écrasent de leurs ruines.

La frégate l'*Embuscade*, commandée par le major de vaisseau Pierre d'Orléans [1], avait quitté Rochefort, vers

1. ORLÉANS (Pierre, chevalier, puis vicomte d'), né le 7 août 1746 à Orléans, débuta comme enseigne au régiment de Royal-Infanterie le 1er janvier 1762, y resta jusqu'en 1766, époque à laquelle il entra dans la Marine comme garde-marine à Rochefort. Enseigne le 1er octobre 1773, lieutenant de vaisseau le 13 mars 1779, major de vaisseau le 1er mai 1786 et capitaine de vaisseau le 15 mars 1792, il émigra, prit du service dans l'armée des Princes et fut admis à la retraite le 31 décembre 1814 avec le « brevet » de contre-amiral.

Nous trouvons dans le dossier du chevalier d'Orléans (*Archives de la Marine*) un « état des services » qui se termine ainsi :

« Nommé au commandement de l'*Embuscade* armé à Rochefort, envoyé à la Martinique où il a rendu les plus grands services à la fin de 1791, forcé par son équipage en insurrection de revenir en France. Sa conduite ayant été soumise à Louis XVI qui l'approuva, il rejoignit le corps de la Marine et a fait la campagne des Princes (1792). Il passa ensuite en Angleterre avec sa famille, a voyagé en Russie et à la nouvelle Angleterre et n'est rentré en France qu'à l'amnistie de 1802. Il n'a jamais voulu servir le gouvernement usurpateur.

« Je certifie les dits états de service sincères et véritables. — Le contre-amiral COMTE DE VILLEBLANCHE. Le comte Charles DE COLBERT. »

Le Major d'Orléans avait épousé, en 1785, Mlle Marie Le Vassor de la Touche de Tréville, fille du comte La Touche de Tréville, lieutenant-général des Armées navales et commandant de la Marine à

le 15 août 1790, pour aller, en vue de la Martinique, chasser les navires anglais, aux aguets des séditions qu'y fomentait l'or du Foreign-Office. Impatients de rétablir l'ordre, détruit par leurs intrigues, et d'occuper les logements, préparés par leurs fourriers, nos voisins attendaient les signaux des espions pour envahir l'île.

Pendant que le Gouverneur, le vicomte Claude-Charles de Damas, se retranchait au Gros-Morne, alors indemne de l'émeute, les factions, installées sur le littoral, tendaient à l'Angleterre une main que notre voisine tantôt armait de fusils et tantôt remplissait de guinées [1]. Il fal-

---

Rochefort, mort en 1788, nièce du comte Le Vassor de la Touche, lieutenant-général des Armées navales, gouverneur général de la Martinique, et cousine germaine de l'amiral de La Touche Tréville, le glorieux marin qui repoussa les attaques de Nelson contre Boulogne et qui mourut le 19 août 1804, en rade de Toulon, à bord du *Bucentaure*, au moment où, de nouveau, il allait combattre Nelson.

Le Major d'Orléans était apparenté, par sa femme, aux principales familles martiniquaises, aux Latouche de Tréville et aux Latouche de Beauregard, dont l'un des membres, L.-A. Le Vassor de la Touche de Beauregard, ancien lieutenant des vaisseaux du Roi, prit une part active à la défense de la colonie; leva et équipa, à ses frais, sur sa propriété du Lamentin, un Corps de volontaires royalistes qui contribua énergiquement au rétablissement de l'ordre. (*Archives de M. le Vicomte du Motey*.)

1. Dans le *Journal des troubles de la Martinique*, rédigé par le Gouverneur, le Vicomte Claude-Charles de Damas, et conservé aux *Archives*, nous trouvons, à la date du mardi 9 août 1790, la mention suivante :

« M. de Damas a reçu, depuis plusieurs jours, de M. Mathews, Commandant général des Îles britanniques du Vent, une copie de la réponse qu'il a faite au Conseil de la ville de Saint-Pierre et qui prouve que cette île, non contente d'avoir excité les îles françaises contre les colons de la Martinique, a tenté de faire entrer les Anglais dans sa querelle.

« M. de Damas ignore de quelle nature sont les propositions faites au général Mathews, mais cette démarche semble *donner quelque poids aux avis secrets* qu'il a reçus, que les révoltés ont offert de livrer les forts aux Anglais. »

Nous avons trouvé aux *Archives* une copie de la lettre du général anglais. Malheureusement, le scribe, ne connaissant pas l'anglais, l'a criblée de barbarismes.

lait empêcher tout commerce contre les conspirateurs qui cherchaient une proie et les intrigants qui l'offraient. D'opportunes rigueurs traversèrent les desseins des traîtres et firent échouer les projets de leurs commanditaires. En contrariant les trames des deux parties, le commandant de l'*Embuscade* déjoua des ambitions et gêna des félonies qui ne devaient point lui pardonner leurs mécomptes.

Un jour, un des quartiers-maîtres de la frégate reçut une lettre où des amis de France, exaspérés par d'hypothétiques attentats, l'invitaient à déserter un navire qui, trop docile aux ordres de « l'Aristocratie » dont il arborait le pavillon, ne s'immobilisait dans les eaux de la colonie « que pour maintenir le peuple sous le joug du plus cruel esclavage ». Une autre lettre étendait à l'équipage tout entier la solidarité de ces crimes imaginaires et prévenait les marins que, dans quelque port où mouillerait la frégate, un châtiment exemplaire atteindrait les coupables et dédommagerait leurs victimes. Ces menaces émurent la maistrance : on décida de notifier au capitaine l'arrogante sentence que formulait contre sa conduite le mandataire d'un tribunal aussi secret qu'impudent. Le Commandant de l'*Embuscade* accueillit avec un juste dédain ces remontrances. Les colons de la Martinique lui devaient la liberté et la vie [1]. Si le chevalier d'Orléans n'était pas

---

1. Les notables de la Martinique adressèrent, le 4 décembre 1791, la lettre suivante au Major d'Orléans :

« Les habitants de la Martinique, soussignés, remplissent avec satisfaction et empressement un devoir de reconnaissance à l'égard de Monsieur d'Orléans, en rendant témoignage des services essentiels qu'il a rendus à cette colonie, et, par suite, à l'État, en contribuant à préserver cette possession de sa destruction.

« Les soussignés n'entreront pas dans le détail des services que Monsieur d'Orléans a rendus à la Martinique; leur énumération serait très longue. Ils se borneront à dire qu'en 1790 cette colonie était menacée d'une subversion totale lorsque Monsieur d'Orléans, commandant de la frégate l'*Embuscade*, y arriva, et que son activité et son intelligence mirent le Gouverneur général en mesure de conser-

homme à s'infatuer de ses services, il n'avait pas lieu non plus d'en rougir. Témoins de la vaillante attitude de leur chef, les sous-officiers de l'*Embuscade* auraient dû revendiquer le privilège de le défendre contre les diffamations de ses ennemis. Mais les cabales des Loges hypnotisaient les Corps qu'exaltait naguère le sentiment de l'honneur.

ver la colonie jusqu'à l'arrivée des forces et des Commissaires envoyés en 1791, en exécution d'un décret de l'Assemblée constituante, que la conduite que Monsieur d'Orléans avait tenue lui mérita l'approbation de ces Commissaires, qu'il continua à servir d'une manière toujours distinguée jusqu'à la fin de cette année 1791.

« Qu'allant à la Guadeloupe chercher ces Commissaires pour les ramener à la Martinique, il fut contraint par son équipage insurgé de faire route pour la France.

« Il est certain que si les colonies du Vent ont été préservées de l'excès de maux qui auraient causé leur perte, Monsieur d'Orléans, à l'époque ci-dessus citée, y a largement contribué.

« Les soussignés le déclarent avec plaisir et avec le désir que cette déclaration puisse lui être utile.

« B. LAREINTY, G. MAUPERTUIS, ACHILLE DE JARNA, DUBUC DU FERRET, L. SÉGUIN, MALHERBE, BARTHE, CARREAU, TASCHER DE LA PAGERIE, BEAUFOND fils aîné. »

Rentré en France avec son équipage révolté, le Major d'Orléans rendit compte des événements au Ministre de la Marine, et celui-ci écrivit à M. de Villeblanche, Major de vaisseau à Paris, la lettre suivante :

Paris, 4 décembre 1791.

« Vous ne devez pas douter, Monsieur, de toute la part que j'ai prise aux événements qui se sont passés à bord de la frégate l'*Embuscade*. Je me suis empressé de mettre sous les yeux du Roi les comptes qui ont été rendus par M. d'Orléans : Sa Majesté a été vivement touchée de sa position et a donné les plus grands éloges de sa conduite. Cet officier a été autorisé à se rendre ici. Je serai fort aise de le voir et de lui témoigner l'intérêt qu'il mérite et l'opinion que j'ai conçue de sa fermeté, de son courage et de ses talents.

« *Le Ministre de la Marine :*
« Comte BERTRAND DE MOLLEVILLE. »

(*Archives du Château de Rère.*)

II

Un créole, — affilié sans doute à la Société des Amis de la Constitution, — conseille à la maistrance de dépouiller M. d'Orléans de son commandement et de ses pouvoirs « pour conserver, — dit ce conspirateur, — un navire à la patrie et des soldats à la liberté ». Sous cette astucieuse formule se masque le dessein d'enlever à la cause de l'ordre un rempart et au Gouverneur une épée. Mais, abusés par la phraséologie du temps, les candides maîtres de l'*Embuscade* ne soupçonnent pas les dessous de l'intrigue, et, le 2 octobre 1791, quand la frégate met à la voile pour aller, à la Guadeloupe, embarquer les Commissaires du Roi et les déposer à Sainte-Lucie, les marins se saisissent de l'État-Major, consignent chaque officier dans sa chambre et s'adjugent la direction suprême du navire. Ainsi disloquée, l'*Embuscade*, au lieu d'appareiller pour la Basse-Terre, s'oriente vers Rochefort.

C'est seulement au bout d'une traversée de quarante-cinq jours, le 12 novembre 1791, que le vaisseau arrive en rade de l'île d'Aix. Le 13, une députation de matelots se rend à l'Hôtel de la Marine et remet à M. de Vaudreuil le Journal du bord et le Procès-Verbal des événements. Aucun officier n'accompagne les délégués : le séquestre de l'État-Major n'a pas pris fin avec son odyssée.

Le même jour, le Major d'Orléans adresse au Ministre de la Marine, au comte Bertrand de Molleville, un long Rapport dont nous avons trouvé le texte aux *Archives nationales* [1]. Le voici :

---

[1]. DXXV 116. — Nous retranchons de ce Rapport les considérations étrangères à l'affaire de l'*Embuscade*.

En rade de l'Ile d'Aix, le 13 novembre 1791.

J'ai l'honneur de vous rendre compte de mon arrivée sur la frégate l'*Embuscade* et des raisons qui ont déterminé ce retour aussi promptement qu'inopinément.

Destiné à la station des Îles du Vent, où je suis arrivé en octobre l'année dernière, vous savez, Monsieur, quelle a été ma conduite et celle des officiers et équipages servant sous mes ordres pendant les troubles de la Martinique. Elle a eu les suffrages de tous les honnêtes gens et des commissaires envoyés pour la juger. Tout atteste donc que nous avons fait notre devoir. Cette conviction intime ne devait laisser aucun doute, aucune incertitude dans les esprits. J'ai revendant été occupé dans tout le cours de la campagne à calmer les inquiétudes de mon équipage, et détruire, au moins atténuer l'effet des mauvais conseils ou insinuations perfides des ennemis de l'ordre et de la paix.

Tout devait parler aux yeux et à la raison des honnêtes gens que je commandais. L'appareil imposant des forces envoyées par la nation pour soumettre les rebelles, une colonie entière qui les nommait leurs sauveurs, l'approbation et les éloges donnés à leur conduite par ceux qui venaient les juger, que de motifs pour rester dans la voie de la subordination et du devoir qu'ils avaient si exemplairement suivie dans le temps le plus critique et qu'ils viennent d'abandonner, du mépris de leur serment de fidélité à la nation, à la loi, et au Roi et d'obéissance à leurs chefs !

L'hyvernage a rassemblé dans le cul de sac de Fort-Royal les vainqueurs de l'État et ceux du commerce. L'inaction, l'oisiveté, une communication libre et quotidienne avec la terre, dont a favorisé les projets de séduction et de corruption des mal intentionnés, principalement attachés aux équipages de la *Ferme* et de l'*Embuscade* qui s'étaient montrés fidèles à leur devoir et paraissaient inébranlables.

Le 23 août, j'eus ordre de porter à la Guadeloupe MM. les commissaires du Roi. Ces messieurs ne manquèrent pas dans le trajet de fortifier l'esprit de subordination et d'obéissance dans lequel ils croyaient encore l'équipage de l'*Embuscade*. Il y était, effectivement à cette époque puisque notre retour dans le cul de sac de Fort-Royal se fit le 26 du même mois avec autant d'ordre que de célérité.

III

Le temps s'avançait et l'hyvernage approchait de sa fin, les moyens de corruption prenaient plus d'activité. Des lettres, vraies ou stimulées, avaient renouvelé fictivement les doutes de l'équipage sur sa conduite passée et il m'exprimait le désir d'aller chercher en France des éclaircissements. Toutes mes objections portaient sur l'impossibilité d'accéder à leur demande, sur l'obligation où j'étais d'obéir à mes chefs et de leur en donner l'exemple. Je ne les ai pas convaincus, puisqu'ils ont tramé sourdement le projet qu'ils ont exécuté le 29 de septembre.

Des troubles survenus à Sainte-Lucie exigeaient la présence de MM. les commissaires du Roi. J'eus ordre, en conséquence, de MM. de Behague et de Girardin d'aller les chercher à la Guadeloupe pour les porter à Sainte-Lucie ou à Fort-Royal.

J'appareillai le 27 septembre à six heures du soir. A huit heures et demie, l'équipage assemblé sur le gaillard d'arrière me fit demander dans ma chambre où j'étais alors. Je sortis et il me signifia aussi impérativement que tumultueusement qu'il voulait aller en France.

J'observai vainement la violation de nos serments et de tous nos devoirs, l'importance de la mission dont nous étions chargés, la pénurie en vivres et autres effets; mes efforts pendant une heure et demie pour les persuader et les ramener furent inutiles.

Ils étaient sourds à la voix du devoir et de la raison et je ne pus obtenir d'eux que ces mots :

« *Nous voulons aller en France! Les pilotes nous y conduiront!!!* »

On mit un matelot en faction à la porte de ma chambre et quand j'y fus rentré, on vint me demander mes armes.

Je donnai mes pistolets.

Tout l'état-major a été généralement désarmé. On fit arriver la frégate malgré moi et on gouverna toute la nuit pour ne pas approcher de la Guadeloupe.

Le surlendemain matin, 30, croyant le premier mouvement d'effervescence passé, j'assemblai l'équipage et je fis de nouvelles tentatives; je vis qu'elles aigrissaient au lieu de calmer; — et la volonté générale d'aller en France fut plus fortement prononcée que la veille. L'impossibilité de rien changer à cette détermination me décida à m'engager à les y conduire, et je le leur promis.

J'insistai pour aller chercher du pain à Saint-Eustache [1]. Cet avis fut rejeté. On ôta la sentir.elle de ma chambre. Je pris le commandement, prévoyant le danger de laisser un bâtiment sans chef et voulant diminuer leurs torts, s'il était possible, par l'apparence de l'ordre et de l'obéissance jusqu'en France.

Projetant de débarquer entre Antiqueia et Mont-Sara, il était indispensable de ranger de près la Guadeloupe. Je dirigeai la route en conséquence. Le samedi 1er octobre, à deux heures après-midi, j'étais en calme, à une lieue et demie de la partie nord de cette isle, et je voulais mettre à terre un habitant de Sainte-Lucie [2], dépêché vers les commissaires pour exposer la situation de son isle et un mûlatre pilote côtier.

J'éprouvai beaucoup de difficultés. Après bien des contestations, la majorité fut d'avis de les débarquer, et je les envoyai à terre dans un canot dont j'attendis le retour.

Dès le lendemain, nous nous mîmes tous à douze onces de pain, nous n'avions de biscuit que pour treize jours à ration complète et 36 quarts de farine, mais un four qui menaçait ruine.

Le 7 octobre, je fis porter sur un bateau américain qui se *trouvoit avoir du biscuit en cargaison.* J'en fis prendre

---

1. Saint-Eustache, île de l'Océan Atlantique, l'une des Antilles dans les Antilles hollandaises, à dix kilomètres sud-est de l'île de Saba, et à quatorze kilomètres de l'île de Saint-Christophe. Longueur d'environ sept kilomètres sur cinq; quatorze mille âmes. Les Espagnols prirent possession de l'île Saint-Eustache en 1735 et en furent dépossédés par les Anglais. Les traités de 1815 la leur rendirent.

2. Sainte-Lucie, île de l'Amérique centrale, faisant partie des possessions anglaises des petites Antilles, entre la Martinique, au Nord, et l'île Saint-Vincent, au Sud. Elle mesure cinquante-deux kilomètres de longueur sur dix-sept kilomètres de largeur. Vingt-neuf mille habitants, dont vingt-sept mille nègres ou mulâtres. Chef-lieu, Castries. En 1779, une expédition anglaise nous enleva Sainte-Lucie. Nous la reprîmes en 1783; puis les Anglais s'en saisirent en 1795. Le traité d'Amiens (1802) rendit Sainte-Lucie à la France, mais, en 1804, elle fut reconquise par l'Angleterre, sous la domination de laquelle elle se trouve encore maintenant.

soixante quintaux, le capitaine américain destiné pour Saint-Eustache a pris en payement une lettre de change sur M. de Vaucresson négociant de cette isle, qui sera remboursé par l'ordonnateur de la Martinique. Le lendemain notre demi ration de pain fut augmentée de six onces de biscuit, le soir. Ce secours est venu d'autant plus à propos que déjà la traversée se longeait par le calme.

Suit l'historique d'une révolte analogue à la Guadeloupe et à Sainte-Lucie. Pour contenir les rebelles, mater les conspirateurs et rassurer les colons, le Major d'Orléans exprime l'avis d'envoyer de nouveaux vaisseaux de guerre aux Antilles. L'isolement des Gouverneurs les voue à tous les hasards et les condamne aux plus cruelles humiliations. Il faut que la métropole soutienne et protège les Français d'outre-mer contre les aventuriers qui se servent des hommes de couleur pour battre en brèche, dans nos possessions transatlantiques, les droits de la France et les intérêts de son commerce. Champion de la Patrie et du Roi, le capitaine d'Orléans plaide la nécessité d'une nouvelle campagne et en revendique le commandement et les risques.

IV

Mais laissons parler le capitaine d'Orléans :

Revenons, Monsieur, à la position dans laquelle j'ai laissé les Isles du Vent. Elle est inquiétante, et l'événement dont je viens de vous rendre compte peut avoir les suites les plus dangereuses. Le vaisseau la *Ferme,* lors de sa sortie du cul-de-sac, à la fin de l'hyvernage, devait suivre la même marche que l'*Embuscade,* les autres bâtiments de la station se proposaient au *moins* l'inaction, dans le cas du renouvellement des troubles. Il est visible qu'il se tramait un complot, et que le poison de la corruption s'était glissé partout.

Les commissaires du Roi étaient à la Guadeloupe pour y

ramener l'ordre; leur présence n'a pas arrêté la compagnie de grenadiers du Régiment de Forez, en garnison à la Pointe-à-Pitre; elle s'était emparée d'un fort désarmé. Le gouverneur, nombre de militaires et habitants y ont marché, l'épée à la main, et malgré plusieurs coups de fusil de tirés, ont fait mettre bas les armes à cette compagnie qu'on a emprisonnée, en attendant son retour en France.

Presque au même instant, il se passait une scène du même genre, à Sainte-Lucie, mais plus conséquente.

Un bataillon d'Aunis (moins trois compagnies détachées à Tabago) s'était emparé du Morne-Fortuné, et s'y maintenait, parce que le fort était armé, et qu'ils étaient nombreux, renforcés de quantité de gens sans aveu.

M. de Gimat[1], Gouverneur de cette île, était détenu dans le fort : c'est cette malheureuse circonstance qui donnait lieu à mon voyage à la Guadeloupe pour en prévenir Messieurs les commissaires du Roi, et les porter à Sainte-Lucie, où par voye de conciliation et de persuasion, ils auraient pu arrêter les progrès du mal.

C'était la manière de voir de M. de Behague qui, guidé par son patriotisme et son humanité, voulait tenter cette voye, avant de mettre en usage des moyens de force.

Ce général fixé à la Martinique luttait péniblement pour la préserver de nouveaux désordres, et retenir dans le devoir une garnison environnée de tous les pièges de la séduction, et souvent ébranlée. La précaution prise de désarmer les forts rendait les tentatives plus difficiles, et une nombreuse milice sur pied en imposait aux mal intentionnés. Mais à quels maux peuvent se trouver exposées les Isles du Vent, si l'esprit d'indiscipline déjà manifesté sur mer venait à gagner !

Quand on parviendrait à entretenir un calme apparent à la Martinique, quels seraient les moyens de communication avec les Isles voisines, sans l'activité de la Marine, et comment y arrêter les progrès des insurrections? On verrait se renouveler la position où j'ai trouvé ces Isles, au mois d'octobre de l'année dernière, dénuées de vaisseaux protecteurs, elles étaient infestées de pirates qui en désolaient les côtes et affamaient les habitants. Ce tableau pénible à tracer n'est que trop rigoureusement vrai.

La faute de l'*Embuscade* peut servir utilement la cause de

---

1. Ancien aide de camp de Lafayette.

la discipline, et opérer le salut des Isles du Vent. Cette frégate est neuve, et n'a d'autres besoins que de calfater ses hauts, prendre de l'eau, des vivres, et un remplacement en effets et ustensiles, c'est l'affaire de quinze jours pour lui faire reprendre la mer, en bon état et munie de tout. Le prompt retour de l'*Embuscade* à la Martinique prouverait à tous les bâtiments stationnaires qu'on ne quitte pas son poste sans ordre impunément. Cette leçon ramènerait au devoir ceux qui s'en seraient écartés, ou auraient l'idée de le faire, si surtout l'Assemblée Nationale prenait en considération les inconvénients incalculables qui peuvent résulter de l'indiscipline sur mer, me renvoyait porteur de décrets relatifs à cet objet, et de ceux qu'elle jugerait propres à ramener le calme dans la circonstance que je viens d'exposer, je dis qu'elle rend ces mesures non seulement justes, mais obligées.

V

La lettre du capitaine d'Orléans se termine ainsi :

Croyez, Monsieur, qu'il faut de l'énergie et du patriotisme, pour vous proposer et vous prouver la nécessité de continuer une campagne que nous avons faite avec autant de fatigue, de dangers et de désagréments en tout genre. Je vois le bien, je le propose et me sacrifie pour l'opérer, c'est l'esprit de tout mon État-Major, qui, dans les différents événements, a montré autant de fermeté que de constance.

Il est, sur plus d'un objet, des détails intéressants que ne comportent pas les bornes d'une lettre, je demanderai à l'officier qui commande à Rochefort la permission de partir sur le champ pour Paris et l'engagerai (la campagne n'étant pas terminée), à laisser les frégates jusqu'à ce que vous ayez fait passer des ordres sur l'examen et le jugement de cette affaire. Si mon départ trouvait des obstacles, je vous prie, Monsieur, de travailler à les lever : c'est pour aller vous en entretenir et l'Assemblée nationale, où je serai à portée de recevoir directement des ordres et faire juger authentiquement une conduite sans reproche et exempte du plus léger blâme.

J'ai mouillé à l'Isle d'Aix hier au soir, les vents contraires m'ayant empêché de donner en rivière aujourd'hui.

Je n'ai pas eu la liberté d'envoyer un officier rendre compte de mon arrivée. Une députation, composée de tous les premiers maîtres et de personnages de chaque état, a monté à Rochefort, sans ma participation; ainsi, comme je l'avais prévu, je suis constitué prisonnier à bord avec tout mon État-Major.

J'espère, Monsieur, que vous voudrez bien prendre les mesures pour faire cesser cette position.

Je suis, etc...

Le chevalier D'ORLÉANS.

Cette modération, cette clémence et ce patriotisme d'un officier qui demande à sortir de la prison, où l'enferme son équipage rebelle, non pour déférer aux tribunaux les mutins, mais pour reprendre la mer et servir la France, — exclusivement ambitieux de nouveaux devoirs et de nouveaux périls, — émeuvent les honnêtes gens, un peu déshabitués alors de tant de vertus [1], mais n'aguerrissent

---

1. Nous trouvons l'écho de cette émotion dans une lettre adressée de Saint-Sébastien (Espagne), le 8 janvier 1792, par Mme de Calmeil, née Gaigneron, à sa sœur, Mme de Ruthény, mère de Mme le Vassor de la Touche de Beauregard, et parente de M. d'Orléans, alors à la Martinique :

« Je saisis avec empressement l'occasion de vous écrire par la voie de l'Angleterre. Ma lettre ne devant pas passer par la France, je pense vous parler avec franchise sans courir le risque d'être lanternée... Dans quel état est notre malheureuse patrie, on ne peut y songer sans verser des larmes...

« Nous avons eu de nouvelles inquiétudes dans le moment qu'on a appris les malheurs de Saint-Domingue. Les papiers publics annonçaient une insurrection affreuse à la Martinique, et le Gouverneur, M. le Comte de Béhague, avait pris la fuite.

« C'était l'arrivée de la frégate l'*Embuscade* qui avait donné lieu à cette nouvelle. Le chevalier d'Orléans, après avoir été mis aux fers par son équipage, a eu le courage, la bravoure de demander de ramener sa frégate à la Martinique, ce qui lui a été accordé, mais on mande de Rochefort que l'équipage n'a pas eu envie d'obéir. Grand Dieu ! Quelle horreur ! A quoi sont exposés les honnêtes gens ! Toute la Marine se rend auprès des Princes... » (*Archives de M. le Vicomte du Motey, d'Alençon*)... Le Chevalier (depuis Vicomte) d'Orléans ne reprit pas de service; le Club des Jacobins y mit son *veto*.

pas le Pouvoir, de plus en plus tremblant et de plus en plus servile.

VI

En même temps que M. de Vaudreuil reçoit le Rapport du capitaine d'Orléans, les mutins remettent au Commandant de la Marine la pièce suivante, où se dévoile, avec une si criante franchise, la ténébreuse suprématie qu'exercent alors les Sociétés secrètes sur nos troupes de terre et de mer :

*Procès-verbal dressé par l'équipage de la frégate l'*Embuscade *commandée par M. d'Orléans.*

Par le travers de l'Isle Domingue.
Le 30 septembre 1791.

Ce jourd'hui, 29 septembre 1791, à huit heures du soir, nous étant réunis sur le gaillard d'arrière et fait demander le capitaine, nous lui avons communiqué d'une voix unanime notre intention d'aller en France plutôt qu'à la Basse-Terre (Guadeloupe), — vu que nous étions incertains sur notre mission, relativement aux troubles qui règnent actuellement, tant à Pointe-à-Pitre que dans l'Isle Sainte-Lucie, et que nous ne voulons pas commettre les mêmes hostilités contre nos frères que celles qu'on nous reproche d'avoir commis envers eux et d'après des lettres datées du 15 juillet où on nous reproche notre conduite passée et qui fait mention que *nous sommes dénoncés dans tous les Clubs du Royaume comme criminels de lèze-nation,* — ce qui nous a déterminés à faire route pour la France.

En foi de quoi, nous avons dressé le procès-verbal pour nous servir et valoir ce que de raison.

Fait et arrêté, à bord de la frégate l'*Embuscade,* étant par le travers de l'Isle Dominique, à une heure après-midi, le 30 septembre 1791. (*Suivent les signatures de tout l'équipage.*)

Ne se sentant pas assez fort pour obtenir la libération du capitaine d'Orléans et de son entourage, M. de Vaudreuil adresse les plaignants à l'Hôtel de Ville. N'est-ce pas dans cette acropole de la Révolution que siègent les dictateurs de la cité et que délibèrent les arbitres suprêmes de la liberté, de la vie et de la mort? Mais si l'Hôtel de Ville peut fléchir les geôliers, il est incapable de punir les séditieux. Quelle volonté pourrait d'ailleurs, à cette époque, frapper la rébellion triomphante et venger la discipline outragée? Obéissant aux ordres de Louis XVI, le Ministre de la Marine, Bertrand de Molleville, adjure en vain Vaudreuil de convoquer un Conseil de guerre pour juger l'équipage de l'*Embuscade* et relever dans l'âme populaire la notion du devoir. Le Commandant de la Marine fait observer que M. Lasseu, le chef du Corps municipal, a, dès le premier jour, absous les rebelles. Pourrait-on biffer une amnistie qu'a exigée la violence et qu'a sanctionnée la peur? De plus, les officiers de l'*Embuscade*, consultés par M. de Vaudreuil, se sont prononcés contre un procès qui ne pourrait aboutir qu'au triomphe des coupables et qu'à l'échec du Pouvoir [1]. Quatre ou cinq jugements successifs ne viennent-ils pas d'innocenter la désertion et de réhabiliter le parjure? Enfin, victimes eux-mêmes de ces doutes qui font alors vaciller dans presque toutes les consciences la lumière du devoir, le vicomte d'Orléans et

---

1. Extrait du *Journal* de M. de Vaudreuil :

« Ces Messieurs (les officiers de l'*Embuscade*) réunis, au lieu de rédiger la plainte en forme qui devait m'être présentée par eux pour y faire droit, m'ont remis la lettre ci-jointe qu'ils ont eu l'honneur de vous écrire et m'ont prié de me réunir à eux pour vous engager à obtenir de Sa Majesté qu'il ne soit donné aucune suite à cette affaire. Je me prête d'autant plus volontiers à leur désir que je n'ignore pas que cet équipage, jusqu'à son dernier départ de la Martinique pour la France, avait été maintenu dans la subordination, — qu'il avait rendu les services les plus essentiels aux colonies et que l'insurrection qu'il a manifestée le jour même de son départ avait été l'effet d'insinuations et de *manœuvres étrangères.* »

ses camarades se demandent, — après une captivité de quarante-cinq jours, si le Roi doit châtier un équipage resté pur de toute faute, jusqu'au jour où des conspirateurs étrangers lui soufflèrent la haine et la révolte.

VII

Naïfs scrupules qui n'obsédèrent point, hélas ! de leurs transes, les agitateurs rochefortais. Si les honnêtes gens accordent aisément leur pardon à l'erreur, les méchants ne l'octroient jamais à la vertu. Après avoir entendu les rebelles de l'*Embuscade*, le Club des Amis de l'Égalité fêta leur insurrection [1]. Mais cette apothéose ne suffit pas à l'orgueil jacobin. Point de vraie pompe révolutionnaire sans le grondement d'une fanfare tragique. A peine sorti de son ergastule, le Commandant se hâtait vers Paris, avide d'un nouveau commandement et de nouveaux services. Ce dévouement et cette quiétude exaspèrent le Club. Dans la poitrine de chaque sectaire veille un épervier altéré de sang. Le même ordre du jour qui glorifie l'émeute déclare ses otages traîtres à la nation et les dénonce à la justice populaire. Si la hache du bourreau ne frappe pas encore les chefs militaires, il faut que, dès maintenant, la haine prépare leur supplice. Mais voici que Vaudreuil nous dévoile les véritables artisans de la mutinerie :

J'ai appris, écrit M. de Vaudreuil à la date du 8 février 1792 — j'ai appris que des émissaires du Club de Bordeaux étaient réunis ici pour pousser les membres de la Société de Rochefort à faire en sorte que M. d'Orléans et les officiers de l'ancien état-major ne fissent pas cette campagne et on m'a dit

1. Viaud et Fleury : *Histoire de la ville et du port de Rochefort*, t. II, p. 291.

que la Société de Rochefort avait en conséquence travaillé l'équipage. C'est ainsi que l'Administration militaire éprouve continuellement des entraves et que l'Administration civile n'en est pas exempte.

La clairvoyante sollicitude du commandant de la Marine perce, enfin, le mystère des cabales où se joue le sort de notre flotte et de la France. C'est une secte occulte qui, dans tous nos ports, ameute contre l'autorité royale les pervers et les inconscients, les ambitieux et les niais, les vauriens et les ignorants, — secte ouverte à tous les concours, instigatrice de toutes les violences, et résolue à ne lâcher sa victime qu'après l'avoir égorgée.

Par respect pour la consigne et par amour du Roi, le comte Louis de Vaudreuil, même après tant d'attentats impunis, s'obstine à son poste, insensible aux avanies, anxieux jusqu'au bout de sauver, au milieu du cataclysme général, les principes et les hommes qui luttent encore contre la déchéance. Mais quand toutes les libertés sont englouties et toutes les forteresses livrées, rester une minute de plus serait, non servir l'État, mais ses adversaires. Trahi par la fortune, Vaudreuil refuse d'endosser le harnais des vainqueurs :

Depuis plus de trois ans, je n'ai pas été respirer l'air de la campagne, quoique ma terre ne soit qu'à huit lieues de Rochefort, mon devoir me fixait ici, et j'y suis constamment resté ; les désagréments que j'y ai éprouvés depuis la Révolution, les soucis continuels que je me suis donnés pour prévenir les désordres ou les réprimer et empêcher autant que je le pourrais les funestes effets de l'anarchie, les inquiétudes inséparables de ma place dans de pareilles circonstances, les démarches répugnantes auxquelles j'ai cru devoir me prêter pour éviter les plus grands malheurs, rien de tout cela n'a pu me déterminer à abandonner le poste qui m'avait été confié par le Roi.

La considération dont je jouissais encore parmi les honnêtes gens de la ville m'autorisait à croire que ma présence pouvait y être nécessaire, mais ma santé, affaiblie par toutes ces peines d'esprit, a besoin de repos pour me mettre en état de pouvoir dans la suite rendre encore quelques services à ma patrie, et je supplie Sa Majesté de vouloir bien ne pas jeter les yeux sur moi pour remplir la place de commandant des armes.

Le 17 mars 1792, Rochefort nomme ses notables, et l'ingénieur Toufaire écrit, le soir même, dans son journal : « Les notables nommés sont presque tous charpentiers ou calfats. » Voilà les hommes avec lesquels la Révolution oblige l'amiral à délibérer sur notre défense navale.

M. de Vaudreuil avait invoqué, pour obtenir sa retraite, la fatigue et le dégoût. Dans une autre lettre, datée du 21 avril, après avoir rappelé l'affection qui l'attache à son frère, il ajoute :

Pouvais-je accepter un grade supérieur (vice-amiral) dont mon frère aîné, après les services les plus distingués, se trouve exclu par la loi? Ce serait autoriser ceux qui ne me connaissent pas, à croire que je n'ai tenu constamment à ma place, — malgré les désagréments que j'y éprouvais, et les dangers qui m'environnent, — que dans l'espoir de mon avancement. Non, Monsieur, c'est un motif plus légitime qui a guidé mes démarches. Je croyais ma présence ici utile à la tranquillité publique et c'est tout ce qui m'a retenu.

M. de Vaudreuil n'est pas le seul à porter si haut le sentiment de l'honneur. Le 14 mai 1792, il transmet au Ministre cette réponse de M. de Lasalle, refusant un commandement incompatible avec les conjonctures présentes :

Quand bien même ma santé ne me forcerait pas à partir pour aller prendre les eaux, je n'oserais pas accepter aussitôt un commandement, dans la crainte de compromettre mon honneur et ma délicatesse, que lorsque l'obéissance aux lois, l'autorité des chefs trop longtemps méconnue de la part des subalternes seront rétablies, je serai flatté et je m'estimerai heureux d'être choisi pour donner à ma patrie et au Roi des nouvelles preuves d'amour et de fidélité.

VIII

Cinq à six lettres de démission sollicitent en vain du Ministre de la Marine un acquiescement que la Cour ajourne et marchande. Pour triompher de cette inertie et de ce silence, le commandant de Rochefort, dans une lettre adressée au Roi, — prisonnier moral de Roland et de Clavière, — l'informe de sa résolution et lui confie ses scrupules :

Depuis que l'autorité de Votre Majesté est méconnue, dit Vaudreuil, — les mutineries me faisaient désirer ardemment de cesser d'être employé.

J'épargnerai à la sensibilité du meilleur des rois le détail de ce que j'ai eu à souffrir depuis trois ans que règne l'anarchie; pouvais-je me plaindre de mes peines, lorsque Votre Majesté elle-même en a éprouvé et en éprouve actuellement de si sensibles?

Je n'ai rien négligé pour répondre à la marque de confiance dont Votre Majesté m'avait honoré en me nommant au commandement de la Marine en ce port, je m'étais résigné à rester à mon poste quelque épineux qu'il fût devenu, jusqu'à ce que la nouvelle formation de la Marine m'autorisât à demander à en être relevé. N'ayant reçu que le 2 mars la loi relative à cette formation qui fixait l'époque de la revue générale des officiers au 17 du même mois, j'écrivis le 3 à M. de Bertrand et le priais de mettre sous les yeux de Votre Majesté la demande que j'avais l'honneur de lui faire d'être remplacé dans le commandement de la Marine. La démission que ce ministre donna de sa place, peu de jours après la réception de ma lettre, ne lui ayant pas permis de s'occuper de ma demande, j'en écrivis à son successeur aussitôt qu'il m'eut notifié sa nomination au ministère de la Marine. Mais cette lettre et celles que depuis j'ai eu l'honneur de lui écrire le 21 avril et le 12 mai, pour l'engager à faire agréer au Roi ma démission, étant restées sans réponse, j'ose espérer que Votre Majesté ne désapprouvera pas la liberté que je prends de m'adresser directement à elle pour la supplier de vouloir bien agréer ma démission. Je suis avec le plus profond respect, sire, de Votre Majesté, etc.

La captivité du Roi libère le vassal de son serment et de son emploi. Si Dieu a refusé à Louis XVI l'héroïsme du dompteur de peuples, il lui a donné la bonté du chrétien. Dès le lendemain, Vaudreuil, relevé de son commandement par un décret royal, peut enfin rompre avec les nouveaux maîtres et frustrer l'anarchie de son concours [1].

Moins ombrageux et moins clairvoyants que Vaudreuil,

---

1. Vaudreuil écrivait le 25 juin 1792 au Ministre de la Marine :

« De plus en plus dégoûté par les folies auxquelles il faut que je me prête, d'après les réquisitions qui me sont faites par les Corps administratifs qui, eux-mêmes, sont dirigés par une Société délibérante et vexatoire, je supplie Sa Majesté de m'autoriser à remettre le commandement à celui qui, au refus de M. de Tilly, voudra bien s'en charger, en attendant que le Roi y ait nommé...

« Dans la crainte où je suis que vous ne donniez votre démission avant de m'avoir rendu ma liberté, je vous supplie, Monsieur, de m'honorer d'une réponse le plus tôt possible.

« Je n'hésiterai pas à vous faire ma profession de foi. L'époque du renouvellement de la Fédération approche, il faudra réitérer le serment de maintenir de tout son pouvoir la Constitution et tous les décrets rendus depuis. Quelle que soit votre manière de penser à cet égard, vous n'ignorez pas, Monsieur, que dans le nombre de ces décrets, il en est plusieurs contre lesquels la conscience d'un homme attaché à sa religion réclame et qu'il ne peut, par conséquent, promettre de maintenir.

« Je suis dans ce cas-là, et je n'ai entendu aucune messe depuis le lundi de Pâques que l'on a chassé de cette ville les trois prêtres insermentés qui y étaient restés. La paroisse de Rochefort est desservie par un ex-capucin, curé intrus, et deux de ses confrères. Ma façon de penser ne me permet pas de communiquer avec eux. La place que j'occupe me met en évidence et m'expose à la persécution des partisans de l'Église constitutionnelle, et c'est la très grande majorité des habitants de Rochefort.

« Vous devez juger, d'après cela, Monsieur, combien mon existence est pénible, et quelle résignation il m'a fallu pour y rester si constamment. J'espère que votre réponse m'autorisera à remettre le commandement à l'officier que vous me désignerez ou à celui qui voudra l'accepter. »

ses successeurs, le Dall de Tromelin [1], de Rosily [2], de l'Etanduère [3], furent, en revanche, plus cruellement traités. Leur

1. LE DALL DE TROMELIN (Mathieu-Marie), né le 5 juillet 1739, à Brest, aide de port en 1757, enseigne de port en 1770, lieutenant de port en 1775, capitaine de port en 1776, capitaine de vaisseau en 1781, contre-amiral le 1er janvier 1793, admis à la retraite en 1810. Le 19 juin 1792, Le Dall de Tromelin reçut l'ordre de prendre le commandement de la Marine à Rochefort. Son premier mouvement, — nous devons lui rendre cette justice, — fut de refuser. Le ministre de la Marine, Lacoste, insista. Dans une lettre du 3 juillet 1792, Le Dall fut avisé que le roi refusait de recevoir les excuses du capitaine de vaisseau. « Vous ne voudrez pas vous exposer, lui manda Lacoste, aux dangers d'une désobéissance persévérante ou plutôt pour vous arrêter à une idée plus digne de vous, vous réfléchirez que s'il faut pour lutter contre les difficultés du moment se fortifier de grands exemples de courage, vous n'avez pas à en chercher d'autres que ceux que le roi vient de donner récemment. » Lacoste était un girondin déterminé. Il est infiniment probable qu'il fit intervenir le nom du roi sans l'assentiment de Louis XVI. En tout cas, Le Dall eut le tort de croire à la réalité de ces instances et de donner son concours aux Girondins. Au mois d'avril 1793, mis en prison comme suspect, il n'était rendu à la liberté que le 22 septembre 1796. Le 4 mai 1814, il déposait ses hommages au pied du trône restauré et sollicitait un emploi. Au mois de juillet 1816, le ministre de la Marine, le Vicomte du Bouchaye, lui octroyait le cordon rouge. Meurt à Morlaix le 17 mai 1817. (A. M.).

2. ROSILY (François-Étienne, comte de), né à Brest le 13 janvier 1748, fils de François-Joseph de Rosily et de Marie-Jeanne-Renée Gourio de Mesneneur, garde-marine à quatorze ans, enseigne en 1770, adjoint à l'Académie royale de la Marine en 1776, lieutenant de vaisseau en 1778, capitaine de vaisseau le 15 juillet 1784, membre de l'Académie de Marine le 2 décembre 1784; contre-amiral le 1er janvier 1793; commandant de la Marine à Rochefort le 24 mars 1793; directeur inspecteur général des Cartes et Places le 23 août 1795; vice-amiral le 22 septembre 1796; directeur du Bureau des Longitudes en 1811; est admis à la retraite le 23 avril 1832; meurt à Paris le 12 novembre 1832.

3. L'ETANDUÈRE (Charles-César-Séraphin DES HERBIERS DE), né à Rochefort le 31 juillet 1756. Comme « caravaniste », — lisons-nous dans son dossier des *Archives de la Marine*, Des Herbiers servit pendant trois ans sur les vaisseaux de la Religion, c'est-à-dire de l'Ordre de Malte Rentré en France, il fut embarqué comme enseigne sur la frégate la *Diligente*, puis nommé second lieutenant, se trouve à la prise de Saint-Christophe; est attaché en 1790 à la Majorité de Rochefort; en 1791, aide-major général de la Marine et des esca-

mérite ne pouvait leur conférer une aptitude surhumaine. L'anarchie fut plus forte qu'eux : non seulement elle les vainquit, mais elle les immola. Dans ce duel inégal, après avoir perdu l'estime de leurs camarades, ils perdirent la liberté, — sans même pouvoir s'enorgueillir, hélas ! d'un sacrifice qui ne réparait point une inutile défaillance.

dres jusqu'au 1er juillet 1792. Promu capitaine de vaisseau, est nommé commandant par intérim du port de Rochefort, succède à M. de Rosily et garde les fonctions de commandant de la Marine jusqu'au 27 juillet 1793. Destitué en vertu de la loi du 3 octobre 1793, fut arrêté et envoyé à Brouage, où il fut détenu 18 mois. Réintégré dans son grade par le ministre Truguet, il ne fut pas employé. Ses notes portaient : « Honnête homme, peu de moyens ». Meurt à Blaye le 15 mars 1832.

CHAPITRE V

L'ÉCHAFAUD. — MARINS ET OFFICIERS GUILLOTINÉS.

I. — L'*Apollon,* commandé par le lieutenant de vaisseau Brelay, débarque à Rochefort 1.420 hommes. — Dictature de Laignelot et de Lequinio.

II. — Tribunal révolutionnaire. — Le guillotineur Ance. — Les Représentants signalent l'arrivée des vaisseaux ponantais. — Composition du tribunal.

III. — Lequinio et Laignelot racontent eux-mêmes l'exécution des marins. — Chants de la *Carmagnole.* — Ance revêt un costume de gala. — Danses, sur la plate-forme de l'échafaud, dans le sang des victimes.

IV. — L'amiral Grimoüard. — Son rôle à Saint-Domingue.

V. — Assassinat du colonel de Mauduit à Port-au-Prince. — Les soldats et les matelots du *Borée* et du *Fougueux* poussent à la révolte les soldats du Régiment de Port-au-Prince. — *A la Lanterne !* — Le colonel est massacré dans la rue. — *Te Deum* des égorgeurs. — Saint-Domingue perd l'honneur et la vie.

VI. — Le comte de Grimoüard veut pacifier Saint-Domingue. — Le camp de la Croix-des-Bouquets. — Échec du négociateur. — Grimoüard revient en France et donne sa démission après le 21 janvier 1793.

VII. — Grimoüard est déféré au tribunal révolutionnaire. — Une vengeance. — L'amiral est accusé d'être vendu à l'Angleterre. — *Condamnation à mort et exécution.* — « Voilà donc un héros de moins ! »

VIII. — La Révolution ruine Rochefort. — Témoignage de Fourcroy envoyé dans la Charente-Inférieure en qualité de *missus dominicus* par le Premier Consul. — Banqueroute du pillage et déficit de la violence.

I

A la même époque, l'*Apollon*, commandé par le lieutenant de vaisseau Brelay, débarque à Rochefort quatorze cent vingt hommes, au nombre desquels figurent trente-deux officiers ou premiers-maîtres. La ville de Rochefort tremble alors sous le sabre de deux Conventionnels, — deux chenapans, deux tueurs, — Laignelot et Lequinio.

Quel est le mot d'ordre? « Saigner » la France et n'y épargner aucune vie. C'est l'époque où, dans l'Anjou, le Représentant Francastel annonce « l'intention de purger de saigner à blanc la génération vendéenne ». « Tu feras trembler les brigands — c'est-à-dire les paysans de l'Ouest, dit le même tueur au général Grignon, — ne fais aucun quartier ! Il faut transformer ce pays en désert. Ce sont les vues de la Convention... Je le jure [1]. »

Pour la seule province de l'Anjou, — même en défalquant les Français tombés sur les champs de bataille, — un historien estime à dix mille les victimes immolées sans jugement [2], et à cinq cent mille le contingent mortuaire des départements insurgés. Mais qui dira jamais le chiffre exact de nos morts? Le premier cercle de l'enfer à peine franchi, une si épaisse fourmilière d'âmes assiège le compagnon de Virgile et frappe les regards de Dante que le Poète s'écrie : « Je n'aurais jamais cru que la mort eût moissonné tant de monde :

> E dietro le venia sì lunga tratta
> Di gente, ch' io non avere creduto
> Che Morte tanta n' avesse disfatta [3]. »

1. C. BOURSIER : *La Terreur en Anjou*, p. 202.
2. *Ibid.*, p. 159.
3. DANTE ALIGHIERI : *Inferno*, c. III.

Si le grand Florentin avait pu voir le fleuve de sang que la Révolution fit couler, quel cri d'horreur n'aurait pas jailli de ses lèvres ! Songeons que les tueurs ne « travaillèrent » sérieusement qu'au lendemain de la chute de la Gironde, et, surtout, à partir de septembre 1793, — c'est-à-dire pendant onze mois ! Mais ce n'est pas seulement du sang vendéen que le jacobin a soif et que le coutelas révolutionnaire se rougit. Rien qu'à Lyon, l'examen des pièces accuse dix-sept mille assassinats, sans formalité ni preuve [1]. « A bas tous les nobles et tant pis pour les bons ! » s'écrie Guffroy, dans son journal *Le Rougiff*. « Que la guillotine soit en permanence dans toute la République ! La France aura assez de *cinq millions* d'habitants. » — « Nous n'avons que huit mille détenus dans notre arrondissement, gémit Fauvety, membre de la fameuse Commission d'Orange : quelle bagatelle [2] ! » Un autre juge du même tribunal se montre plus rassuré : « Suivant les apparences, dit-il, il « tombera dans le département plus de trois mille têtes. » Nous citons plus haut Jeanbon Saint-André déclarant qu'il faut amputer la moitié de la France. Le 22 thermidor an III (9 août 1795), le député Blaviel atteste à la tribune de la Convention que son collègue Bô [3], devant la Société populaire de Cahors, dit aux citoyens qu'inquiétait la pénurie des subsistances : « Rassurez-vous ! La France sera assez populeuse avec *douze millions* d'hommes. Or, on tuera le reste, et bientôt vous ne manquerez plus de vivres [4] ! » Voilà dans quelles dispositions d'esprit Laignelot [5] et Le-

---

1. BERRYAT SAINT-PRIX : *La Justice révolutionnaire*, p. 23-24.
2. BERRYAT SAINT-PRIX, p. 445, lettre du 22 prairial an III.
3. Bo (J.-B.-Jérôme), né le 1er juillet 1753, médecin, député de l'Aveyron à la Législative et à la Convention; régicide, nombreuses missions (Tarn et Aveyron, Cantal, Aube et Marne), décrété d'accusation en thermidor an III; amnistié; chef du bureau des émigrés au ministère de la Police, sous Merlin, jusqu'au 18 Brumaire; décédé à Fontainebleau en 1811.
4. Réimpression du *Moniteur*, t. XXV, p. 447.
5. LAIGNELOT (Joseph-François), né à Versailles le 12 juin 1750

quinio [1] viennent d'arriver à Rochefort. Il faut décimer la bourgeoisie et le négoce, et, sur le tombeau de l'ancienne société française, ériger le trône de la canaille, enfin mise à même de manger à sa faim et de boire à sa soif. Originaire de Versailles, scribe de bouge et dramaturge de ruisseau, Laignelot éprouve le besoin de se venger des sifflets qui, sous le tyran, mirent en déroute ses tragédies. Dès le lendemain de la mort du Roi, la Convention le charge d'aller républicaniser l'Armée des Côtes de Brest. On sait ce que ce jargon veut dire : c'est ordonner à Laignelot de spolier les églises et de faire la chasse aux prêtres. Notre tragédien s'acquitte d'une tâche si conforme à son ambition et à son courage. L'homicide sanhédrin que préside, à Laval, le prêtre apostat Volcler, après avoir promené la guillotine dans le Bas-Maine, a suspendu ses meurtres. Laignelot lui restitue le couperet et la dictature.

De dix ans plus âgé que Laignelot, Lequinio vient de cette monotone presqu'île de Rhuys, où le château de Sucinio, chanté, de nos jours, par Brizeux, dresse ses tours féodales. Chez nos deux Bretons, même passé, mêmes vilenies, mêmes instincts. D'analogues tares désignent Lai-

---

s'était fait connaître, comme auteur dramatique, dès 1779, par la tragédie d'*Agis et Cléomène*, où dominaient des sentiments républicains qui la firent échouer à Versailles, mais assurèrent son triomphe au Théâtre-Français en 1792. Le 2 mars de l'année précédente, il avait fait représenter sur ce théâtre la tragédie de *Rienzi*.

1. LEQUINIO (Joseph-Marie), né à Sarzeau (Morbihan), 15 mars 1740. Élu maire de Rennes, au début de la Révolution, ensuite juge au Tribunal de Vannes et, enfin, envoyé par ses compatriotes à l'Assemblée législative, il y siégea au côté gauche. Après le Dix Août, il publia un livre intitulé les *Préjugés détruits*, indigeste amas de sornettes maçonniques. Les suffrages des électeurs du Morbihan l'appelèrent à la Convention, où il devint l'un des membres les plus ardents de la Montagne. Après avoir voté la mort du Roi, Lequinio fut envoyé en mission à l'Armée du Nord, dans l'Aisne et dans l'Oise, à Lorient, à Brest, à La Rochelle et en Vendée. Lequinio se montra l'un des plus barbares auxiliaires du général Turreau, donnant l'ordre de tuer les prisonniers sans forme de procès, dès l'apparition de l'ennemi.

gnelot et Lequinio aux suffrages de la Convention et aux défiances des honnêtes gens. Rochefort et notre Marine vont tomber sous le cimeterre de ces deux Montagnards, également désireux de donner des gages aux Proconsuls qui les délèguent et qui les « colèrent ». « L'art de subjuguer une nation est dans l'art de l'épouvanter » — écrit le Conventionnel Mercier. Domptée par Robespierre, la Convention nationale s'effare devant le tyran qui la redoute à son tour. Que de législateurs pourront alléguer devant la postérité ces mots : « Nous étions terrifiés [1] ! » Rien de plus féroce qu'un lâche qui veut échapper au supplice. Contre les officiers de notre flotte, la couardise de Lequinio et de Laignelot hasardera, pour apaiser le maître, tous les forfaits et osera toutes les surenchères.

Avant la Révolution, « la douceur de vivre » entretenait à Rochefort la facilité des relations et l'aménité des mœurs. Un des plus grands ingénieurs de la Monarchie, Toufaire, qui, de 1784 à 1789, séjourna dans la cité de Colbert pour y construire le plus fastueux hôpital peut-être de l'ancienne France, a laissé sur la société rochefortaise d'alors des notes où se révèle un monde exquis, que ne brûlent ni nos fièvres, ni nos haines. « Dans les Mémoires de Toufaire, — dit l'abréviateur de ces Notes, — deux traits s'imposent à l'attention de l'observateur : l'ardeur et la suite que les agents du Pouvoir apportent alors au travail, et le charme des relations sociales. Le gouvernement a-t-il décidé quelque grande entreprise? On se met immédiatement à l'œuvre et on fait vite. Le roi veut, et il est obéi. »

Quant aux relations sociales, « elles sont de tous les jours, intimes et charmantes. On dîne à midi et on soupe le soir,

1. MERCIER : *Le Nouveau Paris*, t. II, p. 46. Un autre Conventionnel, Grégoire, écrit de son côté : « Et de quoi se composait donc cette majorité de la Convention qui décrétait? D'hommes féroces et surtout d'hommes lâches (*Mémoires*, t. II, pp. 425-426).

vers huit heures; mais il est rare que l'on soit seul à dîner ou à souper; presque toujours on va chez des amis ou on les reçoit chez soi. La comédie précède le souper; on s'y rend ensemble; et si l'on constate que ceux qui se réunissent ainsi sont presque toujours les mêmes, on en conclut que la société se partage en groupes d'amis ayant les mêmes occupations, se voyant chaque jour, et vivant d'une vie commune. »

« Le dîner doit être court, car il empêcherait le travail de la journée; il doit aussi être simple, ainsi que le souper; autrement on s'y ruinerait. On vit dans un cercle d'amis, partageant leurs travaux, leurs repas, leurs plaisirs, et leurs peines. » Les mêmes noms reviennent journellement sous la plume de Toufaire : M. et Mme Rivoald, MM., Mme et Mlle Chevillard, M. et Mme Augias, M. et Mme Niou, Dugranon, Thibault, tous ingénieurs, puis M. et Mme de Chérizey, M. et Mme de Bellefontaine, M. et Mme d'Aubenton, M. Rondeau, maire de Rochefort, etc.

« On va souvent à la comédie; des artistes de Paris apparaissent de temps à autre sur la scène de Rochefort. Mlle Sainval y joue *Sémiramis, Mérope, Athalie*. L'hiver de grandes fêtes rassemblent les « honnêtes gens » chez les hauts fonctionnaires; M. de La Touche-Tréville et M. l'Intendant lancent, chaque mois, des invitations que recherche le patriciat maritime. On danse aussi, chez M. Pelletereau et chez M. Ménardie; les grands dîners du carnaval sont somptueux. L'été, on s'échappe, le samedi, pour passer le dimanche à la campagne : chez M. Rivoald, à Mouillepied, ou à Buffetison, chez M. Thibault, ou chez M. d'Aubenton, à Mornay [1]. »

---

[1]. Philippe RONDEAU : *Un grand ingénieur au XVIIIe siècle, Toufaire, Étude biographique*. (Extrait du *Bulletin de la Société des Archives historiques de la Saintonge et de l'Aunis* (avril 1884). PONS, imprimerie Noël TEXIER.

Comment se fit-il que la tyrannie la plus avilissante infligea si facilement son joug et son opprobre à cette société si distinguée? Comment arriva-t-il que la plupart des amis de Toufaire et que Toufaire lui-même donnèrent leur adhésion et prêtèrent même leur concours à une dictature qui ne se manifestait que par ses vices et que par ses crimes? C'est que cette élite se compose de conservateurs agnostiques qui « laissent les églises ouvertes à la multitude, mais ne se confessent pas [1] ». Les doctrines philosophiques du xviiie siècle ont transformé les classes dirigeantes en classes incroyantes. Sous l'armature, encore intacte, de cette société, en apparence si saine, se dissimulent des incrédulités et des failles. Aristocrates, bourgeois, fonctionnaires et savants croient moins à Dieu qu'à l'homme. L'Église heurte l'orgueil de notre sens individuel et proteste contre les exigences de nos passions. Les contemporains de Louis XVI détestent instinctivement, en elle, l'ennemie de leurs joies et la négatrice de leur indépendance. Cette importune cloche qui, chaque jour, à toute heure, proclame la subordination de l'homme, — qui sonne le devoir, — qui gourmande les défaillances et qui annonce le châtiment, cette cloche, les mondains, sans se l'avouer, la maudissent. Assurément, ils ne veulent pas la fondre en gros sous. Mais, quand un Proconsul ivre abattra, demain, les clochers, les disciples des Encyclopédistes ne pleureront, ni la voix éteinte, ni les chants abolis. Le silence de l'Église vaincue n'endormira-t-il pas enfin la conscience désarmée? Pauvres philosophes qui ne voient pas que, libérer l'homme du Divin, c'est rompre la chaîne du fauve. Sous le gouvernement de Lequinio et de Laignelot, que devient Rochefort? Une chiourme et une nécropole. Sur le même théâtre où la Royauté capétienne faisait rayonner tous les prestiges de

---

1. Étienne LAMY : *Le Conventionnel André Dumont.* — *Correspondant* du 25 avril 1910.

l'Art, de la Civilisation et de la Vie, la République convoque tous les spectres de la Servitude, de la Luxure et de la Mort.

II

Avant même d'avoir constaté l'arrivée de l'*Apollon*, avant d'avoir entendu les chefs, reçu leurs dépositions, visité leurs papiers, interrogé leurs subordonnés, Laignelot et Lequinio frappent, *in petto*, de la peine capitale les officiers en route. Dans une lettre, adressée de Rochefort, le 8 brumaire an II (29 octobre 1793), à leurs collègues de Brest, voici comment s'expriment les deux « législateurs » : « Nous étions prévenus du retour de l'*Apollon* dans ce port, plusieurs jours avant son arrivée, — de sorte que nous avions *tout préparé pour les recevoir* [1]. »

Qu'ont-ils donc préparé? La guillotine ! La Révolution a fait sortir des bas-fonds, où les claquemurait l'ancienne police, les truands qui fournissaient des cadres à l'armée du crime; aux uns elle a donné l'écharpe du représentant; aux autres le panache du général, — hommes de sang qui s'appellent : à Rochefort, Laignelot et Lequinio; à Brest, Prieur de la Marne et Jeanbon Saint-André; en Vendée, Turreau, Huchet, Grignon, etc., Représentants et Généraux, tous affolés par une peur qui les pousse à tuer, sans distinction d'antécédents et de croyances, sans examen de dossiers, sans contrôle d'état-civil; — bouchers voyant un ennemi dans chaque Français et forcés de biffer tout suspect, pour se garantir contre les ressentiments du maître, le délivrer de son angoisse et assurer leur quiétude.

---

1. Levot : *Brest sous la Terreur*, p. 155.

A peine l'*Apollon* a-t-il jeté l'ancre, que Laignelot et Lequinio créent un tribunal formé sur le modèle du Tribunal révolutionnaire de Paris :

« Tout va marcher ici rondement, écrivent les deux Conventionnels. Le peuple va de lui-même au flambeau de la Raison que nous lui montrons avec douceur et fraternité. Le Tribunal révolutionnaire que nous venons d'établir fera marcher les aristocrates, et la guillotine fera rouler les têtes [1]. »

Pour obtenir du tribunal les arrêts funèbres qu'ils exigent, nos personnages nomment eux-mêmes les juges. Le bourreau reçoit des mêmes bandits son investiture. Voici dans quelles circonstances les suffrages des Représentants délivrent le diplôme de guillotineur et désignent le Pontife de la Mort. C'est dans une Assemblée populaire que le bourreau obtient l'onction sacrée et c'est à la table même des Représentants qu'une coupe de champagne lui verse l'eau lustrale de l'assassinat :

Encore un grand triomphe moral, écrivent-ils à la Convention, le 17 brumaire (6 novembre 1793), non sur les momeries presbytérales, elles n'existent plus dans ce pays, mais sur un préjugé non moins sot et non moins enraciné qu'elles. Nous avons formé ici un Tribunal révolutionnaire comme celui de Paris, et nous en avons nommé nous-mêmes tous les membres, excepté celui qui doit clore la procédure, *le guillotineur*.
Nous voulions laisser aux patriotes de Rochefort la gloire de se montrer librement les vengeurs de la République, trahie par des scélérats; nous avons simplement exposé ce besoin à la Société populaire : « Moi, s'est écrié avec un noble enthousiasme le citoyen Ance, c'est moi qui ambitionne l'honneur de faire tomber la tête des assassins de ma patrie ! » A peine

---

1. BERRYAT SAINT-PRIX : *La Justice révolutionnaire*, p. 278.

a-t-il eu le temps de prononcer cette phrase, que d'autres se sont levés pour le même objet, et ils ont réclamé, du moins, la faveur de l'aider. Nous avons proclamé « le patriote Ance » guillotineur, et nous l'avons invité à venir, en dînant avec nous, prendre ses pouvoirs par écrit, et les arroser d'une libation en l'honneur de la République. Nous pensons qu'en peu de jours, les juges le mettront à même de donner la preuve pratique du patriotisme avec lequel il vient de se montrer si au dessus des préjugés qu'il fut toujours intéressant aux rois et aux tyrans d'entretenir, pour nourrir toutes les inégalités sociales sur lesquelles s'établissait leur puissance.

Une flûte vient encore de nous arriver ici de Toulon : nous venons de prendre à son égard les mêmes mesures qu'à l'égard du vaisseau l'*Apollon*. Le tribunal révolutionnaire tamisera tous ceux qui, sur l'un et l'autre de ces vaisseaux, venaient ici pour substanter la rage et l'ambition du scélérat Pitt. — LAIGNELOT, LEQUINIO. [1]

Le Tribunal révolutionnaire de Rochefort comprend trois juges, un accusateur public, un substitut et douze jurés. Les deux Conventionnels enrôlent, dans ce syndicat de malfaiteurs, trois créoles de Saint-Domingue, déportés à Rochefort, lors des troubles de la colonie, — Victor Hughes [2], Lignières et Brudieu, — le premier comme « accusateur public », le deuxième comme « greffier », et le troi-

---

1. Réimpression du *Moniteur*, XVIII, 413.
2. HUGHES (Victor), né à Marseille, avait d'abord été ouvrier, puis maître boulanger à Saint-Domingue. Déporté en France, lors des troubles de cette colonie, il avait été débarqué, en 1793, à Rochefort. Après avoir rempli à Brest les fonctions d'accusateur public — elles ne durèrent que peu de jours, — il fut envoyé, comme commissaire du gouvernement, à la Guadeloupe, avec mission d'en expulser les Anglais et d'y faire exécuter le décret sur l'abolition de l'esclavage. Troude a raconté les péripéties (*Batailles navales de la France*, t. II, pp. 388-392) de ce siège. Hughes fit de la Guadeloupe un arsenal d'où il expédia des corsaires contre les bâtiments anglais. Rappelé en France en 1799, pour rendre compte de ses rapines, il fut blessé dans un duel au pistolet, à la suite d'une querelle politique. Quelques années après sa rentrée en France, un décret le nomma com-

sième comme « chef du jury ». Sur l'ordre de Laignelot et de Lequinio, et, sans instruction préalable, l'accusateur public décrète d'arrestation l'État-Major, la maistrance, la plupart des matelots et quelques-uns des officiers du *Généreux* embarqués, comme passagers, sur l'*Apollon*. Quels griefs fulmine Victor Hughes contre ces braves marins, presque tous saintongeais, dont se défit l'amiral Hood pour exonérer Toulon d'une force hostile qui pouvait, un jour ou l'autre, associer son offensive à celle de l'ennemi? Nous avons sous les yeux le réquisitoire [1]. Hughes y déclare les équipages ponantais « coupables de la trahison » qu'ils réprouvèrent et « complices des Toulonnais » qui les proscrivirent.

Au sans-culottisme dont se targuent, et non sans raison, les Ponantais, Hughes oppose « la procession » où défilèrent, le 28 juillet 93, plusieurs officiers bretons, sous prétexte de réparer un « soi-disant outrage fait à l'image de Marie », — mais, en réalité, pour affirmer « les principes du royalisme » et « conspirer contre l'unité et l'indivisibilité de la République ». L'accusateur postule, en conséquence, la peine capitale contre dix officiers; la déportation contre deux et la détention contre huit. Offrir au couperet du bourreau dix loyaux serviteurs de la patrie, envoyer à la mort dix Français innocents, quel modeste holocauste! L'insuffisance et la lenteur de la guillotine exaspèrent le zèle républicain de Victor Hughes, friand d'exécutions en masse, et naturellement hostile — comme

---

mandant en chef de la Guyane française. En 1809, il vendit, avec une facilité qui le fit accuser de connivence, cette colonie à cinq cents Portugais. En 1814, l'ancien terroriste se fit remarquer par l'énormité de sa cocarde blanche : « Que voulez-vous? répondit-il. Les Bourbons sont nos souverains légitimes. » Victor Hughes, grâce à ses corsaires, s'était fait une fortune considérable. Atteint de cécité, il mourut en 1826 à Cayenne. (Ed. DU HAILLY : *Les Antilles françaises*. Voir *Revue des Deux-Mondes*, t. XLIX, p. 740.)

1. *Archives des Affaires étrangères France*, t. CCCXXXI, folio 147.

tout bon jacobin — à la plus grande France. « Hughes, — lisons-nous dans une brochure du temps, — Hughes disait que, pour mettre au pas les habitants de Rochefort, il fallait une guillotine ambulante, la rouler devant chaque maison et guillotiner la moitié de la ville [1]. »

L'année suivante, les maîtres de Victor Hughes obtiendront enfin de leur séide, — dans une de nos colonies, — une plus satisfaisante hécatombe. Commissaire de la Convention à la Guadeloupe, l'ex-accusateur public de Rochefort tuera huit cents Français, presque tous officiers de Marine, livrés, sans armes, à la République, par la félonie d'un général anglais [2] évidemment d'accord avec le bourreau.

A Rochefort, comme partout, juges, jurés, accusateur public, bourreau, groupés autour de la table où le Représentant en mission les convie, fixent d'avance le sort des prisonniers que les pourvoyeurs de l'échafaud leur envoient. Le lendemain, devant le Peuple souverain encombrant le prétoire, le tribunal enregistre, sans changement, les arrêts, bâclés, la veille, au milieu des sordides orgies que défraient la cave et l'or des victimes. Mais, tout en ratifiant

---

1. Brochure où, sous ce titre : *Guerre aux terroristes !* sont imprimés les procès-verbaux des Séances de la Société populaire présidées par le Représentant Blutel. Voir aussi l'abbé LEMONNIER : *Études historiques. Rochefort-sur-Mer*, p. 74.

2. Paul COTTIN : *L'Angleterre devant ses alliés* (brochure in-8° de 100 pages, Paris, 1893), pp. 45-46. Voir aussi A. LACOUR : *Histoire de la Guadeloupe* (Basse-Terre, 1857). Hughes et le général Aubert, à la tête de 1.150 hommes, chargés de reprendre la Guadeloupe aux Anglais, les avaient délogés de la Grande-Terre et acculés dans le camp de Berville. Là, M. de Rochebois, l'un des officiers qui commandaient les émigrés et les colons (plus de 800, d'après M. A. Lacour), propose au général Graham de faire une trouée à travers les rangs des vainqueurs. L'opération était des plus faciles. Graham avait sous ses ordres 2.600 hommes et le général Aubert seulement 1.700. Malgré cette supériorité du nombre, Graham capitule et, en vertu du traité, livre les Français à Victor Hughes qui les fait égorger, les uns par le bourreau et les autres par les commissions militaires.

ces arrêts, les magistrats de la République, pour affirmer leur indépendance, se font un devoir d'aggraver les outrages de l'accusateur et de renchérir sur ses impostures. Victor Hughes n'avait pas suffisamment insisté, sans doute, sur la « trahison » des Ponantais. Au cours de ses considérants, le Tribunal déclare que, si le Comité général de Toulon, si les Royalistes se sont débarrassés des Saintongeais, ce n'est point dans le dessein de se libérer d'une hostilité gênante. En revenant à Rochefort, les Saintongeais de l'*Apollon* voulurent, — non reprendre leur place parmi les serviteurs de la République, mais ouvrir aux Anglais l'accès du port. Autres scélératesses non moins noires : officiers et soldats foulèrent aux pieds la cocarde tricolore, acclamèrent Louis XVII et secoururent les rebelles de Marseille. Enfin, crime des crimes ! Les Représentants Beauvais et Bayle, outragés par les insurgés toulonnais, ne reçurent des officiers de l'*Apollon* et du *Généreux* ni les égards qu'exigeait le protocole, ni la protection que les républicains français doivent à tout membre de la Convention nationale : « Ce qui les constitue parricides », — ajoute la sentence, — car les Représentants sont les « Pères du Peuple [1] ! »

Rivalisant de mensonges, la sentence et le réquisitoire répondent docilement aux intentions des deux Conventionnels et justifient leur confiance. On ne pourrait pas en citer une ligne que ne pollue une fausseté. Laignelot et Lequinio n'avaient-ils pas donné, d'ailleurs, l'exemple de l'imposture, en dénonçant, dès le premier jour, dans les officiers ponantais des traîtres chargés de répandre parmi les ports « l'esprit d'insurrection, le fédéralisme, le fanatisme et le royalisme, en un mot, d'agir par toutes les voies pour tromper le peuple, se rendre maîtres des principaux arsenaux, et préparer les habitants à la réception des bateaux britanniques » ?

---

1. Viaud et Fleury : *Histoire,* etc., p. 337.

III

Sur les dix-sept condamnés à mort figurent sept marins, dont un seul appartient au « Grand Corps », Jacques de Campet, petit-fils du marquis Louis-César de Campet de Saujon, chef d'escadre, sous Louis XIV, décédé à Rochefort, le 8 mai 1722.

Frère du Conventionnel du même nom, le lieutenant Joseph Crassous, — ou plutôt Crassous de Médeuil, — né à La Rochelle, le 23 octobre 1741, consacre, depuis trente-six ans, à la France, le savoir et les facultés d'un marin sans lettres, mais sans reproche. A quatorze ans, entré dans la flotte, comme pilotin surnuméraire, — il n'a cessé de naviguer depuis, soit sur les navires de commerce, soit sur les bâtiments du Roi, toujours vaillant et toujours dévoué. La guerre d'Amérique l'a compté parmi ses soldats; Crassous a successivement servi sous les ordres de La Touche-Tréville, de Nieul, du comte d'Estaing, de l'amiral de Grasse, du baron de Montmorency et du prince de Rohan.

Après avoir assisté aux combats d'Ouessant, de la Grenade, de Savannah, etc., et reçu les galons de lieutenant de vaisseau (1790), l'officier bleu sortit, le 13 mai 1792, de la retraite à laquelle le condamnaient ses cinquante-deux ans, pour adresser au Ministre de la Marine la plus noble et la plus française des requêtes. L'inaction pesait à l'ancien compagnon de La Touche-Tréville et de Rohan. Humant la poudre, Crassous réclame du ministre un poste où il puisse comme autrefois se mesurer avec l'ennemi héréditaire. A cet excellent serviteur, Louis XVI donne un commandement, et la Révolution la mort [1].

---

1. Voici la conclusion de la lettre de Crassous :

« Je me trouve oublié dans la nouvelle organisation, quoique j'*aille* fait ma soumission au Bureau de Brest et que j'*aille* envoyé

Un des trois autres lieutenants de vaisseau assassinés par la Convention, Louis Guérit, vient de l'Aunis, comme Crassous. Son dossier nous le montre matelot à treize ans (1761), maître d'équipage à vingt-neuf et « maître entretenu » à trente-six. Une pièce, en date du 27 août 1791, et signée des deux chefs d'Escadre, Vaudreuil et l'Etanduère, certifie que Guérit obtint les éloges de tous les capitaines sous lesquels il servit. La mort de Guérit voua ses proches à une telle détresse que tout Rochefort vit la veuve d'un officier de Marine tendant la main, dans les rues, à la charité publique. Telle est la récompense dont la République honore les services des familles maritimes les plus roturières. Au mari la guillotine, — à la femme la mendicité [1] !

mes services à Paris au dernier ministre et que j'aye passé la Revue à Rochefort le 15 mars dernier. J'ai attendu une réponse, mais, dans ce moment que la guerre se déclare, mon devoir et mon zèle m'appellent auprès du Ministre pour lui exposer mon ardent désir de travailler, demander une place, à raison de mes services et de mon ancienneté et, ce qui est bien plus analogue aux dispositions de mon âme, obtenir de l'employ pour servir la patrie et faire usage des connaissances acquises pendant deux guerres entières, trente-six ans de navigation, huit combats d'armée navale et trois combats particuliers où j'étais capitaine et le Pavillon a été respecté. Ce qui me fait espérer d'obtenir, dans ce moment, un brevet de commandant de vaisseau, la croix et le commandement d'une frégate ou corvette à caractère pour remplir quelque mission que se puisse être, où vous me croiriez convenable... — CRASSOUS. »

Crassous reçut aussitôt l'emploi désiré. Quelques jours plus tard, le 24 mai 1792, il écrivait un deuxième billet pour demander la croix de Saint-Louis : « Je supplie M. le Ministre de la Marine de présenter mes services à Sa Majesté pour en obtenir la récompense et la marque de son contentement. — CRASSOUS, ce 24 mai 1792. » — (*Archives de la Marine.*)

1. Nous croyons devoir mettre sous les yeux de nos lecteurs la lettre où la pauvre veuve de Louis Guérit implorait la charité du Ministre de l'Empereur :

Rochefort, 5 août 1808.

« A son Excellence le Ministre de la Marine,

« Monseigneur,

« Vous expose très humblement l'épouse de feu sieur Guérit, lieutenant de vaisseau et victime de la Révolution, de jeter un coup d'œil

Les sept autres condamnés à mort s'appellent : Jean BRELAY [1], lieutenant de vaisseau ; — Jean CHAMBAUDY [2] ; — Étienne-Marie VARENNE [3] ; — Michel MAGE [4], enseigne de vaisseau ; — Antoine DAURT [5] ; — Henri MARIZY [6], capitaines au 77e Régiment, ci-devant de la Marck, et, enfin, Claude BORDEAUX [7], chirurgien-major. Un dixième officier,

de considération sur sa prière; disant que, dès le moment du décès de son époux, elle fut réduite à la plus affreuse détresse, tel qu'il appert par sa position actuelle. — Enfin, même réduite à la générosité de ses concitoyens, ce qui l'oblige de supplier Son Excellence de vouloir bien l'honorer de son estime afin de lui mériter les bienfaits du gouvernement, seul objet de sa sollicitude. — Daignez, Monseigneur, agréer les respects de la plus humble de vos servantes. Angélique CHARLET, veuve GUÉRIT, au bas de la rue Saint-Pierre. »
(*Archives de la Marine*, C¹ 134.)

1. Natif de Ciré-de-Saintonge (Charente-Inférieure), âgé de cinquante-cinq ans.

2. « Domicilié » à Soubise (Charente-Inférieure), âgé de trente-cinq ans.

3. Natif de Semur (Côte-d'Or), âgé de vingt-quatre ans.

4. « Domicilié » à Saint-Sulpice-d'Arnoux (Charente-Inférieure), âgé de vingt-huit ans.

5. Natif de Müllezen (Bas-Rhin), âgé de trente-huit ans.

6. « Ci-devant noble », natif d'Entanches (Moselle), âgé de vingt-neuf ans.

7. « Employé à l'hôpital de Toulon », natif de Tonnerre (Yonne), âgé de vingt-deux ans.

L'acte d'accusation met en cause trente-quatre individus : Voici les principaux noms : GOLBERY (François de) « ci-devant noble », natif de Colmar, âgé de vingt ans, lieutenant au 77e ; — BERNARD (François-Marie), lieutenant de vaisseau, natif de l'Ile d'Aix ; — BRUNET (François), enseigne, natif de Bormes (Var) ; — MARCELLAT (Emmanuel), de l'Ile de Ré ; — CHESNEAU (Henri), de l'Ile de Ré ; — LOMBARD (Jacques), de Rochefort ; — PETIT (Jacques), de Blaye ; — ROUGET (Germain), de Niort ; les — tous cinq aspirants. Les autres accusés sont des calfats, des charpentiers et de simples matelots. Détail curieux ! En pleine Terreur, un aumônier était attaché à chaque bâtiment : Victor Hughes incrimine Étienne SARZANE, âgé de trente-deux ans, né à l'Ile de Capraya, aumônier du *Généreux*. Le pasteur Jeanbon supprima les derniers aumôniers. L'acte d'accusation est daté du 29 brumaire an II. A cette pièce, est jointe une ordonnance, donnant acte de l'accusation, et signée : « Junius ANDRÉ, président ;

François de GOLBÉRY[1], lieutenant au 77ᵉ, aurait inscrit son nom sur cette liste mortuaire, si le médecin de la prison, ému de pitié devant ce jeune soldat, à peine âgé de vingt ans, ne l'avait sauvé de l'échafaud en favorisant son évasion. Soustrait à la hache du citoyen Ance, notre jeune officier alsacien — (F. de Golbéry était originaire de Colmar) — se rendit en Vendée, et devint un des aides de camp de Charette[2], enchanté de cette recrue.

L'abominable forfait que les deux « scélérats » obtinrent du tribunal s'accomplit conformément aux rites tradition-

Garpard GOYRAND, Augustin VIEILH, juges; et Simon-Armand LIGNIÈRES, greffier.

1. GOLBÉRY (Marie-François-Joseph de), fils de Georges-Joseph-André de Golbéry et de Philippine de Müller, né à Colmar le 21 février 1773. En 1790, sous-lieutenant au régiment de la Marck (infanterie), lieutenant au même corps, lors de la prise de Toulon. Le médecin de l'hôpital de Rochefort, apitoyé par le jeune âge de l'officier, lui fit prendre une potion qui, déterminant une fièvre violente, retarda ainsi la comparution de l'accusé et son jugement, et lui sauva la vie. Condamné le 8 frimaire an II, à dix ans de déportation, Golbéry était encore en prison (du moins, on le croyait dans sa famille), quand survint le Neuf Thermidor. Son père, qui avait conservé avec le Directeur Reubell des relations amicales, datant du temps où ce membre du Directoire était avocat au Conseil Souverain d'Alsace, obtint, par son intermédiaire, de le faire comprendre dans une des nombreuses amnisties qui suivirent la chute de Robespierre (13 floréal an III). Mais Golbéry n'avait pas attendu le résultat de ces démarches que, sans doute, il ignorait, pour s'évader, grâce à la connivence de la fille du geôlier. Ayant d'abord erré d'asile en asile et s'étant finalement réfugié près de Rennes, chez la fille d'un ancien président à mortier au Parlement de Bretagne, sous le déguisement d'un jardinier, il ne tarda pas à quitter cet abri et l'inaction où il vivait, pour rejoindre l'armée de Charette qui lui confia les fonctions de Capitaine et l'attacha à l'État-Major du général Le Moëlie. Il y servit près de deux ans et, dans une affaire où il eut le bonheur de sauver tout un Corps, par un feu commandé à propos, il eut le genou traversé d'une balle, blessure dont il s. ressentit toute sa vie. Dans la suite (1808), il épousa, à Luxembourg, la fille du marquis de Villers-Grignoncourt, et mourut à Strasbourg, le 27 avril 1842, à soixante-neuf ans. (*Communication de M. G. de Golbéry, d'Épinal.*)

2. Communication de M. de Golbéry, petit-fils de l'aide de camp de Charette.

nels des tueries révolutionnaires. Voici dans quels termes Laignelot et Lequinio annoncent eux-mêmes l'exécution des officiers qu'ils ont livrés au bourreau :

> Enfin, la *justice du peuple* vient de frapper les scélérats qui s'étaient rendus ici (à Rochefort) sur le vaisseau l'*Apollon* pour préparer l'entrée du port aux Anglais, et le leur livrer comme ils avaient contribué à leur livrer Toulon. Le Tribunal révolutionnaire vient de condamner à mort dix officiers de ce vaisseau, et « le vengeur du peuple » en a délivré la République. Tous les marins, tous les ouvriers et quelques officiers sont allés les prendre et les ont escortés d'une double haie jusqu'au lieu de l'expiation. L'air a retenti des cris de : « *Vive la République !* » à la chute de chaque tête, et des chants patriotiques et des *Vive le tribunal !* ont rendu un juste hommage aux membres qui le composent. Nous saisissons cette occasion pour en rendre un très authentique à Hugues, l'accusateur public, excellent Jacobin, dont le civisme, le talent et l'activité se trouvent au degré le plus désirable.
>
> Nous le saisissons encore pour rendre justice à l'un de nos collègues qui se trouve en ce moment au milieu de nous : c'est Crassous [1]. Nous l'avons vu à la Rochelle, où il présidait la Société populaire. Nous nous croyons assez certains de son civisme pour ne pas douter qu'il eût lui-même, s'il avait été juge, voté la mort de son frère qui vient de tomber sous la hache de la loi [2]. »

A peine l'appareil du supplice dresse-t-il ses poteaux, pleins de menaces, que le chant de la *Carmagnole* et le vacarme des farandoles se déchaînent à travers la ville en démence. Mais voici que les dix condamnés, entassés

---

1. CRASSOUS DE MEDEUIL (Jean-Augustin), député de la Martinique à la Convention, prêtrophobe fanatique, se distingua par ses violences et ses cruautés contre les catholiques. Voici l un de ses arrêtés : « Il est expressément défendu de donner aux enfants aucun livre religieux. » WALLON : *Les Représentants en mission*, t. I, p. 73.

2. Réimpression du *Moniteur*, t. XVIII, p. 594. Séance de la Convention du 13 frimaire an II (4 décembre 1793).

dans le tombereau mortuaire, apparaissent sur la place de la Liberté. Aussitôt, un ouragan d'imprécations et de huées flagelle les captifs. Pour fêter ce nouveau crime, Ance, drapé dans ses plus somptueux vêtements, affecte une élégance de muscadin macabre. Un coquet bonnet phrygien encadre la chevelure roulée en boucles sur les épaules, et rehausse de lueurs fauves un visage que les femmes, paraît-il, envient [1]. Mille légendes courent, parmi la foule, sur ce muguet d'échafaud. On fait de notre créole un gentilhomme qui cache, sous la défroque du bourreau, une origine illustre. Ance n'est qu'un godelureau de cabaret, sans éducation et sans lettres, « un *nervi* du port de Marseille », échoué sur les rives de la Charente. C'est d'un bouge, et non d'un collège, — ainsi que l'affirme à tort le romancier Émile Souvestre [2] égaré par une tradition inexacte, — que sort ce tueur vulgaire, ce « griffe » de Saint-Domingue, qui laisse tomber de sa plume des billets comme l'écrit suivant, reproduit par Levot [3] :

Pour le service de la guillioline, pour le tribunal révolucionnerre, j'ai demandé dix livres de savon bleans et une éponge. Brest, le 24 thermidor, l'an II° de la République française, une, indicible [4]. ANCE, *Vengeur.*

En choisissant pour son Président et, plus tard, pour un de ses secrétaires, l'auteur de ce billet, la Société populaire

1. On faisait plus qu'envier ses traits, on enviait sa personne. « A Brest, dit A. Monteil, dans sa « Décade des Clubs » (*Histoire des Français des divers États*, t. V), le bourreau, jeune homme de vingt et quelques années, élu Président de la Société, fut aussitôt courtisé par tous les pères de famille qui avaient des filles à marier. »
2. SOUVESTRE : *Souvenirs d'un Bas-Breton*, p. 128 : « Son esprit est cultivé ; sa place est faite dans le monde... »
3. Levot dit que l'original faisait partie de la collection de M. Guichen de Grammont, commissaire général de la marine.
4. Ce dernier mot, surchargé, est ainsi orthographié, ou, du moins, ne peut se lire autrement.

de Brest voulut évidemment se protéger contre le *Vengeur* en honorant son ignorance. Mais voici que le drame déroule ses tragiques péripéties. Chaque fois que le couperet tranche une tête, notre scapin la présente à la populace, et les spectateurs, après avoir vociféré : *Vive la République*, entonnent le *Ça ira !* A peine le panier a-t-il engouffré les dix têtes coupées que la même plèbe, se livrant à de nouvelles sarabandes, envahit l'échafaud et bat de ses talons la plate-forme, encore rouge du sang versé [1].

Mais ce n'est pas seulement l'écume de Rochefort que les deux Conventionnels associent à ces outrageantes saturnales. Les sbires des Proconsuls ramassent dans la cité les jeunes filles les plus irréprochables et les obligent à gravir l'horrible estrade pour y bafouer, de leurs rondes, le deuil public. La Révolution ne se contente pas d'assassiner les meilleurs Français ; il faut encore qu'elle insulte au deuil de ceux qui les pleurent [2].

Un des jeux de Néron était d'avilir les fiertés et de souiller les pudeurs. Tacite nous le montre se plaisant à mêler, avec les courtisanes, les plus austères matrones romaines. Sous tous les tyrans, le pourceau d'Épicure recherche les mêmes satisfactions et jouit des mêmes supplices. A la fin du XVIIIe siècle, les deux satyres jacobins renouvellent, à Rochefort, les luxures où se vautrait, à Rome, l'an Ier de notre ère, le fils d'Agrippine.

1. VIAU et FLEURY : *Histoire*, etc., p. 338.
2. Dans une lettre datée de Rochefort (15 décembre 1794), et lue à la Convention, le Représentant en mission Blutel écrit ce qui suit : « On contraignait les jeunes citoyennes à venir s'abreuver de sang sur les échafauds qui en étaient couverts, et si les mœurs pures de quelques-unes semblaient s'effrayer de ce tableau, on menaçait de les mettre en arrestation... Un citoyen paisible s'éloignait-il de ce spectacle, on l'y traînait, et il n'avait qu'à choisir entre la prison et l'horreur de l'échafaud. » *Moniteur*, t. XXIII, p. 55. — Voir aussi le discours de BÉZARD à la Convention, séance du 8 août 1795, *Moniteur*, t. XXV, p. 439, et la brochure : *Guerre aux Terroristes*, apud LEMONNIER : *Études*, etc., p. 75.

Dans la même lettre, où Laigneiot et Lequinio mandent à la Convention que le Tribunal révolutionnaire instruit le procès des marins de la flûte le *Pluvier*, en train de faire voile vers Bordeaux et qu'une tempête a jetée dans la rade de Rochefort, — nous apprenons que les deux Représentants viennent d'offrir à la ville le spectacle de l'une de ces cérémonies où se complaisait, au XVIe siècle, le fanatisme huguenot [1]. « Hier, jour de la décade » (20 novembre 1793), — écrivent les deux Conventionnels, — « se sont effacées, ici, les dernières traces des honneurs superstitieux. Un grand bûcher, élevé sur la place, portait, en étendard, une multitude d'*images* et de *tableaux*, tirés des églises. Le public a couvert le bûcher de 5 à 6.000 *livres de volumes*, dits pieux, et l'*autodafé* s'est fait, aux acclamations universelles et au milieu des chants républicains. De partout les livres pleuvaient, et jusques aux Juifs, que nous avons en cette ville, y sont venus solennellement porter les leurs, et renoncer à la ridicule attente de leur Messie. La masse des livres apportés a été telle que le feu, allumé à midi, n'était pas encore éteint à dix heures, ce matin (1er frimaire — 20 novembre) [2]. » Combien de milliers de volumes ne dut pas dévorer un brasier qui flamba pendant vingt-deux heures !

---

1. Entre cinquante textes que nous pourrions citer, voici un court extrait d'une Chronique racontant les exploits accomplis, le 24 octobre 1567, à Viviers, par le chef huguenot Noël Albert, sieur de Saint-Alban, dans l'église cathédrale. Après avoir violé les tombeaux, Saint-Alban pilla le Trésor, la Sacristie et la Bibliothèque : « Il y avoit des chappes en broderie d'or avec des pièces d'orfèvrerie, quantités d'autres habillements d'église très riches et très précieux, quantité de mitres garnies de pierreries fines et deux thiares. Ces voleurs firent trois grands feux de *nos documents et livres* : le premier fut fait dans la salle de l'Évêché; l'autre à la plaine de Mirebel, qui est au devant des caves du chapitre, et les livres de chœur avec les *Livres de la Bibliothèque* furent brûlés à la Place. » (Francus (A. MAZON) : *Les Huguenots du Vivarais*, t. II, pp. 26-27.)

2. *Moniteur*, t. XVIII, 526.

Ce feu de joie où, sur les ordres des Représentants en mission, se tordent les tableaux des églises et les livres des fidèles, n'est pas le seul bûcher qu'allument, alors, les régénérateurs de la France. Les mêmes autodafés anéantissent, sur tout le territoire de la République, d'innombrables œuvres d'art.

C'est de la Convention même que jaillit l'étincelle qui mit le feu à tant de bûchers. Un an avant Lequinio, le 26 novembre 1792, « l'illustre » David obtient la destruction des bustes de Louis XIV et de Louis XV qui décorent l'Académie de France, à Rome. La haine du futur peintre du *Couronnement* s'acharne jusque sur les panneaux de la voiture du Sacre. Le Comité de l'Instruction publique — qui, sous la Révolution, remplace le Ministère, — se préoccupe d'offrir aux regards du Peuple souverain, non des œuvres d'art, mais des autodafés. Point de belles fêtes républicaines sans une incinération de tableaux de prix. Lenoir nous raconte, en son *Journal*, que la République, après avoir entassé, dans l'église des Petits-Pères, un nombre immense de portraits « féodaux », enlevés aux résidences royales, les distribue libéralement aux vertueux sans-culottes, avides d'ajouter, aux divertissements habituels des cérémonies révolutionnaires, l'attrait d'un bûcher. Le nonidi, c'est-à-dire la veille des jours fériés, la Commune de Paris a l'habitude de réclamer des tableaux pour les brûler, le lendemain, en signe d'allégresse, sur la place publique encombrée de farandoles. Du 9 brumaire au 2 frimaire an II, c'est-à-dire en moins d'un mois, sans compter les objets d'orfèvrerie, Lenoir se dessaisit de quatre cent trente-quatre peintures, livrées à la Commune, c'est-à-dire aux flammes. Voilà ce que les Manuels primaires appellent « les fondations artistiques de la République [1] ».

---

1. Courajod : *La Révolution et les Musées nationaux*, pp. 550-552 et suivantes. (*Revue des questions historiques* du 1er avril 1878.)

IV

Pour exterminer la Vendée, le Comité de Salut public avait dirigé vers l'Ouest le général Turreau, — le futur baron de l'Empire et même, hélas! le futur chevalier de Saint-Louis, — que les influences libérales imposeront, en 1815, comme aide de camp, au duc d'Angoulême, pour amoindrir le prince et outrager la Vendée. Le mot d'ordre est, non d'affronter le champ de bataille, mais d'alimenter l'abattoir. La République envoie à la Vendée non un soldat, mais un boucher; il faut tuer les paysans et les bourgeois armés ou sans armes, tuer leurs enfants et leurs femmes, tuer les patriotes, comme les royalistes. Le patriote d'aujourd'hui ne risque-t-il pas de devenir le royaliste de demain? Il faut détruire la Vendée, dans son avenir comme dans son passé, non seulement niveler le sol, mais le racler, le sabre d'une main, la torche de l'autre.

Il faut ne laisser debout, ni un homme, ni un épi de blé, ni une pierre. Les généraux reçoivent la consigne de créer, entre Poitiers et Nantes, un royaume nouveau : le Royaume de la Mort. « Si mes intentions sont bien secondées, — écrit le général Turreau, le 24 janvier 1794, au Comité de Salut public, — il n'existera plus dans la Vendée, sous quinze jours, ni maisons, ni subsistances, ni armes, ni *habitants* [1]. » Point de prisonniers surtout et point de justice! Dans son livre sur la *Guerre de la Vendée*, le représentant Lequinio fait de ce droit un dogme, — le dogme capital de la reli-

---

1. SAVARY : *Guerre des Vendéens*, t. III, p. 75. Le Comité de Salut public répondit à Turreau : « Tu te plains de ne pas avoir reçu du Comité l'approbation formelle de tes mesures. Elles lui paraissent bonnes et tes intentions pures. » *Ibid.*, p. 151.

gion nouvelle. Disposer de la vie d'autrui, détruire son prochain, à toute heure du jour et de la nuit, sans jugement et sans motif, voilà le Droit nouveau, et voilà le Paradis que la Révolution apporte au monde, « sorti de la nuit du Moyen Age ».

Ajoutons que Lequinio n'est pas de ces Pharisiens qui se soustraient à l'application des doctrines dont ils préconisent les vertus. Dans une lettre adressée, le 14 décembre 1793, à la Convention, notre Représentant se vante d'avoir luimême, deux jours auparavant, à Fontenay-le-Comte, brûlé la cervelle à trois prisonniers [1]. Quatre à cinq cents Vendéens, mourant de faim dans la geôle, osaient se plaindre. Averti du « danger », Lequinio accourt et, le pistolet à la main, tire dans le tas. Un pareil exploit ne saurait appeler sur Lequinio que les sympathies de ses collègues. Aussi le héros, loin de rougir de son crime, profite de l'occasion pour recommander une fois de plus à la Convention l'Évangile nouveau. « J'ai crié partout — mande le Représentant — qu'il ne fallait plus faire de prisonniers; et, — s'il m'est permis de le dire, — je voudrais qu'on adoptât les mêmes mesures dans toutes nos armées ! [2] » La Convention et le Comité de Salut public se le tiennent pour dit; les généraux Huchet, Grignon, Amey, Le Cordellier, Turreau, etc., saignent, avec tant de conscience, l'Ouest vaincu et terrassé depuis quatre mois, que, le 21 avril 1794, Hentz et Francastel écrivent des Sables-d'Olonne : « Vous êtes assurés que la Vendée est un désert et qu'elle ne contient pas douze mille personnes vivantes. »

---

1. Réimpression du *Moniteur*, t. XIX, p. 21.
2. Voir CHASSIN : *La Vendée patriote*, pp. 207-555. Le fils de l'un des témoins de ce forfait, Benjamin FILLON, en a fait le récit suivant :
« Les malheureux qu'à Fontenay le Peuple on avait entassés à la maison d'arrêt étaient victimes de la cupidité du geôlier, qui spéculait sur le morceau de pain noir donné pour assouvir leur faim... Le 20 frimaire, la geôlière, pendant l'absence de son mari, étant

Jaloux de cette gloire, Lequinio décide d'ajouter, à l'hécatombe des laboureurs, un haut dignitaire de la Marine, « une plume blanche », — comme diront, cent vingt ans plus tard, les destructeurs de nos institutions militaires.

Le capitaine de vaisseau de Grimoüard [1] « avait reçu du

descendue dans la cour, répondit par des menaces et des injures aux observations des détenus, dont l'un la prit à la gorge. Une petite fille jeta l'alarme, appela le citoyen Chisson, officier municipal, et un détachement de ligne, et leur désigna le principal coupable, qui fut mis en pièces. Testard et David Fillon, avertis, parvinrent à en arracher un autre à la rage de la troupe, et firent prévenir le représentant de ce qui se passait. Lequinio accourt immédiatement, saisit une paire de pistolets, et descend dans le préau, suivi du maire, du général Baudry et d'un grand nombre de soldats. Il se fit rendre compte des faits, et, ayant commandé d'ouvrir les cachots, brûla la cervelle à l'un des émeutiers, puis remit le second pistolet à un officier pour qu'il en fît autant à un troisième détenu qu'indiqua la petite fille. Celui auquel il s'adressa voulait refuser : sur une seconde injonction, il s'appuya le long de la porte, détourna la tête et lâcha le coup. Lequinio, indigné de cette *faiblesse*, l'apostropha vivement, et s'écria, en tournant le dos : « B... de poltron ! As-tu peur de regarder un brigand en face ! » Les témoins de cette scène atroce étaient terrifiés, et se taisaient glacés d'horreur. Testard demanda seulement s'il y avait des formalités à remplir : « Rien », lui répliqua-t-on. » (V. Louis BLANC : *Hist. de la Rév. fr.* (édit. in-4°, t. II, p. 523).

1. GRIMOÜARD (Nicolas-Henri-René de), né le 25 janvier 1743 à Fontenay-le-Comte, fils du chevalier de Grimoüard, baron de Guinepotte, entré en service à quatorze ans, fut envoyé comme garde-marine en 1757 à Rochefort, prit part à la guerre d'Amérique, promu lieutenant de vaisseau le 14 février 1778, et eut l'occasion de se distinguer par plusieurs brillants faits d'armes ; fit sauter un bâtiment anglais, le « *Belkart* », et enleva à l'ennemi le corsaire le « *Débora* », avec cent hommes d'équipage et un brick de seize, sans lui-même perdre un seul homme. Nommé chef de brigade de la marine et commandant de la « *Minerve* », il soutient, le 3 janvier 1781, un combat acharné contre deux vaisseaux, le « *Courageux* » et le « *Vaillant* » pour protéger deux autres frégates, poursuivies par le « *Courageux* ». La moitié de l'équipage fut mise hors de combat, les mâts brisés, la cale et l'entrepont se remplissaient d'eau, le commandant était grièvement blessé, et la frégate allait couler quand M. de Villeneuve, son second, se décida à amener le pavillon. Le vainqueur, lord Mulgrave, saisi d'admiration pour la bravoure du chevalier de Grimoüard, le traita avec égard, et, en témoignage d'estime, fit remettre leurs épées aux officiers de la « *Minerve* ». Aussitôt sa

ministre de la Marine la mission d'aller à Saint-Domingue, avec le vaisseau le *Borée*, seconder le Commandeur de Villages, envoyé dans notre colonie américaine pour étouffer l'insurrection et rétablir l'ordre. Saint-Domingue ressentait, depuis près de deux ans, le contre-coup des terribles événements qui ensanglantaient la France. Une assemblée, réunie à Saint-Marc, embrigadait les représentants de la plupart des paroisses et prétendait régenter la colonie, arrachée au joug de la métropole. Les ordres du Roi, les décrets de la Constituante, les ordonnances du Gouverneur, se heurtaient au *veto* de cette Convention qui s'arrogeait tous les droits d'une autorité souveraine. Inféodés aux Loges et probablement stipendiés par l'Angleterre, les meneurs poussaient l'Assemblée à la rupture avec la France.

Le Gouverneur, le comte Thomassin de Peynier, au lieu de sévir contre les rebelles, négociait avec leurs chefs. Saint-Domingue aurait obéi deux ans plus tôt aux excitations des agitateurs, si un chef militaire, non moins dévoué au Roi qu'à la France, n'avait, par son énergique attitude, déjoué les intrigues des séparatistes. Ce chef militaire, le chevalier de Mauduit, n'était pas seulement

---

rentrée en France, le chevalier fut nommé, le 9 mai 1781, capitaine de vaisseau. Le 27 janvier 1782, il partait pour l'Amérique, comme second, à bord du « *Magnifique* », puis, au mois d'avril 1782, il était appelé au commandement du « *Scipion* ». Le 17 octobre 1782, le chevalier de Grimoüard, avec M. de Kergariou, qui commandait la frégate la « *Sibylle* », livre un combat à deux vaisseaux anglais où il a douze hommes tués et quarante-trois blessés, dont six officiers, le capitaine compris. Ce combat, où M. de Grimoüard resta maître du champ de bataille, après deux heures d'abordage, y acheva de mettre en relief l'illustre marin. Louis XVI lui conféra le titre de comte, et une pension de 800 livres. Le 1er septembre 1788, le comte de Grimoüard était nommé Major général de la Marine à Brest, et, le 2 décembre 1789, il recevait le commandement de la Station occidentale d'Afrique. A son retour du Sénégal, le ministre de la Marine le chargeait, le 31 octobre 1790, du commandement du « *Borée* », en partance pour les Antilles.

un homme d'une rare énergie, mais un caractère. L'attitude équivoque et vacillante du comte de Peynier compromettait de plus en plus l'autorité royale. Après avoir harcelé le Gouverneur des plus vives instances, le colonel de Mauduit attend l'ordre de mettre un terme à la sédition et à l'anarchie. Un Comité provisoire — dit de l'Ouest, — installé à Port-au-Prince, après avoir épousé la cause de l'Assemblée coloniale, refusait d'entretenir des rapports légaux avec les Pouvoirs officiels. C'était contre cette caverne qu'il fallait pousser les premiers efforts. Un coup de main énergique mit à la merci du Gouverneur l'Assemblée factieuse. Malheureusement, le comte de Peynier annula cette victoire par une amnistie qui ravit à l'autorité son prestige, et rendit aux rebelles leur assurance.

V

Au lieu de désarmer les meneurs, l'indulgence du comte de Peynier les encourageait à la lutte. De tous les chefs de la colonie, le colonel du Régiment de Port-au-Prince est le seul homme qui tienne en échec les fauteurs de la guerre civile et les agents d'Angleterre. C'est contre Mauduit que se tournent toutes les fureurs.

Le comte de Peynier, conscient de sa faiblesse, vient de quitter l'île. Son successeur, le lieutenant-général de Blanchelande, oppose à l'indiscipline générale une volonté encore plus incertaine. Tout à coup, les meneurs font courir le bruit que la Constituante a révoqué le décret du 12 octobre et condamné la conduite du colonel de Mauduit. Ces fables aggravent l'émotion et le désordre. Sur ces entrefaites, le 2 mars 1791, les vigies signalent, au large de Port-au-Prince, l'escadre, partie de France pour Saint-Domingue, sous les ordres du Commandeur de Villages. Deux vaisseaux, deux frégates et un transport la composent. Deux bataillons des Régiments d'Artois et de Normandie sont à bord. A peine les bâtiments ont-ils jeté l'ancre, que les séditieux envahissent les navires et persuadent aux équipages que les autorités de la Colonie pactisent avec la Contre-Révolution. Nul méfait n'égale ce crime. Grâce aux chaloupes qui bloquent les bâtiments de l'escadre, plus de cinq cents hommes, soldats et marins, gagnent la ville et se répandent dans les cafés et les cabarets, où la plèbe, après les avoir accueillis comme des libérateurs, les abreuve de spiritueux qui achèvent de faire chavirer les cervelles. On illumine, on danse, on chante. Le verre en main, la populace et l'armée fraternisent. Où est l'autorité? A la tête des factieux.

Le Gouverneur Rouxel de Blanchelande, débordé, perd la tête et ne commande plus. Naguère dévoués à l'ordre et fidèles au Roi, les Régiments de Port-au-Prince et les Pompons-Blancs rompent, maintenant, avec une autorité qui tergiverse et qui s'effare. Dans les rues et sur les places grondent d'inquiétantes rumeurs : « *A la lanterne, les aristocrates!* » hurle la foule. Un chef énergique aurait foncé sur l'émeute. Blanchelande, pris de peur, quitte la ville qu'il n'a pas su contenir et s'achemine vers le Cap, où la Royauté compte encore quelques champions. Il faut un holocauste. Quel Français a défendu avec le plus de courage les intérêts de la métropole et le drapeau de l'unité nationale? C'est le colonel de Mauduit. Mauduit va donc payer de sa vie le dévouement qu'il témoigne, depuis six mois, à la plus noble des causes. Une horde de sicaires se précipite sur le colonel, et, sous prétexte de le mettre en sûreté, l'entraîne vers l'église où le Comité de Saint-Marc délibère. En route, les soldats d'Artois, de Normandie et de Port-au-Prince, confondus avec les matelots et la plèbe, non contents d'invectiver le colonel, lui enjoignent de demander grâce. Refus de Mauduit qui ne veut pas se rendre coupable d'une couardise, indigne de son rang et de son rôle. La résistance du colonel exaspère les tueurs. Les bourrades des matelots commencent l'assaut. Un grenadier d'Artois assène un coup de sabre sur la tête du chevalier. A ce signal, couteaux, baïonnettes, pistolets jaillissent des étuis ou des poches, et s'acharnent contre la victime, qui succombe. Le piquet de garde du Régiment de Normandie, accouru au bruit, se borne à considérer, l'arme au pied, cette scène tragique, et refuse de déranger les opérateurs. Le colonel assassiné, les massacreurs coupent la tête, l'exhaussent sur le gibet planté devant l'hôtel du Commandant, et la criblent de projectiles. Un autre groupe d'égorgeurs traîne, à travers les rues, le cadavre décapité, pendant que les matelots, répandus dans l'hôtel, pillent tout ce qui leur tombe sous la main et détruisent tout ce qu'ils ne peuvent emporter. Après avoir dépecé les restes du colonel, la foule se rue à l'église, où spectateurs et sicaires chantent, à tue-tête, un solennel *Te Deum*, « pour remercier Dieu de la révolution accomplie par leurs mains ».

Révolution décisive ! La colonie glisse dans le sang qui vient de couler à Port-au-Prince. La France perd Saint-Domingue, et Saint-Domingue l'honneur et la vie. En France, les détails de ce drame consternent les honnêtes gens. Louis XVI et la Reine déclarent à l'ambassadeur d'Espagne, le duc Fernand Nunez, l'intime ami de Mauduit, qu'ils regardent la mort du chevalier comme un malheur pour la France et un désastre pour leur Maison. Mais si notre riche Colonie transatlantique sombre dans le sang et dans le chaos, l'histoire ne doit-elle pas faire remonter la responsabilité de cette catastrophe aux Chefs qui, dans la métropole, abdiquèrent le devoir ?

VI

C'est le 4 mars 1791, deux jours après l'arrivée de l'escadre, que le colonel du régiment de Port-au-Prince est égorgé. Sous le coup de l'émotion que provoque ce crime, le Commandeur de Villages tombe malade et meurt dans la nuit du 18 au 19 mars, laissant tout le poids du commandement de la flotte au comte de Grimoüard. La charge est lourde, mais le capitaine du *Borée* n'est pas au-dessous de la tâche. Le 4 mars, le jour du massacre, une bande de misérables, conduits par Brudieu, un des bouteteux de Port-au-Prince, avait tenté d'enlever le Commandant et de piller le *Borée*. En même temps, injonction était faite aux matelots d'envoyer leurs chefs à terre, où l'Assemblée coloniale les mandait à sa barre. Indignés de tant d'effronterie, Grimoüard et ses officiers mettent l'épée à la main et dispersent cette canaille. Voilà l'homme qui, pendant quinze mois, veillera sur les équipages et saura les soustraire aux suggestions de l'ennui et aux manœuvres des agitateurs.

Si la discipline ne reçut pas d'atteinte sur les bâtiments de guerre, la Colonie n'offrit point le même spectacle. Un Gouverneur indécis ; — les Blancs et les Mulâtres en proie les uns contre les autres aux animosités les plus violentes, sous les yeux des Noirs, enchantés de ces haines ; — les colons, sans patriotisme, dirigés par des Loges affiliées à l'Angleterre ; les soldats mettant leurs services aux enchères, bref, etc., tous les désordres, toutes les rébellions, tous les attentats désolent une Colonie dont nos Rois avaient fait le plus prospère de nos fiefs et qui, demain, ne sera plus qu'une brousse fumante, où le meurtre et l'incendie ne laisseront que des flaques de sang et des tas de cendres !

Intrépide idéaliste, Grimoüard s'imagine qu'il pourra dissoudre les factions et réconcilier les races. Chassés de Port-au-Prince et réunis à la Croix-des-Bouquets, les Mulâtres y forment pêle-mêle, avec des Blancs et des Nègres, un camp que commandent deux chefs : un homme de couleur, Beauvais, et un blanc, Hanus de Jumécourt, ancien capitaine de Canonniers et chevalier de Saint-Louis. Les habitants de Port-au-Prince se préparent à soutenir un siège contre cette armée imposante. Il faut éviter l'effusion du sang français. Ne prenant conseil que de son patriotisme, Grimoüard se rend à la Croix-des-Bouquets où, s'abouchant avec les chefs, il leur propose une médiation qu'aucun parti, hélas ! ne sollicite. Néanmoins, Blancs et Mulâtres acceptent ces ouvertures, et, déjà, Grimoüard se flatte de voir une harmonie fraternelle succéder aux dissensions civiles, lorsque les habitants de Port-au-Prince, trop dociles aux vieilles haines locales, déclinent les offres du négociateur et reprennent les armes.

Plus tard, interprétée comme un crime par les séides occultes de l'étranger et les meneurs des Loges, qu'irrite la perspective d'un accord, cette gracieuse tentative portera malheur à Grimoüard. Mais si Saint-Domingue ne sait pas apprécier les services de l'officier, le Gouvernement n'hésite pas à les honorer, en élevant l'ancien Commandant de la station navale au grade de Contre-Amiral. Appelé à Paris, vers la fin de décembre 1792, le comte de Grimoüard reçoit du ministre de la Marine, — de Monge, — le commandement de l'escadre rassemblée à Brest pour couvrir le littoral menacé par l'Angleterre. Mais voici que la criminelle sentence rendue par la Convention contre Louis XVI révolte la conscience de l'amiral et lui interdit de servir plus longtemps un gouvernement parricide. Sacrifiant bravement sa carrière, Grimoüard abandonne, non sans regret, la direction des forces navales et se retire dans ses terres, en Saintonge, pour y vivre à l'écart des crimes où se rue la Révolution. Le Comité de Salut public considère ce départ comme un affront. Au mois de janvier 1794, une décision spéciale destitue le vaillant officier de son emploi et laisse prévoir de plus cruelles représailles.

Un Jacobin de Fontenay-le-Comte, Mercier du Rocher, rencontrant, à cette époque, le ministre de la Marine, le savant Monge, lui dénonçait « l'incivisme » de Grimoüard, et, quelques jours après cet entretien, — pour empêcher que sa relation ne s'égarât en route, — transmettait à la Convention les paroles suspectes du ministre :

« Je ne tairai pas la conversation que j'eus avec Monge, ministre de la Marine... Je lui reprochais l'accueil fait à Grimoüard qu'il avait nommé vice-amiral, malgré son aristocratie.

« Mon ami, répondit-il, j'ai été bien trompé : j'ai commis, en cette occasion, une faute qui a failli me faire mourir de regret. Grimoüard est un homme de mérite, je le croyais patriote; je l'ai nommé Vice-Amiral; mais j'ai appris, depuis, qu'il tenait les propos les plus anticiviques et qu'il avait des liaisons suspectes. Mon âme en a été déchirée. J'ai remis mon portefeuille, comme je me reprochais d'avoir abandonné le sort d'une flotte à un homme qui pouvait la livrer aux Anglais. Heureusement qu'il s'est démis de sa place, et j'ai repris la mienne avec joie. »

« Tant de franchise annonçait que Monge était un homme de bien. Du reste, je le croyais peu capable de diriger notre Marine. »

Comment expliquer qu'un homme, comme Monge, ait pu accueillir, avec cette lâche complaisance, les injures d'un sans-culotte de village et se soit laissé aller lui-même à d'aussi odieuses insinuations contre un patriote comme Grimoüard? Cette condescendance montre à quel point le régime de la Terreur avilissait les caractères.

VII

Mais il ne suffit pas à la République de diffamer Grimoüard : il faut qu'elle verse le sang de l'officier qui le prodigua tant de fois sur les champs de bataille, où se décida notre fortune.

Parmi les démagogues les plus fanatiques de Rochefort figurent, à cette époque, deux créoles dont nous avons déjà parlé : Linières et Brudieu, tous deux originaires de Saint-Domingue, et chassés de la colonie, à la suite des rapines qu'ils commirent à Port-au-Prince. Pleins d'admiration pour le civisme des deux personnages, Laignelot et Lequinio les introduisent parmi les membres du Tribunal révolutionnaire et ne comptent pas en vain sur leur cruauté pour purger la République des Français qui lui font le plus honneur.

Au mois de février 1793, Monge avait, comme on l'a vu, placé l'amiral Grimoüard à la tête des forces navales de l'Ouest. A ce titre, l'amiral vint, le 8 février 1792, à Rochefort, pour y exercer, par intérim, les fonctions de « Commandant d'armes ». En le voyant, Linières et Brudieu tressaillent de joie : une pensée homicide vient de traverser leur cerveau. Au temps où Grimoüard commandait la station de Saint-Domingue, ces deux émissaires des Sociétés occultes n'avaient pas réussi à duper sur leurs séditieux desseins le vigilant capitaine du *Borée*. Du premier coup d'œil, Grimoüard avait flairé dans nos fourbes les adversaires de la France. Cette clairvoyance laissa dans l'âme des deux malfaiteurs un implacable ressentiment contre le trop perspicace officier. Mais il fallait choisir l'heure propice. Quelques mois s'écoulent. Un beau jour, lorsque le moment paraît favorable, les deux créoles, secondés par un compatriote, le citoyen Fabry, que l'amiral « a heurté » à Port-au-Prince, accusent Grimoüard de la félonie qu'il a démasquée. Le capitaine du *Borée* a voulu vendre Saint-Domingue à l'Angleterre ! Traduit devant le Tribunal révolutionnaire de Rochefort, le vice-amiral ne peut, naturellement, échapper au sort que la Révolution inflige aux meilleurs serviteurs de la patrie. Un jugement rendu sans preuves, sans témoins et sans défenseur, frappe, le 7 février 1794, Grimoüard de la peine capitale. Le soir même, à la lueur des torches, la charrette conduit l'officier au lieu de son supplice, envahi par la plèbe la plus impure. Un autre compatriote de Linières et de Brudieu, un colon de Saint-Domingue, le citoyen Cruce, obtient la faveur de remplacer le bourreau. Quand la tête de la victime tombe, — malgré la peur qu'inspirent les tyrans, dans la foule muette une voix courageuse et libre clame : « Voilà donc un héros de moins ! [1] »

La Marine comptait nombre de braves gens qui pouvaient confondre les réfugiés de Saint-Domingue et défendre la mémoire de l'amiral contre les mensonges de ses assassins. Dans les chantiers et sur les vaisseaux, les délateurs entendaient les murmures des anciens matelots du *Borée* qui, tant à Port-au-Prince qu'au Cap, avaient connu les Linières, les Brudieu, les Ance, subi leurs discours, et déjoué leurs manèges. Ces suppôts de bouges n'en imposaient pas aux honnêtes Bretons que l'amiral de Grimoüard avait protégés contre les chenapans d'outre-mer. Devait-

---

[1]. « L'indignation que devait inspirer cet assassinat judiciaire ne tarda pas à se produire : la Société Populaire de Rochefort adressa à la Convention un Mémoire l'invitant à remettre aux enfants de l'amiral les biens patrimoniaux qui n'avaient pas été vendus. Le 12 pluviôse an III, un arrêté du Comité de la Sûreté générale ordonnait la mise en liberté des orphelins. Mais le crime était irréparable !... » Vicomte H. DE GRIMOUARD : *Quatre cadets de famille en Bas-Poitou au XVIIIe siècle*. Extrait de la *Revue du Bas-Poitou*, Vannes, 1904.

on laisser vivre d'aussi importuns témoins? Lequinio décide de les livrer au boucher. Traduits devant le Tribunal révolutionnaire, le 16 janvier 1794, sept marins du *Borée* expient, le couperet sur la gorge, la malencontreuse fidélité de leur mémoire.

Mais il faut encore du sang de marin à Lequinio. La gabare le *Pluvier*, congédiée, comme l'*Apollon*, par l'amiral Hood, et dirigée sur Bordeaux, ne put atteindre la Gironde. Une tempête la jeta dans la rade de l'île d'Aix. Les matelots du *Pluvier* n'échappent au naufrage que pour trébucher sous le couteau du guillotineur. Le 14 février 1794, la populace rochefortaise bat des mains au supplice de sept serviteurs de la flotte, de sept braves républicains, victimes de la même conjuration qui, plus loin, en Vendée, immole indistinctement les royalistes et les patriotes [1]. Connaîtra-t-on jamais tous les assassinats dont se rendirent coupables les Proconsuls rochefortais [2]? Le ministre des Affaires étrangères, le citoyen Deforges, entretient alors à Rochefort, — de même qu'à Brest et à Toulon, — une bande d'agents secrets, chargés de le renseigner sur l'esprit des populations et de lui dénoncer les tièdes ou les traîtres. Une lettre de Cuny aîné nous apprend que le capitaine Mainviel, convaincu d'avoir crié « Vive le Roi ! » le 16 novembre 1793, fut jugé le lendemain, « et guillotiné deux heures après [3] ».

1. Voici les noms des sept marins du *Pluvier* condamnés à mort : PERRIER, *lieutenant de vaisseau;* BOYER, *aspirant;* SALVA LABIZE, *id.;* TOULLAIS, *commis aux vivres;* BONNIER, *id.;* NÈGRE, *pilote côtier;* DINVILLE, *soldat au 3ᵉ régiment de Marine infanterie;* BRONTET, *écrivain de la Marine* fut condamné à la détention jusqu'à la paix. Furent acquittés : JOUAN, *enseigne non entretenu;* MEILLAN, *chirurgien;* KERGORAN, *adjudant de 1ʳᵉ classe;* METHAIS, *officier marinier;* FRAVET, *id.* (*Communication de M. l'abbé* LEMONNIER.)

2. M. l'abbé Lemonnier, après avoir exploré les Archives de Rochefort, vient de faire paraître l'histoire du Tribunal révolutionnaire de cette ville.

3 *Archives des Affaires étrangères, France*, t. CCCXXV, folio 219.

Quelques officiers du Corps administratif, comme l'intendant Charlot de La Grandville, adhérèrent, dès le début, aux idées nouvelles et firent chorus avec les Jacobins. Mais ce zèle ne préserva pas « la Plume » des vexations républicaines. De nombreux fonctionnaires, comme Bourdin d'Angle, Jurien des Varennes, Lebrun de Montlouis, etc., dénoncés par la Société des Amis de la Liberté et de l'Égalité, peuplèrent les prisons de Brouage, où les rejoignirent des officiers de terre et de mer, comme le contre-amiral Le Dall de Tromelin ; les capitaines de vaisseau des Herbiers de l'Étanduère, de Chavagnac, Texier-Desforges, de Blois, et Le Gardeur de Tilly ; — les lieutenants de vaisseau Bertin de Saint-Martin, Cacqueray de Valmenier, et de Saint-Laurent ; le major Nicolas de Voutron, l'enseigne Bigarré, les chirurgiens Lassus et Chambellan, et des officiers de troupes tels que MM. de Maussabré, de Vassoigne, d'Anglars, de Lestrade, Martin de Bonsonge, Laffitte du Courteille, Charlier de Vergnes, d'Asnières, de Bournonville, du Chaffault, Mesnard de Claye, etc. [1] Dans ses *Chroniques Saintongeaises et Aunisiennes*, d'Aussy nous assure que, sans le Neuf Thermidor, les deux Conventionnels auraient vidé, à coups de canon, les prisons de Brouage. Le Neuf Thermidor ne permit pas à nos Proconsuls d'offrir aux Jacobins locaux la fête patriotique qu'ils leur avaient promise. Malgré la chute de Robespierre, les patriotes rochefortais retardèrent jusqu'au mois de février 1795 l'élargissement des captifs. Les biens des prisonniers ne constituaient-ils pas le principal gagne-pain de nos honnêtes sans-culottes ? Parmi les captifs, six officiers n'évitèrent le couperet du guillotineur Ance que pour aller à Quiberon, tomber sous les fusillades du général Lemoine [2].

---

1. L'abbé Lemonnier : *Emprisonnement des suspects à Brouage*, en 1793, pp. 76 à 87. (*Revue de Saintonge et d'Aunis*, du 1er avril 1909.)
2. Officiers de Marine saintongeais tués à Quiberon : 1° Voutron (Nicolas de), major de vaisseau ; 2° Maurville (Hipolyte-Alain-Bidé

VIII

La Terreur, l'échafaud, le sang versé, confèrent-ils la vertu, le courage, le patriotisme, aux citoyens que les deux Proconsuls évangélisent? En servant leurs passions, Lequinio et Laignelot servent-ils la France? Leurs fureurs font-elles surgir du sol une génération de héros, affamés de prouesses, de dévouement et de sacrifice? Hélas ! à la même heure où Laignelot et Lequinio, dans des lettres ostentatoires, affirment à la Convention et au pays que Rochefort grandit sous la hache, le rigide jacobin, l'agent secret dont le ministre Deforges reçoit les confidences, réfute les mensonges des Proconsuls, et nous représente le même port comme le refuge du sybaritisme, de la félonie et de la couardise : « L'esprit public à Rochefort est chaud en ce moment [1], écrit Cuny aîné, mais c'est un feu factice qui n'est nourri que par la présence de cinq à six jacobins de Paris qui l'ont sauvé à temps. » Malgré les homélies de ces truands, un souffle épique ne soulève donc point les âmes. Après avoir visité le port, les ateliers et les bureaux, Cuny aîné redouble de mélancolie. « J'ai remarqué dans l'Administration de la Marine, — mande l'obser-

---

de), lieutenant de vaisseau, trente-huit ans; 3° La Clochetterie (Louis Chadeau de), major de vaisseau; 4° L'Éguille (Michel-Henri de Froger), capitaine de vaisseau, né en 1747; 5° L'Éguille (Louis, chevalier de Froger de), capitaine de vaisseau, né le 15 avril 1750. Il passait pour l'un des officiers les plus distingués de la Marine. Marié à Mlle de Chavagnac, veuve de l'illustre Chadeau de La Clochetterie, le commandant de la *Belle Poule;* 6° La Guarigue de la Tournerie (Jean-Savinien-Marie de), ancien élève de la Marine, capitaine d'artillerie, né le 15 janvier 1767. (Eugène de la Gournerie : *Les Débris de Quiberon.*)

1. Lettre du 11 janvier 1794.

vateur, — l'égoïsme et l'insouciance des nouveaux convertis. » Les Officiers de vaisseau, recrutés parmi la maistrance, ne valent guère mieux que les Commis. Aussi « n'échapperont-ils pas au purgatif qui va passer sur cette partie essentielle de la République. » Les simples marins satisfont-ils davantage l'agent secret? Même note pessimiste : « Dans le port, on paie, tous les jours, trois mille individus enrôlés comme matelots. Et quand il faut sortir un vaisseau, à peine se trouvent-ils quatre cents marins. » — « S'agit-il d'appareiller? dit encore Cuny. Pour se soustraire à la réquisition, les muscadins (déjà !) demandent des billets d'hôpital, et le bâtiment part sans eux. »

Mais voici le scandale des scandales, que le délateur ose à peine signaler à Deforges : « *Ces gens-là ne connaissent pas la patrie : leurs aises, voilà leurs Dieux !* » — « On a une peine infinie à retenir les équipages à bord des bâtiments en rade, de sorte que, *faute de pouvoir rassembler les hommes, on s'est vu dans l'impossibilité de mettre à la voile* [1]. » Ainsi, de l'aveu d'un ferme républicain qui transmet à son maître des notes ultra-secrètes que, seuls, le ministre et le Comité de Salut public ont le droit de lire, — ainsi, non seulement « la Plume et l'Épée », également indolentes, rivalisent d'impiété patriotique, mais le Gouvernement révolutionnaire rencontre en face de lui des marins rebelles qui, non seulement l'obligent à décommander ses croisières, mais à laisser, sans emploi, dans ses rades, les vaisseaux muets et vides.

La Convention n'a pas compris que bannir Dieu, c'était proscrire le devoir. Sa sagesse n'a créé que des voluptueux, des barbares et des lâches. Les sollicitudes divines maintenaient les âmes dans les hauteurs du firmament moral.

---

[1]. Rapport du 28 novembre 1793. (*Archives du Ministère des Affaires étrangères, France*, t. CCCXXV, folio 219.)

Amputé de ses ailes, l'homme sombre dans le sang et dans la boue. Grâce à Dieu, l'éducation catholique résiste, chez la plupart des Français, aux influences de la philosophie triomphante. Mais, dans les villes où dominent les Représentants, un jacobin vient lui-même de nous faire voir quels paladins enfante le nouvel Évangile.

Créé par Colbert, Rochefort, depuis sa fondation, n'avait pas cessé de prospérer et de s'agrandir sous la tutelle de ses marins et l'impulsion de ses édiles. L'arsenal et le port avaient, de bonne heure, attiré dans la cité naissante les principales familles de l'Aunis, de la Saintonge et du Poitou, jadis immobilisées au milieu des forêts par la passion de la chasse, et leur avaient donné le goût des aventures et le culte des prouesses. Les hôtels des Vaudreuil, des La Clochetterie, des d'Amblimont, des La Touche-Tréville, des Lemoyne de Serigny, des Bidé de Maurville, des Le Gardeur de Tilly, etc., décoraient de leurs majestueuses façades les rues, coupées à angle droit, et fixaient, dans la mémoire populaire, les noms et les exploits d'un patriciat qui n'épargnait, ni son sang, ni son or pour étendre le patrimoine de la France et sa gloire. Alliée à la noblesse, une puissante bourgeoisie commanditait les expéditions maritimes, sillonnait le Canada, Saint-Domingue, la Martinique, la Louisiane, de comptoirs, et fortifiait, par son négoce, nos entreprises et nos conquêtes.

La Terreur, qui peupla les prisons et les cimetières, vida les magasins, l'arsenal et le port. Un « Compte Rendu » de Fourcroy, chargé par le Premier Consul de visiter, au mois de nivôse an IX [1], la douzième division militaire, constate la victoire de la Révolution et le triomphe du

---

1. Félix ROCQUAIN : *L'État de la France au 18 Brumaire, d'après les Rapports des Conseillers d'État chargés d'une enquête sur la situation de la République* (pp. 142-144).

chaos. La cité de Louis XIV s'est effacée sous le niveau de la destruction égalitaire. Plus de vaisseaux, plus de bassins, plus d'aristocrates, plus d'ouvriers et plus de commerce.

« Les rues, écrit Fourcroy au Premier Consul, sont aujourd'hui presque dépavées, et l'on ne pourra bientôt plus y aller, ni à pied, ni en voiture. Les ateliers sont sans approvisionnements et sans ouvriers. Les vaisseaux en construction ou en restauration languissent sur les chantiers et dans les bassins où ils s'avarient chaque jour. Le sable apporté par la Charente menace de combler ces bassins et d'y empêcher totalement l'entrée et la sortie des navires. Les portes qui en ferment les ouvertures ne peuvent plus être mues à cause de la masse considérable de sable qui les presse [1]. »

Après avoir dévoré les trois milliards de l'Église et les quatre milliards des émigrés, après avoir frustré les rentiers des deux tiers de leurs arrérages et dilapidé quarante milliards d'assignats, voilà donc à quelle banqueroute aboutissait un gouvernement qui s'était flatté de régénérer le monde, et que Dieu ne semblait n'avoir tiré de la nuit que pour enseigner aux peuples la stérilité de la rapine et la faillite de la violence !

---

[1]. Fourcroy dit encore, à propos des ports de La Rochelle et de Rochefort : « Ces deux ouvrages nationaux sont dans un état de dépérissement qui attriste l'ami de son pays. Les quais du port de La Rochelle sont dégradés et menacent ruine, les jetées et les môles sont tellement en ruine qu'il est à craindre que la mer n'en emporte une partie et qu'ils ne puissent résister encore longtemps à l'effort des flots. Les bassins sont encombrés de sable et de vase. *Il semble qu'on ait eu l'envie de laisser absolument dépérir ces beaux monuments et qu'on ait résolu de les abandonner à une destruction complète.* » — Le Rapport de Fourcroy est du 5 nivôse an IX (26 décembre 1802).

CHAPITRE VI

I. — La justice monarchique. Saint Louis type du justicier. — La justice révolutionnaire. — Les plaintes de la France au lendemain du Neuf Thermidor.
II. — Accusations contre Lequinio, Laignelot, etc. — L'amnistie du 4 brumaire an IV (26 octobre 1795) libère les Proconsuls, mais la postérité les condamne.

I

Indifférents aux problèmes politiques, les Français d'autrefois, — dit Fustel de Coulanges, — « se préoccupaient uniquement de ce qui concernait la justice. Ils laissèrent disparaître les vieilles libertés provinciales et municipales; ils manifestèrent, à l'égard des États Généraux, une insouciance et, souvent même, une répulsion, qui confondent nos idées modernes; ils ne furent soucieux que d'être bien jugés [1]. »

De tous nos Princes, quel Monarque fit le plus pour la grandeur de la Royauté nationale? Ce fut saint Louis. Or, saint Louis, dans la légende populaire, est, avant tout, le Roi qui juge, assis au pied d'un chêne. Le bon Sire de Joinville nous raconte qu'un moine franciscain sortit de son couvent pour aller dire au Roi qu'il avait lu dans la Bible que « jamais Royaume ne se perdait que faute de droit ». « Or, que prenne garde le Roi, — souligna le disciple de saint François, — qu'il fasse bon droit et hastif à son

---

1. *Revue des Deux-Mondes*, t. XCV, p. 577.

peuple, par quoy Notre-Seigneur le souffre tenir son Royaume en paix tout le cours de sa vie. » Un Prince « bon et roide justicier », un Prince « droiturier », voilà ce que demande, avant tout, la vieille France, affamée de justice.

Sans principes et sans discipline morale, la Convention n'a pas même l'idée de ce que peut être la fonction de juge. De tous les coins du territoire, au lendemain du Neuf Thermidor, les Français, rançonnés, asservis, amputés, crient vengeance; la voix de nos pères tonne contre les tyrans, contre les flibustiers, contre les tueurs. Une clameur immense sort des foyers et des cités, dit les rapines, les massacres, les luxures publiques; — les charrettes, pleines de cadavres, battant, jour et nuit, les pavés des villes; — les danses sur les échafauds [1], — les farandoles autour des têtes coupées [2]; — les femmes, les jeunes filles, les mères précipitées pêle-mêle avec leurs maris, leurs frères, dans les eaux du fleuve [3]; — les généraux Huchet et Cordellier hachant les prisonniers à coups de sabre [4]; — d'autres généraux, Grignon et Commaire, pendant les nouveaunés « comme un boucher pend un mouton [5] »; — le général Amey faisant allumer les fours et y jetant les enfants et les femmes [6]; — les soldats outrageant les femmes sur les tas de pierres, le long des routes, et portant, au bout des baïonnettes ou des piques, les enfants arrachés aux berceaux [7]; — les Conventionnels violant les tombes pour

1. Lequinio, à Rochefort.
2. Borie, à Uzès, *Moniteur* du 17 mai 1795.
3. Noyades de la Loire. Voir le livre de Le Nôtre : *Noyades de Nantes*.
4. Voir BOUTHILLIER DE SAINT-ANDRÉ : *Mémoires d'un Père*.
5. Rapport des officiers municipaux d'Aizenay, de Palluau, de la Roche-sur-Yon, *apud* CRETINEAU-JOLY, édit. Drochon, t. II, p. 143.
6. Rapport des citoyens Morel et Carpenty, Commissaires municipaux à la suite des colonnes infernales du général Turreau, *ibidem*, p. 144.
7. LEQUINIO : *Guerre de la Vendée et des Chouans*, p. 14.

dépouiller les morts [1]; — les malades fusillés dans leurs couvertures; — les blessés égorgés le long des routes [2]; — les Représentants en mission dînant avec les bourreaux [3] et se montrant nus, dans une loge, au théâtre [4]; — les agents de la République, les uns, se déshabillant devant la foule, et, sous la protection des canons, mèche allumée, salissant les vases sacrés de leurs ordures [5]; et les autres polluant, d'un outrage sans nom, les cadavres [6]; — le Gouvernement battant monnaie avec la proscription et la peine de mort; — les orphelins de la Nation, sans pain et sans eau, contraints d'aller, dans les fermes, manger à même l'auge des porcs [7]; — les rades ensablées; — les routes ravinées; — les ponts croulants [8]; — les courriers assassinés [9]; — le commerce anéanti; — Lyon, Bordeaux, Orléans, Bourges, Amiens, Marseille, etc., villes mortes [10]; — les loups envahissant, en plein jour, les banlieues [11]; — le sang au Nord, au Midi, à l'Ouest; — le Rhône et la Loire roulant des flots de sang jusqu'à la mer; — enfin, la Patrie, en deuil, n'allaitant ses enfants que pour faire tomber les uns sous le couperet, et pour armer les autres du poignard.

1. Violation des tombeaux de Saint-Denis.
2. LAUVERGNE : *Hist. de la Révolut. dans le Var*, p. 683.
3. Jeanbon Saint-André à Brest et Lequinio à Rochefort.
4. Le Représentant Dartigoeyte à Auch. Voir H. WALLON : *Les Représentants en mission*, t. II, p. 417, t. V, pp. 237, 238. *Moniteur* du 5 juin 1795.
5. L'agent Dagorne à Quimper (Finistère) (V. DU CHATELLIER : *Brest sous la Terreur*, p. 81).
6. Voir LEVOT : *Brest pendant la Terreur*, p. 262.
7. F. JOURDAN : *Histoire de l'Hospice d'Avranches, passim*.
8. F. ROCQUAIN : *État de la France au 18 brumaire*. Rapports de Fourcroy, de François de Neufchâteau, etc.
9. BARRUEL-BEAUVERT : *Actes des apôtres*, vol. I, 1796.
10. Rocquain, *ibid.*
11. Rapport du député d'AUBERMESNIL, *Moniteur* du 26 septembre 1798.

II

Saisi de cette formidable plainte, harcelé au fond de son Louvre, par les cris d'un peuple opprimé, un Roi de France se serait souvenu des paroles que l'Église adresse aux Princes qu'elle arme de l'épée : « Prends cette épée, — « leur dit-elle, — exerce avec elle la vigueur de la justice ; « détruis avec elle la puissance de l'injustice... Ce qui est « injuste, ici-bas, abats-le ! [1] » Mandés auprès du Roi, les Seguier, les Pussort, les Lamoignon, les Harlay, les La Vacquerie, etc., auraient, dès le lendemain, constitué une « Chambre ardente » qui, secondée par une imposante force militaire, aurait, le chanvre à la main, mis un terme à l'omnipotence du mal. Au bout de huit jours, tout Paris serait allé voir Jeanbon, Lequinio, Laignelot, Fréron, Barras, etc., secoués, par le vent d'Ouest, aux fourches patibulaires de Montfaucon, — et le spectacle de ces salutaires rigueurs aurait apaisé les consciences ulcérées, depuis dix-huit mois, par la vue du crime heureux.

En entendant monter, dans les ténèbres, cette lamentation de tout un peuple, l'Assemblée révolutionnaire, au lieu de sentir gronder, dans son âme, une généreuse colère contre les bourreaux, songea moins à venger le droit éternel honni qu'à se protéger contre les rancunes populaires. Au temps de l'ancienne Rome, les Herniques, pour conjurer les fléaux qui désolent leur pays, jettent un lot de prisonniers de guerre dans les eaux du lac de Némi. Frissonnant de peur devant les indignations qui se lèvent, nos Conventionnels, pour sauver leur tête, se hâtent, à leur

---

1. Pontifical romain, *Benedictio ensis*.

tour, de précipiter les bouchers d'Arras, de Bordeaux, de Nantes, dans « l'étang profond » dont parle la Bible. Et c'est tout. Ni Jeanbon, le proconsul de Brest; — ni Fréron, ni Barras, les assassins de Toulon; — ni Lequinio, ni Laignelot, les terroristes de Rochefort; — ne gravissent la sanglante plate-forme où leurs pactes contre notre race avaient fait monter tant de Français innocents. Le 8 août 1795, Bezard [1] lit, à la tribune de la Convention, la plainte de la Commune de Rochefort contre les bourreaux et raconte leurs exactions et leurs fureurs. Pour échapper à la flétrissure, Lequinio veut opposer au réquisitoire de Bezard le témoignage de Blutel [2]. Gauche diversion ! Blutel renchérit sur son collègue. Menacée, persécutée, avilie par deux Commissaires anxieux de garder la confiance de « l'Incorruptible » qui les surveille et d'échapper à la hache qu'ils abattent sur tant de têtes, la ville de Rochefort, sous ces deux captifs de la peur, fut, dit-il, secouée d'une telle épouvante que, dix mois après le Neuf Thermidor, la fortuite apparition de Lequinio, même dépouillé de ses anciens pouvoirs, au milieu de la Cité, provoquait parmi les spectateurs une indicible panique [3].

Un décret épargna la vie; — mais non l'honneur de Lequinio. Après avoir pris acte de « l'envoi, fait par le Re« présentant à son frère, de deux barils remplis d'argent, « sur une barque partie de Rochefort et arrivée à Vannes », la Convention donne l'ordre d'apposer les scellés chez le Commissaire prévaricateur [4]. Mais cet ukase ne sort pas du

---

1. BEZARD, né en 1761, à Rogny, département de l'Oise; régicide; en mission à Chantilly; Député des Cinq-Cents; Membre du Tribunat; Procureur impérial à Fontainebleau; Conseiller à la Cour d'Amiens en 1811. Exilé en 1816. Mort en 1849.

2. BLUTEL (Charles-Auguste-Esprit-Rose), né le 29 mars 1757 à Caen; député de la Seine-Inférieure; en mission à Rochefort après le 9 Thermidor; membre du Conseil des Anciens. Mort en 1806.

3. *Moniteur*, t. XXV, p. 439.

4. *Ibidem*.

domaine des songes. La Convention pouvait-elle, en effet, pousser jusqu'au bout un procès qui l'accusait elle-même et mettre sur la sellette un collègue qu'elle avait animé de son souffle et de ses violences? Dénoncer au public et abandonner aux tribunaux les Représentants criminels, c'était livrer ses secrets et léser son prestige. Elle avilissait l'autorité collective en flétrissant un seul de ses détenteurs. L'inviolabilité de la Convention tout entière sombrait dans l'abîme où elle jetait un seul coupable.

Cette égoïste mansuétude, cette indulgence intéressée, non seulement sauvent Lequinio [1], Laignelot [2], Fréron [3],

---

1. LEQUINIO, successivement inspecteur forestier, et membre du Conseil des Cinq-Cents, fut envoyé par l'Empire aux États-Unis, en qualité de « Sous-Commissaire des relations commerciales ». Il mourut à New-Port, en 1813.

2 LAIGNELOT, après le 9 Thermidor, changea de système et de langage, accusa Carrier, ainsi que Turreau, et demanda la fermeture du Club des Jacobins. Toutefois, le 1ᵉʳ février 1795, trouvant que la réaction thermidorienne menaçait d'aller trop loin, il la combattit en faisant rétablir au Théâtre Feydeau, où des jeunes gens l'avaient brisé, le buste de Marat.

La Convention le décréta d'accusation « pour avoir assassiné à Brest tout ce qu'il y avait d'honnêtes gens » (*Moniteur* du 31 mai 1795). L'amnistie le ravit à l'expiation. De nouveau décrété d'accusation pour avoir pactisé avec les envahisseurs de la Convention, lors des journées de Germinal et de Prairial an III, Laignelot fut pour la deuxième fois amnistié par la loi du 3 brumaire an IV. Complice de Babœuf (1796) et impliqué dans le procès, un acquittement le mit hors de cause. Il disparaît, dès le lendemain, de la scène politique. L'Empire refuse de l'employer et le met même en disgrâce pendant quelque temps pour avoir publié une seconde édition de sa tragédie de *Rienzi*. Laignelot était en train de reviser trois autres tragédies, non moins illisibles, *Agis, Caton* et *Jean Sforce*, lorsqu'il mourut le 23 juillet 1829, dans sa quatre-vingtième année.

3. FRÉRON, repoussé du Conseil des Cinq-Cents, harcela ses collègues de lettres et de pétitions pour solliciter une place et n'en obtint aucune. Enfin, après mille démarches, après avoir été nommé administrateur des hospices de Paris, il troqua cet emploi, au bout de trois mois, contre celui de sous-préfet des Cayes, à Saint-Domingue. Mais à peine Fréron avait-il rejoint son poste qu'il succombait, le 15 juil-

Barras et Jeanbon, mais libèrent Javogues, Maignet, Prieur de la Marne, Hentz, Moïse Bayle, Francastel, Fouché, Foussedoire, Bô, Monestier, Le Carpentier, Leflot, Lanot, Fayau, etc., bref, tous ceux qui manièrent la torche, la pince-monseigneur et le couteau, tous les tyrans, tous les exacteurs et tous les traîtres.

Mais si l'amnistie du 26 octobre 1795, en rendant à la Société française ceux qui voulurent la détruire, insulte à la Justice éternelle; — si le Gouvernement impérial, en recueillant, dans son Sénat, dans ses bureaux et dans ses prétoires, les exterminateurs de la Patrie, se joue, à son tour, de nos pudeurs et de nos deuils, ni les bravos de la Convention, ni les ricanements de Bonaparte n'étouffent le cri, de plus en plus douloureux, qu'exhale, à travers l'histoire, la France de Thermidor. Les libéraux de la Restauration et du Gouvernement de Juillet crurent que le recul des années effacerait les forfaits des révolutionnaires, — comme la nature généreuse efface les ravages des cyclones, — et nos médiocres philosophes, escomptant cet oubli, tâchèrent de l'imposer à leurs contemporains et à leurs dupes. Puéril calcul! Plus nous nous éloignons de la tourmente, mieux nous en discernons les sévices. Au lendemain de la Révolution, la vigueur de l'éducation chrétienne put retarder l'œuvre des Jacobins et maintenir, pendant quelque temps, à peu près intacte, l'antique armature. Mais, aujourd'hui, qui de nous oserait ne voir dans la Révolution qu'un orage? Le ciel a-t-il reconquis son azur et le sol sa sécurité depuis cette tempête? Les Conventionnels n'avaient voulu que saccager « la superstition », — et — comme le dit si bien M. Étienne Lamy, dans son étude sur *le Conventionnel André Dumont*, — « ils ont détruit le savoir, les

---

let 1802, à une attaque de dysenterie, Fréron avait quarante-huit ans. Aucun journal ne signala sa mort. (Raoul ARNAUD : *Le fils de Fréron*, pp. 350 à 361.)

mœurs, le caractère, la famille, l'héritage, la liberté, la vie. En moins de quatre ans, ils ont dissipé l'héritage des siècles[1] ! »

---

[1]. Étienne LAMY : *Le Correspondant* du 25 avril 1910, p. 382. — L'étude de M. Lamy a paru sous la forme de Préface, en tête du livre de M. le comte Emmanuel DE ROUGÉ : *Le Conventionnel André Dumont*, Paris, 1911.

CHAPITRE VII

DÉCADENCE DE LA MARINE

I. — Inexplicable conduite des Conventionnels à l'égard des marins ponantais. — Officiers et marins étaient des fidèles sans-culottes.

II. — Jean-Bon Saint-André était-il un agent britannique? — Excellents résultats de sa dictature pour l'Angleterre. — Les Jacobins destructeurs professionnels de la France.

III. — Kersaint et Mirabeau se prononcent pour l'ostracisme de la Marine royale. — Destitution des officiers. — Les nouveaux chefs choisis parmi les gabiers et les calfats. — En fait de diplôme, le certificat de civisme suffit.

IV. — Glorification de l'ignorance. — Confusion de la Marine militaire et de la Marine marchande. — Embauchage des nouveaux officiers. — Lettre de Villaret-Joyeuse à Dalbarade. — Officiers choisis sans examen. — Plaintes injustes de Jean-Bon Saint-André.

V. — Rapports des officiers et des marins.

VI. — Les chefs les plus incapables sont les plus chers à la Révolution. — Campagne contre les « hommes à talents ».

VII. — Mauvaises excuses. — Parti que la Monarchie tirait de nos marins provençaux. — Contraste entre les deux Marines. — Impressions navrantes de nos ennemis sur la Marine républicaine. — Macaulay et Nelson.

VIII. — Équipages flagornés et corrompus. — Affaire de la *Résolue*. — L'amiral de Saint-Félix veut venger l'affront infligé à un bâtiment français par une frégate anglaise. — Les marins français s'y opposent. — Assassinat du capitaine de vaisseau Mac Nemara. — Officiers poussés vers la frontière et vers Quiberon.

IX. — La Marine républicaine borne toute son ambition à ne pas sortir des rades. — La peur d'une rencontre. — Methode défensive. — Mot de Pitt. — La marine anglaise. — Désastreux résultats de la guerre de course.

X. — Les amiraux Bridport et Jervis. — La Bataille d'Aboukir. — La Marine française a perdu son âme.

I

Comment expliquer les sauvages immolations d'hommes que l'ardeur de leur foi républicaine et l'éclat de leurs services à la cause de la Révolution auraient dû, non seulement garantir contre les morsures du couperet national, mais recommander à la bienveillance du Pouvoir? Est-ce une bestiale soif de sang qui précipite les Conventionnels contre les marins ponantais? Mais si les Lequinio, les Laignelot, les Bréard, les Prieur de la Marne, les Jeanbon Saint-André éprouvaient le besoin de rassasier leur fureur, les prisons de Paris et des départements ne manquaient ni de fédéralistes, ni de royalistes sur lesquels ils pouvaient se satisfaire. Plus on retourne le problème, plus la conduite de Jeanbon Saint-André et de ses collègues confond la psychologie et déroute la science. Sans doute, les Jacobins encourent les malédictions de la postérité pour des crimes, moralement et physiquement plus atroces que l'assassinat du Commandant de l'*Apollon*. Quand, par exemple, au mois de novembre 1793, à Fougères, les autorités républicaines, expulsant les malades des ambulances, donnent l'ordre de fusiller les Vendéens, encore enveloppés dans leurs draps, — et quand, quelques jours plus tard, le 20 novembre, à Avranches, le représentant Laplanche, après avoir fait ramasser dans les maisons, à travers les bruyères et le long des bois, les soldats royalistes qui, mutilés, pantelants, infirmes, n'ont pu suivre le gros de l'Armée catholique, quand Laplanche, disons-nous, abandonne aux massacreurs ces huit cents blessés [1], la Convention, certes, viole les lois que tous les peuples civilisés respectent. Mais ces forfaits peuvent trouver, sinon une excuse, du moins une explication dans l'effervescence de la lutte et la peur du lendemain. Et puis, la Vendée est l'ennemie !

Tout autres sont les marins ponantais et leurs officiers. Républicains sincères, ces braves gens se qualifient eux-mêmes de « Montagnards » et se pavanent, non sans orgueil, dans un sans-culottisme ingénu. Au cours de son Rapport sur la prétendue trahison de Toulon, — Rapport lu le 9 septembre à la tribune de l'Assemblée révolutionnaire, — Jeanbon Saint-André ose soutenir que Taillevis-

---

1. Ce fait est rapporté avec des détails du plus haut intérêt par un historien républicain d'Angers, Joseph-François GRILLE, dans un ouvrage qu'il publia en 1841, sous ce titre : *Le Siège d'Angers*. Crétineau-Joly, Théodore Muret et d'autres historiens ont reproduit le récit de Grille. Le voici :

« Laplanche était un sanguinaire et burlesque personnage. C'était par de plates bouffonneries qu'il assaisonnait ses cruautés. Il ordonna de ramasser tous les brigands qui, s'étant sauvés du siège de Granville, n'avaient pu suivre le gros de l'armée catholique. Il y en eut huit cents trouvés dans les bruyères et dans les bois. Ils étaient infirmes, blessés, découragés, sans force ni physique ni morale : « Qu'en faire? dit Laplanche. Les fusiller. »

« Aussitôt dit, aussitôt fait. On les mena, garrottés deux à deux, dans la plaine et sur la côte du Champ-Jonc (lisez « Changeons »), où trois bataillons eurent l'ordre de tirer dessus jusqu'à ce que pas un ne restât debout.

« Cette boucherie dura cinq quarts d'heure. »

Il est impossible de nier la valeur intrinsèque de ce témoignage. Les quelques lignes qui l'accompagnent lui donnent une singulière autorité : « J'ai vu, ajoute Grille, j'ai vu le théâtre de ces malheurs. Je me suis marié dans le pays, j'ai questionné les anciens de la ville et des environs : MM. Guillart, Bourlier, Allendy, Carbonnet, et j'ai su tout ce qui s'était passé d'affreux à cette époque-là, avec des circonstances qui me font trembler. » (P. 44.)

En ce qui concerne Fougères, voici ce qu'on lit à ce sujet dans le *Précis du Proconsulat exercé par le Conventionnel Le Carpentier*, par LE DUHAULT : « Les femmes furent fusillées, les malades des hôpitaux transportés sur le champ de carnage et *fusillés dans leurs couvertures*. »

Périgny, l'adjoint de Monge, peupla la Marine de chefs contre-révolutionnaires. Audacieuse fausseté! A part Imbert de Lebret, de Goy de Bègue, et Duhamel du Désert, ex-gardes de la Marine royale, tous les autres Chefs de l'Escadre de Toulon, Boubennec, Pasquier, Eyraud, Bouvet, Racord, Amielh, Puren-Keraudren, Causse, Gapoty, Poulain, etc., sortent du pilotage ou de la maistrance. Or, quel traitement les Représentants en mission appliquent-ils à ces marins qu'exalte le même délire dont brûlent nos Conventionnels? Au lieu de leur ouvrir des bras fraternels, la République les accueille comme ses pires ennemis. La justice révolutionnaire partage les Ponantais en trois groupes : la République guillotine les uns, claquemure dans ses ergastules les autres jusqu'au Neuf Thermidor et disperse le reste. La félonie immobilise et frappe d'impuissance l'État-Major qui gouverne une force navale de six mille matelots, — au moment même où l'Angleterre rassemble une formidable escadre à Portsmouth, sous les ordres de l'amiral Moïra, pour jeter un corps de douze mille émigrés sur notre littoral! Si le carnage des Vendéens blessés désigne la Convention à notre flétrissure, les rigueurs qu'elle déploie contre les six mille Ponantais dénonce Jeanbon aux soupçons des patriotes.

II

L'ancien pasteur réformé sort d'une famille et appartient à une secte où la reconnaissance pour l'Angleterre, — depuis deux siècles tutrice des Huguenots, — balance trop souvent l'amour de la patrie française, pour que les âmes subalternes ne préfèrent pas le Gouvernement qui entretient leurs haines à celui qui s'efforce de les désarmer. Parmi les ancêtres du Conventionnel, combien servirent la cause britannique? Nous l'ignorons. Mais toute la conduite du ministre calviniste, érigé par les événements à la tête de notre Marine, prouve qu'il trouva l'occasion propice pour venger sa race et détruire un établissement naval odieux aux protecteurs séculaires de son culte. Quatre ans avant la prise de Toulon, au mois de décembre 1789, le Prince de Ligne écrivait au Maréchal de Lascy les lignes suivantes : « Le Tefferdar que j'ai eu chez moi, en otage, m'a dit, l'autre jour, quel était l'acharnement des ministres de Prusse et d'Angleterre pour faire continuer la guerre. Ces deux puissances, *par une politique infernale et mal entendue*, veulent faire perdre les Pays-Bas à la Maison d'Autriche, et l'*Angleterre veut faire perdre la France à la France.* »

Si Jeanbon Saint-André ne travaille pas, en 1793, au triomphe des desseins britanniques, son attitude devient la plus indéchiffrable des énigmes. La physionomie du Conventionnel s'éclaire, en revanche, d'une tragique clarté, dès que, chez le fougueux Représentant en mission, l'historien croit reconnaître le serviteur occulte de George III. A quel résultat aboutissent les décrets, les proscriptions, les assassinats de Jeanbon et de ses collègues? A l'anéantissement de la Marine nationale et au désastre d'Aboukir ! Eh bien ! nos voisins pouvaient-ils souhaiter pour leur pays, comme pour le nôtre, un Proconsul plus néfaste à notre flotte et un Proconsulat plus fécond en ruines?

III

Un officier, que sa démence révolutionnaire a fait sortir de la carrière active, le vice-amiral de Kersaint [1],

1. KERSAINT (Armand-Guy-Simon de Coëtnempren, comte de), vice-amiral, naquit à Paris le 20 juillet 1742, entra comme garde dans l.

ne craint pas de proposer, du haut de la tribune de la Constituante, l'ostracisme du Grand Corps et la création d'une Marine élective. Il s'agit d'abroger le concordat passé avec « les anciens préjugés » et le patriciat maritime. La

Marine en 1755, et reçut le baptême de sang et de feu en combattant sur l'*Intrépide*, aux côtés de son père, dans la journée du 21 octobre 1757, qui lui valut le grade d'enseigne de vaisseau. Pendant que celui-ci succombait à la funeste journée de Quiberon, le jeune enseigne était embarqué sur l'*Améthyste*, Commandant de Coucy. En convoyant une flotte marchande de la Martinique à Saint-Eustache, cette frégate, rencontrée par une frégate anglaise supérieure et un brigantin, lutta pendant cinq heures, ce qui permit au convoi d'échapper à l'ennemi. Après avoir passé plusieurs années aux Antilles, Kersaint fut investi du commandement de la *Lunette*, dans l'escadre du comte de Breugnon. Lieutenant de vaisseau en 1770, Chevalier de Saint-Louis en 1776, il commanda, au début de la guerre d'Amérique, la frégate l'*Iphigénie*, sur laquelle il se signala, le 10 juillet, à la hauteur d'Ouessant, par la capture de la frégate anglaise *Lively*. Capitaine de vaisseau en 1779, il partit, deux ans plus tard, avec une division chargée de reprendre la Guyane hollandaise. Kersaint entra dans le mouvement révolutionnaire qui se préparait. A l'Assemblée Constituante, il présenta sous le titre d'*Institutions navales* un projet de reconstitution entière de la Marine, s'éleva contre le système des classes qu'il jugeait plus onéreux que la *presse*, et, mécontent de se voir repoussé par le Comité, l'attaqua vivement dans les journaux. Élu administrateur du département de la Seine et député suppléant à la Législative, il fit partie du Club des Jacobins dès sa formation, et continua de développer ses dangereuses utopies maritimes. Écarté de la liste des contre-amiraux nommés lors de la réorganisation de 1791, il fut amplement dédommagé de cette exclusion par son élévation au grade de vice-amiral, en 1793. Lors du jugement de Louis XVI, il vota la réclusion jusqu'à la paix, avec appel au peuple. Quand il vit que la mort du Roi était inévitable, il donna courageusement sa démission motivée. La Convention se contenta de qualifier d'impudence cet acte de générosité, mais comme la proscription ne pouvait manquer de l'atteindre, tôt ou tard, ses amis, pour le sauver, le portèrent comme candidat au Ministère de la Marine. Après l'émigration de Dubouchage, cette imprudente tentative, faite sans sa participation, n'eut d'autre résultat que de le mettre en évidence. Pressé, après le 31 mai, de chercher un asile hors de France, il s'y refusa. Oublié pendant quatre mois, il se croyait sauvé, lorsqu'il fut arrêté le 2 octobre 1793, dans sa retraite de Ville-d'Avray, et traîné à l'Abbaye, où sa fermeté ne se démentit pas. Conduit le 4 décembre devant le Tribunal révolutionnaire, il fut condamné à mort et exécuté.

Municipalité de chaque port, — dit notre Girondin, — « réunira tous les armateurs et marins, lesquels éliront un citoyen sur dix pour choisir, en leur nom, entre tous les marins de la communauté, le plus digne d'être chargé de la défense nationale sur les vaisseaux de guerre, soit comme capitaine, soit comme lieutenant, etc... » A quelle pensée obéit Kersaint en proposant de soumettre le choix de nos officiers à un régime électoral, non moins hostile aux principes de la discipline qu'aux règles de la hiérarchie? Et pourquoi Mirabeau s'approprie-t-il la motion de Kersaint? Est-il vrai que ces deux Révolutionnaires, en détruisant la Marine royale, veulent faire de la France la vassale de l'Angleterre, et forcer notre pays à ne former avec la Grande-Bretagne qu'une seule Puissance, sous l'oriflamme de saint Georges? Charles VII, Jeanne d'Arc et la journée de Formigny, etc., firent échouer ce dessein. Mais les Loges, fondées en France par la Grande-Bretagne, au début du XVIIIe siècle, se consacrèrent silencieusement au triomphe d'une entreprise que nos voisins n'avaient jamais abandonnée. De nos jours, — curieuse survivance! — trois ministres de la Marine, fidèles à la pensée de Jeanbon, n'ont-ils pas, comme lui, pris à forfait l'anéantissement de notre puissance navale pour nous imposer, avec l'économie d'une flotte, le magistère de la Marine anglaise?

Si un officier de mérite, comme Kersaint, si un vice-amiral, s'effondrait dans un tel abîme, de quels expédients burlesques n'étaient pas capables les fortes têtes des Clubs provençaux? Dans une lettre au Ministre, le *Club des Adorateurs de la Liberté et l'Égalité de Toulon* avise le Gouvernement qu'il lui fera parvenir « des notes sur les différents degrés d'aptitude, tant des officiers que des maîtres ». Mais, avant de transmettre au ministre leurs choix, nos « Adorateurs » lui notifient leurs principes. A quels hommes doivent être conférés les grades? « Aux excellents patriotes! »

A quels marins seront-ils refusés? Aux patriotes douteux, entachés d'incivisme ! Naturellement, les membres du Club, en leur qualité de « sans-culottes vertueux », exigent que le Ministre leur réserve les premiers emplois et leur attribue les commandements supérieurs. Il fallait donner satisfaction aux souverains arbitres de la République. La Convention n'a garde de se dérober aux ordres des Clubs.

IV

Tout le *credo* révolutionnaire se condense dans deux dogmes qui n'en font qu'un : le mépris du savoir professionnel et la glorification de l'ignorance : « Ce fut l'aristocratie, — disent les *Instructions* rédigées, sous le patronage de la Convention et de Jeanbon Saint-André, surtout, pour les Marins, — ce fut l'aristocratie qui inventa cette distinction absurde entre la Marine militaire et la Marine marchande. En temps de paix, les vaisseaux des armateurs et les vaisseaux de l'État doivent concourir ensemble à la prospérité du commerce et, en temps de guerre, à la défense de la patrie. Chez un peuple libre, tous les citoyens en état de porter les armes forment l'Armée de terre, et les marins, sans distinction, l'Armée navale... Quoiqu'il y ait de la différence entre un vaisseau de ligne et un vaisseau de commerce, les navigateurs marchands et les marins militaires ont le même élément, les mêmes tempêtes à braver, les mêmes ennemis à combattre. »

La grossièreté démocratique de ces maximes n'en dissimule pas la meurtrière traîtrise. L'homme qui veut confondre, dans un seul bloc, les deux Marines, poursuit sciemment la destruction de notre flotte militaire. Ce dessein s'accuse encore davantage dans le discours que pro-

nonce, le 5 février 1793, le ministre du Saint Évangile. Nous avons prouvé que le Club des Jacobins ne fomenta les émeutes des ports militaires que pour jeter les officiers hors des frontières et priver la France de ses plus vaillants défenseurs. Le succès de cette machination enchante notre Conventionnel, qui, tout à la joie d'avoir si bien servi la cause de nos ennemis et de ses maîtres, s'écrie :
« Le Corps de la Marine appelée *royale* en imposait... On chercha, sinon à sauver le Corps, du moins à ménager les individus... On crut qu'il était utile de conserver à la patrie des hommes dont la valeur, quelquefois brillante, pourrait rendre des services... *Heureusement*, la vanité des officiers de Marine ne pouvait pas s'accommoder des modifications qu'on avait voulu apporter à leur manière d'être. Ils abandonnèrent leur patrie et cette *émigration délivra la France* de la présence des plus irréconciliables ennemis de l'Égalité. »

Ainsi, dans la dispersion de notre État-Major et dans la détresse de notre flotte, Jeanbon salue un dénouement « heureux » et une « délivrance »! La Marine française régénérée ne garde à sa tête que des matelots illettrés et barbares. Jeanbon se félicite de ce triomphe du désordre et de la Béotie.

« C'est, dit-il, dans la Marine du commerce, seulement, que vous trouverez des marins dignes de compléter le Corps. Je sais qu'on regrette que plusieurs de ces officiers n'aient pas toutes les connaissances mathématiques qu'une longue étude dans les Écoles nationales offre aux officiers de la Marine de la République, les moyens d'acquérir. Je suis loin de déprécier l'utilité de ces connaissances ; mais je dois observer d'abord qu'elles ne sont pas aussi rares parmi nos marins marchands que se plaisent à le dire les détracteurs de notre liberté. J'ajoute que la guerre que vous allez faire sur mer doit être différente de toutes les autres. Le courage et l'audace, voilà ce qui doit animer vos marins... Qu'ils mettent à profit l'impétuosité française, l'enthousiasme de la liberté pour triompher de leurs ennemis. *Dédaignant,* par esprit de réflexion et de calcul, *les évolutions savantes,* jugeront-ils plus convenables et plus utiles à tenter ces combats à l'abordage, où le Français fut toujours vainqueur, et d'étonner ainsi l'Europe par des nouveaux prodiges d'intrépidité [1] ? »

Pour former un bon officier de vaisseau, Jeanbon Saint-André préconise, comme on le voit, l'inutilité du savoir et la vertu de l'ignorance. La philosophie, alors victorieuse, n'admet pas d'autre sagesse. C'est le temps où d'autres Conventionnels, — d'après le témoignage de l'amiral Jurien de la Gravière, — songent à rendre « à la rame son importance », et veulent « jeter des ponts volants » sur les vaisseaux anglais, comme sur les galères de Carthage. Candides visionnaires, ou plutôt astucieux conspirateurs, qui manifestent pour l'inexpérience et l'impéritie un culte moins enfantin, sans doute, que vénal. « Législateurs ! s'écrie l'un de ces Représentants, voici les élans d'un cœur qui n'a pour guide d'autre principe que la nature et un cœur vraiment français ! » Il faut se défier de cette sottise vraiment trop idyllique. Si les niais axiomes de Jeanbon Saint-André et de ses pareils n'étaient pas sortis de la sphère des toasts, on se serait contenté de sourire d'une littérature épulaire qu'influençait peut-être un trop généreux champagne. Mais les aphorismes survécurent aux banquets.

Après avoir destitué les officiers absents par congé, les serviteurs des Clubs coordonnent les cadres au programme arrêté par les Sociétés populaires. Les contre-amiraux sont choisis parmi les capitaines de vaisseau et les capitaines de vaisseau parmi les lieutenants et les capitaines de la Marine marchande. La maistrance, les pilotes et les

1. *Moniteur,* t. XV, 363.

gradés du commerce fournissent à la Marine révolutionnaire la plèbe des lieutenants et des enseignes. Un décret du 18 mars 1793 met le comble à l'asservissement de l'Assemblée révolutionnaire, au bon plaisir des Clubs : « Les citoyens désignés par les marins de leurs départements respectifs, comme les plus dignes d'être faits capitaines de vaisseau, peuvent être promus à ce grade, — dit le décret, — pourvu qu'ils aient commandé dans plusieurs voyages, — ou qu'ils soient déjà lieutenants de vaisseau de l'État, même de la dernière promotion, et qu'une Section les ait munis du certificat de civisme. »

Bref, il faut que la Marine n'envie rien à l'armée. A cette époque, — comme nous le disons plus haut — un bedeau de Saint-Eustache [1], un tambour de la garde nationale [2], un compagnon orfèvre [3], un acteur [4], un marchand de volailles [5], passent d'emblée brigadiers, généraux de division ou commandants d'armée.

Hoche lui-même, dans une lettre du 14 novembre 1793, constate la prédilection que le Jacobin témoigne aux officiers ivmares : « Les généraux qui ont pour deux sols de

---

1. SEPHER « qui ne savait que faire des stupidités et des vilenies », écrit GRILLE : *La Vendée en 1793*, t. III, p. 53.

2. TRIBOUT. « Sa réputation de sans-culottisme, dit Kléber, lui tenait lieu de talents militaires. »

3. ROSSIGNOL, l'inlassable dénonciateur de Kléber, de Marceau, et des généraux de carrière, le fuyard légendaire. Voir plus haut.

4. GRAMMONT (NOURRY, dit) commandait le détachement qui escorta Marie-Antoinette à l'échafaud. Le sabre au poing, Grammont, dressé sur ses étriers, ne cessa de crier à la foule : « La voilà, l'infâme Antoinette ! Mes amis, elle est f...e ! » Grammont fut guillotiné avec l'évêque Gobel, le 13 avril 1794.

5. DUTERTRE, « le plus vil et le plus brutal sacripant de l'armée ». TAINE, t. IV, p. 595. Fut chargé d'escorter les Représentants condamnés, sans jugement, à la déportation par le Directoire, le 18 fructidor, et envoyés à Rochefort, où ils furent embarqués pour la Guyane. Les prisonniers étaient enfermés dans une cage de fer, portée sur une charrette. Le « Général » Dutertre les allégeait, en route, de leur numéraire.

talents, — écrit Hoche, — sont suspects et dénoncés par ceux qui sont totalement incapables. Comment, diable faire ! » Quelques mois auparavant, le Ministre de la Guerre, Bouchotte, adressait au général Houchard ce billet si caractéristique : « Les renseignements qui me sont donnés sur l'adjudant général Jarry ne permettent pas de l'employer. Songez que la machine ira beaucoup mieux avec de véritables sans-culottes qu'avec des *hommes de talent*, qui, comme le général Jarry, n'ont pas la République dans le cœur. »

L'officier instruit, cultivé, voilà l'ennemi !

Menacé de perdre l'emploi et les appointements dont l'a comblé le Comité de Salut public, le général Chapuy oppose son orthodoxie politique aux détracteurs de ses aptitudes militaires. Ce loyalisme ne doit-il pas assurer à ses fautes l'indulgence du Pouvoir ? « Je n'ai pas des *talents* bien transcendants, — écrit Chapuy, — mais je puis me flatter hautement qu'aucun républicain n'est transporté d'un zèle plus pur que le mien. Dans quelques endroits que l'on me mette pour m'éprouver, la République verra que je suis un vrai sans-culotte. » L'intempérance révolutionnaire et la détresse intellectuelle sauvent Chapuy de la disgrâce. Autant l'ignorance tranquillise nos ombrageux dictateurs, autant le savoir et la dignité de la tenue les inquiètent. « L'adjudant général Vernon, — écrit le représentant Duquesnoy au Comité de Salut public, — a infiniment de connaissances et d'activité dans ce qu'il fait, mais il a des yeux qui ne me plaisent pas. » Pourquoi ? C'est que Vernon se montre fidèle aux traditions militaires de ses prédécesseurs. Le Ministre de la Guerre Bouchotte se défie non moins du général Tilly : « Je connais, dit-il, tous ses moyens, mais les ci-devant qui les possèdent sont d'autant plus dangereux [1]. »

1. Lettre à Garnier de Saintes, octobre 1793. *Archives de la Guerre.*

En proie aux mêmes préoccupations et aux mêmes méfiances, les Clubs de nos ports peuplent, à leur tour, les escadres, de contre-amiraux, de capitaines et de lieutenants, empruntés au corps des calfats diserts et des charpentiers influents. Cet embauchage finit même par inquiéter les chefs qui, comme Villaret-Joyeuse, embrassèrent avec le plus de chaleur les idées nouvelles :

« On s'est adressé aux Sociétés populaires, — écrit alors Villaret-Joyeuse à Dalbarade, — pour qu'elles désignassent des hommes qui réunissent les connaissances de la Marine au patriotisme. Les Sociétés populaires ont cru qu'il suffisait à un homme d'avoir beaucoup navigué pour être marin, si d'ailleurs il était patriote, elles n'ont pas réfléchi que le patriotisme seul ne conduit pas les vaisseaux. On a donc donné des grades à des hommes qui n'ont dans la Marine d'autre mérite que celui d'avoir été beaucoup à la mer, sans songer que tel homme est souvent dans un navire comme un ballot... Aussi, la routine de ces hommes s'est-elle trouvée déconcertée au premier événement imprévu. Ce n'est point toujours, il faut bien le dire, le plus instruit et le plus patriote en même temps qui a obtenu les suffrages dans les Sociétés, mais souvent le plus intrigant et le plus faux, celui qui, avec de l'effronterie et un peu de babil, a su en imposer à la majorité. On est tombé dans un autre inconvénient; sur une apparence d'activité que produit l'effervescence de l'âge, on a donné des grades à des jeunes gens, sans connaissances, sans talents, sans expérience, et *sans examen*. Il a semblé, sans doute, que les pilotes de l'ancienne Marine étaient faits pour aspirer à tous les grades : aussi sont-ils tous placés. Eh bien ! le mérite de la très grande majorité parmi eux se borne à estimer leur route, à faire leur point et à pointer leur carte d'une manière routinière... Beaucoup n'ont jamais été à portée de mettre à exécution la partie brillante du marin, la *manœuvre* qui déjoue les dispositions de l'ennemi et donne l'avantage à forces égales. Qu'ont de commun avec l'art du vrai marin, les canonniers, les calfats, les charpentiers, et on pourrait dire les maîtres d'équipage, dont la majeure partie sait à peine lire et écrire, quelques-uns pas du tout? Il y en a cependant qui ont obtenu des grades d'officiers et même de capitaines! »

Nous voilà donc dûment renseignés sur les États-Majors de la Marine révolutionnaire, sur leurs vertus et sur leurs aptitudes. Les Jeanbon Saint-André et les Dalbarade confient les hauts commandements de la flotte républicaine à des capitaines aussi dépourvus de littérature que de technique. Mais cette pauvreté intellectuelle peut-elle choquer le Représentant qui, dès son arrivée au pouvoir, dicta lui-même les choix et désigna les hommes? Sans doute, dans un Rapport officiel, le Proconsul, après avoir bouleversé la Marine, se plaint des officiers « peu instruits, négligents et timides », — et dénonce les commandants, « dont l'ignorance est vraiment au-dessus de tout ce qu'on pourrait dire ». Mais notre Conventionnel oublie-t-il donc que les officiers qu'il signale et qu'il flétrit sont ses créatures?

La République a beau faire naviguer ces subalternes balourds, sous prétexte de les former, le contact de l'Océan ne leur communique ni le coup d'œil de l'homme de mer, ni l'autorité du chef, ni surtout cette science nautique que donne l'école. Les traversées les plus laborieuses et les plus longues ne sauraient, d'ailleurs, améliorer un personnel qui n'éprouve ni le besoin de s'instruire ni le désir de vaincre.

V

Pour caractériser les rapports réciproques des officiers et des marins, Kerguelen [1] écrit que « les équipages avaient peu de confiance dans leurs chefs et que les officiers n'en avaient pas davantage les uns envers les autres ». Défiance et mépris légitimes ! Les épurations, les proscriptions, les assassinats opérés par le Gouvernement jacobin avaient peu à peu éliminé de nos escadres l'élite sociale et technique pour lui substituer une bande de sectionnaires, moins désignés à cette faveur par leur bravoure et leur savoir que par leur exaltation et leurs méfaits. Dispensatrices des grades, les Sociétés populaires et les Comités de Surveillance n'exigent des candidats qu'un diplôme de

---

1. KERGUELEN-TRÉMAREC (Yves-Joseph de), contre-amiral et navigateur, naquit le 13 février 1734, à Landudal (Finistère), garde en 1750; enseigne et académicien de la Marine en 1755; lieutenant de vaisseau en 1763. Parti de Lorient, en 1771, il s'assura d'abord, d'après ses instructions, que la route indiquée par Grenier pour aller de l'île de France à la côte de Coromandel était la meilleure, puis il se dirigea vers le Sud; il découvrit les Terres australes. Nommé capitaine de vaisseau, Kerguelen alla, en 1773, sur le *Roland*, revoir sa découverte à laquelle il donna son nom, et dont il prit possession au nom de Louis XV; c'est cette même île qui fut appelée en 1779, par Cook, *île de la Désolation*. Accusé d'avoir manqué à ses devoirs et compromis la dignité du commandement, il fut cassé de son grade, en 1774, enfermé au château de Saumur, et mis en liberté en 1779. Dès les premiers jours de la Révolution, Kerguelen en embrasse chaudement la cause, adresse au Comité de Salut public Mémoires sur Mémoires. Réintégré en 1793, et nommé contre-amiral, il voulut donner sur l'affaire de Quiberon des détails en désaccord avec le Rapport de Jeanbon. A force de flagorneries, il put, en juin 1795, arborer son pavillon sur le *Redoutable*, faisant partie de la flotte de Villaret-Joyeuse, et se signala dans l'affaire de Groix; mais, compris dans les réformes de 1796, il resta désormais sans emploi. La même année, il publie sa *Relation des combats et des événements de la guerre maritime de 1778*, in-8°, et meurt l'année suivante, le 3 mai 1797.

civisme. Une escadre composée de bâtiments légers, sous le commandement de l'amiral Nielly, reçoit, le 8 germinal an II (28 mars 1794), l'ordre d'aller à la rencontre du convoi de farines que Van Stabel ramène d'Amérique. Un de ces bâtiments, le *Carmagnole*, s'échoue à la pointe de Querqueville [1], sur la côte normande, — et le capitaine de la *Carmagnole*, Gohet-Duchesne, passe pour un bon officier ! Le Rapport accuse de la catastrophe le pilote et les deux lieutenants [2]. A cette époque, les Anglais inspirent une telle peur aux officiers qu'un aviso, ne pouvant se faire reconnaître par la croisière du golfe de Gascogne, la prend pour une escadre ennemie et se dépêche de jeter à la mer ses canons et ses ancres, — pendant qu'un autre bâtiment, non moins affolé, lance dans les flots une cargaison de biscuit qu'il porte à nos navires [3]. Notez que les capitaines qui se rendent coupables de ces honteuses défaillances passent pour des manœuvriers habiles ! Comment, donc, se seraient comportés les commandants des vaisseaux qui stagnaient, toute l'année, dans les rades?

« Afin d'obliger les officiers à s'instruire de leur métier, Kerguelen invite Jeanbon à donner, en rade, avec des chaloupes, les leçons de tactique que comportent les luttes en pleine mer. Ainsi s'enseignerait, avant la sortie de l'armée navale, l'art de serrer la ligne, de ne point se laisser couper, de gagner le vent ou de le conserver [4]. Puéril expédient ! Est-ce que ces agitations de coquilles de noix dans un verre d'eau peuvent remplacer les évolutions loin de la côte? Pour s'initier à tous les aléas d'une campagne

---

1. Pointe de la côte Nord du département de la Manche, fermant à l'Ouest la rade de Cherbourg.

2. AULARD : *Recueil des Actes du Comité de Salut public*, t. XII, pp. 90, 333, 607, 628.

3. BB¹ 9, fol. 126.

4. BB⁴ 20, fol. 155 à 162.

maritime, il faut que les officiers prennent contact avec le véritable outillage dont ils devront disposer devant l'ennemi et non avec des simulacres et des jouets. Mais la République ne veut entendre parler ni d'écoles, ni de tactique [1]. Les manœuvres ne couvriraient-elles pas de gloire l'ancien Corps et de honte les officiers patriotes? Ainsi s'explique la burlesque aventure des frégates l'*Andromaque* et le *Tartu*, du port de Rochefort, qui prennent la fuite devant les frégates la *Surveillante* et la *Driade*, du port de Brest [2]. Au combat de l'île de Batz, la frégate la *Résolue*, après avoir suivi l'*Engageante* dans tous ses mouvements, prend lâchement la fuite [3]. « Nos frégates, — dit Villaret-Joyeuse, — s'évadent devant tout bâtiment qui n'offre pas quelque aliment à leur cupidité. » Le sybaritisme, l'indiscipline et l'incapacité poussent peu à peu les équipages, comme les officiers, à la couardise. Un ancien matelot devenu maître, puis officier, Gohet-Duchesne, dont nous avons déjà parlé, capitaine de la frégate la *Topaze*, reçoit l'ordre d'appareiller pour une croisière sur les côtes d'Espagne. Refus des matelots. Le Commandant se rend à bord de la *Topaze*, harangue les hommes et tâche de vaincre leur mauvais vouloir. Instances vaines : cette résistance humilie d'autant plus l'officier que nous sommes en guerre.

Je rappelai à mes hommes, raconte Gohet-Duchesne dans son Rapport à l'amiral Trogoff, qu'ils avaient tous juré de mourir pour la République. Ce fut inutile, je n'en pus tirer que des cris : « Nous ne partirons pas ! » Les frégates sont vendues ! Nous ne voulons pas partir; nous ne voulons pas mourir dans les « prisons ! » Ils ont fini par me huer. Voilà les farandoleurs, les promeneurs des bonnets de la liberté dans les rues de Toulon ! Les voilà, ces grands crieurs de « Vive la nation ! » des scé-

---

[1]. De nos jours, un ministre, fidèle héritier des traditions jacobines, interdira de même les évolutions d'escadre.

[2]. A. F. D. 294.

[3]. Guérin, pp. 399-400.

lérats qui n'en sont que les ennemis les plus déclarés. Un brick, un bateau, tout les épouvante, et les fait trembler. Voilà les reptiles qui se qualifient de sans-culottes à la porte de Toulon et qu'à la mer on peut justement qualifier de sans âme et de lâches. Quand fera-t-on des exemples? Quand purgera-t-on la République des scélérats qui l'infestent, ou pour mieux dire, quand aurons-nous de sages lois? Comme un malheureux capitaine est à plaindre d'avoir sous ses ordres des corps sans âme, la lie de la France !

Rappelons que l'officier qui s'exprime avec cette sévérité sur le compte des marins embauchés par Jeanbon n'est pas un ci-devant : la République le prit non dans le « Grand Corps », mais dans la maistrance [1].

La République a voulu tuer l'esprit de corps; elle a parfaitement réussi. Entre les officiers sévissent la défiance, la jalousie, la haine. Furieux de voir le commandement envahi par des chefs ineptes, les officiers cultivés, au lieu de crier « casse-cou » devant les écueils, s'applaudissent des naufrages où sombrent les favoris des Clubs. La confiance réciproque, l'unité des sentiments, l'accord des volontés, manquent aux États-Majors comme aux hommes. La Révolution a mis fin à la confraternité d'armes. *Homo homini lupus*, voilà le matelot de la République. Nul souci de l'intérêt de l'État n'anime cette cohue d'aventuriers et de Clubistes. Les fonctionnaires ne valent pas mieux. Jeanbon lui-même se trouve obligé de stigmatiser l'incurie des agents qu'il a recrutés et formés. Le gaspillage, la paresse, la désobéissance, tous les vices désolent les chantiers et les navires régénérés par la sainte Révolution [2].

La nécessité s'impose bientôt d'édicter de nouvelles peines disciplinaires. A l'exemple des Gouvernements qui

---

[1]. Maurice LOIR, 159, et CHEVALIER, 59.
[2]. IVᵉ Registre de Correspondance des représentants du peuple, 3 germinal, BB³, 52, fol. 19; — BB³, 43, fol. 142.

s'imaginent qu'on peut civiliser un peuple avec des lois, la Constituante essaie de remédier au désordre en sévissant contre les victimes. Tendres aux causes de l'anarchie, nos libéraux se montrent implacables à ses conséquences. Invoquée par les mutins de Brest pour justifier leur sédition, la loi du 22 août 1790 ne change rien au mal qu'entretiennent les Sociétés populaires sous les auspices de nos réformateurs. Jeanbon veut aggraver le Code bâclé par la bourgeoisie girondine. Un arrêté, en date du 20 frimaire an II (10 décembre 1793), — transformé le 16 nivôse (5 janvier 1794) en loi par la Convention, promulgue une charte de pénalités non moins impuissantes que draconiennes. Le Code nouveau confère aux capitaines, et même aux simples officiers, le droit d'administrer aux délinquants des volées de coups de corde. « J'ai vu, — écrit un ancien lieutenant de vaisseau, G. de La Landelle, — j'ai vu des capitaines mécontents faire descendre des vergues les marins maladroits, ordonner de les attacher aux échelles de hauban, le haut du corps mis à nu, et, sans autres préliminaires, leur faire appliquer douze coups de fouet à douze branches. » La mise à la retraite des officiers de la République fit diminuer peu à peu les peines corporelles chères à nos Jacobins. Le Gouvernement de 1830 atténua les rigueurs républicaines qu'acheva d'abroger le Gouvernement provisoire.

Corrompus et flagornés, les équipages rebelles ne reculent ni devant l'assassinat, ni devant la trahison. Dans l'Inde, les Anglais, en guerre avec Tippo-Saïb, accusent notre Marine marchande de porter des armes à leurs ennemis et s'autorisent de ce délit imaginaire pour assujettir les bâtiments français à d'outrageantes visites. Au mois de novembre 1791, la frégate la *Résolue*, capitaine Callamand, partie de Mahé pour escorter deux bâtiments de commerce, refuse de se prêter à l'injustifiable formalité qu'exige d'elle un officier anglais, Sir Richard Strachan, qui la punit de sa résistance en tirant sur le convoi deux coups de canon. Riposte immédiate du capitaine Callamand. Un duel s'engage. Après trente minutes de combat, où la *Résolue*, — chétive frégate de trente-deux, se trouve obligée de faire face à deux frégates de quarante qui nous tuent douze hommes et qui nous en blessent cinquante-six, — le capitaine Callamand, atteint lui-même par un boulet et pleurant de rage, cesse le feu. Sir Richard Strachan invite le capitaine français à rehisser son pavillon et à continuer sa route. A cette demande, le capitaine Callamand oppose un refus formel. Se considérant comme prisonnier de guerre, Callamand veut rester étranger à la conduite d'un bâtiment dont l'ont dépossédé la traîtrise et la violence [1].

Instruit et indigné de cette déloyale surprise, le Commandant de la station française, l'amiral de Saint-Félix, décide de prévenir, par d'inflexibles rigueurs, une nouvelle injure. Le commandant de la station anglaise, le Commodore Cornwalis, tout d'abord sommé d'obtenir l'immédiate mise en jugement du capitaine, reçoit ensuite l'avis qu'à toute agression nouvelle, notre Marine ripostera par de sanglantes représailles [2].

Mais, pour exécuter de pareilles menaces et ne pas encourir le mépris d'un ennemi plus attentif aux actes qu'aux paroles, il faut disposer de serviteurs aussi sûrs qu'intrépides. Malheureusement, nos marins n'échappent pas plus

---

1. La *Résolue* fut dirigée vers Tellichery. Quelques jours après, la frégate française, manœuvrée par un équipage anglais et accompagnée par la *Persévérance*, se rendit à Mahé. Aussitôt qu'elle fut mouillée, les Anglais, s'embarquant dans leurs canots, rejoignirent la *Persévérance* qui les attendait au large. Le Commandant de la station française, le chef de division de Saint-Félix, apprenant ces événements, arrive à Mahé. Par son ordre, le pavillon fut rehissé à bord de la *Résolue*. (*Histoire de la Marine française pendant la Révolution*, par le Capitaine CHEVALIER.)

2. La Cour de Londres nous donna une apparente satisfaction en mettant sir Richard Strachan en jugement. Il est inutile de dire que cet officier ne subit aucune disgrâce.

dans l'Inde qu'à la Martinique aux trames antifrançaises des Clubs. Informés de l'*ultimatum* de leur chef, les équipages de la *Résolue* et de la *Cybèle*, — autrefois si inflammables contre l'ennemi héréditaire, — déclarent à l'amiral que dorénavant, avec l'Anglais, le matelot breton, assagi par le souffle nouveau, n'admet plus d'autre attitude belliqueuse que la défensive. Cette philanthropie et ce cosmopolitisme emprisonnent M. de Saint-Félix dans un réseau d'embûches où il se sent guetté par la désertion et menacé par la félonie. Obligé d'opter entre l'impuissance et l'opprobre, l'amiral renvoie la *Résolue* en France et s'éloigne lui-même, l'âme déchirée, mais l'honneur intact, sans attendre que les intrigues des Sociétés occultes l'aient contraint à laisser sans protection et sans vengeance les droits et la dignité de la patrie.

A la même heure, un autre officier, le capitaine de vaisseau Macnemara [1], commandant un bâtiment à l'Ile de France, succombe dans une sédition militaire, — victime de la corruption et de l'indiscipline que propagent, sous toutes les latitudes, les agents clandestins de la conjuration contre la France.

C'est ainsi que la Révolution, le poignard à la main, dirige elle-même les chefs de la Marine française, trahis et désemparés, vers la frontière et vers le poteau d'exécution. Un inexorable ennemi frappe l'État-Major de l'ancienne flotte sur toutes les routes, sur tous les rivages et

---

1. Fils d'un capitaine de vaisseau, le comte de Macnemara était le neveu de l'amiral du même nom sous Louis XV. Trois frères Macnemara servaient dans la Marine. Garde-marine le 13 avril 1756, lieutenant de vaisseau le 18 janvier 1768, capitaine le 2 avril 1780. (*Archives de la Marine*, C. f. 186.) Macnemara fut tué le 4 novembre 1791 à l'Ile de France.

sur tous les forums, jusqu'à ce que l'ancien « Corps royal » n'ait plus de choix qu'entre les fossés d'Auray, les geôles de Paris et les taudis de Londres. La fréquence des insubordinations et la brutalité des factieux obligent les officiers les plus stoïques à quitter chaque jour, par groupes de dix, de vingt, de trente, un métier où l'éclat des services ne fait qu'exciter la fureur des sectaires [1].

VI

Plus tard, après le Neuf Thermidor, quand le tyran est abattu et la Terreur démodée; quand la France, délivrée, réclame le châtiment des Proconsuls, Jeanbon Saint-André, soucieux de se créer des titres à l'indulgence des honnêtes gens, s'inspire de l'exemple de Carnot, bat, comme lui, sa coulpe et confesse la déroute, non de ses calculs, mais de ses principes. Le pauvre homme s'est trompé. « Il ne faut pas se le dissimuler, — dit l'orateur, la plupart des officiers manquent d'instruction et de docilité. »

A qui la faute?... Il convient bien à notre tueur de gémir, quand, depuis deux ans, sur ses injonctions et sur les ordres de ses émules, la République expulse des cadres, proscrit, emprisonne, condamne à mort les officiers les plus instruits et les plus glorieux, les compagnons de Suffren, de la Motte-Picquet, de Guichen, de d'Entrecasteaux et de

---

1. Voici ce qu'on lit dans le *Mercure de France* du 14 avril 1792 (article de Mallet du Pan) : « Vingt-deux faits d'insurrection capitale dans les ports sont restés impunis, plusieurs par sentence du jury maritime. » — « Il est sans exemple qu'aucun attentat contre les officiers de Marine ait été puni... Il ne faut pas chercher ailleurs la cause de l'abandon du service par les officiers de Marine. D'après leurs lettres, tous offrent leur sang à la France, mais refusent de commander à qui n'obéit pas. »

Fleuriot de Langle. Faut-il dresser la nomenclature des victimes ?

Le couperet national fauche tour à tour les amiraux d'Estaing, de Kersaint, de Grimoüard, de Rohan-Montbazon [1] et le duc d'Orléans-Égalité ; — les capitaines de vaisseau du Plessis de Grénédan, de Coëtnempren et de Bastérot ; — les lieutenants de vaisseau de Montecler, de Rougemont, Le Dall de Kéréon, Louis Guérit, Joseph Crassous, Fichet, Perrier, Jean Brelay, les enseignes de Lécluse, Étienne, Varenne, Jacques Campet, Michel Mage, Boyer, Salva-Labize ; le chirurgien de marine Claude Bordeaux, les seconds-maîtres canonniers Michel Jacquelin et Gardinet, le quartier-maître François Le Gouy, le chef de pièce Gilles Blanchard, le canonnier de marine Vançon, le pilote Nègre, les scribes Verneuil, Tuollais, Bonnier, les quatre marins de l'*América*, etc. Mais à cette liste funèbre il faut encore ajouter les centaines d'officiers que l'Angleterre, après la défaite de Quiberon, livre aux pelotons d'exécution de Vannes et d'Auray :

Les chefs d'escadre de Soulanges et de Senneville ;

Les capitaines de vaisseau de Beaudrap, de Belizal, de Carné de Trécesson, de Caux, Chadeau de la Clochetterie, Armand et Antoine de Gillart de la Villeneuve, de Courson de la Villehélio, Henri et Louis de Froger de

---

1. ROHAN-MONTBAZON (Louis-Armand-Constantin), d'abord chevalier de Rohan, puis prince de Montbazon, né le 6 avril 1732 ; moins connu que son frère, le trop célèbre cardinal, et que son neveu, le prince de Guéménée, c'était ce « chevalier de Rohan », dont parle Bezenval, « d'une jolie figure, qui s'était mis dans la Marine et qui avait épousé Mlle de Breteuil ». (*Mémoires*, t. II, p. 271.) Prisonnier des Anglais, à la suite d'un glorieux combat sur le *Raisonnable*, qu'il commandait (29 mai 1758), chef d'escadre en 1764, il fut nommé, en 1766, gouverneur de Saint-Domingue, et rappelé en 1769. La part qu'il prit à la guerre de l'Indépendance valut au chevalier de Rohan d'être fait vice-amiral en 1784. La condescendance qu'il montra pour les principes de la Révolution ne le sauva pas de l'échafaud. Il fut exécuté le 5 thermidor an II.

l'Éguille, Kergariou de Locmarià, de Kerguern, de Kérouartz, de La Laurencie [1], de Lombard, Méhérenc de Saint-Pierre, de Menou, de Paty de Luriès, Prigent de Quérebars, de Roquefeuille, de Voutron;

Les lieutenants de vaisseau, les enseignes et les aspirants : D'Amboix, d'Arragonnès d'Orcet, de Baraudin, de Baupte, de Bellefonds, de Bermond de Vachères [2], de Berthou de la Violaye, de Boisboissel, de Boiséon, les trois frères Carcaradec, de Champclos, de Charbonneau, de Chavoy, de Cluzel, de Coataudon, de Coëtudavel, de Comblat de la Carrière, de Concise, Gesril de Papeu, de Grozon, les deux frères Guerry de Beauregard, de Guichen, de Guiquerneau, de la Haye, de Jouenne, de Kéravel, de Kerhué, de Kerlerec, de Kermoysan, de L'Hérondel, de Lombard, de Maurville, de Mauvize, d'Orvilliers, du Ponsay, du Quengo, de Royran de Trédern, du Trévou, de Tronjoly, de la Troupelinière, de Villedieu, de la Villegourio, de la Villoays, de la Villevolette de la Voltais, Urvoy de Portzamparc, Charles et Henri de Viart, de Wissel [3], sans compter les officiers que Barras fusille à Toulon, après la victoire remportée par

---

1. LA LAURENCIE (François, commandeur de), né au château de Villeneuve-la Comtesse (Charente-Inférieure), le 15 août 1735. Il était le frère de Charles-Eutrope, évêque de Nantes. M. de la Gournerie raconte que le commandeur La Laurencie, « porté dans une ferme, avec ses deux jambes brisées par un boulet, s'y fit mettre dans un tonneau de farine et y attendit la mort, le pistolet au poing, au cas où se présenterait l'ennemi ».

2. Bermond de Vachères devait compter parmi ses descendants le comte Hippolyte de Bermond de Vachères, qui, après avoir été officier de la Garde royale, donna sa démission en 1830, coopéra à l'expédition de la duchesse de Berry et fut chargé en 1851, par Pie IX, de réorganiser l'armée pontificale. Une mort prématurée l'empêcha de mettre la dernière main à ce projet qui, dix ans plus tard, fut réalisé par le général Lamoricière.

3. DE LA GOURNERIE : Les Débris de Quiberon; — Charles ROBERT : Expédition des émigrés à Quiberon.

Dugommier et Bonaparte [1], et ceux que Victor Hughes immole à la Guyane. Mais saura-t-on jamais le nombre exact des morts? Sur les dix-sept cents prisonniers royalistes que moissonnent, à Quiberon, soit le feu du champ de bataille, soit les fusillades des Commissions militaires, soit les maladies, les listes les plus complètes ne signalent que sept cent quatre-vingt-cinq noms. On peut dire que la Convention immola les quatre cinquièmes du Grand Corps. Un espion de la République, en Suisse, écrit le 31 juillet 1795, au ministre de la Police générale que, d'après les confidences dont on l'a favorisé, « *les Anglais ont le projet de faire exterminer le Corps des anciens officiers de la Marine* qui composent le Régiment d'artillerie sous le nom d'Hector [2] ».

Encore faut-il observer que le temps manque à la Révolution pour verser le sang de tous les officiers qui peuvent défendre nos colonies ou protéger notre littoral. Vestibules de l'échafaud, les geôles jacobines enlèvent au service de la mer et de la France, — pour ne les lâcher presque tous qu'au lendemain du Neuf Thermidor, — des marins comme l'amiral Du Chaffault [3] qui meurt en prison,

1. « L'on fusille à force, écrit Barras à la Convention le 20 décembre 1793; déjà tous les officiers de Marine y ont passé. »
2. A. N. F⁷ 3682. (Suisse, de la part de Bacher, pour le ministre de la Police générale. Rapport du 13 thermidor an III.)
3. Chaffault de Besné (le Comte du), lieutenant-général des Armées navales de France, né en 1707, entra de bonne heure dans la Marine, et se distingua dans de nombreuses campagnes, pendant soixante-dix années de service. En 1756, commandant la frégate l'*Atalante*, il combattit dans les parages des îles du Vent, contre le vaisseau de ligne anglais le *Warwick*, de soixante-quatre canons, et, après un combat aussi sanglant qu'opiniâtre, il s'en rendit maître. En 1778, il commanda l'avant-garde de la flotte qui était sous les ordres du comte d'Orvilliers, et reçut à l'épaule une blessure grave, dans le funeste combat d'Ouessant. L'année suivante, il remplaça d'Orvilliers dans le commandement général des flottes combinées de France et d'Espagne. A la fin de la campagne, des contradictions qu'il éprouva l'engagèrent à donner sa démission. Le comte du Chaffault

des hommes comme l'amiral La Touche-Tréville, que la Révolution destitue, comme l'amiral Morard de Galle, comme les chefs d'escadre d'Albert de Rions et Socquet des Touches, comme les capitaines de la Jaille, Pierre d'Orléans, de Boubée, Bernard de Marigny, de Saint-Félix, Charlemagne, Bourdon-Grammont, Boubennec, Bouvet, Brueys, Nompère de Champagny, Magon de Médine, Decrès, Blanquet du Chayla, Bonnefoux, Daugier, Richery, Boissauveur, Gassin, Bompard, Jacquelin, Ernouf, Le Bourg, Guignace, Guillaume Thomas [1], lamentable pêle-mêle de gentilshommes et de plébéiens, de républicains et de royalistes, de ci-devant « officiers rouges » et « officiers bleus », tous confondus dans le même ostracisme, tous victimes de la même synagogue qui frappe les meilleurs serviteurs de l'État, sans distinction de parti, de classe et d'origine ! — jalouse, avant tout, de blesser à mort la Marine française pour délivrer enfin l'Angleterre de sa plus redoutable rivale.

VII

Robespierre mort, les destructeurs de nos forces navales ne se relâchent même pas de leurs criminels sévices. A la

avait obtenu le grade de lieutenant-général, juste récompense de ses longs services. Arrêté en 1793, par ordre du Comité révolutionnaire de Nantes, il fut conduit au château de Luzançai, dont on avait fait une maison de détention pour les étrangers Dix mois après, ce vieillard, que des souvenirs glorieux auraient dû protéger, y termina ses jours, le 9 thermidor, à quatre-vingt-sept ans, plus encore de chagrin et d'ennui que des suites de son grand âge. C'est sous les fenêtres de sa prison que se faisaient les *noyades*.

1. Voir les brochures : *Les Officiers du vaisseau le* Révolutionnaire *ci-dessous signataires au peuple français*. Au fort la Loi. (Biblioth. nat. Lh⁹ n° 13) : *Justice ou la mort : soixante défenseurs de la patrie détenus depuis treize mois, à la Convention nationale, à la République.*

veille du Neuf Thermidor, chez le Ministre Jean Dalbarade, chez le ci-devant capitaine du commerce, tisonnent encore les vieilles haines de l'officier bleu contre « l'ancien Corps Royal ». « Il faut extirper le sot orgueil de la Marine en France », écrit le 21 juillet 1794 Dalbarade à Villaret-Joyeuse. Ce vice de l'ancien régime, si on ne prend l'attention la plus sérieuse, — s'incrustera dans le nouveau, et notre Marine restera dans l'anéantissement et dans l'humiliation, tandis qu'elle peut et qu'elle doit être la première de toutes... Cherche et tu trouveras de ces hommes modestes, qui n'ont d'autre amour que le bonheur et l'intérêt de la République. Emploie ces vrais enfants de la Patrie, et bientôt on verra les vertus de la République faire triompher nos armées sur les eaux comme sur la terre, et rendre la liberté des mers à tous les hommes [1]. »

Avec des vrais sans-culottes à la tête de son armée navale, la République française enlèvera le sceptre de l'Océan à l'Angleterre : telle est, au début du mois de juillet 1794, — l'opinion de Dalbarade, digne émule de Saint-André. Mais voici que le terrorisme croule et qu'une nouvelle aube se lève.

Dalbarade cesse aussitôt de croire à l'avantage de l'ignorance et aux bienfaits de la démagogie. Le couperet qui tranche la tête de Robespierre entame la philosophie accréditée par les Clubs. Une épître de Villaret-Joyeuse au citoyen Dalbarade (17 mars 1795), commissaire de la Marine et des Colonies, nous montre l'amiral et l'administrateur abjurant leurs anciens dieux, à genoux devant de nouveaux autels. La nullité scientifique et la ferveur républicaine ne leur semblent plus les seules qualités nécessaires à nos navigateurs et les conditions essentielles de nos victoires. Affranchi de la peur qui le harcelait depuis

---

[1] Cette citation est empruntée au livre de M. Maurice Loir, pp. 36 et 37.

la création du Tribunal révolutionnaire, le Jacobin reconquiert, enfin, devant les ruines de l'échafaud qu'il dressa lui-même, les clartés dont le sevrèrent les fumées de son orgueil.

Voici la lettre de Villaret-Joyeuse :

Citoyen commissaire,

C'est bien à juste titre que tu te récries sur l'incapacité des commandants de convois; tu aurais pu étendre tes plaintes beaucoup plus loin. Quant à moi, je tranche le mot : ignorance, intrigue, prétention, apathie pour le service, basse jalousie, ambition de grades non pour avoir occasion de se distinguer, mais bien parce que l'emploi donne plus d'argent : voilà malheureusement le tableau trop fidèle des dix-neuf vingtièmes des officiers. Tu n'ignores pas sans doute que les meilleurs marins des différentes places de commerce se tinrent retirés derrière le rideau dans le commencement de la Révolution et qu'il s'en présente, au contraire, une foule qui, ne pouvant s'employer au commerce parce qu'ils n'avaient d'autre talent que le verbiage du patriotisme à la faveur duquel ils avaient séduit les sociétés populaires dont ils étaient membres, obtinrent les premiers emplois. Les capitaines expérimentés, que je suis bien loin d'excuser, parce qu'ils sont véritablement coupables d'égoïsme, s'ils ne le sont d'incivisme, ces hommes, dis-je, qui auraient pu servir efficacement la République par leurs talents et leurs connaissances, se sont constamment refusés depuis à prendre la mer et, par un amour-propre inexcusable, préfèrent encore aujourd'hui le service de la garde nationale à celui de la mer, où, disent-ils, ils seraient obligés de servir sous des centaines de capitaines auxquels ils ont souvent refusé le commandement d'un quart.

Voilà la vraie cause du petit nombre d'hommes instruits qu'a fournis la marine de commerce; voilà, par conséquent, la cause des fréquents accidents qu'éprouve la Marine de la République, qu'il est véritablement temps d'épurer. Puisque la justice et par conséquent les talents sont à l'ordre du jour, et que la France entière est aujourd'hui bien convaincue que le patriotisme, qui est bien une des vertus les plus essentielles des agents du gouvernement, n'est cependant pas la seule, comme on le prétendait autrefois, qu'on doive exiger dans les commandants de nos armées et de nos flottes, tu es sans doute en droit d'exiger de moi, d'après cet exposé, des notes qui puissent te mettre à même de créer un corps de marine qui puisse seconder les hautes vues de la Convention sur cette partie des forces de la République. Mais mes apostilles et les retraites que je solliciterais ne pourraient-elles pas être taxées d'arbitraires, puisque je ne pourrais alléguer que mon opinion, le défaut d'éducation et le peu de morale de la plupart de ces commandants, qui ne le sont qu'en dépit de la nature qui paraît leur avoir refusé l'énergie, l'activité et les connaissances indispensables à l'homme destiné à commander ses semblables.

« Puisque les talents sont à l'ordre du jour, dit Villaret-Joyeuse, et que le patriotisme — c'est-à-dire le Jacobinisme — n'est plus la seule vertu qu'on doive exiger des agents du Gouvernement...! » A défaut de date, cette phrase précise une époque et définit un parti.

VIII

Dans les arsenaux, les ingénieurs réclament vainement l'exécution des travaux les plus pressés. Les ouvriers traînent systématiquement la besogne en longueur et passent leur temps soit à lire les gazettes, soit à réformer le monde.

Les apologistes de la Révolution estiment que le grand coupable fut surtout le soleil ! — le soleil ravageur des énergies et destructeur des disciplines. Sur la Côte d'Azur, quels biceps peuvent rester inexpugnables, et quelle tâche peut défier la fatigue, quand le soleil embrase l'atmosphère et calcine les cervelles? Nous nous permettrons de faire remarquer que les ingénieurs de l'Ancien Régime, inaccessibles à la faconde des ateliers, ne se laissent pas ensorceler par les sophismes que forge la paresse. Au xviie siècle, comme au xviiie, sous Louis XIV, comme sous Louis XVI, les chantiers de Marseille et de Toulon ignorent le sordide nonchaloir qui, sous la Terreur, transforme en lazarones les charpentiers, les gabiers et les calfats dressés aux rudes corvées par la Marine royale. On travaille, on ahane dans le Midi, comme dans le Nord. L'amour de la France exalte alors tous les ouvriers, sans distinction de latitude ou de température. Quelques extraits d'une lettre adressée par Colbert à l'Intendant de la Marine à Marseille, à Brodart, montreront à nos lecteurs quelles prouesses la Monarchie obtenait de nos populations méridionales, aujourd'hui non seulement rebelles à l'effort, mais hostiles au bien de l'État :

... Le Roi médite de visiter les places et les arsenaux de la marine, écrit Colbert. Mon intention est que vous vous mettiez en estat, dès à présent, pour bastir une galère *en moins de vingt-quatre heures de temps en sa présence*. Je suis persuadé que, pour peu que vous y donniez soins et applications, vous viendrez à bout de ce que je désire ; vous avez le reste de cet été, l'automne et même l'hiver pour disposer de toutes choses ; vous avez seurement le temps nécessaire pour donner à Sa Majesté la satisfaction que je me propose, pourvu que vous y travailliez sans perdre un moment.

Il faudra aussi disposer tout l'armement, le palament, en sorte que non seulement la galère soit mise à la mer en vingt-quatre heures de temps, *mais même qu'elle puisse voguer.*

Le ton de la lettre ne laissait pas de doute à Brodart sur les intentions de Colbert. On se hâta d'obéir. Tout fut prêt en temps voulu ; malheureusement, Louis XIV ne vint pas. Cependant, le duc de Vivonne, Seignelay et le Comte de Noailles se rendirent à Marseille pour faire l'expérience de la fameuse « galère de vingt-quatre heures ». Le 20 novembre 1679, au coup de sifflet, huit cents ouvriers la construisirent et la lancèrent, devant une foule fière de ses chefs. La besogne, entamée à six heures du matin, expirait à quatre heures du soir, et, sur-le-champ, « la Seigneurie » se rendait au château d'If, comme il était convenu, à bord d'un navire qui n'existait pas la veille. Brodart, enfiévré par le désir de plaire au Prince, avait gagné quatorze heures! Voilà le prodige d'énergie que Colbert avait obtenu de nos Provençaux! Le culte du Roi et la volonté du Ministre décuplaient, chez cette race calomniée, la vigueur des muscles [1].

1. En 1830, lorsque le prince de Polignac eut décidé l'expédition d'Alger, il fallut pourvoir aux moyens les plus propres à faciliter cette conquête. On se trouvait à la fin de janvier. L'amiral Roussin, l'amiral Jacob, l'amiral Duperré, bref, toutes les autorités maritimes, tous les chefs du « Grand Corps » s'accordaient à déclarer qu'il ne faudrait pas moins de huit mois pour préparer l'expédition. Les vieux marins de l'Empire se montraient surtout pleins de circonspection et de défiance. Seuls, deux jeunes gens de la Marine Royale, les lieutenants Gay de Taradel et du Petit-Thouars surtout, témoignaient, dans le succès de la future croisade une confiance sans bornes. Les premiers ne voyaient que le passé, les autres pressentaient l'avenir. Le Ministre de la Marine, le baron d'Haussez, eut le bon esprit de se ranger du côté des jeunes.

Vers les premiers jours de février, le roi Charles X, présidant le Conseil des Ministres, exprima le désir que les préparatifs fussent menés avec vigueur. Le baron d'Haussez prit alors la parole « L'examen approfondi auquel je me suis livré, — dit le ministre de la Marine, — vient de finir. Le résultat est tel que je n'hésite pas à contracter l'engagement de fournir dans trois mois, pour le 15 mai, la totalité des bâtiments de guerre et de transport qui me sont demandés et d'y joindre des vaisseaux de débarquement propres à rendre plus certain le succès de l'expédition. »

«Si l'étonnement du Roi et celui du Conseil furent grands, raconte le baron d'Haussez dans ses curieux *Mémoires*, celui du comte de Bourmont le fut encore davantage. Il ne comptait plus sur la coopération de la Marine; il avait ralenti ses préparatifs. Néanmoins, il affirma que, de son côté, il ne ferait pas attendre.

« Je ne veux pas agir par surprise, — lui dis-je; j'ai porté jusqu'au
« 15 mai le délai que j'ai demandé, parce que j'ai voulu faire une part
« aux événements de mer. S'ils ne se contrarient pas, je serai prêt
« le premier.

« — Nous vous donnons jusqu'au 1ᵉʳ juin, me dit M. le Dauphin.
« — Monseigneur ne me permettra pas d'accepter.
« — Vous en êtes le maître, mais vous auriez tort de refuser. »

Les premiers ordres du baron d'Haussez furent transmis au port de

Au cours de cette période héroïque, la Marine française s'impose à l'admiration et à l'estime de l'Europe. Les Puissances la redoutent et l'honorent. Mais la Bastille tombe sous les coups des Gardes françaises et de la plèbe parisienne. Aussitôt, en même temps que la Monarchie succombe, notre renommée et notre gloire s'éclipsent. L'amoindrissement moral de la Marine française pendant la Révolution frappe nos adversaires et leur inspire cette confiance en eux-mêmes et ce mépris de l'ennemi qui donnent à l'agresseur la certitude de la victoire. Le biographe de Macaulay, Sir George Trevelyan, raconte que le père de l'historien, Zacharie Macaulay, se trouvait, au mois de septembre 1794, à Sierra-Leone, quand une escadre française apparut dans le port. La tenue débraillée des équipages, leurs déprédations, leurs grossièretés, indisposent les témoins les plus hostiles aux Bourbons et les préviennent contre un régime qui suscite de tels hommes et de telles mœurs. « Il peut être désagréable aux lecteurs

---

Toulon le 12 février. On se mit aussitôt à l'œuvre. Le ministre prescrivit d'augmenter le nombre et le salaire des ouvriers; la nuit n'interrompit même pas les travaux. Tous les chefs de service rivalisèrent de zèle, sous le commandement du contre-amiral de Martinang. Vers la fin d'avril, tout était terminé. L'effectif de l'armée de terre comprenait 37.331 hommes et 4.000 chevaux. Le parc d'artillerie de siège se composait de 82 pièces de gros calibre et de 9 mortiers. L'armée expéditionnaire, placée sous le commandement en chef du lieutenant-général comte de Bourmont, attendait le signal du départ. Le général Berthézène commandait la première division; le général de Loverdo la deuxième et le général duc des Cars la troisième. Dans la rade, la flotte, comprenant 103 bâtiments de guerre et 537 transports, soit un total général de 675 navires, était prête à prendre la mer.

Les amiraux avaient déclaré — comme on l'a vu — qu'il fallait *huit mois* pour mettre le port de Toulon en mesure de fournir cet armement sans précédent, que Napoléon Ier lui-même n'avait pu créer, quand il voulut envahir l'Angleterre. Plus hardi que les amiraux, le baron d'Haussez avait annoncé que toutes les dispositions seraient achevées vers le 15 mai, c'est-à-dire en moins de *trois mois*. Le ministre de la Marine tint parole. Les ouvriers de Toulon déployèrent une telle ardeur que l'échéance fut devancée de quinze jours !
(V. Alfred NETTEMENT : *La conquête d'Alger.*)

« d'Erckmann-Chatrian — écrit à ce propos Sir Georges
« Trevelyan, — de regarder l'envers de la toile où ces
« artistes de mérite ont peint les guerres du début de la
« Révolution. C'est une chose de se laisser raconter avec
« quels enthousiasmes, bénédictions et festins les peuples
« accueillaient les Croisés le 93 et de 94, leur apportant
« la lumière et la liberté; mais c'est tout autre chose de
« lire le journal, où un brave Écossais, ponctuel et sobre
« d'esprit, vous montre une bande de forbans ivres, invec-
« tivant Pitt et George, en fricassant ses volailles, après
« avoir brisé ses lampes et ses glaces, par manière de
« protestation contre le luxe des aristocrates [1]. »

Malgré la sincérité de ses opinions libérales, Macaulay
manifesta, toute sa vie, contre la Révolution française,
une animosité qui tenait au souvenir que lui avait transmis son père sur les marins de la République et sur leurs
vertus.

Un autre écrivain, Laughton, dans son histoire de Nelson, nous enseigne où l'illustre homme de mer puisa l'audace qui lui fit gagner la bataille d'Aboukir. L'attitude
de nos équipages et de nos officiers, lors de l'affaire du
12 mars 1795, dans le golfe de Gênes, où la scandaleuse
incapacité de nos compatriotes sauva l'escadre anglaise
d'un désastre, apprit à Nelson que, décidément, la marine
de Guichen, du comte de Grasse et de Suffren était morte :
« L'ennemi, manda Nelson à sa famille, — me paraît
n'avoir pas d'officiers qui connaissent leur métier. » —
« L'engagement du cap Noli, observe à ce propos Laugton,
fut la première expérience de Nelson. Il avait vu le marin
français, bien qu'en nombre supérieur, reculer devant une
attaque à fond ; il avait vu les officiers, — faute d'instruc-

---

[1]. Sir Georges Trevelyan : *Life and letters of Lord Macaulay*
(C. I**).

tion professionnelle, — fuir les chances que leur offraient la faveur de la crise, la prépondérance de l'armement et l'avantage des effectifs. »

Après la défaite d'Aboukir, pendant que Nelson, dans un solennel ordre du jour, après avoir remercié Dieu du triomphe obtenu par les armes britanniques, rendait hommage au matelot anglais, à son bon ordre, à sa discipline, et le félicitait de l'éclatante supériorité qu'il avait montrée « sur ces hommes sans frein dont rien n'a pu régler les tumultueux efforts », les vaincus se consolaient de leur défaite par des ricanements et des blasphèmes. « J'ai à mon bord, écrivait à Nelson le capitaine Troubridge, vingt officiers prisonniers dont pas un ne semble connaître l'existence d'un Être suprême [1]. »

IX

L'ère de la Terreur close, la suprématie de l'ignorance fut atteinte. On sentit la nécessité de rendre à l'intelligence et au savoir leurs droits et leur rang. Et d'abord, il s'agit de faire place nette. Le temps n'est plus où, pour former l'état-major d'une escadre, Jeanbon Saint-André vidait les tavernes et dépeuplait les Clubs. Le 25 octobre

---

[1]. LAUGHTON : *Nelson*. Londres, Macmillan, 1895, pp. 64-65. L'amiral Martin, qui commandait l'escadre française, ne se dissimula pas son impéritie. Porté aux plus hauts grades, grâce à son sans-culottisme, l'amiral déclarait lui-même, — raconte le capitaine CHEVALIER (*Histoire de la Marine sous la Première République*, p. 182), — qu'il n'avait pas la capacité nécessaire pour exercer le commandement d'une escadre dont l'importance augmentait chaque jour. Il écrivit, dans ce sens, au Comité de Salut public, ajoutant qu'il n'avait accepté le commandement de nos forces navales dans la Méditerranée que « par pure obéissance aux ordres des Représentants du peuple ». Le Comité de Salut public le maintint quand même. Il fallait à la Marine républicaine, non des chefs, mais des clubistes.

1795, un décret de la Convention constitue une « Marine d'État » avec huit vice-amiraux, seize contre-amiraux, cinquante chefs de division, cent capitaines de vaisseau, cent quatre-vingts capitaines de frégate, quatre cents lieutenants et six cents enseignes empruntés, les uns à l'ex-Grand Corps, et les autres à la Marine marchande. Mais on n'improvise pas, à coups d'édits, un établissement naval comme celui que Jeanbon et le général Lemoine avaient fauché, le premier avec « le rasoir national », et le second avec les fusillades de Quiberon. Une pareille fondation exige des siècles et n'obéit pas à des lois promulguées par le hasard.

En 1762, obéissant à un élan dont ne devait point palpiter la France moderne, — les Provinces, les Villes, les Corporations, avaient offert, de leurs deniers, à l'État, une flotte qui, sous le commandement de Suffren, nous conféra l'empire de la mer. Cette magnifique « Renaissance maritime » — où se déployèrent la science et le génie d'une élite d'officiers, sans égale dans notre histoire, — importuna vainement de ses leçons et de ses exemples les chefs barbares qui tenaient dans leurs mains les destinées de la Marine républicaine. On oublia que l'objectif suprême de la guerre est de dominer les puissances rivales et que ce but ne peut être atteint que par la destruction de leurs forces flottantes. Maître de l'océan, le vainqueur peut, alors, l'exploiter, — c'est-à-dire enlever les convois, razzier les nefs de charge et violer les côtes. Le mépris de la stratégie navale et de ses principes les plus élémentaires devait fatalement conduire Hoche et Morard de Galle au désastre où sombra l'expédition d'Irlande. Avant de s'être assuré la suprématie de la mer, le Comité de Salut public pouvait-il se leurrer d'une victoire que lui interdisait l'hégémonie de la flotte britannique?

Pour se dédommager de ses déboires, le parti jacobin, renonçant à flatter l'orgueil de nos pères, imagina de s'adresser à leurs convoitises. On fit appel à la guerre de course. Le Gouvernement distribua des lettres de marque à tous les capitaines, friands de guinées et de prouesses. Le butin dont la course nantirait la France ne l'indemniserait-il pas des humiliations que nous avait infligées la guerre d'escadre? Si de hardis marins, comme le Malouin Surcouf, le Basque Pellot, le Nantais Chassin, etc., illustrèrent leur nom et le nôtre en enrichissant quelques familles et en en décimant un plus grand nombre, l'État, par contre, compromit, dans cette nouvelle aventure, ses suprêmes ressources et ses dernières chances. 250 navires de guerre pris, détruits ou perdus [1]; — 743 corsaires capturés [2]; — 25.000 marins prisonniers sur les pontons anglais [3] : — 70.000 inscrits, rendus indisponibles, sur 80.000 [4] : telles furent les conséquences d'un système qui devait ruiner le négoce britannique et qui le releva. Avant la guerre, le Commerce maritime de nos voisins dépassait à peine un milliard. A la fin des hostilités, il atteignait presque deux milliards [5].

1. C'est le chiffre que nous trouvons dans le *Moniteur* du 15 brumaire an VII (5 novembre 1798). Il faut ajouter, à la perte de ces 250 navires français, 70 bâtiments de guerre, battant le pavillon de nos alliés Espagnols et Hollandais. Le total des pertes de la Marine française et de ses alliés fut de 320 bâtiments de guerre. La Marine militaire anglaise ne perdit, en revanche, que 80 navires. S. DE LA NICOLLIÈRE-TEIJEIRO, dans son livre *la Course et les Corsaires de Nantes*, affirme que, de 1793 à 1797, les Anglais perdirent 2.266 navires *marchands* et les Français 376 seulement.

2. Ce chiffre est fourni par M. le Capitaine RATYÉ (*La Ligue Maritime*, avril 1911, p. 40).

3. S. DE LA NICOLLIÈRE donne, d'après un Rapport officiel, les chiffres suivants : « Morts dans les prisons : 12.845; moribonds renvoyés sans échange : 12.787. Total : 25.632. » Pour diminuer le nombre des morts parmi ses prisonniers de guerre, l'Angleterre restituait à la France ceux qui étaient condamnés par les médecins. Les malades qui n'expiraient pas dans la traversée étaient reçus dans nos hôpitaux, où les neuf dixièmes succombèrent.

4. Charles DUPIN, dans la *Force Navale de la Grande-Bretagne*, dit qu'en 1814, 70.141 marins rentrèrent en France !

5. « Avant la guerre, — déclare le commandant Ratyé, — le com-

Ainsi se vérifièrent les intelligentes pronostications auxquelles s'était livré le Comité de Salut public, dans le préambule du décret qui, deux mois après le Combat de Prairial, substitua la guerre de course à la guerre d'escadre : « Tous nos plans, toutes nos croisières, tous nos mouvements dans nos ports et en mer, — disait le décret — n'auront pour but que de ravager le commerce de l'Angleterre, de bouleverser, de détruire ses colonies, et de la forcer, enfin, à une *banqueroute honteuse*, digne fin d'un gouvernement orgueilleux et despotique [1]. » La faillite annoncée avec tant de fracas, du haut du Sinaï révolutionnaire, par les Prophètes du Pavillon de Flore, ne trompa point les vaticinations de nos astrologues. Mais ce fut dans le firmament républicain, et non dans le ciel britannique, que cette néfaste constellation surgit et déchaîna ses maléfices...

X

L'ancienne Marine était un Ordre que régissaient des lois morales, et qu'animait un souffle divin. L'origine, l'éducation, la race, les souvenirs des ancêtres entretenaient dans ses rangs une fraternité d'armes, un esprit de sacrifice, une tradition d'héroïsme, un sentiment du devoir, qui dressaient l'officier le plus médiocre au-dessus de ses misères, et le transportaient dans la région de l'épopée. Sortie tout à coup des décombres d'un monde détruit,

---

merce maritime de l'Angleterre n'était que de 45 millions de livres ! Au milieu de la guerre, il avait atteint 50 *millions*. A la fin, il était de 73 *millions* de livres. Le commandant Lesquivit, auquel j'ai emprunté ces renseignements, fait ressortir que la course avait simplement doublé, en temps de guerre, les risques que le Commerce maritime anglais courait, en temps de paix, par suite d'accidents de mer. » (*Ligue Maritime* (*ibid.*).

1. Décret du 23 messidor an III (10 août 1795). *Moniteur* du 11 août 1795. Discours du citoyen Defermon.

couverte de sang et de boue, la nouvelle Marine, — la Marine révolutionnaire — représente, elle, le chaos, l'indiscipline et l'incompétence. Parmi ses chefs, les uns ont échappé au massacre du Champ des Martyrs et les autres ont fait partie des pelotons d'exécution. Ni l'homogénéité des principes, ni la solidarité des intérêts, ni l'affinité des souvenirs ne rapprochent cet assemblage factice d'officiers, qui n'ont de commun que les galons de l'uniforme et d'incurables rancunes. Un Gouvernement puissant et respecté aurait pu fondre les désaccords dans cette unité permanente, où le passé, le présent et l'avenir portent le même nom, la Patrie ! Mais les « Princes des peuples », en qui s'incarne alors l'État français, les La Revellière-Lepaux, les Sieyès, les Barras, les Reubell, peuvent-ils discipliner les nouvelles forces qui s'ébauchent sur les ruines des antiques hiérarchies détruites?

Au temps de Suffren et de la Motte-Picquet, les capitaines, débordant d'ardeur guerrière, fouillaient l'horizon pour y découvrir les frégates anglaises et leur imposer le combat. Avec le personnel enrôlé par les nouveaux maîtres de la France, désormais les Chefs, embusqués dans les bassins des ports, se soustraient aux angoisses d'une aléatoire rencontre.

Promus capitaines, les timoniers sans-culottes et les gabiers beaux parleurs n'osent ni défier l'ennemi, ni même quitter les rades. « Une bataille évitée, — dit l'amiral Jurien de la Gravière, — est alors une bataille gagnée [1]. » Vienne l'heure du combat, le malheureux chef d'escadre ne se trouve-t-il pas trop souvent acculé à l'évasion et à la défaite?

L'indiscipline des matelots, la pénurie des équipages et l'ignorance des officiers, voilà les trois fléaux qui rongent

1. JURIEN DE LA GRAVIÈRE : *Revue des Deux-Mondes*, t. XVI, p. 848.

la Marine, sous la Convention, comme sous le Directoire. Nos navires de guerre n'ont jamais leur complet d'hommes. Est-il étonnant que cette insuffisance conseille la prudence et pousse à l'inertie? Aussi, pendant que les Anglais, instruits par de constantes croisières, bravent les tempêtes, insultent nos côtes, les escadres révolutionnaires, envasées dans les bassins, oublient les leçons de Suffren, de Guichen, de Grasse, de La Motte-Picquet, et, quand elles combattent, ne luttent qu'à leur corps défendant contre un ennemi dont elles redoutent le savoir et l'expérience.

L'impéritie des marins et l'insuffisance des chefs imposent à la flotte républicaine l'opprobre d'une tactique que la France monarchique n'avait pas connue. Nous pratiquons alors, sur mer, ce système de guerre défensive que Pitt, à la Chambre des Communes, déclarait « l'avant-coureur d'une infaillible ruine ». Aussi, le jour où nous voulons renoncer à une méthode qui nous fut toujours néfaste, les équipages, engourdis, murmurent-ils contre les agités qui veulent interrompre la tradition du marasme. L'habitude de la défensive énerve les courages et paralyse les bras. Chaque fois que nos escadres sortent des ports, la principale préoccupation des chefs n'est-elle point d'échapper à la vue et aux coups de l'adversaire?

A la même époque, surveillant sans cesse notre littoral, harassés de manœuvres par lord Bridport et l'amiral Jervis, les vaisseaux anglais s'initient, en pleine mer, aux manœuvres navales, pendant que nos bâtiments moisissent dans les darses. Au mois de janvier 1797, Jervis maugrée contre les capitaines qui, jaloux de nos loisirs, déplorent les fatigantes aventures où les jette l'inquiète audace de leur chef : « Ne voyez-vous pas, dit Jervis aux officiers qui le supplient de ne pas sortir du Tage — ne voyez-vous pas que ce séjour devant Lisbonne fera bientôt de nous tous des poltrons? » A l'heure même où les escadres anglaises bravent impunément les ouragans du golfe du Lion et les perfides lames du golfe de Gascogne, l'ignorance de nos chefs et la mollesse de nos marins font aboutir au plus lamentable désastre l'expédition d'Irlande.

Si la bataille d'Aboukir (1er août 1798), en anéantissant notre flotte, nous asservit, pendant un quart de siècle, à la domination maritime de l'Angleterre, c'est encore la stratégie passive qui nous vaut cette catastrophe. Sur les quinze bâtiments dont se compose l'escadre de l'amiral Brueys à la bataille d'Aboukir, pas un ne compte l'effectif réglementaire. A peine l'ennemi surgit-il que tous les chefs se rendent à bord de l'*Orient* pour prendre les ordres de l'amiral. Dès le début du Conseil, le contre-amiral Blanquet du Chayla exprime l'avis de mettre à la voile et d'aller à la rencontre de Nelson. Mais ce projet se heurte sur-le-champ au refus invincible de Brueys, qui décide de combattre à l'ancre.

Pourquoi cette résistance? Hélas! Brueys sait qu'aucun de ses vaisseaux n'est pourvu du contingent d'hommes nécessaires pour combattre sous voiles et prendre l'offensive. De plus, « les équipages considérablement affaiblis, — écrira, le lendemain de la déroute, le contre-amiral Gantheaume au Ministre de la Marine, — ne comprennent que des hommes rassemblés au hasard et presque au moment du départ. » L'inertie de l'arrière-garde, que commande l'amiral Villeneuve, n'est pas non plus étrangère à la défaite. Mais Villeneuve, — dont personne n'osa mettre la bravoure en doute, — pouvait-il exiger de ses capitaines une action que leur interdisaient la détresse des équipages et l'inexpérience des hommes? Malgré tant de chances réunies contre nous, la fortune eût hésité plus longtemps entre les deux armées, et n'eût point si lourdement appuyé sa main sur notre escadre, si Brueys, épargnant à Nelson la moitié du chemin, — comme le dit Jurien de la Gravière, — « eût pu courir à sa rencontre pour le combattre ».

Longtemps cette guerre embarrassée et timide, non moins chère à Martin qu'à Villaret, put se soutenir, grâce à la circonspection des vieux amiraux anglais et aux traditions de la vieille tactique. Quand d'autres méthodes triomphèrent, les téméraires manœuvres de Bridport et de Jervis nous avertirent en vain qu'une nouvelle méthode venait de prévaloir dans le monde des mers. Cette leçon ne fut pas écoutée. Seul, le coup de foudre d'Aboukir nous réveilla. La destruction de la Marine française, dans la baie d'Aboukir, fut le juste châtiment d'un peuple qui, se laissant subjuguer par une faction d'incapables et de traîtres, ne sut ni se défendre contre cette horde, ni rétablir le Pouvoir qui l'avait protégé pendant tant de siècles. Huit ans de République avaient suffi aux Jacobins pour détruire de fond en comble l'établissement naval fondé par Richelieu et par Colbert. Les institutions, l'esprit de corps, la tactique, tout avait péri dans le grand naufrage. Morard de Galle, Truguet, Martin, Brueys, Decrès, Missiessy, Villeneuve, Bruix, Gantheaume, Blanquet du Chayla, Dupetit-Thouars, quelques autres capitaines encore, mais en petit nombre, d'héroïques jeunes gens, portés subitement aux premiers grades de leur arme, voilà les débris que laissait derrière elle la Marine la plus éclairée et la plus brave de l'Europe. La France avait encore des hommes de mer, — elle n'avait plus de Marine. Avec la Monarchie, notre flotte avait perdu son âme !

TABLE ONOMASTIQUE

A

Aboukir (Baie d'), 612.
Abrgall, 189.
Aiguillon (Duc d'), 268.
Allary, 127 n.
Allérac (d'), 259 n.
Amblimont (Mlle d'), 465.
Amboix (d'), 596.
América (l'), 150.
Ance, 338, 371, 543.
Anglars (d'), 490, 498, 500.
Antonelle, 298.
Apollon (l'), 151.
Arnauld, 95 n.
Arragonnès d'Orcet (d'), 596.
Artois (Comte d'), 41, *passim*.
Assy (Hubert d'), 340.
Astrolabe (l'), 18.
Aubenton (d'), 436 et suiv., 500.
Audiat (L.), 461 n., 468 n.
Auribeau (d'), 111 n.
Aussy (d'), 560.

B

Balleroy (de), 178.
Barante (de), 143 n.
Baraudin (de), 596.
Barentin (de), 80 n.
Barnave, 91, 129, 135.
Baron, 288.
Barrère, 286 et suiv., 347, 364, 387.
Barthélemy (Mis de), 70, *passim*.
Baud de Vachères, 332-337.
Baudières (F. de), 90.
Baudot (Conv.), 298.
Baupte (de), 596.
Beaudrap (de), 596.
Beauharnais (de), 139.
Beaumanoir (de), 269.
Beaumont (Pauline de), 72-73 n., 76 n., 149 n.

Beauverger (de), 127 n.
Bedée (de), 127 n.
Behague (de), 159.
Belizal (de), 151.
Bellechère (de), 269.
Bellegarde (de Paty de), 462.
Belle Poule (la), 104 n.
Belval, 226.
Berger (E.), 136 n.
Bergevin, 392 n.
Bermond de Vachères (de), 596.
Bernard (Y.-M.), 217, 272 n., 283 n., 334.
Berry (Duchesse de), 596.
Berthezène (Général), 604.
Berthier (Père), 8.
Berthomme, 252, 253.
Berthou de la Violaye, 596.
Beschais (de), 269.
Besson (L.-A.), 299-302-390.
Beugnot (Comte), 43 n.
Bezard (Conv.), 569.
Bigarré, 560.
Billaud Varennes, 42, 361.
Biozon, 250, 253, 254.
Biré (E.), 49 n.
Bittard des Portes, 61 n., 396 n.
Blad (Conv.), 189.
Blanchard, 319.
Blanchelande (Général de), 484 et suiv., 552.
Blanquet du Chayla (Amiral), 612.
Blaviel (de), 527.
Blois (G.-H. de), 56 n.
Blois (de), 560.
Blutel (Conv.), 569.
Bô (Conv.), 527.
Boisboissel (de), 596.
Bois-Leger (Le Loutre du), 269.
Boiséon (de), 596.
Boissauveur (L. de), 304-313, 598.
Bompard, 403, 417, *passim*.
Bonaze (du), 127 n.

Bonnay (M¹ᵉ de), 48 n.
Bonnefoux, 104, 598.
Bonnet, 329, 331.
Bonsonge (de), 596.
Bord (G.), (Hist.), 54 n., 164 n., 233 n., 403, 269 n.
Bordeaux, 85 n.
Borée (le), 554.
Borel de Cullion (de), 91.
Borie, 108, 113 et suiv., 148-155, 163.
Boscaven (Amiral de), 26.
Boubée (de), (Offic. de Mar.), 481 et suiv., 598.
Bouchotte, 353.
Boudeuse (la), 368.
Bourdon-Grammont, 598.
Bougainville (Amiral de), 156-163.
Bouillé (Général de), 128, 260.
Bouillons (des), 275.
Bourbon-Conti (Princes de), 203.
Bourgblanc (du), 269.
Bourmont (Maréchal de), 604.
Bournonville (de), 560.
Boussole (la), 18.
Boutaric, 32.
Bouvet (Off. de Mar.), 315-323.
Bouvet de Cressé, 377.
Boynes (de), 435.
Brachet (V¹ᵉ de), 285.
Bréard (Conv.), 283, 329 et suiv.
Breil (du), 127 n.
Brelay, 526, 540.
Brenton, 378 n.
Bricqueville La Luzerne (de), 438 n.
Brisay (de), 246 n.
Brissot, 44, *passim*.
Brodart, 602.
Broglie (Duc A. de), 8.
Brossard (de), 127 n.
Brudieu, 534.
Brueys (Amiral), 406, 612.
Bruix (Amiral), 42, 194, 196, 333, 613.
Bruley, 91.

C

Cacqueray de Valmenier (Amiral), 502, 560.
Cadet de Gassicourt, 55 n.
Cahier de Gerville, 236, 255.
Campardon (E.), 69 n.
Campet de Saujon (de), 512.

Canning (G.), 35.
Cap (le), 86.
Capitaine, 226, 237, 252.
Capricieuse (la), 481 et suiv.
Carcaradec (de), 596.
Carné (C¹ᵉ de), 268 n.
Carné de Trecesson (de), 596.
Carnot, 344, *passim*.
Castelnau, 287.
Castries (Duc de), 26.
Caux (de), 596.
Cavaignac (Conv.), 281 et suiv.
Cavelier, 237, 258.
Cazalès, 129 n. et suiv.
Cellier (Coupe du), 127 n.
Chambaudy (Off. de Mar), 540.
Chambellan, 560.
Champagny (de), (Const.), 154 et suiv., 598.
Champclos (de), 596.
Champeaux-Palasne (de), 269.
Champion (H.), 71 n.
Champion de Cicé, 142 et suiv.
Chanteau (Off. de Mar.), 189.
Chapuy (Général), 584.
Charbonneau (de), 596.
Charbonnier, 365 et suiv.
Charlemagne (Off. de Mar.), 598.
Charrier (Abbé), 71 n.
Chassin (Hist.), 548 n.
Chasteigner (de), 127 n.
Chastellux (de), 67.
Chatam (Lord), 41.
Chateaubriand (Vicᵗᵉ de), 13, 36, 151, 185, n., 187.
Chavagnac (de), 560.
Chavoy (de), 596.
Chénier (André), 69 n.
Cherisey (de), 527.
Chevetel, 259 n.
Choiseul (Duc de), 434.
Cillart de la Villeneuve, 596.
Clarac (de), 463 n.
Clavière (Ministre), 37, 41, 43 n.
Clermont-Tonnerre (C¹ᵉ de), 61 n., 135.
Cluzel (de), 596.
Coataudon (de), 176-177, 596.
Coëtivy (de), 269.
Coëtudavel (de), 596.
Coetnempren (de), 308, 323.
Coligny (Amiral de), 34.
Comarque (de), 137 n.
Comblat de la Carrière (de), 596.
Concise (de), 596.

Contrepont (de), 127 n.
Cormier, 264 n.
Cornic (Amiral), 349-360.
Costa de Beauregard (M¹ˢ de), 61 n.
Côte-d'Or (la), 307.
Cottin (M. Paul), 315 n., 336.
Coubé (le P.), 93 n.
Courajod, 546 n.
Courcy (de), 194-197.
Courson (de), 127 n.
Courson (M. A. de B. de), 170 n.
Courson de la Villehélio, 596.
Crassous (J.), 538 et suiv.
Crassous de Médeuil (Conv.), 512.
Crevel (Off. de Mar.), 307.
Cumond (M¹ˢ de), 464.
Curt (de), 104 n.
Cuverville (C. de), 175.

D

Dalbarade, 384, 579.
Dalmas (Hist.), 86 n.
Damas de Marillac (de), 489, 505.
Dampierre (de), 111 n.
Dampierre (de), 299 n.
Danton, 42, 79, 81 n., *passim*.
Daugier (Amiral), 304-305.
Daugy, 91.
Daunou (Conv.), 81 n.
Decrès, 598.
Defermon (Conv.), 609.
Delormel (Archiv.), 231 n.
Derrien, 226, 252, 392 n.
Deschamps (L.), 64 n.
Des Iles (A.), 259.
Desmoulins (Camille), 42.
Didon (la), 194.
Dieuzit (du), 127 n.
Donzé-Verteuil, 263, 329 et suiv.
Dordelin (Amiral), 373.
Dorré (Off. de Mar.), 351, 354, 379.
Dorset (Duc de), 48 n., 53, 33, 57, 75, 78.
Douesnel, 115.
Drummond, 79.
Dubois-Crancé (Conv.), 381.
Du Chaffault (Amiral), 560, 597.
Du Châtellier (Hist.), 114 n., 388.
Du Chilleau (Amiral), 151, 351 n.
Du Coudray (R.), 259, 351.
Duguay-Trouin (le), 152, 200.
Duhamel du Désert, 576.
Dumas (R.), 330.

Dumont (Et.), 37, 40.
Duperré (Amiral), 603.
Du Plessis de Grenedan (Off. de Mar.), 303 et suiv.
Du Portail, 143, 323, 356.
Du Port du Tertre (Ministre), 144, 238, 239.
Duroveray, 37.
Duvivier, 251.
Dutertre (Général), 583 n.

E

Embuscade (l'), 504.
Enghien (Belgique), 199.
Entrecasteaux (d'), 111.
Ernouf, 598.
Eveillé (D'), 464 n.
Escayrac (d'), 463.
Eschassériaux (R.), 471.
Esmein, 502.
Estaing (Amiral d'), 28, 111 n.
Expilly, 277, 391.

F

Fauchet (Abbé), 71.
Faure (Conv.), 416.
Favier (Public.), 32.
Faydel, (Const.), 47, 49.
Fernand Nunez (de), 93 n., 553.
Fleurieu (de), (Min. de la Mar.), 154-156, 437.
Fleuriot de Langle, 18.
Forsanz (M¹¹ᵉ de), 394-395.
Forth (Agent angl.), 73.
Foucault (M¹ˢ de), 137 et suiv.
Fouquier-Tinville, 319.
Fourcroy, 563.
Francastel (Conv.), 526.
Fréron (Conv.), 570 n.
Froment, 295 n.
Fustel de Coulanges, 565.

G

Gandon, 108, 114 n, 148 à 164.
Galetti, 412-414.
Gantheaume (Amir.), 613.
Gassin, 417, 598.
Gauchiet, 272, 322, 416.
Gavinet, 319.
Geffroy, 149 et suiv.

Georges III, 38, *passim*.
Gesril de Papeu (de), 596.
Gillet (Conv.), 282.
Gimat (de), 513.
Girardin (Amiral de), 138, 168, 169, 510.
Gohet-Duchesne, 589.
Golbéry (de), 540 et suiv.
Gomaire, 277.
Gorgy, 260.
Goudard, 65 n.
Gower (Lord), 50.
Goy de Begue (de), 576.
Graham (Général), 536 n.
Grammont (Général), 583.
Granville (Lord), 59.
Grasse (Amiral de), 605.
Grille (F.), 575 n.
Grimoüard (Amiral de), 549, 555, 595.
Grozon (de), 596.
Guadeloupe (la), 75.
Guérit (L.), 539 et suiv.
Guerry (de), 269.
Guerry de Beauregard (de), 596.
Guezonnec, 269.
Guffroy, 298.
Guichen (Amiral de), 605.
Guichen (Off. de Mar.), 596.
Guichen de Grammont, 534 n.
Guignace (Off. de Mar.), 304, 598.
Guilhem (Off. mun.), 149.
Guilhermy (de), 139 et suiv.
Guiquereau (de), 596.

H

Halgouet (Cte du), 259 n.
Hardy (Conv.), 418.
Harscouet (du), 127 n.
Haussez (d'), 603.
Hector (Amiral d'), 25 et suiv.
Hérault de Séchelles, 163 n.
Hood (Amiral), 364.
Hopp, 79.
Ho l, 168.
Hov (Amiral), 57, 259, *passim*.
Hughes (Victor), 336, 534.
Hunger (V.), 71 n.

I

Ile de Ré (Char.-Inf.), 116.
Imbert Lebret (d'), 576.

Intermédiaire des Curieux (l'), 86 n.
Isnard (Conv.), 42.

J

Jacob (Amir.), 603.
Jacquelin (Off. de M.), 319, 598.
Jal (Hist.), 378 n.
Jarry (Génér.), 584.
Jeanbon St-André, 263, 292 et suiv., *passim*.
Jouaust, 55 n.
Jouenne (de), (Off. de M.), 596.
Jourdan (F.), 567 n.
Jourdan de la Passardière, 208 n., 212 n., 249 n.
Jumecourt (Hanus de), 91.
Junon (la), 104 n.

K

Kerallain (R. de), 162 n.
Kerangal (de), 127 n.
Keranroy (H. de), 269.
Keravel (de), 596.
Kercaradec (de), 269.
Kerdrel (de), 231 n.
Kergariou (de), 226, 252, 464 n.
Kergariou-Locmaria (de), 596.
Kerguelen (de), 304, 587.
Kerguen (de), 596.
Kergoran, 559 n.
Kerguizlou de Kervasdoué (de), 201 n.
Kerhallet (R. de), 218.
Kerjégu (de), 395.
Kerlerec (de), 200, 201, 230 n., 596.
Kermadec (de), 111.
Kermaison (de), 269.
Kermoysan (de), 596.
Kerouartz (de), 596.
Kersaint (Amiral de), 577.
Kervélégan (de), 263.
Kerviler (de), 115.
Kléber (Général), 368.

L

Laboulaye (de), 269.
La Bourdonnaye (Général de), 217, 219 n., 227, 262.
La Bourdonnaye, 463.

TABLE ONOMASTIQUE

La Celle de Chateaubourg (de), 269.
La Chapelle (Cte de), 179 n.
La Chétardie (de), 32 n.
La Chevalerie (Bacon de), 86 et suiv.
La Clochetterie (de), 561 n.
Lacombe, 89.
La Conté (de), 170 n.
La Coste (de), 159 n.
La Coudraye (de), 127 n.
La Cour-Gayet, 19 n., 151 n., 435.
La Croix (P. de), 86 n.
Ladébat (de), 200.
Lafayette (Général), 81 n.
La Feugerais (de), 269.
La Fonchais (de), 259 n.
La Galissonnière (de), 96.
Lage de Volude (de), 464.
La Gorce (F. de), 295 n.
La Gournerie (E. de), 201 n., 561 n., 596 n.
La Grandville (Charlot de), 440 et suiv.
La Haye (de), (Off. de Mar.), 596.
La Houssaye (D. de), 269.
Laignelot, 321-329, 529, 570 n.
La Jaille (Mis de), 199-263.
La Landelle (G. de), 371, 591.
Lallié (A.), 115 n.
La Laurencie (de), 596.
La Luzerne (Cte de), (Minis. de la Mar.), 481.
La Luzerne (Mis de), (Ambassadeur), 53, 66 à 78, 145 et suiv.
Lameth (C. de), Const., 137.
La Morandais (de), 127 n.
La Moricière (de), 596.
La Morinerie (de), 465 n.
L'Amour (famille), 394.
Lamy (F.), 571.
Landais (Amiral), 278, 307.
Langara (Amiral de), 315.
Langle (de), 127 n.
La Nicollière (S. de), 608.
Lanjuinais, 297.
La Pérouse, 18.
La Planche, 473.
Laplanche, 575 n.
Laporte (A. de), 48 n.
La Porte-Vezins (de), 157.
La Prévalaye (de), 209.
La Prunelais (de), 269.
Larchevesque-Thibaud, 89.
Larcinty (de), 507 n.

La Reveillière-Lepaux, 297.
La Richardière (de), 269.
La Rochefoucauld-Liancourt (Duc de), 65.
La Rouerie (Mis de), 259 n.
Lartigue (de), 266 n.
Lasseu, 517.
Latierce, 474 et suiv.
La Touche-Tréville, 504 n., 598.
La Tour du Pin Gouvernet (de), 142 et suiv.
La Tournerie (de), 561 n.
La Troupliniére, 127 n.
Laughton (Hist.), 606.
Launay (R.), 299 n.
Laurencin (Mlle de), 176 n.
Laurencin (de), 97 n.
Laurens (du), 436.
Lauverjeat, 210 à 220, 248 à 255.
Lavergne (L. de), 11 n.
La Vieuville (de), 127 n.
La Villegontier (de), 269.
La Villegourio (de), 596.
La Villéon (de), 127 n.
La Villevolette de la V. (de), 596.
La Villoays (de), 596.
Le Blond de St-Hilaire, 127 n.
Le Bourg, 311, 598.
Le Bronsort, 253, *passim*.
Le Carpentier, 285.
Lécluse (de), 319.
Le Dall de Kéréon (Amiral), 261.
Le Dall de Kéréon (J.-M.), (Off. de Mar.), 332-337.
Le Dall de Tromelin, 523.
Le Duhault, 575 n.
Leeds (Duc de), 74.
Lefebvre (Cte A.), 42.
Le Floch, 306.
Le Francq, 370.
Le Gonidec (Ch^{er}), 269.
Le Gonidec de Traissan, 269.
Le Gouy, 338-339.
L'Eguille (L. de Froger de), 562 n.
L'Eguille (M.-H. de Froger de), 562 n.
L'Eguille (Froger de), 334, 335.
Le Hardy (G.), 169 n.
Le Hir, 393.
Le Large (Amiral), 280, 304.
Le Léopard, 90 et suiv.
Lemonnier (l'Abbé), 439 à 445 n.
Lenôtre (G.), 259 n.
Le Prédour, 226, 392 n.
Lequinio (Conv.), 527, 570 n.

Le Saulnier, 269.
Le Sevellec, 283.
Lesquen (de), 127 n.
Lessart (de), 10 n., 240.
Lestrade (de), 500.
L'Etanduère (de), 523, 560.
Le Tourneur, 127 n.
Le Vassor de la Touche, 504 n., 515 n.
Le Vengeur, 398-402.
Levot, 53, *passim*.
L'Héritier (Amiral), 373.
L'Hermite, 127 n.
L'Hérondel (de), 596.
Lhomel (Cte G. de), 159 n.
Lignières, 534 et suiv.
Linois (Amiral de), 364.
Loir (M.), 331, 352, 361, 590 n.
Lombard (de), 596.
Lothringer (Abbé), 71 n.
Louis XIV, 8, *passim*.
Louis XVI, *id.*
Louvet (Conv.), 42.
Loverdo (Général de), 604.
Lucadou (Off. de Mar.), 318, 370 et suiv.
Lusignan (de), 173 n.

M

Macaulay, 604.
Mac Carthy Martaigne, 447 et suiv.
Mac Nemara, 693.
Madier de Montjau, 38.
Magnytot (de), 159 n.
Magon de Medine, 598.
Maillé de la Tour-Landry (Duc de), 438, 468 n.
Maillé (Vicomte de), 200.
Mainviel (Off. de Mar.), 559.
Maistre (J. de), 233 n.
Majestueux (le), 120.
Malassis, 115.
Mallet du Pan, 41, 241.
Malouet, 49 n., 135.
Mansfield (Lord), 60 n.
Marat, 43 n.
Maroc, 226, 252, 312 n.
Margueritites (de), (Const.), 56.
Maricourt (A. de), 47 n.
Marigny (Amiral), 101 et suiv., *passim*.
Marizy (de), 540.

Martin (Amiral), 405.
Martineng (Amiral), 604.
Martinique (la), 75.
Mauduit du Plessis (de), 92 et suiv., 129, 550.
Maurville (de), 435, 450, 596.
Maussabré (de), 560.
Mauvise (de), 596.
Mazon, 37 n., 545 n.
Meherenc de Saint-Pierre (de), 596.
Menou (Général de), 130 et suiv.
Menou (de), 596.
Mercier du Rocher, 556.
Merlin (de Douai), 465.
Mesnad de Claye, 500.
Mirabeau (Mis de), 37, *passim*.
Missiessy (Amiral de), 613.
Moïra (Lord), 341.
Molleville (de Bertrand de), (Min. de la Mar.), 10 n., 200 à 256.
Monge (Min. de la Mar.), 279, 340 et 557.
Montagu (Amiral), 404.
Montcalm (Mis de), (Constit.), 106.
Montecler (de), (Off. de Mar.), 333-337 et suiv.
Montjoie (de), 19 n., 52 n.
Montmarin (Dubois de), 163 n.
Montmorency (Baron de), (Off. de Mar.), 538.
Montmorin (Cte de), (Min. des Aff. étr.), 53, 66 à 78.
Morard de Galle (Amiral), 288 et suiv., 309, 345, 357, 598.
Moreau (G.-L.), 395-197.
Moreau (Général), 396-397.
Moreau de Jonnès, 438 n.
Morvan (Off. munic.), 226, 392 n.
Mosneron de Launay, 65 n.
Motey (Vte du), 505 n., 515 n.
Moulin (Général), 350.
Mounier (B^{on}), (Const.), 60.

N

Nancy, 128.
Necker, 43 n., 132.
Nemours (Duc de), 255 n.
Nielly (Amiral), 345, 127 n.
Niou (Conv.), 495.
Noailles (Vte de), (Hist.), 483 n.
Nymphe (la), 196.

O

Orient (l'), 27.
Orléans (V¹ᵉ P. d'), 504 et suiv.
Orléans (Duc Joseph), 78 et suiv.
Orvilliers (Amiral d'), 305 n.
Orvilliers (Off. de Mar.), 596.
Ouessant (Finist.), 111 n.

P

Pacy-sur-Eure (Eure), 267.
Palis, 394-395.
Paré, 79.
Paris (P.-J.), 71.
Paroy (de), 483, 490.
Parscau (Mˡˡᵉ de), 16, 17.
Parscau du Plessis (Comte de), 185, 187, 201, 305.
Pascal, 226.
Paschalis (Martinez), 85 et suiv.
Patriote (le), 315.
Patry (F.-A. de), 170-175, 205.
Paul Iᵉʳ, 18.
Pellerin, 54.
Pelletereau, 527.
Perrault, 446.
Perrigny (Taillevis de), 340.
Perroud, 80 n.
Petit-Goave, 90.
Petit Thouars (du), 603.
Peynier (Amiral de Thomassin de), 88 et suiv., 484.
Phélypeaux (Arch. de Bo. ges), 71 n.
Picot de la Clorivière, 259 n.
Picot de Limoëlan, 259 n.
Picquenard (Journaliste), 415-417.
Pierret, 421.
Pinczon (de), 269.
Pingaud (L.), 274.
Pingré, 269.
Piou, 269.
Pitrat, 71.
Pitt, 77, 38, *passim*.
Plan (Philippe), 41.
Pleiber-Sicard, 250-254.
Plessis, 250-254.
Plouneventer (Finistère), 186.
Pluckett, 365.
Pocquet (B.), (Hist.), 115 n.
Poideloue, 127 n.
Pomons (la), 25.
Ponsay (de), 596.

Pontavice (de), 259 n., 269.
Pontbriand (de), 269.
Port au Prince, 86.
Portzamparc (de), 127 n.
Price, 45 n.
Priestley, 45 n.
Prieur (de la Marne), 292 et suiv., 366, 386.
Prigent, 253, 254.
Prigent de Querebars (de), 596.
Provence (Comte de), 41.
Puisaye (Comte de), 186 n., 201 n.
Puissant (Ordonnat. de la Mar.), 425.
Puren (Off. de Mar.), 127 n.

Q

Quengo (du), 596.
Quercou (du), 269.
Quiberon, 350.

R

Ragmey, 329.
Ralyé (Cᵗ), 608.
Raynal (Abbé), 65.
Rayneval (G. de), 33.
Redon de Beaupréau, 188-191.
Regnier (Génér.), 350.
Reinach (Cᵗᵉˢˢᵉ de), 465 n.
Renaudin (Cᵗ), 399-402.
Reubell, 610.
Reybaz, 37-41.
Rheydelleck (Off. de Mar.), 127 n.
Richery (de), 304, 598.
Rions (Am. d'Albert de), 28, 102-104.
Rivière (Am. de), 101, 193, 194, 333 et suiv.
Roberjo, 246 n.
Robert (Abbé Ch.), 596 n.
Robespierre, 42, 343, *passim*.
Robien (Mˡˡᵉ de), 136.
Robinet (Dʳ), 80 n.
Rochambeau (Général de), 93 n., 125.
Rochechouart (de), 179 n.
Rochefort (Dufaure de), 269.
Roffin (M.), 216, 217 n.
Rohan (Duchesse de), 93 n.
Rohan-Montbazon (Amiral prince de), 595.

Roland, 39.
Romme, 441.
Rondeau (Ph.), 527 n.
Roquefeuille (de), 596.
Roslly (Amiral de), 523.
Rossignol (Général), 353, 368.
Rougemont (de), 332-337.
Roussin (Amir.), 603.
Roux (Abbé Jacques), 459-461.
Roux (Offic. de M.), 168.
Royou dit Guermeur, 277.
Royran de Trevern (de), (Off. de M.), 352.
Ruamp (Conv.), 352.
Rucy (de), 164 n.
Rudeval (de), 127 n.

S

Sabot (Not.), 250 n., 255
Saint-Alban (de), 545 n.
Saint-Albin (de), 80 n.
Saint-Chamans (de), 170 n.
Saint-Cyran (de), 85 n.
Saint-Domingue (Ile de), 63, 84 et suiv.
Sainte-Lucie, 511.
Saintes (Char.-Inf.), 467.
Saint-Félix (Amir.), 592, 598.
Saint-Jean (de), 493.
Saint-Julien (Amiral de), 315.
Saint-Marc (Saint-Domingue), 92 et suiv.
Saint-Marsault (de), 482.
Saint-Priest (de), 130, 143.
Saint-Roman (de), 251.
Saladin (Conv.), 411.
Salembier, 127 n.
Salomon (Const.), 60.
Salva-Labize, 559 n.
Santo-Domingo (de), 97 et suiv., 128.
Sartine (de), 19 n.
Saulx-Tavannes (de), 33.
Sauvé, 304.
Sauveur (Joseph), 306.
Savalette de Lange, 164.
Savary, 547 n.
Segur (de), 32 n.
Seillon (de), 150.
Semillante (la), 194.
Senneville (de), 596.
Sepet (M.), 147.
Septeuil (de), 162.

Serre de Gras (Général), 282.
Sevestre (Conv.), 281 et suiv.
Sieyès (Conv.), 44.
Sieyès (Amiral Marquis de), 176-178.
Silz (de la Haye de), 306.
Simard (de), 495.
Socquet des Touches, 598.
Sorel (Albert), 60 n.
Souillac (de), 119, 148.
Soulanges (de), 596.
Soulavie, 37 n.
Souvestre (E.), 14, 543.
Stadion (Comte), 59.
Stanhope (Lord), 45 n.
Strachan (R.), 592.
Suffren (Amiral de), 151 n., 605.
Surcouf, 608.

T

Tallien (Conv.), 285.
Taradel (Gay de), 603.
Tascher de la Pagerie, 507 n.
Teilliard (Off. de M.), 375.
Ternay (Chevalier de), 26, 373.
Terrier de Monciel, 274.
Thévenard, 182 à 192, 334, 351-354, 379.
Tilly (de), 450, 522 n., 560.
Tiphaigne (Off. de M.), 318.
Toufaire (Ingén.), 529.
Toullec, 393.
Toulouse-Lautrec (Cte de), 294.
Tourville (le), 151.
Tréhouart (Conv.), 283, 284, 416.
Trevelyan (G.), 604.
Trevou (de), 596.
Tribout (Général), 583 n.
Tronchin, 39.
Tronjolly (de), 596.
Tronson-Ducoudray, 484 n.
Trouille, 220, 251, 254.
Truguet (Amiral), 314.
Tuetey (Arch.), 80 n.
Tulpin, 254.
Turpin (de), 457 n.

U

Vaccon (Père), 93 n.
Vaissière (P. de), 85 n., 263 n.
Vançon, 320.

Vandamme (Génér.), 396.
Van Stabel (Amir.), 359 et suiv., 381-385.
Varaize (Char.-Inf.), 472.
Varennes (J. des), 560.
Vassoigne (de), 490, 498, 560.
Vaudreuil (de), 442 et suiv.
Vautier (Amir.), 386.
Vergennes (de), 32 n.
Vergniaud, 42.
Verneuil, 308, 311.
Viart (de), 596.
Viauld, 463.
Vibraye (M^{ise} de), 147 n.
Vibraye (Mis de), 147 n.
Villages (de), 550, 367 et suiv.
Villaret-Joyeuse (Amiral de), 338, 367 et suiv., 385, 423, 585, 599 et suiv.
Villedieu (de), 596.
Villedieu-les-Poêles, 277 n., 284.
Virel (de), 259 n.
Virieu (de), 61, 135.
Voutron (de), 560, 596.

Y

Yorck (Duc d'), 447 n.
Young (A.), 65 n.
Yvernois (d'), 43 n.

W

Witt (Cornelis de), 33 n.

TABLE DES MATIÈRES

LIVRE II — BREST

CHAPITRE PREMIER

I. — Manque de cohésion, d'unité et d'énergie dans les sphères gouvernementales. — Divisions funestes.
II. — Brest à la veille de la Révolution. — Chateaubriand vient y subir ses examens comme garde-marine.
III. — Physionomie de la ville et du port. — Les Officiers rouges et la Bourgeoisie. — Espiègleries garde-marine.
IV. — Visiteurs royaux. — Enthousiasme de la France pour la Marine. — Nouvelle conception de la guerre. — Sollicitude de Sartines pour l'hygiène du soldat. — Tendresse des chefs pour leurs hommes.
V. — Animosité de la « Plume » contre « l'Épée ». — Premiers troubles. — Le « jeudi fou » (29 juillet 1789). — Fausses rumeurs.
VI. — Attitude factieuse du Conseil municipal de Brest. — Club des Jacobins. — Contraste entre les officiers et leurs ennemis. — Acharnement des Clubistes. — Mollesse de leurs futures victimes.
VII. — Le Commandant de la Marine à Brest, le comte d'Hector. — Administrateur studieux et savant. — Ses antécédents. — Ses services comme manœuvrier.
VIII. — Déplorable faiblesse de caractère. — Les agitateurs s'enhardissent. 7

CHAPITRE II

RÔLE DE L'ANGLETERRE DANS NOS TROUBLES

I. — Hostilité séculaire de la Grande-Bretagne. — Jugement de Favier dans ses *Conjectures raisonnées*. — Le *Mémoire* de Gérard de Rayneval. — Témoignage de Saulx-Tavannes.
II. — Changement de politique de l'Angleterre au XVIe siècle. — De continentale, la politique anglaise se fait ultra-européenne. — Spoliations britanniques.
III. — Le chef d'orchestre invisible. — Curieux aveux de Canning.

626   LA RÉVOLUTION DANS LES PORTS DE GUERRE

IV. — Révolutionnaires genevois embauchés par l'Angleterre à la veille de la Révolution. — Syndicat Mirabeau. — Duroveray. — Reybaz. — Clavière.
V. — Les séides de l'Angleterre poussent à la guerre. — Mot de Lord Chatam. — Montagnards défavorables à toute guerre offensive. — Mais les Girondins l'emportent. — Résultat néfaste des guerres de la Révolution. — Appréciation de Sainte-Beuve.
VI. — Société des Amis des Noirs. — La question de l'esclavage étrangère à ce sentimentalisme. — Trames occultes du Club des Noirs contre la France.
VII. — Témoignage du député Faydel   31

CHAPITRE III

LES INSTIGATEURS DE LA JACQUERIE

I. — Singulière ingérence de l'ambassadeur d'Angleterre, le duc de Dorset. — Communication de l'Ambassadeur au comte de Montmorin. — Nouvelle intervention et nouvelle lettre — Courriers qui partent de Versailles et qui vont en Bretagne colporter les calomnies du duc de Dorset.
II. — Les gentilshommes bretons calomniés. — Projet d'une prétendue attaque contre le port de Brest, de concert avec la flotte britannique, qui croise dans la Manche.
III. — Les nobles bretons, au lieu de se défendre, écrivent à l'Assemblée constituante.
IV. — Révélations du *Courrier de l'Europe* sur le Club des Noirs. — Extrait d'une dépêche de lord Granville au comte Stadion.
V. — Lally-Tollendal et Salomon dénoncent vainement à l'Assemblée constituante les brigandages des nouveaux Jacques. — Le comte de Virieu dénonce les trames de l'Angleterre contre nos arsenaux.
VI. — En présence des désordres, le comte d'Hector redouble de défaillance.
VII. — Grève des vingt mille marins de l'escadre de Brest. — C'est l'expédition de Saint-Domingue qui la provoque.
VIII. — La prospérité de Saint-Domingue excite la jalousie de la Grande-Bretagne. — « On veut nos colonies ! » — Ce mot revient à chaque instant dans la correspondance diplomatique de notre ambassadeur à Londres.
IX. — Le marquis de la Luzerne et le comte de Montmorin. — Portrait de ces deux hommes d'État.
X. — Espions anglais. — Violente hostilité du roi Georges III et de ses ministres contre la France.
XI. — Importante dépêche du 3 août 1789. — Argent répandu par l'Angleterre parmi le peuple de Paris. — La police n'existe pas. — Étrange esprit prophétique des hommes d'État anglais. — Haine de Pitt contre la France.

XII. — Le duc d'Orléans est chargé d'aller à Londres étudier les mouvements occultes du Gouvernement britannique. — Mémoire du comte de Montmorin. — Curieuse découverte. — Le marquis de la Luzerne signale la Banque hollandaise qui alimente les agents anglais et, parmi ces derniers, désigne un « particulier anglais nommé Danton ». 51

CHAPITRE IV

L'INSURRECTION DE SAINT-DOMINGUE

I. — Situation de Saint-Domingue en 1789. — Division de la population. — Grands-Blancs. — Petits-Blancs, Mulâtres et Noirs. — Le Code servile. — Influences maçonniques. — Martinez Paschalis, le fondateur du Martinisme, s'établit à Saint-Domingue et fonde de nombreuses Loges.
II. — L'Expulsion des Jésuites favorise la diffusion des sectes. — Décadence du clergé séculier. — La foi des Blancs s'attiédit et les Nègres reviennent au culte du Vuadoux. — Premiers troubles. — Le Martiniste Bacon de la Chevalerie est à la tête des agitateurs. — Violences. — Assassinats.
III. — L'Assemblée coloniale usurpe la puissance souveraine. — Tendances séparatistes. — Pompons rouges et pompons blancs.
IV. — Le colonel de Mauduit. — Le régiment de Port-au-Prince. — M. de Peynier, gouverneur de Saint-Domingue. — Combat du 29 juillet 1790 entre les pompons blancs et les rebelles.
V. — Amnistie des coupables. — Révolte de l'équipage du *Léopard* contre son chef. — Conduite factieuse du baron de Santo-Domingo. — Quatre-vingt-cinq membres de l'Assemblée nationale se réfugient sur le *Léopard* et s'embarquent le 8 août 1790 pour la France. . 83

CHAPITRE V

I. — Arrivée du *Léopard* à Brest le 14 septembre 1790. — Le baron Santo-Domingo et le Conseil municipal de Brest. — Accueil enthousiaste. — Premières altercations.
II. — Le chef d'escadre d'Albert de Rions et le quartier-maître du *Patriote*. — Étrange dialogue. — Nul grief précis. — Potence installée devant l'hôtel du Major de Marigny.
III. — Inquiétudes du comte d'Hector. — Manèges des quatre-vingt-cinq créoles de Saint-Domingue. — Mot du marquis de Montcalm sur l'émeute des vingt mille marins de l'escadre. — Les dessous de la grève.
IV. — Décret de blâme de la Constituante contre la Municipalité de Brest. — Deux commissaires, MM. Borie et

Gandon, reçoivent la mission d'aller à Brest faire rentrer les marins dans le devoir. — L'Hôtel de Ville s'oppose au départ de l'escadre pour Saint-Domingue.
V. — Le Conseil général de la Commune ordonne au Commandant de la Marine de venir lui soumettre sa correspondance avec le Ministre. — Docilité du comte d'Hector.
VI. — Arrivée des commissaires Borie et Gandon à Brest. — Les troupes du *Léopard* sont dirigées vers Carhaix. — Humiliation du comte d'Hector. 99

CHAPITRE VI

I. — Fastueuse entrée des Commissaires dans la rade. — Leurs sentiments sur l'allure mystérieuse de l'émeute. — Les officiers municipaux visitent d'abord les équipages.
II. — Discours emphatiques des Commissaires aux marins révoltés. — Infructueux verbalisme.
III. — Entrevue des Commissaires et des édiles. — Épître découragée de Borie et Gandon. — On ne veut point recourir à la force. — On appellera un général « agréable » aux équipages.
IV. — Excitations du procureur-syndic Cavelier contre les officiers. — Les capitaines de l'escadre se plaignent à la Constituante. — Manifeste de MM. les Officiers des grades intermédiaires contre les agitateurs.
V. — La Constituante s'occupe de l'émeute de Brest. — Violentes attaques contre les Ministres. — Discours du baron de Menou, etc.
VI. — Intervention de Cazalès, député de la Droite. — L'orateur, tout en combattant la déclaration de défiance contre les Ministres, censure ces derniers. — Éloquente péroraison.
VII. — Le débat recommence le lendemain. — Discours de Malouet, de Clermont-Tonnerre, de Virieu, de Barnave. — Les Ministres démissionnent. — Pour calmer les mutins, le Comité demande qu'on accorde à la Marine le pavillon tricolore. — Interruption du Marquis de Foucault. — Repartie de Mirabeau.
VIII. — Un membre de la Droite, le baron de Guilhermy, interpelle vivement Mirabeau. — Agitation. — Guilhermy condamné à huit jours d'arrêts. — On vote une motion inédite. 117

CHAPITRE VII

I. — Les Ministres sont condamnés. — Exode de MM. de la Luzerne, de la Tour du Pin, Champion de Cicé. — Lettre du comte de la Luzerne à Louis XVI sur la situation de la Marine royale. — Les réponses de Louis XVI. — Les nouveaux ministres.
II. — Le comte d'Albert de Rions abandonne le comman-

dement au marquis de Souillac. — M. de Marigny réprime l'émeute de la *Cayenne*. — Le Président du Club des Jacobins demande et obtient la permission de visiter les bâtiments de l'escadre. — Discours et vociférations. — Harangue séditieuse.

III. — Le comte d'Hector et le marquis de Souillac vont avec leurs officiers au Club des Jacobins féliciter les péroreurs. — Rapport de MM. Borie et Gaudon sur la visite de l'escadre. — Observations du ministre de la Marine sur le silence gardé au sujet du Roi. — La Constituante adresse une lettre de félicitations au Club des Jacobins.

IV. — Le Ministre de la Marine envoie M. de Bougainville à Brest. — M. de Bougainville entretient les meilleurs rapports avec le Club des Jacobins. — Le nouveau drapeau est remis aux troupes de mer. — Égards de M. de la Porte-Vesins pour les meneurs. — « 1371 ans d'esclavage ».

V. — L'escadre commandée par M. de Girardin s'apprête à partir pour les Iles Sous le Vent. — Avant d'appareiller, les marins réclament une anticipation de salaire, ou ils ne lèveront pas l'ancre. — Édifiant dialogue entre un patron de chaloupe et M. de Bougainville.

VI. — Désespérant de rétablir l'ordre, M. de Bougainville donne sa démission et se retire dans une gentilhommière, près de Coulances.

VII. — L'escadre partie, les Commissaires demandent à rentrer dans leur famille. — Savalette de Lange reçoit du Roi l'ordre d'ordonnancer leur salaire 141

CHAPITRE VIII

I. — Mouvement d'émigration parmi les officiers. — Nouvelles manigances du Club des Jacobins. — La gabare *La Normande*.

II. — La Fête-Dieu du jeudi 23 juin 1791. — Après la cérémonie. — Un complot. — Le café de la rue Saint-Yves. — « Dessin factieux ».

III. — Indignation des Conseillers municipaux contre cet outrage à la Nation. — Café envahi par les malandrins. — Couardise du Corps municipal. — Le capitaine Patry s'accuse. — Les magistrats l'abandonnent.

IV. — Les bretteurs du Club des Jacobins assassinent le capitaine. — La tête de la victime est arborée au bout d'une pique et promenée dans les rues de Brest. — La loi martiale n'est proclamée qu'après l'accomplissement du crime. — Les assassins ne sont pas poursuivis.

V. — Le lendemain, M. de Cuverville se rend à l'Hôtel de Ville pour s'entendre avec la Municipalité en vue de l'organisation d'une fête patriotique. — Nouvel incident. — MM. de Sieyès et de Coëtaudon. — Discours inciviques colportés en ville. — Émotion populaire. — M. de Sieyès est mis en prison.

VI. — Fête de la Fédération (14 juillet 1791). — Deux chefs

d'escadre, MM. de Marigny et de Balleroy, roulent la brouette et manient la pioche. — Rapport au Ministre de la Marine sur la fête. — Revue des troupes. — On crie : *Vive la Nation !* On ne veut pas crier : *Vive le Roi !* — M. de Marigny promène les curieux. — Court armistice.

VII. — Affluence des étrangers suspects à Brest. — Fête de la Saint-Louis. — Anxiété de M. de Marigny. — Sa lettre au Ministre de la Marine. — Compte rendu de la cérémonie.

VIII. — Exode des officiers. — Le comte d'Hector quitte Brest au mois d'octobre, et, le mois suivant, quatre cents officiers manquent à l'appel. — Réflexions de ceux qui restent. — Espoir de ceux qui partent.

IX. — Le Club des Jacobins défend qu'on paie la solde des officiers en congé. — Conflit entre le Ministre de la Marine et le Club des Jacobins. — Lettre de l'intendant de la Marine Redon au Ministre.

X. — Vaines protestations du Commandant de la Marine. — L'intendant Redon avoue qu'en présence du *veto* du Club des Jacobins, il refuse de payer les officiers. — Fatales conséquences de l'émigration. — M. de Marigny signale les scènes violentes qui ont lieu au théâtre. — L'effervescence augmente.

XI. — Ce que devint l'escadre de M. La Rivière. — Un de ses Officiers, le Chevalier de Courcy, tire le dernier coup de canon de l'ancienne Marine contre l'ennemi héréditaire.................................. 166

CHAPITRE IX

TENTATIVE D'ASSASSINAT CONTRE LE MARQUIS DE LA JAILLE

I. — Un journal annonce l'arrivée de deux officiers à Brest. — Dès le lendemain, le Club des Jacobins organise une réunion publique au théâtre pour exciter la population contre les deux officiers. — Arrivée de M. de la Jaille à Brest (27 novembre 1791). — Son origine. — Sa famille. — Ses antécédents. — Le capitaine et les deux princes de Conti.

II. — Le marquis de la Jaille est membre de la Société des Amis de la Constitution. — Mais l'intérêt de l'Angleterre parle plus haut que l'esprit de solidarité.

III. — Lettre de M. de la Jaille au sujet du guet-apens dont il a failli être victime. — Les émissaires du Club viennent le sommer de quitter Brest à l'instant. — Après avoir hésité, la Jaille quitte son auberge et sort dans la rue. — Quatre cents individus qui l'attendaient à la porte le huent et le menacent. — On a juré sa mort.

IV. — Le commandant du poste de la Porte de Landerneau recueille le capitaine de la Jaille pendant quelques instants. — Mais le même orateur de la bande oblige l'officier à repartir. — Des fusiliers l'accompagnent

d'abord et l'abandonnent ensuite à la foule qui pousse des cris de mort. — Deux ou trois citoyens généreux tâchent de protéger le capitaine. — On le ramène vers la ville.
V. — Un sicaire essaie de le tuer. — Les coups de couteau portent à faux. — Scène tragique. — Intervention de l'ancien grenadier Lauverjeat. — Les protecteurs du capitaine veulent le pousser dans une maison. — La maison se ferme. — Enfin, la Jaille arrive au Corps de garde.
VI. — Réflexions de la Jaille. — Ses illusions sur les sentiments du Corps municipal. — Le capitaine du *Duguay-Trouin* est incarcéré dans un cachot.
VII. — M. de la Jaille se demande quel est son crime. — Il n'a pas fait rougir des boulets pour tirer sur le *Léopard*. — Le capitaine rentre à son château du Roual.
VIII. — Rapports adressés à l'Assemblée législative par les Corps élus de Brest et du département. — Procès-verbaux inexacts. — Propos falsifiés.
IX. — L'huissier Michel Roffin et Bernard jeune, promoteurs de la manifestation contre la Jaille. — Excuses inadmissibles du Conseil municipal. — Accumulation de contradictions et de mensonges.
X. — Les édiles brestois se posent comme les sauveurs de M. de la Jaille. — En même temps, ils le diffament. . 198

CHAPITRE X

I. — Les Conseillers municipaux déclarent qu'ils ne connaissent pas les coupables et demandent des rigueurs contre M. de la Jaille. — Si Brest s'est ému, c'est à cause des officiers qui ne sont pas à leur poste. — Il ne faut désormais nommer que des officiers investis de la confiance du Club.
II. — Dénonciation des Administrateurs du département du Finistère contre le Ministre de la Marine et contre le capitaine de la Jaille. — Félicitations à la Garde nationale et à la troupe qui n'ont pas fait leur devoir.
III. — M. de Marigny écrit sous la dictée des Jacobins de Brest son Rapport au Ministre. — Regrettables inexactitudes. — Le Procureur général s'oppose aux poursuites. — On demande une récompense pour les sauveurs, mais il ne faut pas que le nom de M. de la Jaille soit prononcé. — On soumet au Roi un projet de lettre.
IV. — Autre Rapport adressé par M. de Marigny au Ministre de la Marine. — Le Commandant de la Marine libère son âme. — Après avoir trompé le public, les conjurés endorment la victime. — Le capitaine remercie le Conseil municipal et le Club des Jacobins. — Initiations graduées suivant les sujets.
V. — Apathie des Parquets et triomphe des conspirateurs. — Le Ministre de la Marine Bertrand de Molleville écrit aux Officiers municipaux de Brest. — Il se plaint de leur attitude et ajoute qu'en retardant l'expédition de

Saint-Domingue, ils peuvent occasionner les plus grands désastres. — Vaine mercuriale. — Le Ministre de l'Intérieur, Cahier de Gerville, invite les édiles à ne pas dénoncer à la légère le Ministre de la Marine.

VI. — Le député Cavelier, chargé de faire un Rapport sur l'émeute, n'en souffle pas un mot. — Éloquente lettre du Garde des Sceaux, Du Port du Tertre, au Procureur général.

VII. — Le dernier document du dossier la Jaille. — La justice est éclairée, mais elle ne fonctionne pas. — Impuissance des Ministres. — Mots d'Isnard et de Brissot. — Plainte de Mallet du Pan. — Les brigands vainqueurs ! 223

CHAPITRE XI

I. — Bertrand de Molleville, avant de quitter le Ministère, veut établir l'innocence de M. de la Jaille. — Toutes les pièces officielles prouvent qu'aucune accusation n'avait même été portée contre le Commandant du *Duguay-Trouin*.

II. — La Société des Colons de Saint-Domingue rend hommage à M. de la Jaille. — Réponse du capitaine. — Le marquis de la Jaille quitte le service et rejoint l'armée des Princes. — Il est remplacé par le comte de Trogoff de Kerlessy.

III. — L'ex-grenadier Lauverjeat, le principal sauveur de la Jaille. — Lettre qu'il reçoit du commandant du *Duguay-Trouin*. — Médaille d'or et Lettre royale adressées aux six Brestois qui ont concouru à la délivrance du Marquis de la Jaille.

IV. — La Municipalité convoque les bénéficiaires de la médaille et leur fait répudier le témoignage de la bienveillance royale. — Les médailles sont renvoyées à Paris. — Lettre insolente à Louis XVI. — Seul, Lauvergeat accepte la médaille et la lettre.

V. — M. de Marigny perd tout crédit et démissionne. — Il est remplacé par Le Dall de Keréon. — L'ancien patriciat maritime a fini son rôle. — Nouvelle règle du Devoir.

VI. — Le nouveau Commandant de la Marine est obligé de participer à l'apothéose des soldats félons du régiment de Châteauvieux. — Ce sont les promoteurs de l'émeute du 27 novembre qui organisent la cérémonie. — *Te Deum* à l'église Saint-Louis. — Cinquante « officiers rouges » restent au service de la République. . . 242

CHAPITRE XII

I. — Conflit de la Montagne et de la Gironde. — Médiocre enthousiasme que soulève l'appel aux armes des Girondins contre leurs rivaux. — Faible résistance des contingents girondins. — Armée sans foi et sans courage.

II. — C'est en Bretagne que la Gironde compte le plus de partisans. — Dislocation morale de la province. — Déplorables conséquences de la guerre déclarée par le Duc d'Aiguillon aux franchises de la Bretagne. — Sociétés philosophiques. — Franc-Maçonnerie. — Loges de Rennes, de Brest, etc. — Adhérents de toutes classes.

III. — La Bourgeoisie bretonne devance la Révolution parisienne. — La mort du Roi ne l'émeut pas. — La classe moyenne ne se réveille que le jour où la Commune veut détruire la Gironde. — Menacés par la Montagne, les Girondins bretons ne se sentent pas rassurés. — Leurs persécutions. — Leurs crimes.

IV. — Pour garder sa suprématie, la Bourgeoisie révolutionnaire appelle le peuple à son aide. — Les Fédérés bretons se dirigent sur Paris. — Le ministre Terrier de Montciel les invite à rentrer dans leurs foyers. — Résistance. — Ils n'obéissent pas davantage au Directoire de Brest qui les invite à se rendre au camp de Soissons. — Les Fédérés participent à l'émeute du 10 août. — Volte-face du Directoire du Finistère qui félicite les émeutiers. — *Te Deum !*

V. — Les hostilités s'ouvrent entre la Gironde et la Montagne. — Agents de la Convention arrêtés à Brest. — La Municipalité se substitue au Pouvoir central. — Mutinerie des Marins du *Patriote*.

VI. — Cavaignac et Sevestre à Brest. — Promesses violées. — Sevestre travestit les faits devant la Convention. — Les représentants Bréard et Tréhouart sont chargés d'aller à Brest rétablir l'autorité de la Montagne. — Pouvoirs illimités des représentants en mission. — Portrait de Barère.

VII. — Anarchie maritime. — État moral des équipages de la flotte commandée par Morard de Galle. — Mutinerie des hommes. — « A Brest, à Brest ! » — Un convoi hollandais profite du retour de notre flotte pour défiler impunément devant la rade de Brest. 264

CHAPITRE XIII

I. — Les représentants Jeanbon et Prieur arrivent le 7 octobre à Brest. — Le portrait de Jeanbon, ses débuts, son éducation, ses sympathies anglaises, ses appétits de représailles. — C'est lui qui crée le Tribunal révolutionnaire de Paris. — Le culte de l'homicide. — « Il faut réduire de plus de moitié la population française. »

II. — Conjuration de Jeanbon contre Brest et contre la Marine française. — Délations et mensonges. — Les Officiers de Quiberon traduits devant le Tribunal révolutionnaire.

III. — Les capitaines de vaisseau Coëtnempren et du Plessis de Grenedan et l'administrateur de Verneuil sont guil-

lotinés. — Accusations mensongères. — Les apologistes du crime.
IV. — Procès intenté par Jeanbon aux vaisseaux le *Patriote* et l'*Entreprenant*, renvoyés de Toulon par l'amiral Hood. — Les inculpations. — Patriotes assassinés. — Sextuple homicide.
V. — Jeanbon déclare la guerre au clergé. — Saturnale dans l'église Saint-Louis. — Les écoliers détruisent les statues des Saints et les remplacent par les bustes de Marat 292

CHAPITRE XIV

I. — Le Tribunal révolutionnaire de Brest créé par Jeanbon. — Trois officiers, MM. de Montecler, de Rougemont, Le Dall de Kéréon, qui viennent se mettre au service de la République, sont guillotinés. — Supplice d'un quartier-maître, François Legouy, pour avoir regretté les officiers de l'ancien régime.
II. — Projet d'une expédition contre les îles anglaises. — Il s'agit d'anéantir la Grande-Bretagne. — Les souvenirs du Cévennol Jean Cavalier à Jersey. — Discours oblique de Jeanbon devant le Club des Jacobins. — Riposte foudroyante de Robespierre. — Reculade de Jeanbon.
III. — Dispositions prises pour l'attaque contre Jersey. — Jeanbon se débarrasse de Laignelot et asservit le tribunal révolutionnaire à sa cause. — Patrouilles et visites domiciliaires. — Jeanbon supprime les régiments d'artillerie et d'infanterie de marine et remplace les soldats expérimentés par des recrues ignorantes.
IV. — Sourde hostilité de Jeanbon contre les projets du Comité de Salut public. — Jeanbon veut annuler les préparatifs. — La Convention persiste dans l'aventure. — Conflit entre le Proconsul et le Comité de Salut public.
V. — Le dictateur s'apprête à frapper un grand coup. — Un procès monstre est intenté aux quinze mille marins de l'escadre de Morard de Galle. — Le Tribunal révolutionnaire est réorganisé en vue de ce procès. — Lettre de Jeanbon au Comité de Salut public. — L'accusateur public, Donzé-Verteuil, prend ses mesures. — Sa joie. — Malgré les désertions, il immobilise de nombreux témoins dans l'armée et dans la marine.
VI. — L'escadre de l'amiral Howe est signalée dans les parages d'Ouessant, en même temps que l'arrivée imminente de la flotte de Van Stabel. — L'instruction du Comité de Salut public à Jeanbon et à Villaret. — Il ne faut pas engager une bataille qui empêche l'attaque contre Jersey 328

CHAPITRE XV

I. — A la veille du Combat de Prairial, le Comité de Salut public décrète l'assassinat des prisonniers anglais. — Cet ukase est exécuté par le lieutenant de vaisseau Charbonnier, commandant la *Boudeuse*. — Onze prisonniers anglais sont égorgés. — La Convention récompense l'assassin en le créant capitaine de vaisseau.
II. — La flotte française quitte Brest. — Charlatanisme de Prieur de la Marne. — L'amiral Villaret-Joyeuse. — Son caractère. — Échecs et récompenses.
III. — Combat du 13 Prairial. — Ni les officiers ni les marins ne sont préparés à la lutte. — Victoire des Anglais. — Indigne conduite de Jeanbon et de Villaret-Joyeuse. — Ils abandonnent sept vaisseaux à l'ennemi et désertent le champ de bataille. — Attitude de Jeanbon qui se cache dans la cale pendant le combat.
IV. — La flotte de Van Stabel arrive à Brest sans encombre. — Jeanbon n'est pour rien dans ce succès, mais se vante d'avoir sauvé le convoi. — Fêtes organisées pour endormir et tromper les masses.
V. — Inutiles mensonges, inutiles cruautés. — Vingt-six administrateurs du Finistère sont guillotinés. — Ces crimes n'intimident plus la foule et ne relèvent pas le prestige de Jeanbon.
VI. — L'incident du *Vengeur*. — Légende lancée par le Comité de Salut public pour faire oublier la défaite du 13 prairial. — Impostures de Barère. — Récit de Renaudin. — Renaudin manque à ses devoirs. — Pourquoi Jeanbon le dérobe au Conseil de guerre.
VII. — Jeanbon discrédité est obligé de quitter Brest. — Lettre insultante du capitaine Bompard au Conventionnel. — Jeanbon a rempli sa tâche : il a détruit notre marine. — La Convention, l'année suivante, change de tactique. — Après la guerre d'escadres, la guerre de courses ! — Mêmes revers. — La France n'a ni flotte, ni arsenaux, ni équipages. — Le régime jacobin aboutit à la ruine de notre établissement naval. 362

CHAPITRE XVI

I. — Le système politique de la Convention. — Robespierre avait tout prévu, sauf sa chute. — Le Neuf Thermidor postule la Monarchie. — Jeanbon Saint-André désavoue le système dont il fut le serviteur. — Volte-face des Conventionnels. — Premier assaut contre Jeanbon. — Réquisitoire de Galetti. — Jeanbon, prévenu de félonie. — Hardy met Jeanbon en cause, et le fait arrêter. — Mensonges de l'accusé. — Après avoir prononcé quelques condamnations, la Convention, avant de dissoudre, amnistie tous les terroristes.

II. — Les Brestois victimes de la Terreur dénoncent vainement les membres du Tribunal révolutionnaire. — Donzé-Verteuil, Ragmey, etc., se soustraient à la vindicte des lois.
III. — Dissolution de la colonie révolutionnaire de Brest fondée par Jeanbon. 408

LIVRE III — ROCHEFORT

CHAPITRE PREMIER

LES DÉBUTS DE LA RÉVOLUTION

I. — L'arsenal de Rochefort. — Indolence traditionnelle des ouvriers. — La « molle Charente ».
II. — Le chômage du port. — La pénurie du pain provoque une émeute le 26 avril 1789. — Boulangeries saccagées. — Ordre momentanément rétabli.
III. — Fête de la Fédération. — Autel de la Patrie. — Participation des communautés religieuses aux fêtes civiques.
IV. — Les boutefeux de Rochefort :   , Charlot de la Grandville et Romme. — Religieux affiliés à la Franc-Maçonnerie. — Rôle des Loges.
V. — Le comte Louis de Vaudreuil, commandant de la Marine. — Officiers laborieux et patriotes. — Le registre des correspondances de Vaudreuil.
VI. — Premières violences. — L'administrateur du bagne Perrault. — On l'oblige à s'agenouiller sur le balcon de l'Hôtel de Ville.
VII. — Autres sévices. — Le Major de la Marine Mac Carthy Martaigne menacé. — Incidents sur incidents. — Le pavillon blanc remplacé par le pavillon tricolore. — Manifestations populaires. — Les cravates des drapeaux.
VIII. — Découragement et exode des officiers. — Insubordination des marins.
IX. — Lettre de Vaudreuil au ministre de la Marine. — Carence de candidats pour les emplois vacants. 433

CHAPITRE II

JACQUERIES

I. — Émeutes agraires provoquées par un futur membre de la Commune de Paris. — L'abbé Jacques Roux.
II. — Troubles populaires et sacs de châteaux. — Incendies. — Saint-Thomas de Cosnac.
III. — Les Jacques faits prisonniers sont amenés à Pons.

IV. — Jacqueries contre les villes. — Rôle des scribes et des procureurs fiscaux. — Funeste résultat des décrets du 4 août.
V. — La paroisse de Migron donne le signal de la révolte contre la bourgeoisie des villes. — Les commissaires Eschassériaux et Dubois.
VI. — Émeute à Varaize. — Les hommes de loi La Planche et La Broue. — Complot contre le maire Latierce. — Scènes tragiques.
VII. — Assassinat de Latierce. — Toutes les paroisses environnantes convoquées. — Lâchetés des corps administratifs. — Dévouement de l'abbé Isambart. — Les deux mille Jacques complices des assassins sont acclamés par la populace. 456

CHAPITRE III

LA SÉDITION DE LA *CAPRICIEUSE*

I. — Trames du Club des Jacobins de Rochefort et de Bordeaux. — La frégate la *Capricieuse*, commandée par M. de Boubée, reçoit l'ordre d'appareiller pour Saint-Domingue.
II. — Le général de Blanchelande, gouverneur de Saint-Domingue, s'oppose au débarquement de la *Capricieuse*. — Correspondance échangée entre M. de Blanchelande et M. de Boubée.
III. — Le commandant de la *Capricieuse* envoie une plainte au ministre de la Marine. — Au bout de huit jours, volte-face complète.
IV. — Le commandant de la *Capricieuse*, dans un Rapport au ministre de la Marine, raconte la mutinerie de l'équipage. — Il est fait prisonnier dans sa cabine et gardé par trois sentinelles.
V. — Les marins ivres ont presque tous abandonné leur Chef. — Les mutins tirent le canon. — M. de Boubée est transporté à la prison militaire. — Les chefs ne soupçonnent pas les dessous du complot et n'y voient qu'une mutinerie vulgaire.
VI. — Aucune enquête n'est ordonnée. — Les mutins son laissés libres. — Curieuse lettre de Vaudreuil à M. de Fleurieu.
VII. — Texte de la plainte des marins contre leur capitaine. — Inanité des doléances. — Le commis aux vivres Rousseau est acquitté. — Le capitaine de Boubée est déféré devant le Conseil de Guerre, puis acquitté. . 479

CHAPITRE IV

LA MUTINERIE DE L' « *EMBUSCADE* »

I. — Le chevalier Pierre d'Orléans, commandant de la frégate l'*Embuscade*, est chargé d'aller à la Martinique

donner la chasse aux bâtiments anglais. — Troubles de la Martinique. — Le gouverneur comte de Damas.
II. — Lettre adressée de France à l'équipage de l'*Embuscade* contre le capitaine. — Emeute au moment où la frégate met à la voile. — Les marins se saisissent de l'Etat-major, consignent chaque officier dans sa chambre et s'adjugent la direction du navire. — Lettre du Capitaine au Ministre de la Marine. — Récit détaillé de la mutinerie.
III. — L'équipage veut aller chercher en France des éclaircissements sur la mission du capitaine.
IV. — Révolte analogue à la Guadeloupe et à Sainte-Lucie.
V. — Situation inquiétante. — Hommage à M. de Behague. — Il faut que l'Assemblée nationale rétablisse l'ordre dans les idées.
VI. — Le Chevalier d'Orléans demande à aller à Paris fournir des explications aux ministres et à l'Assemblée nationale qui pourront, en connaissance de cause, juger sa conduite. — Il est prisonnier à bord de l'*Embuscade*, ainsi que son Etat-Major.
VII. — M. de Vaudreuil reçoit le rapport des mutins. — Il est question d'eux dans tous les clubs des royaumes. — S'ils ont fait route par la France, c'est qu'ils y ont été obligés par les Clubs. — Le Capitaine d'Orléans demande que les mutins ne soient pas punis.
VIII. — Le Club des Amis de l'Egalité acclame les mutins et flétrit le capitaine. — Ingérence du Club des Jacobins de Bordeaux. — Vaudreuil démissionnaire. — Lettre de Vaudreuil au Roi. — Les successeurs de Vaudreuil moins fiers et moins ombrageux. 50

CHAPITRE V

L'ÉCHAFAUD. — MARINS ET OFFICIERS GUILLOTINÉS.

I. — L'*Apollon*, commandé par le lieutenant de vaisseau Brelay, débarque à Rochefort 1.420 hommes. — Dictature de Laignelot et de Lequinio.
II. — Tribunal révolutionnaire. — Le guillotineur Ance. — Les Représentants signalent l'arrivée des vaisseaux ponantais. — Composition du tribunal.
III. — Lequinio et Laignelot racontent eux-mêmes l'exécution des marins. — Chants de la *Carmagnole*. — Ance revêt un costume de gala. — Danses sur la plate-forme de l'échafaud, dans le sang des victimes.
IV. — L'amiral Grimoüard. — Son rôle à Saint-Domingue.
V. — Assassinat du colonel de Mauduit à Port-au-Prince. — Les soldats et les matelots du *Borée* et du *Fougueux* poussent à la révolte les soldats du Régiment de Port-au-Prince. — *A la Lanterne !* — Le colonel est massacré dans la rue. — *Te Deum* des égorgeurs. — Saint-Domingue perd l'honneur et la vie.
VI. — Le comte de Grimoüard veut pacifier Saint-Domingue. — Le camp de la Croix-des-Bouquets. — Echec

TABLE DES MATIÈRES 639

        du négociateur. — Grimoüard revient en France et donne sa démission après le 21 janvier 1793.
VII. — Grimoüard est déféré au Tribunal révolutionnaire. — Une vengeance. — L'amiral est accusé d'être vendu à l'Angleterre. — Condamnation à mort et exécution. — « Voilà donc un héros de moins ! »
VIII. — La Révolution ruine Rochefort. — Témoignage de Fourcroy envoyé dans la Charente-Inférieure en qualité de *missus dominicus* par le Premier Consul. — Banqueroute du pillage et déficit de la violence. 525

CHAPITRE VI

I. — La justice monarchique. Saint Louis type du justicier. — La justice révolutionnaire. — Les plaintes de la France au lendemain du Neuf Thermidor
II. — Accusations contre Lequinio, Laignelot, etc. — L'amnistie du 4 brumaire an IV (26 octobre 1795) libère les Proconsuls, mais la postérité les condamne. . 565

CHAPITRE VII

DÉCADENCE DE LA MARINE

I. — Conduite des Conventionnels à l'égard des marins ponantais. — Officiers et marins sans-culottes.
II. — Jeanbon était-il un agent britannique ? — Excellents résultats de sa dictature pour l'Angleterre.
III. — Kersaint et Mirabeau se prononcent pour l'ostracisme de la Marine royale. — Les nouveaux chefs choisis parmi les gabiers et les calfats.
IV. — Glorification de l'ignorance. — Embauchage des nouveaux officiers. — Lettre de Villaret-Joyeuse à Dalbarade.
V. — Rapports des officiers et des marins.
VI. — Les chefs les plus incapables sont les plus chers à la Révolution.
VII. — Mauvaises excuses. — Parti que la Monarchie tirait de nos marins provençaux. — Contraste entre les deux Marines. — Macaulay et Nelson.
VIII. — Équipages flagornés et corrompus. — Affaire de la *Résolue*. — L'amiral de Saint-Félix veut venger l'affront infligé à un bâtiment français. — Les marins français s'y opposent. — Assassinat du capitaine de vaisseau Mac Nemara — Officiers poussés vers la frontière et vers Quiberon.
IX. — La Marine s'applique à ne pas sortir des rades. — Méthode défensive. — Désastreux résultats de la guerre de course.
X. — Les amiraux Bridport et Jervis. — La bataille d'Aboukir. — La Marine française a perdu son âme. . 573

ACHEVÉ D'IMPRIMER

LE SIX FÉVRIER MIL NEUF CENT TREIZE

POUR

LA NOUVELLE LIBRAIRIE NATIONALE

PAR

L'IMPRIMERIE DE MONTLIGEON

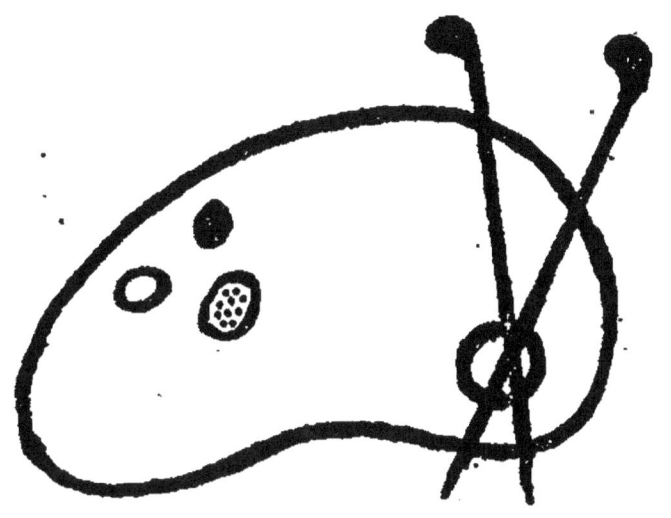

Original en couleur
NF Z 43-120-8

www.ingramcontent.com/pod-product-compliance
Lightning Source LLC
Chambersburg PA
CBHW071153230426
43668CB00009B/936